# UNE ASSISTANCE TECHNIQUE
## assurée par Corel

Les Services d'Assistance Technique Corel permettent aux utilisateurs de CorelDRAW de bénéficier en standard d'un service complet. Deux circuits essentiels vous sont proposés: les services électroniques et la télé-assistance.

# 1 *Services électroniques*

## Service d'information sur CompuServe

Accès possible 7 jours sur 7, 24 heures sur 24, jours fériés compris. Sauf avis contraire, le personnel d'assistance Corel assure un service de réponse de 8H30 à 17H (heure locale, côte Est), du lundi au vendredi, à l'exclusion des jours fériés. Un dialogue peut donc s'instaurer entre les utilisateurs et les spécialistes de Corel.

"GO COREL" donne accès à ce forum.

## Service de Téléchargement Corel

CorelDRAW
(613) 728-4752
(Hayes Ultra 96 - 1200 à 9600 Bauds, 8,n,1)

Ce service n'est mis à disposition de nos utilisateurs que pour le transfert de fichiers.

# 2 *Télé-assistance*

## Répondeur automatique Corel IVAN

Système interactif automatique offrant une assistance gratuite via lignes interurbaines et accessible à partir d'un poste à clavier, IVAN fournit une réponse rapide aux questions courantes concernant CorelDRAW. IVAN est accessible 7 jours sur 7, 24 heures sur 24, jours fériés compris.

CorelDRAW:(613)728-1990

Les conseils techniques les plus récents peuvent être faxés automatiquement par IVAN. Le numéro de référence correspondant à la liste actualisée des rubriques est le 2000.

Réponse fax IVAN: (613) 728-0826 Ext. 3080.

## Spécialistes en Assistance

Si IVAN ne peut répondre à vos questions, vous êtes alors transféré vers un spécialiste en assistance technique.

Nos délégués assurent une assistance gratuite via lignes interurbaines pour les produits Corel.

Ils sont disponibles du lundi au vendredi, de 4H à 20H (heure locale, côte Est), à l'exclusion des jours fériés.

# **ATTENTION:**

Lors de l'utilisation de COREL DRAW 4 sous Windows pour Workgroups, l'accès 32 Bit doit être désactivé:

Procédure:
– choisir „panneau de configuration" dans le gestionnaire de programme
– choisir „386 étendu"
– choisir „mémoire virtuelle"
– choisir „changement"
– désactiver „utiliser l'accès disque 32 Bit"
– désactiver „utiliser l'accès fichier 32 Bit"

©COREL CORPORATION, 1993

*Manuel de l'Utilisateur CorelDRAW - Version 4.0*

Téléphone: 613-728-8200

Télécopieur: 613-728-9790

Traduction et PAO: MACBYTE (Belgique)

Révision: Jacqueline Gélinier

Le contenu de ce manuel et le logiciel CorelDRAW auqel il se réfère sont la propriété de COREL CORPORATION et sont protégés par copyright. Toute reproduction, même partielle, est strictement interdite. Pour obtenir des copies supplémentaires du logiciel, veuillez prendre contact avec COREL CORPORATION.

CorelDRAW, CorelCHART, CorelTRACE, CorelMOSAIC, CorelSHOW, Corel-MOVE et CorelPHOTO-PAINT sont des marques déposées de Corel Corporation.

Les simulations vidéo PANTONE®* utilisées dans ce produit peuvent différer des couleurs identifiées par PANTONE. Pour les couleurs précises, utilisez les manuels de référence des couleurs PANTONE dans leur version mise à jour.

PANTONE, Inc. est le titulaire du copyright de PANTONE Color Computer Graphics and Software, que Corel Corporation a obtenu le droit de distribuer sous licence en combinaison avec CorelDRAW. PANTONE Color Computer Graphics and Software ne peut pas être copié sur une autre disquette ou dans la mémoire de l'ordinateur, sauf comme partie intégrante de l'exécution de CorelDRAW.

Marque déposée standard de *Pantone, Inc. pour la reproduction couleurs et les matériaux de reproduction couleurs.

"PANTONE Color Computer Graphics" ©Pantone, Inc. 1986, 1988, 1990, 1991

International CorrectSpell™ licence pour l'anglais de la société Houghton Mifflin company. Copyright© 1991 Hougton Mifflin Company. Tous droits réservés. Reproduction ou désassemblage des algorithmes ou de la base de données interdits. Basé sur le dictionnaire "American Heritage Dictionary".

The TRUMATCH 4-Color Swatching System™ sous licence de la société TRUMATCH Inc.

TRUMATCH, TRUMATCH System sont des copyrights de la société TRUMATCH Inc., New York, NY 10017

Les parties redistribuables de Microsoft OLE 2.0 sont des copyrights de Microsoft Corporation.

Microsoft, MS-DOS, Excel et Windows sont des marques commerciales de Microsoft Corporation. Aldus et PageMaker sont des marques déposées de Aldus Corporation. Hewlett-Packard est une marque déposée de Hewlett-Packard Company. IBM, PC/AT et PS/2 sont des marques déposées de International Business Machines Corporation. Adobe, Adobe Type Manager, Adobe Illustrator 88, Adobe Illustrator 3.0, PostScript et Encapsulated PostScript sont des marques déposées de Adobe Systems, Inc. Le programme EHANDLER.PS est mis gracieusement à la disposition des utilisateurs par Adobe Systems Incorporated : il ne peut être vendu ni distribué (copyright 1986, tous droits réservés). Ventura Publisher est une marque déposée de Ventura Software, Inc. Xerox est une marque déposée de Xerox Corporation. dBase est une marque déposée de Borland International Inc. Harvard Graphics est une marque déposée de Software Publishing Corporation. Lotus est une marque déposée de Lotus Development Corporation. CompuServe est une marque déposée de CompuServe Incorporated. WordPerfect est une marque déposée de WordPerfect Corporation. AutoCAD est une marque déposée de Autodesk, Inc. Autodesk est une marque déposée et Animation Player est une marque commerciale de Autodesk, Inc. TrueType est une marque déposée de Apple Computer, Inc. LEAD™ et LEADVIEW™ sont des marques déposées de LEAD™ Technologies Inc. Les convertisseurs de texte Word for Word sont des copyrights de la société Mastersoft Inc., 1986-93. Les filtres d'importation DRW à CMF sont des copyrights 1993 de Inset Systems, Inc. Les gabarits sont conçus par Daniel Will-Harris, TypeStyle, Ink. QuickTime sous Windows est un copyright 1992 de Apple Computer, Inc. Tous droits réservés. Certaines parties sont des copyrights de Zsoft Corporation. Certaines parties sont des copyrights de Cognitive Technology Corp. Tous droits réservés. Certaines parties de ce code sont des copyrights 1992 de Motion Works International, Inc. Tous droits réservés. Certaines polices de caractères sont des copyrights de Laserfonts Pty Ltd. Tous droits réservés.

## Utilisation des images Clipart

La source de chaque image Clipart peut être déterminée en examinant le premier mot-clé associé à un fichier. En ce qui concerne Corel, vous êtes libre d'utiliser, de modifier et de publier les Cliparts **Corel** ou **Artright** à votre guise, étant toutefois entendu que vous ne pouvez pas les revendre, modifiées ou non, sous forme d'images graphiques, en vue d'une utilisation ou d'une modification ultérieure. Lorsqu'une image graphique de Corel est incorporée dans une publication ou un produit destinés à une distribution à grande échelle, la source de l'image graphique doit être indiquée.

Les images graphiques provenant d'autres sources font uniquement partie de CorelDRAW en vertu d'un contrat de licence et leur utilisation vous est strictement réservée. Nos fournisseurs d'images graphiques soumettent l'utilisation de leurs illustrations à diverses restrictions. Aucun d'eux ne formule d'objection quant à l'utilisation de leurs illustrations dans des annonces publicitaires, des brochures, des rapports, etc., mais ils émettent des réserves quant à l'inclusion de leurs illustrations dans des supports électroniques de grande diffusion et dans des produits destinés à la revente. Si vous devez acquérir des droits supplémentaires auprès de l'auteur d'une illustration, veuillez prendre directement contact avec les fournisseurs de ces illustrations. Les numéros à contacter figurent au début du manuel Clipart.

**Corel et les donneurs de licences Corel ne fournissent, pour le logiciel, aucune garantie expresse ou tacite, en ce compris la garantie implicite de qualité loyale et marchande et de conformité en vue d'une utilisation particulière. Corel et les donneurs de licences Corel ne fournissent aucune assurance ou garantie et ne font aucune déclaration quant à l'utilisation ou aux résultats de l'utilisation du logiciel en termes d'exactitude, de précision, de fiabilité, d'actualité, etc. Vous assumez seul l'intégralité des risques ainsi que les résultats et performances du logiciel. L'exclusion de garanties tacites par une juridiction quelle qu'elle soit est interdite. Il se peut que cette exclusion ne vous soit pas applicable.**

**En aucun cas, Corel et les donneurs de licences Corel ainsi que leurs directeurs, cadres, employés ou agents (désignés collectivement comme les donneurs de licences Corel) n'assumeront envers vous de responsabilité pour tout dommage consécutif ou indirect (en ce compris les dommages du chef de pertes de bénéfices commerciaux, d'interruptions d'activités, de pertes d'informations commerciales, etc.) dû à l'utilisation du logiciel Corel ou à l'impossibilité de l'utiliser même si Corel ou le donneur de licence Corel a été informé de la survenance éventuelle de tels dommages. Comme certaines juridictions n'admettent pas l'exclusion ou la limitation de la responsabilité du fait de dommages consécutifs ou indirects, les restrictions énumérées ci-dessus peuvent ne pas vous être applicables. La responsabilité de Corel et des donneurs de licences Corel envers vous du chef de dommages réels engendrés par une cause quelconque et quelle que soit la forme de l'action intentée (qu'il s'agisse d'un contrat, d'un délit civil (y compris la négligence), de la responsabilité du fait du produit ou de toute autre cause), est limitée à 50 dollars US.**

**Q137-F40**

# Sommaire

**Introduction** _____ **1 to 8**

*Section 1:* **CorelDRAW** _____ **9 to 360**
        Table des matières . . . . . . . . . . . . . . . . . . . i to v
        Index . . . . . . . . . . . . . . . . . . . . . . . Index 1 to 16

*Section 2:* **CorelPHOTO-PAINT** _____ **361 to 411**
        Table des matières . . . . . . . . . . . . . . . . . . . vi to vii
        Index . . . . . . . . . . . . . . . . . . . . . . . Index 17 to 21

*Section 3:* **CorelMOVE** _____ **413 to 502**
        Table des matières . . . . . . . . . . . . . . . . . . . viii to ix
        Index . . . . . . . . . . . . . . . . . . . . . . . Index 22 to 26

*Section 4:* **CorelMOSAIC** _____ **503 to 508**
        Table des matières . . . . . . . . . . . . . . . . . . . x

*Section 5:* **CorelTRACE** _____ **509 to 514**
        Table des matières . . . . . . . . . . . . . . . . . . . x

*Section 6:* **CorelSHOW** _____ **515 to 520**
        Table des matières . . . . . . . . . . . . . . . . . . . x

*Section 7:* **CorelCHART** _____ **521 to 586**
        Table des matières . . . . . . . . . . . . . . . . . . . xi to xii
        Index . . . . . . . . . . . . . . . . . . . . . . . Index 27 to 29

# Table des Matières — CorelDRAW

## Introduction — 1
- A propos de ce manuel — 3
- Si vous avez besion d'aide... — 4
- Utilisation du catalogue des bibliothèques Corel — 8

## 1 CorelDRAW : Notions de base — 9
- Démarrafge de CorelDRAW — 10
- Structure de l'écran CorelDRAW — 10
- Utilisation des boîtes de dialogue CorelDRAW — 13
- Utilisation des menus flottants CorelDRAW — 15
- Ouverture d'un dessin existant — 16
- Préparation d'un nouveau dessin — 17
- Enregistrement d'un nouveau dessin — 19
- Utilisation du bouton droit de la souris — 20
- Annulation des erreurs — 20
- Configuration de l'environnement de travail CorelDRAW — 21
- Clôture d'une session CorelDRAW — 21

## 2 Dessin des objets — 23
- Utilisation des outils de dessin — 24
- Traçage de rectangles et de carrés — 25
- Traçage d'ellipses et de cerrcles — 25
- Traçage dee lignes et de courbes — 26
- Taçage de lignes-cotes — 31

## 3 Sélection des objets — 33
- Sélection d'un seul objet — 34
- Sélection d'une série d'objets — 35
- Désélection d'objets — 35
- Sélection d'objets successifs et superposés — 35
- Sélection de groupes d'objets — 36
- Sélection d'objets enfants — 36

## 4 Déplacement, duplication et suppression des objets — 37
- Déplacement des objets — 38
- Duplication des objets — 41
- Suppression des objets — 42

# CorelDRAW

## 5 Visualisation des dessins — 43
- Mode de visualisation modifiable ou mode squelettique .......... 44
- Défilement du contenu de la fenêtre de dessin .......... 44
- Utilisation de l'outil Zoom .......... 45
- Visualisation en double page .......... 47
- Commendes de contrôle de la visualisation des objets .......... 48

## 6 Remplissage des objets — 51
- Sélection et appllication de surfaces .......... 52
- Création d'objets transparents .......... 53
- Remplissage noir, blanc ou niveau de gris .......... 54
- Surfaces de couleur uniforme .......... 54
- Remplissage à effet de degradé .......... 56
- Remplissage d'objets avec des motifs bicolores ou des motifs couleurs .. 62
- Remplissage des objets avec des motifs PostScript .......... 67
- Remplissage des objets avec des textures bitmap .......... 68
- Création et édition de motifs .......... 73
- Création de réserves ou de masques .......... 78
- Sélection de trames similis .......... 80
- Copie du motif de remplissage d'un objet .......... 83
- Modification des attributs de surface par défaut .......... 84

## 7 Application d'un contour aux objets — 85
- Sélection et application de contours .......... 86
- Suppression du contour d'un objet .......... 87
- Contour noir, blanc ou niveau de gris .......... 88
- Sélection des attributs de la Plume de contour .......... 89
- Edition des flèches .......... 92
- Création de flèches et d'extrémités de ligne .......... 93
- Création de contours calligraphiques .......... 94
- Sélection d'une couleur de contour .......... 95
- Sélection de trames simili .......... 96
- Copie du contour d'un objet .......... 97
- Modification des attributs de contour par défaut .......... 98

## 8 Transformation des objets — 99
- Rotation et inclinaison des objets .......... 100
- Etirement, mise à l'échelle et application d'un effet miroir aux objets ... 102
- Annulation des transformations .......... 103
- Répétition/Annulation de la dernière opération effectuée .......... 104

*Table des matières*

# CorelDRAW

## 9 Modelage des objets — 105

- Modelage des objets avec l'outil (see manual) . . . . . . . . . . . . . . . 106
- Modelage de rectangles . . . . . . . . . . . . . . . . . . . . . . . . . . . . . . 107
- Modelage d'ellipses pour créer des arcs et des parts de tarte . . . . . 108
- Conversion de rectangles, ellipses, et texte en objets curvilignes . . . . 109
- Modelage des droites et des courbes . . . . . . . . . . . . . . . . . . . . . 110
- Edition de points nodaux et de segments . . . . . . . . . . . . . . . . . . 115

## 10 Disposition des objets — 125

- Réagenceöent d'objets superposés . . . . . . . . . . . . . . . . . . . . . . 126
- Groupement et dissociation d'objets . . . . . . . . . . . . . . . . . . . . . 126
- Combinaison et éclatement des objets . . . . . . . . . . . . . . . . . . . . 127
- Utilisation des règles, des grilles, des repères d'alignement et des objets de référence . . . . . . . . . . . . . . . . . . . . . . . . . . . . . . . . . . . . . 130
- Utilisation des commandes Magnétiser et Aligner . . . . . . . . . . . . . 133
- Utilisation des plans . . . . . . . . . . . . . . . . . . . . . . . . . . . . . . . 137
- Soudure d'objets . . . . . . . . . . . . . . . . . . . . . . . . . . . . . . . . . 142

## 11 Utilisation des fonctions de texte — 143

- Ajout de texte dans un dessin . . . . . . . . . . . . . . . . . . . . . . . . . 144
- Edition et mise en forme de texte . . . . . . . . . . . . . . . . . . . . . . 151
- Copie d'attributs de txte . . . . . . . . . . . . . . . . . . . . . . . . . . . . 163
- Changement des attributs de texte par défaut . . . . . . . . . . . . . . . 163
- Ajout d'une liste à points (bullets) dans un texte courant . . . . . . . . 164
- Crénage de texte . . . . . . . . . . . . . . . . . . . . . . . . . . . . . . . . . 165
- Utilisation du Correcteur orthographique . . . . . . . . . . . . . . . . . . 167
- Utilisation du Thésaurus . . . . . . . . . . . . . . . . . . . . . . . . . . . . 169
- Recherche et remplacement de texte . . . . . . . . . . . . . . . . . . . . 170
- Accolement de texte à un tracé . . . . . . . . . . . . . . . . . . . . . . . . 172
- Modification de l'encadré d'un texte courant . . . . . . . . . . . . . . . 176
- Extraction et réincorporation de texte . . . . . . . . . . . . . . . . . . . . 177
- Conversion de texte artistique en courbes . . . . . . . . . . . . . . . . . 180

## 12 Utilisation des couleurs — 181

- Création de couleurs Quadri personnalisées . . . . . . . . . . . . . . . . 184
- Sélection et personnalisation des palettes . . . . . . . . . . . . . . . . . 188

*Table des matières /iii*

# CorelDRAW

## 13 Création d'effets spéciaux _____ 191
- Mise en page des objets . . . . . . . . . . . . . . . . . 192
- Modelage d'un objet par une enveloppe . . . . . . . . . . 195
- Application d'un dégradé de formes à des objets . . . . . . 204
- Application d'un effet de projection à un objet . . . . . . . 222
- Traçage de pleins et de déliés . . . . . . . . . . . . . . 225

## 14 Utilisation des styles _____ 233
- Principes de fonctionnement . . . . . . . . . . . . . . 234
- Formats de style . . . . . . . . . . . . . . . . . . . 237

## 15 Création d'une base de données graphique _____ 239
- Principe de la fonction Infos Objet . . . . . . . . . . . . 240
- Le catalogue de SubPar Canada . . . . . . . . . . . . . 241
- Aperçu des commandes de la fonction Infos Objet . . . . . 247

## 16 Utilisation d'images bitmap _____ 253
- Sélection d'une image bitmap . . . . . . . . . . . . . . 254
- Rotation et inclinaison d'une image bitmap . . . . . . . . 254
- Retraçage d'une image bitmap . . . . . . . . . . . . . 254
- Recadrage d'une image bitmap . . . . . . . . . . . . . 258
- Coloriage d'une image bitmap monochrome . . . . . . . . 259
- Application d'une trame simili à une image bitmap . . . . . 259
- Masquage des images bitmap . . . . . . . . . . . . . . 260

## 17 CorelDRAW avec d'autres applications _____ 261
- Liaison et incorporation d'objets . . . . . . . . . . . . . 262
- Liaison d'objets dans CorelDRAW . . . . . . . . . . . . 264
- Incorporation d'objets dans CorelDRAW . . . . . . . . . 268
- Importation de fichiers d'autres applications . . . . . . . . 270
- Exportation de fichiers destinés à être utilisés dans d'autres applications 272
- Utilisation du Presse-papiers de Windows . . . . . . . . . 277

## 18 Gestion et impression de fichiers _____ 279
- Gestion des fichiers . . . . . . . . . . . . . . . . . . 280
- Gestion des documents de plusieurs pages . . . . . . . . 282
- Impression des fichiers . . . . . . . . . . . . . . . . 286
- Utilisation de la boîte de dialogue Imprimer . . . . . . . . 287
- Utilisation de la fonction Fusionner . . . . . . . . . . . 300

# CorelDRAW

## 19 Création de séparations de couleur — 303
- Surimpression et recouvrement .................... 304
- A propos du sélecteur de couleurs de CorelDRAW .......... 308
- Préparation des images à la séparation des couleurs .......... 309
- Utilisation des outils Pré-presse ................... 310
- Impression des séparations de couleurs ................ 315

## Annexe A : Personnalisation de CorelDRAW — 319

## Annexe B : Création et modification de polices — 327

## Annexe C : Motifs PostScript — 339

## Annexe D : Résumé des fonctions de précision — 351

## Annexe E : Bibliographie — 355

# CorelPHOTO-PAINT

## 1 Introduction _____ 361

- L'écran CorelPHOTO-PAINT . . . . . . . . . . . . . . . . . . . 363
- Utilisation de l'Aide en ligne . . . . . . . . . . . . . . . . . . . 364
- Affichage des outils . . . . . . . . . . . . . . . . . . . . . . . . . 364
- Utilisation des menus flottants . . . . . . . . . . . . . . . . . . 365
- Réglage des paramètres des outils . . . . . . . . . . . . . . . 365
- Manipulation de surfaces, dégradés et textures . . . . . . . 366
- Application de canevas . . . . . . . . . . . . . . . . . . . . . . 366
- Utilisation des couleurs . . . . . . . . . . . . . . . . . . . . . . 367
- Réglage de la tolérance couleurs . . . . . . . . . . . . . . . . 368

## 2 Outils de sélection, d'affichage et de retouche _____ 369

- Utilisation des outils de sélection et d'affichage . . . . . . . 370
- Retouche d'images . . . . . . . . . . . . . . . . . . . . . . . . . 371

## 3 Utilisation des outils de dessin _____ 375

- Outils de dessin bitmap . . . . . . . . . . . . . . . . . . . . . . 376
- Traçage de lignes et de courbes . . . . . . . . . . . . . . . . 381
- Traçage de rectangles . . . . . . . . . . . . . . . . . . . . . . . 382
- Traçage d'ellipses . . . . . . . . . . . . . . . . . . . . . . . . . . 383
- Traçage de polygones . . . . . . . . . . . . . . . . . . . . . . . 383
- Saisie de texte . . . . . . . . . . . . . . . . . . . . . . . . . . . . 384

## 4 Utilisation des filtres _____ 385

- Filtres de réhaussement et de correction . . . . . . . . . . . 386
- Effets spéciaux . . . . . . . . . . . . . . . . . . . . . . . . . . . . 391

## 5 Manipulation de fichiers et de périphériques externes _ 399

- Ouverture et enregistrement de fichiers . . . . . . . . . . . . 400
- Utilisation du Presse-papiers . . . . . . . . . . . . . . . . . . . 400
- Rééchantillonnage d'une image . . . . . . . . . . . . . . . . . 400
- Conversion de format d'image . . . . . . . . . . . . . . . . . 401
- Transformation d'images . . . . . . . . . . . . . . . . . . . . . 402
- Affichage d'informations à propos d'une image . . . . . . . 402
- Commandes du menu Fenêtre . . . . . . . . . . . . . . . . . 402
- Préférences . . . . . . . . . . . . . . . . . . . . . . . . . . . . . . 402
- Numérisation . . . . . . . . . . . . . . . . . . . . . . . . . . . . 403
- Etalonnage de l'écran . . . . . . . . . . . . . . . . . . . . . . . 404
- Modification d'une gamme de tonalités . . . . . . . . . . . . 405
- Fractionnement des composantes . . . . . . . . . . . . . . . 407

# 5 - Manipulation de fichiers et de périphériques externes

- Combinaison de composantes . . . . . . . . . . . . . . . . . . 407
- Impression de fichiers . . . . . . . . . . . . . . . . . . . . . . 408
- Sélection des options . . . . . . . . . . . . . . . . . . . . . . 408
- Impression de séparations . . . . . . . . . . . . . . . . . . . 409
- Utilisation des outils de pré-presse . . . . . . . . . . . . . . 410
- Etalonnage d'une imprimante . . . . . . . . . . . . . . . . . 411

# CorelMOVE

## 1 Introduction — 413

- Notions de base de CorelMOVE — 414
- Structure de l'écran de CorelMOVE — 414
- Création d'une animation — 416
- Ouverture d'une animation — 417
- Enregistrement d'une animation — 417
- Réglage de la taille de la fenêtre d'animation — 417
- Spécification d'options d'animation — 418
- Sortie de CorelMOVE — 420

## 2 Création d'acteur et de décors monocases — 421

- Modification de la taille de la fenêtre de dessin bitmap — 423
- Annulation d'erreurs dans la fenêtre de dessin bitmap — 423
- Utilisation de la palette de dessin bitmap — 424
- Création d'effets spéciaux — 432
- Enregistrement d'un nouvel acteur ou décor — 436
- Annulation d'effets spéciaux — 436
- Utilisation de la commande Zoom — 436
- Modification d'acteurs et de décors — 437

## 3 Création d'acteurs multicases — 439

- Insertion et suppression de cases — 440
- Application d'effets spéciaux — 441
- Déplacement dans les cases d'un acteur — 441
- Méthode de la Pelure d'oignon — 441
- Duplication de cases — 443
- Inversion de cases — 443
- Modification d'acteurs multicases — 443

## 4 Création de sons — 445

- Enregistrement d'un son — 446
- Utilisation de la boîte de dialogue Infos son — 447
- Modification de sons — 448

## 5 Placement d'acteurs, de décors et de sons dans l'animation — 453

- Placement d'acteurs et de décors — 454
- Réaménagement des plans — 454
- Gestion des objets — 455

# CorelMOVE

## 6  Animation _____ 459
- Création et édition de tracés . . . . . . . . . . . . . . . . . . . 460
- Edition de tracés . . . . . . . . . . . . . . . . . . . . . . . . . . . 460
- Ancrage . . . . . . . . . . . . . . . . . . . . . . . . . . . . . . . . . 464
- Ajout de décors transitoires . . . . . . . . . . . . . . . . . . . 464

## 7  Edition et lecture de l'animation _____ 469
- Ajustement des acteurs et décors . . . . . . . . . . . . . . . 470
- Utilisation du menu flottant Séquenceur Cases . . . . . 472
- Ajout de branchements . . . . . . . . . . . . . . . . . . . . . . 476
- Utilisation du menu flottant Chronologie . . . . . . . . . . 479

## 8  Importation d'objets d'animation _____ 485
- Importation d'objets . . . . . . . . . . . . . . . . . . . . . . . . 486
- Edition d'objets importés . . . . . . . . . . . . . . . . . . . . 487

## 9  Utilisation d'autres applications _____ 489
- Création d'acteurs et de décors avec CorelDRAW . . . . 490
- Création d'objets à l'aide d'autres applications . . . . . 494
- Création d'objets à l'aide de fichiers existants . . . . . . 495
- Edition d'objets créés dans d'autres applications . . . . 495
- Changement de type d'objet . . . . . . . . . . . . . . . . . . 496
- Utilisation du Presse-papiers de Windows . . . . . . . . . 496

## 10  Exportation d'une animation _____ 497
- Exportation vers un fichier film . . . . . . . . . . . . . . . . 498
- Lecture d'un film . . . . . . . . . . . . . . . . . . . . . . . . . . 498

## Annexe: Principes de l'animation _____ 499

# CorelMOSAIC, CorelTRACE and CorelSHOW

## CorelMOSAIC - Aperçu _____ 503
### L'écran CorelMOSAIC . . . . . . . . . . . . . . . . . . . . . . . . . . . 503
### Gestion de fichiers . . . . . . . . . . . . . . . . . . . . . . . . . . . . 504
### Manipulation de fichiers . . . . . . . . . . . . . . . . . . . . . . . . 505
### Utilisation de CorelMOSAIC . . . . . . . . . . . . . . . . . . . . . 505
### Navigation dans l'aide en ligne de CorelMOSAIC . . . . . . . . . . . . . 507

## CorelTRACE - Aperçu _____ 509
### L'écran CorelTRACE . . . . . . . . . . . . . . . . . . . . . . . . . . . 510
### Utilisation de l'aide en ligne . . . . . . . . . . . . . . . . . . . . . 510
### Modes de retraçage . . . . . . . . . . . . . . . . . . . . . . . . . . . 511
### Utilisation de CorelTRACE . . . . . . . . . . . . . . . . . . . . . . 512
### Importation dans CorelDRAW de fichiers retracés . . . . . . . 514

## CorelSHOW - Aperçu _____ 515
### L'écran CorelSHOW . . . . . . . . . . . . . . . . . . . . . . . . . . . 516
### Utilisation de l'aide en ligne . . . . . . . . . . . . . . . . . . . . . 516
### Utilisation de CorelSHOW . . . . . . . . . . . . . . . . . . . . . . 517

*x \ Table des matières*

# CorelCHART

## 1 Introduction — 521

- Démarrge de CorelCHART . . . . 522
- Structure de l'écran CorelCHART . . . . 522
- Note concernant les annotations . . . . 526
- Anatomie d'un graphique . . . . 527
- Structure du Gestionnaire de données . . . . 527
- Ouverture d'un graphique existant . . . . 529
- Création d'un nouveau graphique . . . . 529
- Travail avec d'autres applications: OLE, DDE, importation, exportation . . . 530
- Utilisation de l'Aide en ligne . . . . 531
- Quitter CorelCHART . . . . 531

## 2 Tavailler avec des données de graphiques — 533

- Gestionnaire de données: Notions de base . . . . 534
- Importation de données . . . . 536
- Libellé des cellules . . . . 536
- Utilisation des formules dans le Gestionnaire de données . . . . 537
- Formatage dans le Gestionnaire de données . . . . 538
- Tri de cellules . . . . 540
- Recherche et substitution dans le Gestionnaire de données . . . . 540
- Utilisation de la grille du Gestionnaire de données . . . . 541
- Etablissement de liens dynamiques aves d'autres applications . . . . 541
- Exportation des données d'un graphique . . . . 542
- Enregistrement d'un fichier de graphique . . . . 542
- Impression à partir du Gestionnaire de données . . . . 543
- Passage du Gestionnaire de données au mode Graphique . . . . 543

## 3 Création d'un graphique — 545

- Mise en page . . . . 546
- Modification du type de graphique . . . . 546
- Application du gabarit utilisé dans un autre graphique . . . . 546
- Affichage et masquage d'éléments du graphique . . . . 547
- Permutation des groupes et des séries . . . . 547
- Inversion des données au sein des séries et des groupes . . . . 547
- Manipulation de l'echelle de données . . . . 548
- Modification du format numérique sur les échelles d'axe . . . . 548
- Affichage, masquage et modification des graduations . . . . 548
- Création de graphiques mixtes . . . . 549
- Conception de types de graphiques spéciaux . . . . 550
- Utilisation du menu flottant 3D . . . . 554

# CorelCHART

## 4 Parachèvement d'un graphique — 555

Redimensionnement du cadre et autres éléments d'un graphique .... 556
Modification des attributs typographiques des éléments d'un graphique . 556
Ajout d'annotations . . . . . . . . . . . . . . . . . . . . . . . . . 556
Applisation d'une couleur aux éléments d'un graphique . . . . . . . . . 557
Application de dégradés, de motifs ou de textures bitmap aux éléments
d'un graphique . . . . . . . . . . . . . . . . . . . . . . . . . . . . 559
Ajout de pictographes dans un graphique . . . . . . . . . . . . . . . 563
Importation de graphismes . . . . . . . . . . . . . . . . . . . . . . 564
Liaison d'un graphique à un fichier cible . . . . . . . . . . . . . . . 564
Exportation d'un graphique . . . . . . . . . . . . . . . . . . . . . 565
Impression d'un graphique . . . . . . . . . . . . . . . . . . . . . . 565
Fonctions de contrainte s'appliquant à la création et au
redimensionnement des objets d'annotation . . . . . . . . . . . . . . 568

## 5 Quatre leçons rapides — 569

Leçon 1 . . . . . . . . . . . . . . . . . . . . . . . . . . . . . . . . 570
Leçon 2 . . . . . . . . . . . . . . . . . . . . . . . . . . . . . . . . 572
Leçon 3 . . . . . . . . . . . . . . . . . . . . . . . . . . . . . . . . 576
Leçon 4 . . . . . . . . . . . . . . . . . . . . . . . . . . . . . . . . 578

## 6 Sélection du type de graphique approprié — 583

Conception des graphiques: quelques conseils et suggestions . . . . . . 585

# Introduction

Bienvenue parmi les utilisateurs de CorelDRAW 4, le numéro un mondial des logiciels graphiques pour PC. Un an s'est écoulé depuis que nous avons révolutionné le monde du logiciel graphique en introduisant CorelDRAW 3.0. Notre but était alors de créer le premier progiciel intégré dans le domaine du dessin, composé d'une panoplie complète d'outils performants, mais simples à utiliser, pour élaborer des dessins, créer des graphiques de gestion et des organigrammes, remanier des images bitmap et réaliser des présentations assistées par ordinateur.

La révolution se poursuit avec CorelDRAW 4. En nous appuyant sur les idées et les suggestions de nos utilisateurs (et quelques autres de notre cru), nous avons élevé le logiciel graphique à un nouveau sommet en matière de puissance et de simplicité d'emploi. Aujourd'hui plus que jamais, CorelDRAW offre une réponse adéquate pour la réalisation de dessins.

## *CorelDRAW... la solution graphique complète*

CorelDRAW se compose des applications suivantes:

***CorelDRAW***—Un programme de dessin avec des fonctions étendues de traitement de texte et de dessin de précision, qui en font un outil idéal pour tout projet graphique, de la conception de logos et de l'emballage de produit jusqu'aux illustrations techniques et aux annonces publicitaires.

***CorelPHOTO-PAINT***—Un puissant programme de dessin bitmap et de retouche de photos avec un vaste assortiment de filtres pour améliorer la qualité des images numérisées, et de filtres produisant des effets spéciaux qui permettent de donner un aspect saisissant à vos images.

***CorelCHART***—Un grapheur pour élaborer des graphiques de gestion et des organigrammes de toutes sortes, depuis les simples graphiques à barres et camemberts jusqu'aux graphes à aire 3D et aux pictographes les plus sophistiqués. Vous pouvez saisir les données dans le gestionnaire de données du programme ou importer des fichiers générés avec l'un ou l'autres des tableurs ou bases de données parmi les plus courants sur le marché.

***CorelMOVE***—Un programme d'animation qui vous donne la possibilité de créer des animations simples ou complexes. Utilisées isolément ou dans CorelSHOW, les animations élaborées avec CorelMOVE permettent de transformer un diaporama figé en un véritable spectacle multimédia.

***CorelTRACE***—Convertit les images bitmap (le type d'images générées par les programmes de peinture, comme CorelPHOTO-PAINT, ou par les scanners) en images graphiques vectorielles, plus faciles à remanier.

***CorelMOSAIC***—Permet de visualiser le contenu des sous-répertoires d'images pour localiser plus rapidement celui où se trouve l'image voulue. Vous pouvez utiliser ce programme pour enregistrer des images dans des bibliothèques compressées et effectuer des traitements par lots, tels que l'impression et l'exportation de groupes de fichiers.

***CorelSHOW***—Permet de monter les diapositives d'une présentation (qui peut être imprimée ou visualisée sur écran) en utilisant les objets issus de CorelDRAW, CorelCHART, CorelPHOTOPAINT, CorelMOVE et d'autres programmes gérant la fonction de liaison et d'incorporation de Windows.

## Prise de contact

Vous souhaitez sans doute passer tout de suite à la pratique pour mettre CorelDRAW à l'épreuve. Nous vous suggérons de procéder comme suit:

1. Remplissez votre carte d'enregistrement et renvoyez-la avant de la perdre de vue.
2. Installez Microsoft Windows Version 3.1 (à acheter séparément) et familiarisez-vous avec son mode de fonctionnement.
   N'essayez pas d'installer ni d'utiliser CorelDRAW avant de vous sentir à l'aise dans l'environnement Windows.
3. Installez CorelDRAW sur votre disque dur en vous référant aux instructions données dans le *Guide de référence d'installation*.

## Etape suivante:

Si vous êtes un nouvel utilisateur de CorelDRAW et que vous disposez d'un lecteur CD-ROM, nous vous suggérons de visualiser d'abord le Tour d'Horizon CD-ROM. Ce dernier présente chaque application du progiciel intégré Corel et vous montre comment les utiliser pour créer des travaux graphiques de qualité professionnelle, des documents et des productions multimédia.

Une fois ce Tour d'Horizon effectué, nous vous recommandons de feuilleter ce manuel et d'essayer les fonctions qui ne sont pas évoquées dans le Tour d'Horizon. CorelDRAW présente de multiples facettes et même si au départ vous n'utiliserez qu'une fraction des possibilités qu'il recèle, rien ne saurait remplacer le temps que vous passerez à essayer le programme dans ses divers aspects.

Nous invitons les utilisateurs familiarisés avec CorelDRAW à consulter la rubrique "Notes aux utilisateurs des versions antérieures" dans la rubrique "Référence" de l'aide en ligne pour prendre connaissance des nouvelles fonctions ajoutées à Corel-DRAW 4.

Si vous avez des questions concernant une fonction, consultez d'abord ce manuel. Si vous n'y trouvez pas la réponse à votre problème, appelez-nous. Nous ferons de notre mieux pour vous aider.

# A propos de ce manuel

Ce *Guide de l'utilisateur* est articulé en sept sections. La première explique comment utiliser CorelDRAW, les autres sont consacrées à CorelCHART, CorelPHOTO-PAINT et aux autres applications du groupe COREL.

Chaque section est divisée en chapitres dont chacun est consacré à un groupe de tâches déterminées. Par exemple, le chapitre 11 de la section CorelDRAW couvre les fonctions de texte. Chaque chapitre commence par un bref aperçu du contenu et présente les concepts et termes se rapportant aux tâches concernées. Si vous êtes un nouvel utilisateur de CorelDRAW, la lecture de ces aperçus est un moyen idéal pour prendre connaissance des fonctions et des possibilités de chaque programme.

Notez que chaque section a son propre index que vous trouverez à la fin du manuel.

## A propos de la documentation de CorelMOSAIC, CorelSHOW et CorelTRACE

La documentation concernant ces applications se trouve principalement dans un fichier d'aide en ligne, accessible en appuyant sur la touche F1 dans l'application utilisée. Les sections 4 à 6 du manuel incluent toutefois des aperçus de chacune de ces applications ainsi que des procédures détaillées pour les tâches les plus courantes. Si vous n'êtes pas encore familiarisé avec Windows, lisez la section suivante, relative à l'utilisation de l'aide.

## Références aux rubriques de l'aide en ligne

Sur les diverses matières traitées dans ce manuel, vous trouverez des références aux rubriques de l'aide en ligne pour chaque application. La plupart de ces références vous renvoient à un mot-clé ou à un groupe de mots utilisés dans l'aide en ligne.

▶ **Pour chercher une information dans le système d'aide en ligne:**

1. Appuyez sur F1 pour accéder à l'aide.
2. Cliquez sur le bouton Rechercher.
3. Tapez le mot ou la chaîne spécifiée dans la référence.
4. Cliquez sur le bouton Afficher les rubriques.
   Le nom d'une ou de plusieurs rubriques d'aide s'affiche avec l'information référencée.
5. Choisissez la rubrique adéquate et cliquez sur le bouton Aller à.

## Conventions utilisées dans ce manuel

La documentation CorelDRAW utilise les conventions suivantes:

### Conventions générales

- Les termes "choisir" et "sélectionner", lorsqu'ils font référence à des commandes ou à des options, signifient que vous devez cliquer sur la commande en question avec la souris ou utiliser l'équivalent au clavier, par exemple, la touche SUPPR qui correspond à la commande Supprimer.
- "Cliquer sur le bouton OK" signifie placer le pointeur de la souris sur le bouton et appuyer une fois sur le bouton gauche. Le même résultat peut être obtenu en appuyant sur la touche ENTREE.
- L'option d'une boîte de dialogue est "activée" lorsqu'elle est cochée ou lorsque la case qui se trouve en regard de cette option contient un point noir (ou bleu sur les écrans couleurs). L'absence de coche ou de point signifie que l'option est "désactivée".

### Conventions relatives à la souris

- A l'exception de CorelTRACE, toutes les applications font appel aux deux boutons de la souris. Pour chaque application, nous partons de l'hypothèse que vous avez programmé le bouton gauche de la souris comme étant le bouton principal. Lorsqu'une procédure nécessite l'utilisation du bouton secondaire, la documentation se réfère au "bouton droit" de la souris.

### Conventions relatives au clavier

- L'exécution des commandes ou des procédures par les touches du clavier implique fréquemment l'activation de deux ou trois touches, soit simultanément, soit successivement. Par exemple, CTRL+F1 signifie que vous devez maintenir la touche CTRL enfoncée lorsque vous appuyez sur F1. Par contre, la mention ALT, C signifie que vous devez appuyer sur la touche ALT et la relâcher avant d'appuyer sur la touche C.
- Les touches fléchées ou touches curseur sont des termes génériques pour désigner les touches Haut, Bas, Gauche, Droite.

## Si vous avez besoin d'aide...

CorelDRAW et les autres applications intègrent une aide en ligne détaillée. Pour activer le système d'aide, il suffit d'appuyer sur la touche F1. Lorsque la fenêtre d'aide s'affiche, elle vous présente des informations sur les commandes, des instructions relatives à l'exécution de tâches, des définitions de termes et d'autres renseignements. Vous pouvez également obtenir de l'aide sur les options d'une boîte de dialogue ou sur les éléments de l'écran.

**Note :** L'installation de l'aide est facultative pour toutes les applications CorelDRAW, sauf pour CorelSHOW, CorelTRACE et CorelMOSAIC. Si un message apparaît pour vous indiquer que l'aide n'est pas installée pour l'une des autres applications CorelDRAW, le fichier requis peut être installé en suivant la procédure décrite à la fin de ce chapitre.

## Contenu de l'aide

Selon l'application, les rubriques d'aide sont divisées en huit catégories au maximum. Chaque catégorie est représentée par une icône dans la fenêtre Contenu de l'Aide.

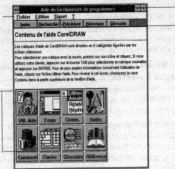

Cliquez sur une icône pour afficher la liste des sujets de la catégorie.

Choisissez Aide pour afficher une commande vous informant sur l'utilisation de l'Aide ou cliquez sur l'icne Utiliser l'Aide.

Pour obtenir des informations, cliquez sur le bouton Rechercher après avoir spécifié des mots-clés ou des locutions.

Cliquez sur le bouton Contenu à partir de n'importe quel élément de l'Aide pour revenir au Contenu de l'Aide.

Le tableau suivant décrit les informations disponibles dans chacune des catégories de rubriques relatives à CorelDRAW. Le nombre de catégories est moindre pour les autres applications, mais celles qu'elles ont en commun avec CorelDRAW contiennent le même type d'informations.

| Choisissez cette icône..: | Pour: |
|---|---|
| Utiliser l'Aide | instructions relatives au système d'aide Windows. |
| Ecran | informations relatives à des éléments de l'écran CorelDRAW. |
| Commandes | descriptions des menus déroulants et de leurs commandes. |
| Outils | informations sur les fonctions et le maniement des outils de dessin et d'édition. |
| Procédures | instructions pas à pas pour l'exécution d'une série de tâches courantes. |
| Clavier | liste des raccourcis clavier ou souris que vous pouvez utiliser pour exécuter certaines commandes et autres fonctions du programme |
| Glossaire | définitions des termes utilisés dans CorelDRAW et dans le secteur des arts graphiques |

## Accès à l'aide

Vous pouvez accéder à l'aide de plusieurs manières. La méthode utilisée dépendra souvent du type d'information que vous recherchez.

**Contenu de l'aide :** Cet écran s'affiche lorsque vous appuyez sur F1, et vous présente les principales catégories d'aide disponibles. A partir de cet écran, vous pouvez accéder à des informations plus spécifiques. Pour revenir à l'écran Contenu de l'aide à partir d'une rubrique quelconque, cliquez sur le bouton Contenu affiché en haut de la fenêtre d'aide.

**Aide sur les commandes en surbrillance ou les boîtes de dialogue ouvertes:** Lorsqu'une boîte de dialogue est ouverte ou qu'une commande est en surbrillance, vous pouvez appuyer sur F1 pour obtenir une aide contextuelle sur cette boîte de dialogue ou sur cette commande.

**Aide sur les éléments de l'écran:** Lorsque vous choisissez la commande Aide/Menus Ecran dans le menu Aide ou que vous appuyez sur MAJ+F1, le pointeur de la souris se transforme en point d'interrogation. Vous pouvez ensuite cliquer sur un élément de l'écran, par exemple l'icône d'un outil, pour obtenir des informations à ce sujet. Les menus flottants et les commandes de menu indisponibles (affichés en grisé) sont également considérés comme des éléments de l'écran.

**Aide sur une rubrique particulière:** Lorsque vous sélectionnez Recherche d'Aide sur dans le menu Aide ou que vous appuyez sur CTRL+F1, une boîte de dialogue s'affiche dans laquelle vous pouvez rechercher un terme ou une chaîne spécifique.

C'est la même boîte de dialogue qui apparaît lorsque vous cliquez sur le bouton Rechercher.

## Passage à une autre rubrique d'aide

Les rubriques d'aide ont souvent des références croisées avec d'autres rubriques connexes. Les références croisées sont affichées sous la forme de textes soulignés en trait continu plein (et en vert sur les écrans couleurs). Pour passer à la rubrique connexe, cliquez sur le texte ou appuyez sur le touche TABULATION pour la mettre en surbrillance et appuyez sur ENTREE. Un clic sur le bouton Précédent vous permet de revenir à la rubrique précédente.

## Affichage des définitions

Les rubriques contiennent parfois des mots ou groupes de mots (généralement des termes), qui sont soulignés par des tirets (en vert sur les écrans couleurs). En cliquant sur ces mots ou groupes de mots, vous obtiendrez une définition ou des explications complémentaires. Vous pouvez également commander l'affichage des définitions depuis le clavier: appuyez sur la touche TABULATION pour mettre le texte en surbrillance et appuyez sur ENTREE.

## Consultation des rubriques

Les boutons Parcourir (< et >) de la fenêtre d'aide vous permettent de consulter successivement les rubriques qui ont été groupées dans un certain ordre. Un clic sur le bouton > affiche la rubrique suivante de la séquence, un clic sur le bouton < rappelle la rubrique précédente. Si la rubrique n'est pas incluse dans une séquence, les boutons Parcourir sont en grisé.

## Appel de l'aide en cours de travail

Vous pouvez spécifier que la fenêtre d'aide doit s'afficher au-dessus de toutes les autres fenêtres en cliquant sur l'option Toujours en haut dans le menu Aide de la fenêtre d'aide. De cette manière, vous pouvez consulter l'aide en cours de travail. La fenêtre peut être déplacée ou redimensionnée si elle recouvre une zone de la fenêtre de travail.

## Apprendre à utiliser l'aide

Le système d'aide Windows propose une série d'autres fonctions telles que les signets, qui permettent de marquer certaines rubriques que vous consultez fréquemment, ou les annotations, qui vous permettent d'adjoindre des commentaires aux rubriques d'aide. Vous pouvez obtenir plus d'informations sur ces fonctions et les autres particularités du système d'aide depuis la fenêtre Aide.

▶ **Pour obtenir de l'aide sur le système d'aide en ligne:**

1. Appuyez sur F1 pour ouvrir la fenêtre Aide.
2. Effectuez l'une des opérations suivantes:
   - Appuyez sur F1.
   - Cliquez sur l'icône Utiliser l'Aide.
   - Choisissez la commande Comment utiliser l'aide dans le menu Aide.

## Si l'aide n'est pas installée

L'aide est une option dont l'installation est facultative pour toutes les applications COREL, à l'exception de CorelSHOW, CorelTRACE et CorelMOSAIC. Si vous avez choisi initialement de ne pas installer l'aide, vous pouvez l'installer par la suite en procédant de la manière décrite ci-après:

▶ **Pour installer l'aide:**

1. Insérez la disquette d'installation 1 de CorelDRAW dans le lecteur de disquette. Si vous disposez d'un lecteur de CD, insérez le disque CD-ROM CorelDRAW.
2. Choisissez la commande Exécuter dans le menu Fichier du Gestionnaire de programmes Windows.
3. Tapez la lettre du lecteur suivie de :\setup, puis choisissez OK.
4. Suivez les instructions des messages affichés à l'écran.

   Lorsque la fenêtre des options d'installation s'affiche, cliquez sur le bouton Installation personnalisée.
5. Choisissez l'option Certains.
6. Sélectionnez Aide et les autres options éventuelles que vous souhaitez installer. Vérifiez que les cases des options non souhaitées ne sont pas cochées.
7. Cliquez sur le bouton Continuer et suivez les instructions qui apparaissent à l'écran.

# Utilisation du catalogue des bibliothèques Corel

CorelDRAW est fourni avec des bibliothèques d'images clipart, de symboles, d'animations et de clips sonores prêts à l'emploi.

Sur le disque CD-ROM, la collection d'images est fournie en format non compressé. Tous les symboles et une sélection des images clipart sont également disponibles sur disquettes. Les images clipart sur disquettes sont toutefois en format compressé. Pour utiliser les images, vous devez d'abord décompresser les fichiers en utilisant CorelMOSAIC. Pour la procédure à suivre, cherchez la rubrique clipart dans l'aide en ligne de CorelMOSAIC.

CorelDRAW est fourni avec un catalogue illustré des bibliothèques de clipart CorelDRAW. En feuilletant ce catalogue, vous remarquerez la présence de symboles en haut de chaque page. Ces symboles indiquent la catégorie des images représentées sur la page (animaux, cartes, drapeaux, sports, etc.) Nous avons utilisé des symboles plutôt que des noms pour donner un caractère universel à ce catalogue de référence. De cette manière, tout utilisateur de CorelDRAW pourra se référer au même guide, quelle que soit sa langue maternelle.

Un fichier nommé "INDEX40.CDR" dans le répertoire "CLIPART" contient les références croisées entre les symboles et les noms des répertoires du CD-ROM dans lesquels ils se trouvent. Vous pouvez imprimer ce fichier à partir de CorelDRAW. Pour les informations concernant l'impression des fichiers, reportez-vous au chapitre 18 de la section CorelDRAW de ce manuel.

# SECTION 1

# COREL*DRAW*

# CHAPITRE 1

# CorelDRAW : Notions de base

Ce chapitre a pour but de vous familiariser avec les principaux éléments de l'écran CorelDRAW et de vous apprendre une série de techniques de base que vous utiliserez chaque fois que vous travaillerez avec le programme. Il vous explique comment faire pour:

- Lancer CorelDRAW
- Utiliser les boîtes de dialogue et les menus flottants
- Ouvrir un fichier de dessin existant et préparer un nouveau dessin
- Enregistrer un dessin
- Utiliser le bouton droit de la souris
- Annuler les erreurs
- Configurer l'environnement de travail CorelDRAW
- Quitter CorelDRAW

## Rappel pour les nouveaux utilisateurs de Windows

Si CorelDRAW est le premier programme que vous utilisez sous Windows, familiarisez-vous d'abord avec l'environnement Windows. La connaissance des techniques de base, telles que la marche à suivre pour choisir les commandes et redimensionner les fenêtres, est nécessaire pour utiliser CorelDRAW.

# Démarrage de CorelDRAW

Avant d'exécuter CorelDRAW, vous devez d'abord lancer Windows. Tapez:

WIN

à l'invite du DOS (C:>) et appuyez sur Entrée. Le gestionnaire de programmes apparaît. Cliquez deux fois sur l'icône CorelDRAW pour lancer l'application.

# Structure de l'écran CorelDRAW

L'écran CorelDRAW se compose des éléments suivants:

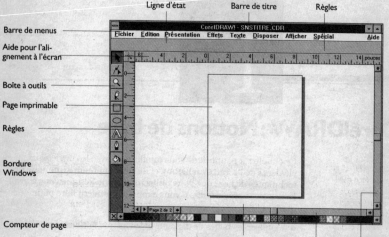

**Bordure de fenêtre:** La bordure de fenêtre permet de modifier la taille de la fenêtre CorelDRAW. Cette possibilité est utile si vous faites tourner simultanément plusieurs applications Windows.

**Barre de titre:** Outre qu'elle vous indique le nom du programme et le nom du fichier dans lequel vous travaillez, la barre de titre peut être utilisée pour repositionner la fenêtre CorelDRAW.

Les icônes fléchées affichées à droite de la barre de titre vous permettent d'agrandir au format plein écran la fenêtre CorelDRAW ou de la réduire en icône.

**Barre de menus:** La barre de menus présente les noms de neuf menus déroulants. Cliquer sur le nom d'un menu provoque l'affichage d'une liste de commandes qui permettent d'accéder aux fonctions de CorelDRAW.

**Barres de défilement horizontal/vertical:** Les barres de défilement permettent de voir ce qui se trouve dans la fenêtre en cours. En fait, elles sont surtout utiles pour afficher les zones masquées d'un dessin lorsque vous avez activé la fonction zoom pour faire un gros plan sur un aspect de l'image.

> **» Conseil:**
> CorelDRAW propose une fonction auto-panoramique qui permet de déplacer la fenêtre de visualisation automatiquement lorsque vous faites glisser le dessin au-delà de la fenêtre de dessin. Vous pouvez désactiver cette fonction avec la commande Préférences du menu Spécial.

**Fenêtre de dessin:** La surface blanche de l'écran est la fenêtre de dessin. Le rectangle au centre, mis en relief par une ombre portée, représente la page imprimable. Normalement, seule la partie du dessin incluse dans ce rectangle est imprimée.

Lorsque vous dessinez dans la fenêtre de dessin en mode de visualisation modifiable (mode par défaut), les objets dessinés s'affichent avec leur surface et leur contour. Mais vous pouvez passer dans un mode de visualisation simplifié pour sélectionner et manipuler les objets plus facilement, et pour accélérer l'affichage. Dans le mode squelettique, seul le contour des objets s'affiche. Toutefois, si vous possédez un ordinateur très puissant, il est probable que vous ne remarquerez pratiquement pas la différence lorsque vous passez d'un mode à l'autre. Pour passer dans le mode d'affichage simplifié, choisissez la commande Modifier la visualisation dans le menu Afficher.

**Boîte à outils:** La boîte à outils vous procure un accès direct aux fonctions les plus usuelles. Elle groupe les outils suivants :

| Outil | | Usage |
|---|---|---|
| ▶ | Outil-sélection | Sélectionner et transformer des objets |
| ⌁ | Outil de modelage | Modifier la forme des objets |
| ⚲ | Outil-zoom | Modifier le facteur de visualisation |
| ✎ | Outil-crayon | Tracer des lignes ou des courbes |
| ☐ | Outil-rectangle | Tracer des rectangles ou des carrés |
| ○ | Outil-ellipse | Tracer des ellipses ou des cercles |
| 𝔸 | Outil-texte | Ajouter du texte et des symboles |
| ✒ | Outil-plume de contour | Déterminer les attributs des contours |
| ⬥ | Outil-surface | Déterminer les attributs des surfaces |

> **» Conseil:**
> Si vous double-cliquez sur la surface grise située en-dessous de l'Outil-surface, CorelDRAW détache la boîte à outils à du bord de la fenêtre de dessin et vous la positionnez où vous voulez par glissement. Pour rendre à la boîte à outils sa position par défaut, double-cliquez sur sa case Système.

Ces outils sont décrits de manière détaillée plus loin dans ce manuel.

Vous pouvez positionner la boîte à outils où bon vous semble dans la fenêtre de dessin en cliquant deux fois dessus: la boîte à outils se décale quelque peu vers la droite. Pour la placer à l'endroit voulu, faites glisser sa barre de titre en mettant le pointeur de la souris dans le coin supérieur droit de la boîte à outils. Pour la remettre dans sa position initiale, cliquez deux fois sur le bouton du coin supérieur gauche. Une autre méthode consiste à cocher la commande Boîte à outils flottante dans le menu Afficher (pour remettre la boîte à outils dans sa position initiale, choisissez de nouveau cette commande).

**Ligne d'état:** La ligne d'état s'affiche dans le haut de l'écran, juste sous la barre de menus. Elle vous donne des informations sur l'objet que vous venez de sélectionner, ou sur l'action en cours.

Ligne d'état

Si vous le souhaitez, vous pouvez masquer la ligne d'état par la commande Afficher la ligne d'état dans le menu Afficher. Nous vous suggérons toutefois de la laisser à l'écran parce qu'elle vous procure un grand nombre d'informations utiles.

**Règles:**  Vous pouvez décider d'afficher des règles autour de la fenêtre de dessin, qui vous permettront de déterminer plus facilement la taille des objets et de les repositionner avec précision. Pour afficher les règles, sélectionnez la commande Afficher les règles dans le menu Afficher. La petite icône à l'intersection des deux règles sert à vous rappeler que la position du point (0,0) peut être modifiée. Pour le repositionner, cliquez sur l'icône et faites glisser le curseur jusqu'à un endroit quelconque de la page. Le nouveau point zéro des règles se positionne à l'endroit où vous relâchez le bouton de la souris. Lorsque vous faites défiler le contenu de la fenêtre de dessin, les règles vous indiquent la position du curseur par rapport au reste de la page.

Pour plus d'informations sur les règles, reportez-vous à la section "Utilisation des règles, des grilles, des repères d'alignement et des objets de référence" au chapitre 10.

**Palette de couleurs:**  CorelDRAW vous donne la possibilité d'afficher à l'écran une palette de couleurs pour sélectionner les couleurs de contour et de surface d'un objet. Lorsque vous cochez la commande Palette de couleurs dans le menu Afficher, la palette apparaît dans le bas de l'écran comme dans l'illustration suivante:

Pour plus d'informations, reportez-vous aux sections "Méthodes de sélection de surfaces" et "Méthodes de sélection de contours" respectivement aux chapitres 6 et 7.

**Aides pour l'écran à l'écran:**  Avec les fonctions Grille et Repères d'alignement, vous n'aurez aucune peine à aligner avec précision les objets qui composent un dessin. Ces deux fonctions sont associées à une option aimantation qui permet, lorsque vous l'activez, de contraindre les objets à s'aligner dans le sens horizontal et/ou vertical.

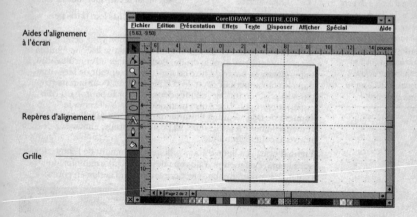

Aides d'alignement à l'écran

Repères d'alignement

Grille

Outre la grille et les repères d'alignement, vous pouvez également aimanter d'autres objets. Cette fonction est utile pour dessiner des objets de mêmes dimensions et pour aligner les objets entre eux.

Pour plus d'informations sur la grille et les repères d'alignement, reportez-vous à la section "Utilisation des règles, des grilles, des repères et des objets de référence" au chapitre 10. La fonction Objets magnétiques est décrite dans la section "Alignement par aimentation d'objets par rapport à d'autres objets" du chapitre 10.

**Compteur de page:** CorelDRAW vous permet de créer des dessins sur plusieurs pages. Lorsque vous ouvrez un dessin de ce type, le nombre total de pages s'affiche dans la boîte Compteur de page dans le coin inférieur gauche de la fenêtre de dessin. Vous pouvez afficher une page déterminée en cliquant sur les flèches gauche ou droite situées à gauche du compteur de pages, ou en appuyant sur les touches PAGE PRECEDENTE et PAGE SUIVANTE du clavier. Vous pouvez également choisir la commande Vers page dans le menu Présentation. Pour plus d'informations sur les dessins de plusieurs pages, reportez-vous à la section "Préparation d'un nouveau dessin" plus loin dans ce chapitre et à la section "Gestion de documents de plusieurs pages" au chapitre 18.

# Utilisation des boîtes de dialogue CorelDRAW

CorelDRAW affiche des boîtes de dialogue pour vous permettre de donner des instructions, par exemple, imprimer selon les paramètres sélectionnés ou modifier les attributs de texte. Si vous avez déjà travaillé avec d'autres applications Windows, vous savez déjà qu'elles sont faciles à utiliser.

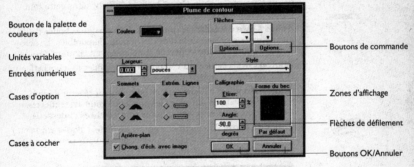

Voici une boîte de dialogue standard et une description des diverses commandes.

**Cases d'option:** présentent deux ou plusieurs choix mutuellement exclusifs. Pour activer l'option voulue, vous devez cliquer sur la case correspondante pour la mettre en surbrillance. Notez que si vous utilisez le mode de visualisation 3D, ces cases se présentent sous la forme de losanges en creux. Avec un écran monochrome, elles ont la forme de boutons circulaires.

**Cases à cocher:** pour activer/désactiver une option déterminée. L'option est activée lorsque la case est cochée ; elle est désactivée lorsque la case est vide.

**Boutons de commande :** pour déclencher une action, par exemple rétablir les valeurs par défaut d'une boîte de dialogue, ou afficher une boîte de dialogue supplémentaire.

**Entrées numériques :** pour entrer des valeurs numériques. Vous pouvez saisir directement la valeur de votre choix ou utiliser les flèches de défilement pour sélectionner l'une des valeurs prédéfinies.

**Flèches de défilement :** utilisées pour modifier les valeurs numériques avec la souris. La flèche supérieure permet d'augmenter la valeur affichée, la flèche inférieure de la réduire. Vous pouvez soit cliquer sur la souris pour faire varier la valeur par incréments de 1, soit maintenir le bouton de la souris enfoncé pour modifier la valeur de manière continue. Pour obtenir un défilement plus rapide, maintenez enfoncé le bouton de la souris sur la barre de séparation des flèches et faites glisser la souris vers le haut ou le bas. Pour permettre une modification plus rapide de la valeur affichée pour certaines options, le facteur d'incrémentation est supérieur à un.

**Unités variables :** pour choisir les unités que vous préférez pour l'option sélectionnée. Les unités ne sont associées qu'à l'option à côté de laquelle elles se trouvent, ce qui permet d'utiliser des pouces dans une boîte de dialogue et des points dans une autre. Pour changer d'unités, cliquez sur la flèche tournée vers le bas (à côté des unités) et cliquez sur les unités voulues dans le menu déroulant. Lorsque vous sélectionnez une unité différente, la valeur est convertie automatiquement.

**Zones d'affichage :** intégrées dans certaines boîtes de dialogue pour vous montrer à quoi correspond la sélection en cours. Lorsque vous sélectionnez autre chose, le dessin affiché dans cette zone reflète la nouvelle sélection.

**Boîtes à liste déroulante :** intégrées dans certaines boîtes de dialogue pour vous présenter la liste des options disponibles. La sélection de l'option voulue s'effectue simplement en cliquant dessus.

**Bouton OK :** Cliquez sur ce bouton pour valider les choix effectués et revenir dans la fenêtre de dessin.

**Bouton Annuler :** Cliquez sur ce bouton pour revenir dans la fenêtre de dessin en annulant les choix que vous aviez effectués. Deux commandes supplémentaires sont affichées ci-dessous.

**Zones de texte :** permettent d'entrer du texte. Cliquez sur la chaîne du texte existant pour le sélectionner. Vous pouvez ensuite éditer le texte au moyen du clavier.

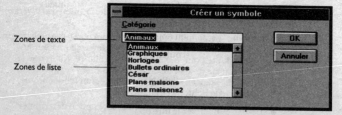

Zones de texte
Zones de liste

La touche DEBUT fait passer le curseur au début de la chaîne ; la touche FIN fait passer le curseur à la fin de la chaîne. La touche

SUPPR efface les caractères à droite du curseur ; la touche RETOUR ARRIERE supprime les caractères à gauche du curseur. Vous pouvez mettre en surbrillance une partie du texte en faisant glisser le curseur au-dessus. Le texte en surbrillance peut être supprimé en appuyant sur la touche SUPPR ou RETOUR ARRIERE. Vous pouvez aussi le supprimer en tapant directement le nouveau texte.

**Zones de liste :** permettent de sélectionner un élément dans une liste d'éléments similaires. Passez en revue les choix disponibles en utilisant la barre de défilement. Pour sélectionner un élément, cliquez deux fois dessus, ou sélectionnez l'élément et cliquez sur OK.

Pour plus d'informations sur les boîtes de dialogue Windows, reportez-vous au Guide de l'utilisateur de Microsoft Windows.

# Utilisation des menus flottants CorelDRAW

Les "menus flottants" de CorelDRAW sont des boîtes de dialogue persistantes qui restent affichées et actives aussi longtemps que vous le décidez. Vous pouvez utiliser ces menus pour contrôler de nombreuses opérations de CorelDRAW. Ils vous facilitent le travail en vous dispensant d'activer une commande pour accéder à une boîte de dialogue chaque fois que vous souhaitez affiner le réglage d'un paramètre.

Ces menus flottants se referment à la manière d'un store et ne laissent apparaître que leur titre jusqu'à ce que vous en ayez besoin. La plupart des fonctions contrôlées par ces menus sont également accessibles par les boîtes de dialogue et les commandes de menu normales de CorelDRAW.

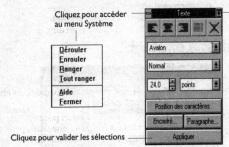

Cliquez pour accéder au menu Système

Cliquez pour enrouler et dérouler le menu flottant

Dérouler
Enrouler
Ranger
Tout ranger
Aide
Fermer

Cliquez pour valider les sélections

Le menu flottant de l'illustration sert à sélectionner des attributs de texte. Les procédures décrites ci-après s'appliquent à tous les menus flottants ; le fonctionnement des commandes spécifiques à chaque menu flottant est décrit au fur et à mesure dans ce manuel.

> **»Conseil :**
> Vous pouvez définir l'affichage des menus flottants à chaque début de session CorelDRAW. Reportez-vous à l'Annexe A pour de plus amples renseignements.

▶ **Pour valider une sélection**
- Cliquez sur le bouton Appliquer.

▶ **Pour enrouler ou dérouler un menu flottant :**
Effectuez l'une des opérations suivantes
- Cliquez sur la flèche dans le coin supérieur droit.
- Cliquez sur la case du menu système et choisissez Enrouler ou Dérouler
- Double-cliquez sur le titre du menu flottant.

▶ **Pour fermer la fenêtre d'un menu flottant:**
Effectuez l'une des opérations suivantes:
- Cliquez sur la case du menu système et choisissez Fermer.
- Cliquez sur la fenêtre (sauf sur sa barre de titre), maintenez le bouton de la souris enfoncé et appuyez sur la touche ECHAP.
- Double-cliquez sur la case du menu Système.

▶ **Pour déplacer la fenêtre d'un menu flottant:**
- Placez le pointeur sur la barre de titre, maintenez enfoncé le bouton gauche et faites glisser la souris pour repositionner la fenêtre à l'endroit voulu.

▶ **Pour réorganiser les fenêtres des menus flottants ouverts:**
1. Cliquez sur la case du menu Système.
2. Effectuez l'une des opérations suivantes:
   - Choisissez Disposer pour enrouler la fenêtre active et la déplacer dans l'un des coins supérieurs de la fenêtre de travail.
   - Choisissez Tout disposer pour enrouler tous les menus ouverts et les disposer dans les coins supérieurs de la fenêtre de travail.

▶ **Pour obtenir de l'aide sur une fenêtre de menu flottant ouverte:**
Effectuez l'une des opérations suivantes:
- Appuyez sur MAJUSCULE+F1 et cliquez sur la fenêtre du menu flottant.
- Cliquez sur la case du menu Système.

# Ouverture d'un dessin existant

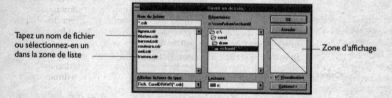

Tapez un nom de fichier ou sélectionnez-en un dans la zone de liste

Zone d'affichage

___
**» Conseil**

Le titre des derniers fichiers ouverts ou enregistrés s'affichent en bas du menu Fichier (4 fichiers maximum). Pour ouvrir un fichier se trouvant dans la liste, cliquez simplement dessus.
___

▶ **Pour ouvrir un dessin existant:**
1. Choisissez la commande Ouvrir dans le menu Fichier.
   La boîte de dialogue Ouvrir un dessin s'affiche.
2. Dans la zone de liste, cliquez une seule fois sur le fichier que vous souhaitez ouvrir ou tapez son nom dans la case Nom du fichier.
   Le contenu des fichiers créés avec CorelDRAW 3.xx, ou une version ultérieure, apparaît en miniature dans la case de visualisation s'ils ont été enregistrés avec un en-tête image.
   Si le dessin se trouve dans un autre répertoire ou unité, sélectionnez l'unité dans la liste des unités et le répertoire dans la liste des répertoires.

Cliquez sur le bouton Options pour afficher les options qui vous permettront de chercher un fichier à l'aide de mots-clés ou de CorelMOSAIC, un gestionnaire visuel de fichiers fourni avec CorelDRAW. Pour plus d'informations, reportez-vous au chapitre 18 "Gestion et impression des fichiers".

3. Choisissez OK ou double-cliquez sur le nom du fichier.

# Préparation d'un nouveau dessin

> **»Raccourci:**
> Pour ouvrir un nouveau dessin, appuyez sur CTRL + N.

Pour ouvrir un nouveau fichier de dessin, choisissez la commande Nouveau dans le menu Fichier. Si vous êtes occupé sur un dessin et que vous sélectionnez cette commande sans avoir enregistré vos dernières modifications, un message vous invite à le faire. Ensuite, une nouvelle page de dessin apparaît.

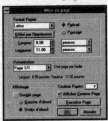

> **»Remarque:**
> Si vous avez déjà créé des gabarits, vous souhaiterez peut-être utiliser un de ceux-ci comme base pour votre dessin.
>
> Sélectionnez la commande Nouveau - Gabarit du menu Fichier. Dans la boîte de dialogue Charger Gabarit qui s'affiche, sélectionnez un gabarit (*.CDT) pour créer votre dessin.
>
> Le gabarit est chargé dans CorelDRAW. Vous pouvez appliquer les styles de gabarit à partir du menu flottant Styles.
>
> Pour de plus amples renseignements sur la création de gabarits, reportez-vous au Chapitre 14.

La mise en train d'un nouveau projet commence normalement par la définition du format de page et de l'orientation. Pour cela, choisissez Mise en page dans le menu Présentation et sélectionnez les options proposées dans la boîte de dialogue Mise en page.

**Format du papier:** Pour spécifier le format de la page, cliquez sur la liste déroulante Format du papier et faites un choix parmi les 19 formats prédéfinis. Ou choisissez l'option Utilisateur à la fin de la liste pour définir un format personnalisé en tapant les dimensions de la page dans les cases Largeur et Longueur (les dimensions maximum sont 77 x 77cm). Si le travail consiste à créer des diapositives, sélectionnez Diapo pour définir un format ayant les mêmes proportions qu'une diapositive de 35 mm.

Si vous cliquez sur le bouton Défini par l'Imprim., CorelDRAW choisit automatiquement le format du papier en fonction du paramètre configuré pour l'imprimante en cours. Les dimensions s'affichent dans les cases Largeur et Longueur.

**Orientation:** Cliquez sur Portrait si vous souhaitez que la dimension verticale de la page soit plus grande que la dimension horizontale. Cliquez sur Paysage pour choisir l'orientation inverse.

Au moment de l'impression du dessin, CorelDRAW vous avertit si la page imprimable et l'orientation de page de l'imprimante (définie avec la commande Configuration de l'imprimante) ne concordent pas. Choisissez Oui si vous voulez que CorelDRAW modifie l'orientation de page de l'imprimante en fonction de la page imprimable.

**Couleur du papier:** Affiche une boîte de dialogue qui vous permet d'appliquer une couleur à l'écran de visualisation (et à la fenêtre de travail lorsque vous travaillez en mode de visualisation modifiable) pour la faire correspondre à la couleur d'arrière-plan du dessin ou avec celle du papier choisi pour l'impression. La couleur choisie n'est pas imprimée. Si vous souhaitez choisir une couleur d'arrière-plan qui s'imprime, cliquez sur le bouton Encadrer Pages.

**Afficher Contour Page:** Le contour de la page est le rectangle avec une ombre qui apparaît dans la fenêtre de dessin. Cette option est activée par défaut. Si vous préférez la désactiver pour travailler, il est utile de l'activer de nouveau avant l'impression parce qu'elle vous permet de vérifier que le dessin ne s'étend pas au-delà de la feuille de papier (les parties qui se trouvent hors du rectangle ne sont pas imprimées).

**Note:** Le contour de la page représente le périmètre de la feuille de papier. Pour le format réellement imprimable, il faut tenir compte également des marges déterminées par l'imprimante.

**Encadrer Pages:** Cette commande applique une couleur d'arrière-plan imprimable de mêmes dimensions que la page affichée à écran. L'encadrement est affecté des attributs de surface et de contour par défaut que vous pouvez modifier de la même manière que pour un objet quelconque.

Les options Mise en page qui apparaissent lorsque vous ouvrez CorelDRAW sont celles que vous avez utilisées au cours de votre dernière session CorelDRAW. Si vous définissez de nouvelles options de Mise en page au cours de la session CorelDRAW actuelle, ces nouvelles options seront prises comme options par défaut pour la session suivante.

## Préparation d'un document de plusieurs pages

CorelDRAW vous permet de créer des documents comportant jusqu'à 999 pages. Lorsque vous ajoutez des pages, les icônes de page affichées dans le coin inférieur gauche de l'écran indiquent le nombre de pages du document ainsi que le numéro de la page affichée à l'écran.

▶ **Pour ajouter des pages supplémentaires à votre dessin:**

1. Sélectionnez Insérer Page dans le menu Présentation.
   La boîte de dialogue Insérer Page s'affiche.
2. Entrez le nombre de pages à ajouter. Sélectionnez Après Page pour insérer les nouvelles pages après la page affichée sur l'écran ou Avant page pour les insérer avant la page en cours.
3. Cliquez sur OK.
   Les nouvelles pages de dessin sont ajoutées au document. Le compteur de pages affiché dans le coin inférieur gauche de la fenêtre de dessin est mis à jour pour rendre compte du nombre de pages que comporte le document et indiquer le numéro de la page en cours.

> **»Raccourci:**
> Si vous appuyez sur la touche CTRL et cliquez sur l'icône Page suivante, vous vous placez à la dernière page du document. Si vous appuyez sur la touche CTRL et cliquez sur l'icône Page précédente vous vous placez alors à la première page du document.

Pour appeler une autre page à l'écran, cliquez sur les icônes page avant ou page arrière affichées au bas de la fenêtre de dessin, ou utilisez les touches PAGE PRECEDENTE et PAGE SUIVANTE du clavier. Vous pouvez également utiliser la boîte de dialogue Vers page pour entrer le numéro de la page voulue. Pour accéder à cette fonction, choisissez la commande Vers page dans le menu Présentation, ou cliquez à côté de l'icône Page suivante dans le bas de la fenêtre de dessin. Pour progresser de 5 pages à la fois, vers le début ou la fin du document, cliquez sur l'icône appropriée avec le bouton droit de la souris. Si vous avez activé l'option Double page, la progression sera de 10 pages à la fois.

Pour effacer des pages, sélectionnez Supprimer Page dans le menu Présentation. La boîte de dialogue Supprimer Page qui apparaît fonctionne de la même manière que la boîte de dialogue Insérer Page.

Pour plus d'informations concernant les dessins de plusieurs pages, reportez-vous à la section "Gestion de documents de plusieurs pages" au chapitre 18.

# Enregistrement d'un nouveau dessin

La commande Enregistrer fait apparaître une boîte de dialogue qui vous permet d'attribuer un nom de fichier au nouveau dessin et de spécifier l'emplacement où il sera enregistré. Vous pouvez également accompagner le dessin de notes et lui assigner des mots-clés pour le localiser plus facilement lorsque vous en aurez besoin.

> ▶ **Pour enregistrer un fichier pour la première fois:**

*»Raccourci:*
*CTRL+S enregistre un fichier.*

1. Choisissez Enregistrer dans le menu Fichier.
   La boîte de dialogue Enregistrer Dessin s'affiche.
2. Effectuez l'une des opérations suivantes:
   - Pour enregistrer le dessin sur l'unité et le répertoire en cours, tapez un nom de huit caractères au maximum dans la zone de saisie Nom du fichier. CorelDRAW ajoute automatiquement l'extension .CDR au nom du fichier.
   - Pour enregistrer le dessin dans un autre répertoire et unité, tapez le nom du chemin complet dans la zone de saisie Nom du fichier, ou sélectionnez l'unité et le répertoire voulus dans la liste Lecteurs et dans la liste Répertoires.
3. Tapez les mots-clés et les notes que vous souhaitez joindre à votre dessin. Pour plus d'informations reportez-vous à la section "Ajout de mots-clés et de notes" au chapitre 18.
4. Cliquez sur OK.

*»Remarque:*
*CorelDRAW propose des fonctions de sauvegarde qui permettent d'enregistrer automatiquement votre travail. Il est néanmoins préférable d'enregistrer votre travail fréquemment.*

*Pour de plus amples renseignements sur les fonctions de sauvegarde, reportez-vous à l'Aide en ligne—recherche sur "sauvegarde".*

Une fois que vous avez enregistré un fichier, utilisez à nouveau la commande Enregistrer pour enregistrer les modifications que vous apportez ultérieurement au dessin. Utilisez la commande Enregistrer sous pour enregistrer le dessin sous un autre nom ou dans un autre répertoire.

Pour enregistrer uniquement certains objets du dessin, sélectionnez les objets voulus avant de choisir la commande Enregistrer. Cliquez ensuite sur Sélect. Uniq. dans la boîte de dialogue Enregistrer Dessin.

### A propos des en-têtes d'image

Lorsque vous enregistrez un dessin, CorelDRAW crée une petite représentation bitmap. Celle-ci s'affiche dans la boîte de dialogue Ouvrir un dessin, vous permettant ainsi de visualiser le contenu du fichier avant de l'ouvrir.

Vous pouvez définir le type (couleurs ou monochrome) ainsi que la résolution de l'en-tête lorsque vous enregistrez le fichier. L'en-tête de l'image n'influence pas le résultat

# Utilisation du bouton droit de la souris

Le bouton droit de la souris sert à effectuer une copie d'un objet lors d'un déplacement et pour afficher le menu Objet. Les commandes de ce menu vous donnent la possibilité d'adjoindre des notes aux objets et d'enregistrer leurs attributs dans une feuille de style. Pour plus de détails, reportez-vous au chapitre 14 "Utilisation des styles" et au chapitre 16 "Création d'une base de données graphique".

Vous pouvez également reprogrammer la fonction attribuée au bouton droit de la souris en choisissant parmi les options suivantes:

- Sélectionner l'outil de modelage
- Alterner entre l'option de visualisation Zoom 2x et visualisation normale
- Afficher votre dessin en mode de visualisation plein écran
- Afficher la boîte de dialogue Editer le texte

Pour plus d'informations, reportez-vous à l'annexe A "Personnalisation de CorelDRAW".

**Note:** Même si une autre fonction est assignée au bouton droit de la souris, ce bouton permet malgré tout d'accéder au menu Objet: placez le pointeur de la souris sur un objet et appuyez sur le bouton en le maintenant enfoncé.

# Annulation des erreurs

CorelDRAW mémorise les actions que vous avez effectuées pendant la session en cours. Si vous faites une fausse manoeuvre ou que vous changez d'avis à propos de l'opération que vous venez d'effectuer, la fonction Annuler vous permettra le plus souvent d'annuler les effets de cette action. Vous pouvez spécifier le nombre de niveaux d'annulation en choisissant la commande Préférences dans le menu Spécial. Vous ne pouvez pas annuler les actions suivantes:

- tout changement de mode de visualisation (zoom, défilement, etc.)
- toute opération sur un fichier (ouvrir, enregistrer, importer, etc.)
- toute opération de sélection d'objet.

La commande Annuler change de nom pour refléter la dernière action effectuée, par exemple, Annuler Surface ou Annuler Rotation. En cas d'impossibilité d'annulation, ou s'il n'y a rien à annuler, la commande Annuler est en grisé.

Immédiatement après une opération d'annulation, la commande Rétablir est mise à votre disposition pour vous permettre de rétablir ce que vous venez d'annuler.

# Configuration de l'environnement de travail CorelDRAW

Vous pouvez adapter l'environnement de travail CorelDRAW en fonction de vos préférences. Par exemple, en utilisant les commandes du menu Afficher, vous pouvez spécifier l'affichage systématique des règles et de la grille à chaque nouvelle session. Vous pouvez spécifier d'autres choix avec la commande Préférences du menu Spécial, notamment masquer la bordure de page, changer les paramètres déterminant le positionnement des objets au moment où vous les dupliquez, et le mode d'affichage à l'écran du texte en petits caractères. Pour plus d'informations sur la définition des préférences, reportez-vous à l'annexe A.

Les autres préférences sont définies dans le fichier CORELDRW.INI, un fichier texte que vous pouvez modifier à l'aide d'un éditeur de texte tel que le bloc-notes Windows. Les paramètres de ce fichier déterminent notamment la police par défaut appliquée à un nouveau texte et la fréquence à laquelle CorelDRAW crée des fichiers de sauvegarde.

# Clôture d'une session CorelDRAW

*» Raccourci:*
*Pour quitter Corel-DRAW, appuyez sur ALT + F4.*

Pour mettre fin à une session de travail avec CorelDRAW, choisissez Quitter dans le menu Fichier. Si vous avez effectué des modifications depuis le dernier enregistrement du fichier en cours, CorelDRAW vous invitera à enregistrer le fichier avant de repasser dans le Gestionnaire de programmes Windows. Cliquez sur Oui pour enregistrer les modifications. Si vous avez apporté des modifications au gabarit, un message vous invite également à les enregistrer.

CHAPITRE 2

# Dessin des objets

CorelDRAW met à votre disposition trois outils pour dessiner des objets: l'outil-crayon, l'outil-rectangle et l'outil-ellipse. A première vue, trois outils c'est peu et on pourrait penser que les possibilités se limitent au dessin de formes géométriques simples. Pourtant, il suffit de se dire que les dessins les plus complexes sont obtenus avec des éléments aussi simples que des lignes et des courbes pour se rendre compte que le potentiel en terme de création est quasi illimité.

L'outil-crayon est l'outil le plus polyvalent. Sa fonction la plus évidente est de tracer des lignes et des courbes, mais vous pouvez l'utiliser également pour ajouter des lignes-cotes à vos dessins, ou tracer des pleins et des déliés, une fonction qui vous permet de donner à votre travail l'aspect d'un dessin tracé à main levée. L'outil-crayon vous permet en outre de tracer des images bitmap. Pour plus d'informations à ce sujet, reportez-vous au chapitre 16 "Utilisation d'images bitmap".

Le principe de fonctionnement est le même pour chacun de ces outils: vous sélectionnez l'outil, vous cliquez sur l'endroit voulu dans la page et vous faites glisser la souris. La touche CTRL permet d'activer une fonction de contrainte. Si vous maintenez cette touche enfoncée en déplaçant la souris, vous obtenez des formes régulières (cercles, carrés, lignes verticales).

CorelDRAW attribue à tout objet nouvellement tracé des attributs de surface et de contour par défaut. Vous pouvez modifier à tout moment ces paramètres par défaut en choisissant les outils surface ou contour sans avoir sélectionné d'objets. Pour plus d'informations, reportez-vous aux sections "Modification des attributs de surface par défaut" au chapitre 6 et "Modification des attributs de contour par défaut" au chapitre 7.

# Utilisation des outils de dessin

Fonction des icônes de dessin de la boîte à outils:

- ✐ ......................... Pour tracer des lignes et courbes à main levée
- ✐ ...................... Pour tracer des lignes et courbes en mode Bézier
- ✧ ....... Pour tracer des lignes d'épaisseur variable (Pleins/Déliés)
- ☐ .......................................... Pour tracer des rectangles et carrés
- ○ ........................................... Pour tracer des ellipses et cercles

L'outil sélectionné reste activé après que vous avez tracé ou dessiné l'objet concerné pour vous permettre d'ajouter si nécessaire un autre objet du même type.

Lorsque vous dessinez un objet avec l'un de ces outils, l'objet est sélectionné par défaut. Cette sélection automatique permet de modifier les attributs de l'objet en utilisant diverses commandes de menu ainsi que les outils ◊ et ♦.

Choisissez l'outil ▶ ou l'outil ⌒ immédiatement après avoir utilisé l'un des trois outils de dessin pour déplacer, transformer ou modeler l'objet.

### Raccourci d'activation temporaire de l'outil▶

Lorsque vous utilisez l'un des trois outils de dessin, vous pouvez activer l'outil ▶ en appuyant sur la barre d'espacement pour sélectionner ou transformer un autre objet. Selon la procédure normale, vous devriez amener votre curseur dans la boîte à outils pour activer l'outil▶ , revenir et sélectionner le nouvel objet. Si vous appuyez sur la barre d'espacement après avoir activé l'outil▶ , l'outil que vous avez utilisé en dernier lieu redevient actif. Cette fonction vous permet de dessiner des objets, de les repositionner ou de les transformer puis de dessiner d'autres objets du même type, sans devoir repasser dans la boîte à outils.

Si vous appuyez sur la barre d'espacement après avoir activé l'outil-texte, vous générez un caractère d'espacement. Vous pouvez activer l'outil ▶ , en appuyant sur la touche CTRL et la barre d'espacement lorsque vous éditez du texte courant ou artistique.

Lorsque vous passez d'un outil de dessin à un autre en utilisant ou non la barre d'espacement, l'objet sélectionné le demeure. Mais si vous avez sélectionné plus d'un objet, le fait d'appuyer sur la barre d'espacement ou de changer d'outil de dessin entraîne la désélection des objets.

# Traçage de rectangles et de carrés

Outil-rectangle

> **Raccourci:**
> Pour sélectionner
> l'outil □,
> appuyez sur F6.

▶ **Pour tracer un rectangle:**

1. Cliquez sur l'outil □. Le curseur change de forme : +.
2. Placez le curseur dans la zone de dessin à l'endroit choisi pour l'un des sommets du rectangle.
3. Appuyez sur le bouton de la souris et faites glisser le curseur dans une direction quelconque. Un rectangle s'affiche dont l'un des sommets est le point sur lequel vous avez cliqué. Le sommet opposé correspond à la position du curseur en mouvement. Continuez à faire glisser le curseur jusqu'à ce que le rectangle ait les dimensions voulues.
4. Relâchez le bouton de la souris pour terminer l'opération.

▶ **Pour tracer un carré:**

- Si vous maintenez enfoncée la touche de contrainte (CTRL) lorsque vous faites glisser la souris, vous obtenez un carré. Veillez à relâcher le bouton de la souris avant de relâcher la touche CTRL.

# Traçage d'ellipses et de cercles

Outil-ellipse

> **Raccourci:**
> Pour sélectionner
> l'outil ○,
> appuyez sur F7.

▶ **Pour tracer une ellipse:**

1. Sélectionnez l'outil ○. Le curseur prend la forme d'une +.
2. L'ellipse tracée s'inscrit dans le rectangle virtuel que vous définissez. Placez le curseur sur la position correspondant à l'un des sommets du rectangle virtuel.
3. Appuyez sur le bouton de la souris et faites glisser le curseur. Une ellipse apparaît à l'écran. Vous pouvez en modifier la forme en faisant glisser le curseur dans l'une ou l'autre direction.
4. Lorsque la forme de l'ellipse correspond à ce que vous voulez, relâchez le bouton de la souris.

▶ **Pour tracer un cercle:**

- Si vous maintenez enfoncée la touche de contrainte (CTRL) lorsque vous faites glisser la souris, vous obtenez un cercle. Veillez à relâcher le bouton de la souris avant de relâcher la touche Ctrl.

> ### Dessin à partir du centre
> Maintenez la touche MAJUSCULE enfoncée pour dessiner un rectangle ou une ellipse à partir de leur centre. Maintenez les touches CTRL et MAJUSCULE enfoncées si vous souhaitez dessiner un carré ou un cercle à partir de leur centre.

# Traçage de lignes et de courbes

Outil-crayon

## Sélection d'un mode de dessin

L'outil ℓ permet de tracer des droites et des courbes, ainsi que des formes associant droites et courbes. Lorsque vous cliquez sur l'outil ℓ, la ligne d'état indique le mode de dessin sélectionné : Bézier ou à main levée. Si vous maintenez le bouton de la souris enfoncé lorsque vous cliquez sur l'outil ℓ, un menu local apparaît à l'écran. A chacun des deux modes de dessin correspond une icône spécifique. Pour tracer des polygones irréguliers composés d'angles et de segments de droite rectilignes, vous pouvez utiliser indifféremment ces deux modes. Mais pour tracer des courbes, vous devez choisir le mode de dessin en fonction du degré de précision requis. Toutefois, quel que soit le mode retenu, les outils et les techniques sont les mêmes pour éditer, transformer ou définir les contours des tracés que vous créez.

Lorsque vous travaillez dans le mode à main levée, dessinez en faisant glisser le curseur comme la mine d'un crayon sur le papier. Le programme suit les mouvements du curseur d'un point à l'autre de l'écran en positionnant des points nodaux tout au long du tracé en cours. Comme il est difficile de contrôler les mouvements de la souris avec une précision rigoureuse, vos courbes risquent de présenter un effet d'escalier. Pour cette raison, le mode A main levée convient plutôt pour effectuer des esquisses ne nécessitant pas une précision absolue.

Pour dessiner dans le mode à main levée, cliquez et faites glisser.

Lorsque vous relâchez le bouton de la souris, des points nodaux sont placés le long de l'itinéraire suivi.

Pour dessiner dans le mode Bézier, cliquez pour indiquer la position des points nodaux.

CorelDRAW relie les points nodaux pour définir le tracé.

Par contre, le mode Bézier constitue une méthode de dessin point par point. Vous spécifiez le premier et le dernier point nodal de chaque courbe et CorelDRAW les connecte les uns aux autres. Cette possibilité de contrôler le positionnement des points nodaux vous permet de réaliser des courbes parfaitement régulières. Utilisez ce mode lorsque vous devez exécuter des tracés précis.

---

**»Raccourci:**

Pour sélectionner l'outil ℓ, appuyez sur F5.

---

▶ **Pour passer d'un mode de dessin à l'autre:**

● Si l'outil ℓ est affiché, il suffit de cliquer sur celui-ci pour sélectionner le mode de dessin à main levée. Si l'outil ℓ est affiché, cliquez sur celui-ci et maintenez le bouton de la souris enfoncé. Sélectionnez l'outil ℓ dans le menu local.

## Traçage en mode à main levée

### ▶ Pour tracer des lignes droites:

1. Cliquez sur l'outil ℓ utilisé pour tracer des courbes et des segments de droite. Votre curseur prend la forme d'une +
2. Positionnez le curseur sur le point de départ de la ligne et cliquez.
3. Placez le curseur à l'autre extrémité de la droite voulue. Vous remarquerez qu'une ligne élastique suit les déplacements du curseur.
4. Lorsque la ligne présente l'orientation et la longueur voulues, cliquez de nouveau.
5. Si vous souhaitez tracer un second segment de droite à partir de l'extrémité du premier, poursuivez l'opération avec l'outil ℓ et cliquez de nouveau sur la position correspondant à l'extrémité du dernier segment. Ne vous en faites pas si la position du curseur est légèrement décalée par rapport à ce point. En effet, si pour tracer un autre segment de droite, vous avez cliqué sur une position située à 5 pixels de l'extrémité du dernier segment tracé, CorelDRAW considère que vous souhaitez que le premier point de ce nouveau segment coïncide avec le dernier point de la ligne précédente. Pour ajuster cette sensibilité définie en pixels, utilisez l'option Autojonction qui figure dans la zone Courbes de la boîte de dialogue Préférences. (Pour plus d'informations, reportez-vous à l'Annexe A "Personnalisation de CorelDRAW").
6. Déplacez le curseur pour tracer le second segment. Cliquez sur la position du curseur dès que vous avez correctement défini le second segment. L'exécution répétée des étapes 5 et 6 vous permet de tracer autant de segments de droite que vous le souhaitez. N'oubliez pas que vous devez cliquer sur deux positions : le point de départ du segment et l'extrémité opposée.

### ▶ Pour tracer des polygones ou des lignes brisées:

- Pour tracer un polygone ou une ligne brisée, appliquez la méthode décrite ci-dessus, mais double-cliquez à l'extrémité de chaque segment pour marquer le début du segment suivant. N'oubliez pas de ne cliquer qu'une seule fois à la fin du tracé du dernier segment de droite.

> **» Conseil:**
>
> Si vous maintenez la touche CTRL enfoncée en dessinant une ligne droite vous contraindrez celle-ci à se déplacer horizontalement, verticalement ou par incréments de 15°.
>
> Pour modifier cet angle, activez la commande Préférences du menu Spécial.
>
> Relâchez le bouton de la souris avant de relâcher la touche CTRL pour permettre la contrainte du dessin.

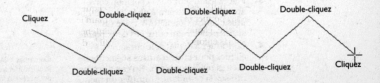

> **» Conseil:**
> Attendez que Corel-DRAW ait retracé la courbe avant de tracer une autre ligne, de manière à voir le résultat. Même les courbes les plus complexes ne nécessitent que quelques secondes de calcul.

▶ **Pour tracer une courbe:**

1. Cliquez sur l'outil ℓ. (Si l'outil ℓ est affiché, cliquez sur celui-ci et maintenez le bouton de la souris enfoncé. Ensuite, sélectionnez l'outil ℓ dans le menu local). Le curseur s'affiche sous la forme d'une +. Tracez la courbe en faisant glisser le curseur selon la trajectoire de votre choix. Ne vous en faites pas si la trajectoire effectivement suivie ne correspond pas exactement à votre intention première. L'outil ↷ permet d'apporter les modifications requises. Pour plus d'informations sur cet outil, reportez-vous au chapitre 9 "Modelage des objets".

   Faites

   Pour revenir sur vos pas en effaçant une partie du tracé, maintenez la touche MAJUSCULE enfoncée tout en continuant à faire glisser le curseur et repassez sur la partie du tracé que vous souhaitez effacer. Dès que vous relâchez la touche MAJUSCULE, vous pouvez reprendre le tracé de la courbe.

   continuez à faire glisser

2. Lorsque vous atteignez l'extrémité de la courbe voulue, relâchez le bouton de la souris.

> **» Remarque:**
> Pour que l'option Autojonction soit opérationnelle lorsque vous ajoutez un arc ou un segment de droite à l'extrémité d'un objet curviligne/rectiligne existant, vous devez tout d'abord sélectionner la courbe/ligne existante avec l'outil ↷, puis activer l'outil ℓ pour tracer le segment ou l'arc complémentaire.

3. Si vous souhaitez tracer une seconde courbe dans le prolongement de la première, poursuivez l'opération avec l'outil ℓ en commençant par faire glisser le curseur à partir de l'extrémité du dernier segment. Si la position du curseur se trouve à une distance inférieure ou égale à 5 pixels par rapport à l'extrémité du segment précédent, Corel-DRAW réalise automatiquement la jonction entre ces deux segments. Pour ajuster cette sensibilité exprimée en pixels, utilisez l'option Autojonction dans la zone Courbes de la boîte de dialogue Préférences. Pour afficher cette boîte de dialogue, choisissez le menu Spécial.

## Dessin en mode Bézier

▶ **Pour tracer des lignes droites:**

Clique

1. Cliquez sur l'outil ℓ. Le curseur prend la forme d'une +.

2. Positionnez le curseur au point où vous souhaitez que la ligne débute et cliquez. Ne déplacez pas la souris lorsque vous cliquez, sinon vous obtiendrez une courbe au lieu d'une droite.

Clique

3. Placez le curseur sur la position correspondant à l'extrémité de la ligne voulue puis cliquez. CorelDRAW trace un segment de droite entre ces deux points.

4. Continuez à déplacer le curseur et à cliquer pour créer d'autres segments de droites reliés entre eux. En cas d'erreur, utilisez la commande Annuler du menu

Continuez à déplacer le curseur et à cliquer pour créer la forme voulue.

Edition pour effacer le dernier segment tracé. Pour dessiner une forme fermée, cliquez au-dessus du premier point nodal. Pour tracer un segment de droite non relié au précédent, appuyez deux fois sur la barre d'espacement avant de définir le point de départ du nouveau segment.

### ▶ Pour tracer des courbes:

1. Positionnez le curseur au point de départ choisi pour la courbe.
2. Appuyez sur le bouton de la souris et maintenez-le enfoncé. Le point nodal qui s'affiche indique le point de départ de la courbe.
3. Faites glisser le curseur dans la direction que la courbe doit emprunter. Lorsque vous faites glisser le curseur, deux poignées de contrôle se déplacent dans des directions opposées par rapport au point nodal. La distance entre ces poignées de contrôle et le point nodal détermine la hauteur ou la profondeur de la courbe. L'angle formé par les deux poignées de contrôle détermine la pente de la courbe.
4. Lorsque les poignées de contrôle occupent la position voulue, relâchez le bouton de la souris. Si vous maintenez la touche CTRL enfoncée lorsque vous positionnez les poignées de contrôle, vous contraindrez celles-ci à se déplacer par incréments de 15°. Pour modifier cet angle, activez l'option Courbes de la boîte de dialogue Préférences. Pour plus de détails, reportez-vous à la section "Définition des préférences" dans l'Annexe A "Personnalisation de CorelDRAW".
5. Placez le curseur sur la position correspondant à l'extrémité de l'arc de votre choix. Ensuite, appuyez sur le bouton de la souris et maintenez-le enfoncé. Un second point nodal apparaît à l'écran. Il est relié au premier.
6. Faites glisser la souris pour positionner les poignées de contrôle qui déterminent la hauteur et la pente de l'arc suivant. Si vous souhaitez tracer une courbe ne comportant aucun changement d'orientation (c'est-à-dire une courbe ne présentant qu'un seul renflement), faites glisser les poignées de contrôle dans la direction du déplacement de la courbe à partir du point nodal final. Si vous faites glisser ces poignées dans la direction opposée, vous créerez une courbe présentant un changement de direction régulier (autrement dit une courbe à deux renflements).
7. Relâchez le bouton de la souris. CorelDRAW retrace le segment de courbe entre ces deux points.
8. Répétez les étapes 5 à 7 autant de fois que vous le souhaitez. Pour dessiner une forme fermée, cliquez sur le premier point

*Dessin des Objets* **/29**

nodal et faites glisser le curseur. Pour tracer un segment de courbe qui ne soit pas relié au précédent, appuyez deux fois sur la barre d'espacement avant de définir le point de départ du nouveau segment.

### Traçage de courbes

Idealement, vous devez créer vos courbes en utilisant aussi peu de points nodaux que possible. Vous pouvez utiliser l'outil à un stade ultérieur pour augmenter le nombre des points nodaux si le nombre des point nodaux existants et des poignées de contrôle

correspondantes ne permet pas d'obtenir la forme souhaitée.

Pour déterminer le nombre idéal de points nodaux, voici trois règles empiriques:

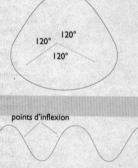

- Pour les courbes allant dans un seul sens, il suffit d'un point nodal tous les 120 degrés.

- Pour les courbes dont l'orientation évolue progressivement, il faut positionner un

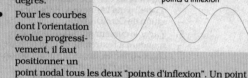

point nodal tous les deux "points d'inflexion". Un point d'inflexion se définit comme un point à partir duquel la courbe change d'orientation.

- Pour les courbes dont l'orientation change brutalement (sommet), vous devez faire correspondre un point nodal avec chaque sommet.

# Traçage de lignes-cotes

Outil-crayon

Les lignes-cotes sont couramment utilisées dans les dessins techniques pour indiquer les dimensions d'un objet ou la distance qui les sépare. L'exemple ci-dessous montre une ligne-cote, un texte-cote et une ligne de rappel. Vous pouvez ajouter ces éléments dans votre dessin en utilisant les icônes I , ↔ et ✓ du menu local Outil-crayon. L'outil I sert à tracer des lignes-cotes verticales, l'outil ↔ des lignes-cotes horizontales et l'outil ✓ des lignes-cotes angulaires. Si vous utilisez l'outil ↔ (outil horizontal) pour tracer une ligne de cote verticale, vous obtiendrez une valeur de 0.00. Vous obtiendrez le même résultat si vous utilisez les outils I ou ✓ (vertical ou angulaire) pour tracer des lignes-cotes. Vous devez utiliser l'outil qui correspond au type de ligne-cote tracée.

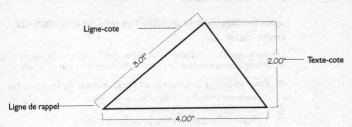

▶ **Pour tracer une ligne-cote**

1. Cliquez sur l'outil ✎ en maintenant enfoncé le bouton de la souris.
2. Sélectionnez l'outil de ligne-cote approprié dans le menu local. Le curseur prend la forme +.
3. Activez la fonction Objets en choisissant la commande Magnétiser dans le menu Présentation. (L'activation de la fonction Objets n'est pas obligatoire mais favorise la précision des mesures. Pour la description de la fonction Objets, reportez-vous à la section "Alignement des objets par rapport à d'autres objets" au chapitre 10.)
4. Cliquez sur le point de départ de la mesure et faites glisser la souris vers l'autre extrémité de la mesure.
   Une ligne-cote apparaît et progresse dans la direction où vous faites glisser la souris.
5. Une fois que vous avez atteint le point où la ligne doit s'arrêter, double-cliquez. Si vous avez activez la fonction Objets magnétiques, le curseur se collera à l'extrémité de la ligne-cote.
6. Faites glisser la souris vers le haut et vers le bas pour fixer la hauteur de la ligne de rappel s'il s'agit d'une ligne-cote verticale, ou vers la gauche et vers la droite s'il s'agit d'une ligne-cote verticale. Faites glisser la souris en diagonale pour fixer la hauteur de la ligne de rappel d'une ligne-cote angulaire.
7. Faites glisser la souris vers la droite et vers la gauche pour déterminer la position du texte-cote d'une ligne-cote horizontale, ou vers le haut et vers le bas s'il s'agit d'une ligne-cote verticale. Faites glisser la souris en diagonale pour déterminer la position du texte-cote d'une ligne-cote angulaire.
8. Cliquez avec la souris.

**»Conseil:**

De la même manière que les lignes-cotes peuvent être utilisées pour calculer la distance entre deux points, vous pouvez les utiliser pour des objets groupés, combinés ou pour plusieurs objets sélectionnés (la ligne d'état ne fournit pas d'informations concernant les distances pour ce type d'objets).

> **» Conseil:**
> En maintenant la touche CTRL enfoncée lorsque vous dessinez une ligne-cote angulaire, vous pouvez contraindre l'angle par incréments de 15 degrés ou de la valeur définie dans l'option Contrôle d'angle de la boîte de dialogue Préférences.

Le texte-cote s'affiche à l'endroit où vous avez cliqué, sauf si vous avez spécifié une position par défaut (voir plus loin). La longueur des lignes de rappel est déterminée par la distance que vous définissez avant de cliquer sur le bouton de la souris.

L'unité de mesure utilisée dans le texte de la ligne-cote dépend de l'unité spécifiée pour les règles horizontales. (Pour spécifiez ces unités, utilisez l'option Linéature horizontale de la grille dans la boîte de dialogue Précision de la grille).

Vous pouvez changer la couleur d'un texte-cote sélectionné en cliquant avec le bouton droit de la souris sur une couleur de la palette affichée à l'écran ou en utilisant l'icône ☻ du menu ♋. De la même manière, vous pouvez changer la couleur d'une ligne-cote sélectionnée en cliquant avec le bouton droit sur une couleur de la palette affichée à l'écran.

## Spécification de la position et de l'orientation du texte-cote

Les paramètres de la boîte de dialogue Préférences vous permettent de définir l'orientation et la position du texte-cote sur la ligne-cote.

▶ **Pour spécifier la position et l'orientation du texte-cote:**

1. Choisissez Préférences dans le menu Spécial.
2. Cliquez sur le bouton Cotes.
   La boîte de dialogue Préférences Cotes s'affiche.
3. Sélectionnez Libellé horizontal pour que le texte-cote soit positionné horizontalement.
   Si vous choisissez cette option, le texte sera positionné horizontalement même si la ligne-cote est angulaire ou verticale. Si vous ne choisissez pas cette option, le texte-cote sera positionné en suivant l'angle de la ligne-cote.
4. Sélectionnez Libellé Centré pour centrer le texte-cote sur la ligne-cote.
   Si vous choisissez cette option, le texte sera centré sur la ligne-cote, à condition que vous fassiez glisser la souris à l'intérieur des lignes de rappel au moment au vous avez déterminé la position du texte-cote, lors des étapes 7 et 8 décrites à la section "Pour tracer une ligne-cote". Si vous faites glisser la souris à l'extérieur des lignes de rappel au moment où vous déterminez la position du texte-cote, le texte ne sera pas centré, même si vous sélectionnez l'option Libellé centré.
5. Cliquez sur OK.

Vous pouvez également changer la position du texte-cote en le sélectionnant et en le déplaçant avec la souris. Lors du déplacement, vous constaterez que les lignes de rappel changent de taille en fonction de la distance parcourue par le texte.

> **» Remarque:**
> Reportez-vous à l'Annexe A pour de plus amples informations sur les types de format des texte-cote.

**Edition du texte-cote:** Le texte-cote reçoit les attributs de police et de corps par défaut. Vous pouvez changer le corps du texte-cote en le sélectionnant puis en l'étirant ou en le mettant à l'échelle. Vous pouvez également sélectionner un corps à partir du menu flottant Texte et choisir une autre police. Pour plus d'informations, reportez-vous au chapitre 11 "Utilisation des fonctions de texte". Vous pouvez appliquer au texte-cote tous les effets spéciaux et toutes les transformations applicables aux autres objets sous CorelDRAW.

# CHAPITRE 3

# Sélection des objets

Chaque fois que vous créez un objet, CorelDRAW le sélectionne automatiquement pour que vous puissiez y travailler directement. Pour travailler avec un objet existant, vous devrez le sélectionner préalablement avec l'outil ▶. Une fois l'objet sélectionné, vous pouvez utiliser les outils d'édition et les commandes des menus pour modifier son apparence à l'écran.

Un objet sélectionné est signalé par huit petits carrés qui l'encadrent et qui font office de poignées. Ces poignées vous permettent d'étirer, de mettre à l'échelle, de faire pivoter et d'incliner les objets. Ces manipulations sont décrites au chapitre 8. Le rectangle invisible délimité par les poignées est appelé périmètre de sélection. Remarquez également les petits points nodaux vides qui apparaissent sur le contour de l'objet. Le chapitre 9 vous explique comment manipuler ces points nodaux à l'aide de l'outil ⚡ pour modifier la forme d'un objet.

Pour sélectionner un objet, cliquez dessus avec l'outil ▶. La sélection de plusieurs objets consiste à faire glisser un rectangle pointillé (appelé marquise de sélection) autour des objets à sélectionner. La commande Tout sélectionner du menu Edition sélectionne également tous les objets contenus dans le fenêtre de dessin.

Pour les dessins complexes comportant de nombreux objets ou des objets superposés, il est plus pratique de passer d'un objet à l'autre en utilisant la touche TABULATION.

# Sélection d'un seul objet

Pour sélectionner un objet affecté d'un attribut de surface lorsque vous travaillez dans le mode visualisation modifiable, sélectionnez l'outil ▶ et cliquez sur un point quelconque de son contour ou de sa surface. Si l'objet n'a pas d'attribut de surface, ou si vous travaillez dans le mode visualisation squelettique, cliquez sur son contour.

**Note:** Lorsque la sélection Plans multiples est activée dans le menu flottant Plans, vous pouvez sélectionner des objets de n'importe quel plan non-verrouillé. Si la sélection Plans multiples est désactivée, vous ne pouvez sélectionner que les objets du plan actif. (Pour les informations sur la sélection de plusieurs plans, reportez-vous à la section "Utilisation des plans" au chapitre 10.)

> **»Conseil:**
> Lorsque vous utilisez un des outils de dessin, vous pouvez activer temporairement l'outil ▶ en appuyant sur la barre d'espacement (cette commande n'est pas d'application lorsque vous utilisez l'Outil-texte). Si vous appuyez à nouveau sur la barre d'espacement lorsque vous utilisez l'outil ▶, le dernier outil que vous avez employé redevient actif.

Cliquez sur un objet pour le sélectionner

Boîte de sélection standard (Editer et mettre à l'échelle)

## Clic sur un objet déjà sélectionné

Si vous cliquez sur un objet déjà sélectionné, vous passez dans un second mode qui permet d'incliner et de faire pivoter l'objet. La boîte de sélection qui s'affiche se caractérise par des flèches plutôt que les poignées usuelles.

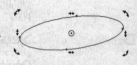

Si vous cliquez de nouveau, vous repassez dans le mode Etirement/Mise à l'échelle.

Boîte de sélection Pivoter et incliner

### Ligne d'état

Lorsque vous sélectionnez un objet avec l'outil ▶, la ligne d'état indique le type d'objet sélectionné (exemple: Texte, Rectangle, Ellipse, Bitmap ou Courbe) ainsi que la nature de son contour et de son attribut de surface.

Si vous sélectionnez un groupe d'objets avec l'outil ▶, la ligne d'état indique la sélection d'un groupe ainsi que le nombre d'objets qu'il contient. Si vous sélectionnez plus d'un objet ou groupe avec l'outil ▶, la ligne d'état indique le nombre d'objets sélectionnés. En pareil cas, chaque groupe est considéré comme un objet unique.

### Sélection d'une série d'objets

> **» Conseil:**
> La commande Tout sélectionner du menu Edition permet de sélectionner rapidement tous les objets du dessin en cours.

Pour sélectionner un ou plusieurs objets, une méthode rapide consiste à les choisir à l'aide d'une marquise de sélection. L'outil ▶ vous permet d'entourer tous les objets que vous souhaitez sélectionner. Dès que vous relâchez le bouton de la souris, les objets englobés dans le rectangle en pointillé sont sélectionnés. Pour cela, vous devez commencer par positionner le curseur sur un espace vierge.

Vous pouvez également sélectionner des objets en maintenant enfoncée la touche MAJUSCULE pendant que vous cliquez sur chacun des objets voulus avec l'outil ▶ . Un périmètre de sélection entoure les objets et les objets sélectionnés sont repérés par leurs points nodaux.

Vous pouvez utiliser la commande Sélection/Désélection multiple (touche MAJUSCULE plus outil ▶ ) pour modifier le nombre des objets sélectionnés.

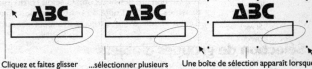

Cliquez et faites glisser avec l'outil ▶ pour...   ...sélectionner plusieurs objets avec la marquise.   Une boîte de sélection apparaît lorsque vous relâchez le bouton de la souris.

Vous pouvez même utiliser la marquise de sélection conjointement avec la touche MAJUSCULE. Mais dans ce cas, si un objet préalablement sélectionné est inclus dans le pointillé, il sera désélectionné.

Après avoir sélectionné plusieurs objets, vous pouvez les manipuler comme vous le feriez avec un seul objet. Par exemple, si vous cliquez sur l'un des objets (la touche MAJUSCULE n'est plus nécessaire), vous activez le mode Rotation/Inclinaison.

## Désélection d'objets

### Désélection d'un objet

Pour désélectionner un objet, entouré par les poignées de sélection, cliquez à un endroit quelconque de l'écran, à l'exception du contour des objets ou des poignées ou boîte de sélection. Autre possibilité : appuyez sur la touche ECHAP. La disparition de la boîte de sélection indique qu'aucun objet n'est sélectionné.

### Désélection d'une série d'objets

Pour sélectionner plusieurs objets, utilisez l'outil ▶ et cliquez sur un espace vide de l'écran. Tous les objets sélectionnés sont désélectionnés. Pour désélectionner un objet déterminé dans un groupe, cliquez sur cet objet en maintenant enfoncée la touche MAJUSCULE.

## Sélection d'objets successifs et superposés

Si vous appuyez sur la touche TABULATION lorsque l'outil ▶ est actif, vous sélectionnerez l'objet suivant dans le dessin que vous avez créé. Si vous appuyez simultanément sur les touches MAJUSCULE et TABULATION, CorelDRAW sélectionne le précédent objet que vous avez créé. Si vous appuyez de manière répétée sur la touche TABULATION, vous passez en revue l'ensemble des objets créés et vous pouvez vous arrêter sur celui de votre choix. Pour voir quel est l'objet sélectionné, consultez la ligne d'état. (La touche TABULATION ne sélectionne pas les groupes liés dynamiquement).

Il peut arriver que deux objets superposés soient identiques, comme dans le cas du cercle illustré dans la marge. Il s'agit en réalité de deux cercles superposés dont l'épaisseur et la couleur du contour différent. Comme ils sont superposés, ils ne donnent aucune prise à la sélection. En pareil cas, consultez la ligne d'état ou la fenêtre du visuel (avec F9) pour savoir si l'objet sélectionné est celui que vous voulez. Dans le cas contraire, passez en revue tous les objets en appuyant sur la touche TABULATION jusqu'à ce que l'objet voulu soit sélectionné.

Dans le mode squelettique, deux objets superposés ne peuvent être distingués. Dans le mode de visualisation modifiable, vous pouvez voir un objet ou les deux objets selon l'ordre dans lequel ils ont été dessinés. Si l'objet doté du contour le plus fin se trouve en dessous, il est masqué. S'il se situe au-dessus, il est suffisamment visible.

# Sélection de groupes d'objets

Pour sélectionner un groupe d'objets, cliquez sur un objet quelconque de ce groupe. Les groupes réagissant collectivement à toutes les opérations, la sélection d'un objet du groupe entraîne la sélection du groupe tout entier. Un périmètre de sélection unique englobant le groupe dans sa totalité apparaît à l'écran. La ligne d'état indique que vous avez sélectionné un groupe. Les groupes d'objets sont abordés plus loin à la section "Disposition des objets" du chapitre 10.

# Sélection d'objets enfants

Les objets enfants sont des objets individuels qui font partie d'un groupe d'objets. Pour sélectionner un objet enfant, maintenez la touche CTRL enfoncée et cliquez sur l'objet. Le périmètre de sélection qui apparaît autour de l'objet présente l'aspect suivant.

Maintenez la touche CTRL enfoncée et cliquez pour sélectionner l'objet enfant. La boîte de sélection de l'objet enfant s'affiche

Une fois que vous avez sélectionné un objet enfant, vous pouvez lui faire subir des transformations comme pour tout autre objet. Une fois désélectionné, l'objet enfant réintègre le groupe d'objets et réagira à toutes les actions que vous effectuerez sur le groupe en question.

# Chapitre 4

# Déplacement, duplication et suppression des objets

Le déplacement, la duplication et la suppression d'objets sont des opérations de base que vous serez amené à effectuer constamment. Comme beaucoup d'autres opérations dans CorelDRAW, il y a au moins deux moyens pour les exécuter. Vous pouvez, par exemple, déplacer les objets en faisant glisser la souris ou en entrant des valeurs numériques dans une boîte de dialogue. Vous aurez parfois la possibilité d'utiliser le clavier: c'est le cas avec la touche SUPPR, qui permet de supprimer des objets.

Pour copier des objets, CorelDRAW met à votre disposition les commandes Dupliquer et Cloner dans le menu Edition. Ces deux commandes produisent une réplique de l'objet, mais avec la commande Clone, toute modification apportée à l'objet de départ est également appliquée à son clone.

Les commandes Copier et Coller du menu Edition constituent un autre moyen de copier des objets. Les objets sélectionné sont d'abord copiés dans le Presse-papiers Windows en vue de les coller ensuite dans un autre dessin ou une autre application Windows.

En cas d'erreur lors de l'exécution d'une de ces opérations, vous pouvez recourir à la commande Annuler du menu Edition pour annuler leurs effets.

# Déplacement des objets

Vous pouvez déplacer les objets en faisant glisser la souris; en utilisant la commande Déplacer du menu Effets; ou en les décalant par incréments à l'aide des touches fléchées du clavier.

## Déplacement des objets avec la souris

▶ **Pour déplacer un objet avec la souris:**

1. Sélectionnez l'objet avec l'outil ▸.
2. Appuyez sur le bouton de la souris tout en positionnant le curseur sur un point du contour de l'objet (ou de la surface de remplissage si vous travaillez dans le mode de visualisation modifiable). Une boîte de sélection en pointillé apparaît à l'écran.
3. Faites-la glisser jusqu'à la position voulue.
   Pour éviter de déplacer accidentellement certains objets lors de leur sélection, CorelDRAW ne commence à déplacer l'objet concerné que lorsque vous faites glisser le curseur sur une distance de trois pixels au moins. Dès que vous avez franchi cette zone de sécurité de trois pixels, le curseur prend temporairement la forme du curseur de déplacement ✥ et la boîte de sélection en pointillé apparaît à l'écran. Par défaut, CorelDRAW ne retrace pas l'objet concerné car le retraçage à chaque pause que vous marquez risque de vous ralentir dans votre travail. Pour que le programme retrace l'objet lorsque vous interrompez le mouvement, vous devez modifier le paramètre CORELDRW.INI. Pour plus de détails, reportez-vous aux "Informations relatives au logiciel" dans la section "Références" de l'aide en ligne CorelDRAW.
4. Relâchez le bouton de la souris dès que l'objet est correctement positionné.

Vous pouvez gagner du temps en sélectionnant et en déplaçant les objets en une seule opération. Si vous sélectionnez un objet non sélectionné en appuyant sur le bouton de la souris et en le maintenant enfoncé, vous pouvez immédiatement commencer à déplacer l'objet concerné en faisant glisser la souris. N'oubliez pas que vous devez faire glisser le curseur sur une distance de 3 pixels au moins pour débuter un déplacement.

> **» Conseil:**
> Si vous appuyez sur la touche de contrainte (CTRL) lors du déplacement d'un objet, vous l'obligez à se déplacer dans le sens horizontal ou vertical par rapport à son point de départ.
>
> La fonction de contrainte n'est opérante qu'aussi longtemps que vous maintenez la touche CTRL enfoncée. Par conséquent, vous devez relâcher le bouton de la souris avant de relâcher la touche Ctrl pour obtenir le résultat final escompté.

### Conserver une copie de l'objet original

Si vous appuyez en même temps sur le bouton droit de la souris lorsque vous déplacez un objet, vous conservez une copie de ce dernier à l'endroit où il se trouvait. En outre, cette fonction reste opérationnelle même si vous en avez attribué une autre au bouton droit de la souris avec l'option Souris de la boîte de dialogue Préférences. Vous pouvez également conserver une copie de l'original, en appuyant sur la touche + du pavé numérique. L'option Conserver l'original est désactivée lorsque l'objet que vous déplacez fait partie d'un groupe. Pour de plus amples informations sur le groupement d'objets, reportez-vous au Chapitre 10, Disposition des objets.

### Ligne d'état

La ligne d'état affiche les coordonnées numériques relatives à chaque changement de position. Plus précisément, elle indique les déplacements horizontaux (dx) et verticaux (dy) de l'objet, la distance totale ainsi que l'angle du déplacement.

## Déplacement des objets avec la commande Déplacer

La commande Déplacer vous permet de contrôler avec précision le positionnement d'un objet ou d'un groupe d'objets. La boîte de dialogue qui s'affiche lorsque vous sélectionnez la commande vous permet de:

- déplacer des objets sur une distance spécifique
- placer des objets à un endroit précis dont vous spécifiez les coordonnées
- déplacer une copie de l'objet plutôt que l'objet lui-même.

> **»Raccourci:**
> Pour ouvrir la boîte de dialogue Déplacer, appuyez sur ALT + F7.

▶ **Pour déplacer un objet sur une distance spécifique:**

1. Sélectionnez l'objet (ou le groupe d'objets) que vous souhaitez déplacer.

2. Choisissez la commande Déplacer dans le menu Effets.

   La boîte de dialogue Déplacer s'affiche.

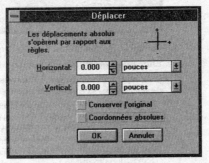

3. Entrez la distance de déplacement de l'objet dans les champs Horizontal et Vertical.

   L'introduction de valeurs positives permet de déplacer l'objet concerné vers le haut et vers la droite tandis que les valeurs négatives servent à le déplacer vers le bas et vers la gauche. Pour sélectionner une unité de mesure différente, cliquez sur le nom de l'unité active (par exemple : pouces) et sélectionnez une unité différente dans le menu déroulant qui s'affiche à l'écran.

4. Cliquez sur l'option Conserver l'original si vous souhaitez uniquement déplacer une copie de l'objet. (Cette option est en grisé si l'objet que vous déplacez fait partie d'un groupe d'objets. Pour plus d'informations sur la manière de grouper des objets, reportez-vous au chapitre 10 "Disposition des objets").

5. Cliquez sur OK.

▶ **Pour placer un objet à un endroit précis:**

1. Pour amener un objet en un point précis, vous devez spécifier les coordonnées. Pour cela, affichez les règles. Choisissez la commande Afficher les règles dans le menu Afficher pour les faire apparaître à l'écran.

2. Sélectionnez le ou les objets que vous souhaitez déplacer.

3. Cliquez sur l'option Coordonnées absolues. Une zone similaire à la boîte de sélection englobant les objets sélectionnés apparaît à l'écran. Les points nodaux de cette zone vous permettent d'indiquer la partie de l'objet qui doit coïncider avec les coordonnées retenues. A titre d'exemple, si vous souhaitez que l'objet soit centré par rapport aux coordonnées, cliquez sur le point nodal du centre.

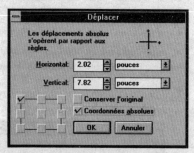

4. Cliquez sur le point nodal de votre choix.

5. Entrez les coordonnées en regard de Horizontal et Vertical.

   Pour repérer avec précision la nouvelle position de l'objet avant de sélectionner la commande Déplacer, utilisez l'icône symbolisant le point d'intersection des deux règles. La redéfinition de l'origine des règles (le point 0 de chaque règle) vous permet d'entrer des coordonnées nulles. Pour plus d'informations sur les graduations des règles, reportez-vous à la description de la commande "Afficher les règles" au chapitre 10 "Disposition des objets".

6. Cliquez sur l'option Conserver l'original si vous souhaitez uniquement déplacer une copie de l'objet. Cliquez sur OK.

## Déplacement des objets par incréments

Les touches fléchées du clavier permettent de déplacer ou décaler dans la direction voulue les objets sélectionnés. Si vous maintenez l'une de ces touches enfoncées, l'objet se déplace par paliers successifs. L'option Décalage dans la boîte de dialogue Préférences permet de définir la valeur du déplacement pour chaque pression sur une touche de direction. Pour plus de détails, reportez-vous à l'Annexe A "Personnalisation de CorelDRAW".

# Duplication des objets

La duplication des objets peut s'effectuer à l'aide des commandes Dupliquer ou Cloner du menu Edition. Vous pouvez également utiliser le Presse-papiers Windows.

## Duplication des objets

Pour créer une copie d'un objet sélectionné, choisissez la commande Dupliquer dans le menu Edition. La copie sera légèrement décalée par rapport au coin supérieur droit de l'original auquel elle se superpose comme le montre l'illustration ci-dessous. La nouvelle copie est automatiquement sélectionnée.

Cette fonction permet la création rapide d'effets d'ombre tels que celui-ci.

> **Remarques:**
> Les clones dupliqués deviennent des clones de l'objet de base initial.
>
> Les clones ou objets de base coupés/collés dans le Presse-papiers à titre individuel sont considérés comme des objets normaux.
>
> Les clones ou objets de base coupés/collés dans le Presse-papiers en tant que groupe sont considérés comme de nouveaux objets de base clonés. Par exemple, les modifications au niveau de l'objet original ne sont pas répercutées dans le nouveau clone lorsqu'il est collé.

Pour déterminer l'importance du décalage correspondant à la position du duplicata, utilisez la commande Préférences du menu Spécial. Dans certains cas, vous estimerez utile d'opter pour un décalage nul entraînant une superposition exacte avec l'objet original. En pareil cas, au lieu d'introduire un décalage égal à 0, sélectionnez l'objet et appuyez sur la touche "+" du pavé numérique.

## Clonage des objets

Le clonage diffère de la duplication dans la mesure où la plupart des modifications opérées sur l'objet original (appelé objet de base) seront automatiquement appliquées au clone. Par exemple, si vous modifiez la surface de l'objet de base, celle du clone changera également.

Toutefois, si vous sélectionnez un clone et que vous changez l'un de ses attributs, l'attribut modifié cesse d'être dépendant de l'objet de base. Un clone dont vous aurez modifié la surface par exemple, ne sera plus affecté par des changements de surface que vous appliquerez à l'objet de base. De la même façon, un clone que vous aurez étiré cessera désormais de s'étirer si vous étirez l'objet de base.

Pour cloner un objet, choisissez Cloner dans le menu Edition. Comme pour les objets dupliqués, le clone sera décalé de la valeur qui aura été spécifiée avec la commande Préférences.

Pour déterminer quel est l'objet de base et quels sont les clones dans un groupe d'objets, utilisez le menu Objet. Lorsque vous cliquez sur un objet de base avec le bouton droit de la souris, un menu s'affiche avec une commande permettant de sélectionner son ou ses clones. Si vous cliquez sur un clone avec le bouton droit de la souris, le menu Objet s'affiche avec une commande permettant de sélectionner l'objet de base correspondant.

**Note:** Il n'est pas possible de cloner un clone, mais il est possible de le dupliquer et les modifications apportées à l'objet de base se répercutent sur le clone.

### Clonage d'objets avec effets spéciaux

Lorsque vous pouvez appliquer une enveloppe ou une perspective à un objet de base, l'attribut de ces effets spéciaux est également appliqué au clone. Par contre, les autres effets spéciaux (dégradé, relief, pleins/déliés et projection) n'ont aucune incidence sur le clone.

### Utilisation du Presse-papiers pour copier des objets

Le Presse-papiers est un emplacement de stockage transitoire utilisé pour échanger du texte et des graphiques entre les applications Windows. Vous pouvez également utiliser le Presse-papiers pour déplacer des objets entre des fichiers CorelDRAW.

> **»Raccourci:**
> Pour couper des objets dans le Presse-papiers, appuyez sur CTRL + X.

Pour couper ou copier un objet dans le Presse-papiers, sélectionnez-le et choisissez Couper ou Coller dans le menu Edition. (La commande Couper supprime l'objet du dessin; la commande Copier introduit une copie dans le presse-papiers en laissant l'objet en place). L'objet étant mis dans le Presse-papiers, choisissez la commande Coller dans le menu Edition pour insérer une copie de l'objet dans un autre fichier CorelDRAW ou dans une application Windows.

> **»Raccourci:**
> Pour copier les objets sélectionnés dans le Presse-papiers, appuyez sur CTRL + C; appuyez sur CTRL + V pour les coller à partir du Presse-papiers.

L'objet reste dans le Presse-papiers jusqu'à ce vous l'écrasiez en copiant ou coupant un autre objet à partir de CorelDRAW ou d'une autre application Windows. Le Presse-papiers ne conserve qu'un seul objet (ou groupe d'objets) à la fois.

**Note:** Les objets collés dans d'autres fichiers CorelDRAW conservent leurs attributs, ce qui n'est pas toujours le cas si vous collez des objets dans d'autres applications. Pour plus d'informations concernant les attributs qui risquent d'être perdus, recherchez la rubrique "Presse-papiers, limites", dans l'aide en ligne de CorelDRAW.

# Suppression des objets

Pour supprimer un objet, sélectionnez-le puis choisissez la commande Supprimer dans le menu Edition, ou appuyez simplement sur la touche SUPPR.

Vous pouvez également utiliser la commande Couper pour faire disparaître l'objet sélectionné du dessin et en placer une copie dans le Presse-papiers.

CHAPITRE

# Visualisation des dessins

CorelDRAW propose deux modes de visualisation des dessins: la visualisation modifiable et la visualisation squelettique. En mode de visualisation modifiable, les objets sont affichés en couleurs réelles avec tous leurs attributs. Le mode squelettique présente uniquement les contours, ou squelette, des objets pour accélérer le retraçage du dessin sur l'écran.

Les deux modes de visualisation vous permettent d'agrandir et de réduire la taille d'un dessin pour en examiner les détails ou pour obtenir une vue d'ensemble de la page. Vous pouvez utiliser les barres de défilement pour visualiser les éléments du dessin qui sont hors champ par rapport à la zone de visualisée. Si vous travaillez sur un fichier de plusieurs pages, CorelDRAW vous permet d'afficher le document par double page.

CorelDRAW met également à votre disposition une panoplie complète de commandes et d'options de préférences pour contrôler la visualisation des objets. Les fonctions et options listées ci-dessous se révèlent particulièrement pratiques lorsque travaillez sur des projets complexes:

- La fonction Plans vous donne la possibilité d'organiser vos dessins sur plusieurs plans et de n'afficher que les plans sur lesquels vous êtes en train de travailler.
- La fonction Affichage interruptible vous fera gagner du temps en vous permettant de sélectionner une commande de menu ou un outil sans devoir attendre le retraçage complet de l'écran.
- La fonction Simulation texte sous affiche le texte courant dont la taille est inférieure à une certaine valeur sous forme de petits carrés pour accélérer le retraçage.

- La fonction Afficher les images bitmap permet de masquer les images bitmap nécessitant un long temps de retraçage.

# Mode de visualisation modifiable ou mode squelettique

> **» Raccourci:**
> Pour passer du Mode squelettique à la Visualisation modifiable appuyez sur MAJ+F9

Le mode de visualisation modifiable est le mode par défaut que vous utiliserez vraisemblablement pour créer et modifier la plupart de vos dessins. Ce mode affiche les contours, les surfaces (excepté les motifs PostScript et les trames simili), et les attributs de texte tels qu'ils apparaîtront à l'impression.

Pour passer au mode squelettique, sélectionnez Modifier la visualisation dans le menu Afficher. Selon les capacités de votre système, vous jugerez peut-être plus rapide d'éditer vos objets en mode squelettique plutôt qu'avec les couleurs réelles. Pour revenir au mode de visualisation modifiable, choisissez à nouveau Modifier la visualisation.

Mode squelettique

Mode de visualisation

# Défilement du contenu de la fenêtre de dessin

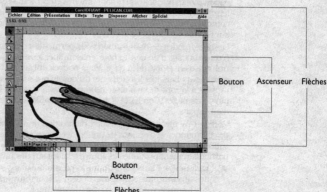

Bouton  Ascenseur  Flèches

Bouton
Ascen-
Flèches

Les barres de défilement en bordure de la fenêtre de dessin vous permettent de visualiser les parties du dessin hors champ par rapport à la zone de visualisation actuelle. Les règles, si elles sont affichées, défileront automatiquement pour rendre compte de votre position sur la page. L'illustration ci-dessous montre les trois éléments constitutifs des barres de défilement:

**Flèches de défilement:** Il suffit de cliquer sur une flèche de défilement pour déplacer la fenêtre de visualisation d'un facteur équivalant à 10% de la hauteur ou de la largeur de la zone d'affichage dans la direction choisie. L'activation de l'une de ces flèches donne à l'utilisateur l'impression que les objets affichés à l'écran se déplacent dans la direction opposée.

**Ascenseurs:** Si vous cliquez sur un ascenseur d'une barre de

> ### Auto-panoramique
> CorelDRAW propose une fonction auto-panoramique qui, une fois activée avec la commande Préférences du menu Spécial, permet de déplacer la fenêtre de visualisation lorsque vous faites glisser un objet sélectionné ou une marquise de sélection à l'extérieur de la zone visible de la

défilement, CorelDRAW vous fait passer par paliers dans la zone de visualisation adjacente à la zone de visualisation active dans la direction choisie.

**Bouton:** Vous pouvez faire coulisser le bouton pour déplacer votre fenêtre de visualisation dans un sens ou dans l'autre. Si les règles sont affichées, les graduations suivent le mouvement du bouton.

# Utilisation de l'outil Zoom

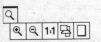

Outil-zoom

L'outil Zoom regroupe en fait les fonctions de cinq outils en un seul. Cliquer sur l'outil fait apparaître un menu local qui vous propose cinq options pour définir la zone de visualisation dans la fenêtre de dessin.

## Zoom Avant

L'outil ⚲ permet d'exécuter un zoom avant sur les objets pour les examiner de plus près, puis d'exécuter un zoom arrière pour les

> **»Raccourci:**
> Pour sélectionner l'outil ⚲, appuyez sur F2.

visualiser de nouveau dans leur format initial.

▶ **Pour exécuter un zoom avant:**

1. Sélectionnez l'outil ᘜ puis sélectionnez l'outil ᘜ dans le menu local. Le curseur prend la forme d'une ᘜ.
2. Positionnez le curseur ᘜ dans le coin supérieur gauche de la zone sur laquelle vous souhaitez exécuter un zoom, comme dans l'illustration ci-contre.
3. Appuyez sur le bouton de la souris et faites glisser le curseur

    vers le coin inférieur droit de l'écran. Une marquise de sélection apparaît à l'écran.
4. Poursuivez l'opération de dimensionnement de la marquise de sélection en faisant glisser le curseur pour englober tous les objets voulus dans le rectangle en pointillé.
5. Relâchez le bouton de la souris. CorelDRAW retrace l'écran en faisant un gros plan sur les objets inscrits dans la marquise de sélection. Le facteur d'agrandissement est ajusté de telle manière que la totalité de la zone correspondant à la superficie de ce rectangle est agrandie à l'écran.

Après avoir effectué un zoom, vous pouvez resélectionner l'outil ᘜ et exécuter un nouveau zoom avant pour obtenir un affichage plus détaillé encore.

Le facteur d'agrandissement maximum dépend de votre moniteur et des caractéristiques de votre carte graphique. Si vous sélectionnez le facteur d'agrandissement maximum, l'affichage d'un pixel à l'écran représente 0,001".

> **»Raccourci:**
> Pour sélectionner l'outil ᘜ, appuyez sur F3.

## Zoom Arrière

Sélectionnez l'outil ᘜ puis sélectionnez l'outil ᘜ dans le menu local. CorelDRAW vous ramène à l'affichage préalable à l'exécution du dernier zoom avant. Si vous n'avez effectué aucun zoom avant préalable ou si vous avez modifié le mode de visualisation très récemment en sélectionnant l'une des options 1:1, ᘚ ou ᘛ, CorelDRAW exécute un zoom arrière correspondant à un facteur égal à deux.

La limite du zoom arrière est déterminée par les limites de la zone de dessin (82 cm sur 82 cm). La zone affichée dépend des proportions de votre écran.

Vous pouvez personnaliser l'action du bouton droit de la souris pour obtenir un facteur de grossissement de 2 de la fenêtre de dessin. Pour plus de détails, reportez-vous à la section "Spécification des préférences pour le bouton droit de la souris" à l'annexe A.

> **»Raccourcis:**
> Pour sélectionner l'option ᘚ, appuyez sur F4.
>
> Pour sélectionner l'option ᘛ, appuyez sur MAJ+F4.

## Visualisation de tous les objets

Il peut arriver qu'un dessin contienne des objets dont les dimensions s'étendent au-delà du périmètre de la fenêtre de dessin. Pour visualiser tous les objets d'un dessin quelconque, cliquez sur l'icône ᘜ et sélectionnez l'outil ᘚ dans le menu local. Cette opération modifie le rapport d'agrandissement de manière à ce que votre dessin s'inscrive totalement dans la fenêtre de visualisation. C'est un moyen rapide pour visualiser l'ensemble des objets que vous avez dessinés.

### Visualisation de tous les objets sur la page de travail

La sélection de ❏ dans le menu local ९ change le facteur d'agrandissement de la visualisation pour vous donner une vue de la page de travail toute entière.

### Visualisation des objets en taille réelle

Sélectionner le rapport 1:1 modifie le facteur de grossissement de telle façon qu'un pouce mesuré sur votre écran corresponde approximativement à un pouce lors de l'impression de votre dessin. La superficie de la partie visible de la page affichée à l'écran dépend de votre moniteur. Microsoft Windows contrôle l'affichage en fonction du format qu'il considère comme étant le format réel de l'écran. Sur certains moniteurs, cette information peut s'avérer inexacte.

# Visualisation en double page

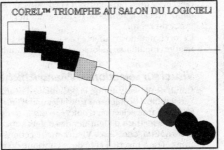

La visualisation double page permet le positionnement d'effets et d'objets chevauchant.

Lorsque vous travaillez sur un document de plusieurs pages, CorelDRAW vous donne la possibilité d'afficher votre dessin en double page. Dans ce mode, vous pouvez positionner les objets sur les deux pages. Vous pouvez également combiner un objet situé sur une page avec un objet placé sur la page en regard. Cette possibilité vous permettra de produire des effets attrayants pour des documents de type dépliant tels que des prospectus ou des brochures.

Pour visualiser en mode double page, sélectionnez Mise en page dans le menu Présentation et cliquez sur Afficher double page. Après avoir cliqué sur OK pour fermer la boîte de dialogue, vous verrez les deux premières pages du document affichées côte à côte à l'écran. La commande page suivante fera apparaître les deux pages suivantes. Pour plus d'informations sur les documents de plusieurs pages, reportez-vous aux sections "Préparation d'un nouveau dessin" au chapitre 1 et "Gestion de documents de plusieurs pages" au chapitre 18.

*Visualisation des dessins / 47*

# Commandes de contrôle de la visualisation des objets

Les commandes suivantes vous permettent de déterminer quels éléments vous souhaitez visualiser, de quelle manière et à quel moment.

> **» Raccourci:**
> Pour rafraîchir la fenêtre de dessin, appuyez sur CTRL + W ou cliquez sur un bouton d'ascenseur.

## Rafraîchir l'écran—Menu Afficher

La commande Rafraîchir l'écran du menu Afficher a pour effet de redessiner les objets qui se trouvent dans la fenêtre de dessin et de nettoyer l'écran des vestiges des manipulations précédentes effectuées avec CorelDRAW. Elle permet également de reprendre le retraçage des dessins après une interruption d'affichage. Le rafraîchissement d'écran est disponible en mode de visualisation modifiable et en mode squelettique.

## Afficher les images bitmap—Menu Afficher

Lorsque vous désactivez Afficher les images bitmap dans le menu Afficher, les images bitmap seront représentées sous la forme de rectangles vides en mode squelettique.

Cette fonction est utile lorsque vous avez créé une image avec l'outil ℓ et que vous en éditez le résultat avec l'outil ⋏. Elle vous permet de gagner du temps, surtout si vous avez effectué un zoom sur un détail précis, le temps de retraçage étant proportionnel à l'importance du zoom.

Cette commande n'affecte pas les images bitmap en mode de visualisation modifiable ni lorsque vous les examinez avec le Visuel.

## Visuel sur sélections—Menu Afficher

CorelDRAW vous donne la possibilité d'examiner dans un Visuel l'ensemble des objets ou une sélection d'entre eux. La visualisation limitée à une sélection d'objets réduit le temps de retraçage tout en vous permettant d'identifier des objets superposés. Pour activer cette option, choisissez Visuel sur sélections dans le menu Afficher; une coche s'inscrit à côté de la rubrique du menu. Opérez à présent la sélection des éléments du dessin à visualiser. Appuyez sur F9 pour passer au Visuel plein écran.

> **» Raccourci:**
> Pour passer de l'Affichage plein écran à une Visualisation en mode réel, appuyez sur F9.

## Visuel—Menu Afficher

La commande Visuel du menu Afficher vous permet d'afficher une version de votre dessin rendant compte de tous ses détails et débarrassée de tous les éléments de l'interface CorelDRAW. Les surfaces et les contours des objets sont affichés, même si vous travaillez en mode squelettique.

> **» Conseil:**
> Vous pouvez attribuer au bouton droit de la souris cette fonction de bascule entre le mode Affichage plein écran et la Visualisation en mode réel. Pour de plus amples renseignements, reportez-vous à l'Annexe A.

Vous remarquerez que le retraçage des objets en mode visualisation modifiable prend beaucoup plus de temps que dans le mode de présentation squelettique. Le visuel plein écran présente le dessin avec une fidélité proche du résultat que vous obtiendrez sur la plupart des périphériques de sortie. CorelDRAW comporte une série de fonctions spéciales qui permettent de tirer le meilleur parti du potentiel des imprimantes PostScript; mais la fenêtre de prévisualisation ne permet pas d'y accéder. Les fonctions suivantes sont

reconnues par les imprimantes PostScript sans apparaître pour autant dans la fenêtre du mode réel.
- Motifs PostScript CorelDRAW
- Effets de trame simili PostScript

Notez que les motifs PostScript et les effets de trame simili n'apparaissent pas dans l'affichage en mode réel ni dans la fenêtre de dessin parce que Microsoft Windows ne dispose pas d'un interpréteur PostScript.

## *Préférences—menu Spécial*

La commande Préférences donne accès à des options qui vous permettront d'affiner la mise au point d'un grand nombre de fonctions de CorelDRAW. Les options affectant l'affichage des objets à l'écran sont les suivantes:

**Affichage:** Un clic sur ce bouton fait apparaître des boutons de commande pour régler la vitesse de retraçage de l'écran. L'option Simulation Texte sous accélère la vitesse de retraçage en simplifiant l'affichage du texte courant en dessous d'un certain corps. Pour plus d'informations sur ce sujet et sur les autres options de la boîte de dialogue Préférences - Affichage, reportez-vous à l'annexe A.

**Affichage interruptible:** La sélection de cette option vous donne la possibilité d'interrompre le retraçage de l'écran en appuyant sur une touche quelconque ou en cliquant avec la souris. Le retraçage de l'écran s'interrompt dès que l'objet en cours est retracé. S'il s'agit d'un objet aussi complexe qu'un effet de dégradé ou une chaîne de caractères, il vous faudra patienter un certain temps. Pendant ce laps de temps, évitez d'utiliser la souris pour lancer des actions. Toutes ces actions seraient en effet stockées en mémoire tampon et exécutées après l'interruption. Pour relancer le retraçage de la fenêtre de dessin, appuyez une nouvelle fois sur le bouton de la souris.

## *Menu flottant Plans—menu Présentation*

Le menu Plans vous permet de contrôler l'affichage des objets en vous donnant la possibilité de masquer certains plans sélectionnés et les objets qui s'y trouvent. Limiter l'affichage aux plans sur lesquels vous êtes occupé de travailler vous fera gagner du temps en limitant les retraçages d'écran nécessaires. Pour plus d'informations sur les Plans, reportez-vous à la section "Utilisation des plans" au chapitre 10.

# Chapitre 6

# Remplissage des objets

Le terme "surface" utilisé dans ce manuel désigne la couleur ou le motif qui sert de fond à tout objet délimité par un contour fermé. CorelDRAW vous permet de choisir parmi un vaste choix de surfaces: couleurs quadrichromiques et non-quadrichromiques, motifs PostScript et textures diverses. Les commandes à votre disposition pour chaque type de surface vous permettent de modifier les attributs prédéfinis intégrés au programme. Vous pouvez, par exemple, redimensionner et attribuer de nouvelles couleurs aux textures. Vous pouvez également créer vos propres motifs en utilisant les graphiques créés dans CorelDRAW ou importés à partir d'autres programmes.

L'outil ♦ et son menu local sont les outils de base pour sélectionner des surfaces. Une palette affichée dans le bas de l'écran vous permet, d'autre part, de sélectionner des couleurs quadri ou non-quadri. Un menu flottant est à votre disposition pour sélectionner et modifier les motifs et dégradés. Les menus flottants restent ouverts à l'écran, vous permettant ainsi d'essayer rapidement les diverses options et paramètres.

Les surfaces choisies sont visibles à l'écran, sauf s'il s'agit de textures PostScript ou d'effets de trame simili. Lorsque vous travaillez dans le mode de visualisation squelettique, consultez la ligne d'état pour savoir quel est le type de surface appliqué à un objet.

A part les textures et les effets de trame mentionnés ci-dessus, toutes les surfaces CorelDRAW sont imprimables avec une imprimante, PostScript ou non-PostScript.

# Sélection et application de surfaces

Vous pouvez remplir les objets en utilisant les options suivantes:
- Couleur uniforme ou niveaux de gris (quadri ou non-quadri)
- Dégradé (linéaire, concentrique et conique)
- Motifs bicolores ou motifs couleurs fournis avec CorelDRAW ou créés par vos soins
- Trames simili
- Motifs PostScript
- Textures bitmap

## Méthodes de sélection et d'application des surfaces

CorelDRAW vous propose quatre moyens pour sélectionner les surfaces: le menu local, le menu flottant, la palette affichée dans le bas de l'écran et une série de boîtes de dialogue. Quelle que soit la méthode utilisée, vous devez d'abord sélectionner l'objet à remplir, puis choisir la surface voulue.

Outil-surface

**Le menu local de l'outil:** Ce menu donne accès au blanc, au noir, à cinq niveaux de gris et à l'icône × qui permet de supprimer les surfaces. Pour plus d'informations sur la sélection de surfaces à partir du menu local, reportez-vous à la section "Remplissage noir, blanc ou niveau de gris" plus loin dans ce chapitre.

**La palette de couleurs affichée à l'écran:** Permet de sélectionner des couleurs de surface en cliquant avec le bouton de la souris. La commande Palette de couleurs du menu Afficher permet d'activer et de désactiver la palette et de charger les couleurs de l'une des quatre palettes de couleurs standard. Pour plus d'informations sur les palettes de couleurs, reportez-vous au chapitre 12 "Utilisation des couleurs".

**Le menu flottant Surface:** Un clic sur ▫ dans le menu local de l'outil-surface ouvre le menu flottant illustré ci-après. Vous pouvez l'utiliser pour remplir des objets avec des dégradés, des motifs et des textures. Les menus flottants sont des boîtes de dialogue persistantes qui restent affichées à l'écran même lorsque vous avez terminé vos sélections. Ceci vous permet d'apporter de multiples modifications à votre dessin sans devoir ouvrir et fermer sans cesse les boîtes de dialogue dont vous avez besoin. Les menus flottants vous permettent également de voir immédiatement l'effet de vos choix.

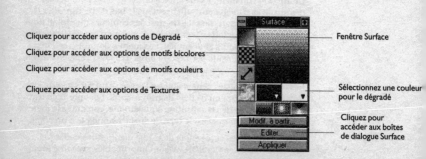

Outre l'application d'une surface aux objets, vous pouvez utiliser le menu flottant pour éditer les attributs existants, par exemple, changer les couleurs d'un dégradé. Pour cela, affichez tout d'abord la surface de l'objet dans la fenêtre d'édition du menu flottant en cliquant sur le bouton Modifier à partir de... puis en cliquant sur l'objet. Après avoir procédé aux modifications voulues, cliquez sur le bouton Appliquer pour appliquer la nouvelle surface à l'objet.

**Boîtes de dialogue:** Ces boîtes de dialogue vous donnent accès à tous les attributs disponibles et à des commandes qui permettent de spécifier une valeur numérique précise pour certains attributs. Pour appeler les boîtes de dialogue, cliquez sur les icônes correspondantes dans le menu local ◊ ou sur le bouton Editer du menu flottant Surface.

# Création d'objets transparents

Pour créer des objets transparents, cliquez sur l'icône × dans le menu local Surface. Lorsque cette option est activée, seuls les contours des objets sont dessinés et les objets qui se trouvent en-dessous sont visibles. Pour éliminer la surface de remplissage d'un objet, sélectionnez-le et cliquez sur l'icône ×. Ou, sélectionnez l'objet et cliquez sur l'icône × dans le coin inférieur gauche de la palette de couleurs affichée à l'écran. L'échantillon de couleur tout au bout à droite de la ligne d'état affiche l'icône ×.

---

### Remplissage des périmètres ouverts et fermés

Pour pouvoir appliquer une surface aux rectangles, aux ellipses et à du texte, leur contour doit être fermé. Il n'est pas exclu que le périmètre d'un objet paraisse fermé alors qu'il s'agit d'un périmètre ouvert dont les deux extrémités se chevauchent sans coïncider pour autant. Consultez la ligne d'état. Elle indique si un périmètre est ouvert en affichant la mention "Ligne ouverte" à côté de l'indicateur de surface. Si vous souhaitez remplir un objet, vous devez d'abord souder les deux extrémités. Pour plus d'informations, reportez-vous à la section "Modelage des lignes et des courbes" du Chapitre 9 "Modelage des objets".

Si vous remplissez un objet curviligne composé d'une série de périmètres ouverts et fermés, les périmètres ouverts seront traités comme si leurs extrémités respectives étaient connectées par une ligne droite. Dans la première illustration, le visage et la signature sont considérés comme des objets séparés. Comme la signature est un périmètre ouvert, elle ne subit aucun remplissage.

Si la silhouette et la signature sont associées pour constituer un objet unique en utilisant la commande Combiner du menu Disposer, l'objet résultant comporte à la fois un périmètre fermé, la silhouette, et un périmètre ouvert, la signature. Mais la signature subit un remplissage bien qu'il s'agisse d'un périmètre ouvert.

# Remplissage noir, blanc ou niveau de gris

La sélection du blanc, du noir ou d'un niveau de gris dans le menu local Surface permet de modifier la couleur de la surface d'un objet; ces commandes n'affectent pas les paramètres de trame simili PostScript de l'objet.

Pour composer l'ensemble du dessin en niveaux de gris, laissez la couleur sur NOIR et ajustez le paramètre % Teinte dans la boîte de dialogue Surface uniforme. Faites de même pour les couleurs de contour à l'aide de la boîte de dialogue Couleur de contour. Rappelez-vous que pour accéder aux paramètres de trame simili avec une imprimante PostScript, vous devez utiliser Non-quadri pour spécifier les niveaux de gris. Les angles et les linéatures sont en effet déjà définies pour les couleurs quadrichromiques. Les trames simili PostScript sont abordées plus loin dans ce chapitre.

Si vous avez l'intention d'imprimer le travail sur une imprimante noir et blanc ou d'importer votre dessin dans un progiciel de mise en page qui ne gère pas l'impression en couleurs, utilisez uniquement NOIR et les niveaux de gris associés.

# Surfaces de couleur uniforme

Les surfaces uniformes sont des aplats d'une seule couleur, noir, blanc et niveaux de gris inclus.

## Sélection d'une couleur de remplissage

> »*Raccourci:*
> *Pour afficher la boîte de dialogue Surface uniforme que vous avez utilisée le plus récemment pour déterminer la couleur de surface d'un objet, appuyez sur* MAJ+F11.

La palette dans le bas de l'écran de dessin (que vous pouvez activer ou désactiver en choisissant la commande Palette de couleurs dans le menu Afficher) vous donne un accès instantané à des couleurs prédéfinies. Pour appliquer l'une de ces couleurs aux objets sélectionnés, cliquez sur la couleur voulue ou activez le menu flottant Surface. Pour les détails, reportez-vous aux instructions plus loin dans ce chapitre.

Pour créer une couleur par mélange ou pour sélectionner une couleur au moyen de son nom, utilisez la boîte de dialogue Surface uniforme. Cliquez sur l'icône ✋ dans le menu flottant Surface. La boîte de dialogue suivante apparaît:

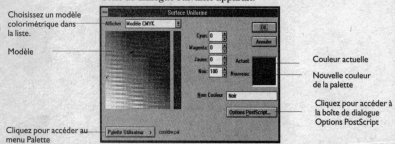

- Choisissez un modèle colorimétrique dans la liste.
- Modèle
- Couleur actuelle
- Nouvelle couleur de la palette
- Cliquez pour accéder à la boîte de dialogue Options PostScript
- Cliquez pour accéder au menu Palette

Cette boîte de dialogue définit les couleurs selon le modèle colorimétrique CMYK. Il s'agit de l'une des six boîtes de dialogue disponibles pour définir les couleurs. La version illustrée ci-dessus est celle qui apparaît la première fois que vous sélectionnez une couleur de contour avec l'outil ✋ .

Ces boîtes de dialogue contiennent des commandes qui vous permettent de déterminer la couleur de surface des objets sélectionnés. Un échantillon de la couleur de surface de l'objet sélectionné apparaît dans la case de visualisation. Le nom de la couleur est indiqué en-dessous. CorelDRAW vous permet de définir les couleurs selon deux modèles colorimétriques: quadri et non-quadri. Le modèle quadrichromique prévoit trois méthodes distinctes pour créer les couleurs: CMYK (cyan, magenta, jaune, noir), RVB (rouge, vert, bleu) et TLD (teinte, luminosité, densité). Pour plus d'informations sur les modèles colorimétriques, reportez-vous au chapitre 12 "Utilisation des couleurs". Il est conseillé d'utiliser la même méthode pour les objets contenus dans votre dessin.

La couleur définie dans la boîte de dialogue Surface uniforme est appliquée à l'objet sélectionné dès que vous avez cliqué sur OK. Les options de la boîte de dialogue Surface Uniforme sont décrites en détails dans la section "Création de couleurs et gestion des palettes de couleurs" du chapitre 12.

▶ **Pour sélectionner des couleurs uniformes à l'aide de la palette de couleurs affichée à l'écran:**

1. Si la palette n'est pas encore affichée, choisissez la commande Palette de couleurs dans le menu Afficher. Dans le sous-menu, choisissez la palette que vous voulez utiliser. (Pour plus d'informations sur les palettes de couleurs, reportez-vous au chapitre 12 "Utilisation des couleurs".)
2. Sélectionnez l'objet à remplir.
3. Sélectionnez une couleur dans la palette en cliquant dessus. Pour faire défiler une à une les couleurs de la palette, cliquez sur l'une des flèches placées aux extrémités de la palette avec le bouton gauche de la souris. Cliquez avec le bouton droit de la souris pour les faire défiler d'une largeur d'écran à la fois.

▶ **Pour sélectionner des couleurs uniformes à partir de la boîte de dialogue Surface uniforme:**

1. Sélectionnez l'objet à remplir.
2. Cliquez sur l'icône ● dans le menu local de l'outil-surface.
3. Effectuez l'une des opérations suivantes:
   - Pour sélectionner une couleur visuellement, choisissez l'une des palettes dans la liste Afficher puis cliquez sur la couleur voulue.
   - Pour éclaircir la couleur non-quadri sélectionnée, tapez ou sélectionnez une valeur dans la case % teinte.
   - Lorsque l'une des trois dernières palettes de la liste est affichée, vous pouvez sélectionner une couleur par son nom: cochez la case Afficher Noms des couleurs, et entrez le nom voulu. L'option Rechercher Chaîne vous permet de localiser une couleur Pantone non-quadri en commençant à taper son nom. Au fur et à mesure que vous tapez les lettres, la liste défile pour faire apparaître la couleur la plus proche du nom entré. Il n'est pas nécessaire d'entrer le nom générique "Pantone".
   - Pour créer une couleur quadri, choisissez CMYK, RVB ou TLD dans la liste déroulante. Créez la couleur voulue à l'aide des commandes numériques ou des marqueurs d'ajustement des couleurs. Pour plus d'informations, reportez-vous au chapitre 12 "Utilisation des couleurs".
4. Choisissez OK.

# Remplissage à effet de dégradé

Outil-

Les remplissages à effet de dégradé produisent des transitions entre deux couleurs ou deux nuances d'une couleur. Vous pouvez créer les dégradés en utilisant une boîte de dialogue ou le menu flottant Surface.

Icône de la roue chromatique.

▶ **Pour créer des dégradés en utilisant la boîte de dialogue Dégradé:**

1. Sélectionnez l'objet à remplir.
2. Cliquez sur l'outil-surface puis sur l'icône Dégradé. La boîte de dialogue Dégradé s'affiche:

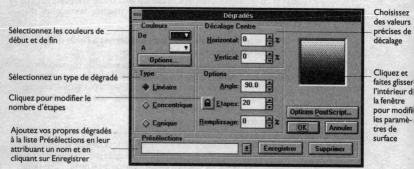

Sélectionnez les couleurs de début et de fin

Sélectionnez un type de dégradé

Cliquez pour modifier le nombre d'étapes

Ajoutez vos propres dégradés à la liste Présélections en leur attribuant un nom et en cliquant sur Enregistrer

Choisissez des valeurs précises de décalage

Cliquez et faites glisser l'intérieur de la fenêtre pour modifier les paramètres de surface

3. Sélectionnez les options voulues (décrites ci-dessous) et cliquez sur OK.

## Utilisation de la boîte de dialogue Dégradé

La boîte de dialogue Dégradé contient les options suivantes:

**Couleurs:** Pour déterminer le chromatisme des dégradés, vous devez définir les couleurs de départ et d'arrivée. Pour spécifier ces couleurs, utilisez les commandes de définition des couleurs et les palettes de sélection. Pour choisir une couleur de départ, cliquez sur l'échantillon de couleur affiché dans le champ De. Une palette de couleurs s'affiche. Cliquez sur la couleur de départ de votre choix. Pour choisir une couleur d'arrivée, procédez de la même façon en cliquant sur l'échantillon de couleur affiché dans le champ A.

Si vous avez l'intention de créer des sélections de couleurs en utilisant l'option Non-quadri, vous ne devez créer de dégradés qu'entre deux nuances de la même couleur. Cette restriction ne s'applique pas si vous imprimez directement sur une imprimante couleurs telle que l'imprimante HP PaintJet. Toutefois, si vous choisissez une couleur non-quadri qui ne constitue pas une nuance d'une autre couleur non-quadri, le séparateur convertit les deux couleurs dans leur équivalent CMYK le plus proche.

Vous pouvez également spécifier les couleurs intermédiaires du dégradé ou appliquer un effet arc-en-ciel en utilisant la boîte de dialogue Options Couleurs du dégradé. Pour plus d'informations, reportez-vous à la section "Création de dégradés personnalisés" plus loin dans ce chapitre.

**Type:** CorelDRAW met à votre disposition un choix de dégradés linéaires, concentriques ou coniques. Un dégradé linéaire change de couleur dans la direction déterminée par l'angle sélectionné, tandis qu'un dégradé concentrique change de couleur par cercles concentriques à partir du centre de l'objet. Un dégradé conique change de couleur par quartiers dans le sens des aiguilles d'une montre, ou dans le sens inverse, depuis la couleur de départ jusqu'à la couleur d'arrivée.

> **»Raccourci:**
> Pour ouvrir la boîte de dialogue Dégradé, appuyez sur F11.

Lorsque vous cliquez sur le bouton Linéaire dans la boîte de dialogue Dégradé, un dégradé linéaire s'affiche dans la case d'échantillon. Un clic sur Concentrique fait apparaître un dégradé concentrique, un clic sur Conique fait apparaître un dégradé en forme de cône vu d'en haut. Les différences sont illustrées dans les exemples suivants.

Dégradé linéaire    Dégradé concentrique    Dégradé conique

**Remplissage:** Lorsque vous remplissez un objet avec un dégradé, CorelDRAW remplit en fait la boîte de sélection de cet objet. L'objet lui-même fait office de fenêtre à travers laquelle le dégradé est visible. S'il s'agit de cercles ou d'objets de formes irrégulières, les premières et/ou les dernières bandes de couleurs risquent d'être masquées parce qu'elles se trouvent au-delà du périmètre de l'objet considéré. La fonction Remplissage résout le problème en vous permettant d'augmenter quantitativement la couleur de départ et la couleur d'arrivée qui constituent le dégradé.

Lorsque vous entrez une valeur dans la boîte Remplissage, vous indiquez à CorelDRAW dans quelles proportions vous souhaitez que le périmètre de sélection de l'objet soit remplie par la couleur de départ et la couleur d'arrivée. La valeur maximale est 45%.

> **»Remarque:**
> Certaines commandes dans les boîtes de dialogue Options d'impression et Imprimer & Visualiser déterminent le nombre de bandes utilisées par l'imprimante pour rendre les dégradés. Elles affectent également l'affichage par CorelDRAW des dégradés dans la fenêtre de visualisation. Pour plus d'informations, reportez-vous à la section "Impression des dégradés" au Chapitre 18.

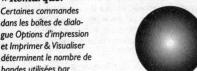

Remplissage 0%        Remplissage 20%

**Etapes:** Un clic sur 🖰 à côté de la case Etapes vous permet d'entrer le nombre de bandes utilisées par l'imprimante pour imprimer le dégradé et par l'écran pour afficher le dégradé. La valeur entrée ici a la priorité sur les paramètres Densité trame Dégradés définis dans les boîtes de dialogue Options d'impression et Préférences - Affichage. Pour plus d'informations concernant ces paramètres, reportez-vous aux sections "Impression de dégradés" au chapitre 18 et "Spécification des préférences d'affichage" à l'annexe A.

> **» Conseil:**
> Si vous maintenez la touche CTRL enfoncée en faisant glisser la souris, le dégradé concentrique se déplace par incréments de 10% et le dégradé linéaire de 15 degrés.

**Angle:** Pour les dégradés linéaires et coniques, vous pouvez spécifier l'orientation en degrés. L'angle définit l'orientation de la transition de la première à la deuxième couleur spécifiée. Entrez la valeur de l'angle dans la case Angle ou utilisez les flèches de défilement. L'angle varie de 0° à 360° dans le sens inverse des aiguilles d'une montre. Le dégradé affiché dans la boîte de visualisation se modifie en fonction de l'angle spécifié.

Vous pouvez également ajuster l'angle d'orientation des dégradés linéaires et coniques de manière interactive. S'il s'agit d'un dégradé linéaire, placez le curseur dans la boîte de visualisation et maintenez enfoncé le bouton de la souris. L'axe du dégradé s'affiche. Faites glisser la souris pour définir l'angle de votre choix puis relâchez le bouton. La procédure est analogue pour un dégradé conique, sauf que vous utilisez le bouton droit de la souris, ou la touche MAJUSCULE en combinaison avec le bouton gauche.

Si vous faites pivoter un objet affecté d'un dégradé linéaire ou conique, l'angle du dégradé sera automatiquement modifié pour conserver l'orientation initiale du dégradé par rapport à l'objet.

**Décalage Centre:** Vous pouvez décaler le centre d'un dégradé concentrique ou conique de manière à ce qu'il ne coïncide plus avec le centre de l'objet. Pour cela, introduisez un pourcentage dans les champs Décalage Centre Horizontal et Vertical. Les valeurs négatives décalent le centre vers le bas et vers la gauche, les valeurs positives le décalent vers le haut et vers la droite. Le dégradé affiché

Décalage Centre 0%       Décalage Horizontal et Vertical 15%

dans la boîte de visualisation montre l'aspect que prend le dégradé avec les valeurs spécifiées.

Vous pouvez également décaler de manière interactive le centre d'un dégradé concentrique ou conique. Placez le curseur dans la boîte de visualisation et maintenez enfoncé le bouton gauche de la souris. Le curseur prend la forme d'une croix. Faites glisser la souris pour amener le centre sur la position voulue puis relâchez le bouton de la souris.

> **» Conseil:**
> Si vous maintenez la touche CTRL enfoncée tout en déplaçant le pointeur en croix, le centre du dégradé se déplace par incréments de dix pour cent horizontalement et/ou verticalement.

**Options PostScript** Affiche une boîte de dialogue qui vous permet de spécifier la trame simili utilisée pour imprimer les dégradés. Cette fonction n'est applicable que si vous utilisez des couleurs non-quadri pour créer le dégradés. Pour plus d'informations, reportez-vous à la section "Sélection de trames simili" plus loin dans ce chapitre.

## Création de dégradés avec le menu flottant Surface

▶ **Pour créer des dégradés avec le menu flottant Surface:**

1. Accédez au menu flottant en cliquant sur ▤ dans le menu local Surface.

2. Cliquez sur l'icône Dégradé, ▤.

3. Les trois boutons placés au-dessus du bouton Modif. à partir de vous permettent de spécifier le type de dégradé: linéaire, concentrique ou conique. Un clic sur ● spécifie un dégradé concentrique, un clic sur ≡ spécifie un dégradé linéaire, un clic sur ▬ spécifie un dégradé conique.

4. Pour choisir la couleur de départ d'un dégradé, cliquez sur le bouton de gauche situé sous la zone de l'échantillon. Une palette de couleurs apparaît. Pour sélectionner une couleur, cliquez dessus. Si vous souhaitez utiliser une couleur qui ne figure pas dans palette, cliquez sur le bouton Autres. La boîte de dialogue Options Couleurs s'affiche. Cette boîte présente un éventail de couleurs plus étendu.

5. Pour choisir la couleur d'arrivée, cliquez sur le bouton de droite situé sous la zone d'affichage. Une palette de couleurs s'affiche. Sélectionnez la couleur d'arrivée en procédant de la même manière que pour la couleur de départ. La case de visualisation présente un échantillon du dégradé créé avec les couleurs que vous avez choisies.

6. Pour appliquer ce dégradé à un objet sélectionné, cliquez sur Appliquer.

▶ **Pour décaler le centre de dégradés concentriques ou coniques:**

1. Cliquez sur la case de visualisation et maintenez enfoncé le bouton de la souris. Un curseur en croix apparaît.
2. Déplacez le curseur dans la case sur la position choisie pour ajuster le décalage. Relâchez le bouton de la souris. La surface est retracée en fonction du décalage que vous avez choisi.
3. Cliquez sur Appliquer pour appliquer le dégradé à l'objet sélectionné.

▶ **Pour modifier l'angle d'un dégradé linéaire:**

1. Cliquez sur la case de visualisation et maintenez enfoncé le bouton de la souris.
2. Faites glisser la souris pour régler l'angle.
3. Relâchez le bouton de la souris lorsque vous avez obtenu l'orientation voulue.
4. Cliquez sur Appliquer pour appliquer cet angle à l'objet sélectionné.

## Création de dégradés personnalisés

Pour personnaliser un dégradé, cliquez sur le bouton Options de la boîte de dialogue Dégradé (qui apparaît lorsque vous cliquez sur l'icône Dégradé de l'outil Surface). Dans la boîte de dialogue Options Couleurs du dégradé, vous pouvez choisir entre les trois types de transition chromatique décrits ci-dessous: Direct, Arc-en-ciel et Spécial.

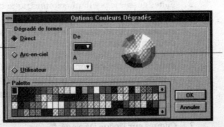

Choisissez un type de dégradé

Roue chromatique pour l'option Direct

**Direct:** Lorsque vous choisissez Direct, CorelDRAW applique en ligne droite toutes les nuances sur la roue chromatique entre la couleur de départ et la couleur d'arrivée. L'option Direct est le type de dégradé par défaut.

**Arc-en-ciel:** Lorsque vous choisissez Arc-en-ciel, CorelDRAW applique les nuances intermédiaires en suivant un chemin sur la roue chromatique. Vous pouvez spécifier le sens du chemin. Cliquez sur l'icône ↻ pour choisir le sens des aiguilles d'une montre et sur ↺ pour choisir le sens inverse. Les couleurs de départ et d'arrivée correspondent aux points d'extrémité de l'arc-en-ciel. Cette méthode de détermination des couleurs intermédiaires élargit le spectre de couleurs de l'effet de dégradé, d'où son nom d'Arc-en-Ciel.

**Spécial:** L'option Spécial vous permet de choisir vous-même les nuances intermédiaires du dégradé. Vous pouvez spécifier jusqu'à 99 couleurs intermédiaires dans la palette affichée dans le bas de la boîte de dialogue. La case de visualisation est mise à jour pour refléter vos choix.

### ▶ Pour spécifier les couleurs intermédiaires du dégradé:

1. Cliquez sur le bouton Spécial de la boîte de dialogue Options Couleurs du dégradé. La partie de droite dans la boîte de dialo-

*Les paramètres de l'option Spécial apparaissent dans la boîte de dialogue Options Couleurs du dégradé lorsque vous avez sélectionné l'option Spécial*

Pointeurs colorimétriques

gue se modifie comme illustré ci-après:

2. Cliquez sur l'un des petits carrés placés aux deux extrémités inférieures de la case de visualisation.

   Un pointeur colorimétrique représenté par un triangle plein apparaît sous la case de visualisation. Ce triangle reste plein tant qu'il représente le pointeur actif. Lorsque vous cliquez sur un carré pour en ajouter un autre, le nouveau pointeur est activé et tous les autres précédemment sélectionnés sont vides. Il est possible de sélectionner plusieurs pointeurs en même temps, en maintenant la touche MAJUSCULE enfoncée et en cliquant sur les pointeurs concernés.

3. Faites glisser le pointeur colorimétrique sur la position où vous souhaitez placer la couleur intermédiaire.

   Pendant le déplacement, le pourcentage affiché dans la case de position change pour rendre compte de la position du pointeur. Vous pouvez également saisir la position en tapant un nombre dans la case de position. Le marqueur actif se déplacera sur la position correspondant à la valeur entrée.

4. Cliquez sur une couleur dans la palette de couleurs se trouvant sous la case de visualisation.

> **»Raccourci:**
> *Pour ajouter un pointeur colorimétrique à la case de visualisation, positionnez le curseur à l'endroit où vous souhaitez voir apparaître la couleur et double-cliquez. Pour supprimer un pointeur colorimétrique, double-cliquez dessus.*

La couleur est ajoutée au dégradé affiché dans la case de visualisation à l'endroit désigné par le pointeur actif. Elle se mélange à la couleur de départ et d'arrivée, ou à toute autre couleur intermédiaire autour d'elle.

Répétez ces étapes jusqu'à ce que vous ayez sélectionné le nombre voulu de couleurs intermédiaires. Le dégradé présenté dans la case de visualisation est adapté chaque fois que vous ajoutez une couleur intermédiaire.

Après avoir ajouté une couleur, vous pouvez la repositionner dans le dégradé en cliquant sur le pointeur et en le glissant sur une autre position. Pour supprimer une couleur, sélectionnez son pointeur colorimétrique et appuyez sur la touche SUPPR.

5. Cliquez sur OK.

## Enregistrement d'un dégradé personnalisé

Pour enregistrer un dégradé que vous avez créé, utilisez les commandes de la boîte de dialogue Dégradé: cliquez à l'intérieur de la zone Présélections. Un curseur de texte apparaît. Tapez le nom voulu (il n'est pas nécessaire d'indiquer une extension) et cliquez sur le bouton Enregistrer. Le nom est ajouté dans la liste déroulante Présélections.

## Sélection d'un dégradé personnalisé dans la liste Présélections

La liste déroulante Présélections indique le nom des dégradés personnalisés que vous avez créés et enregistrés. Pour charger un dégradé, cliquez sur la flèche de la liste et choisissez un nom. Le dégradé personnalisé est chargé dans la boîte de dialogue Dégradé. Pour supprimer un dégradé de liste Présélections, sélectionnez-le dans la liste et cliquez sur le bouton Supprimer.

**Note:** Le nombre que vous entrez dans la case Etapes de la boîte de dialogue Dégradé affecte l'apparence des dégradés créés. Le dégradé Personnalisé est constitué des couleurs de départ et d'arrivée ainsi que des couleurs intermédiaires spécifiées pour chaque division d'étape. Si vous spécifiez cinq étapes, par exemple, le dégradé personnalisé utilisera les couleurs des positions 0%, 25%, 50%, 75% et 100% dans la case de visualisation. Si vous n'avez pas spécifié de couleur pour la position 25%, le dégradé utilisera la couleur intermédiaire qui se trouve à cet endroit.

Pour l'affichage à l'écran, le nombre d'étapes par défaut est de 20. Pour l'impression, le nombre par défaut est 64. Le nombre que vous aurez entré dans la case Etapes de la boîte de dialogue Dégradé a la priorité sur ces nombres par défaut. Si vous ne spécifiez aucun nombre à cet endroit, CorelDRAW utilisera, pour l'affichage, le nombre spécifié dans la case Densité des dégradés dans Visuel de la boîte de dialogue Préférences. Tandis que pour l'impression, CorelDRAW utilisera le nombre spécifié dans la case Etapes Dégradés de la boîte de dialogue Options (accessible par la commande Imprimer du menu Fichier).

# Remplissage d'objets avec des motifs bicolores ou des motifs couleurs

L'icône ※ du menu local Surface et du menu flottant Surface permettent de remplir des objets avec les motifs bicolores proposés par CorelDRAW. Vous y trouverez notamment les motifs hachurés usuels en

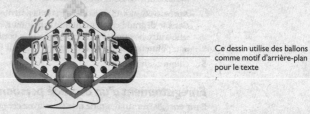

Ce dessin utilise des ballons comme motif d'arrière-plan pour le texte

dessin, en architecture de paysage et en cartographie. D'autres textures pourront être utiles pour créer des arrière-plans ou des motifs comme le montre l'exemple illustré ci-dessous.

Si vous souhaitez utiliser une texture qui ne figure pas dans la bibliothèque CorelDRAW, vous pouvez créer le motif de votre choix avec le programme CorelPHOTO-PAINT ou d'autres logiciels analogues. Dans le cas de motifs simples, utilisez l'Editeur d'images bitmap de CorelDRAW. Vous pouvez même créer un motif avec les outils de dessin puis l'enregistrer sous forme de motif bicolore ou couleurs. Pour cela, utilisez la commande Créer un motif dans le menu Spécial. Ces deux méthodes sont abordées plus loin dans ce chapitre.

Outre les motifs bicolores évoqués plus haut, CorelDRAW offre un choix étendu de motifs couleurs. L'accès à ces motifs s'effectue par l'intermédiaire de l'icône ✔ du menu local Surface ou du menu flottant du même nom. Vous pouvez utilisez les motifs couleurs tels quels ou les éditer comme n'importe quel autre objet dans CorelDRAW.

La sélection des motifs s'effectue soit à partir d'une boîte de dialogue, soit à partir du menu flottant Surface:

### ▶ Pour sélectionner un motif à partir d'une boîte de dialogue:

1. Sélectionnez l'objet puis l'icône ※ dans le menu local de l'outil-surface. La boîte de dialogue représentée ci-dessous s'affiche:

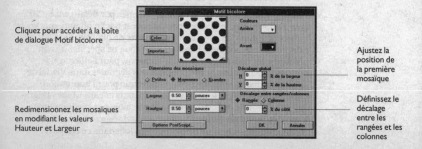

Cliquez pour accéder à la boîte de dialogue Motif bicolore

Redimensionnez les mosaïques en modifiant les valeurs Hauteur et Largeur

Ajustez la position de la première mosaïque

Définissez le décalage entre les rangées et les colonnes

La case de visualisation affichée dans la moitié supérieure de la boîte sert à présenter un échantillon des motifs. Elle montre également la manière dont le motif est disposé (mosaïque).

2. Pour consulter la bibliothèque des motifs bicolores disponibles, cliquez sur la boîte de visualisation.

3 Cliquez deux fois sur un motif donné pour le sélectionner ou cliquez sur celui-ci puis sur OK.

4. Pour appliquer ce motif à un objet sélectionné, cliquez sur OK.

Les options de la boîte de dialogue permettent d'ajuster le format des mosaïques, d'en déterminer le positionnement à l'intérieur de l'objet, et, s'il s'agit de motifs bicolores, d'y ajouter des couleurs.

## Utilisation des boîtes de dialogue Motif bicolore et Motif couleurs

Outre les possibilités de visualisation et de sélection de motifs, les boîtes de dialogue Motif bicolore et Motif couleurs vous proposent des options pour importer, accéder à un éditeur d'images bitmap bicolores, et modifier les couleurs, les dimensions des mosaïques et le décalage.

**Importer:** Affiche une autre boîte de dialogue qui vous permet de créer un motif à partir d'un graphique importé. Pour plus d'informations, reportez-vous à la section "Importation d'images en vue de les utiliser comme motifs" plus loin dans ce chapitre.

**Charger (motif couleurs)** Cliquez sur l'option Charger. La boîte de dialogue Charger Motif couleurs s'affiche. Le type de fichier par défaut PAT s'affiche dans le champ Nom du fichier parce que les motifs couleurs sont mémorisés avec l'extension PAT.

Sélectionnez l'unité et le répertoire dans lequel les fichiers PAT sont mémorisés (habituellement le sous-répertoire CUSTOM).

Une liste des fichiers de motifs disponibles s'affiche dans la boîte Nom du fichier. Pour visualiser un échantillon de la mosaïque, cliquez sur le nom de fichier correspondant.

Pour sélectionner un motif, cliquez sur celui-ci, puis cliquez sur OK.

CorelDRAW vous renvoie à la boîte de dialogue Motif Couleurs et le motif sélectionné s'affiche dans la boîte de visualisation. Si ce motif s'accompagne d'un en-tête d'image couleurs ou monochrome, il apparaîtra en couleurs dans la boîte de visualisation. Les couleurs de l'un quelconque des motifs disponibles peuvent être modifiées. Pour plus d'informations, reportez-vous à la section "Edition des motifs couleurs" plus loin dans ce chapitre.

Pour appliquer le motif retenu à un objet sélectionné, cliquez sur OK. Si vous avez accédé aux motifs via le menu flottant, cliquez sur Appliquer.

**Créer (motifs bicolores):** Affiche un éditeur d'images bitmap qui vous permet de créer et d'éditer les motifs. Pour plus d'informations, reportez-vous à la section "Création de motifs bicolores avec l'Editeur d'images bitmap bicolores" plus loin dans ce chapitre.

**Arrière-plan/Premier plan (motifs bicolores):** Lorsque vous coloriez un motif bicolore, vous devez spécifier une couleur d'avant-plan et une couleur d'arrière-plan. La couleur d'avant-plan est appliquée aux pixels du motif qui étaient noirs à l'origine tandis que la couleur d'arrière-plan est appliquée aux pixels qui étaient blancs. L'application de couleurs aux différents motifs s'opère à partir de la boîte de dialogue Motif bicolore. La procédure est la suivante :

- Pour choisir une couleur d'arrière-plan, cliquez sur l'échantillon de couleur affiché sous la mention Arrière. Une palette de couleurs s'affiche. Pour sélectionner une couleur dans la palette, cliquez dessus. Pour choisir ou mélanger une couleur à partir d'une boîte de dialogue plus détaillée, cliquez sur l'option Autres.
- Choisissez une couleur d'avant-plan de la même manière en cliquant sur l'échantillon de couleur affiché sous la mention Avant. Pour choisir ou mélanger une couleur à partir d'une boîte de dialogue plus détaillée, cliquez sur l'option Autres.

La mosaïque échantillon que présente la boîte de dialogue montre le motif tel qu'il apparaît après application des couleurs que vous avez choisies. Cliquez sur OK pour appliquer le motif colorié à un objet sélectionné.

En plus des couleurs proposées dans la palette, vous pouvez utiliser des couleurs que vous avez créées vous-mêmes. Pour des instructions relatives à la création de couleurs, reportez-vous au chapitre 12 "Utilisation des couleurs".

**Dimensions des mosaïques:** Un motif est constitué de mosaïques placées côte à côte, à la manière d'un carrelage, pour recouvrir toute la surface d'un objet. En spécifiant la taille des mosaïques, vous déterminez la fréquence de répétition du motif.

Pour modifier les proportions d'une mosaïque, cliquez sur le bouton Mosaïque dans la boîte de dialogue Motif bicolore. Les options Dimensions des mosaïques, Décalage global et Décalage entre rangées/colonnes apparaissent à l'écran. Pour préciser la hauteur et la largeur d'une mosaïque, entrez une valeur dans les champs Largeur et Hauteur ou cliquez sur les flèches de défilement jusqu'à ce que la valeur de votre choix apparaisse à l'écran. La taille de la mosaïque échantillon évolue au fur et à mesure. Cliquez sur OK pour revenir à la fenêtre de dessin et appliquer à l'objet sélectionné des mosaïques redimensionnées en fonction des valeurs que vous venez de modifier.

Plus l'espace blanc entourant le dessin est important, plus la mosaïque du dessin apparaîtra réduite à l'écran

Comme les motifs sont des images bitmap, les proportions retenues risquent d'affecter l'aspect du motif lors de son impression. Si vous avez choisi une taille trop grande, les traits incurvés et obliques du motif paraîtront irréguliers (effet d'escalier). Si le motif est trop petit, l'ensemble risque de faire tache. Par ailleurs, plus le nombre de mosaïques est élevé, plus il faudra de temps pour imprimer le dessin.

Si vous importez des motifs bicolores ou si vous les créez vous-même avec la fonction Créer, leur rapport largeur/hauteur initial risque de changer. En conséquence, les motifs dont l'une des dimensions est sensiblement plus longue que l'autre risquent de paraître étirés ou écrasés. Il suffit alors d'ajuster les dimensions de la mosaïque pour rétablir les proportions adéquates.

En raison de la différence existant entre la résolution de l'écran et celle de l'imprimante, les mosaïques affichées à l'écran ne donnent pas nécessairement une image exacte de ce que vous obtiendrez en réalité. Par exemple, le motif d'un objet affiché pourrait donner l'impression à l'écran de se composer de trois cercles, alors qu'il inclut un pixel supplémentaire dont vous ne remarquerez la présence que lorsque vous aurez imprimé le dessin. Pour éviter ce problème et obtenir la représentation la plus fidèle possible, exécutez un zoom avant pour examiner le motif de près.

**Décalage global :** Pour ajuster le positionnement des mosaïques dont la répétition détermine le motif, cliquez sur l'option Mosaïque dans la boîte de dialogue Motif bicolore. Les options Dimensions des mosaïques, Décalage global Décalage entre rangées/colonnes qui apparaissent à l'écran permettent de modifier l'orientation d'une mosaïque.

La commande H. permet de déplacer horizontalement le motif dans son intégralité tandis que la commande V. permet de le déplacer verticalement. L'importance du décalage est spécifiée en pourcentage par rapport à la hauteur et à la largeur de la mosaïque. A titre d'exemple, si votre mosaïque mesure 2 centimètres de haut et si vous spécifiez un décalage vertical de 50%, le motif est déplacé d'un centimètre vers le bas. De même, si votre mosaïque mesure deux centimètres de large et si vous spécifiez un décalage horizontal de 50%, le motif est décalé d'un centimètre latéralement.

**Décalage entre rangées/colonnes :** Vous pouvez également spécifier un décalage par rangée ou colonne en cliquant sur la mention Rangée ou Colonne du champ de Décalage entre rangées/colonnes. Les décalages par rangée et colonne sont indiqués sous la forme d'un pourcentage exprimé par rapport à la hauteur ou la largeur d'une mosaïque. Si, par exemple, vous souhaitez que les objets de l'une des rangées du motif soient décalés d'une distance égale à la moitié de la largeur des objets que comporte la rangée suivante, vous devez entrer un décalage par rangée dont la valeur soit égale à 50%.

Après avoir introduit les valeurs correspondant au décalage voulu, cliquez sur OK. Ces valeurs sont appliquées au motif recouvrant la surface de l'objet sélectionné.

## Sélection et édition de motifs avec le menu flottant Surface

▶ **Pour sélectionner des motifs dans le menu flottant Surface :**

1. Cliquez sur l'icône ✐ puis cliquez sur la petite flèche visible dans le coin inférieur droit de la boîte de visualisation. Une palette de motifs couleurs s'affiche à l'écran.

Cliquez ici pour ouvrir une palette de motifs couleurs

2. Double-cliquez sur un motif pour le sélectionner. Le motif s'affiche dans la case de visualisation du menu flottant.

3. Cliquez sur le bouton Appliquer pour appliquer le motif retenu à l'objet sélectionné.

Avant d'appliquer ce motif à un objet, vous pouvez éditer le décalage et la taille de la mosaïque en cliquant sur le bouton Editer pour appeler la boîte de dialogue Motif Couleurs.

Pour supprimer un motif couleurs de la palette, cliquez sur ce motif et choisissez la commande Supprimer Motif dans le menu Fichier de la palette.

La sélection de motifs bicolores dans le menu flottant s'effectue de la même manière, en utilisant l'icône ※.

> **Conseil:**
> En maintenant la touche CTRL enfoncée lorsque vous redimensionnez les carrés du motif à l'écran, vous pouvez contraindre la dimension de la mosaïque dans ses proportions originales.

▶ **Pour colorier des motifs bicolores:**

1. Sélectionnez le motif bicolore que vous souhaitez colorier.
2. Choisissez une couleur d'avant-plan en cliquant sur le bouton gauche affiché sous la boîte de visualisation. Une palette de couleurs s'affiche.
3. Cliquez sur la couleur de votre choix.
4. Sélectionnez de la même façon une couleur d'arrière-plan en cliquant sur le bouton droit.
5. Pour appliquer ce motif à un objet sélectionné, cliquez sur le bouton Appliquer.
   Pour examiner un éventail de couleurs plus étendu, accédez à la boîte de dialogue Surface uniforme en cliquant sur l'option Autres.

▶ **Pour ajuster la Dimensions des mosaïques et le Décalage:**

1. Affichez le motif en sélectionnant l'objet contenant le motif en question et cliquez sur le bouton Modif. à partir de.
2. Cliquez sur le bouton Mosaïque. Deux rectangles représentant les mosaïques adjacentes s'inscrivent dans l'objet.
3. Pour dimensionner le motif, faites glisser le point nodal vers le coin inférieur droit du carré gauche. Effectuez le déplacement dans n'importe quelle direction pour agrandir ou réduire les carrés. Pour ajuster le décalage, cliquez en un endroit quelconque à l'intérieur du carré droit et maintenez enfoncé le bouton de la souris. Vous pouvez à présent opérer un déplacement vertical par rapport au carré gauche. Le déplacement peut s'effectuer vers le bas jusqu'à la position limite, mais également horizontalement par rapport au côté inférieur du carré gauche. Faites glisser le carré droit sur la position voulue et relâchez le bouton de la souris. Pour appliquer un décalage à l'ensemble du motif, cliquez en un endroit quelconque du rectangle gauche et faites glisser.
4. Cliquez sur Appliquer.

CorelDRAW modifie l'orientation de la mosaïque du motif en fonction de la position relative du carré droit par rapport au carré gauche.

Pour améliorer la précision, cliquez sur Editer et entrez des valeurs numériques dans les cases Dimensions des mosaïques et Décalage.

# Remplissage des objets avec des motifs PostScript

Outil-surface

Icône PostScript

Si vous imprimez vos documents sur une imprimante PostScript, vous pouvez remplir les objets avec les algorithmes de remplissage très élaborés que propose PostScript. Pour accéder à la boîte de dialogue Motif PostScript, cliquez sur PS à la fin du menu local Surface.

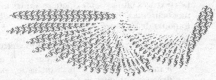

Les ailes dans ce dessin contiennent une surface PostScript

La boîte de dialogue Motif PostScript vous permet de sélectionner le nom de l'effet PostScript voulu et de spécifier jusqu'à cinq paramètres si nécessaire. Pour sélectionner un motif particulier, faites défiler la liste des noms pour accéder au nom du motif voulu, et cliquez dessus.

Lorsque vous cliquez sur le nom, les cinq paramètres correspondants changent automatiquement. Il vous est permis d'ajuster chacun de ces paramètres pour personnaliser le motif en fonction de votre application.

Les motifs de ce type ne sont pas reproduits dans la fenêtre de dessin. L'objet est présenté à l'écran avec une texture formée par les lettres PS. Toutefois, la portion Surface: de la ligne d'état indiquera le nom du motif utilisé. Pour examiner le résultat de votre sélection de motifs PostScript, vous devez imprimer votre travail. Pour gagner du temps et n'imprimer que les objets associés à des motifs PostScript, faites usage de l'option Sélect. uniquement dans la boîte de dialogue Imprimer.

Lorsque vous imprimez des sélections de couleurs, les motifs PostScript sont imprimés sous forme de pixels noirs et opaques.

La bibliothèque des motifs PostScript actuellement disponibles sous CorelDRAW est présentée à l'annexe C.

# Remplissage des objets avec des textures bitmap

Outil-surface

Icône Texture Bitmap

Outre les motifs bitmap et les motifs PostScript, vous pouvez également utiliser les textures bitmap de CorelDRAW pour remplir vos objets. CorelDRAW inclut une centaine de textures de ce type: aquarelles, gravier, nuages, minéraux, papier recyclé, etc. A l'aide du générateur de nombre aléatoire et du sélecteur de couleurs, vous pourrez composer des milliers de variations à partir de chaque texture. Contrairement aux motifs PostScript, les textures bitmap sont affichées à l'écran et sont reconnues par toutes les imprimantes.

Les textures bitmap augmentent considérablement la taille du fichier et leur impression prend beaucoup de temps. Pour cette raison, il est préférable de ne pas remplir des objets de grandes dimensions avec ce type de texture et de limiter leur application à un nombre restreint d'objets. Selon la capacité de mémoire installée, il pourra arriver que votre système soit dans l'incapacité de produire certaines textures bitmap. Dans un tel cas, vous recevrez le message Erreur de création de texture ou Mémoire insuffisante pour créer la texture. Pour remédier à ce problème, réduisez la taille de l'objet jusqu'à ce que la texture soit applicable. Redimensionnez ensuite votre objet pour lui redonner sa taille initiale.

Les textures bitmap sont affichées sur les moniteurs couleur et monochromes. Toutefois, l'affichage monochrome ne permet pas toujours de les représenter fidèlement.

▶ **Pour remplir un objet avec une texture bitmap:**

1. Sélectionnez l'objet, puis cliquez sur 🔲 à côté de l'icône ✏ dans le menu local ◊. La boîte de dialogue Texture illustrée ci-dessous s'affiche:

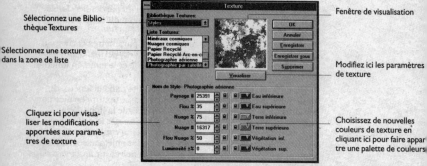

Sélectionnez une Bibliothèque Textures

Sélectionnez une texture dans la zone de liste

Cliquez ici pour visualiser les modifications apportées aux paramètres de texture

Fenêtre de visualisation

Modifiez ici les paramètres de texture

Choisissez de nouvelles couleurs de texture en cliquant ici pour faire apparaître une palette de couleurs

2. Dans la liste Bibliothèque Textures, choisissez la bibliothèque qui contient la texture que vous voulez appliquer. Les noms des textures enregistrées dans la bibliothèque sont affichés dans la zone Liste Textures.

3. Cliquez sur la texture voulue dans la Liste Textures. La texture choisie apparaît dans la case de visualisation.

4. Modifiez les paramètres de texture que vous souhaitez changer (ces paramètres sont décrits plus loin dans cette section).

5. Cliquez sur le bouton Visualisation pour examiner l'effet de vos sélections.

6. Cliquez sur OK pour appliquer la texture à l'objet sélectionné.

### Modifier le numéro, la couleur et les paramètres de texture avec le sélecteur aléatoire

Si vous le souhaitez, CorelDRAW peut sélectionner à votre place les paramètres et les couleurs de texture et ce, de manière aléatoire. Les🔒 icônes situées sous le numéro, la couleur et les paramètres vous permettent d'activer et de désactiver le sélecteur aléatoire. Pour activer celui-ci, cliquez sur une 🔒 icône pour la sélectionner. Elle est en surbrillance et est déverrouillée 🔓 . Si vous appuyez sur le bouton de visualisation, le numéro et les couleurs et paramètres de texture déverrouillés sont modifiés de manière aléatoire. Chaque fois que vous cliquez sur le bouton de visualisation en ayant déverrouillé les icônes🔓 , vous obtenez une variante de texture différente dans la case de visualisation. Pour appliquer une texture donnée à un un objet sélectionné, cliquez sur OK.

## Modification des paramètres de texture

Outre la couleur, vous pouvez intervenir sur une série d'autres paramètres qui déterminent une texture: densité, flou, contraste et luminosité. Lorsque vous sélectionnez une texture, ses paramètres apparaissent dans une liste affichée en-dessous de la zone Liste Textures. Vous pouvez modifier ces paramètres pour changer l'apparence de la texture. Le changement d'apparence sera plus ou moins important suivant le paramètre choisi et le degré de modification que vous y aurez apporté.

**Numéro de texture:** Lorsque vous sélectionnez une texture dans la Liste Textures, cette texture est présentée dans la case de visualisation et son numéro s'inscrit dans la case # Texture. Chaque texture dispose de 32.768 variantes numérotées de 0 à 32.767. Vous pouvez essayer les différentes variantes d'une texture en entrant son numéro dans la case Numéro de texture et en cliquant sur le bouton Visualiser.

Chaque variante peut être enregistrée sous un nom distinct en vue d'une utilisation ultérieure. Pour les instructions détaillées, reportez-vous à la section "Modification et enregistrement de textures" plus loin dans ce chapitre.

**Couleur de texture:** Lorsque vous sélectionnez une texture dans la liste Textures, les couleurs contenues dans cette texture sont affichées dans la case de visualisation. Chaque couleur est représentée par une case de couleur. Pour changer la couleur, cliquez sur la case de couleur et sélectionnez la couleur voulue dans la palette. Pour choisir une couleur ou créer un mélange à partir d'une boîte de dialogue plus élaborée, cliquez sur le bouton Autres, au bas de la palette. Une fois la couleur sélectionnée, la case de couleur correspondante est mise à jour pour refléter le nouveau choix. Cliquez sur la case de visualisation pour examiner l'effet de la nouvelle couleur sur la texture.

Si vous appréciez une certaine variation de texture produite par le générateur de couleurs aléatoires de CorelDRAW, cliquez sur OK pour l'appliquer à un objet sélectionné. Vous pouvez également l'enregistrer sous un nom de votre choix en vue d'une utilisation extérieure. Pour les instructions détaillées, reportez-vous à la section "Modification et enregistrement de textures" plus loin dans ce chapitre.

**Autres paramètres de texture:** Outre le numéro et les couleurs, un grand nombre de textures comportent également d'autres paramètres sur lesquels vous pouvez intervenir, tels que la densité, le flou, le grain, le contraste et la luminosité. La liste donne la description et les fonctions de quelques-uns de ces paramètres:

- ***Flou:*** détermine la taille et le nombre des formes composant la texture. Les formes sont d'autant plus grandes et moins nombreuses que la valeur de ce paramètre est élevée.
- ***Densité:*** détermine le degré de chaos dans la texture. Le chaos est d'autant plus prononcé que la valeur de ce paramètre est élevée.
- ***Grain:*** détermine l'intensité des couleurs. Les couleurs sont d'autant plus intenses que la valeur de ce paramètre est élevée.
- ***Grain d'arc-en-ciel:*** affecte l'intensité des couleurs et décale les valeurs chromatiques pour produire un effet d'arc-en-ciel. L'intensité et le décalage chromatique sont d'autant plus grands que la valeur de ce paramètre est élevée.

La fonction des autres paramètres se déduit aisément de leurs noms.

### Transformer les objets contenant une texture bitmap

Lorsque vous étirez un objet contenant une texture, celle-ci est redimensionnée de la même manière que l'objet. En fonction de l'importance du redimensionnement, vous risquez de produire des inégalités ou un effet de "pixelisation" et de perdre ainsi un peu de netteté dans la texture.

Pour éviter ce problème, supprimez la texture de l'objet, étirez-le et appliquez à nouveau la texture.

Lorsque vous faites pivoter un objet contenant une texture bitmap, la surface ne subit pas de rotation, mais conserve son orientation.

## Modification et enregistrement de textures

Les textures sont de deux types: les textures d'origine et les textures Utilisateur. La procédure d'enregistrement diffère pour chacune d'elles.

**Textures d'origine:** Une texture d'origine est une texture à partir de laquelle d'autres textures sont dérivées. La texture "Energie cosmique", par exemple, est une texture d'origine, tandis que "Energie cosmique2" et "Energie Cosmique3" sont des textures Utilisateur qui en sont dérivées. Les textures d'origine sont stockées dans la bibliothèque des Styles. Vous pouvez modifier une texture d'origine en utilisant la boîte de dialogue Texture et l'appliquer à un objet sélectionné. La texture modifiée n'est enregistrée que pour l'objet; la texture d'origine reste inchangée.

*»Conseil:*
*Lorsque vous expérimentez différents paramètres, l'option Sélections uniq. de la boîte de dialogue Imprimer réduit le temps d'impression.*

Pour enregistrer une texture d'origine sous un nom déterminé, cliquez sur le bouton Enregistrer sous. La boîte de dialogue Enregistrer la texture sous s'affiche. Dans la zone Nom de la texture, tapez un nom de fichier de 32 caractères au maximum pour la texture. Cliquez ensuite sur la bibliothèque pour l'enregistrer dans une bibliothèque de la liste des bibliothèques. (Vous ne pouvez pas enregistrer de textures dans la bibliothèque Styles) Pour créer une autre bibliothèque, entrez un nouveau nom dans la zone du nom de la bibliothèque. Le nouveau nom sera ajouté dans la liste des bibliothèques. La texture originale modifiée apparaîtra dans la liste des textures de la bibliothèque choisie.

**Textures Utilisateur:** Les textures Utilisateur sont les textures qui ont été dérivées des textures d'origine. Les textures Utilisateurs sont enregistrées dans la bibliothèque Utilisateur. Lorsque vous sélectionnez une texture Utilisateur, le nom de la texture d'origine dont elle est dérivée apparaît dans la liste des textures. Vous pouvez modifier des textures Utilisateur et les appliquer à des objets sélectionnés. Utilisez la commande Enregistrer sous pour enregistrer une texture modifiée sous un nouveau nom. Utilisez la commande Enregistrer pour écraser la texture de départ.

## Suppression de textures bitmap

Vous pouvez supprimer des textures Utilisateur à l'aide de la commande Supprimer de la boîte de dialogue Texture. En revanche, vous ne pouvez pas supprimer les textures d'origine.

## Application d'un dégradé de formes à deux objets remplis avec des textures

Si vous appliquez un dégradé de formes à deux objets remplis avec des textures bitmap, l'effet obtenu variera selon que ces deux objets sont remplis avec des variations différentes de la même texture d'origine ou non. Dans le premier cas, CorelDRAW génère des textures intermédiaires et les applique aux formes intermédiaires. Si par exemple, vous appliquez un dégradé de formes à deux objets remplis avec différentes variations de Minéral, Tourbillon-5-couleurs, CorelDRAW créera des textures intermédiaires pour les formes intermédiaires.

Si vous appliquez un dégradé de formes à deux objets remplis avec des textures différentes, les formes intermédiaires seront remplies avec la texture de l'objet du haut.

Si vous appliquez un dégradé de formes à deux objets dont l'un seulement est rempli avec une texture, les formes intermédiaires seront remplies avec la surface de l'objet sans la texture.

## Sélection de textures bitmap avec le menu flottant Surface

▶ **Pour sélectionner des textures bitmap à partir du menu flottant Surface:**

1. Cliquez sur ▧ dans le menu local Surface pour accéder au menu flottant.
2. Cliquez sur ▧ dans le haut du menu flottant. La première texture est affichée dans la case de visualisation du menu flottant.
3. Cliquez sur un point quelconque de la case de visualisation. La palette des textures s'affiche.
   Pour accéder à une autre bibliothèque de textures, choisissez Charger Bibliothèque Textures dans le menu Fichier de la palette. Ou cliquez sur la zone Bibliothèque Textures au-dessus du bouton Modif. à partir de et choisissez une bibliothèque dans la liste proposée. Pour modifier une texture, sélectionnez-la et

choisissez Supprimer texture dans le menu Fichier de la palette. Pour sélectionner une texture, cliquez dessus. La texture apparaît dans la case de visualisation du menu flottant.

4   Cliquez sur Appliquer pour appliquer la texture à un objet sélectionné.

### Mosaïque de motifs

Les motifs se répètent sous la forme de mosaïques dans le périmètre de l'objet sélectionné. La façon dont vous encadrez le dessin dans la marquise de sélection détermine sa taille dans la mosaïque: plus l'espace vide autour du dessin est important, plus il sera petit par rapport à la superficie de la mosaïque. Si vous n'entourez qu'une partie du dessin, les motifs seront accolés.

Si vous souhaitez décaler les motifs comme dans notre exemple, utilisez l'option Décalage Mosaïques des boîtes de dialogue Motifs bicolores et Motifs couleurs. Ces boîtes s'affichent lorsque vous cliquez sur les icônes ▓ ou ✏ dans le menu de l'outil ◊.

Cliquez, maintenez le bouton de la souris enfoncé et faites glisser autour du dessin pour créer un motif.

Si vous ne sélectionnez que le dessin, le motif de la mosaïque semblera plus grand.

Sélectionnez uniquement une partie du dessin, si vous souhaitez que les motifs se touchent.

# Création et édition de motifs

Vous pouvez éditer des motifs bicolores et couleurs existants ou en créer de nouveaux en utilisant:

- la commande Créer un motif du menu Spécial
- l'éditeur de motifs bicolores
- la commande Importer de la boîte de dialogue Motif bicolore

## *Création de motifs de remplissage avec la commande Créer un motif*

La commande Créer un motif, dans le menu Spécial, permet de créer des motifs bicolores et couleurs. Les motifs bicolores créés s'ajoutent à la palette de ceux auxquels vous pouvez déjà accéder par l'icône Motif bicolore du menu local ঐ et du menu flottant Surface. Les motifs couleurs s'ajoutent également à la bibliothèque de motifs couleurs. Vous pouvez y accéder en cliquant sur l'icône Motif couleurs à condition de les avoir enregistrés dans le répertoire contenant les autres motifs couleurs.

A peu près n'importe quel dessin peut servir à créer un nouveau motif : une forme simple, un élément de texte, une image couleurs vectorielle, et même une image bitmap importée. Le dessin choisi devient une Mosaïque qui se répète dans toutes les directions pour remplir l'objet sélectionné.

Le motif choisi peut être aussi complexe que vous le souhaitez, mais plus il est sophistiqué plus son impression prendra de temps, et d'autant plus s'il s'agit d'un motif couleurs.

Lorsque vous créez un motif bicolore, tenez compte des indications ci-après.

- Les formes arrondies et les lignes obliques présentent généralement un effet d'escalier. Ce problème est encore plus perceptible si vous agrandissez le motif en augmentant la taille de la mosaïque choisie.

- Les motifs bicolores dont l'une des dimensions est sensiblement plus importante que l'autre sont étirés ou écrasés à l'impression. Toutefois, vous avez la possibilité de rétablir les proportions adéquates en ajustant les dimensions des mosaïques.

- Si vous réalisez un motif bicolore, CorelDRAW le convertit en une image noir et blanc. Si le motif initial est très détaillé ou multicolore, cette conversion entraînera une perte de définition significative. Les images en couleurs peuvent également présenter un problème de moirage, un effet indésirable très difficile à éviter.

▶ **Pour créer un motif:**

1. Chargez le dessin couleurs ou bicolore que vous souhaitez utiliser comme motif. Vous pouvez également créer un motif couleurs en utilisant les différents outils et fonctions que CorelDRAW met à votre disposition. Le format du dessin à partir duquel vous créez un motif est sans importance.

2. Choisissez la commande Créer un motif dans le menu Spécial. La boîte de dialogue suivante s'affiche:

Sélectionnez le type de motif que vous souhaitez créer

Sélectionnez un niveau de résolution pour créer votre motif

3. Choisissez le type de motif que vous souhaitez créer. Si vous retenez l'option bicolore, vous devez également spécifier la résolution du motif.
   La résolution désigne le nombre de pixels utilisés par CorelDRAW pour représenter les motifs. En règle générale, plus la résolution est haute, plus le motif apparaît nettement à l'impression ou au terme d'une mise à l'échelle. Toutefois, dans certains cas, la résolution sélectionnée a peu, voire aucune incidence sur l'aspect du motif. Ainsi, les formes rectangulaires et les lignes verticales/horizontales apparaissent tout aussi nettement à haute qu'à basse résolution. Cela s'applique également aux motifs dont la taille est inférieure à 1/4 de pouce (environ 0,6 cm). Il est recommandé de sélectionner une résolution Moyenne ou Haute pour la création de lignes courbes ou diagonales.

4. Sélectionnez le dessin de votre choix en maintenant le bouton de la souris enfoncé pour l'entourer d'une marquise de sélection. La façon dont vous sélectionnez le dessin affecte la mise en mosaïque du motif ainsi que l'aspect du graphisme dans l'objet. Pour plus d'informations, consultez la section "Mise en mosaïque des motifs" ci-après.

5. Lorsque vous relâchez le bouton de la souris, un message vous demande si vous souhaitez créer un motif à partir de la zone sélectionnée. Choisissez la réponse appropriée. Dans le cas d'un motif bicolore, le nouveau motif s'ajoute automatiquement à la bibliothèque des motifs. S'il s'agit d'un motif couleurs, une autre boîte de dialogue s'affiche à l'écran pour vous inviter à donner un nom à ce motif.

## Création de motifs bicolores avec l'Editeur de motifs bicolores

CorelDRAW met à votre disposition un éditeur de motifs bicolores que vous pouvez utiliser pour créer vos propres motifs bicolores. Pour accéder à l'éditeur, cliquez sur ※ dans le menu local Surface. Cliquez ensuite sur le bouton Créer. Autre méthode: dans le menu flottant Surface, cliquez sur ※ , sélectionnez Editer et appuyez ensuite sur Créer.

L'éditeur se compose d'une zone de dessin et de deux jeux de commandes pour faire varier les dimensions du motif et de la plume de dessin. Chaque carré de la zone de dessin représente un pixel. L'option Dimensions bitmap permet de contrôler le nombre de pixels et de déterminer du même coup la résolution du motif.

Vous avez le choix entre les trois formats suivants: 16x16, 32x32 ou 64x64 pixels. Utilisez le format le plus petit pour créer des motifs constitués de formes rectangulaires et de lignes horizontales ou verticales. S'il s'agit de motifs composés de courbes et de lignes obliques, utilisez l'un des deux autres formats. Si vous cliquez sur l'une des options Dimensions bitmap, le motif créé jusqu'à ce stade est effacé. Et si vous cliquez sur OK sans avoir dessiné quoi que ce soit, vous créerez un motif vide. Ces motifs prennent de la place dans la bibliothèque de motifs; aussi, il est préférable de les effacer.

Lorsque vous dessinez, cliquez avec le bouton gauche de la souris pour rendre noir un pixel quelconque et avec le bouton droit pour le rendre blanc. L'option Dimensions de la plume vous permet de spécifier le nombre de pixels modifiés chaque fois que vous cliquez avec la souris. Si vous maintenez le bouton de la souris enfoncé tout en dessinant, vous pouvez modifier l'aspect d'un grand nombre de pixels.

Lorsque vous dessinez, soyez attentif à l'aspect que doit prendre le motif à l'intérieur de l'objet que vous êtes en train de remplir. Si vous souhaitez que les mosaïques se touchent, comme dans l'exemple ci-contre, tracez le motif en prolongeant le trait jusqu'au périmètre de la zone de dessin. Inversement, si vous souhaitez que le motif soit entouré d'un espace vide, laissez telle quelle une rangée de pixels au moins le long du périmètre de la zone de dessin. Lorsque votre dessin est terminé, cliquez sur OK. La boîte de dialogue Motif bicolore réapparaît à l'écran. Le motif que vous venez de créer est affecté au premier carré de palettes disponibles. Pour sélectionner le motif, cliquez dessus. A présent, vous pouvez sélectionner la commande Mosaïque pour préciser l'orientation de la mosaïque ou appliquer une couleur d'avant-plan et d'arrière-plan au motif en cliquant sur les boutons Arrière et Avant.

## *Utilisation de l'éditeur de motifs bicolores pour éditer des motifs bicolores*

Les motifs bicolores créés à une résolution limitée (64x64 pixels au maximum) peuvent être édités en utilisant l'Editeur de motifs bicolores intégré à CorelDRAW. Pour éditer les motifs créés à une résolution plus élevée, vous devez utiliser un programme de dessin bitmap tel que CorelPHOTO-PAINT ou l'application PAINT fournie avec Windows.

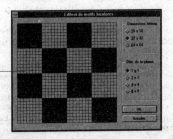

Créez le motif dans la surface de dessin

Pour éditer un motif avec l'Editeur de motifs bicolores intégré, sélectionnez le motif dans la boîte de dialogue Motif bicolore de manière à l'afficher dans la fenêtre de visualisation. Vous pouvez sélectionner un motif de la bibliothèque CorelDRAW ou l'un de ceux que vous avez créé à l'aide de l'éditeur de motifs bicolores. Cliquez sur l'option Créer. L'Editeur de motifs bicolores apparaît à l'écran. Le motif sélectionné s'affiche dans la zone de dessin. (Si la résolution du motif est supérieure à 64x64 pixels, il ne s'affichera pas dans la zone de dessin). Editez le motif en procédant de la même manière que pour la création de motifs au moyen de l'éditeur: cliquez sur le bouton gauche de la souris pour rendre noir un pixel quelconque et cliquez sur le bouton droit pour le rendre blanc. Dès que l'édition est terminée, cliquez sur OK. CorelDRAW vous renvoie à la boîte de dialogue Motif bicolore et le motif que vous venez d'éditer est affiché dans la fenêtre de visualisation.

### Création d'un motif bicolore à partir d'un dessin couleurs

Malgré leurs limitations, les motifs bicolores présentent un avantage par rapport aux motifs couleurs: vous avez la possibilité d'appliquer deux couleurs au motif en les sélectionnant à partir d'une boîte de dialogue. Par contre, modifier la couleur d'un motif couleurs est un peu plus compliqué. Pour cette raison, nous vous suggérons d'enregistrer quelques graphismes couleurs les plus simples que vous ayez créés en tant que motifs bicolores.

### Transformer des objets comportant des motifs couleurs ou bicolores

Il est possible de transformer au moyen de l'un des outils et fonctions de CorelDRAW, un objet dont le fond est un motif couleurs ou bicolore, mais les modifications apportées à l'objet sont sans incidence sur les dimensions et l'orientation du motif.

## Importation d'images en vue de les utiliser comme motifs

Vous pouvez créer des motifs à partir d'images réalisées dans les formats pris en charge par CorelDRAW. Vous pouvez, par exemple, importer des images lues au scanner et des images créées dans des programmes tels que CorelPHOTO-PAINT. Tous les objets importés sont restitués sous forme d'images en noir et blanc juxtaposées. Par conséquent, si les images importées comportent plus de deux couleurs, vous risquez d'obtenir un résultat inutilisable. Vous pouvez affecter des couleurs d'avant-plan et d'arrière-plan à ces objets, mais vous ne pouvez pas éditer la forme du motif. Il est préférable d'effectuer ce type de modification dans le progiciel qui a servi à créer l'image importée.

Pour autant qu'ils n'excèdent pas une définition de 256x256 points ou pixels par pouce, les motifs bicolores que vous importez garderont la même résolution que lors de leur création. Les motifs dont la définition est supérieure à cette limite sont ramenés à une résolution de 256x256 points ou pixels par pouce. Si vous souhaitez éditer un motif quelconque avec l'éditeur d'images bitmap intégré à CoreLDRAW, vous devrez réduire la résolution à 64x64 points ou pixels par pouce avant de l'importer. Toutefois, la qualité de l'image bitmap risque d'en pâtir lorsque le motif est ramené à une résolution aussi faible.

Tout espace vide autour du motif est considéré comme faisant partie intégrante de ce motif. Cet espace affecte les dimensions apparentes du motif lors de sa mise en mosaïque. Avant de l'importer, vous souhaiterez vraisemblablement recourir au programme PAINT pour supprimer les espaces vides superflus.

▶ **Pour importer des motifs avec le menu flottant Surface:**

1. Cliquez sur l'icône ※ puis en un endroit quelconque de la fenêtre de visualisation. Sélectionnez l'option Importer le motif dans le menu Fichier. La boîte de dialogue Importer apparaît alors.

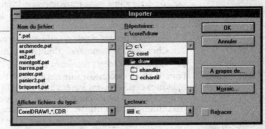

Tapez ou sélectionnez (dans la liste) le nom du fichier que vous souhaitez importer

2. Dans la zone Nom du fichier, tapez le nom du fichier que vous souhaitez importer et sélectionnez ensuite le répertoire approprié.

3. Cliquez sur OK. Le fichier sélectionné est alors importé et ajouté à la fin de la palette contenant les motifs bicolores.

Pour supprimer un motif bicolore, cliquez dessus dans la palette des motifs. Ensuite, choisissez la commande Supprimer le motif dans le menu Fichier.

## Edition de motifs couleurs

Vous avez la possibilité d'éditer les motifs couleurs que vous créez et ceux de la bibliothèque CorelDRAW au même titre que tout autre objet. Par exemple, vous pouvez modifier les couleurs du motif ou remodeler l'un de ses éléments. Pour éditer un motif couleurs, chargez-le au moyen de la commande Ouvrir dans le menu Fichier. (Vous devrez choisir l'extension PAT dans la zone de liste des types de fichier). Vous pouvez éditer le motif sélectionné puis l'enregistrer à l'aide des commandes Enregistrer ou Enregistrer sous accessibles dans le menu Fichier. Lorsque vous revenez à la boîte de dialogue Charger Motif couleurs, le motif révisé apparaît dans la liste de sélections.

Lorsque ce motif s'affiche sur votre page de dessin, il est entouré d'une boîte de sélection invisible (à ne pas confondre avec le périmètre de sélection) qui en définit le format. Les dimensions et la position de la boîte de sélection sont constantes. Ainsi, si vous déplacez, étirez ou mettez le motif à l'échelle, la boîte de sélection ne subit aucun changement. Quel qu'il soit, le contenu de la boîte de sélection tel qu'il existe lors de l'enregistrement de ce motif, constitue la substance de celui-ci. Si vous faites sortir le motif de la boîte de sélection en laissant celle-ci complètement vide, vous enregistrerez un motif vide. Si vous étirez ce motif, seule la partie qui subsiste à l'intérieur de la boîte de sélection sera enregistrée.

Etant donné que la boîte de sélection est invisible, il est recommandé de déplacer, étirer ou mettre le motif à l'échelle avec la commande Créer un motif du menu Spécial. Cette méthode permet d'enregistrer le motif quelles que soient ses dimensions. La commande Créer un motif fait l'objet d'une explication détaillée dans les pages précédentes.

# Création de réserves ou de masques

Les objets contiennent souvent des vides intérieurs tels que l'ellipse située au centre du carré illustré ci-contre. Le carré se compose de deux périmètres curvilignes fermés. Le premier définit les contours extérieurs du carré et le second l'ellipse au centre. Si vous souhaitez que cette ellipse soit transparente de façon à percevoir l'objet éventuel qui se trouve sous le carré, vous devez utiliser la commande Combiner du menu Disposer en procédant comme suit:

1. Sélectionnez les objets à combiner au moyen de l'outil ▸.
2. Choisissez la commande Combiner dans le menu Disposer.
3. Remplissez l'objet résultant à l'aide de l'outil ◇.

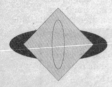

*Lorsque le carré gris clair et l'ellipse sont des objets distincts, il n'est pas possible de voir à travers la réserve.*

*Lorsque les deux objets sont combinés, l'ellipse intérieure est transparente.*

Lors de l'impression sur une imprimante PostScript Niveau 1 des masques et des réserves créés à l'aide de la commande Combiner, l'objet traité ne peut comporter que 125 points nodaux au maximum. Si vous utilisez un texte comme masque, cette contrainte équivaut à une limite comprise entre 5 et 10 caractères. Vous pouvez remédier à cette limite PostScript en modifiant le paramètre PSComplexityThreshold contenu dans le fichier CORELPRN.INI. Pour de plus amples informations à ce sujet, consultez la rubrique "CORELPRN.INI" de l'Aide en ligne.

## *Quelques exemples*

La commande Combiner permet d'obtenir des effets graphiques étonnants par la création de masques ou de réserves. Dans le premier exemple, le mot NATURE ainsi qu'un rectangle ont été sélectionnés puis combinés pour réaliser un objet unique à l'aide de la commande Combiner. Lorsque l'objet résultant est rempli par un dégradé, le mot NATURE est détouré dans le rectangle rempli par le dégradé. Vous pouvez vous en rendre compte lorsqu'une image bitmap apparaît par transparence derrière le mot NATURE.

Dans cet exemple, une série d'ellipses sont tracées à l'aide de la commande Répéter.

En les combinant, pour constituer un objet unique avant d'être remplies, vous obtenez un effet de rayures intéressant.

Un dégradé révèle que ces ellipses ont été remplies comme s'il s'agissait d'un objet unique. En réalité, les zones blanches sont des régions transparentes comme le positionnement d'un texte derrière l'objet vous permet de le constater.

Dans le dernier exemple, nous avons créé des lettres rayées de différentes couleurs. Nous les avons élaborées en intégrant le mot COULEURS dans une ellipse avant d'effacer celle-ci. Ensuite, nous avons tracé un rectangle autour du mot COULEURS. Nous avons sélectionné puis combiné ces deux objets avant de remplir l'objet résultant avec du blanc pour créer un masque.

 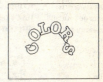

Pour réaliser les anneaux de couleurs, nous avons tracé une série d'ellipses concentriques à l'aide de la commande Répéter. Nous avons rempli chacune de ces ellipses avec une couleur de remplissage différente. Deux de ces ellipses ont été remplies avec un dégradé.

Nous avons enfin placé le masque au-dessus des anneaux colorés en utilisant la commande Aligner du menu Disposer.

*Remplissage des objets*

# Sélection de trames similis

> **»Remarque:**
> La spécification des paramètres de tramage pour la surface d'objets distincts prend le pas sur toute linéature de trame préalablement sélectionnée à l'aide de la boîte de dialogue Options d'impression (reportez-vous à la section "Utilisation de la boîte de dialogue Options" du chapitre 18).
>
> Vous pouvez affecter un certain nombre de caractéristiques de tramage particulières à certains objets de votre dessin et imprimer les autres objets en recourant aux paramètres de tramage par défaut de l'imprimante.

Une trame est une grille de points ou de lignes appliquée sur un objet pour des raisons techniques inhérentes à l'impression sur du matériel professionnel ou pour créer des effets spéciaux. Vous pouvez appliquer des trames à des objets en couleurs non-quadri ou à un dessin tout entier au moment de l'impression (Pour plus d'informations, reportez-vous à la section "Sélection d'une linéature de trame" au chapitre 18). Notez que les trames simili ne sont pas affichées à l'écran; il est nécessaire de procéder à une impression pour évaluer leurs effets sur votre dessin.

Les trames simili ont trois attributs sur lesquels vous pouvez intervenir pour obtenir les effets particuliers souhaités: le type de trame, la linéature, et l'angle.

## Type de trame

Parmi les trames disponibles vous pourrez choisir entre point, ligne, cercle et une série d'autres éléments. L'utilisation de ces trames similis permet d'obtenir des effets saisissants. Les quelques exemples illustrés ci-après se basent sur une teinte à 45% avec une résolution de 10 lignes par pouce à 45°. Vous devez utiliser une teinte inférieure à 100% pour que les effets simili soient perceptibles (la plage idéale se situe entre 40% et 60%).

## Linéatures de trame

La linéature de trame se mesure en lignes par pouce (lpi).

Vous pouvez obtenir des effets spectaculaires en utilisant une valeur réduite (par exemple 10). Si vous envoyez vos fichiers vers un périphérique de sortie à haute résolution tel que la Linotronic et si vous ne souhaitez pas que le motif de la trame soit apparent, utilisez une valeur égale ou supérieure à 100. Si vous sortez vos documents sur une imprimante laser standard de 300 points par pouce, choisissez une valeur comprise entre 60 et 80. Si vous optez pour une linéature de trame supérieure, vous n'obtiendrez qu'un nombre très limité de niveaux de gris à l'impression. Ci-dessous figure un tableau illustrant la relation entre la linéature de trame et le nombre de niveaux de gris : Si vous avez l'intention d'effectuer un tirage de votre document à la photocopieuse, nous vous recommandons d'utiliser une linéature de trame plus grossière de l'ordre de 60 lignes par pouce.

| Linéature | Nombre de niveaux de gris à: | | |
|---|---|---|---|
|  | 300 dpi | 600 dpi | 1200 dpi |
| 30 lignes/pouce | 101 | 401 | 1600 |
| 60 lignes/pouce | 26 | 101 | 401 |
| 100 lignes/pouce | 10 | 37 | 145 |
| 120 lignes/pouce | 7 | 26 | 101 |

## Angle de trame simili

L'option Angle permet de contrôler l'angle de la trame simili. L'angle est d'autant plus perceptible que la valeur de Linéature de trame est basse.

Si vous créez un effet spécial en recourant à une trame relativement grossière, ne perdez pas de vue que les opérations de rotation, d'inclinaison, de mise à l'échelle ou d'étirement de l'objet traité risquent de modifier sensiblement l'effet initial parce que l'angle de trame simili reste constant.

La trame ne pivote pas avec l'objet.

L'angle de trame doit être modifié en fonction de l'angle de rotation.

Voici quelques exemples correspondant à diverses modifications des paramètres de tramage avec une teinte à 45%:

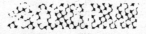

Linge à 0°, 100 par pouce

Point à 90°, 10 par pouce

Ligne à 60°, 10 par pouce

Linge à 90°, 10 par pouce

Point à 60°, 10 par pouce                Point à 0°, 40 par pouce

Ligne à 0°, 10 par pouce                Ligne à 0°, 40 par pouce

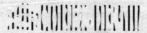 

Point à 60°, 60 par pouce                Point à 0°, 100 par pouce

La spécification d'une linéature de trame simili n'affecte que les objets auxquels aucune autre trame n'a été attribuée à partir de la boîte de dialogue Options PostScript.

### ▶ Pour appliquer une trame à un objet déterminé:

1. Sélectionnez l'objet dont vous souhaitez modifier les paramètres de tramage.

2. Cliquez sur l'outil-contour. Dans le menu local Contour, cliquez sur l'icône ●.

3. Cliquez sur le bouton Options PostScript. Vous pouvez accéder à ce bouton si l'objet sélectionné à l'étape 1 possède une couleur non-quadri. La boîte de dialogue Options PostScript apparaît à l'écran.

4. Sélectionnez la linéature de trame de votre choix. Spécifiez les valeurs de la linéature et de l'angle de trame selon les indications mentionnées plus haut.

5. Cliquez sur OK.

# Copie du motif de remplissage d'un objet

Vous pouvez copier un motif de remplissage d'un objet à l'autre utilisant soit la commande Copier les attributs de, dans le menu Edition, soit le bouton Modif. à partir de, dans le menu flottant Surface. Chaque motif de remplissage comprend le motif en tant que tel, sa couleur et la définition éventuelle d'une trame simili PostScript.

▶ **Pour copier la surface d'un objet avec la commande Copier les attributs de:**

1. Utilisez l'outil ▸ pour sélectionner le ou les objets dont vous souhaitez modifier l'attribut de surface.

2. Choisissez la commande Copier les attributs de, dans le menu Edition. La boîte de dialogue suivante s'affiche à l'écran:

Sélectionnez l'attribut que vous souhaitez copier. Dans le cas présent, activez l'option Surface

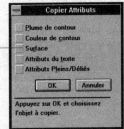

3. Cliquez sur l'option Surface.

4. Cliquez sur OK. Le curseur se transforme en ➡.

5. Cliquez sur l'objet dont vous souhaitez copier l'attribut de surface. Le curseur continue à s'afficher jusqu'à ce que vous ayez sélectionné un objet. Vous pouvez même sélectionner un objet faisant partie d'un groupe.

6. Lorsque vous sélectionnez un objet, le curseur reprend la forme ▸. Cette transformation indique que les attributs de surface ont été copiés.

▶ **Pour copier la surface d'un objet avec le menu flottant Surface:**

1. Sélectionnez le ou les objets auxquels vous souhaitez appliquer la surface provenant d'un autre objet.

2. Cliquez sur l'option Modif. à partir de, dans le menu flottant.

3. Au moyen du curseur ➡ qui apparaît à l'écran, cliquez sur l'objet dont la surface doit resservir.

4. Cliquez sur la commande Appliquer.

*Remplissage des objets* / 83

# Modification des attributs de surface par défaut

En l'absence d'objets sélectionnés lorsque vous choisissez une icône quelconque (excepté 🔲) dans le menu local de l'outil ◊, la boîte de dialogue suivante s'affiche.

Sélectionnez un style par défaut que vous souhaitez modifier

Cette boîte de dialogue vous permet de changer les attributs de surface par défaut, soit pour tous les objets non textuels nouvellement créés, soit pour du Texte artistique uniquement, soit pour du Texte courant uniquement. Effectuez votre sélection et cliquez sur OK. La boîte de dialogue correspondante s'affiche. Spécifiez la surface voulue, puis cliquez sur OK. Désormais, chaque fois que vous ajouterez un objet du type spécifié, CorelDRAW lui appliquera les nouveaux attributs de surface.

## Modification des attributs par défaut avec le menu flottant Surface

Vous pouvez également modifier les attributs de surface par défaut à partir du menu flottant Surface. En l'absence d'objets sélectionnés, cliquez sur l'icône correspondant au type de surface voulu, sélectionnez la surface et cliquez sur Appliquer. La boîte de dialogue ci-dessus apparaît. Spécifiez le type d'objets auxquels vous voulez appliquer la surface par défaut. Effectuez un choix et cliquez sur OK.

# CHAPITRE 7

# Application d'un contour aux objets

CorelDRAW vous permet de déterminer les caractéristiques de la surface des objets, mais également de leur contour. Spécifier un contour consiste à sélectionner pour l'outil Plume de contour une couleur et une série d'attributs (épaisseur du trait, forme des extrémités de ligne et forme des sommets d'angle). Vous pouvez également choisir la forme du bec de la plume de dessin, une puissante fonction qui simule le style caractéristique d'une plume de calligraphie.

La palette de couleurs affichée dans le bas de l'écran est le moyen le plus rapide de choisir une couleur de contour: il suffit de cliquer sur un objet et de cliquer sur la couleur choisie avec le bouton droit de la souris. L'accès aux attributs de la plume s'effectue à l'aide de l'outil ◊ et de son menu local. Le menu présente une sélection de contours d'épaisseurs et de couleurs différentes, ainsi qu'une icône donnant accès à une boîte de dialogue avec des commandes pour tous les attributs de l'outil Plume. Si vous préférez, vous pouvez sélectionner les couleurs et les attributs de l'outil Plume à partir du menu flottant Plume. Les menus flottants restent toujours ouverts à l'écran et sont ainsi plus pratiques que les boîtes de dialogue, surtout lorsqu'il s'agit de tester plusieurs options et paramètres.

Si vous travaillez en mode de visualisation modifiable, les attributs que vous sélectionnez sont visibles à l'écran, à l'exception de trame simili PostScript. En revanche, lorsque vous travaillez en mode squelettique vous devez sélectionner l'objet et consulter la ligne d'état pour savoir quels sont ses attributs de contour.

A l'exception des trames simili PostScript, tous les attributs de contour de CorelDRAW sont imprimables sur toute imprimante, PostScript ou non PostScript.

# Sélection et application de contours

Un contour est déterminé par sa couleur et la forme des extrémités de lignes et/ou des sommets d'angle.

Les types de contours disponibles sont les suivants:
- Aucun (pas de contour)
- Ligne d'épaisseur uniforme ou variable (contours calligraphiques)
- Ligne continue ou ligne de tirets se terminant par la forme choisie pour les extrémités
- Ligne texturée créée par application d'une trame simili

## Méthodes de sélection et d'application des contours

CorelDRAW met à votre disposition quatre moyens pour sélectionner les attributs de contour: un menu local, un menu flottant, une palette affichée au bas de l'écran ou des boîtes de dialogue. Quelle que soit la méthode utilisée, vous devez d'abord sélectionner l'objet dont vous souhaitez définir le contour, puis choisir les attributs voulus.

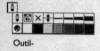

Outil-

**Le menu local de l'outil :** Le menu local vous permet d'accéder rapidement à une série d'épaisseurs prédéterminées ainsi qu'à une icône (×) pour supprimer les attributs de contour. Si vous avez l'intention de sélectionner des couleurs de contour à partir du menu local, lisez d'abord la section "Contour noir, blanc, ou niveau de gris" plus loin dans ce chapitre.

**La palette de couleurs affichée à l'écran:** Vous permet de sélectionner les couleurs de contour en cliquant avec le bouton droit de la souris. La commande Palette de couleurs du menu Afficher permet d'activer/désactiver la palette et de charger les couleurs d'une des quatre palettes disponibles. Pour plus d'informations sur les palettes de couleurs, reportez-vous au chapitre 12 "Utilisation des couleurs".

**Le menu flottant Plume de contour:** Un clic sur l'icône du menu local de l'outil ouvre le menu flottant Plume de contour illustré cicontre.

Ce menu vous permet de sélectionner des épaisseurs de ligne, des styles de ligne, des formes d'extrémité de ligne et des couleurs de contour. Le menu flottant peut également être utilisé pour éditer le contour d'un objet. Affichez préalablement dans la case de visualisation du menu flottant le contour de l'objet sélectionné en cliquant sur le bouton Modif. à partir de, puis cliquez sur l'objet avec la flèche spéciale. Effectuez les changements voulus, puis cliquez sur le bouton Appliquer pour appliquer le contour révisé à l'objet.

**Les boîtes de dialogue Plume de contour et Couleur du contour:**
Ces boîtes de dialogue donnent accès à tous les attributs disponibles ainsi qu'à une série de commandes permettant de spécifier certains attributs avec une précision numérique. L'accès à ces boîtes de dialogue est obtenu en cliquant sur les icônes ♦ et ● dans le menu local de l'outil ♦ . Pour ouvrir la boîte de dialogue Plume de contour à partir du menu flottant Plume, cliquez sur le bouton Editer. Pour ouvrir la boîte de dialogue Couleurs de contour, cliquez sur le bouton Autres de l'option Couleurs.

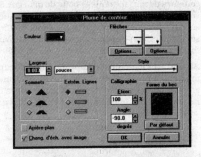

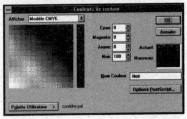

# Suppression du contour d'un objet

Pour supprimer le contour d'un objet, cliquez sur l'icône ✕ dans le menu local Plume de contour. Autre méthode : cliquez sur l'icône ✕ à l'extrémité gauche de la palette de couleurs avec le bouton droit de la souris. Le contour de l'objet est supprimé et seule subsiste sa surface. Le contour de l'objet n'apparaît pas dans la fenêtre de dessin si vous travaillez dans le mode de visualisation modifiable ; par contre, un contour apparaît à l'écran si vous travaillez dans le mode squelettique.

Pour supprimer le contour d'un objet au moyen du menu flottant, cliquez sur la flèche de défilement vers le bas jusqu'à ce qu'une croix apparaisse dans le champ Largeur. Cet affichage correspond à une absence de contour. Cliquez sur l'option Appliquer pour supprimer le contour entourant un objet sélectionné.

# Contour noir, blanc ou niveau de gris

La sélection du noir, blanc ou d'un quelconque niveau de gris dans le menu local de l'outil Plume de contour modifie uniquement la couleur du contour de l'objet: les paramètres de trame PostSript de l'objet ne sont pas affectés par cette opération.

Pour travailler avec un contour gris dans le dessin, laissez la couleur sur NOIR et ajustez le paramètre % Couleur dans la boîte de dialogue Couleurs de contour. Procédez de même pour les couleurs de surface dans la boîte de dialogue Surface uniforme. Si vous utilisez une imprimante PostScript et que vous souhaitez accéder aux paramètres de trame simili PostScript, vous devez utiliser Couleur non-quadri pour spécifier vos niveaux de gris. Les trames simili PostScript sont décrites plus loin dans ce chapitre.

Si vous avez l'intention d'imprimer votre document sur une imprimante noir et blanc ou d'utiliser le dessin dans un progiciel de mise en page qui ne permet pas d'inclure les codes couleurs, alors vous ne devez utiliser que la couleur NOIRE et les nuances de gris qui lui sont associées.

# Sélection des attributs de la Plume de contour

▶ **Pour sélectionner les attributs de la plume de contour dans la boîte de dialogue:**

1. Sélectionnez l'objet dont vous souhaitez définir le contour.
2. Sélectionnez l'outil ✎.
3. Cliquez sur l'icône ✎. La boîte de dialogue suivante apparaît alors:

Cliquez pour accéder à la palette de couleurs Plume de contour

Choisissez une Largeur de plume de contour

Sélectionnez un style de Sommet et d'Extrémité de ligne

Cliquez pour sélectionner un style de Flèche

Cliquez pour accéder au menu Flèche

Cliquez pour sélectionner un Style de ligne

Cliquez et faites glisser pour modifier la Forme du bec

4. Sélectionnez les attributs voulus (décrits plus loin), puis cliquez sur OK.

## Utilisation de la boîte de dialogue Plume de contour

» **Raccourci:**
Pour ouvrir la boîte de dialogue Plume de contour, sélectionnez un objet et appuyez sur F12.

La boîte de dialogue Plume de contour fournit les options permettant de modifier la couleur, l'épaisseur et le style d'un contour, de choisir la forme des extrémités, de créer des effets calligraphiques, etc. Les options sont les suivantes:

**Couleurs:** Cliquez sur l'icône Palette de couleurs puis sur la case de couleur dans la palette. Cliquez sur le bouton Autres pour appeler la boîte de dialogue Couleurs de contour qui vous permettra de créer des couleurs et de les sélectionner par leur nom. Pour plus d'informations, reportez-vous à la section "Sélection d'une couleur de contour" plus loin dans ce chapitre.

» **Conseil:**
Pour déterminer l'extrémité correspondant au début d'une ligne, cliquez sur la ligne avec l'outil ↗ et appuyez sur la touche DEBUT. Le point de départ est en surbrillance. Pour déterminer l'extrémité correspondant à la fin d'une ligne, sélectionnez celle-ci et appuyez sur la touche FIN.

**Flèches:** CorelDRAW inclut une série de formes d'extrémités de ligne, et des flèches, en vous donnant également la possibilité d'en créer vous-même à l'aide des outils de dessin et de la commande Créer une flèche du menu Spécial. Cette procédure est abordée plus loin dans ce chapitre.

Dans la partie Flèches de la boîte de dialogue Plume de Contour figurent deux zones affichant les styles de flèche actifs. Pour appliquer une flèche au début d'une ligne, cliquez sur la zone de gauche puis cliquez sur une flèche. Faites de même pour appliquer une flèche à l'autre extrémité en cliquant cette fois-ci sur la zone de droite.

Vous pouvez permuter les flèches de début et de fin de ligne en cliquant sur l'un des deux boutons Options et en cliquant ensuite sur Permuter.

Pour supprimer une flèche d'une ligne, cliquez sur la zone correspondante en dessous de Flèches et sélectionnez la première option proposée dans la liste (une ligne dépourvue de flèches).

**Largeur:** Sélectionnez l'épaisseur de trait voulue ou entrez sa valeur numérique. Pour utiliser une autre unité de mesure, sélectionnez-la dans la liste des unités. CorelDRAW convertira automatiquement la valeur de la zone Largeur selon l'unité sélectionnée.

*Application d'un contour aux objets* / **89**

- Sommet
- Arrondi
- Biseau

**Sommets:** Ce champ vous propose trois options pour déterminer l'apparence des contours contenant des sommets pointus.

Avec la première option, CorelDRAW prolonge les deux lignes d'un angle jusqu'à ce qu'elles se rejoignent. L'ajustement du paramètre Limite des sommets dans la boîte de dialogue Préférences permettra d'éviter que les lignes ne se prolongent excessivement. Pour plus d'informations, reportez-vous à la section "Spécification des préférences" à l'annexe A.

Avec la deuxième option, CorelDRAW arrondit le point d'intersection des deux lignes.

Avec la troisième option, CorelDRAW biseaute ou aplatit le sommet.

**Extrémités de lignes:** Ce champ vous propose trois options d'extrémités de ligne:

Bord vif

Cette première option équarrit la ligne en son extrémité de façon à empêcher tout prolongement de celle-ci au-delà de ce point. Avec la deuxième option, CorelDRAW termine la ligne par un demi-cercle d'un diamètre équivalent à l'épaisseur de ligne à cette extrémité. Avec la troisième option, CorelDRAW termine la ligne en la prolongeant d'une distance égale à la moitié de son épaisseur.

Arrondi

Carré

Lorsque vous choisissez une extrémité de ligne donnée, elle s'applique aux deux extrémités de la ligne ainsi qu'aux segments de fin de ligne des lignes de tirets.

**Style:** Cliquez sur le champ pour afficher la liste des styles de lignes de tirets et de pointillés disponibles. Pour sélectionner un style, cliquez dessus.

Dans les exemples illustrés ici, vous remarquerez que certains tirets sont arrondis. Ces tirets ont été créés en choisissant l'option Arrondi comme type d'extrémité de ligne. Pour créer une ligne de pointillés, appliquez une extrémité de ligne arrondie à un style constitué de segments courts et largement espacés. Etant donné que les extrémités de lignes arrondies se prolongent au-delà des extrémités des tirets, la seule manière de créer des lignes pointillées avec des éléments ronds parfaitement consiste à éditer le fichier CORELDRW.DOT dans le répertoire CorelDRAW. Vous pouvez également utiliser ce fichier pour y ranger les styles de lignes de tirets et de pointillés que vous aurez créés vous-même. Pour des informations détaillées, consultez la rubrique "CORELDRW.DOT" dans l'aide en ligne CorelDRAW.

Pour transformer des lignes de tirets ou de pointillés en lignes continues, sélectionnez le premier style affiché dans la liste.

**Calligraphie:** Les contours calligraphiques ont une épaisseur variable, et donnent aux objets l'aspect de dessins tracés à la main. Pour plus d'informations, reportez-vous à la section "Création de contours calligraphiques" plus loin dans ce chapitre.

Contour devant la surface de l'objet

Contour derrière

**Arrière-plan:** Pour que le contour d'un objet soit tracé derrière sa surface, cochez la case Arrière-plan. (Cliquez une nouvelle fois sur la case pour la désactiver). L'effet est d'autant plus perceptible que la ligne est épaisse, comme le montre l'exemple illustré ici.

Cette option revêt une importance particulière pour le traitement de textes. Vous serez amené à l'utiliser si vous créez du texte avec des contours. La zone remplie garde ainsi la forme du caractère d'origine. Lorsque le contour se trouve en arrière-plan par rapport à la surface, seule la moitié du contour est visible. L'épaisseur apparente du contour vaut ainsi la moitié de l'épaisseur spécifiée.

> **Conseil:**
> Les objets comprenant un contour fin dans CorelDRAW peuvent ne pas s'imprimer correctement sur certaines imprimantes et à partir de certains logiciels. Si vous rencontrez ce genre de problèmes, utilisez un contour plus épais.

**Changement d'échelle avec l'image:** Lorsque cette option est activée, CorelDRAW modifie automatiquement le contour d'un objet lorsque vous le redimensionnez. Si vous l'agrandissez, son contour s'épaissit, si vous le réduisez, il s'amincit proportionnellement. Lors de la mise à l'échelle, CorelDRAW procède automatiquement à la mise à jour de la largeur de plume dans la boîte de dialogue

Si vous faites subir une rotation à un objet et si vous activez l'option Changement d'échelle avec l'image, l'angle de la plume utilisé pour réaliser certains effets calligraphiques subit également une rotation analogue de telle façon que l'aspect de l'objet reste inchangé. L'angle de la plume affiché dans la boîte de dialogue est actualisé au fur et à mesure de la rotation de l'objet. Si cette option est désactivée, l'épaisseur du contour d'un objet reste inchangée lorsque vous modifiez l'échelle de l'objet. Par conséquent, si vous faites subir une rotation à un objet associé à un effet calligraphique, vous risquez d'en modifier l'aspect.

### Sélection des attributs contour avec le menu flottant Plume

▶ **Pour sélectionner des attributs de la Plume de contour:**

1. Sélectionnez l'objet dont vous souhaitez définir le contour.
2. Cliquez sur l'icône ▫ dans le menu local Plume de contour pour dérouler le menu flottant.

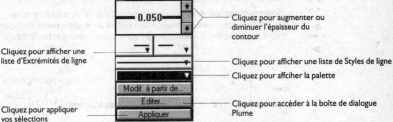

3. Choisissez les attributs voulus, puis cliquez sur Appliquer pour les appliquer à l'objet sélectionné.

# Edition des flèches

Pour éditer une flèche, sélectionnez-la pour l'afficher dans le champ Flèches de la boîte de dialogue Plume de contour. Cliquez sur le bouton Options puis sélectionnez l'option Editer dans la liste déroulante. L'éditeur de flèches s'affiche à l'écran. Il permet de dimensionner la flèche et de la positionner par rapport au dernier point de la ligne en utilisant les options suivantes:

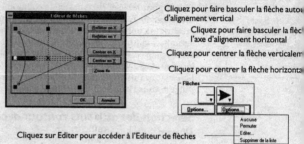

Cliquez pour faire basculer la flèche autour d'alignement vertical

Cliquez pour faire basculer la flèche l'axe d'alignement horizontal

Cliquez pour centrer la flèche verticalement

Cliquez pour centrer la flèche horizontalement

Cliquez sur Editer pour accéder à l'Editeur de flèches

**Ligne de référence:** Cette ligne est une ligne continue de couleur noire qui représente la ligne à laquelle les flèches vont être appliquées. Quoique la ligne de votre dessin puisse être plus épaisse ou plus fine, cette ligne de référence possède une épaisseur relative de 1/2 pouce qui doit vous aider à évaluer les proportions de la flèche par rapport à la ligne. Les dimensions effectives de la flèche sont déterminées en fonction de l'épaisseur de la ligne dans le dessin.

**Repères d'alignement:** Ces repères permettent de positionner la flèche avec précision. Le point nodal utilisé pour déplacer la flèche est attiré par le repère d'alignement lorsque vous vous en rapprochez.

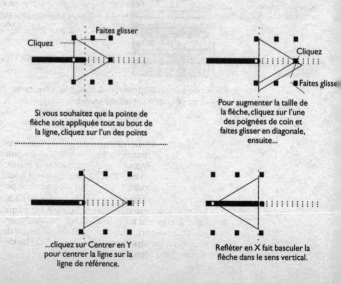

Si vous souhaitez que la pointe de flèche soit appliquée tout au bout de la ligne, cliquez sur l'un des points

Pour augmenter la taille de la flèche, cliquez sur l'une des poignées de coin et faites glisser en diagonale, ensuite...

...cliquez sur Centrer en Y pour centrer la ligne sur la ligne de référence.

Refléter en X fait basculer la flèche dans le sens vertical.

**Déplacement des points nodaux:** Cette option permet de déplacer la flèche en faisant glisser les poignées vides le long de son contour. Vous pouvez également déplacer la ligne de référence en faisant glisser la poignée vide située à la fin de la ligne.

**Etirement/Mise à l'échelle des poignées:** Cette option permet d'étirer la flèche en faisant glisser les poignées latérales pleines ou de la mettre à l'échelle en faisant glisser les poignées de coin pleines.

**Refléter en X:** Cette option fait basculer la flèche autour de l'axe d'alignement vertical.

**Refléter en Y:** Cette option fait basculer la flèche autour de l'axe d'alignement horizontal situé le plus au centre.

**Centrer en X/Centrer en Y:** Cette option centre la flèche horizontalement ou verticalement par rapport à la croix située au centre de l'éditeur de flèche. Ces commandes permettent de centrer la flèche sur la ligne après un étirement ou une mise à l'échelle.

**Zoom 4X:** Cette commande agrandit la flèche d'un facteur quatre, pour augmenter la précision du positionnement.

Dès que l'édition de la flèche est terminée, cliquez sur OK.

La nouvelle flèche s'affiche dans la boîte de dialogue. Cliquez sur OK pour l'appliquer à une ligne sélectionnée.

# Création de flèches et d'extrémités de ligne

Vous pouvez utiliser les outils de dessin pour créer les flèches ou extrémités de ligne de votre choix. Le fichier Flèches peut contenir jusqu'à 100 flèches différentes.

Lorsque vous dessinez une flèche, ne vous préoccupez pas des dimensions qui seront les siennes lorsque vous l'appliquerez à une ligne. Vous pourrez en affiner les proportions ultérieurement avec l'Editeur de flèches.

Comme le montre l'illustration, une flèche peut se composer de multiples objets. Si vous utilisez plus d'un objet, vous devez les associer avec la commande Combiner avant de créer la flèche.

Les flèches peuvent être composée de deux ou plusieurs objets.

Pour créer une flèche vide, ajoutez un point nodal entre les sommets et scindez la figure en ce point nodal.

Pour créer une flèche vide plutôt qu'une flèche remplie, utilisez l'outil  pour disjoindre le ou les objets en un point nodal. Si vous avez tracé des polygones (par exemple : rectangles, triangles, etc), convertissez-les en courbes, ajoutez un point nodal entre leurs sommets puis scindez la figure concernée en ce point nodal.

Les attributs de surface et de contour associés à la flèche sont désactivés. Ultérieurement, lorsque vous l'appliquerez à une ligne, la flèche prendra la même couleur de contour que la ligne elle-même. D'autre part, si vous avez créé une flèche dépourvue d'attributs de surface, l'épaisseur du contour de cette dernière correspondra à l'épaisseur du trait.

Dès que le résultat vous satisfait, choisissez la commande Créer une flèche dans le menu Spécial pour la sauvegarder. Votre création s'ajoute à la fin de la liste des flèches qu'affiche la boîte de dialogue Sélection de flèches.

# Création de contours calligraphiques

Au bas de la boîte de dialogue Plume de contour figure une série d'options liées à la Calligraphie permettant de modifier la forme de la plume. Ces options permettent de créer des effets calligraphiques affectant les contours en agissant sur la forme et l'orientation de la Plume de contour. La Plume de contour normale trace des traits de section carrée et d'une largeur spécifique.

Vous pouvez rendre les contours plus épais ou plus fins et modifier leur orientation en changeant les valeurs affichées dans les champs Etirer et Angle. Pour étirer et réduire les dimensions de la plume de contour, entrez une valeur exprimée en pourcentage dans le champ Etirer. Si la valeur par défaut (100%) est maintenue, la forme du bec est carrée. Pour modifier l'orientation de la plume, entrez une valeur exprimée en pourcentage dans le champ Angle. Si la valeur par défaut (0%) est retenue, la plume est orientée à l'horizontale. Cliquez sur le bouton Par défaut pour ramener rapidement l'angle et l'étirement aux valeurs 0° et 100%, respectivement.

Vous pouvez également cliquer dans la zone Forme du bec pour modifier de manière interactive la largeur et l'orientation de la plume. Le curseur prend la forme d'un pointeur en croix dès que vous le placer dans la zone Forme du bec. Maintenez le bouton de la souris enfoncé et faites glisser le curseur afin de modifier la largeur et l'orientation de la plume. Les valeurs entrées dans les champs Etirer et Angle évoluent selon les ajustements effectués au fur et à mesure de leur définition. Relâchez le bouton de la souris dès que vous avez obtenu la largeur et l'orientation souhaitées.

A l'impression, la ligne la plus fine correspond à une épaisseur de 0,001 pouce (0,025 mm). Si vous changez d'imprimante alors que vous utilisez cette option, sachez que les lignes de 0,001" d'épaisseur auront une épaisseur de 1/300" lorsqu'elles sont imprimées sur une imprimante laser usuelle. Par contre, elles seront beaucoup plus fines si vous utilisez une imprimante à haute résolution. Si vous ne souhaitez aucune ligne, sélectionnez l'option ✕ (Aucune) dans le menu local ♦ . Vous avez la possibilité de modifier

> **»Remarque:**
>
> Lorsque vous sélectionnez l'une de ces épaisseurs dans le menu local Plume, la plume prend la largeur spécifiée avec un angle égal à 0° et un étirement égal à 100%. Les autres paramètres relatifs aux lignes sélectionnées parmi lesquels les Sommets, Extrémités de ligne, Arrière-plan et Changement d'échelle avec l'image ne sont pas affectés par ce changement.

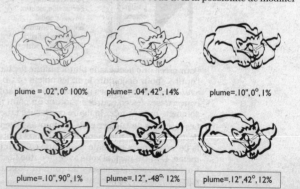

plume = .02", 0° 100%    plume = .04", 42°, 14%    plume = .10", 0°, 1%

plume = .10", 90°, 1%    plume = .12", -48°, 12%    plume = .12", 42°, 12%

les unités de largeur en cliquant sur l'unité affichée à l'écran (exemple : pouces). Un menu déroulant s'affiche. Cliquez sur l'une des unités suivantes : pouces, millimètres, picas & points et fractions de points. Les différentes valeurs sont automatiquement converties selon le nouveau système d'unités sélectionné.
Si vous modifiez la configuration des Sommets en optant pour l'arrondi, la plume prend la forme d'une ellipse.

Ce dernier exemple illustre l'effet de différentes formes de Plume de contour sur l'aspect d'un texte. Vous remarquerez que les sommets de la lettre D sont arrondis ; que la lettre R possède un contour épais dont les sommets pointus se superposent à la surface ; que la lettre "a" a été tracée avec une plume calligraphique et que son contour figure à l'arrière-plan de la surface ; que la lettre "W" est dotée d'un contour fin qui se superpose à une surface dont les sommets sont arrondis.

# Sélection d'une couleur de contour

La palette affichée au bas de l'écran (que vous faites apparaître en choisissant la commande Palette de couleurs dans le menu Afficher) vous donne un accès rapide à des couleurs prédéterminées avec lesquelles vous pouvez également modifier la couleur d'un contour. Pour cela, cliquez simplement sur une couleur avec le bouton droit de la souris. Vous pouvez également utiliser le menu flottant Plume pour sélectionner des couleurs. Pour plus d'informations, reportez-vous à la section "Sélection d'une couleur de contour avec le menu flottant Plume", plus loin dans ce chapitre.

Pour préparer vous-même des couleurs personnalisées ou pour sélectionner des couleurs prédéfinies par leur nom, utilisez la boîte de dialogue Plume de contour. Pour y accéder, cliquez sur l'icône ◊ dans le menu local de l'outil plume de contour, ou cliquez sur Editer dans le menu flottant. Cliquez ensuite sur Autres. La boîte de dialogue suivante s'affiche:

Sélectionnez un modèle colorimétrique dans la liste

Cliquez et faites glisser la souris dans cette fenêtre pour créer une couleur

...ou cliquez pour sélectionner une couleur à partir de la palette

Affiche les couleurs de contour actuelles et nouvelles

Introduisez le nom de la nouvelle couleur pour les couleurs personnalisées

Cette boîte de dialogue fait appel à la quadrichromie (système CMYK) pour définir des couleurs. Il s'agit de l'une des six boîtes de dialogue à votre disposition. La boîte de dialogue illustrée ci-dessus est pratiquement identique à la boîte de dialogue qui apparaît à l'écran la première fois que vous sélectionnez une surface de couleur uniforme à l'aide de l'outil ◊.

Ces boîtes de dialogue présentent des commandes de sélection de couleurs permettant de définir avec précision la couleur du contour de l'objet sélectionné. Un échantillon de la couleur de contour active correspondant à cet objet s'affiche dans le coin supérieur droit de cette zone. Le nom de cette couleur s'affiche au-dessous de cette fenêtre.

CorelDRAW vous permet de définir les couleurs sur base de deux modèles colorimétriques: Quadri ou Non-quadri. Si vous optez pour le modèle colorimétrique Quadri, CorelDRAW mettra à votre disposition trois modèles: CMYK, RVB, et TLD. (Ces modèles sont traités en détail au chapitre 12, "Utilisation des couleurs".) Vous pouvez à tout moment passer à un autre modèle. Il est toutefois conseillé d'utiliser autant que possible la même méthode pour tous les objets d'un dessin.

La boîte de dialogue Couleurs de contour qui s'affiche sur commande après que vous ayez utilisé CorelDRAW pour la première fois sera celle que vous avez utilisé le plus récemment. La couleur spécifiée dans cette boîte de dialogue est appliquée à l'objet sélectionné dès que vous cliquez sur OK. Les options de la boîte de dialogue Couleurs de contour font l'objet d'une explication détaillée au chapitre 12 "Utilisation des couleurs".

### *Sélection d'une couleur de contour avec le menu flottant Plume*

Le menu flottant Plume constitue un autre moyen de sélectionner des couleurs de contour.

▶ **Pour choisir une couleur de contour avec le menu flottant Plume:**

1. Cliquez sur l'icône ▣ dans le menu local de l'outil Plume de contour pour dérouler le menu flottant.
2. Cliquez sur la barre placée juste au-dessus du bouton Modif. à partir de. Une palette de couleurs s'affiche. Si la couleur voulue ne figure pas dans cette palette, cliquez sur Autres pour accéder à la boîte de dialogue "Sélection des couleurs".
3. Pour sélectionner une couleur, cliquez dessus. Pour l'appliquer au contour d'un objet sélectionné, cliquez sur le bouton Appliquer.

## Sélection de trames simili

Si vous utilisez une imprimante PostScript, vous avez la possibilité d'appliquer une trame simili à vos contours. Cette option n'est disponible que si la couleur du contour en question est une couleur non-quadri. Les commandes qui vous permettent de définir les paramètres de trames simili sont accessibles par le bouton Options PostScript dans la boîte de dialogue Couleurs de contour. Les options sont les mêmes que celles utilisées pour définir les paramètres de trame des surfaces de remplissage d'un objet. Pour plus d'informations, reportez-vous à la section "Sélection de trames simili" au chapitre 6.

Contour en trame simili à points.

# Copie du contour d'un objet

CorelDRAW vous permet de copier rapidement les contours d'un objet sur un autre.

### ▶ Pour copier les contours d'un objet:

1. Utilisez l'outil ▶ pour sélectionner le ou les objets de destination.
2. Choisissez la commande Copier les attributs de, dans le menu Edition.
3. Sélectionnez l'option Plume de contour et/ou l'option Couleurs de contour. Cliquez sur OK.
4. Vous repassez dans l'écran du dessin. Le curseur prend la forme suivante: ➡.
5. Cliquez sur le contour de l'objet dont vous souhaitez réutiliser les attributs. Si l'objet est rempli, vous pouvez cliquer sur son contour ou sa surface intérieure. Le curseur spécial reste affiché tant que vous n'avez sélectionné aucun objet.
6. Dès que vous avez sélectionné un objet, les attributs de contour sont assignés à l'objet cible.

## Copie du contour d'un objet avec le menu flottant

Le menu flottant Plume de contour permet de copier rapidement les attributs de contour d'un objet à l'autre.

### ▶ Pour copier le contour d'un objet en utilisant le menu flottant Plume:

1. Accédez au menu flottant dans le menu local de l'outil ◊.
2. Sélectionnez le ou les objets de destination auxquels vous souhaitez affecter un contour.
3. Cliquez sur le bouton Modif. à partir de, dans le menu flottant.
4. Avec le curseur spécial De? qui apparaît à l'écran, cliquez sur l'objet dont vous souhaitez réutiliser les attributs.
5. Cliquez sur l'option Appliquer. Les attributs de contour sont affectés à l'objet cible sélectionné.

*Application d'un contour aux objets*

# Modification des attributs de contour par défaut

Lorsque vous ajoutez un objet dans un dessin, CorelDRAW le dessine automatiquement avec les attributs de contour que vous avez sélectionné dans la boîte de dialogue Plume de contour. Pour modifier ces attributs, vérifiez qu'aucun objet n'est sélectionné et cliquez sur ✎ dans le menu local de l'outil ✎. La boîte de dialogue suivante apparaît:

*Pour ouvrir une des boîtes de dialogue Plume de contour figurées ici, appuyez sur F12.*

Cette boîte de dialogue vous permet d'appliquer de manière systématique des attributs de contour à tous les objets, ou à une certaine catégorie d'entre eux, par exemple, Texte artistique uniquement, ou Texte courant uniquement, par exemple. Lorsque vous avez opéré ces choix, tout objet que vous ajouterez recevra les attributs que vous avez spécifiés pour la catégorie d'objets correspondante. Vous pouvez modifier les attributs de contour aussi souvent que vous le souhaitez. Effectuez vos sélections, puis cliquez sur OK. La boîte de dialogue suivante s'affiche:

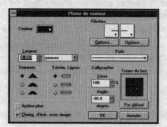

Utilisez les commandes de cette boîte de dialogue pour spécifier les attributs tels que l'épaisseur, la couleur et le style du contour. Vous pouvez également choisir la forme d'extrémité des lignes que vous tracez.

## Modification des attributs par défaut avec le menu flottant Plume

Pour modifier les attributs de contour par défaut à partir du menu flottant Plume, assurez-vous qu'aucun objet n'est sélectionné puis accédez au menu flottant depuis le menu local de l'outil Plume de contour. A l'aide des commandes du menu flottant, spécifiez les attributs de contour par défaut, puis cliquez sur le bouton Appliquer. Une boîte de dialogue apparaît. Décidez si vous souhaitez appliquer les attributs par défaut à tous les objets ou uniquement au Texte artistique ou encore, au Texte courant. Cliquez sur l'option retenue puis cliquez sur OK pour valider votre choix.

# CHAPITRE 8

# Transformation des objets

Sous CorelDRAW, transformer un objet signifie modifier son orientation ou son apparence sans altérer sa forme de base. Les transformations que vous pouvez appliquer sont les suivantes: Etirement, Mise à l'échelle, Rotation, Inclinaison et Effet miroir.

Toutes ces transformations peuvent être effectuées soit avec la souris, soit avec les commandes du menu Effets. Les commandes vous permettent d'entrer des valeurs numériques pour effectuer des transformations avec un maximum d'exactitude, mais la souris autorise également un certain degré de précision. La rotation d'un objet effectuée avec la souris en maintenant enfoncée la touche CTRL par exemple, entraîne une rotation forcée par incréments de 15 degrés (ou toute autre valeur que vous aurez spécifiée).

Lorsque vous transformez des objets avec la souris, vous constaterez que c'est le périmètre de sélection de l'objet qui suit le curseur et non l'objet lui-même. Cette disposition a été prise pour préserver la vitesse d'exécution du programme. Lorsque vous relâchez le bouton de la souris, l'objet est retracé sous sa nouvelle forme.

Que vous utilisiez les commandes ou la souris, CorelDRAW vous donne la possibilité de travailler sur une copie de l'objet plutôt que sur l'objet lui-même. Si vous choisissez de travailler au moyen des commandes par menu, vous utiliserez les options présentées dans une boîte de dialogue. Si vous préférez utiliser la souris, il suffit d'appuyer sur la touche + du pavé numérique ou sur le bouton droit de la souris pendant les manipulations pour obtenir le même résultat.

**Note:** La commande Déplacer est expliquée au chapitre 4 "Déplacement, duplication et suppression des objets".

# Rotation et inclinaison des objets

La rotation d'un objet le fait pivoter dans le sens des aiguilles d'une montre, ou dans le sens inverse, selon un angle spécifié par vos soins. L'inclinaison d'un objet gauchit l'objet en le faisant pencher d'un côté ou de l'autre. La rotation et l'inclinaison des objets peuvent s'effectuer en utilisant la souris ou en entrant des valeurs numériques dans une boîte de dialogue.

> **» Conseils:**
>
> Maintenez la touche CTRL enfoncée lorsque vous déplacez un objet pour contraindre l'angle de déplacement par incréments de 15 dègrés.
>
> Vous pouvez modifier cet angle avec la commande Contrainte d'angle dans la boîte de dialogue Préférences. (reportez-vous à la section "Préférences" de l'Annexe A)

 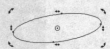

Lorsque vous sélectionnez un objet pour la première fois, la boîte de sélection normale d'étirement/mise à l'échelle s'affiche. Elle se reconnaît à l'aspect de ses poignées. Pour incliner un objet ou lui faire subir une rotation, vous devez tout d'abord passer en mode Rotation/Inclinaison en procédant comme suit:

- cliquez une seule fois sur le contour d'un objet préalablement sélectionné ou,
- double-cliquez sur le contour d'un objet non sélectionné.

Cette méthode permet d'alterner rapidement et sans difficulté entre les opérations Etirement/Mise à l'échelle et Rotation/Inclinaison. Vous pouvez déplacer un objet quel que soit le mode actif.

▶ **Pour faire pivoter ou incliner un objet avec la souris:**

1. Passez en mode Rotation/Inclinaison selon la procédure décrite ci-dessus.
2. Placez le curseur sur l'une des poignées de coin. Il prend la forme d'une +.
3. Faites pivoter l'objet autour de son centre de rotation en faisant glisser la poignée sélectionnée dans la direction voulue.

   Une boîte de sélection en pointillé représente l'objet pendant la rotation.

Rotation

4. Relâchez le bouton de la souris lorsque la position de l'objet correspond à l'angle voulu. CorelDRAW retrace une nouvelle version de cet objet après rotation. Pour conserver une copie de l'objet original, appuyez sur la touche + du pavé numérique ou appuyez sur le bouton droit de la souris avant de relâcher le bouton gauche de la souris.

Inclinaison

100 \\ CorelDRAW: Chapitre 8

Après avoir fait subir une rotation à l'objet, le programme retrace le périmètre de sélection en fonction de l'orientation du nouvel objet mais ses côtés sont horizontaux et verticaux. En raison de cette technique de retraçage, il est difficile de rétablir l'objet exactement dans son orientation initiale. Par conséquent, vous devez être sûr de souhaiter une telle transformation. Si le résultat ne correspond pas à votre attente, choisissez immédiatement la commande Annuler dans le menu Edition avant de continuer.

> ### *Utilisation de la ligne d'état pour la Rotation et l'Inclinaison*
>
> La ligne d'état vous permet de définir des valeurs précises pour la rotation et l'inclinaison en affichant les coordonnées numériques de l'angle. Si vous faites pivoter un objet qui a déjà subi une rotation, l'angle affiché se rapporte à la rotation en cours et ne vient donc pas s'ajouter à l'angle de la première transformation.

▶ **Pour faire pivoter ou incliner un objet avec la commande Rotation et Inclinaison:**

1. Sélectionnez l'objet ou les objets que vous souhaitez faire pivoter ou incliner.
2. Sélectionnez Rotation et Inclinaison dans le menu Effets.
3. Tapez ou sélectionnez l'angle voulu dans les cases de saisie numériques. Si vous souhaitez conserver une copie de l'objet original, cochez la case Conserver l'original.
4. Sélectionnez OK.

*» Raccourci:*
*Pour ouvrir la boîte de dialogue Rotation et inclinaison, appuyez sur ALT + F8.*

## *Déplacement du centre de rotation d'un objet*

Une poignée spéciale apparaît au centre du périmètre de sélection de l'objet sélectionné. Cette poignée représente le centre de rotation. Vous pouvez déplacer ce centre en le faisant glisser vers une nouvelle position. Seul ce centre se déplace. Ensuite, vous pouvez faire pivoter l'objet autour de son centre de rotation en faisant glisser l'un des coins du périmètre de sélection dans la direction voulue. Si vous avez déplacé le centre de rotation d'un objet, celui-ci demeure dans la position dans laquelle vous l'avez placé par rapport à l'objet.

*» Conseil:*
*Maintenez la touche de contrainte (CTRL) enfoncée lorsque vous faites glisser le centre de rotation pour contraindre son déplacement à une des huit poignées du périmètre de sélection ou au point central.*

Faites glisser

# Etirement, mise à l'échelle et application d'un effet miroir aux objets

> **»Raccourci:**
> Pour ouvrir la boîte de dialogue Etirement et effet miroir, appuyez sur ALT + F9.

> **»Conseils:**
> Maintenez la touche CTRL enfoncée pour contraindre l'étirement/ la mise à l'échelle par incréments de 100%.
>
> Maintenez la touche MAJ enfoncée pour appliquer un étirement/ une mise à l'échelle à partir du centre de l'objet.
>
> Maintenez les deux touches enfoncées pour produire simultanément les deux effets.

Le terme "étirement" désigne la transformation que vous faites subir à un objet en allongeant ou en réduisant l'une de ses dimensions. Cette opération modifie le rapport hauteur/largeur de l'objet. La mise à l'échelle consiste à faire varier simultanément la hauteur et la largeur de l'objet en conservant ses proportions.

L'effet miroir n'est qu'un cas d'étirement particulier. Si vous faites glisser l'une des poignées latérales à travers l'objet de manière à ce qu'il apparaisse à côté de l'objet original, vous créez une image en miroir.

**Note:** CorelDRAW utilise le centre de l'objet comme référence lors d'une transformation avec la commande Etirement et Effet miroir, et une poignée de coin du périmètre de sélection si vous effectuez cette même transformation avec la souris.

▶ **Pour étirer ou mettre un objet à l'échelle avec la souris:**

1. Sélectionnez cet objet avec l'outil ▸.
2. Placez le curseur sur l'une des poignées latérales, supérieures ou inférieures pour étirer l'objet, ou sur l'une des poignées de

   coin pour le mettre à l'échelle.

   Le curseur de la souris prend la forme d'une +.

   Lorsque vous faites subir une rotation/inclinaison à l'objet, vous pouvez revenir au mode Etirement/Mise à l'échelle en cliquant sur un point quelconque du contour de l'objet sélectionné.

3. Faites glisser la poignée dans la direction voulue. Un périmètre de sélection en pointillé se dilate ou se contracte selon les déplacements du curseur.
4. Relâchez le bouton de la souris dès que l'objet présente les proportions requises.

▶ **Pour appliquer un effet miroir à un objet:**
- Maintenez enfoncée la touche CTRL et faites passer une poignée de l'objet du côté opposé.

▶ **Pour étirer, mettre à l'échelle un objet ou lui appliquer un effet miroir avec la commande Etirement et Effet miroir:**
1. Sélectionnez l'objet à étirer ou à mettre à l'échelle.
2. Sélectionnez Etirement et Effet miroir dans le menu Effets.
3. Pour étirer un objet, tapez ou sélectionnez la valeur d'étirement vertical et/ou horizontal que vous souhaitez appliquer.
   Pour mettre un objet à l'échelle, tapez ou sélectionnez des valeurs identiques pour l'étirement vertical et l'étirement horizontal. Pour créer une image miroir, choisissez l'une des options Miroir ou les deux.
   Choisissez Conserver l'original si vous souhaitez opérer la transformation sur une copie de l'objet sélectionné en laissant intact l'objet original.
4. Cliquez sur OK.

**Note:** Lorsque vous mettez un objet à l'échelle, CorelDRAW met également à l'échelle l'épaisseur du contour de cet objet si vous avez coché la case Changement d'échelle avec l'image dans la boîte de dialogue Plume de contour pour exécuter cette opération. Toutefois, lorsque vous étirez un objet, l'épaisseur du contour n'est pas maintenue même si la case Changement d'échelle avec l'image est cochée. En effet, lorsque vous étirez un objet, vous en altérez inévitablement les proportions

Dans le cas d'une mise à l'échelle, CorelDRAW contrôle l'opération afin de préserver les proportions initiales de l'objet . Si vous souhaitez altérer les proportions d'un objet, étirez-le en faisant glisser les poignées latérales.

> ### Utilisation de la ligne d'état pour l'Etirement et la Mise à l'échelle
>
> La ligne d'état vous permet d'appliquer un étirement et une mise à l'échelle précis en affichant une valeur numérique. Si vous étirez ou mettez à l'échelle un objet qui a déjà subi une de ces transformations, la valeur affichée se rapporte à la transformation en cours, et ne vient donc pas s'ajouter à l'angle de la première transformation. Une valeur négative indique une réflexion.

# Annulation des transformations

Pour annuler toutes les transformations du type rotation ou inclinaison, choisissez la commande Effacer les transformations dans le menu Effets. Cette fonction supprime toutes les transformations et ramène le centre de rotation au centre de l'objet. Cette fonction ramène également à 100% toutes les transformations de mise à l'échelle/étirement appliquées à un objet depuis sa création. Cette commande est très utile lorsque vous avez appliqué plusieurs transformations à un objet déterminé et que vous souhaitez rétablir l'orientation et les proportions initiales de cet objet.

> **»Raccourci:**
> *Pour annuler la dernière opération, appuyez sur CTRL+ Z.*

Lorsqu'elle est appliquée à un groupe d'objets, cette commande n'efface que les transformations appliquées au groupe ; les transformations appliquées aux objets avant qu'ils n'aient été groupés sont préservées.

**Note:** Effacer les transformations annule les effets appliqués avec les commandes Rotation/Inclinaison et Etirement/Effet miroir. Les changements de position de l'objet effectués à l'aide de la commande Déplacer sont en revanche préservés.

# Répétition/Annulation de la dernière opération effectuée

La commande Répéter du menu Edition permet d'appliquer à un autre objet la transformation que vous venez d'accomplir.

Si la dernière transformation comportait la préservation d'une copie de l'original, l'exécution de la commande Répéter conservera automatiquement une copie de l'objet sélectionné.

CorelDRAW mémorise les transformations que vous avez appliquées durant toute la session en cours et les annule une à une successivement lorsque vous sélectionnez la commande Annuler du menu Edition. La valeur spécifiée pour l'option d'annulation de la boîte de dialogue Préférences détermine le nombre de transformations que vous pouvez annuler. La valeur par défaut est quatre, le maximum est 99. Pour plus d'informations, reportez-vous à la section "Spécification des préférences" à l'annexe A.

## Transformation de bitmaps et d'objets avec des motifs

Vous pouvez faire subir une rotation aux bitmaps et les incliner au même titre que tout autre objet. Toutefois, la rotation ou l'inclinaison d'une image bitmap limite la résolution de l'image à 128 sur 128 pixels lorsque vous travaillez en Visualisation modifiable. En mode squelettique, la rotation de bitmaps entraîne l'affichage de triangles gris contenant un triangle blanc qui représente le coin supérieur gauche du bitmap. Reportez-vous à la section "Rotation et Inclinaison de bitmaps" du Chapitre 16 pour de plus amples informations.

Au terme d'une rotation ou d'une inclinaison, vous pouvez imprimer les images bitmaps sur des imprimantes PostScript et non-PostScript.

Bien qu'il soit possible de transformer un objet comprenant un motif bicolore, couleurs ou une texture bitmap à l'aide des outils ou des fonctions de CorelDRAW, les dimensions et l'orientation du motif restent identiques.

# CHAPITRE 9

# Modelage des objets

Les objets créés à l'aide des outils □ , ○  et A sont construits à partir de composants élémentaires appelés tracés. Une ligne, par exemple, est un tracé qui relie un point de départ à un point d'arrivée. Les cercles et les rectangles constituent également des tracés.

L'outil ⋏ permet de modifier les caractéristiques du tracé et des points d'extrémité (appelés points nodaux), pour vous donner la possibilité de remodeler l'objet. Vous pouvez ainsi transformer une ligne droite en une ligne courbe et manipuler celle-ci pour la remodeler comme bon vous semble.

Pour être en mesure d'éditer les tracés et les points nodaux, vous devez d'abord convertir l'objet en courbes. Cette étape n'est pas nécessaire pour les objets tracés avec l'outil ℓ , qui sont automatiquement tracés en tant que courbes. Elle est également superflue pour deux types particuliers d'intervention: l'arrondissement des sommets de rectangles et la création d'arcs et de parts de tarte à partir d'ellipses.

En plus de l'outil ⋏ , CorelDRAW met également à votre disposition un menu flottant pour remodeler les objets. Les commandes de ce menu flottant vous permettent entre autres d'ajouter et de supprimer des points nodaux, de joindre des points nodaux l'un à l'autre ou de les disjoindre.

# Modelage des objets avec l'outil ⚡

> **»Raccourci:**
> Pour sélectionner l'outil ⚡, appuyez sur F10.

Lorsque vous sélectionnez un objet avec l'outil ▶, vous pouvez le déplacer, le mettre à l'échelle, l'étirer, lui faire subir une rotation, l'incliner et l'inverser. Ces opérations transforment l'objet sans modifier sa forme de base.

Pour modifier la forme de base d'un objet, vous devez utiliser l'outil ⚡, quelle que soit la forme de l'objet à modifier. Seul le mode d'utilisation de cet outil varie en fonction du type de l'objet sélectionné, comme le montrent les quelques exemples qui suivent :

Modification d'un rectangle avec l'outil ⚡ (pour arrondir les angles) :
Modification d'une ellipse avec l'outil ⚡ (pour créer un arc ou une part de tarte) :

Modification d'une ligne/courbe avec l'outil ⚡ (pour modifier la forme) :

## Sélection des objets avec l'outil ⚡

> **»Remarque:**
> L'outil ⚡ est également utilisé pour ajuster l'espace entre les caractères et recadrer les bitmaps. Pour de plus amples informations, reportez-vous au Chapitre 16, "Travailler avec des bitmaps".

Pour éditer un objet quelconque, vous devez d'abord le sélectionner. Tout objet préalablement sélectionné lorsque vous activez l'outil ⚡ le demeure. Le curseur prend la forme d'une ▶. S'il s'agit d'un objet préalablement sélectionné, la boîte de sélection disparaît et la forme ainsi que la position des points nodaux situés sur le contour de cet objet peuvent changer en fonction du type de l'objet.

Si aucun objet n'est sélectionné ou si vous souhaitez sélectionner un objet différent, faites-le avec l'outil ⚡ en cliquant sur cet objet. Tout comme avec l'outil ▶, la partie de l'objet sur laquelle vous cliquez dépend du mode de visualisation dans lequel vous travaillez ainsi que du remplissage ou non de l'objet. En mode squelettique, ainsi qu'avec les objets non remplis qui s'affichent dans la fenêtre d'édition, vous devez cliquer sur le contour de l'objet. Dans le cas d'objets remplis affichés dans le mode visuel modifiable, vous pouvez cliquer en un point quelconque de leur superficie.

Avec l'outil ⚡, vous ne pouvez éditer qu'un objet à la fois. Si plusieurs objets sont sélectionnés lorsque vous activez l'outil ⚡, les objets sont désélectionnés automatiquement et vous devez cliquer sur l'objet de votre choix avec l'outil ⚡.

En ce qui concerne les objets textuels et curvilignes, vous pouvez sélectionner un ou plusieurs points nodaux avec l'outil ↗ en cliquant dessus en appuyant sur la touche MAJUSCULE ou en utilisant la marquise de sélection. Les points nodaux sélectionnés s'affichent sous la forme de carrés de couleur noire.

# Modelage des rectangles

L'outil ↗ vous permet d'arrondir les sommets des objets tracés avec l'outil □ .

▶ **Pour créer un rectangle aux sommets arrondis:**

1. Sélectionnez le rectangle avec l'outil ↗ .

2. Faites glisser l'un des points nodaux d'angle le long du périmètre du rectangle. A mesure que le point nodal se déplace le long d'un côté, chaque point d'angle se subdivise en deux points nodaux pour déterminer un coin arrondi. Plus vous faites glisser le point nodal initial, plus les coins du rectangle s'arrondissent.

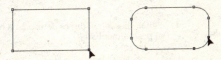

3. Réglez la valeur de la courbe en faisant glisser l'un des points nodaux dans la direction opposée ou non au coin auquel il est associé.

## Ligne d'état

La ligne d'état indique le rayon utilisé pour arrondir l'angle. L'unité de mesure est déterminée par l'unité de linéature de grille définie dans le menu Présentation (commande Précision de la grille) avec l'option Linéature de la grille.

Si vous étirez ou inclinez un rectangle, ses coins arrondis cessent d'être parfaitement circulaires et prennent une forme elliptique.

Le rayon dont la valeur est affichée dans la ligne d'état n'aura plus la même précision comme l'indique le terme "(distorsion)" affichée à côté de cette valeur.

*Modelage des objets* / **107**

# Modelage d'ellipses pour créer des arcs et des parts de tarte

Pour tracer un arc ou une part de tarte, vous devez tout d'abord tracer un cercle ou une ellipse puis modifier cette figure avec l'outil ↗.

> **Pour créer un arc ou une part de tarte:**
> 1. Sélectionnez l'ellipse avec l'outil ↗.

> **» Conseil:**
> Si vous maintenez la touche CTRL enfoncée, l'angle formé par les points nodaux se modifie par incréments de 15°. Pour modifier cet angle, utilisez la commande Préférences du menu Spécial.
>
> Assurez-vous de relâcher le bouton de la souris avant de relâcher la touche CTRL pour obtenir le résultat final escompté.

2. Au sommet ou au bas de l'ellipse figure un point nodal unique. Faites glisser ce point nodal autour du périmètre de l'ellipse. Au fur et à mesure de son déplacement, ce point nodal se subdivise en deux points nodaux encadrant l'arc ainsi défini.

3. Faites glisser l'un de ces deux points nodaux pour dimensionner et positionner l'arc.

Si vous faites glisser le curseur à l'intérieur de l'ellipse, vous obtenez une part de tarte ; si vous le faites glisser à l'extérieur de l'ellipse, vous obtenez un arc simple. Cette technique permet d'alterner à tout moment entre ces deux options.

## Alignement des arcs et des parts de tarte

Pour faciliter l'alignement des arcs et des parts de tarte par rapport au centre, la boîte de sélection conserve le format d'une ellipse entière. De cette manière, vous pouvez aligner plusieurs segments d'ellipse autour d'un point central avec la commande Aligner du menu Disposer. Pour sélectionner des arcs ou des parts de tarte, vous devez entourer complètement l'ellipse (même si une majeure partie demeure invisible) avec la marquise sélection.

### Ligne d'état

La ligne d'état affiche l'angle défini par les deux points nodaux à chaque extrémité de l'arc (en position 0 ou à 3 heures) ainsi que l'angle total sous-tendu par l'arc en partant de l'hypothèse que le cercle de référence n'a subi aucune distorsion. Si l'ellipse n'est pas circulaire, la mention "(distorsion)" s'affiche à la suite de l'angle indiqué. Cette mention signifie qu'un angle de 45° correspond désormais au huitième du périmètre de l'ellipse plutôt qu'à un angle précis de 45°.

# Conversion de rectangles, ellipses, et texte en objets curvilignes

» **Remarque:**
*Lorsque vous avez converti un objet en courbes, la seule manière de rétablir l'objet dans sa forme initiale consiste à choisir la commande Annuler dans le menu Edition. Toutefois, dans le cas présent la commande Annuler ne sera opérante que si le nombre d'opérations suivant la conversion de l'objet ne dépasse pas le nombre de niveaux d'annulation disponibles.*

Pour convertir des rectangles, des ellipses, et du texte artistique en courbes, utilisez la commande Convertir en courbes dans le menu Disposer. Cette commande transforme l'ellipse, le rectangle ou le texte sélectionné en un seul objet courbe/rectiligne, pour vous permettre d'en modifier librement la forme avec l'outil ⋏.

## Conversion d'une chaîne de texte artistique en courbes

Vous pouvez également convertir une chaîne de texte artistique en une série de courbes (à l'exclusion toutefois du texte courant). Il s'agit d'une fonction très utile lorsque vous souhaitez modifier la forme d'un caractère au moyen de l'outil ⋏, par exemple dans un logo.

Pour convertir une chaîne de texte en courbes, sélectionnez-la avec l'outil ▶ et choisissez ensuite la commande Convertir en courbes. La chaîne de texte se redessine sous la forme d'un objet unique composé de lignes et de courbes munies de points nodaux. Vous pouvez ensuite utiliser l'outil ⋏ pour ajouter, supprimer ou déplacer des points nodaux de manière à modifier la forme des caractères. Voici deux exemples illustrant l'utilisation de l'outil ⋏ pour modifier la forme des caractères ou pour connecter les caractères entre eux.

Vous pouvez également modifier le contour et le fond d'un caractère de texte sélectionné avec l'outil ⋏. Il suffit de sélectionner le point nodal du caractère et de choisir un contour ou une couleur de surface dans le menu flottant Plume ou Surface ou dans les boîtes de dialogue.

Après avoir converti une chaîne de texte en courbes, il n'est plus possible de l'éditer au moyen des fonctions d'édition de texte. Le texte qui résulte est assimilé à n'importe quel autre objet constitué de lignes et de courbes. Par conséquent, vous devez utiliser les fonctions de texte, par exemple le crénage interactif, avant d'effectuer la conversion.

 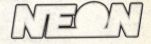

Si vous ne souhaitez modifier qu'une partie de la chaîne de texte, un seul caractère par exemple, envisagez plutôt de créer le mot (ou les mots) comme deux objets de texte. De cette manière, vous pouvez convertir l'un des deux en courbes et le second en objet textuel modifiable.

Après avoir appliqué à une chaîne de texte la commande Convertir en courbes, les caractères ne seront pas remplis à l'endroit où ils se chevauchent. Utilisez la commande Eclater pour scinder le mot en courbes séparées, pour que l'ensemble du caractère puisse être rempli.

Pour créer une réserve (trou transparent) dans les caractères définis par plus d'une ligne - b et o, par exemple - appliquez à chacun d'eux la commande Combiner.

# Modelage des droites et des courbes

L'outil ⚹ vous permet de changer la forme fondamentale d'une courbe en déplaçant les segments qui la constituent, ses points nodaux et des points de contrôle. Vous pouvez également poursuivre le remodelage en utilisant le menu flottant Editer un point pour ajouter et supprimer des points nodaux et des segments, joindre deux points nodaux de fin, changer les points nodaux, les types, etc. Ces opérations sont décrites en détail dans la section "Edition de points nodaux et de segments" plus loin dans ce chapitre.

## Termes et notions de base

Dans CorelDRAW, tous les objets sont construits sur base d'éléments fondamentaux appelés tracés. Le tracé peut être considéré comme une ossature qui confère à un objet sa forme intrinsèque, étoffée par les attributs de contour et de surface appliqués ultérieurement.

Un tracé peut être ouvert ou fermé; par exemple, une ligne ou un cercle, respectivement. Il peut être constitué d'un segment unique ou de plusieurs segments reliés l'un à l'autre. Chaque segment est terminé par un carré vide appelé point nodal. Les points de contrôle sont les petits carrés noirs reliés à chaque point nodal par une ligne de tirets.

Seuls les objets curvilignes possèdent des points nodaux et des points de contrôle que vous pouvez manipuler librement. Comme mentionné précédemment, les objets non curvilignes (c'est-à-dire les objets créés avec les outils □ , ○ , 𝔸 ), peuvent être convertis en courbes à l'aide de la commande Convertir en courbes du menu Disposer.

## Sélection des éléments d'un objet courbe

Un objet sélectionné avec l'outil ⚹ prend l'allure suivante.

Pour indiquer le début de la courbe, la taille du premier point nodal affiché à l'écran est plus importante que celle des autres. Les autres points nodaux sont situés à l'extrémité d'un segment associé.

Le premier point nodal est plus grand

Ce segment est associé à ce point nodal

》 **Conseil:**
*Pour sélectionner le premier point nodal sur un tracé sélectionné, appuyez sur la touche DEBUT. Appuyez sur FIN pour sélectionner le dernier point nodal.*

Après avoir choisi la courbe que vous souhaitez éditer, utilisez l'outil ⚹ pour sélectionner des points nodaux ou des segments. La plupart des fonctions de sélection (sélection multiple, désélection et sélection à l'aide d'une marquise de sélection) opèrent sur les points nodaux de la même façon que sur les objets.

Lorsque vous sélectionnez un point nodal, vous sélectionnez également le segment qui le précède sur la courbe sauf s'il s'agit du premier point nodal de celle-ci. De même, lorsque vous sélectionnez un segment, vous sélectionnez également le point nodal situé à l'extrémité de celui-ci. La ligne d'état affiche le type de ce point nodal et du segment qui lui est associé.

Vous ne pouvez sélectionner que des segments/points nodaux appartenant à l'objet sélectionné. Si vous souhaitez sélectionner un segment ou point nodal appartenant à un autre objet, vous devez tout d'abord sélectionner ce dernier avec l'outil ↖.

▶ **Pour sélectionner un point nodal ou un segment spécifique:**

● Cliquez sur le point nodal ou le segment avec l'outil ↖.
Le point nodal sélectionné est mis en évidence. Si vous avez cliqué sur un segment, une poignée circulaire s'affiche à la position où vous avez cliqué. Cette poignée vous sera utile si vous ajoutez des points nodaux à un segment. Elle indique en effet l'endroit précis où le point nodal sera ajouté. Des points de contrôle, décrits plus loin, peuvent également apparaître sur le segment s'il s'agit d'un segment courbe.
La mise en valeur du point nodal sélectionné diffère selon que le segment associé est curviligne ou rectiligne comme le montre l'exemple ci-contre.

Le point nodal sélectionné sur la droite est solide. | Le point nodal sélectionné sur la droite est vide. | Cliquez sur le segment pour le sélectionner.

Les points de contrôle apparaissent lorsque le point nodal est sélectionné.

> **» Conseil:**
> L'utilisation de la marquise de sélection alors que la touche MAJUSCULE est enfoncée inverse l'état de sélection des points nodaux se trouvant à l'intérieur de la marquise de sélection.

▶ **Pour sélectionner plusieurs points nodaux ou segments:**

● Maintenez enfoncée la touche MAJUSCULE et cliquez sur tous les points nodaux à sélectionner. Ces points nodaux sont mis en évidence pour indiquer qu'ils sont sélectionnés.

- OU -

● Avec l'outil ↖, faites glisser un rectangle pointillé (marquise de sélection) de manière à englober les points nodaux que vous souhaitez sélectionner. Lorsque vous relâchez le bouton de la souris, les points nodaux correspondant sont sélectionnés. Vous devez définir la marquise à partir d'un espace vide.

Après avoir sélectionné de multiples segments ou points nodaux, vous pouvez déplacer ou éditer ceux-ci comme s'il s'agissait d'un seul point nodal.

▶ **Pour désélectionner tous les points nodaux:**

● Cliquez sur un espace blanc quelconque.
Les points nodaux sont désélectionnés, mais la courbe reste sélectionnée jusqu'à ce que vous sélectionniez un autre objet.

▶ **Pour désélectionner individuellement des points nodaux ou des segments:**
● Cliquez sur le point nodal ou le segment sélectionné en maintenant la touche MAJUSCULE enfoncée.

Le point nodal sélectionné sur la courbe est plein.

### Selection de plusieurs tronçons

Lorsque vous sélectionnez de multiples points nodaux, la ligne d'état indique également si ces points nodaux coïncident avec un ou plusieurs "tronçons". Un tronçon se compose d'une série de segments qui définissent un objet curviligne, en tout ou en partie. Les objets curvilignes peuvent se composer de plusieurs tronçons. Les changements de direction dans une courbe indique généralement les différents tronçons. Toutefois, si les points nodaux d'extrémité correspondant correspondant à deux tronçons se chevauchent, vous pouvez avoir l'illusion qu'il s'agit d'un seul et même tronçon.

Courbe à 5 points nodaux et sans tronçons.

La courbe est divisée en 2 tronçons en appliquant la commande Disjoindre. Les points nodaux qui se chevauchent au-dessus de l'icône ▶ indique la jointure des deux tronçons.

Le nombre de tronçons n'importe vraiment que lorsque vous utilisez les commandes Eclater ou Joindre qui seront traitées ultérieurement.

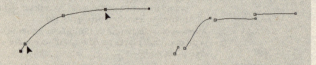

La commande Disjoindre appliquée aux deux points nodaux indiqués permet de diviser la courbe en 4 tronçons.

Les tronçons de la courbe peuvent être écartés en déplaçant les points nodaux d'extrémité.

## Déplacement des segments, des points nodaux et des points de contrôle

Le remodelage de la forme d'une courbe s'effectue en déplaçant avec la souris les segments et/ou les points nodaux et les points de contrôle qu'elle comporte. En règle générale, vous déplacerez les segments pour opérer un remodelage approximatif de la courbe. Vous affinerez ensuite le résultat en agissant sur les points nodaux et enfin sur les points de contrôle.

Tenez compte de ce qui suit lorsque vous déplacez des segments, des points nodaux et des points de contrôle:

- La courbe passe toujours par les points nodaux.
- La forme de la courbe entre deux points nodaux est déterminée par la position des points de contrôle associées à ces deux points nodaux.
- A chaque point nodal correspondent deux points de contrôle, à l'exception des extrémités d'une courbe, où il n'y en a qu'un seul.
- Les points de contrôle déterminent l'angle selon lequel la courbe rencontre le point nodal. Cet angle est appelé angle d'attaque.
- Plus un point de contrôle est éloigné d'un point nodal, plus la courbe s'écarte du point nodal, c'est-à-dire que l'incurvation augmente.
- Plus un point de contrôle est proche d'un point nodal, moins la courbe s'éloigne du point nodal, ce qui signifie que la courbe s'aplatit.
- Si le point de contrôle coïncide avec la position du point nodal, il n'a aucune incidence sur l'orientation ou la forme de la courbe.

**Note:** L'option Mode Elastique du menu flottant Editer un point affecte également la façon dont une courbe réagit au déplacement des points. Pour plus d'informations, reportez-vous à la section "Déplacement de points nodaux en mode élastique" plus loin dans ce chapitre.

▶ **Pour déplacer un segment courbe:**
- Cliquez sur le segment avec l'outil ⚲ . Maintenez enfoncé le bouton gauche de la souris sur le segment à déplacer et faites glisser.
  Lors du déplacement, les points de contrôle associés aux points nodaux situés aux deux extrémités du segment suivent le mouvement.

▶ **Pour déplacer un point nodal:**
- Cliquez sur le segment avec l'outil ⚲ . Maintenez enfoncé le bouton gauche de la souris sur le point nodal à déplacer et faites glisser.
  Lors du déplacement d'un point nodal, les points de contrôle suivent le déplacement de telle sorte que la courbure au point nodal reste constante (en d'autres termes, l'angle selon lequel la courbe aborde et quitte le point nodal reste constant).

▶ **Pour déplacer un point nodal par incréments:**
- Sélectionnez le point nodal à déplacer par incréments et appuyez à une ou plusieurs reprises sur la touche fléchée du clavier correspondant au sens du déplacement voulu.

---

*» Conseil:*
*Si vous maintenez la touche de contrainte CTRL enfoncée tout en déplaçant un point nodal ou un point de contrôle, le mouvement s'effectue dans le sens horizontal ou vertical.*

*Assurez-vous de relâcher le bouton de la souris avant de relâcher la touche CTRL pour obtenir le résultat final escompté.*

---

*» Raccourci:*
*Pour ouvrir le menu flottant Editer un point, appuyez sur CTRL + F10.*

Lors du déplacement d'un point nodal, les points de contrôle suivent le déplacement de telle sorte que la courbure au point nodal reste constante (en d'autres termes, l'angle selon lequel la courbe aborde et quitte le point nodal reste constant). Pour modifier la valeur du décalage associé aux touches fléchées, reportez-vous à la section "Spécification des préférences" à l'annexe A.

▶ **Pour déplacer simultanément plusieurs points nodaux et segments:**

● Sélectionnez les noeuds et les segments à déplacer par MAJ+clic ou en utilisant la marquise de sélection, puis déplacez l'un des points nodaux sélectionnés. Ou déplacez les points nodaux sélectionnés par incréments, en utilisant les touches fléchées du clavier.

▶ **Pour déplacer des points de contrôle:**

1. Cliquez sur le point nodal dont dépendent les points de contrôle que vous souhaitez déplacer.
   Jusqu'à quatre points de contrôle s'affichent.
2. Déplacez le point de contrôle jusqu'à ce que la courbe prenne la forme voulue. Ou déplacez les points nodaux sélectionnés par incréments, en utilisant les touches fléchées du clavier.

Le second point de contrôle se trouve sous le point nodal.

MAJUSCULE + faites glisser.

Sans sélectionner de point nodal, maintenez la touche MAJUSCULE enfoncée et faites glisser le point de contrôle pour l'extraire de dessous le point nodal.

Selon le type de point nodal considéré, le déplacement d'un point de contrôle est susceptible d'entraîner un déplacement du point de contrôle connexe situé de l'autre côté du point nodal à déplacer. Le type de segment influe également sur la marge de mouvement du point de contrôle. Pour plus de détails, reportez-vous aux sections "Création d'un point nodal continu, angulaire ou symétrique" et "Transformation de segments en segments rectilignes ou en courbes" plus loin dans ce chapitre.

**Note:** Le chevauchement d'un point nodal et d'un point de contrôle rend parfois la sélection malaisée. Si le point de contrôle est au-dessus du point nodal, déplacez-le en cliquant dessus et en le faisant glisser. Si le point de contrôle est sous le point nodal, désélectionnez le point nodal, appuyez sur MAJ+clic et faites glisser. Etant donné qu'il est difficile de déterminer si le point de contrôle se trouve au-dessus ou en-dessous du point nodal, vous devrez probablement essayer les deux méthodes.

## *Déplacement de points nodaux dans le mode Elastique*

La sélection de l'option Mode Elastique dans le menu flottant Editer un point modifie la manière dont les points nodaux se déplacent. Pour expérimenter les effets du mode élastique, sélectionnez deux points nodaux ou davantage puis cliquez sur l'un d'entre eux pour ouvrir le menu flottant Editer un point. Cliquez sur Mode Elastique puis déplacez l'un des points sélectionnés avec la souris. Lorsque vous effectuez ce mouvement, vous constaterez que le déplacement n'est pas uniforme pour tous les points nodaux; certains se déplacent plus que d'autres suivant la distance qui les sépare du point nodal de base (c'est-à-dire celui que vous êtes en train de manipuler). Même si cela n'apparaît pas à l'écran, le déplacement de points de contrôle est proportionnel à celui des points nodaux. Le résultat final est que la courbe semble réagir comme un élastique qui s'allonge et se contracte en réponse au mouvement de la souris.

Le mode élastique affecte également les points nodaux adjacents sélectionnés si l'un d'entre eux, ou les deux, sont des points angulaires. Le point angulaire (ou les deux points angulaires) se déplacent de manière proportionnelle en fonction du mouvement du point nodal. Si le point nodal que vous déplacez est un point angulaire, ses points de contrôle se déplacent eux aussi de manière proportionnelle.

**Note:** Le mode Elastique s'utilise également pour le modelage d'enveloppes. Pour plus d'informations, reportez-vous à la section "Modelage d'un objet par une envelopppe" au chapitre 13.

### Comment créer des courbes à points symétriques ?

Pour créer des courbes à points symétriques, les points de contrôle des points nodaux adjacents doivent être alignés le long d'une ligne imaginaire situe entre ces points nodaux. La grille et les règles facilitent l'alignement des points de contrle, comme illustr dans notre exemple.

Alignez les points de contrôle en utilisant les repères de la règle pour créer des courbes symétriques.

# Edition de points nodaux et de segments

Outre la fonction de déplacement des points nodaux et des points de contrôle, toutes les fonctions d'édition d'objets courbes sont accessibles depuis le menu flottant Editer un point. Pour afficher ce menu flottant, double-cliquez sur un point nodal ou sur un segment. Comme le montre l'illustration ci-dessous, les commandes du menu flottant vous permettent d'éditer le ou les points nodaux ou segments de plusieurs manières. Le mode d'utilisation de ces commandes est expliqué dans les sections suivantes de ce chapitre.

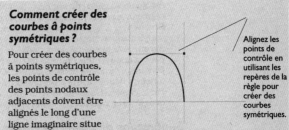

- Ajoute des points nodaux
- Supprime des points et des segments
- Etire et met à l'échelle des segments
- Aligne des points nodaux
- Modifie le type de déplacement d'un segment lorsque vous le faites glisser
- Joint deux points nodaux d'extrémité
- Disjoint la courbe en un point
- Supprime automatiquement les points nodaux superflus
- Transforme les segments en droites ou en courbes
- Fait pivoter et incline un segment
- Rend un point nodal angulaire, continu ou symétrique
- S'affiche lors de l'édition de pleins/déliés. Pour de plus amples renseignements, reportez-vous à la section "Dessin de pleins/déliés" du Chapitre 13.

## Ajout de points nodaux à un objet curviligne

Jusqu'à présent, nous n'avons abordé que les transformations liées au déplacement des points nodaux et des points de contrôle associés à un objet. Mais il n'est pas toujours possible d'obtenir la forme souhaitée en agissant uniquement sur les points nodaux existants. Dans ce cas, vous devez ajouter quelques points nodaux supplémentaires.

▶ **Pour ajouter des points nodaux à des objets curvilignes:**

1. Utilisez l'outil ↗ et double-cliquez sur le point de contrôle ou le point nodal situé le long du segment auquel vous souhaitez ajouter un point nodal. Le menu local s'affiche.
   Pour ajouter plusieurs points nodaux en une fois, sélectionnez les points nodaux adjacents aux segments auxquels vous souhaitez ajouter des points nodaux.

2. Cliquez sur + dans le menu flottant. Ou cliquez sur la touche + du pavé numérique.
   Si vous avez cliqué sur un point nodal, un nouveau point nodal est ajouté au milieu du segment. Si vous avez cliqué sur un segment, le point nodal est ajouté à l'endroit où vous avez cliqué. Si vous avez sélectionné plusieurs points nodaux, un point nodal supplémentaire apparaîtra sur chaque segment sélectionné.
   Si vous avez ajouté un point nodal en utilisant la touche +, vous pouvez appuyer une nouvelle fois sur cette touche pour doubler le nombre de points nodaux ajoutés. Chaque activation de la touche + doublera le dernier nombre de points nodaux ajoutés. Par exemple, si la première activation a ajouté un point nodal, la deuxième en rajoutera 2, la troisième 4 et ainsi de suite.

## Suppression de points nodaux et de segments

Comme il est difficile de contrôler les déplacements de la souris avec précision, il est souvent difficile de suivre le tracé de la courbe. Les mouvements erratiques de la souris se répercutent sur le tracé de la courbe. CorelDRAW ajoute des points nodaux à chaque bosse ou fosse. Comme ces incurvations sont involontaires, vous souhaiterez supprimer les points nodaux correspondants. Vous pourriez vous contenter de déplacer les points nodaux pour les placer sur le tracé voulu mais vous risqueriez d'en compromettre l'uniformité ou la continuité de la courbe tracée.

Les trois règles générales qui suivent vous permettront de déterminer si vous devez ajouter ou supprimer des points nodaux:

- Pour les courbes dont le tracé ne s'opère que dans une seule direction, il suffit d'un point nodal tous les 120°. L'exemple ci-dessous illustre une courbe dont deux points nodaux ne suffisent pas à définir le tracé.

Avec deux points nodaux seulement, il est impossible de contraindre la courbe à suivre ce tracé.

- Pour les courbes dont l'orientation du tracé change de manière régulière, il faut un point nodal tous les deux points d'inflexion. Le point d'inflexion est celui qui marque un changement d'orientation de la courbe.

L'ajout d'un point nodal entre les deux autres permet de suivre la courbe.

- Pour les courbes dont l'orientation change brusquement au niveau des sommets (angle pointu), il faut un point nodal à chaque sommet.

**Les diverses positions choisies pour les points de contrôle ne permettent pas d'obtenir des résultats satisfaisants.**

Pour éliminer les points nodaux indésirables, deux moyens sont à votre disposition: sélectionner les points nodaux et les supprimer vous-même; utiliser la fonction Auto-Réduction et laisser à Corel-DRAW le soin de choisir les points superflus pouvant être supprimés. La fonction Auto-Réduction est décrite à la section suivante.

▶ **Pour supprimer des points nodaux et des segments associés à une courbe:**

1. Avec l'outil ⋏, sélectionnez les points nodaux que vous souhaitez supprimer (double-cliquez si le menu flottant Editer un point n'est pas déjà ouvert).
   Pour supprimer plusieurs points nodaux et segments en une fois, utilisez la technique MAJ+clic ou la marquise de sélection pour sélectionner les points nodaux.

Cliquez pour supprimer le point nodal

2. Dans le menu flottant Editer un point, cliquez sur le signe "-" ou utilisez la touche SUPPR. du clavier, ou le signe moins du pavé numérique. Les points nodaux et/ou les segments sélectionnés sont supprimés et la courbe est retracée. Selon la position des points nodaux et des segments supprimés, la section de courbe concernée subira des transformations plus ou moins notables.

## Suppression de points nodaux et de segments avec la fonction Auto-Réduction

La fonction Auto-Réduction permet de supprimer des points nodaux superflus parmi les points nodaux sélectionnés sans modifier en profondeur la forme de la courbe. Pour déterminer la manière dont cette fonction doit modifier la forme d'une courbe, spécifiez le paramètre voulu dans la section "Courbes" de la boîte de dialogue Préférences (pour accéder à cette boîte de dialogue, choisissez la commande Préférences dans le menu Spécial). La valeur par défaut est 5, le maximum 10. Plus la valeur choisie est élevée, plus la courbe change lorsque vous appliquez la fonction Auto-Réduction. Inversement, les modifications appliqués à la courbe sont d'autant plus réduits que cette valeur est réduite. Faites divers essais pour voir quel est le résultat obtenu en modifiant ce paramètre vers le haut ou vers le bas.

▶ **Pour supprimer des points nodaux et des segments avec la fonction Auto-Réduction:**

1. Avec l'outil b, sélectionnez les points nodaux à réduire par MAJ+clic. Ou utilisez la marquise de sélection pour indiquer le segment de courbe dont vous voulez réduire le nombre de points nodaux. Vous pouvez également sélectionner toute la courbe avec la marquise de sélection, comme dans l'illustration ci-après.

*Modelage des objets* / **117**

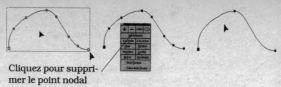

Cliquez pour supprimer le point nodal

**2.** Cliquez sur Auto-Réduction dans le menu Editer un point.

La courbe est redessinée après suppression des points superflus dans la sélection.

## Jonction de points nodaux

Vous serez fréquemment amené à réaliser une jonction entre deux points nodaux d'extrémité:
- pour fermer un tracé.
- pour réaliser une courbe continue.

### ▶ Pour fermer un périmètre discontinu:

1. Déterminez quels sont les points nodaux situés aux extrémités de la ligne discontinue que vous souhaitez souder.
2. A l'aide de l'outil ⚹ , sélectionnez les deux points nodaux situés aux extrémités en les entourant avec une marquise ou en maintenant la touche MAJUSCULE enfoncée tout en cliquant successivement sur ceux-ci. Outre les points nodaux situés aux extrémités, vous pouvez sélectionner les autres points nodaux, voire le tracé tout entier.

Cliquez pour joindre les points nodaux

Si vous sélectionnez deux points nodaux d'extrémité (et un nombre quelconque d'autres points nodaux), les deux points nodaux situés aux extrémités sont reliés. La sélection de trois points nodaux d'extrémité ou plus (et un nombre quelconque d'autres points nodaux), a pour effet de fermer tous les tronçons dont les deux points nodaux d'extrémité ont été sélectionnés, les points nodaux sélectionnés situés sur différents tronçons n'étant pas reliés. La sélection du tracé tout entier entraîne la fermeture de tous les tronçons.

3. Double-cliquez sur l'un des points nodaux sélectionnés pour afficher le menu flottant Editer un point.
4. Cliquez sur l'icône ∞ .
   La courbe correspondante sera retracée sous la forme d'un périmètre continu dont vous pourrez remplir la surface avec l'outil ⬧.

### ▶ Pour réaliser une courbe continue à partir de tracés distincts:

1. CorelDRAW ne peut réaliser de jonction qu'entre deux points nodaux faisant partie intégrante d'un seul et même objet. Pour intégrer les points nodaux à un seul et même objet, il suffit de

les sélectionner et de choisir la commande Combiner du menu Disposer. La combinaison d'objets n'influence pas l'aspect de ces derniers. Une fois les objets combinés, la ligne d'état indique "Courbe" plutôt que "2 objets sélectionnés".

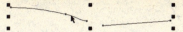

2. Activez l'outil ↷ .
   La courbe reste sélectionnée et la ligne d'état fait apparaître la mention tronçon pour rendre compte de l'existence de segments non reliés.

3. Avec l'outil ↷ , sélectionnez les points nodaux situés aux extrémités des tracés que vous souhaitez relier.

Utilisez la marquise de sélection ou la méthode MAJ+clic. Votre sélection peut inclure autant de points nodaux que vous le souhaitez.

4. Double-cliquez sur l'un des points nodaux sélectionnés pour ouvrir le menu flottant Editer un point.

5. Cliquez sur l'icône ∞ .
   La courbe concernée est retracée sous la forme d'une seule ligne continue.

Cliquez pour joindre les points nodaux

## Alignement des points nodaux

Supposons que deux objets courbes doivent s'emboîter comme les pièces d'un puzzle, comme par exemple les régions d'une carte géographique. Le moyen le plus simple de créer un raccord invisible est d'aligner les points nodaux et les points de contrôle des objets. Pour cela, vous devez préalablement combiner les objets à l'aide de la commande Combiner du menu Disposer. Après avoir aligné les points nodaux et/ou les points de contrôle, vous pouvez utiliser la commande Eclater pour disjoindre à nouveau les objets. Vous pouvez également n'aligner que les points nodaux.

▶ **Pour aligner des points nodaux:**
1. Cliquez sur l'objet courbe avec l'outil ↷ .
2. Cliquez sur le point nodal que vous souhaitez aligner.

> » *Conseil:*
> *Si vous alignez les bords, assurez-vous que chacun d'entre eux comporte le même nombre de points nodaux. Si ce n'est pas le cas, utilisez le bouton*

3. Maintenez enfoncée la touche MAJUSCULE et cliquez sur le point nodal qui doit servir de référence à l'alignement.

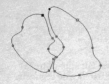   

Lorsque des courbes se chevauchent, vous pouvez...    ajouter un point nodal, ensuite...    réalignez les courbes en utilisant le nouveau point nodal.

4. Double-cliquez sur l'un des points nodaux sélectionnés.
5. Choisissez Aligner dans le menu Editer un point.
6. Dans la boîte de dialogue Aligner les points nodaux, désélectionnez toutes les options non souhaitées. Si, par exemple, vous souhaitez un alignement horizontal uniquement, désélectionnez Aligner verticalement. Les trois options doivent être sélectionnées si vous souhaitez également aligner la forme des courbes en plus des points nodaux.
7. Choisissez OK.
8. Répétez les étapes 2 à 7 autant de fois que nécessaire.

## Conseils pour l'alignement des points de contrôle

Si vous alignez des points de contrôle relatifs à des objets curvilignes, vous ne pouvez exclure un chevauchement, qui risque de provoquer l'apparition d'interstices ou de lignes indésirables lors de l'impression. Plusieurs méthodes vous permettent de résoudre ce problème:

- Si les objets concernés sont associés à un attribut de surface, leur scission en plusieurs objets distincts avec la commande Eclater empêchera la perception de l'interstice.
- Si les objets concernés se composent d'un contour sans attribut de surface, vous pouvez prévenir tout risque de chevauchement en ajoutant un point nodal à proximité du point d'inflexion de la courbe comme le montre l'exemple ci-contre.

Lorsque des courbes se chevauchent, vous pouvez...    ajouter un point nodqlm ensuite...    réalignez les courbes en utilisant le nouveau point nodal.

## Subdivision d'une courbe en tronçons distincts

Vous serez parfois amené à scinder la courbe en deux ou plusieurs tronçons distincts. Si vous sectionnez un périmètre fermé, vous ne pourrez plus le remplir avec l'outil ♦.

Vous ne pouvez pas appliquer la commande Disjoindre au point nodal de fin d'un périmètre ouvert.

### ▶ Pour disjoindre une courbe:

1. A l'aide de l'outil ⚹, double-cliquez sur le point nodal ou le point situé sur le segment au niveau duquel vous souhaitez disjoindre la courbe.
   Pour scinder une courbe en plusieurs points nodaux à la fois, utilisez MAJ + clic ou la marquise de sélection pour sélectionner les points nodaux. Ensuite, double-cliquez sur l'un des points nodaux sélectionnés.
2. Dans le menu flottant Editer un point, sélectionnez l'icône ⇒.
   La courbe est disjointe au niveau du point nodal ou du point sélectionné le long du segment approprié. Deux points nodaux distincts se superposent en ce point. A ce stade, vous pouvez déplacer l'un des deux nouveaux points nodaux d'extrémité.

## Création d'un point nodal continu, angulaire ou symétrique

Il existe trois types de points nodaux:

- Points continus
- Points symétriques
- Points angulaires

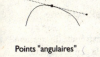
Points "angulaires"

Lorsque vous tracez une nouvelle courbe, CorelDRAW détermine l'emplacement des points nodaux et leurs types respectifs: continu, symétrique ou angulaire. Vous pouvez modifier le type d'un point nodal en utilisant le menu flottant Editer un point.

La ligne d'état vous indique si le point nodal sélectionné est du type continu, angulaire ou symétrique.

**Points continus:** Les deux points de contrôle et le point nodal des points continus sont toujours situés sur une droite. Si vous déplacez l'un des points de contrôle, l'autre point de contrôle se déplace également. En d'autres termes, la courbe est toujours continue au niveau d'un point nodal continu.

Dans certains cas, le point nodal se situe à l'intersection d'une ligne droite et d'une courbe. Si vous le rendez continu, vous ne pouvez déplacer que le point de contrôle situé du côté curviligne le long d'une ligne virtuelle située dans le prolongement de la ligne droite. De cette manière, le point continu reste un point continu.

Vous ne pouvez rendre continu un point nodal qui serait situé à l'intersection de deux lignes droites.

Points "symétriques"

**Points symétriques:** Les deux points de contrôle et le point nodal des points symétriques sont toujours situés sur une droite. En outre, les deux points de contrôle sont toujours équidistants du point nodal. En d'autres termes, la courbure est la même des deux côtés d'un point symétrique. Tout comme avec les points continus, lorsque vous déplacez l'un des points de contrôle, l'autre point se déplace également. La symétrie contraint les deux points de contrôle à se déplacer simultanément d'une manière analogue.

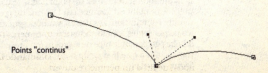
Points "continus"

Un point nodal lié à un segment rectiligne ne peut pas être rendu symétrique. Autrement dit, vous ne pouvez rendre symétriques que des points reliant deux courbes.

**Points angulaires:** Les points de contrôle et le point nodal des points angulaires ne sont pas contraints de rester sur une même droite. Vous pouvez déplacer les points de contrôle indépendamment l'un de l'autre pour contrôler la pente de chacun des deux segments de la courbe aboutissant au point nodal sans affecter l'autre. Créez un point nodal angulaire au point d'inflexion d'une courbe lorsque vous souhaitez obtenir un important changement d'orientation de la courbe.

▶ **Pour convertir le type d'un point nodal:**

1. Utilisez l'outil ⚹ et double-cliquez sur le point nodal que vous souhaitez transformer en point nodal continu.
   Pour convertir plusieurs points nodaux en une fois, sélectionnez ces points avec l'outil ⚹ , puis double-cliquez sur l'un d'entre eux.
2. Dans le menu Editer un point, cliquez sur Continu, Angulaire ou Symétrique.

▶ **Pour ajouter un point angulaire à une ligne ou à une courbe:**

1. Avec l'outil ℓ , double-cliquez sur le point à l'extrémité du segment.
2. Faites glisser pour déterminer la direction et la pente. Ensuite, placez le curseur à l'endroit où le nouveau segment doit se terminer.
3. Relâchez le bouton de la souris.
4. A l'endroit où vous avez relâché le bouton de la souris, cliquez de nouveau et faites glisser pour déterminer la hauteur et la pente de l'autre côté du nouveau segment de courbe.

## Transformation de segments en segments rectilignes ou en courbes

Sur un objet courbe ou rectiligne, deux points nodaux délimitent un segment. Il existe deux types de segments: les segments courbes et les segments rectilignes.

Un segment courbe est un segment qui possède deux points de contrôle, un pour chaque point nodal. Un segment rectiligne est un segment qui relie deux points nodaux par une ligne droite. Un segment rectiligne ne possède pas de points de contrôle. Les objets courbes peuvent être composés d'un mélange de segments courbes et de segments rectilignes. Vous pouvez transformer les segments courbes en segments rectilignes et inversement.

Lorsque vous sélectionnez un point nodal, le type de segment qui précède ce point est identifié par la forme du point nodal, ainsi que le montre l'illustration. Les points sombres sont associés à des courbes, les points évidés sont associés à des segments rectilignes. La ligne d'état affiche également le type de segment qui précède un point nodal sélectionné, ainsi que le type de point nodal (Continu, Angulaire ou Symétrique).

### ▶ Pour transformer un segment en segment rectiligne ou courbe:

1. Avec l'outil ⋏, double-cliquez sur le segment, ou sur le point nodal qui le suit.
   Pour transformer plusieurs segments en une fois, utilisez MAJ+clic ou la marquise de sélection pour sélectionner les points nodaux concernés. Double-cliquez ensuite sur l'un des points nodaux ou des segments sélectionnés.
2. Sélectionnez A la droite ou A la courbe dans le menu flottant Editer un point.
   Si vous choisissez A la droite, les deux points de contrôle disparaissent et la courbe se transforme en segment de droite.
   Si vous choisissez A la courbe, deux points de contrôle apparaissent sur le segment précédemment rectiligne pour indiquer qu'il s'agit désormais d'un segment courbe.
   Si vous transformez un segment rectiligne en un segment courbe, ce dernier apparaît comme s'il n'avait subi aucune modification. Toutefois, si vous sélectionnez un point nodal du segment, deux points de contrôle apparaissent pour indiquer qu'il s'agit d'un segment courbe.
3. A présent, vous pouvez repositionner les points de contrôle ou le segment.

## Etirement et mise à l'échelle de courbes

L'étirement et la mise à l'échelle sont des transformations qui s'appliquent généralement à un objet en entier. Avec des objets courbes, cependant, ces opérations peuvent s'appliquer à des parties sélectionnées de l'objet. Utilisez l'outil ⋏ pour sélectionner les points nodaux appropriés (deux au minimum), qui délimitent la section de la courbe que vous souhaitez transformer. Double-cliquez sur l'un des points nodaux sélectionnés pour ouvrir le menu flottant Editer un point puis cliquez sur le bouton Etirer. Huit poignées de dimensionnement apparaissent. Ces poignées sont les mêmes que celles qui s'affichent lorsque vous sélectionnez un objet avec l'outil ▸. Faites glisser les poignées de coin pour étirer la courbe ou les poignées intérieures pour la mettre à l'échelle.

## Rotation et inclinaison de courbes

Vous pouvez faire subir une rotation ou une inclinaison à des courbes, de la même manière que vous pouvez les étirer et les mettre à l'échelle. Sélectionnez les points nodaux des parties concernées par la transformation. Cliquez sur le bouton Rotation; huit poignées de rotation/inclinaison apparaissent. Manipulez les poignées de coin pour imprimer une rotation à la courbe ou les poignées intérieures pour l'incliner.

Rappelez-vous que la rotation d'une courbe entraîne la rotation des points nodaux associés à cette courbe. Les points de contrôle sont également concernés, mais ils conservent leur position relative. L'angle selon lequel la courbe se présente par rapport au point nodal demeure ainsi constant.

---

*» Conseil:*

*Si vous maintenez la touche CTRL enfoncée lors de l'étirement/ la mise à l'échelle, le mouvement s'effectue par incréments de 100%.*

*Si vous maintenez la touche MAJUSCULE enfoncée lors de l'étirement/ la mise à l'échelle, le mouvement s'effectue à partir du centre de l'objet.*

*Si vous maintenez les deux touches enfoncées, vous appliquez simultanément les deux mouvements.*

### Touches d'édition de points

| Touche | Fonction |
|---|---|
| + | Ajoute un point nodal à l'endroit sélectionné de la courbe. |
| - | Supprime les points sélectionnés. |
| TABULATION | Fait avancer les sélections d'un point sur le tracé de la courbe. |
| MAJ+TABULATION | Fait reculer les sélections d'un point sur le tracé de la courbe. |
| DEBUT | Sélectionne le premier point nodal de l'objet curviligne sélectionné. |
| FIN | Sélectionne le dernier point nodal de l'objet curviligne sélectionné. |
| MAJ+DEBUT/FIN | Sélectionne ou désélectionne le premier/dernier point nodal. |
| CTRL+DEBUT/FIN | Sélectionne le premier/dernier tronçon de l'objet curviligne sélectionné. |
| MAJ+CTRL+DEBUT/FIN | Sélectionne ou désélectionne le premier/dernier tronçon |
| Touches fléchées du pavé numérique | Déplace par incrément le point nodal sélectionné dans le direction de la flèche. Reportez-vous à l'Annexe A pour de plus amples détails sur l'importance du décalage. |

# CHAPITRE 10

# Disposition des objets

CorelDRAW met à votre disposition de puissantes fonctions pour vous aider à agencer les éléments de vos dessins. Les commandes de magnétisation du menu Présentation vous permettent, par exemple, d'aligner rapidement et avec précision les objets sur la grille, les repères ou sur d'autres objets. Des règles et des curseurs viseurs vous permettront de mesurer et de contrôler l'alignement.

Si vous projetez de créer un dessin complexe, la fonction Plans vous sera utile parce qu'elle permet de placer les objets sur une série de supports invisibles contenant chacun une partie de votre dessin, à la manière de feuilles de papier-calque superposées. Vous avez ainsi la possibilité d'accélérer l'édition et le retraçage de l'écran en désactivant les plans sur lesquels vous ne travaillez pas. Vous pouvez imprimer uniquement les éléments se trouvant sur les plans sélectionnés, pour réduire le temps d'impression. Et vous pouvez verrouiller les plans pour éviter toute modification accidentelle des objets qui s'y trouvent.

Les commandes Premier plan, Arrière-plan, Vers l'arrière, Vers l'avant et Ordre inverse du menu Disposer vous permettront de changer l'ordre de superposition des différents plans.

En utilisant la commande Associer du menu Disposer, vous pouvez lier des objets entre eux et les manipuler comme s'il s'agissait d'un seul élément. La commande Combiner vous permet de regrouper des objets pour obtenir les résultats suivants:

- Accélérer la vitesse de retraçage de l'écran pour les graphiques constitués d'un grand nombre de lignes et de courbes.
- Connecter deux segments rectilignes/courbes.
- Créer des réserves.

# Réagencement d'objets superposés

La commande Ordre des objets du menu Disposer donne accès à un sous-menu comportant cinq commandes qui vous permettent de réagencer les objets placés sur un même plan.

Lorsque vous ajoutez un nouvel objet à un plan, CorelDRAW le superpose automatiquement à tous les objets que comporte déjà ce plan. En fait, un dessin affiché à l'écran se compose d'une série d'objets placés les uns sur les autres. L'ordre d'empilement est évident lorsque vous affichez ou imprimez des objets superposés dont les contours ou les attributs de surface diffèrent : un objet occupant un rang plus élevé dans cette hiérarchie s'affiche et s'imprime en se superposant aux objets d'un rang moins élevé. Si certains de ces objets ne se chevauchent pas, leur ordre de superposition et les modifications apportées à cet ordre ne sont perceptibles.

Le groupement d'objets préserve la place qu'ils occupent dans l'ordre de superposition. De même, si vous sélectionnez plus d'un objet avant de choisir l'une de ces quatre commandes, les objets sélectionnés se déplaceront en conservant l'ordre de superposition qu'ils occupent l'un par rapport à 'autre.

**Premier plan :** Place l'objet sélectionné au-dessus de tous les autres. L'exemple ci-après illustre la sélection du chiffre 1 et son passage à l'avant-plan. Notez que le chiffre 3 est maintenu au deuxième plan, au-dessus du chiffre 2.

**Arrière-plan :** Place l'objet sélectionné derrière tous les autres. L'exemple ci-après illustre la sélection du chiffre 1 et son passage à l'arrière-plan. Notez que le chiffre 3 reste au-dessus du chiffre 2.

**Vers l'avant :** Fait remonter l'objet sélectionné d'une position vers l'avant-plan. L'exemple ci-après illustre la sélection du chiffre 1 et son passage devant le chiffre 2.

**Vers l'arrière :** Fait reculer l'objet sélectionné d'une position vers l'arrière-plan. L'exemple ci après illustre la sélection du chiffre 3 et son passage derrière le chiffre 2.

**Ordre inverse :** Inverse l'ordre de superposition de tous les objets sélectionnés.

# Groupement et dissociation d'objets

La commande Associer vous permet de grouper des objets pour vous donner la possibilité de les sélectionner et de les manipuler comme s'ils formaient un tout. Cette commande est très utile dans la mesure où la plupart des dessins sont composés de plusieurs objets dont l'assemblage doit être maintenu pour préserver le résultat final.

A l'exception des commandes énumérées ci-dessous, la quasi totalité des commandes et actions applicables à un ou plusieurs objets sont également applicables à un groupe d'objets.

- Combiner / Eclater
- Editer le texte
- Accoler le texte à une courbe / Redresser le texte / Aligner sur la ligne de base
- Toute opération faisant appel à l'outil b
- Relief
- Pleins/Déliés.

Les groupes d'objets peuvent être combinés avec des objets distincts ou d'autres groupes d'objets. CorelDRAW autorise jusqu'à 10 niveaux de regroupement.

### ▶ Pour grouper des objets:

1. Avec l'outil ▸ , sélectionnez les objets que vous souhaitez grouper.
2. Choisissez la commande Associer dans le menu Disposer.

Une boîte de sélection entourant tous les objets du groupe apparaît à l'écran. La ligne d'état indique la sélection d'un groupe.

### *Dissociation des objets*

La commande Dissocier supprime les liens appliqués aux objets par la commande Associer. L'aspect des objets ne change pas lorsque vous les dissociez. La ligne d'état reflète simplement la nouvelle situation par la mention "x objets sélectionnés" au lieu de la mention "1 groupe sélectionné". A présent, vous pouvez sélectionner et manipuler les différents objets individuellement.

Si vous avez groupé plusieurs groupes d'objets, la commande Dissocier supprime les liens entre groupes à raison d'un niveau à la fois, comme le montre la séquence de sélection et de dissociation illustrée ci-contre.

# Combinaison et éclatement des objets

La commande Combiner du menu Disposer permet de combiner divers objets.

Cette commande sert à modifier la manière dont CorelDRAW mémorise les lignes et les courbes sélectionnées pour vous mettre en mesure de produire des dessins plus complexes. Avec cette commande, les courbes et les lignes sélectionnées sont combinées en un seul objet curviligne, même si ces éléments ne sont pas reliés.

Si vous sélectionnez des rectangles, ellipses ou objets textuels, ils sont automatiquement convertis en courbes avant d'être combinés en un seul objet curviligne.

*»Raccourci:*
*Pour combiner les objets sélectionnés, appuyez sur CTRL + L.*

Lorsque vous combinez des objets caractérisés par des surfaces et des contours différents, CorelDRAW attribue à l'objet combiné les attributs de surface et de contour de l'objet sélectionné en dernier lieu. Si vous sélectionnez les objets avec une marquise de sélection, CorelDRAW utilise les attributs de l'objet du dessous. Etant donné qu'il est difficile de distinguer l'objet du dessous, il est préférable de sélectionner les objets un à un.

La combinaison d'objets permet de :
- économiser un espace mémoire suffisant pour les dessins complexes;
- appliquer simultanément l'outil ⋏ à de nombreux points nodaux relatifs à différents objets curvilignes;
- assurer la jonction entre deux segments rectilignes/curvilignes;
- créer des réserves ou des masques;
- aligner des points nodaux relatifs à différents objets.

### *Economie d'espace mémoire pour les dessins complexes*

Les courbes qui possèdent les mêmes attributs (hachures croisées, par exemple) peuvent être réunies avec la commande Combiner pour

*Disposition des objets / 127*

économiser l'espace mémoire et augmenter la vitesse de retraçage. Cette option diffère de la commande Associer qui permet de regrouper plusieurs objets dont les attributs diffèrent, mais sans réduire l'espace mémoire utilisé et sans améliorer la vitesse de retraçage.

Lorsque vous dessinez avec l'outil ℓ , CorelDRAW crée un nouvel objet chaque fois que vous tracez un segment disjoint. Si vous dessinez une image analogue à celle représentée ci-après, vous aboutirez à un nombre considérable d'objets. Les performances du programme s'en ressentiront, surtout si l'ordinateur ne dispose que d'une capacité de mémoire limitée. Si vous devez traiter un grand nombre d'objets, servez-vous de la commande Combiner pour rassembler en un seul objet des lignes et des courbes affectées des mêmes attributs. Ne perdez cependant pas de vue que le nombre maximum de points nodaux et de points de contrôle que peut comporter un objet se situe entre 1000 et 2000, selon l'imprimante utilisée. Lorsqu'un tracé est trop complexe pour être imprimé sur une imprimante PostScript, diminuez la valeur de seuil de complexité définie dans le fichier CORELPRN.INI pour pouvoir l'imprimer sans être obligé de modifier l'objet en question. (Pour plus de détails, consultez la section "cdrawconfig" de l'aide en ligne de CorelDRAW). Toutefois, en cas de réduction excessive du seuil de complexité, les courbes risquent de présenter des aspérités nettement perceptibles. Lorsque vous sélectionnez des objets combinés, l'écran est retracé et le périmètre de sélection s'applique à l'objet composé de lignes multiples.

## *Application simultanée de l'outil ⚘ sur de nombreux points nodaux appartenant à différents objets curvilignes*

Après avoir dessiné ou tracé un dessin au moyen de l'outil ℓ , vous serez parfois amené à modifier le type de tous les segments ou points nodaux. Vous pouvez gagner du temps en utilisant tout d'abord la commande Combiner si votre dessin contient de nombreux objets curvilignes différents.

Voici un exemple.

Pour adoucir la physionomie de cet élan, il suffit de convertir les segments de droite en courbes symétriques.

Les points nodaux que vous devez rendre symétriques appartiennent à six objets distincts. Pour adoucir tous les points nodaux simultanément, sélectionnez ces six objets avec l'outil ▶ et combinez-les avec la commande Combiner. Résultat : un seul objet contenant l'ensemble des points nodaux.

Pour rendre tous ces points nodaux symétriques, entourez-les d'une marquise de sélection avec l'outil ⚘ .

Double-cliquez ensuite sur l'un de ces points nodaux pour appeler le menu flottant Editer un point et sélectionnez A la courbe. Les points nodaux doivent en effet être associés à des segments courbes pour pouvoir être rendus symétriques. Les segments sont devenus des segments courbes, même si leur forme reste inchangée en apparence.

Double-cliquez une nouvelle fois sur l'un des points nodaux et sélectionnez Symétrique dans le menu flottant pour rendre symétriques l'ensemble des points nodaux sélectionnés.

A ce stade, la forme des courbes change radicalement puisque désormais tous les points sont continus. Résultat : un tracé beaucoup plus harmonieux.

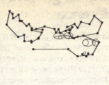

À présent, éditez les différentes courbes pour obtenir l'image finale. Si vous souhaitez que quelques-unes des lignes qui composent ce dessin possèdent des attributs différents, utilisez l'option Eclater (décrite ci-dessous) pour séparer les différents segments et les traiter de nouveau comme autant d'objets distincts.

## Eclatement des objets

Pour convertir un objet curviligne constitué de tronçons en une succession d'objets distincts, utilisez la commande Eclater dans le menu Disposer. Cette commande a l'effet inverse par rapport à la commande Combiner.

En règle générale, cette commande sert uniquement à affiner les attributs de certains tracés afin de leur conférer, par exemple, des attributs de surface et de contour différents.

Ainsi, vous pouvez utiliser la commande Eclater pour remplir un objet unique dont les lignes se chevauchent plutôt que de créer des zones transparentes dans la zone de chevauchement.

L'exemple présenté ci-après illustre le mot Draw rédigé avec la police de caractères Banff. Lors de la création initiale de ce mot avec l'outil A, les régions en chevauchement des différentes lettres ont été automatiquement remplies de noir. La commande Convertir en courbes permet de modifier la forme des caractères pour créer un seul objet curviligne comportant plusieurs zones de chevauchement. Notez les espaces transparents qui apparaissent dans les zones de chevauchement de ces lettres.

Pour résoudre ce problème, appliquez la commande Eclater à l'objet curviligne, pour le scinder en une succession de courbes distinctes. Le résultat de l'opération est illustré ci-contre. À présent, les zones de chevauchement sont également remplies. Toutefois, les plages centrales des lettres "D" et "a", deux zones de chevauchement qui devraient être transparentes, ont également été remplies de noir.

Mais vous pouvez sélectionner ces plages et les remplir de blanc. Ou, si vous souhaitez que l'intérieur de l'oeil des lettres soit transparent, choisissez la commande Combiner pour associer les deux courbes qui constituent la forme de la lettre en un seul objet comme le montre l'exemple ci-contre.

> ### Sélection temporaire de plusieurs objets et groupement d'objets
>
> Si vous souhaitez appliquer plusieurs opérations à plusieurs objets, il n'est pas nécessaire de les grouper. Une fois le groupe d'objets en question créé, groupez-le pour éviter tout risque de modification ou de sélection accidentelles. Les objets d'un groupe conservent leur position relative.

*Disposition des objets*

# Utilisation des règles, des grilles, des repères d'alignement et des objets de référence

> **» Conseil**
>
> Si vous maintenez la touche MAJUSCULE enfoncée et si vous cliquez sur une règle, CorelDRAW la déplace du bord de la fenêtre de de dessin. Vous pouvez la faire glisser si vous maintenez la touche MAJUSCULE enfoncée. Si vous double-cliquez sur la règle en maintenant la touche MAJUSCULE enfoncée, la règle retrouve sa position habituelle.

CorelDRAW inclut une série d'outils simples à utiliser pour vous permettre de travailler avec un maximum de précision: une paire de règles mobiles, comme référence visuelle pour positionner les objets; une grille réglable pour aligner les objets; des repères d'alignement non-imprimables qui peuvent être positionnés où bon vous semble sur la page pour faciliter l'alignement, ainsi qu'une fonction qui permet d'utiliser des objets comme références de position.

Vous apprendrez plus loin dans ce chapitre comment utiliser la fonction de magnétisation de CorelDRAW qui donne la possibilité d'aimanter la grille et les repères d'alignement pour attirer les objets et les aligner avec précision.

## Utilisation des règles

CorelDRAW met à votre disposition des règles affichées en bordure de la fenêtre de dessin pour dimensionner et positionner les objets. Lorsque vous choisissez la commande Afficher les règles dans le menu Afficher, les règles représentées sur l'illustration ci-dessous s'affichent. Chacune de ces règles comporte une ligne pointillée qui reflète la position du curseur au cours de son déplacement. Lorsque vous faites défiler le dessin avec les ascenseurs, les graduations des règles se déplacent pour rendre compte de votre position sur la page.

L'unité de mesure utilisée par les règles correspond à l'Unité de linéature de la grille que vous avez adoptée. Un autre paramètre de grille, la Position zéro détermine la position des points zéro sur les règles. Pour masquer les règles, cliquez de nouveau sur la commande Afficher les règles.

## Utilisation du curseur viseur

Les points zéro de la règle correspondent aux coordonnées de l'origine de la grille. Il est beaucoup plus facile de procéder à des mesures précises si vous faites coïncider l'origine des règles avec le point à partir duquel vous effectuez vos mesures. Pour ce faire, utilisez le curseur viseur (point d'intersection des règles) comme illustré ci-dessous. La modification des points zéro a pour effet de redéfinir l'origine de la grille au point choisi. Vous constaterez également que cette méthode est très pratique pour vérifier l'alignement des objets.

Pour repositionner les points zéro de la règle et l'origine de la grille au coin inférieur gauche de la page (position par défaut), double-cliquez sur la case grise située dans le coin supérieur gauche de la fenêtre de dessin (point de rencontre des règles horizontale et verticale).

Une extension des lignes du curseur est visible dans les deux règles

Pour déplacer les points zéro des règles, ou pour faire apparaître le curseur viseur sur l'écran, placez le pointeur de la souris sur le point d'intersection des règles, appuyez sur le bouton de la souris et maintenez-le enfoncé, ensuite...

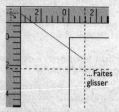

...Faites glisser

faites glisser en direction de l'écran. Lorsque vous relâchez le bouton de la souris...

... les points zéro indiquent la position du curseur.

## Utilisation de la grille

Pour afficher la grille, sélectionnez la commande Précision de la grille dans le menu Présentation et cliquez sur Afficher la grille. Une série de points de grille indiquant la position des points d'intersection des lignes de la grille s'affichent dans la fenêtre de dessin. Bien qu'il soit possible de choisir jusqu'à 72 lignes par pouce, (ou l'équivalent dans une autre unité de mesure), les points de grille ne sont pas nécessairement tous visibles à l'écran. Pour éviter l'encombrement de l'écran, la fréquence d'affichage des points de grille est déterminée par les conditions de visualisation du moment. Lorsque vous agrandissez les objets avec l'outil Q, la linéature de la grille augmente. La boîte de dialogue Précision de la grille permet également de définir le point d'origine et la linéature de la grille.

**Origine de la grille:** L'origine de la grille correspond au point de la page de dessin dont les coordonnées de la grille sont (0,0). L'origine par défaut de la grille correspond au coin inférieur gauche de la page de dessin. Pour le positionner en un point quelconque de la fenêtre de dessin, entrez une valeur dans les champs Horizontal et Vertical. Les unités de mesure utilisées correspondent à celles spécifiées pour la linéature de la grille.

Vous trouverez probablement que cette fonction est très utile pour centrer l'origine par rapport à la page ou vous assurer qu'elle coïncide avec le coin inférieur gauche de la page imprimable. Après avoir spécifié la position, les origines des règles sont réinitialisées en fonction de ce point.

La position de l'origine de la grille affecte également les coordonnées introduites dans un certain nombre de boîtes de dialogue, l'affichage des coordonnées correspondant à la position du curseur, ainsi que les informations relatives à la position des objets qui s'affichent dans la ligne d'état.

**Linéature de la grille:** Contrôle l'espacement vertical et horizontal des lignes de la grille. Si vous souhaitez que les lignes soient espacées de plus d'une unité de mesure, entrez au clavier les valeurs fractionnaires voulues dans la zone de saisie numérique. Pour obtenir une linéature de 2 pouces, par exemple, vous devez entrer la valeur 0,50.

Le nombre maximum de lignes contenues dans la grille s'élève à 72 par pouce, 12 par pica, 1 par point et approximativement 2,80 par millimètre.

**Note:** Si vous changez les unités de la linéature de grille, la graduation des règles et les unités de mesures affichées dans la ligne d'état reflètent la modification. Toutefois, les valeurs affichées dans la boîte de dialogue ne sont pas converties. Chaque fois que vous optez pour une unité différente, vous devez spécifier la linéature de grille que vous souhaitez utiliser avec cette unité.

Lorsque vous enregistrez un dessin, les paramètres de la grille correspondante sont enregistrés pour garantir un alignement correct des objets lors du rappel ultérieur de ce fichier. Si vous modifiez les paramètres de la grille, seule la position des lignes de la grille se modifie. Les objets gardent leur position initiale même s'ils ne sont plus alignés de la même manière par rapport à la nouvelle grille.

## Utilisation des repères d'alignement

L'utilisation des repères d'alignement est une autre méthode d'alignement des objets. Les repères d'alignement sont des lignes non-imprimables que vous pouvez positionner où bon vous semble dans la fenêtre de dessin. Les repères d'alignement sont enregistrés avec votre dessin et vous pouvez en poser un nombre illimité.

---

**» Conseil:**
Vous pouvez également définir la position de la grille à partir du menu flottant Plans. Sélectionnez Menu Plans dans le menu Présentation et double-cliquez sur le plan de la grille. Cliquez sur Visible pour afficher la grille et sur Précision pour afficher la boîte de dialogue Précision

**» Raccourci:**
Faites glisser le curseur viseur sur l'écran et relâchez le bouton de la souris pour positionner l'Origine de la grille en ce point.

**» Conseil:**
Le menu flottant Plans permet d'imprimer la grille et de modifier la couleur des points de la grille. Reportez-vous, plus loin dans ce chapitre, à la section "Utilisation d'une couleur prioritaire pour changer la couleur des repères et de la grille".

### ▶ Pose de repères d'alignement dans la fenêtre de dessin:

1. Si les règles ne sont pas affichées, choisissez la commande Afficher les règles dans le menu Afficher.
2. Cliquez sur l'une ou l'autre règle. Tout en maintenant le bouton de la souris enfoncé, faites glisser le curseur dans la fenêtre de dessin. Si vous le faites glisser à partir de la règle supérieure, vous obtenez un repère d'alignement horizontal ; si vous le faites glisser à partir de la règle latérale, vous obtenez un repère d'alignement vertical.
3. Faites coïncider le repère d'alignement avec le point de votre choix, puis relâchez le bouton de la souris. Pour repositionner un repère d'alignement, faites-le glisser jusqu'à sa nouvelle position. Pour supprimer un repère d'alignement, faites-le glisser au-delà du périmètre de la fenêtre de dessin.
4. Répétez les étapes 2 à 3 autant de fois que c'est nécessaire.

> **» Raccourci:**
> Double-cliquez sur un repère d'alignement pour afficher la Repères d'alignement. La zone Position du repère indique la position de ce repère d'alignement.

Si votre travail exige une grande précision, utilisez la commande Précision des repères dans le menu Présentation pour poser les repères. La boîte de dialogue Précision des repères qui apparaît vous permet de spécifier la position voulue avec une précision numérique. Pour poser les repères d'alignement, sélectionnez d'abord le type de repère (horizontal ou vertical). Ensuite, entrez leur position relative par rapport aux points d'origine des règles. Ensuite, cliquez sur le bouton Ajouter. Un repère d'alignement apparaît sur la position spécifiée.

Après avoir positionné un repère d'alignement, vous pouvez le déplacer en entrant sa nouvelle position, puis en cliquant sur l'option Déplacer. Vous pouvez également le supprimer en entrant sa position puis en cliquant sur le bouton Supprimer. Pour passer en revue les différents repères horizontaux et verticaux, cliquez sur l'option Suivant.

## Sélection d'une échelle pour un dessin

La section Echelle de la boîte de dialogue Précision de la grille vous permet de spécifier l'échelle utilisée pour le dessin. Vous pouvez décider, par exemple, que chaque centimètre doit représenter dix kilomètres dans la réalité. Cette fonction est utile lorsque vous devez dessiner une carte géographique, un plan de site, etc. Si vous choisissez l'option Unités globales, CorelDRAW utilise l'unité choisie pour les règles, la ligne d'état, les lignes-cotes, la grille, les repères de grille et la boîte de dialogue Déplacer. Lorsque vous cochez cette case, l'unité globale se substitue aux autres unités que vous auriez appliquées séparément à chacune de ces options.

L'échelle que vous spécifiez est enregistrée au même titre que les autres attributs appliqués au dessin.

### ▶ Pour spécifier une échelle:

1. Choisissez la commande Précision de la grille dans le menu Présentation. La boîte de dialogue correspondante apparaît.
2. Cochez la case Unités globales.
   Les flèches des listes déroulantes Linéature de la grille sont désactivées.
3. Sélectionnez l'échelle en modifiant les paramètres affichés dans les trois premières zones. La liste déroulante de la deuxième zone sert à indiquer l'unité globale dans la réalité et celle de la troisième zone permet d'indiquer l'unité correspondante qui sera utilisée dans votre dessin. Dans la première case, entrez le nombre d'unités globales par unité au niveau du dessin.
4. Cliquez sur OK.

Les règles et la ligne d'état sont modifiées en fonction de l'unité globale que vous avez choisie.

Lorsque vous désactivez la case Unités globales, CorelDRAW rétablit la grille et les repères d'alignement en fonction des unités qui étaient utilisées avant l'activation de cette fonction.

# Utilisation des commandes Magnétiser et Aligner

Les commandes Magnétiser du menu Présentation vous permettent d'aimanter la grille, les repères ou même des objets. Lorsque l'option de magnétisation est activée, les objets sont attirés par les éléments magnétisés et viennent s'aligner sur eux.

CorelDRAW offre également une boîte de dialogue qui présente une série d'options pour aligner des objets horizontalement et verticalement l'un par rapport à l'autre, avec le centre de la page ou le point de grille le plus proche comme référence.

## Alignement par aimantation des objets par rapport à la grille

La fonction Grille magnétique de CorelDRAW permet de dessiner avec précision en alignant verticalement et horizontalement des objets par rapport au point de grille le plus proche. Pour activer cette option, cochez la case Grille magnétique en cliquant dessus. Le message qui apparaît dans la ligne d'état et la coche en regard de la commande Grille magnétique dans le menu Présentation indiquent que cette option est active.

La fonction Grille magnétique contraint le curseur à s'aligner sur l'un des points de la grille sauf :

- lorsque vous sélectionnez un objet avec les outils ▶ ou ⌒ ou avec le curseur Copier les attributs de
- lorsque vous tracez une courbe en mode Bézier ou à main levée
- lorsque vous faites subir une rotation/inclinaison à un objet avec l'outil ▶
- lorsque vous modifiez une ou plusieurs ellipses avec l'outil ⌒.

Si vous déplacez un objet lorsque la commande Grille magnétique est cochée, CorelDRAW accroche l'une des poignées de la boîte de sélection de l'objet au point de grille le plus proche. Vous pouvez déterminer celle des huit poignées qui doit coïncider avec un point de la grille en contrôlant la direction dans laquelle vous déplacez l'objet. Par exemple, si vous souhaitez que ce soit la poignée inférieure droite qui s'accroche à l'un des points de la grille, vous devez déplacer ce sommet de la marquise de sélection de façon à positionner l'objet sur la grille. La marquise de sélection apparaît dès que vous commencez à déplacer l'objet.

> »*Raccourci:*
> *Pour activer ou désactiver la fonction Grille magnétique, appuyez sur CTRL + Y.*

Lorsque c'est un texte que vous déplacez verticalement, il adhère à la grille le long de sa ligne de base. Dans le cas d'un déplacement horizontal, le point d'ancrage est déterminé par l'option de justification appliquée au texte. Par exemple, si vous avez sélectionné la justification à droite, le bord droit du texte s'aligne par rapport à un point de la grille. Si le texte a subi une rotation, CorelDRAW utilise les poignées associées à son périmètre de sélection pour l'aligner par rapport à la grille.

## Alignement par aimantation des objets par rapport aux repères

La position des objets affichés à l'écran lorsque vous activez la fonction Repères d'alignement ne change pas. Lorsque les commandes Grille magnétique et Repères magnétiques sont toutes deux actives, c'est l'option Repères magnétiques qui est prioritaire. Quel que soit le degré de proximité d'un repère d'alignement par rapport à une ligne de grille, vous conservez toujours la possibilité d'accrocher un objet quelconque sur le repère d'alignement de votre choix. Vous pouvez positionner les repères d'alignement à vue, ou introduire les coordonnées dans la boîte de dialogue Précision des repères.

## Utilisation d'objets comme repères

> **»Conseil:**
> Pour afficher les repères au-dessus des objets, cliquez sur repères dans le menu Plans et faites-le glisser en haut de la liste.

Pour autant que la fonction Repères magnétiques soit active, vous pouvez recourir à cette fonction d'aimantation pour traiter les objets créés au niveau du Plan Repères même si la fonction Objets magnétiques n'est pas activée. Cette opération est possible parce que les objets créés au niveau du plan des repères d'alignement sont des objets de référence analogues aux repères d'alignement.

Lorsque vous déplacez un objet par aimantation vers ces objets de référence alors que la fonction Repères magnétiques est active et que la fonction Objets magnétiques ne l'est pas, l'objet mobile ne se déplace pas sous l'effet de la force d'attraction subie par ses propres points de magnétisation même si le point à partir duquel vous l'avez sélectionné se trouve dans la zone d'attraction de l'un de ces points de magnétisation. En d'autres termes, si la fonction Objets magnétiques est désactivée, le point de sélection de l'objet mobile coïncide avec le point qui va se superposer au point de magnétisation de l'objet fixe. Cependant, si la fonction Objets magnétiques est active et si le point de sélection de l'objet mobile se trouve dans la zone d'attraction de l'un de ses propres points de magnétisation, ce point de magnétisation de l'objet mobile coïncidera avec le point de magnétisation de l'objet fixe.

## Alignement par aimantation d'objets par rapport à d'autres objets

Outre la possibilité d'aimanter la grille et les repères d'alignement pour aligner des objets, vous avez également la possibilité de magnétiser des objets. La commande Objets magnétiques est intégrée au menu Présentation.

CorelDRAW attribue des points de magnétisation à tous les objets. L'emplacement exact de ces points dépend de la nature de l'objet (voir tableau à la page suivante). Lorsque l'option Objets magnétiques est activée, chaque point magnétique d'un objet du dessin exerce une force d'attraction tout comme la grille et les repères. La force d'attraction a un rayon d'action limité dont la longueur reste fixe à l'écran, quelle que soit la profondeur du champ. En conséquence, pour réaliser des alignements très précis, exécutez un zoom avant maximum: une petite distance fixe à l'écran ne représente qu'une distance réelle minime lorsque vous faites un zoom avant.

Vous pouvez aligner une partie quelconque d'un objet mobile par rapport à un point magnétique appartenant à un objet fixe. Si le point que vous avez sélectionné sur l'objet mobile se trouve dans la zone d'attraction de l'un des points de magnétisation de l'objet fixe, l'objet mobile s'aligne automatiquement par rapport au point magnétique de l'objet fixe de telle façon que les deux points concernés se superposent. La fonction Grille magnétique est très commode pour mesurer les objets avec les outils de cotation étant donné que les lignes-cotes sont attirées au début et aux extrémités des objets une fois cette commande activée. Pour plus d'informations, consultez la section "Traçage de lignes-cotes" au Chapitre 2.

> **Pour faire adhérer un objet à un autre objet:**

1. Sélectionnez l'objet que vous souhaitez faire adhérer (l'objet mobile) à l'autre objet (l'objet fixe).
   Le point par lequel l'objet mobile adhère à l'objet fixe coïncide généralement avec le point de sélection de l'objet mobile. Si vous travaillez en mode de visualisation modifiable, ce point peut être un point quelconque de l'objet. Si vous travaillez en mode squelettique, ce point peut être un point quelconque du contour de l'objet mobile. Dans les deux modes, si la position à partir de laquelle vous avez sélectionné l'objet mobile est située dans la zone d'attraction de ses propres points de magnétisation, cet objet sera attiré par ce point et non par le point initialement choisi.
2. Faites glisser l'objet mobile vers l'objet fixe.
   Si vous vous trouvez dans la zone d'attraction d'un point de magnétisation de l'objet fixe, l'objet mobile viendra se coller à ce point.

*» Conseil:*

*Vous pouvez même ajouter des points de magnétisation au contour d'un objet fixe pour déterminer exactement le point auquel l'objet mobile adhérera à l'objet fixe (pour de plus amples informations sur l'ajout de points nodaux, reportez-vous au Chapitre 9, Modelage des objets). Si l'objet fixe est un rectangle, une ellipse ou un texte, vous devrez le convertir en courbes avec la commande Convertir en courbes du menu Disposer avant d'ajouter un nouveau point nodal à celui-ci.*

### Redimensionnement d'un objet en recourant à l'effet d'aimantation

Vous pouvez utiliser l'effet d'attraction du point de magnétisation d'un objet donné pour redimensionner un autre objet. Comme cet aimantation dépend de la position du curseur, vous pouvez utiliser des objets situés au-dessus ou au-dessous de l'objet en cours de redimensionnement pour déterminer le nouveau format de l'objet.

Pour redimensionner un objet en recourant à l'effet d'aimantation:

- Choisissez la commande Objets magnétiques dans le menu Présentation.
- Sélectionnez l'objet que vous souhaitez redimensionner.
- Placez le curseur sur la poignée de glissement que vous envisagez d'utiliser pour redimensionner, cliquez et faites glisser dans la direction de l'objet fixe.
- Tout en déplaçant l'objet dans cette direction, amenez le curseur sur le côté et en direction du point de magnétisation de l'objet fixe par rapport auquel vous souhaitez effectuer cette opération. Une fois arrivé dans la zone de magnétisation, le curseur coëncide avec le point de magnétisation voulu.
- Si vous relâchez le bouton de la souris à ce stade, l'opération de redimensionnement est terminée.

Lorsque vous utilisez la fonction Objets magnétiques dans ce but, les objets mobiles et fixes ne sont pas obligatoirement en contact au terme de l'opération.

# Points de magnétisation des objets CorelDRAW

| | | |
|---|---|---|
| Rectangles ordinaires | | Les rectangles ordinaires (dont les angles ne sont pas arrondis) comportent neuf points de magnétisation, un à chaque sommet, un au milieu de chaque côté et un au centre de leur périmètre de sélection. |
| Rectangles à angles arrondis | | Les rectangles arrondis comportent également neuf points de magnétisation (un à chaque extrémité des arcs et un au centre du périmètre de sélection). |
| Ellipses fermées | | Les ellipses fermées ont cinq points de magnétisation (un à chaque extrémité des deux axes de l'ellipse et un au centre du périmètre de sélection). |
| Ellipses ouvertes (Arcs elliptiques) | | Les ellipses ouvertes comportent trois à sept points de magnétisation coïncidant avec chacune des extrémités des deux axes ainsi qu'avec le centre du périmètre de sélection de l'arc elliptique et les extrémités de cet arc. Les points de magnétisation situés aux extrémités des deux axes de l'arc elliptique n'existent que si l'arc passe par ces points d'extrémité. Si cet arc a été modifié (par exemple, pour créer une part de tarte) et si son contour ne passe par aucun des points d'extrémité de ces deux axes, aucun point de magnétisation ne coïncidera avec ces extrémités virtuelles. |
| Tracés ouverts | | Les tracés ouverts comportent des points de magnétisation à chacune des extrémités et à chaque point nodal. |
| Images bitmap | | Les points de magnétisation des images bitmap se situent à chacun des coins de celles-ci et au centre du périmètre de sélection de l'image bitmap. |
| Texte artistique | Texte artistique | Les points de magnétisation d'un texte artistique coïncident avec les quatre coins du périmètre de sélection du texte, avec le milieu des quatre côtés de ce périmètre et avec le centre de celui-ci. Un point de magnétisation coïncide également avec les deux positions correspondant à l'intersection du périmètre de sélection avec la ligne de base de la première ligne de texte. |
| Texte courant | You can perform very precise object snapping using this feature. If there is a specific point on the outline of a stationary object that you want to snap your ..... | Les points de magnétisation d'un texte courant coïncident avec l'extrémité et le centre de chacun des côtés de l'encadré du texte courant ainsi qu'avec le centre du périmètre de sélection. |

## Utilisation de la commande Aligner

Pour aligner des objets sélectionnés l'un par rapport à l'autre, utilisez la commande Aligner du menu Disposer. La boîte de dialogue qui suit apparaît à l'écran:

Vous pouvez aligner des objets horizontalement et verticalement selon les combinaisons indiquées ci-après.

Lorsque vous cliquez sur OK, les objets sélectionnés sont repositionnés. Les poignées de sélection des périmètres de sélection sont alignées en fonction des options d'alignement vertical et horizontal spécifiées.

Quel que soit l'alignement spécifié, le dernier objet sélectionné conserve sa position et ce sont les autres objets qui se déplacent pour s'aligner par rapport à cet objet. Si vous entourez certains objets avec la marquise de sélection, l'alignement s'opère en fonction de l'objet du dessous. Comme il est difficile de distinguer l'objet du dessous, il est préférable de sélectionner un à un les objets que vous souhaitez aligner.

Le fait de cliquer sur l'option Aligner sur le centre de la page avant de choisir les options d'alignement horizontal et vertical vous permet d'aligner les centres des objets par rapport à la grille et par rapport au centre de la page. Lorsque vous activez l'option Aligner sur le centre de la page et que vous spécifiez les options d'alignement vertical et horizontal, les objets sont alignés par rapport au centre de la page. Si vous souhaitez aligner les objets sur la grille, sélectionnez les objets concernés et choisissez la commande Aligner. Optez tout d'abord pour un alignement vertical ou horizontal et choisissez ensuite l'option Aligner sur la grille. Les objets sont alors alignés sur la ou les lignes de la grille les plus proches, conformément aux options sélectionnées.

# Utilisation des plans

La fonction de superposition par plans de CorelDRAW vous permet de superposer plusieurs supports transparents contenant chacun une partie de votre dessin. Cette disposition vous procure une souplesse d'exécution accrue pour élaborer et éditer vos dessins, surtout s'ils sont particulièrement complexes.

Un dessin peut comporter autant de plans que vous le souhaitez. (Le nombre n'est limité que par la capacité de mémoire de l'ordinateur). Si vous travaillez sur un dessin de plusieurs pages, vous pouvez choisir un plan de référence (ou plusieurs plans). De cette manière, les attributs relatifs au texte, au dessin et à la mise en page sont répétés sur toutes les pages du document. Les objets que vous ajoutez sont toujours placés sur le plan actif. Le menu flottant Plans vous donne la possibilité de rendre chaque plan visible ou invisible. Cette fonction vous permet ainsi de masquer des objets assignés à certains plans du dessin. Vous pouvez également verrouiller ces plans pour prévenir tout risque de modification accidentelle. De même, pour gagner du temps, vous pouvez limiter l'impression d'un dessin complexe aux objets se trouvant sur les plans que vous sélectionnez.

## Utilisation du menu flottant Plans

>**Raccourci:**

Pour ouvrir le menu flottant Plans, appuyez sur CTRL + F3.

La commande Menu flottant plans du menu Présentation fait apparaître un menu flottant qui permet d'accéder rapidement à toutes les commandes et options concernant les plans. A l'aide de ce menu, vous pouvez:

- Ajouter et supprimer des plans
- Copier et déplacer des objets d'un plan à l'autre.
- Masquer les plans sur lesquels vous ne travaillez pas pour accélérer l'édition et le retraçage de l'écran.
- Spécifier les plans qui ne doivent pas être imprimés.
- Verrouiller des plans pour prévenir le risque de modifications accidentelles des objets qui s'y trouvent.
- Afficher ou masquer la grille et les repères, et choisir ou non de les imprimer.
- Changer l'ordre de superposition des plans.

Lorsque vous appelez le menu flottant Plans pour la première fois, le menu vous présente une liste avec quatre articles: Plan 1, Grille, Repères et Bureau.

Le menu flottant Plans

**Repères:** Ce plan est utilisé pour enregistrer les repères d'alignement introduits dans vos travaux. Même si les repères d'alignement sont posés sur un plan spécifique, ils continuent comme auparavant à attirer par aimantation les objets situés sur les autres plans. L'utilisation d'un plan spécifique pour les repères permet de désactiver les repères d'alignement sans devoir les supprimer l'un après l'autre manuellement. Vous pouvez également imprimer ces repères.

Vous pouvez rendre actif le plan Repères et dessiner des objets sur celui-ci. Les objets tracés sur ce plan sont considérés comme des objets de référence susceptibles d'être utilisés de manière particulière avec certains types de travaux. A titre d'exemple, vous pouvez tracer un groupe de cercles concentriques espacés de manière uniforme, ainsi qu'une série de rayons partant du centre de ces cercles avec un angle constant entre eux pour créer une grille polaire.

>**Conseil:**

Pour accéder aux boîtes de dialogue Précision des repères et/ou Précision de la grille, double-cliquez sur "Grille" ou "Repères" dans le menu flottant Plans et en cliquant ensuite sur Précision.

**Grille:** Ce plan contient la grille définie pour un dessin donné. Même si les points de cette grille résident sur leur propre plan, les objets des autres plans continuent à s'aimanter à ceux-ci comme auparavant. Disposer d'un plan de grille distinct permet de désactiver temporairement les lignes de la grille ou de les imprimer.

Vous ne pouvez activer ce plan grille : en effet, il s'agit d'un plan verrouillé sur lequel vous ne pouvez dessiner aucun objet.

**Plan l:** Ce plan correspond au plan de dessin initial affecté à tous les nouveaux fichiers. Les objets ajoutés à un nouveau dessin sont automatiquement positionnés sur ce plan, qui peut être renommé si vous le souhaitez.

**Bureau:** Il s'agit d'un plan de référence applicable aux documents de plusieurs pages. (Pour plus d'informations, reportez-vous à la section "Spécification d'un plan de référence" plus loin dans ce chapitre et à la section "Préparation d'un document de plusieurs pages" au chapitre 1). Tout objet que vous placez hors de la page imprimable est transféré automatiquement sur le plan de référence lorsque vous passez à une autre page. Les objets se trouvant sur ce plan restent visibles dans la fenêtre de dessin quelle que soit la page active. Pour accéder à un objet du plan de référence, il suffit de le faire glisser sur la page en cours, auquel cas il se place sur le plan visible et non-verrouillé le plus proche. L'utilisation de ce type de plan permet de réutiliser des objets d'une page à l'autre sans devoir passer par le Presse-papiers.

### Activation d'un autre plan

Cliquez dans le menu flottant sur le nom du plan à activer. Les objets créés sont mémorisés dans celui-ci. Vous pouvez appliquer une série de fonctions au plan actif tels que l'édition, la suppression, le déplacement et la copie d'objets.

### Activation de tous les plans

L'option plans multiples permet de sélectionner et d'éditer un objet quelconque du dessin quel que soit le plan auquel il appartient. Pour activer la fonction plans multiples, cliquez sur la flèche ▶ apparaissant sur la droite du menu flottant Plans. Sélectionnez l'option Plans multiples. Une coche apparaît en regard de l'option Plans multiples pour indiquer qu'elle est active. Si cette option n'est pas sélectionnée, vous ne pourrez sélectionner et éditer d'objets que s'ils appartiennent au plan actif.

Le verrouillage d'un plan quelconque prend le pas sur la fonction Plans multiples. Même si vous avez sélectionné l'option Plans multiples, vous ne pourrez accéder aux objets appartenant aux plans verrouillés.

### Ajouter et renommer des plans

Cliquez sur ▶ vers la droite dans le menu flottant Plans. Sélectionnez l'option Nouveau. La boîte de dialogue Options Plans figurée ci-dessous apparaît à l'écran.

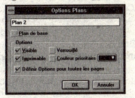

Le nom de plan par défaut suivant est mis en valeur dans le champ Nom de plan. Pour attribuer ce nom au nouveau plan, cliquez sur OK. Si vous souhaitez affecter un nom différent au nouveau plan, tapez tout simplement un nouveau nom en écrasant le précédent. Ce nom ne doit pas comporter plus de 32 caractères. Cliquez sur OK. Le nouveau nom de plan apparaît dans la fenêtre Plans.

Pour renommer un plan, double-cliquez sur le nom du plan concerné dans le menu flottant Plans et modifiez ensuite son nom dans la boîte de dialogue Options Plans.

### Suppression d'un plan

Cliquez sur le nom de ce plan et ensuite cliquez sur ▶ dans le menu flottant Plans. Choisissez la commande Supprimer dans le menu déroulant. Cette option supprime le plan concerné ainsi que les objets qu'il contient. Lorsque vous supprimez un plan, le plan suivant dont le nom figure sur la liste affichée dans la zone des noms de plan devient le plan actif.

## Déplacement d'objets d'un plan vers un autre

Sélectionnez l'objet à déplacer. La ligne d'état vous indique à quel plan cet objet appartient. Cliquez sur ▶ dans le menu flottant et sélectionnez Déplacer vers. Une petite flèche "Vers?" apparaît à l'écran. Utilisez-la pour cliquer sur le plan de destination de l'objet. L'objet est déplacé sur le plan sélectionné.

## Copie d'objets d'un plan sur un autre

Sélectionnez l'objet à copier. La ligne d'état vous indique à quel plan cet objet appartient. Cliquez sur la flèche ▶ dans le menu flottant et sélectionnez Copier vers. Une petite flèche "Vers?" apparaît à l'écran. Utilisez-la pour cliquer sur le plan de destination de l'objet. Une copie de l'objet est placée sur le plan sélectionné. Vous ne pouvez copier qu'un objet à la fois d'un plan sur un autre.

## Rendre un plan visible ou invisible

Cette option détermine si le plan sélectionné doit être visible lorsque vous travaillez à l'écran. Cette option n'affecte nullement l'impression des objets appartenant au plan. Elle est sélectionnée par défaut. Vous pouvez la désélectionner pour rendre le plan invisible si vous souhaitez masquer temporairement les objets qu'il contient. Cette option permet de simplifier l'affichage d'un dessin complexe en rendant son édition plus aisée. Cette option permet également de réduire le temps de rafraîchissement de l'écran.

## Verrouillage et déverrouillage de plans

La sélection de cette option prévient toute sélection ou édition accidentelle des objets que comporte ce plan. Le verrouillage d'un plan peut s'avérer d'une grande utilité si vous avez procédé à des alignements d'objets complexes que vous souhaitez préserver.

## Rendre un plan imprimable ou non imprimable

L'option imprimable détermine si les objets du plan actif pourront être imprimés. Cette option est sélectionnée par défaut. Si vous désactivez cette option, les objets figurant sur le plan concerné ne sont pas imprimés. L'impression d'un nombre limité de plans permet de réduire le temps d'impression.

## Identification des objets d'un plan (Couleur prioritaire)

Lorsque vous sélectionnez cette option, CorelDRAW applique une couleur déterminée aux contours de tous les objets appartenant au plan actif. Ces objets ne s'affichent qu'avec un contour de la couleur choisie même si le plan n'est pas actif. La couleur prioritaire n'influe pas sur le contour réel ou la couleur de surface des objets ; elle n'affecte que leur affichage à l'écran. Cette option peut s'avérer utile pour procéder à l'identification d'objets appartenant à des plans spécifiques. Même si vous travaillez en mode de visualisation modifiable, les objets affichés à l'écran sont transparents : seul leur contour coloré apparaît. Par conséquent, cette option permet d'examiner les objets appartenant aux autres plans sous-jacents d'un même dessin et elle est très pratique lors de l'édition de dessins complexes.

---

### Modification de la couleur de la grille et des repères

Vous pouvez afficher les repères et la grille dans une couleur autre que le bleu. Double-cliquez sur Repères ou Grille dans le menu flottant, choisissez une couleur prioritaire et cliquez sur OK.

Pour sélectionner une couleur, cliquez sur l'échantillon de couleurs affiché à la droite de l'option Couleur prioritaire. Une palette de couleurs apparaît à l'écran. Cliquez sur l'une des couleurs de la palette. Vous pouvez choisir une couleur prioritaire pour un plan déterminé même si l'option Couleur prioritaire n'est pas sélectionnée. Si vous travaillez en mode squelettique, CorelDRAW utilise toujours la couleur prioritaire pour afficher les contours d'un objet. Toutefois, si vous travaillez en mode de visualisation modifiable, CorelDRAW n'utilise pas celle-ci tant que vous n'avez pas activé l'option Couleur prioritaire. Après avoir sélectionné cette option, l'écran subit un rafraîchissement et les objets que contient le plan correspondant sont affichés en couleur prioritaire.

## *Réagencement des plans et des objets sur les plans*

L'ordre selon lequel les plans sont répertoriés dans le menu flottant Plans correspond à leur ordre de superposition dans la fenêtre de dessin. Le premier et le dernier plan de la liste correspondent respectivement aux plans supérieur et inférieur du dessin en cours de traitement. Pour modifier leur ordre de superposition, vous devez modifier leur ordre d'insertion dans la liste. Pour cela, cliquez sur le plan dont vous souhaitez modifier la position dans la liste. Tout en maintenant le bouton de la souris enfoncé, placez le curseur sur le plan sur lequel vous souhaitez superposer le plan sélectionné. Lorsque vous relâchez le bouton de la souris, le plan préalablement sélectionné occupe cette nouvelle position dans la liste. La disposition des autres les uns par rapport aux autres est susceptible de changer en fonction des plans auxquels ils sont intégrés. Si vous avez déplacé un plan pour lui faire occuper une position supérieure dans la liste de superposition, certains objets qu'il contient risquent de recouvrir d'autres objets appartenant à d'autres plans qui recouvraient précédemment les premiers.

### *Groupement et combinaison d'objets appartenant à différents plans*

Pour grouper des objets placés sur des plans différents, utilisez la commande Associer du menu Disposer. Les objets du groupe passeront dans le plan sélectionné. L'ordre de superposition de ces objets les uns par rapport aux autres est préservé. Toutefois, comme ils appartiennent tous au plan sélectionné, leur ordre de superposition risque de paraître différent par rapport aux objets qui n'appartiennent pas au groupe ou appartiennent à des plans différents.

Vous pouvez également combiner plusieurs objets placés sur des plans différents, en choisissant la commande Combiner du menu Disposer. L'objet combiné est transféré dans le plan actif. Si, toutefois, vous sélectionnez les objets à combiner au moyen d'une marquise de sélection, l'objet créé en dernier lieu détermine les paramètres relatifs au plan de l'objet combiné.

## *Réagencement des objets sur plusieurs plans*

Pour modifier l'ordre de superposition des objets sur plusieurs plans, servez-vous des commandes Premier plan, Arrière-plan, Vers l'avant, Vers l'arrière et Ordre inverse dans le sous-menu Ordre du menu Disposer. Toutefois, l'ordre de superposition des plans continue à déterminer l'agencement absolu de tous les objets de votre dessin. Si deux plans distincts comportent de nombreux objets, la sélection de l'objet le plus éloigné du plan inférieur et de l'option Premier plan amène cet objet à l'avant-plan du plan inférieur. Toutefois, les objets appartenant au plan supérieur continuent à se superposer aux objets du plan inférieur. Si vous sélectionnez plusieurs objets appartenant à différents plans, les commandes de superposition du menu Disposer opéreront comme prévu. Cependant, elles ne modifieront que l'ordre de superposition d'un objet dans son plan particulier. Aussi, si vous souhaitez que l'objet le plus éloigné du plan inférieur devienne l'objet le plus proche du plan supérieur, vous devez déplacer cet objet pour l'amener dans le plan supérieur puis choisir la commande Ordre-Premier plan dans le menu Disposer.

### Spécification d'un plan de référence

Si vous travaillez sur un document de plusieurs pages, vous pouvez choisir un ou plusieurs plans de référence. Les informations relatives aux graphiques, au texte et à la mise en page qui se trouvent sur le plan de référence sont appliquées à toutes les pages du document. Pour plus d'informations sur la procédure à suivre pour créer un plan de référence, reportez-vous à la section "Utilisation d'un plan de référence" au chapitre 18.

# Soudure d'objets

L'application de la commande Souder du menu Disposer a pour effet de souder à leurs points d'intersection le tracé d'objets superposés. L'opération supprime également les sections du tracé qui se chevauchent. S'il s'agit d'objets sans contour, le résultat n'est toutefois pas visible à l'écran en mode de visualisation modifiable.

Les attributs de contour et de surface de l'objet sélectionné en dernier lieu sont appliqués à l'objet curviligne que vous obtenez. Si vous sélectionnez les objets avec la marquise de sélection, CorelDRAW appliquera aux objets soudés la surface et le contour de l'objet du dessous. Etant donné qu'il est parfois difficile de déterminer de quel objet il s'agit, vous devrez probablement sélectionner les objets un à un si vous souhaitez savoir quels seront les attributs utilisés.

La soudure de cette étoile pleine entraîne la création de deux tronçons.

Le nombre d'objets qui peuvent être soudés en une fois est illimité.

Vous pouvez même souder des objets placés sur des plans différents, à condition que l'option Plans multiples soit activée (reportez-vous à la section "Activation de tous les plans" plus haut dans ce chapitre). Dans ce cas, les objets sont soudés et l'objet final est placé sur le plan où se trouve l'objet sélectionné en dernier lieu. Toutefois, si les objets ont été sélectionnés avec la marquise de sélection, l'objet soudé sera placé sur le plan de l'objet créé en premier lieu.

Si vous supprimer la partie centrale de l'étoile,...

La commande Souder peut également être appliquée à un objet composé de tracés qui se chevauchent. Dans ce cas, l'aspect de l'objet ne change pas, mais il est scindé en tronçons multiples. Si vous supprimez certains tronçons intermédiaires au moyen de l'outil , vous supprimez le trou au centre de l'objet, comme illustré.

vous creez un tracé plein.

# CHAPITRE 11

# Utilisation des fonctions de texte

CorelDRAW inclut des fonctions de traitement de texte performantes qui vous permettent d'ajouter et de modifier très facilement des éléments de texte. Le menu local de l'outil A contient des options pour saisir deux types de textes, Texte artistique et Texte courant, ainsi que divers symboles. Le texte peut être saisi directement à l'écran ou par l'intermédiaire d'une boîte de dialogue. Les symboles sont insérés dans le dessin en les faisant glisser à partir du menu flottant.

Comme les autres objets, les textes et symboles ajoutés dans un dessin adoptent les attributs de contour et de surface par défaut. Vous pouvez changer ces attributs par défaut à tout moment selon la procédure décrite aux chapitres 6 et 7.

Vous pouvez également appliquer des effets spéciaux et des transformations aux textes et aux symboles, comme pour tout autre objet créé avec CorelDRAW. A condition de ne pas l'avoir transformé en courbe, le texte peut être édité à tout moment quelles que soient les distorsions qui lui ont été appliquées.

Les possibilités de mise en forme comprennent le changement de police de caractères, de corps et d'espacement. Vous pouvez changer le format de chaque caractère au fur et à mesure que vous les tapez.

Les options de mise en forme applicables au texte courant vous permettent de:
- disposer du texte en colonnes ou dans des encadrés
- ajouter des bullets au texte courant
- poser des tabulations et des rentrés
- activer la fonction de césure automatique des mots en fin de ligne

Pour la correction de vos textes CorelDRAW met également à votre disposition un correcteur orthographique avec un dictionnaire auquel vous pouvez ajouter des mots.

Les autres fonctions de traitement de texte décrites dans ce chapitre vous donnent les possibilités suivantes:

- accoler du texte artistique à un tracé
- extraire du texte d'un dessin, l'éditer avec un traitement de texte et le réintroduire dans le dessin
- appliquer une forme quelconque à un texte courant en le plaçant dans un encadré.

L'annexe B décrit une fonction de traitement de texte supplémentaire qui vous permet de créer vous-même des caractères et des symboles compatibles avec les polices Adobe Type 1 et TrueType, et que vous pourrez utiliser dans d'autres applications Windows.

# Ajout de texte dans un dessin

CorelDRAW vous permet d'ajouter du texte sous forme de chaînes de texte dénommé artistique dans ce manuel, ou de blocs de texte courant. La saisie de texte peut s'effectuer de quatre manières:

- En le tapant directement dans la fenêtre de dessin
- En le tapant dans la boîte de dialogue Editer le texte
- En l'important depuis une autre application avec la commande Importer du menu Fichier
- En le collant à partir d'une autre application par l'entremise du Presse-papiers Windows.

Une fois le texte introduit, vous pouvez l'éditer, soit directement à l'écran, soit à partir d'une boîte de dialogue. Vous pouvez également modifier tous les attributs affectés au texte tels que le corps, l'alignement, etc., en utilisant la commande Editer le texte ou la commande Caractères du menu Texte. Vous pouvez également opérer une série de changements à partir du menu flottant Texte. Au texte courant, vous pouvez appliquer des options de formatage (taquets de tabulations, retraits ou alinéas, disposition en colonnes, césure et création de listes à points). Pour les explications détaillées, reportez-vous à la section "Edition et mise en forme de texte" plus loin dans ce chapitre.

### A propos des polices TrueType et Adobe Type 1

CorelDRAW gère les polices True Type (TTF), Adobe Type 1 (PFB), ainsi que le format WFN. Lorsque vous installez CorelDRAW, vous devez choisir parmi les polices True Type celles que vous souhaitez installer. Si vous utilisez la version CD-ROM de CorelDRAW, vous disposez de 750 polices de format TTF et PFB.

# Ajout de texte artistique

Si vous avez l'intention de créer des effets spéciaux avec le texte (par exemple l'accoler à un tracé, lui appliquer un dégradé ou le mettre en relief), vous devez l'introduire sous forme de texte Artistique.

▶ **Pour ajouter du texte artistique :**

>> *Raccourci:*
*appuyez sur F8 pour sélectionner l'outil* ⚠

1. Cliquez sur l'outil ⚠.
   Le curseur se transforme en +.
2. Positionnez le curseur + à l'endroit du dessin où le texte doit commencer et cliquez avec la souris. Une barre verticale appelée "point d'insertion" ou "curseur de texte" apparaît.
3. Tapez le texte.

Une fois que le texte se trouve sur la page, vous pouvez l'éditer et le mettre en forme en vous servant des techniques décrites à la sec-tion "Edition et mise en forme de texte" plus loin dans ce chapitre.

**Note:** Vous pouvez entrer du texte artistique par chaîne de 250 caractères chacune. Selon la complexité de la police de caractères utilisée, tout texte dépassant ces limites peut être tronqué. Toutefois, le nombre de chaînes de texte pouvant figurer dans un seul fichier n'est pas limité.

# Ajout de texte courant

La fonction Texte est conçue pour permettre l'ajout de longs blocs de texte à des annonces, des brochures et autres applications à forte proportion de textes. En comparaison avec le texte artistique, le texte courant offre davantage de possibilités de mise en forme. Vous pouvez, par exemple, disposer de texte courant en colonnes, créer des listes à points, et définir des tabulations et des retraits (ou alinéas).

>> *Remarque:*
*pour sélectionner du texte de paragraphe en mode fil de fer, cliquez sur le cadre.*

Pour ajouter du texte courant, vous devez préalablement créer l'encadré dans lequel il prendra place. Une fois le texte placé dans l'encadré, vous pouvez déplacer le bloc entier en faisant glisser le contour de l'encadré ou n'importe quelle partie du texte qu'il contient avec l'outil a.

La manipulation des poignées pleines redimensionne l'encadré, mais non le texte qu'il contient. Comme les autres objets, un double-clic sur le texte ou sur l'encadré fait apparaître un jeu de poignées spéciales pour la rotation et l'inclinaison. Les deux carrés vides situés entre les poignées de dimensionnement de coin servent à répartir du texte sur plusieurs encadrés.

>> *Remarque:*
*la commande Print Merge ne s'applique pas à du texte de paragraphe.*

**Note:** Vous pouvez inclure jusqu'à 850 paragraphes par fichier. La longueur de chaque paragraphe est limitée à 4000 caractères (par définition, un paragraphe est tout bloc de texte se terminant par un retour chariot).

F **Pour ajouter du texte courant:**

>>
*Raccourci:*
*appuyez sur Maj+F8 pour sélectionner l'outil* 🅱

1. Cliquez sur l'outil g et maintenez le bouton de la souris enfoncé, ou double-cliquez sur l'outil g.
2. Lorsque le menu flottant s'affiche, cliquez sur l'icône V.
3. Cliquez en un point quelconque de la fenêtre de dessin pour créer un encadré au format de la page. Si vous cliquez sur la page de dessin, l'encadré apparaît au milieu de la page. Si vous cliquez à côté de la page, le coin supérieur gauche de l'encadré se positionne à l'endroit où vous avez cliqué.

Cliquez sur la position de la marge supérieure gauche et faites glisser la souris jusqu'à la position de la marge supérieure droite. Lorsque vous relâchez le bouton de la souris, un encadré apparaît.

4. Tapez le texte directement dans l'encadré.

   Lorsque le texte atteint la marge droite de l'encadré, il passe automatiquement à la ligne. Si vous souhaitez insérer une ligne vide (entre deux paragraphes, par exemple), appuyez deux fois sur ENTREE.

Une fois que le texte se trouve sur la page, vous pouvez l'éditer et le mettre en forme en vous servant des techniques décrites à la section "Edition et mise en forme de texte" plus loin dans ce chapitre.

> La commande Fusionner n'est pas accessible lorsque vous travaillez sur du texte courant.

### Utilisation des caractères spéciaux

Vous pouvez utiliser des caractères spéciaux qui n'ont pas de correspondance directe avec les touches du clavier, mais qui sont accessibles via un code de quatre chiffres. La table de référence des caractères fournies avec CorelDRAW répertorie l'ensemble de ces caractères.

Saisie de caractères spéciaux:

- Maintenez la touche ALT enfoncée.
- Tapez le code à quatre chiffres correspondant au caractère en vous servant du pavé numérique.
- Relâchez la touche ALT.

## Répartition de texte sur plusieurs encadrés

Vous pouvez répartir du texte qui se trouve dans un encadré existant sur d'autres encadrés de texte de la même page ou sur d'autres pages dans un document de plusieurs pages. Les encadrés sont liés de manière à ce que le rétrécissement d'un encadré (ou l'augmentation de la taille du texte) entraîne automatiquement le transfert du texte excédentaire dans l'encadré suivant. De la même manière, l'élargissement d'un encadré entraînera un rééquilibrage de texte dans l'autre sens.

CorelDRAW dispose également le texte courant importé dans des encadrés liés. Pour plus d'informations, reportez-vous à la section "Importation de texte" plus loin dans ce chapitre.

▶ **Pour répartir du texte dans plusieurs encadrés d'une même page:**

1. Cliquez sur le symbole de page en haut ou en bas de l'encadré. Comme le montre l'illustration, le clic sur le rectangle supérieur répartit le texte à partir du début de l'encadré tandis que le clic sur le rectangle inférieur répartit le texte à partir de la fin.

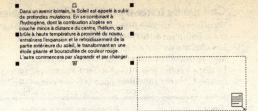

2. Faites glisser la souris pour créer le nouvel encadré, ou cliquez en un point quelconque pour créer un nouvel encadré au format d'une page, ou cliquez sur un encadré existant. Si vous avez cliqué sur le symbole de page au bas de l'encadré à l'étape 1 ci-dessus, le signe "+" doit être absent de la poignée supérieure de l'encadré. Si vous avez cliqué sur le symbole de page au haut de l'encadré à l'étape 1 ci-dessus, le signe "+" doit être absent de la poignée inférieure de l'encadré. Dans le cas contraire, le lien sera inopérant.

Le texte s'affiche dans l'encadré. Vous constaterez qu'un signe + apparaît dans le symbole de page; ce signe vous indique que l'encadré en question est lié à un autre encadré.

▶ **Pour répartir du texte dans des encadrés placés sur des pages distinctes:**

● Suivez la procédure décrite précédemment, en utilisant les icônes Page suivante et Page précédente dans le coin inférieur gauche de la fenêtre de dessin pour passer à la page où doit figurer l'encadré lié.

*Utilisation des fonctions de texte* /147

## Collage de texte à partir du Presse-papiers Windows

Vous pouvez utiliser le Presse-papiers Windows pour importer du texte issu d'un autre fichier CorelDRAW ou d'une autre application. Les chaînes de texte dépassant 250 caractères sont automatiquement collées sous forme de texte courant.

Le texte à coller étant placé dans le Presse-papiers, utilisez l'une des procédures suivantes pour le coller dans CorelDRAW.

| Pour | Effectuez cette action |
|---|---|
| Ajouter une nouvelle chaîne de texte artistique | Choisissez la commande Coller dans le menu Edition pour coller le texte au centre de la page. Ou, sélectionnez l'outil Texte, cliquez sur la position où vous souhaitez voir apparaître le texte sur la page, puis choisissez Coller dans le menu Edition. |
| Ajouter un nouveau bloc de texte courant | Sélectionnez l'outil Texte, faites glisser la souris pour tracer un cadre puis choisissez Coller dans le menu Edition. |
| Insérer le texte dans un texte existant | Sélectionnez l'outil Texte, cliquez sur la position voulue pour l'insertion du texte puis choisissez la commande Coller dans le menu Edition. Ou, sélectionnez le texte existant puis choisissez Editer le texte dans le menu Texte. Cliquez sur la position voulue pour l'insertion du texte |

## Importation de texte

Vous pouvez tirer parti de la fonction d'importation de CorelDRAW pour importer du texte courant existant.

Si le texte en question se trouve dans un fichier dont le format est reconnu par CorelDRAW, par exemple WordPerfect, Microsoft Word, ou Ami Pro, entre autres, utilisez dans ce cas la commande Importer du menu Fichier. Vous préserverez de cette manière, les tabulations, retraits et autres informations de formatage du fichier.

» **Remarque:**

Une fois que la boîte de dialogue Importer est ouverte, sélectionnez le format de fichier dans la zone de liste des formats de fichier, puis tapez ou sélectionnez le nom du fichier que vous voulez importer dans la zone de liste Nom du fichier. Cliquez sur OK. Après quelques instants, le texte s'affiche dans un encadré. Pour tous les formats de texte, à l'exception du format ASCII, les dimensions de l'encadré sont déterminées par le format de page et les marges spécifiées dans l'application qui a servi à élaborer le texte importé. S'il s'agit d'un texte ASCII, la taille de l'encadré est déterminée par les paramètres en cours dans CorelDRAW. Si la longueur du texte l'exige, CorelDRAW crée le nombre d'encadrés supplémentaires nécessaires sur d'autres pages. L'encadré se place au-dessus des objets qui pourraient se trouver ces pages; dans ce cas, utilisez l'outil ▶ pour repositionner les objets et/ou l'encadré.

Vous pouvez également importer des fichiers de texte en utilisant le bouton Importer de la boîte de dialogue Texte courant (pour y accéder, choisissez la commande Editer le texte dans le menu Texte). Le texte doit provenir d'un fichier ASCII dont les paragraphes ne peuvent pas dépasser 4000 caractères. CorelDRAW tronque automatiquement le texte excédentaire. Toutefois, le nombre total de caractères importés n'est pas limité. Pour accéder à la boîte de dialogue Texte courant, vous devez préalablement créer un encadré de texte. Choisissez ensuite la commande Editer le texte dans le menu Texte puis cliquez sur le bouton Importer. Dans la zone Nom du fichier, tapez le nom et l'extension du fichier que vous voulez importer. Cliquez sur OK. Le texte s'affiche dans la zone texte de la boîte de dialogue. Editez le texte et procédez à sa mise en forme tant qu'il se trouve dans la boîte de dialogue ou cliquez sur OK pour faire ces opérations directement à l'écran. Pour plus d'informations, reportez-vous à la section "Edition et mise en forme de texte" plus loin dans ce chapitre.

# Ajout de symboles à la Bibliothèque de symboles

La Bibliothèque de symboles contient plus de 5 000 symboles de qualité professionnelle couvrant des domaines aussi variés que le monde des affaires, l'environnement, la science et les transports. Vous pouvez utiliser ces symboles tels quels ou les éditer comme tout autre objet dans CorelDRAW. Ces symboles étant vectorisés, les opérations de mise à l'échelle, de rotation et d'étirement n'affectent pas leur qualité à l'impression.

*Les tabulations et retraits des fichiers ASCII que vous importez via la boîte de dialogue Editer le texte sont convertis en espaces réduisant*

Pour accéder aux symboles de la bibliothèque, il faut que celle-ci soit installée sur le disque de votre système. Si ce n'est pas le cas, exécutez le programme d'installation de CorelDRAW et copiez uniquement la Bibliothèque des symboles sur le disque dur. (Pour des instructions détaillées, consultez la rubrique Programme d'installation de l'aide en ligne de CorelDRAW ).

*Les symboles que vous ajoutez à partir de la Bibliothèque de symboles sont des courbes, et non du texte.*

Pour localiser un symbole déterminé, passez en revue la section Symboles du catalogue Bibliothèques, ou utilisez le sélecteur visuel du menu flottant Symboles. Si vous utilisez le catalogue, notez la catégorie et le numéro d'index affiché en regard du symbole en question. Il suffit ensuite d'entrer ce numéro dans la case du menu flottant Symboles pour obtenir le symbole correspondant.

### ▶ Pour ajouter un symbole:

1. Cliquez sur l'outil A et maintenez le bouton de la souris enfoncé. Sélectionnez ☆ dans le menu local.

   Le menu flottant Symboles s'affiche:

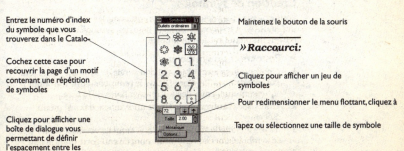

Entrez le numéro d'index du symbole que vous trouverez dans le Catalo-

Cochez cette case pour recouvrir la page d'un motif contenant une répétition de symboles

Cliquez pour afficher une boîte de dialogue vous permettant de définir l'espacement entre les

Maintenez le bouton de la souris

》*Raccourci:*

Cliquez pour afficher un jeu de symboles

Pour redimensionner le menu flottant, cliquez à

Tapez ou sélectionnez une taille de symbole

Utilisation des fonctions de texte / **149**

2. Choisissez le jeu de symboles voulu dans la liste affichée en haut du menu flottant.
3. Sélectionnez la taille du symbole dans la case Taille. L'unité de mesure est celle qu'utilise la règle verticale.
   Une fois que le symbole est affiché à l'écran, vous pouvez utiliser l'outil ▶ pour le mettre à l'échelle aux dimensions souhaitées.
4. Avec la souris, faites glisser sur la page le symbole que vous souhaitez utiliser.
   Pour visualiser les autres symboles du jeu, utilisez les flèches de défilement ou agrandissez le menu flottant en tirant son encadré avec la souris.
   Vous pouvez également localiser un symbole en entrant son numéro d'index dans la case #. Une boîte viendra encadrer le symbole choisi; positionnez le curseur sur cette boîte et faites-la glisser sur la page.

Le symbole est automatiquement sélectionné avec les attributs de surface et de contour par défaut.

## Création d'une mosaïque avec des symboles

L'option Mosaïque du menu flottant Symboles vous permet d'utiliser un symbole pour créer un motif. Le bouton Options ouvre la boîte de dialogue Mosaïque dans laquelle vous pouvez spécifier l'espacement entre les symboles de la mosaïque et cela, dans les unités utilisées pour les règles verticales et horizontales. Lorsque l'option Proportionnel est sélectionnée, il vous suffit d'entrer un seul nombre.

Si vous ne souhaitez pas que les symboles se chevauchent, sélectionnez une taille de symbole inférieure à celle de la linéature de la grille ou inversement.

> » *Conseil:*
> *vous pouvez également choisir le symbole voulu en entrant son numéro d'index dan la case Symbol #. Les numéros d'index sont listés dans le catalogue Libraries.*

## Création de symboles

Vous pouvez créer des symboles en utilisant les objets créés avec CorelDRAW et les ajouter dans la liste des symboles accessibles au moyen du menu flottant Symboles.

▶ **Pour créer un symbole:**

1. Créez ou importez l'objet qui doit servir de symbole, sans tenir compte de sa taille. CorelDRAW le redimensionne automatiquement au format des autres symboles de la liste.
2. Choisissez la commande Créer un symbole dans le menu Spécial.
3. Tapez le nom de la catégorie dans laquelle vous souhaitez placer le symbole. Ou cliquez sur un nom de catégorie dans la liste.
4. Cliquez sur OK.
   Le nouveau symbole est ajouté à la fin de la liste dans la catégorie que vous avez spécifiée.

# Edition et mise en forme de texte

Le texte peut être édité soit directement à l'écran, soit par l'entremise d'une boîte de dialogue. L'utilisation d'une boîte de dialogue facilite l'édition de texte artistique qui a subi une rotation, inclinaison tout autre transformation. A l'exception de l'effet de dégradé, l'utilisation de la boîte de dialogue est requise lorsque le texte que vous voulez éditer comporte des attributs d'effets spéciaux.

> **» Conseil:**
> appuyez sur Ctrl T pour ouvrir la boîte de dialogue Edit Text.

Pour accéder à la boîte de dialogue, cliquez sur le texte au moyen de l'outil-texte. La boîte de dialogue Texte artistique apparaît. S'il s'agit d'un texte sans effets spéciaux, sélectionnez le texte avec l'outil ▶ puis choisissez la commande Editer le texte dans le menu Texte.

Les options de formatage auxquelles vous avez accès dans Corel-DRAW comprennent l'application d'une police de caractère, d'un style, d'un corps, l'alignement et l'espacement. Des options supplémentaires sont disponibles pour le texte courant. Ces options vous permettront de disposer du texte en colonnes, de créer des listes à points, de poser des tabulations, etc.

▶ **Pour éditer et mettre en forme du texte:**

1. Choisissez l'outil qui correspond aux changements que vous souhaitez effectuer.

| Utilisez cet outil... | Pour... |
|---|---|
| outil ▶ | Editer du texte dans une boîte de dialogue ou appliquer une mise en forme à l'ensemble d'un paragraphe ou d'une chaîne de texte. |
| outil A | Editer du texte à l'écran ou appliquer une mise en forme à des caractères sélectionnés, ou appliquer un autre style au texte sélectionné. |
| outil ⋏ | Créner du texte (reportez-vous à la section "Crénage de texte" plus loin dans ce chapitre) ou formater des caractères sélectionnés. |

2. Sélectionnez le texte voulu en procédant comme suit:

| Si vous utilisez... | Faites ceci... |
|---|---|
| outil ▶ | Cliquez sur le texte. |
| outil A | Positionnez le pointeur en croix sur le texte que vous voulez sélectionner et cliquez pour positionner le point d'insertion. Editez le texte ou faites glisser la souris pour sélectionner le texte à mettre en forme (pour les instructions détaillées, reportez-vous à la section "Techniques d'édition de texte" ci-après). |

*Utilisation des fonctions de texte / 151*

| | |
|---|---|
| outil ⟑ | Cliquez sur le texte pour afficher les points nodaux des caractères et cliquez sur le point nodal placé à gauche du caractère que vous souhaitez modifier. Pour modifier plusieurs caractères en une fois, utilisez la technique de la sélection multiple ou la marquise de sélection pour sélectionner les points nodaux de ces caractères. |

3. Choisissez dans le menu Texte la commande qui correspond au type de changement que vous souhaitez apporter.

| Choisissez | Pour |
|---|---|
| Editer le texte | Editer du texte dans une boîte de dialogue (voir plus loin : Techniques d'édition de texte) et changer tous les attributs de caractères disponibles. |
| Caractères | Changer la police, le corps, le style, et la position (normal, exposant ou indice). |
| Encadré | Disposer du texte courant en colonnes. |
| Paragraphe | Appliquer des options de mise en forme à du texte courant et définir l'espacement de texte artistique. |
| Menu flottant Texte | Ouvrir un menu flottant pour accéder rapidement à tous les attributs disponibles. Reportez-vous à la section "Sélection des options de formatage pour le texte courant", ci-après. |

4. Effectuez les changements voulus et cliquez sur OK ou sur le bouton Appliquer si vous travaillez avec le menu flottant Texte.

    Pour des instructions concernant la sélection des attributs de caractères et des options de mise en forme de paragraphe, reportez-vous aux sections "Sélection des attributs de caractères" et "Sélection des options de formatage pour le texte courant" plus loin dans ce chapitre.

*Pour ouvrir la boîte de dialogue Editer le texte, appuyez sur CTRL + T.*

## Edition de texte

Vous trouverez ci-après un résumé des techniques d'édition de texte dans CorelDRAW. Sans autre précision, ces techniques s'appliquent lorsque vous éditez du texte soit directement à l'écran, soit dans une des boîtes de dialogue Texte courant ou Texte artistique.

| Pour: | Faites ceci: |
|---|---|
| Déplacer le point d'insertion | Pointez et cliquez sur la nouvelle position, ou utilisez une des combinaisons suivantes:<br>- Les touches fléchées du pavé numérique permettent un déplacement dans le sens des flèches<br>- La touche DEBUT positionne le point d'insertion au début de la ligne en cours<br>- CTRL+DEBUT positionne le point d'insertion au début du texte<br>- FIN positionne le point d'insertion à la fin de la ligne en cours<br>- CTRL+FIN positionne le point d'insertion à la fin du texte<br>- PagePréc/PageSuiv fait défiler le texte dans la boîte de dialogue Texte |
| Sélectionner du texte | Faites glisser la souris dans le texte à sélectionner, ou maintenez la touche MAJUSCULE enfoncée et appuyez sur les touches fléchées Gauche |
| Sélectionner un mot à l'écran | Double-cliquez sur le mot. |
| Supprimer du texte | Appuyez sur la touche RETOUR ARRIERE ou SUPPRIMER pour effacer un caractère à la fois ou sélectionnez les caractères et appuyez sur la touche SUPPRIMER. |

## Sélection des attributs de caractères

CorelDRAW met plusieurs moyens à votre disposition pour changer les attributs de caractères. La commande Editer le texte du menu Texte et le menu flottant Texte vous permettent d'accéder à toutes les commandes typographiques. Les fonctions accessibles par la commande Caractères vous permettent de modifier la police, le style et le corps du texte sélectionné.

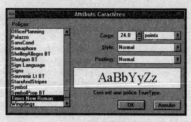

**Justification:** Vous avez le choix entre Gauche, Centré, Droite, ou Ligne pleine et Aucune. CorelDRAW positionne la chaîne de texte par rapport au curseur +, comme dans l'illustration ci-après. La sélection de l'option Aucune conserve l'alignement en cours mais vous permet de modifier le corps et la position des caractères séparément en utilisant l'outil ⟁, sans entraîner de réagencement automatique du texte restant pour rétablir l'alignement.

Gauche

Centre

Droite

La justification Ligne pleine (gauche et droite) n'est disponible que pour le texte courant. Si vous choisissez la justification ligne pleine pour du texte courant, vérifiez que celui-ci ne contient pas d'espaces inutiles entre les mots et les caractères en fin de ligne. La présence d'espaces inutiles est généralement signalée par des marges de droite en escalier et des trous apparents dans le texte. La justification ligne pleine n'est pas appliquée à la dernière ligne de texte courant.

**Police et Style:** CorelDRAW met à votre disposition plus de 750 types de caractères compatibles avec un large éventail d'applications graphiques. Ces polices vous sont accessibles quel que soit le type d'imprimante utilisée: imprimantes haut de gamme PostScript, HP Laserjet, Paintjet couleur ou imprimantes matricielles. Vous pouvez en outre ajouter les polices issues des bibliothèques commercialisées par d'autres fabricants, pour autant que ces polices soient compatibles avec les formats gérés par CorelDRAW (TTF ou PFB). Vous pouvez également créer une police personnalisée en utilisant le filtre d'exportation TrueType ou Adobe Type 1 de CorelDRAW. Pour plus de détails, reportez-vous à l'annexe B.

Les styles disponibles dépendent du choix de la police. Certaines polices, comme France, par exemple, n'existent qu'en version normale et grasse. La boîte de dialogue Texte possède un champ d'affichage qui vous présente un échantillon de la police et du style que vous avez choisis.

Si vous disposez d'une imprimante PostScript, vous pouvez configurer votre système pour que l'impression s'effectue automatiquement avec les polices Adobe résidentes de l'imprimante. Cette possibilité couvre toutes les polices téléchargeables dont vous pouvez faire l'acquisition et qui correspondent aux polices Corel-DRAW. La configuration PostScript par défaut suppose que vous disposez d'une imprimante PostScript équipée des 35 polices résidentes standard. Ainsi, lorsque vous choisissez Dutch801 dans la liste des polices, CorelDRAW imprimera en utilisant la police Times Roman résidente de l'imprimante. Si en revanche, vous choisissez SwitzerlandBlack dans la liste des polices, CorelDRAW imprimera en utilisant ses propres polices étant donné qu'il n'existe pas de police résidente d'imprimante correspondante.

Si vous souhaitez changer la configuration PostScript par défaut pour imposer à CorelDRAW d'utiliser Helvetica Black™, vous devez modifier le fichier CORELFNT.INI. Pour plus d'informations, consultez la rubrique "Liste des polices" dans l'aide en ligne de CorelDRAW. Il vous faudra ensuite télécharger cette police dans votre imprimante PostScript avant de pouvoir l'utiliser.

**Corps:**  Pour le corps des caractères de votre texte, le choix s'étend de 0,7 à 2160 points. Vous pouvez également spécifier le corps en valeurs fractionnaires comme 9,5 pt. Le corps que vous sélectionnez n'est maintenu que si vous imprimez votre fichier en choisissant 100 % en regard de l'option Echelle, dans la boîte de dialogue Options d'impression.

Si vous modifiez la hauteur des caractères d'un texte artistique par mise à l'échelle ou par étirement, CorelDRAW calcule le corps résultant. Toutefois, si vous étirez du texte artistique pour le faire passer d'un corps réduit à un corps important (par exemple, de 3 à 300 points), le résultat obtenu peut s'avérer inadéquat. Le texte courant en revanche, conserve son corps original même si vous redimensionnez l'encadré. Toutefois, si vous définissez des marges trop étroites, une partie ou la totalité du texte risque de disparaître.

La ligne d'état n'affiche le corps en vigueur que pour le texte artistique.

**Ajustement des espacements:**  Pour ajuster l'espacement de texte artistique ou courant, utilisez la boîte de dialogue Espacement. Pour y accéder, choisissez la commande Editer le texte dans le menu Texte et cliquez sur le bouton Espacement. Ou choisissez la commande Paragraphe dans le menu Texte, ou dans le menu flottant, et cliquez sur l'icône Espacement. Dans la boîte de dialogue Espacement, entrez les valeurs voulues pour espacer les caractères, les mots et les lignes. L'unité pour l'espacement entre caractères et l'espacement entre mots est un pourcentage du corps. Dans le cas d'un texte courant, vous pouvez également spécifier l'espacement avant et après les paragraphes.

Si vous travaillez sur un texte au format CorelDRAW 3 et si ce texte n'a pas été converti au format CorelDRAW 4, l'unité d'espacement pour Ligne, Avant paragraphe et Après paragraphe est un pourcentage de la hauteur de caractère. L'utilisation de la hauteur de caractère pour du texte artistique préserve l'espacement relatif, même lorsque vous mettez le texte à l'échelle ou que vous modifiez le corps du caractère.

Si vous travaillez avec un texte au format CorelDRAW 4 (ou un texte CorelDRAW 3 converti au format CorelDRAW 4), vous pouvez spécifier un espacement pour les options Ligne, Avant paragraphe et Après paragraphe, soit sous la forme d'un pourcentage de la hauteur de caractère, soit en points. Si vous choisissez les points comme unité, CorelDRAW soustrait la hauteur de caractère de la valeur spécifiée pour les options Ligne, Avant paragraphe et Après paragraphe et utilise le résultat de cette soustraction pour déterminer l'espacement entre les lignes et l'espacement avant/après les paragraphes. Par exemple, si vous entrez la valeur 18 points pour l'espacement entre les lignes et que la hauteur de caractères de la police utilisée s'élève à 16 points, l'espacement entre les lignes sera de deux points. De même, si vous entrez la valeur 20 points en regard de l'option Avant paragraphe et que la hauteur du caractère utilisé est 16 points, les paragraphes seront précédés d'un espacement de 4 points.

## Combinaisons de touches pour l'édition de texte courant à l'écran

Vous trouverez ci-après un tableau des combinaisons de touches utilisées pour l'édition de texte courant à l'écran.

| Combinaison de touches: | Fonction: |
|---|---|
| CTRL+touche Vers la gauche | déplace le point d'insertion d'un mot vers la gauche |
| CTRL+touche Vers la droite | déplace le point d'insertion d'un mot vers la droite |
| CTRL+touche Vers le haut | déplace le point d'insertion d'un paragraphe vers le haut |
| CTRL+touche Vers le bas | déplace le point d'insertion d'un paragraphe vers le bas |
| MAJ+FIN | supprime tous les éléments jusqu'à la fin de la ligne |
| CTRL+RETOUR ARRIERE | supprime le mot dans lequel se trouve le point d'insertion, ou le mot placé à sa gauche s'il se trouve dans un espacement. |
| CTRL + C | copie le texte sélectionné vers le Presse-papiers |
| CTRL + X | coupe le texte sélectionné vers le Presse-papiers |
| CTRL + V | colle à partir du Presse-papiers |
| Double-clic | sélectionne le mot dans lequel se trouve le point d'insertion |
| CTRL+clic | sélectionne la phrase dans laquelle se trouve le point d'insertion |

## Sélection des options de formatage pour le texte courant

Les commandes Encadré et Paragraphe du menu Texte (ainsi que leurs homologues dans le menu flottant Texte), ouvrent des boîtes de dialogue permettant d'appliquer un format à du texte courant.

Vous pouvez utiliser la commande Encadré pour disposer un encadré de texte sur plusieurs colonnes. La commande Paragraphe permet de modifier l'espacement, l'alignement, la position des tabulations et d'autres paramètres de formatage pour les différents paragraphes d'un encadré de texte.

**Nombre de colonnes et largeur de gouttière:** La commande Encadré vous permet de disposer le texte courant sur un maximum de huit colonnes de typé journal. Utilisez l'outil ▸ pour sélectionner

> **Conseil:**
>
> *Vous pouvez modifier les unités de mesure pour la Largeur de gouttière, la Césure, les Tabulations et les Retraits. Sélectionnez une unité dans la liste déroulante Unités. CorelDRAW convertit automatiquement les valeurs.*

l'encadré ou sélectionnez l'outil A et cliquez à l'intérieur de l'encadré. Choisissez ensuite Encadré dans le menu texte ou dans le menu flottant. Entrez le nombre de colonnes dans le champ Nombre et l'espacement entre colonnes dans le champ Largeur de gouttière.

**Espacement:** Les commandes de la boîte de dialogue Paragraphe vous permettent de définir l'espacement des paragraphes dans un encadré de texte. Positionnez le point d'insertion n'importe où dans le paragraphe puis sélectionnez Paragraphe dans le menu ou le menu flottant Texte. Les premières commandes, Caractère, Mot et Ligne fonctionnent comme les commandes décrites précédemment à la section "Sélection des attributs de caractères". Vous pouvez également les utiliser pour ajuster l'espacement de texte artistique.

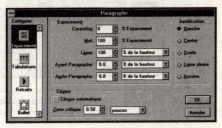

Les commandes Avant Paragraphe et Après paragraphe déterminent l'espacement au-dessus et en dessous du paragraphe sélectionné.

**Césure:** Lorsque la fonction de césure est activée, CorelDRAW coupe automatiquement les mots de texte courant en fin de ligne. La césure se traduit par un aspect plus régulier des marges dans le cas d'un texte non-justifié et contribue à réduire les espaces excessifs entre les mots dans le cas d'un texte justifié.

Le paramètre Zone critique définit à quelle distance de la marge de droite CorelDRAW peut procéder à la césure d'un mot. Si un mot ne peut être coupé compte tenu de la longueur définie pour la zone critique, il passe à la ligne suivante. Une zone critique réduite entraîne des coupures de mot plus fréquentes et donc des marges plus rectilignes ou des espaces moins importants entre les mots d'un texte justifié.

Exemple de césure, utilisant le mot

"cou-pu-re"

(Ici avec les différentes césures permises)

LIMITE DROITE
CADRE
TEXTE
COURANT

ZONE
CRITIQUE

**EX. 1:** Pratiquer ou non la césure

*DEVIENT:* Pratiquer ou non la césure

*Dans ce cas, le mot commence avant la Zone critique et celle-ci contient une césure permise.*

**EX. 2:** Pratiquer ou non la césure

*DEVIENT:* Pratiquer ou non la
césure

*Dans ce cas, bien que la Zone critique contienne une césure permise, aucune césure n'est pratiquée car le mot commence ici à l'intérieur de la Zone critique.*

**Justification:** CorelDRAW prévoit cinq options d'alignement pour le texte courant. Quatre d'entre elles sont identiques à celles décrites précédemment à la section "Sélection des attributs de caractères". L'option Ligne pleine ajuste l'espacement entre les mots pour aligner le texte sur les marges de gauche et de droite de l'encadré.

Ces options d'alignement sont également applicables à une sélection de texte artistique, à l'exception de l'option Ligne pleine.

*Utilisation des fonctions de texte* / 157

**Tabulations:** Des taquets de tabulation sont définis pour chaque paragraphe d'un encadré de texte à des intervalles prédéfinis d'un demi-pouce. Vous pouvez modifier cet intervalle par défaut et définir des taquets de tabulation personnalisés pour des paragraphes sélectionnés.

Sélectionnez l'outil Texte courant, et cliquez sur un point quelconque du paragraphe dont vous souhaitez définir les tabulations et les retraits ou alinéas. Choisissez ensuite la commande Paragraphe et cliquez sur Tabulation. La boîte de dialogue suivante s'affiche:

> **» Conseil:**
> Pour formater une liste numérotée, placez un retrait à 1/4 de pouce de la marge gauche.
>
> **OU ...**

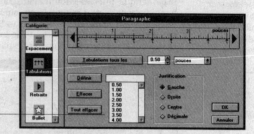

Pour changer l'intervalle prédéfini des taquets de tabulation, tapez une valeur dans le champ en regard du bouton Tabulations tous les. Cliquez sur le bouton. Pour changer d'unité de mesure, utilisez la zone de liste adjacente.

> **» Remarque:**
> Si vous importez un texte CorelDRAW 3 dans CorelDRAW 4, une boîte de dialogue s'affiche vous demandant de confirmer la conversion en texte CorelDRAW 4. Pour de plus amples informations, reportez-vous à la section "espace: Corel-

Vous pouvez poser des taquets de tabulation personnalisés en utilisant la règle placée en haut de la boîte de dialogue, ou entrer des valeurs numériques dans le champ Tabulation pour obtenir un positionnement plus précis.

Pour poser les taquets de tabulation avec la règle, sélectionnez une option Alignement puis cliquez sur la position où vous souhaitez poser le taquet de tabulation. Un marqueur apparaît. Faites glisser ce marqueur pour repositionner le taquet de tabulation. Le champ Tabulation indique également la position de le taquet de tabulation.

Si vous préférez définir les taquets de tabulation en entrant des valeurs numériques, sélectionnez une option d'alignement, tapez la position du taquet de tabulation dans le champ Tabulations (la valeur zéro correspond à la marge gauche de l'encadré de texte), puis sélectionnez le bouton Définir.

Pour supprimer un taquet de tabulation, sélectionnez-le dans la liste des tabulations ou cliquez sur le marqueur correspondant, puis sélectionnez le bouton Effacer. Le bouton Tout effacer supprime tous les taquets de tabulation.

> **» Conseil:**
> Vous pouvez déterminer l'alignement d'un taquet de tabulation à partir de son marqueur sur la règle. Par exemple, un marqueur orienté vers la droite correspond à une tabulation d'alignement à droite.

Pour changer l'alignement d'un taquet de tabulation, sélectionnez cet taquet dans la liste Tabulations ou sur la règle et choisissez l'option d'alignement voulue.

**Retraits:** Outre les tabulations, vous pouvez également définir des retraits pour les appliquer aux paragraphes sélectionnés. Cliquez sur le bouton Retraits dans la boîte de dialogue Paragraphe pour afficher les options correspondantes. Les quatre paramètres de retraits disponibles vous donnent une série de possibilités pour mettre en forme votre texte.

L'option Première ligne vous permet d'ajouter un alinéa à la première ligne du paragraphe sélectionné par rapport aux autres lignes. Le retrait des lignes suivantes peut être spécifié à l'aide du paramètre Autres lignes. Vous pouvez définir la position des retraits à l'aide des champs d'entrée numérique ou en utilisant la règle. La procédure est la suivante:

| Faites glisser la souris | Pour |
|---|---|
| ▶ | Créer un alinéa pour la première ligne par rapport à la marge gauche |
| ▶ | Décaler le paragraphe tout entier par rapport à la marge gauche:<br>**Note:** Maintenez enfoncée la touche MAJUSCULE et faites glisser le marqueur de retrait inférieur pour le déplacer indépendamment du marqueur de retrait de la première ligne. |

Le paramètre Marge droite Encadré rentre le paragraphe par rapport à la marge droite de l'encadré de texte, tandis que le paramètre Marge gauche Encadré rentre le paragraphe par rapport à la marge gauche. Si vous avez activé la fonction Bullets, le paramètre Marge gauche Encadré est remplacé par le paramètre Retrait Bullet, qui détermine le retrait des bullets par rapport à la marge gauche.

## Mise en forme de texte avec le menu flottant Texte

Vous pouvez en outre changer directement les attributs d'un texte sélectionné en utilisant le menu flottant Texte. Pour ouvrir le menu flottant, choisissez la commande Menu Texte dans le menu Texte. Après avoir spécifié les attributs de texte voulus dans le menu flottant, cliquez sur le bouton Appliquer pour appliquer ces attributs au texte sélectionné.

*Raccourci: Appuyez sur Ctrl+F2 pour ouvrir le Text Roll-Up.*

*Pour ouvrir le menu flottant Texte, appuyez sur CTRL + F2.*

Tapez une valeur ou utilisez les flèches de défilement pour en sélectionner une.

Affiche une boîte de dialogue permettant d'entrer des valeurs exactes de décalage et de rotation de caractères

Affiche une boîte de dialogue pour le formatage de texte courant .................

Sélectionnez un type de justification. De gauche à droite: Justifié à gauche, Justifié à droite, Centré, Ligne pleine (pour du texte courant) et Aucune.

Affiche une liste de polices. Cliquez sur la police de votre choix. Maintenez le bouton de la souris enfoncé sur le nom de la police pour afficher un exemple.

Affiche une liste d'unités permettant de définir un corps. Cliquez sur l'unité de votre choix. Corel-DRAW convertira le corps dans la case correspon-

Applique vos sélections au texte sélectionné.

Sélectionnez un style de police. De gauche à droite: .................................................

## Formatage par application de Styles

Au lieu d'appliquer le même jeu d'options de formatage à chaque paragraphe successivement, il vous suffit d'enregistrer la série de paramètres dans un "style". Les styles vous permettent d'appliquer un formatage en une seule opération à un ou à plusieurs paragraphes. Si vous décidez par ailleurs de modifier le style, chaque paragraphe affecté de ce style sera mis à jour en une seule étape.

Pour plus d'informations concernant la création et l'application des styles, reportez-vous au chapitre 14 "Utilisation des styles".

## Changement des attributs de caractère, de surface et de contour de caractères individuels

Pour changer les attributs d'un seul ou de plusieurs caractères préalablement sélectionnés à l'aide de l'outil ⚹ ou mis en valeur avec le curseur Texte, choisissez la commande Caractères dans le menu Texte ou dans le menu flottant Texte. La boîte de dialogue Attributs Caractères illustrée ci-après s'affiche:

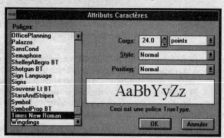

Cette boîte de dialogue vous permet de changer la police de caractère, le style, le corps et la position du texte. Si vous avez sélectionné un ou plusieurs caractères, la boîte de dialogue vous donne également accès aux fonctions d'ajustement portant sur l'approche horizontale, l'approche verticale, et les angles pour chaque caractère.

Une fois que vous avez défini les attributs voulus, cliquez sur OK. Les attributs sont appliqués au texte sélectionné. Pour plus d'informations concernant les attributs de caractères, reportez-vous à la section "Sélection des attributs de caractères" plus haut dans ce chapitre.

> **» Raccourci:**
> cliquez deux fois sur un bloc de caractères avec l'outil ⚹ pour ouvrir la boîte de dialogue Character Attributes.

Vous pouvez également utiliser l'outil ⚹ pour changer les attributs de contour et/ou de surface d'une chaîne de texte artistique ou de texte courant. A l'aide de l'outil ⚹, sélectionnez le ou les caractères à modifier. Vous pouvez ensuite changer les paramètres de contour et de surface comme vous le feriez pour tout autre objet. Pour plus d'informations sur l'utilisation de ces attributs, reportez-vous au chapitre 7 "Application d'un contour aux objets" et au chapitre 6 "Remplissage des objets".

Affiche une série d'options permettant le formatage de paragraphes individuels dans un encadré de texte courant.

### Utilisation du crénage pour l'espacement d'un paragraphe

### Utilisation des commandes Redresser le texte et Aligner sur la ligne de base

Pour redresser du texte comportant des caractères affectés d'une rotation et/ou d'une approche verticale ou horizontale, sélectionnez le texte et choisissez la commande Redresser le texte dans le menu Texte. Notez toutefois que les attributs d'approche horizontale et verticale, ainsi que les angles appliqués séparément aux caractères sont supprimés si vous les redressez.

> **Raccourci:** appuyez sur Alt+F10 pour aligner le texte sélectionné sur la ligne de base.

Pour aligner tous les caractères, utilisez la commande Aligner sur la ligne de base dans le menu Texte. Cette commande n'est disponible que si vous sélectionnez un objet de texte. Elle applique une Approche verticale de zéro à tous les caractères de la chaîne. La commande n'affecte pas les valeurs d'approche horizontale éventuelles appliquées aux caractères. Vous serez amené à aligner le texte sur la ligne de base après avoir utilisé la fonction de Crénage interactif pour vous assurer que tous les caractères sont alignés sur la ligne de base.

Si vos caractères ont subi une rotation, soit avec l'outil ⚹ ou avec la commande Accoler le texte, la commande Aligner sur la ligne de base n'affectera pas le degré de rotation, comme le montre l'exemple précédent.

Si au contraire, votre ligne de base a subi une rotation suite à une rotation de l'objet de texte en entier, les caractères seront alignés sur la ligne de base en tenant compte de son degré de rotation.

## Espacement interactif de texte

L'outil ⚹ vous permet d'activer le mode d'espacement interactif. Ce mode affecte l'espacement entre caractères, entre mots et entre lignes, de même que le positionnement individuel des caractères dans toute la chaîne de texte ou dans tout le paragraphe.

> **Conseils:**
>
> utilisez l'outil 🔍 pour agrandir le caractère à déplacer pour un crénage interactif et un déplacement vertical plus précis.
>
> Après l'opération de crénage, choissex Align to Baseline dans le menu Text pour supprimer toute tabulation inutile.

▶ **Pour ajuster l'espacement de texte à l'écran:**

1. Sélectionnez l'outil ⚹.
2. Cliquez sur la chaîne de texte artistique ou sur l'encadré du texte courant.
   Des points nodaux apparaissent autour de chaque caractère ainsi qu'une paire de poignées pour permettre l'ajustement de l'espacement.

**Corel DRAW**

3. Effectuez l'une des opérations suivantes:

| Pour ajuster l'espacement entre | Faites ceci: |
|---|---|
| Caractères | Positionnez le pointeur sur ⬌ et faites glisser la souris vers la droite pour augmenter l'espacement ou vers la gauche pour le réduire. |
| Mots | Positionnez le pointeur sur ⬌ |
| Lignes | Positionnez le pointeur sur ⬍ maintenez la touche CTRL enfoncée et faites glisser la souris vers le bas pour augmenter l'espacement ou vers le haut pour le réduire. |
| Paragraphes (Texte courant) | Positionnez le pointeur sur ⬍, maintenez enfoncée la touche Ctrl. Faites glisser la souris vers le bas pour augmenter l'espacement ou vers le haut pour le réduire. |

# Copie d'attributs de texte

La commande Copier les attributs de, dans le menu Edition, vous permet de copier rapidement les attributs d'une chaîne de texte pour les appliquer à une autre.

▶ **Pour copier des attributs de texte d'une chaîne de texte à une autre:**

1. Utilisez l'outil ▸ pour sélectionner la ou les chaînes de texte dont vous souhaitez modifier le style.
2. Choisissez la commande Copier les attributs de, dans le menu Edition. La boîte de dialogue suivante s'affiche :
3. Sélectionnez Attributs de texte. Cette option englobe la police, le style, le corps, l'espacement et l'alignement.
4. Sélectionnez OK.
5. Vous revenez à votre dessin et le curseur prend la forme de ➡.

6. Cliquez sur la chaîne de texte dont vous souhaitez copier les attributs. Le curseur spécial reste affiché à l'écran tant que vous n'avez pas choisi une chaîne de texte.

Une fois la chaîne de texte sélectionnée, le curseur reprend sa forme ▸ , signalant ainsi que les attributs de la chaîne ont été copiés sur la ou les chaînes de texte de destination.

# Changement des attributs de texte par défaut

Vous pouvez changer les attributs de police et d'espacement par défaut pour du nouveau texte et l'alignement pour la session en cours uniquement.

## Changement des attributs de texte par défaut

Le texte est automatiquement tracé avec le style par défaut applicable au texte artistique ou au texte courant. Ce sont les attributs par défaut que vous présentent le menu flottant Texte ou la boîte de dialogue Texte lorsque vous y accédez. Il vous est toutefois possible de spécifier d'autres attributs en procédant comme suit:

▶ **Pour changer la police et le corps par défaut:**

1. Assurez-vous qu'aucun objet n'est sélectionné et choisissez la commande Menu Texte dans le menu Texte.
2. Entrez la taille voulue pour le caractère.
3. Choisissez une police dans la liste déroulante.
4. Cliquez sur Appliquer.
5. Dans la boîte de dialogue Attributs de texte qui apparaît, cliquez sur Texte artistique ou Texte courant, ou sur les deux, selon le type de texte pour lequel vous voulez changer les paramètres par défaut.
6. Cliquez sur OK.

▶ **Pour changer les attributs de caractère par défaut:**

1. Assurez-vous qu'aucun texte n'est sélectionné et choisissez la commande Menu Texte dans le menu Texte.
2. Dans la boîte de dialogue Attributs de texte qui apparaît, cliquez sur Texte artistique ou Texte courant, ou sur les deux, selon le type de texte pour lequel vous voulez changer les paramètres par défaut.
3. Cliquez sur OK.
4. Dans la boîte de dialogue Attributs de caractère, spécifiez les attributs de caractère par défaut.
5. Cliquez sur OK.

▶ **Pour changer les attributs de paragraphe par défaut:**

1. Assurez-vous qu'aucun texte n'est sélectionné et choisissez la commande Menu Paragraphe dans le menu Texte.
2. Dans la boîte de dialogue Attributs de texte qui apparaît, cliquez sur Texte artistique ou Texte courant, ou sur les deux, selon le type de texte pour lequel vous voulez changer les paramètres par défaut.
3. Cliquez sur OK.
4. Dans la boîte de dialogue Attributs de paragraphe, spécifiez les attributs de paragraphe par défaut.
5. Cliquez sur OK.

# Ajout d'une liste à points (bullets) dans un texte courant

La bibliothèque de symboles CorelDRAW contient des milliers de symboles que vous pouvez utiliser comme bullets pour créer des listes à points dans du texte courant. Les bullets peuvent être placés au début de n'importe quel paragraphe, qu'il s'agisse d'un mot dans une liste ou d'un bloc de texte.

Lorsque vous ajoutez un point à un paragraphe, il est placé en retrait par rapport à la marge. La valeur de ce retrait est déterminée par le paramètre Retrait Bullet dans la boîte de dialogue Paragraphe. Le texte qui suit le bullet est placé en retrait en fonction de la valeur spécifiée pour le paramètre Première ligne. (Pour les informations relatives à la définition des marges et des retraits, reportez-vous à la section "Sélection des options de formatage pour le texte courant" plus haut dans ce chapitre).

▶ **Pour ajouter des bullets:**

1. Commencez à taper le texte courant auquel vous voulez ajouter des bullets. Pour séparer un bloc de texte en le faisant commencer par le symbole choisi comme bullet, appuyez sur la touche ENTREE.
2. Avec le curseur de texte, mettez en surbrillance les lignes qui doivent être précédées d'un bullet.
3. Choisissez Paragraphe dans le menu Texte, ou dans le menu flottant Texte.
   La boîte de dialogue Paragraphe illustrée ci-après s'affiche.
4. Cliquez sur l'icône Bullets dans la liste à gauche.
5. Cochez la case Bullets.

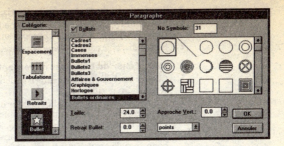

6. Dans la liste déroulante sous la case à cocher, cliquez sur la catégorie dans laquelle se trouve le symbole voulu.
7. Cliquez sur le symbole voulu dans la liste de droite. Spécifiez la taille du symbole. Si vous n'indiquez rien, Corel-DRAW adapte automatiquement la taille du symbole en fonction du corps du texte.
8. Indiquez une valeur dans la case Approche verticale afin de déterminer un décalage du texte vers le haut ou le bas.
9. Sélectionnez les autres paramètres voulus en confirmant avec OK (ou sur le bouton Appliquer si vous utilisez le menu flottant). Le symbole apparaît, affecté des attributs de surface et de contour par défaut. Vous pouvez changer ces attributs comme vous le feriez pour tout autre objet créé avec CorelDRAW.

### Mise en retrait des bullets

Lorsque la case Bullets est cochée, la valeur de retrait qui leur est appliquée remplace le paramètre Marge gauche Encadré dans le mode Retraits de la boîte de dialogue Paragraphe. Pour décaler les bullets par rapport à la marge de gauche, entrez une valeur dans la case Retrait Bullet. Cette valeur doit être inférieure ou égale aux valeurs choisies pour Première ligne et Autres lignes. Si la valeur entrée pour Retrait Bullet est plus élevée, ces deux valeurs sont adaptées automatiquement vers le haut.

Pour décaler de la même distance toutes les lignes qui suivent le bullet, entrez la même valeur pour les retraits Première ligne et Autres lignes.

## Crénage de texte

Le crénage consiste à rapprocher ou à éloigner les caractères adjacents. Vous pouvez créner du texte soit de manière interactive en utilisant la souris, soit en entrant des valeurs dans une boîte de dialogue, soit en utilisant les touches fléchées pour opérer le crénage par incréments.

Pour sélectionner les caractères que vous allez créner, commencez par cliquer sur le texte avec l'outil DTP. Des petits carrés évidés ou points nodaux apparaissent à côté de chaque caractère. Cliquez sur ces points nodaux pour sélectionner les caractères que vous souhaitez créner. (Les poignées ✦ et ✦ qui apparaissent à chaque extrémité de la dernière ligne d'une chaîne de texte artistique ou en bas d'un encadré de texte courant sont utilisées pour ajuster l'espacement. Pour plus de détails, reportez-vous à la section "Espacement interactif de texte" plus haut dans ce chapitre).

▶ **Pour créner du texte avec la souris:**
1. Avec l'outil ⁄, sélectionnez le point nodal situé à gauche du caractère que vous souhaitez repositionner.
2. Faites glisser le caractère sur sa nouvelle position.

▶ **Pour créner du texte par incréments:**
1. Cliquez sur le point nodal situé à gauche du caractère que vous souhaitez repositionner.
2. Appuyez sur la touche fléchée gauche ou droite pour déplacer le caractère dans la direction correspondante.
   Si vous maintenez la touche enfoncée, le caractère continuera à se déplacer par sauts continus. Le paramètre Décalage de la boîte de dialogue Préférences vous permet de définir l'importance du déplacement du caractère à chaque activation d'une touche fléchée. Pour plus de détails, reportez-vous au chapitre "Personnalisation de CorelDRAW" de l'annexe B.

▶ **Pour créner le texte en entrant des valeurs numériques dans une boîte de dialogue:**
1. Avec l'outil ⁄, double-cliquez sur le point nodal situé à gauche du caractère que vous souhaitez repositionner.
   La boîte de dialogue Attributs Caractères s'affiche.
2. Dans la zone des valeurs Approche horizontale, entrez la valeur de déplacement voulue. La valeur est exprimée en pourcentage de corps du caractère. Les valeurs négatives produisent un décalage vers la gauche, les valeurs positives un décalage vers la droite.

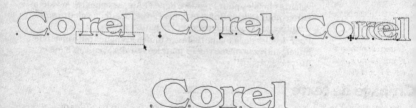

## Déplacement simultané de plusieurs caractères

Lorsque vous effectuez le crénage d'un texte, vous souhaitez normalement que le reste du texte de la ligne se déplace avec le caractère dont vous êtes occupé à ajuster la position. Pour que les autres caractères de la chaîne suivent le mouvement lorsque vous crénez avec l'outil ⁄, utilisez la marquise de sélection ou effectuez une sélection multiple en appuyant sur la touche MAJUSCULE. Lorsque tous les caractères sont sélectionnés, vous pouvez commencer à faire glisser l'un d'entre eux. Vous pouvez sélectionner et positionner de cette manière n'importe quel sous-groupe de caractères.

### Contrôle du mouvement des caractères par rapport à la ligne de base

Si vous maintenez enfoncée la touche CTRL lorsque vous faites glisser des caractères, vous limitez leur mouvement au niveau de la ligne de base la plus proche. Si les caractères sont déplacés verticalement par rapport à la ligne de base, ils seront automatiquement ramenés sur la ligne de base la plus proche lorsque vous les déplacerez en utilisant la touche CTRL.

La fonction de restriction n'est opérante que lorsque la touche CTRL est enfoncée. Par conséquent, vous devez relâcher le bouton de la souris avant de relâcher la touche CTRL pour obtenir le résultat voulu.

## Utilisation du Correcteur orthographique

*Une fois le crénage terminé, vous pouvez choisir la commande Aligner sur la ligne de base dans le menu Texte pour supprimer tout décalage vertical susceptible d'avoir été introduit lors de l'opération.*

La commande Correcteur orthographique vous permet de vérifier l'orthographe d'un texte. Lorsque le correcteur rencontre un mot inconnu, il vous donne la possibilité de le corriger si son orthographe est incorrecte ou de l'ajouter dans un dictionnaire personnel.

▶ **Pour contrôler l'orthographe d'un texte:**

1. Sélectionnez le texte dont vous souhaitez vérifier l'orthographe. Vous pouvez sélectionner des chaînes de texte artistique ou courant au moyen de l'outil ▸, ou un seul mot en utilisant le curseur de texte.
2. Sélectionnez Correcteur orthographique dans le menu Texte. La boîte de dialogue Correcteur orthographique s'affiche.
3. Cliquez sur Vérifier le texte. L'aspect de la boîte de dialogue change pour afficher les commandes Remplacer et Ignorer. Lorsqu'il rencontre un mot ne figurant pas dans son dictionnaire, CorelDRAW l'affiche dans la boîte intitulée Mot introuvable.

> »**Conseil:**
> *Le Correcteur orthographique vous permet à tout moment de vérifier l'orthographe de n'importe quel mot, et pas uniquement des mots contenus dans le dessin actif. Sélectionnez la commande Correcteur orthographique du enu Texte, tapez le mot dont vous souhaitez vérifier l'orthographe dans la case Mot à vérifier et cliquez sur Vérifier le mot.*

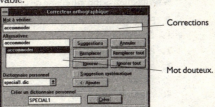

— Corrections

— Mot douteux.

4. Pour chaque mot non reconnu, effectuez l'une des opérations suivantes:
   - Corrigez l'orthographe du mot s'il y a lieu. Reportez-vous à la section "Pour corriger un mot mal orthographié".
   - Cliquez sur le bouton Ignorer pour laisser le mot en question inchangé.
   - Sélectionnez le bouton Tout ignorer si vous souhaitez que CorelDRAW ne tienne pas compte des autres occurrences du mot pendant la session de correction en cours.
   - Ajoutez le mot dans un dictionnaire personnel. Reportez-vous à la section "Création d'un dictionnaire personnel"

*Utilisation des fonctions de texte* / **167**

**5.** Un message apparaît lorsque la vérification est terminée. Sélectionnez OK pour revenir à votre dessin.

▶ **Pour corriger un mot mal orthographié:**

1. Effectuez l'une des opérations suivantes:

   - Tapez le mot correctement orthographié dans la zone Alternatives.
   - Sélectionnez le bouton Suggestions et choisissez le mot correct dans la liste. Si vous souhaitez que le correcteur vous propose systématiquement des suggestions, cochez la case Suggestion systématique.

2. Sélectionnez le bouton Remplacer pour corriger le mot sélectionné, ou le bouton Tout remplacer pour corriger toutes les occurrences du mot dans le fichier.

3. Une fois que tous les mots ont été vérifiés, une case message s'affiche. Sélectionnez OK pour revenir à votre dessin.

**Note:** Le bouton Annuler de cette boîte de dialogue permet de mettre fin à la séquence de vérification. Si plusieurs corrections ont été apportées dans le texte sélectionné et que vous appuyez sur le bouton Annuler, les corrections sont maintenues. Par contre, si vous choisissez la commande Annuler dans le menu Edition, le texte est rétabli dans sa version initiale.

## Création d'un dictionnaire personnel

Vous pouvez créer des dictionnaires personnels et y ajouter des entrées qui ne figurent pas dans le dictionnaire principal. Vous pourrez ainsi ajouter des termes, des acronymes, des noms propres ou tout autre élément que vous souhaitez prendre en compte dans la vérification orthographique de CorelDRAW.

▶ **Pour créer un dictionnaire personnel:**

1. Sélectionnez Correcteur orthographique dans le menu Texte.

2. Sélectionnez le bouton Créer dans le bas de la boîte de dialogue.

3. Tapez un nom de huit caractères au maximum pour désigner le dictionnaire.

4. Appuyez sur Entrée.

▶ **Pour ajouter une entrée dans un dictionnaire personnel:**

1. Sélectionnez le texte à vérifier, avec l'outil ▸ ou en le mettant en surbrillance avec le curseur de texte.

2. Sélectionnez Correcteur orthographique dans le menu Texte.

3. Lorsque CorelDRAW vous présente un mot non reconnu que vous souhaitez ajouter dans un dictionnaire personnel, sélectionnez le dictionnaire voulu dans la zone de liste Dictionnaires personnels.

4. Sélectionnez le bouton Ajouter.

# Utilisation du Thésaurus

La commande Thésaurus permet de trouver des synonymes des termes sélectionnés. Cette fonction ne peut être utilisée que pour des termes anglais.

▶ **Pour utiliser le Thésaurus:**

1. Avec l'outil Texte, sélectionnez le terme dont vous souhaitez trouver des synonymes.
2. Choisissez la commande Thésaurus dans le menu Texte.

   La boîte de dialogue Thésaurus apparaît et affiche le terme sélectionné dans la case Synonymes de. Si le mot est contenu dans le dictionnaire, sa définition apparaît dans la case Définition.

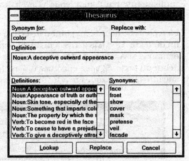

3. Effectuez l'une des opération suivantes:
   - Choisissez d'autres définitions pour obtenir leurs synonymes.
   - Choisissez un synonyme pour remplacer le terme sélectionné et cliquez ensuite sur le bouton Remplacer.
   - Cliquez sur le bouton Annuler pour fermer la boîte de dialogue Thésaurus sans modifier le terme sélectionné.

**Note :** Si vous n'avez pas sélectionné de terme avant de choisir la commande Thésaurus, vous pouvez utiliser cette fonction pour trouver des synonymes. La boîte de dialogue apparaît alors sans rien mentionner. Tapez le mot souhaité dans la case Synonymes de et cliquez ensuite sur Consultation.

》**Conseil:**
La commande Thésaurus vous permet à tout moment de consulter les synonymes de n'importe quel mot, et pas uniquement des mots contenus dans le dessin actif. Sélectionnez la commande Thésaurus du menu Texte, tapez le mot pour lequel vous souhaitez trouver un synonyme dans la case Synonyme pour et cliquez ensuite sur Consultation.

# Recherche et remplacement de texte

Les commandes Rechercher et Remplacer du menu Texte vous permettent de rechercher des mots et des phrases dans un bloc de texte courant et de les remplacer par une autre chaîne de texte.

Si vous activez l'option Respect Maj./Minuscules, CorelDRAW tient compte des majuscules pour rechercher le texte que vous entrez dans les boîtes de dialogue Rechercher et Remplacer. Cette option vous permet, par exemple, de rechercher les occurrences du mot "Marque" en ignorant les cas où ce mot est orthographié "marque". Si vous opérez un remplacement de texte avec l'option Respect Maj./Minuscules désactivée, CorelDRAW appliquera au texte de substitution les majuscules et les minuscules correspondant à celles du texte remplacé. Si, par exemple, vous remplacez le mot "utilisateurs" par le mot "vous", CorelDRAW écrira "Vous" s'il rencontre la graphie "Utilisateurs".

La recherche débute au point d'insertion et se poursuit jusqu'à la fin du texte. Une fois arrivé à la fin du texte, CorelDRAW vous demande si vous souhaitez poursuivre la recherche à partir du début du texte. Si vous effectuez une recherche de texte dans des encadrés liés, chaque encadré sera exploré.

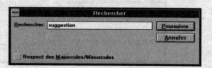

### ▶ Pour rechercher une chaîne de texte:

1. Dans le menu Texte, sélectionnez Rechercher. La boîte de dialogue suivante s'affiche:

2. Dans la zone Rechercher, tapez la zone de texte à rechercher.

   Vous pouvez taper jusqu'à 100 caractères dans cette zone. Les lettres défileront horizontalement à mesure que vous tapez.

3. Choisissez Respect Maj./Minuscules si vous souhaitez que CorelDRAW ne localise que les mots tels que vous les avez orthographiés dans la zone Recherche.

4. Choisissez Rechercher Suivant pour lancer la recherche.

   CorelDRAW met en surbrillance la première occurrence du mot trouvée dans l'encadré de texte courant. Si vous souhaitez rechercher l'occurrence suivante, cliquez sur Rechercher Suivant.

   Pour éditer le texte trouvé, choisissez Annuler.

### ▶ Pour remplacer une chaîne de texte:

1. Dans le menu Texte, choisissez Remplacer. La boîte de dialogue suivante s'affiche.

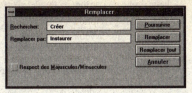

2. Tapez le texte à remplacer dans la zone Rechercher et le texte de substitution dans la zone Remplacer par.

   Vous pouvez entrer jusqu'à 100 caractères; les lettres défileront horizontalement à mesure que vous tapez.

3. Choisissez Respect Maj./Minuscules si vous souhaitez que CorelDRAW prenne en considération la concordance des majuscules et des minuscules.

4. Choisissez le bouton Remplacer si vous souhaitez avoir la possibilité de confirmer le remplacement à chaque occurrence de la chaîne de texte recherchée. Si toutes les occurrences peuvent être remplacées sans contrôle, en une fois, choisissez le bouton Tout remplacer.

Pour annuler les changements effectués avant l'interruption initiée par la touche ECHAP, choisissez la commande Annuler dans le menu Edition. Toutefois, si vous utilisez cette commande, les remplacements sont annulés, mais également toutes les modifications apportées depuis que vous avez activé le mode d'édition de texte.

> »Conseil:
> Vous pouvez utiliser la commande Remplacer pour supprimer du texte en n'inscrivant rien dans la case Remplacer par. Utilisez la barre d'espacement pour insérer un espace à la suite du mot que vous avez tapé dans la boîte Rechercher. Vous éliminez ainsi l'espace qui aurait été occupé par le mot supprimé.

# Accolement de texte à un tracé

CorelDRAW vous permet d'accoler du texte à un tracé quelconque - ligne droite ou courbe, rectangle, ellipse, autre lettre ou chaîne de caractères. Pour accoler le texte au tracé choisi, choisissez la commande Accoler le texte dans le menu Texte. Cette fonction n'est disponible que si vous avez sélectionné un objet de texte et un autre objet non textuel simultanément.

Une chaîne de texte peut être accolée à la forme définie par le tracé d'un second objet, comme dans l'exemple illustré.

> » **Conseil:**
> 
> *Pour accoler le texte à une autre lettre, convertissez dans un premier temps la lettre cible en un objet curviligne avec la commande Convertir en courbes du menu Disposer.*

Une fois que le texte est accolé au tracé, utilisez l'outil pour ajuster séparément le positionnement des caractères du texte. Lorsque vous accolez du texte à un tracé, le texte et l'objet de référence sont associés par un lien dynamique. Cela signifie que si vous modifiez la forme du tracé, le texte accolé est adapté automatiquement en fonction du nouveau tracé. Il en va de même si le texte est modifié. Pour supprimer le lien dynamique, sélectionnez le texte et l'objet du tracé, puis choisissez la commande Séparer dans le menu Disposer.

▶ **Pour accoler du texte à un tracé:**

1. Avec l'outil et en maintenant enfoncée la touche MAJUSCULE, sélectionnez l'objet de texte et le second objet.

> » **Conseil:**
> 
> *Si vous souhaitez ne pas imprimer le tracé, mais néanmoins le conserver dans votre dessin, utilisez les outils et pour modifier le Contour et la Surface en ✕ (c'est-à-dire Aucun(e)).*

2. Choisissez Accoler le texte dans le menu Texte.

   Le menu flottant Accoler le texte s'affiche. Ce menu flottant vous permet de définir diverses variables déterminant la manière dont le texte viendra s'accoler au tracé. (Ces options sont décrites en détail plus loin.)

3. Spécifiez les variables et cliquez sur Appliquer.

   Le texte est redessiné pour épouser le tracé du second objet.

   Lorsque vous êtes satisfait du résultat, vous pouvez supprimer l'objet qui sert de tracé en utilisant la commande Supprimer.

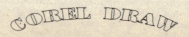

### ▶ Pour éditer un texte accolé à un tracé:
1. Cliquez sur l'outil A et cliquez avec le curseur de texte sur l'un des caractères de texte placés sur le tracé.

En maintenant la touche CTRL enfoncée, sélectionnez le texte en cliquant dessus avec l'outil ▶ , puis choisissez la commande Editer le texte dans le menu Texte.
La boîte de dialogue Texte artistique apparaît pour vous permettre d'éditer le texte.

## Sélection des options d'accolement de texte à un tracé

Les options se trouvant dans le menu flottant Accoler le texte vous permettent de spécifier l'orientation et l'alignement du texte par rapport au tracé ainsi que la distance du texte au tracé.

### Orientation du texte
Un clic sur la flèche de la première liste déroulante fait apparaître des options permettant de spécifier l'orientation et la distance des lettres par rapport au tracé.

**Rotation des lettres:** les lettres s'inclinent en suivant le contour du tracé.

**Alignement vertical:** contraint dans le sens vertical les caractères de texte se trouvant sur un tronçon courbe du tracé. L'inclinaison est d'autant plus prononcée que le tronçon est curviligne.

**Alignement horizontal:** contraint dans le sens horizontal les caractères de texte se trouvant sur une section ascendante du tracé. Les caractères sont d'autant plus aplatis que la section se rapproche de la verticale.

**Lettres droites:** les caractères restent dans la position verticale alors que la chaîne de caractères suit le contour du tracé.

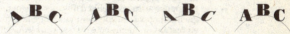

Rotation des lettres | Inclinaison verticale | Inclinaison horizontale | Lettres droites

### Alignement vertical
La deuxième liste déroulante affiche les options permettant de spécifier le décalage vertical du texte par rapport au tracé.

**Ligne de base:** aligne le texte sur le tracé.

**Dessus:** aligne l'extrémité des montantes sur le tracé, qui se trouve ainsi au-dessus des caractères.

**Dessous:** aligne l'extrémité des descendantes sur le tracé, qui se trouve ainsi sous les caractères.

**Centré:** les caractères sont alignés en leur centre sur le tracé.

**Variable:** permet de déplacer le texte dans le sens vertical par rapport au tracé. Après avoir sélectionné cette option, cliquez sur le texte et déplacez-le vers le haut ou vers le bas. Un repère apparaît pour vous indiquer quelle sera la distance du texte par rapport au tracé lorsque vous relâcherez le bouton de la souris.

### Alignement horizontal

La troisième liste déroulante affiche les options permettant de déterminer le positionnement du texte dans le sens horizontal par rapport au tracé. Ces options ne sont accessibles que si le tracé est un objet curviligne.

**Début:** il s'agit de l'option par défaut. Lorsque vous accolez le texte à un tracé, le premier caractère est aligné sur le premier point nodal du tracé et les autres caractères sont ajoutés selon la direction suivie par la courbe lors du traçage.

**Centre:** le texte est centré par rapport aux deux extrémités du tracé. S'il s'agit d'un tracé fermé, le premier et le dernier caractère seront à la même distance par rapport au point nodal de départ.

**Fin:** le dernier caractère est aligné sur le dernier point nodal du tracé ouvert et les autres caractères sont ajoutés en direction du premier point nodal. Dans le cas d'un tracé fermé, le dernier caractère de la chaîne de texte s'aligne sur le point nodal de départ et les autres caractères sont ajoutés en suivant la direction opposée suivie par la courbe lors du traçage. Selon la manière dont le tracé a été dessiné (dans le sens des aiguilles d'une montre ou dans le sens inverse), il est possible que le texte soit placé à l'intérieur du tracé.

**Quadrant:** Sélectionne le quadrant du tracé dans lequel vous souhaitez que le texte soit accolé. Cette commande n'est disponible que si le tracé choisi pour le texte est un rectangle ou une ellipse qui n'a pas été converti(e) en courbes. Lors de l'accolement, le point au centre de la chaîne de texte est aligné sur le point au centre du quadrant sélectionné.

**Placer à l'opposé:** Pour placer le texte sur le côté opposé du tracé, tout en conservant les autres variables spécifiées, cliquez sur Placer à l'opposé. L'accolement du texte sur le tracé est calculé sur base du texte reflété en miroir dans l'axe vertical et horizontal.

Si vous spécifiez un alignement à droite ou à gauche, l'option Placer à l'opposé aura pour effet d'inverser l'alignement. Choisissez l'alignement opposé si vous souhaitez que le texte soit retourné, mais en restant du même côté du tracé sur lequel il est accolé.

## Alignement de texte sur un tracé avec une précision numérique

Le bouton Edition du menu Accoler le texte donne accès à une boîte de dialogue qui vous permet d'entrer des valeurs numériques pour obtenir un alignement précis du texte par rapport à un tracé.

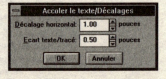

Lorsque vous accolez le texte à un tracé, le premier caractère de la chaîne de texte est normalement aligné sur le point de départ du tracé. Pour placer le texte à droite du point de départ, entrez une valeur d'écart positive. Pour placer le texte à gauche, entrez une valeur d'écart négative.

Si vous spécifiez un décalage horizontal, celui-ci sera appliqué à la chaîne de texte après application de l'alignement horizontal choisi. Par exemple, la sélection d'un alignement centré, avec un décalage horizontal fixé à 0,25 centimètre aura pour effet de décaler la chaîne de texte vers la droite de 0,25 centimètre par rapport à la position de centrage réelle.

Vous pouvez également régler ces paramètres de manière interactive. Reportez-vous à la section "Ajustement interactif d'un texte sur un tracé".

### Déplacement du centre de rotation d'un texte sur un tracé

Pour maintenir le déplacement du centre de rotation du texte sur un tracé, vous devez d'abord associer le texte et le tracé en utilisant la commande Associer du menu Disposer. Après les avoir associés, vous ne pouvez plus les éditer séparément, mais vous pouvez les dissocier facilement en utilisant la commande correspondante dans le menu Disposer.

Vous pouvez également déplacer le centre de rotation du tracé en le sélectionnant sans sélectionner le texte. Cette méthode donne le même résultat que de les associer pour déplacer ensuite le centre de rotation du groupe. Toutefois, elle peut prendre plus longtemps que la méthode de l'association parce que le programme doit reconstituer le texte. De même, vous pouvez déplacer le centre de rotation du texte en

## Ajustement interactif d'un texte sur un tracé

Vous pouvez positionner un texte sur un tracé en procédant de la manière suivante:

1. Sélectionnez l'objet de texte accolé au tracé. Le texte étant déjà lié à un tracé, vous devez appuyer sur la touche CTRL et cliquer sur l'objet de texte pour ne sélectionner que lui.

2. Cliquez sur le texte et faites glisser le curseur vers l'extérieur du tracé. Un curseur de déplacement s'affiche, dont l'une des extrémités se fixe sur le tracé tandis l'autre est libre de se déplacer à la distance voulue du tracé. Ce curseur vous permet de définir l'écart voulu entre le texte et le tracé. Vous pouvez également déplacer l'extrémité libre d'une extrémité à l'autre du tracé, pour positionner le texte du côté voulu. Si vous cessez de déplacer le curseur tout en maintenant enfoncé le bouton de la souris, une réplique du tracé s'affiche à l'extrémité libre du curseur. Cette réplique représente la ligne de base du texte et vous indique la position relative du texte par rapport au tracé.

3. Pour déplacer le texte de manière interactive le long du tracé, sélectionnez le texte conformément aux instructions données à l'étape 1 et sélectionnez l'outil de modelage ⋏. Sélectionnez tous les points nodaux de la chaîne de texte et effectuez le déplacement le long du tracé dans l'une ou l'autre direction. Le texte se déplace suivant le mouvement du curseur en respectant l'écart spécifié auparavant, en dessous ou au-dessus du tracé. Vous pouvez également ajuster le texte de cette manière en sélectionnant un nombre quelconque de points nodaux.

### *Adaptation de l'espacement entre caractères de texte accolé*

Vous serez souvent amené à adapter l'espacement entre caractères de la chaîne de texte parce que l'accolement de texte à un tracé courbe a pour effet d'ouvrir les espacements sur les tracés convexes et de les fermer sur les tracés concaves, comme l'illustre l'exemple ci-contre avec l'espacement entre les lettres "o" et "w".

La solution la plus évidente consiste à utiliser l'outil ⚹ pour repositionner manuellement l'un ou l'autre caractère. Ce repositionnement peut nécessiter également un changement manuel des angles de caractères.

### *Détachement de texte d'un tracé*

Vous pouvez rompre le lien entre le texte et le tracé auquel il a été accolé en utilisant la commande Séparer du menu Disposer. Après avoir supprimé le lien, vous pouvez utiliser la commande Redresser le texte du menu Texte pour rectifier la ligne de base du texte détaché.

# Modification de l'encadré d'un texte courant

Un encadré de texte courant peut être remodelé pour que le texte qui se trouve à l'intérieur puisse habiller d'autres objets, comme le montre la première illustration ci-dessous. Ou vous pouvez modifier la forme de l'encadré pour donner au texte une forme particulière, comme illustré dans le second exemple.

Pour modifier la forme d'un encadré de texte courant, appliquez-lui une enveloppe et utilisez ensuite l'outil ⚹ pour donner à l'enveloppe la forme voulue. Ou, créez une enveloppe d'une forme quelconque et appliquez-la à l'encadré du texte courant. Au terme de cette opération, le texte sera réécrit pour épouser la forme de l'enveloppe.

Pour plus d'informations concernant la fonction Enveloppe, reportez-vous à la section "Modelage d'un objet par une enveloppe" au chapitre 13.

Vous pouvez également modifier l'encadré du texte courant au moyen de la fonction Rotation/Inclinaison. Si vous appliquez une rotation à l'encadré, l'angle de rotation s'applique au texte dans la même mesure. Dans le cas d'une inclinaison seul l'encadré est affecté, les caractères restent inchangés (même si l'inclinaison s'applique également aux colonnes de texte).

# Extraction et réincorporation de texte

La commande Extraire du menu Spécial permet d'enregistrer des textes artistiques ou courants dans un fichier texte pour les éditer avec un traitement de texte. Une fois les modifications effectuées, la commande Réincorporer vous permet de réincorporer automatiquement le texte révisé aux endroits appropriés dans votre dessin.

A part les textes en dégradé de formes, mis en relief ou accolés, le texte réincorporé apparaît sous la même forme que le texte original, affectés des mêmes attributs (police, corps, espacement, etc.), de la même justification (gauche, droite, centré, etc.) et des transformations effectuées. Toutefois, certains attributs de caractère individuels (angle de caractère, approche verticale, graisse, etc.) ne sont pas maintenus dans le texte réincorporé. Plus particulièrement, seuls les caractères précédant ceux que vous avez modifiés dans votre traitement de texte conserveront leurs attributs individuels ; les caractères suivants adoptent les attributs assignés à l'ensemble de la chaîne de texte.

Utilisez les fonctions Extraire et Réincorporer pour entreprendre des révisions importantes dans un fichier. Pour les modifications mineures, utilisez plutôt la fonction Editer le texte.

L'exemple suivant illustre la création d'une version française d'une ancienne Carte de Référence CorelDRAW avec les fonctions Extraire et Réincorporer. Le texte contenu dans cet exemple est du texte artistique mais la procédure décrite ci-dessous s'applique également au texte courant.

### ▶ Pour extraire du texte d'un dessin:

1. Ouvrez le fichier CorelDRAW contenant le texte que vous voulez extraire. Si vous envisagez d'apporter des modifications autres que textuelles, effectuez-les maintenant et enregistrez le fichier. Les changements (y compris l'association et la dissociation d'objets) apportés dans le fichier après l'extraction de texte, risquent d'occasionner des problèmes au moment de la réincorporation ultérieure du texte révisé.

2. Déroulez le menu Spécial et cliquez sur Extraire. Une boîte de dialogue s'affiche pour vous inviter à donner un nom de fichier au texte extrait.

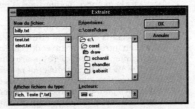

3. Si vous souhaitez enregistrer le fichier sous le même nom et dans le même sous-répertoire que le fichier CDR, cliquez simplement sur Extraire. Sinon, entrez un nom et/ou un sous-répertoire différent avant de cliquer sur Extraire.

4. Fermez ou réduisez CorelDRAW.

*Utilisation des fonctions de texte*

### ▶ Pour éditer le texte extrait:

1. Chargez le fichier texte dans le Bloc-notes de Windows ou dans tout autre éditeur de texte.

   La première ligne contient des données se rapportant au fichier CDR d'où provient le texte extrait. En dessous se trouve un jeton suivi de la première chaîne ou ligne de texte. Dans le cas d'un texte courant, le jeton comprend un chiffre d'identification pour chaque ligne. Le texte est à son tour suivi d'un code de fin de chaîne, (<CDR>) et par une ligne vide. Vos modifications doivent porter sur le texte uniquement. Si vous modifiez l'une quelconque des informations du fichier, l'opération Réincorporer ne pourra pas aboutir.

   Lorsque vous parcourez le fichier texte, soyez attentif à l'ordre des chaînes de texte. Si vous vous rappelez dans quel ordre vous avez entré le texte dans le fichier CorelDRAW, vous remarquerez que la chaîne de texte répertoriée en premier est en réalité la dernière chaîne entrée sous CorelDRAW. Toutes les chaînes sont répertoriées dans cet ordre, de la plus récente à la plus ancienne (ce principe ne s'applique pas au texte courant). Cet ordre est l'ordre normal pour cette opération et ne doit pas être modifié.

2. Editez le texte chaîne par chaîne. Dans notre exemple, le texte anglais que nous voulons substituer a été préparé par des traducteurs. Plutôt que de le ressaisir, nous avons chargé le texte dans le Bloc-notes puis nous avons inséré les numéros de chaîne et les codes de fin de chaîne aux endroits appropriés. Nous avons également dû réagencer les chaînes de texte en français pour les faire correspondre à l'ordre des chaînes de texte dans le fichier original en anglais. Si vous adoptez cette méthode, imprimez un exemplaire du fichier extrait avant d'y apporter la moindre modification et référez-vous à cette copie pendant l'édition.

   Les caractères accentués (à, é, ç, par exemple) sont des caractères spéciaux qui doivent être entrés en appuyant sur la touche ALT et en introduisant un code numérique à partir du pavé numérique. Tout caractère appartenant à un jeu de caractères CorelDRAW qui ne se trouverait pas sur votre clavier peut être entré de cette manière (reportez-vous à la carte de référence des caractères pour des instructions spécifiques).

   Vous êtes libre d'ajouter autant de texte que vous le souhaitez lors de l'édition. Cependant, chaque chaîne sera réincorporée à la position qu'elle occupait dans le fichier original. Ainsi, selon la longueur du texte ajouté, il se peut que certaines chaînes recouvrent d'autres chaînes ou objets dans votre dessin (voir exemple suivant). Vous pourrez remédier à cette situation après avoir réincorporé le texte dans votre dessin.

3. Lorsque l'édition est terminée, enregistrez le fichier sous un fichier texte ASCII.

### ▶ Pour réincorporer le texte édité:

1. Ouvrez CorelDRAW.
2. Ouvrez le fichier dont vous avez extrait les chaînes de texte.
3. Choisissez la commande Réincorporer dans le menu Spécial. La boîte de dialogue illustrée ci-après s'affiche.

4. Sélectionnez le fichier texte et cliquez sur Réincorporer. Au bout de quelques secondes, le fichier CDR s'affichera avec les changements que vous avez effectués. Si vous enregistrez le fichier à ce stade, CorelDRAW écrasera l'original. Pour conserver le fichier original, utilisez l'option Enregistrer sous et enregistrez le fichier révisé sous un autre nom. Ensuite, vous pouvez éditer le nouveau fichier pour corriger l'alignement ou les problèmes d'espacement susceptibles de s'y être glissés lors de la réincorporation de chaînes de texte n'ayant pas la même longueur que les chaînes de texte originales, comme l'illustre l'exemple ci-dessous.

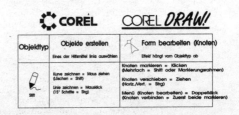

## Conversion de texte artistique en courbes

Vous pourrez être amené à personnaliser la forme des caractères dans une chaîne de texte artistique. Pour cela, vous devez préalablement convertir la chaîne en courbes. Vous pouvez également faire éclater la chaîne pour transformer les caractères qui la composent en objets séparés.

Une fois que vous avez converti une chaîne de texte en courbes, vous ne pouvez plus appliquer à cette chaîne les commandes propres au mode texte. Les objets seront également imprimés en mode courbe et non plus en mode texte avec les polices résidentes de l'imprimante.

▶ **Pour convertir des caractères en courbes:**

> »**Raccourci:**
> *Pour convertir du texte artistique sélectionné en courbes, appuyez sur CTRL + Q.*

1. Sélectionnez la chaîne de texte avec l'outil ▸. S'il s'agit de texte accolé, maintenez enfoncée la touche CTRL et utilisez l'outil ▸ pour le sélectionner.

2. Choisissez la commande Convertir en courbes dans le menu Disposer. La chaîne de texte est à présent devenue un objet courbe dont vous pouvez éditer une partie quelconque en agissant sur les points nodaux.

3. Vous pouvez également utiliser à présent la commande Eclater dans le menu Disposer. Les caractères deviennent autant d'objets courbes distincts que vous pouvez sélectionner et manipuler à votre gré. Le texte artistique contenant des caractères affectés d'attributs de surface et de contour individuels sont convertis en un groupe d'objets courbes. Il y aura autant d'objets que de combinaisons de contour et de surface utilisées.

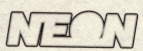

# CHAPITRE 12

# Utilisation des couleurs

CorelDRAW met à votre disposition un certain nombre de palettes de couleurs. L'une d'entre elles contient des couleurs non-quadri définies avec le système couleurs PANTONE, une méthode colorimétrique utilisée lorsqu'il est nécessaire d'assurer une parfaite concordance entre les couleurs. Plus de 700 couleurs non-quadri y sont prédéfinies, auxquelles vous pouvez ajouter celles que vous créez en modifiant la teinte des couleurs existantes. Une autre palette, la palette PANTONE quadri, contient pour sa part des couleurs quadrichromiques définies à l'aide du Pantone Matching System. Quant à la palette TRUMATCH, elle permet de spécifier les couleurs quadrichromiques selon le système TRUMATCH. L'utilisation de cette palette conjointement avec le nuancier TRUMATCH (qui n'est pas inclus avec CorelDRAW) vous permet de voir comment se présentent les couleurs lorsqu'elles sont imprimées.

Les autres palettes fournies avec le programme contiennent des couleurs définies avec le procédé quadrichromique. Cette méthode colorimétrique se fonde sur le principe selon lequel à peu près n'importe quelle nuance peut être obtenue en combinant quatre couleurs: cyan, magenta, jaune et noir. La palette de couleurs quadrichromiques par défaut contient une centaine de couleurs identifiées par un nom. Pour créer des couleurs à votre convenance, vous pouvez utiliser l'un des trois modèles colorimétriques disponibles: CMYK, RVB et TLD.

Une palette de couleurs peut être personnalisée, c'est-à-dire que vous pouvez supprimer les couleurs dont vous n'avez pas besoin, modifier l'ordre de présentation des couleurs, et créer des couleurs à votre convenance. Après avoir redéfini une palette, vous pouvez l'enregistrer sous un autre nom et la choisir comme palette par défaut. Dans ce cas, elle est chargée automatiquement chaque fois que vous exécutez CorelDRAW.

La possibilité de personnaliser les palettes est particulièrement utile lorsque vous travaillez sur un dessin riche en couleurs. La création d'une palette limitée aux couleurs utilisées dans le dessin permet de localiser plus rapidement celles dont vous avez besoin. Une palette personnalisée permet en outre de colorier des dessins différents en ayant la certitude que les mêmes couleurs sont appliquées de manière systématique.

### Conseils aux néophytes

CorelDRAW met à votre disposition une série de fonctions très élaborées qui vous permettront de produire un travail graphique en couleurs de qualité professionnelle. L'apprentissage de ces fonctions suppose une connaissance élémentaire des procédés d'impression en couleur. Si vous souhaitez aller plus loin que les quelques éclaircissements que nous avons tenté de donner dans ce manuel sur cette matière complexe, nous vous renvoyons à la liste de publications de l'annexe E. Vous y trouverez les livres et les revues les plus complets actuellement disponibles sur le marché dans le domaine des arts graphiques et de l'impression. Les imprimeurs professionnels constituent également une source d'information inépuisable.

## Création de couleurs

CorelDRAW vous permet de créer des couleurs pour les contours et les surfaces des objets. Dans les deux cas, les boîtes de dialogue et les techniques à utiliser sont identiques et les descriptions qui suivent sont applicables aussi bien dans un cas que dans l'autre.

Lorsque vous cliquez sur ✪ dans le menu local Plume de contour après avoir sélectionné un objet, la boîte de dialogue représentée ci-après s'affiche.

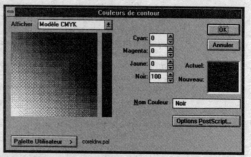

Si c'est une boîte de dialogue différente qui s'affiche, cliquez sur la flèche de la liste déroulante Afficher. Lorsque vous effectuez une sélection dans la liste des modèles colorimétriques, certaines commandes situées à gauche et au centre de la boîte de dialogue changent. La boîte de dialogue Couleur de contour/Surface uniforme fait l'objet d'une explication détaillée dans les pages qui suivent.

## Sélection d'un procédé de couleurs

Pour assigner des couleurs à des objets, deux procédés vous sont proposés :
- Le procédé quadrichromique, où vous pouvez soit créer vos propres couleurs, soit les sélectionner dans la palette de couleurs TruMatch ou Quadri Pantone.
- Le procédé non-quadrichromique, où vous utilisez les couleurs PANTONE®.

Le choix du procédé dépendra de deux facteurs : le nombre de couleurs dans votre dessin, et le procédé du dessin que vous prévoyez d'utiliser pour imprimer votre dessin.

En général, vous utiliserez le procédé non-quadrichromique si votre dessin comporte moins de quatre couleurs. Avec ce procédé, la sélection des couleurs s'effectue en choisissant des valeurs de couleurs définies dans le système colorimétrique Pantone Matching System. La quasi-totalité des imprimantes commercialisées utilisent ce système, et de ce fait, les couleurs que vous spécifierez correspondront presque toujours au résultat imprimé. Si vous imprimez votre travail sur une imprimante PostScript, le système colorimétrique non-quadrichromique vous donnera également accès aux motifs de trames simili PostScript.

Si vous avez l'intention d'utiliser plus de quatre ou cinq couleurs et de confier l'impression de votre travail à un imprimeur professionnel, vous utiliserez le procédé quadrichromique. Ce procédé vous permet de mélanger des millions de couleurs à l'écran en utilisant l'un des trois modèles colorimétriques gérés par CorelDRAW. Si vous utilisez une imprimante couleurs pour sortir votre dessin, vous serez libre de choisir le procédé qui vous convient le mieux. Pour garantir la meilleure concordance possible des couleurs affichées à l'écran avec le résultat imprimé, CorelDRAW met à votre disposition des palettes de couleurs TruMatch et Quadri Pantone.

> **» Tip:**
> *Pour afficher la boîte de dialogue Couleur de contour contenant les paramètres utilisés le plus récemment, sélectionnez un objet et appuyez sur MAJUSCULE+F12. Pour afficher les paramètres utilisés le plus récemment pour la couleur de surface uniforme, appuyez sur MAJUSCULE+F11.*

**Couleurs non-quadrichromiques:** Les couleurs non-quadrichromiques sont définies sur base du système Pantone Matching System, utilisé dans CorelDRAW sous licence concédée par Pantone, Inc à COREL. Les couleurs non-quadrichromiques sont le plus souvent utilisées comme couleurs d'accompagnement pour mettre en valeur certaines parties d'une page en noir et blanc, ou dans les cas nécessitant l'application de couleurs exactes. Si vous confiez la reproduction de votre travail à un imprimeur professionnel, vous devrez limiter le nombre de couleurs utilisées à trois ou quatre.

Vous pouvez spécifier pour chaque couleur non-quadri un certain pourcentage de couleur (% Couleur). Cette entrée vous permettra d'obtenir des nuances plus claires d'une couleur donnée sur votre écran et votre imprimante couleurs. Les nuances peuvent s'utiliser en nombre illimité avec les couleurs d'encres sélectionnées.

Si vous créez des séparations de couleurs sur une imprimante PostScript, tous les objets affectés de la même couleur non-quadri seront imprimés ensemble sur une même page, ainsi que tous les objets affectés des diverses nuances de cette couleur. Les nuances sont imprimées sous forme de trames simili sur base des paramètres de trame simili définis pour l'objet en question.

**Couleurs Quadrichromiques:** Comme leur nom l'indique, les couleurs quadrichromiques font référence aux quatre encres utilisées par les imprimeurs professionnels pour imprimer des publications en couleurs. Le dosage de cyan, de magenta, de jaune et de noir en pourcentages spécifiés permet de définir plus de 16 millions de couleurs.

Vous utiliserez les couleurs Quadri si vous souhaitez réaliser des travaux graphiques comportant plus de quatre couleurs et en confier la reproduction à un imprimeur professionnel.

CorelDRAW est capable de décomposer les couleurs Quadri que vous avez assignées à vos dessins dans leurs composantes cyan, magenta, jaune et noir. A condition de sélectionner les options requises dans la boîte de dialogue Options d'impression, les quatre pages obtenues en résultat contiendront toutes les marques de repérage de couleurs nécessaires ainsi que leurs noms.

Les palettes quadri initiales contiennent un assortiment de couleurs Quadri prédéfinies, que vous pouvez enrichir par la suite en créant vos propres couleurs. Ce sujet est étudié à la section suivante.

## Création de couleurs Quadri personnalisées

CorelDRAW propose trois systèmes colorimétriques, ou modèles, pour créer des couleurs Quadri : Quadrichromie (cyan, magenta, jaune, noir), RVB (rouge, vert bleu) et TLD (teinte, luminosité, densité). Utilisez le modèle qui vous est le plus familier.

Si vous utilisez les modèles RVB ou TLD, CorelDRAW convertira ces couleurs en leurs équivalents quadrichromiques. Cette conversion ne sera cependant pas parfaite, la définition des couleurs étant fondamentalement différente dans les systèmes RVB et TLD et dans le système Quadrichromie.

▶ **Pour créer une couleur quadri personnalisée à partir de la boîte de dialogue Couleurs de contour ou Surface uniforme:**

1. Cliquez sur la case Afficher pour ouvrir la liste des modèles colorimétriques et des palettes.
2. Cliquez sur le modèle que vous allez utiliser. Les trois sections suivantes décrivent les modèles colorimétriques disponibles et leurs commandes.
3. Définissez la couleur en entrant des pourcentages dans les champs d'entrée numérique ou utilisez les commandes d'ajustement de couleur dans le sélecteur visuel à côté de la case Afficher.
4. Si vous souhaitez appliquer la couleur à l'objet sélectionné sans pour autant l'ajouter à la palette, cliquez sur OK. Si vous souhaitez ajouter la couleur dans la palette en cours, tapez un nom dans la case Nom de la couleur et appuyez sur Entrée.

Le nom de la couleur que vous ajoutez est intégré dans la liste qui apparaît lorsque vous cochez la case Afficher Noms des couleurs. Si vous changez de système après avoir créé la couleur, CorelDRAW effectue automatiquement la conversion nécessaire.

Au lieu d'ajouter la couleur à la palette en cours, vous pouvez enregistrer la palette modifiée sous un nouveau nom en cliquant sur le bouton Palette spéciale et en sélectionnant Enregistrer la palette sous. Pour plus d'informations, reportez-vous à la section "Sélection et personnalisation des palettes" plus loin dans ce chapitre.

**Modèle Quadrichromie (CMYK):** Le modèle Quadrichromie se base sur les couleurs d'encres utilisées en quadrichromie. La combinaison de pourcentages de cyan, de magenta, de jaune et de noir permet de reproduire pratiquement toutes les couleurs imaginables.

L'avantage du système Quadrichromie réside dans le fait que vous pouvez spécifier vos couleurs en utilisant le matériel de référence utilisé en quadrichromie, comme le système TruMatch ou Quadri Pantone, en étant raisonnablement sûr de ce que donneront vos couleurs à l'impression.

Lorsque vous choisissez Quadrichromie, CorelDRAW affiche deux jeux de commandes de sélection de couleur ainsi qu'un visuel qui vous montre la couleur de contour de l'objet sélectionné.

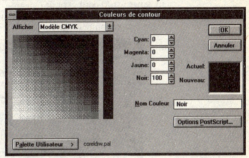

Les commandes à côté du sélecteur visuel permettent de spécifier les couleurs en entrant les pourcentages de cyan, magenta, jaune et noir. Il s'agit de la méthode adéquate si vous utilisez une carte de référence CMYK pour choisir les couleurs.

Vous pouvez également entrer une couleur CMYK en utilisant comme référence le système TRUMATCH ou Quadri Pantone. Pour définir une couleur TRUMATCH, vous avez le choix entre trois méthodes:

1) Taper dans la case Rechercher la chaîne le numéro de la couleur sélectionnée dans une carte de référence TRUMATCH ou QUADRI (non incluse avec CorelDRAW);

2) Choisir TRUMATCH dans la liste Afficher et cliquer sur la représentation de la couleur voulue;

3) Choisir TRUMATCH dans la liste Afficher, cliquer sur Afficher Noms des couleurs et choisir la couleur par son nom.

Si vous travaillez sans carte de référence, le Sélecteur visuel constitue le moyen le plus simple de choisir votre couleur. Ce visuel se présente sous la forme de deux cases dotées toutes deux d'une poignée de réglage de couleur. Vous faites glisser la poignée de la plus grande des cases pour déterminer la proportion de cyan et de magenta et celle de la case la plus étroite pour déterminer la proportion de jaune. La case la plus étroite indique en permanence la gamme de couleurs que vous pouvez obtenir en réglant uniquement la proportion de jaune dans le mélange. Le visuel, de son côté, vous montre l'effet combiné des réglages effectués avec les deux poignées.

Lorsque vous utilisez le Sélecteur visuel pour sélectionner vos couleurs, CorelDRAW ajuste automatiquement la proportion de noir par un procédé appelé "remplacement des gris" (GCR). L'adjonction de noir procure du contraste et minimise la quantité d'encre nécessaire dans le procédé d'impression utilisé pour restituer vos couleurs. Si vous spécifiez vos couleurs numériquement, vous devez effectuer vous-même le remplacement des gris en entrant les pourcentages adéquats de noir. Si votre dessin comporte de larges aplats de noir, vous serez amené à court-circuiter le procédé GCR et à augmenter les proportions de cyan, de magenta et de jaune. Cette méthode produit un noir d'aspect plus dense. Demandez conseil à votre imprimeur pour connaître les pourcentages exacts de noir qu'il convient d'utiliser.

**Modèle RVB:** Le modèle colorimétrique RVB utilise des pourcentages de rouge, de vert et de bleu pour créer des couleurs. Un mélange à 100 pour cent de chacune de ces trois couleurs donne du blanc, un mélange à 0 pour cent du noir ; un mélange à pourcentages égaux donne du gris.

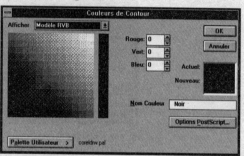

En mode RVB, CorelDRAW affiche deux jeux de commande de sélection ainsi qu'un visuel montrant la couleur actuelle et nouvelle de l'objet sélectionné. Le moyen le plus simple de choisir une couleur est d'utiliser le Sélecteur visuel. Ce sélecteur se présente sous la forme de deux cases dotées chacune d'une poignée de réglage de couleur. Vous faites glisser la poignée de la plus grande de ces deux cases pour déterminer la proportion de rouge et de vert, et la poignée de la case la plus étroite pour déterminer la proportion de bleu. La case étroite indique en permanence la gamme de couleurs que vous pouvez obtenir en réglant uniquement la proportion de bleu dans le mélange. Le visuel, de son côté, vous montre l'effet combiné des réglages effectués avec les deux poignées.

Les commandes à gauche du sélecteur visuel permettent de déterminer les couleurs en entrant des pourcentages de rouge, bleu et vert. Si vous utilisez les couleurs RVB et que vous avez l'intention de produire des sélections de couleurs avec CorelDRAW, les couleurs spécifiées seront converties dans leur équivalent selon le modèle CMYK.

**Modèle TLD:** Le modèle TLD génère les couleurs en faisant varier trois paramètres : la teinte, la luminosité et la densité. La teinte fait référence à la qualité intrinsèque d'une couleur de base qui la différencie des autres. Le bleu, le rouge et le vert, par exemple, sont considérés comme des teintes. La densité fait référence au degré de pureté de la couleur, qui rend celle-ci plus ou moins intense ou dense. Les nuances plus claires et plus foncées s'obtiennent en faisant varier sa densité. La luminosité correspond au pourcentage

de noir dans une couleur : un pourcentage de 0 correspond au noir, un pourcentage de 100 correspond au blanc.

Lorsque vous cliquez sur TLD, CorelDRAW affiche deux jeux de commandes de sélection de couleur et un visuel qui vous montre la couleur actuelle et nouvelle de l'objet sélectionné.

Le sélecteur visuel vous permet de sélectionner une couleur en faisant glisser une poignée dans un disque chromatique. Les couleurs situées au périmètre du disque représentent les teintes les plus pures. A mesure que vous vous rapprochez du centre, la teinte perd en densité et devient plus claire. Pour augmenter la luminosité de la couleur, faites monter la poignée dans la barre affichée à côté du disque.

Les commandes de la partie gauche de la boîte de dialogue sont des représentations numériques de la couleur sélectionnée dans le disque. Vous pouvez spécifier des valeurs entre 0 et 100 pour la densité et la luminosité. Les teintes peuvent prendre toutes les valeurs entre 0 et 360: 0 correspond au rouge, 60 au jaune, 120 au vert, 180 au cyan, 240 au bleu et 300 au magenta.

Si vous utilisez les couleurs TLD avec l'intention de produire des séparations de couleurs, ces couleurs seront converties par Corel-DRAW en leurs équivalents Quadri. En raison de la différence fondamentale du mode de génération des couleurs dans ces deux systèmes, la conversion restera cependant approximative.

## Conversion de couleurs non-quadri en couleurs quadri

CorelDRAW permet de convertir toute couleur non-quadri en ses composantes Quadri. Pour réaliser cette opération, sélectionnez la couleur non-quadri à convertir, puis passez au procédé Quadrichromie. Ensuite, sélectionnez CMYK dans la liste déroulante Afficher pour voir quels sont les pourcentages de cyan, magenta, jaune et noir à utiliser pour simuler la couleur quadri. Pour terminer, attribuez un nom à la couleur convertie et cliquez sur OK.

Même si la couleur convertie affichée à l'écran ne présente aucune différence avec l'originale, il n'en sera pas de même à l'impression, où de légères différences pourront apparaître, en raison du caractère approximatif de la conversion.

### Vérifications des couleurs

Si vous travaillez dans le mode de visualisation modifiable, les couleurs sélectionnées sont certes visibles sur un écran couleurs, mais il ne s'agit que d'approximations. Pour sélectionner des couleurs non-quadri, consultez le manuel de référence PANTONE que vous pouvez vous procurer chez votre imprimeur ou en vous adressant à la société PANTONE. Dans le cas des couleurs quadri, utilisez le tableau des couleurs quadrichromiques CorelDRAW (qui se trouve dans la carte de référence), ou un tableau plus complet disponible chez votre imprimeur ou auprès des revendeurs de matériel de dessin.

Si vous utilisez un écran monochrome, les couleurs sont représentées sous la forme de nuances de gris.

Pour déterminer la fidélité avec laquelle votre imprimante reproduit les couleurs, imprimez le fichier Colorbar.CDR, inclus dans les exemples CorelDRAW. Il s'agit du fichier contenant la carte des couleurs CMYK qui se trouve dans la carte de référence.

Les éléments de couleurs reproduits par votre imprimante devraient correspondre plus ou moins aux couleurs de la carte. Cette concordance ne sera pas parfaite parce que la manière dont les couleurs sont traitées varie en fonction du type d'imprimante utilisée. La carte CMYK donne toutefois une idée assez précise du résultat que vous obtiendrez si vous faites imprimer votre travail chez un imprimeur. Vous constaterez que les différences peuvent être importantes entre les couleurs reproduites sur l'écran et celles obtenues avec une imprimante couleurs, ou par rapport au résultat obtenu chez un imprimeur. CorelDRAW met également à votre disposition un outil d'étalonnage des couleurs pour vous permettre d'établir la concordance entre les couleurs reproduites sur l'écran et celles reproduites par le périphé-

## Sélection et personnalisation des palettes

CorelDRAW inclut plusieurs palettes de couleurs quadri et une palette de couleurs non-quadri. Les différentes palettes de couleurs quadri se distinguent par le nombre et la plage de couleurs qu'elles contiennent. La palette par défaut chargée au moment de l'installation de CorelDRAW est la palette CORELDRW.PAL. Une autre palette, PURE100.PAL, est également chargée comme palette de secours. Ces deux palettes contiennent les mêmes couleurs, de telle sorte que si vous modifiez CORELDRW.PAL, vous pouvez toujours retrouver les couleurs par défaut en chargeant PURE100.PAL.

▶ **Pour ouvrir une palette de couleurs:**

1. Cliquez sur le bouton Palette spéciale, puis choisissez Ouvrir. La boîte de dialogue Ouvrir la palette apparaît.
2. Spécifiez si vous voulez ouvrir une palette quadri ou non-quadri en sélectionnant le type de fichier approprié dans la case Afficher Fichiers du type.

3. Dans la case Nom du fichier, tapez ou sélectionnez le nom de la palette voulue.
4. Cliquez sur OK.

## *Personnalisation des palettes de couleurs*

Vous pouvez personnaliser une palette en ajoutant ou supprimant des couleurs, et en modifiant l'ordre dans lequel les couleurs sont affichées. Vous pouvez également créer une palette en partant d'une palette vide et en ajoutant les couleurs de votre choix. La possibilité de personnaliser les palettes est utile, par exemple, lorsque vous créez un dessin complexe nécessitant de nombreuses couleurs. Dans ce cas, vous pouvez limiter le nombre de couleurs à celles dont vous avez besoin pour le dessin, de manière à localiser plus rapidement l'une ou l'autre couleur.

Pour personnaliser une palette, cliquez sur la liste Afficher et choisissez Palette spéciale. Après avoir sélectionné Palette spéciale, vous pouvez personnaliser la palette en cours (c'est-à-dire ajouter et supprimer des couleurs, et/ou redisposer les couleurs qu'elle contient).

Pour sauvegarder la palette que vous venez de redéfinir, cliquez sur le bouton Palette spéciale, choisissez Enregistrer la palette sous et tapez le nom de la palette dans la boîte de dialogue qui s'affiche.

▶ **Pour redisposer les couleurs dans une palette:**

1. Cliquez sur la liste Afficher et choisissez Palette spéciale.
2. Cliquez sur un échantillon de couleur dans la palette et maintenez le bouton de la souris enfoncé. Un carré noir apparaît. En gardant le bouton de la souris enfoncé, placez la couleur à l'endroit voulu.
3. Relâchez le bouton de la souris.
   La couleur s'affiche à la nouvelle position et les autres couleurs sont décalées automatiquement.

▶ **Pour supprimer une couleur dans une palette:**

1. Sélectionnez la couleur et cliquez sur le bouton Palette spéciale.
2. Sélectionnez Supprimer une couleur de la palette.
   La couleur disparaît.

▶ **Pour créer une nouvelle palette de couleurs:**

1. Cliquez sur la liste Afficher et sélectionnez Palette spéciale.
2. Cliquez sur le bouton Palette spéciale et choisissez Nouveau.
   Une palette vide apparaît. La première case de la palette est sélectionné.
3. Cliquez sur la liste Afficher et choisissez un modèle. Choisissez une couleur ou créez une couleur par mélange.
4. Si la nouvelle couleur est définie par mélange, attribuez-lui un nom dans la zone Nom de la couleur.
5. Cliquez sur le bouton Palette spéciale et choisissez Ajouter une couleur à la palette.
6. Cliquez sur la liste Afficher et choisissez Palette spéciale. La couleur est ajoutée dans la case sélectionnée dans la palette.

Répétez la procédure pour chaque couleur à ajouter dans la palette. Pour enregistrer la palette, cliquez sur le bouton Palette spéciale, choisissez Enregistrer la palette sous dans le menu local et tapez un nom dans la boîte de dialogue qui apparaît.

## Ajout de nuances de couleurs non-quadri dans une palette

Au lieu d'ajuster la valeur %Couleur chaque fois que vous souhaitez utiliser la même nuance d'une couleur non-quadri particulière, il vous suffira d'ajouter cette nuance à la palette. Procédez comme suit :

▶ **Pour ajouter une nuance de couleur non-quadri à la palette:**

1. Cliquez sur la couleur que vous souhaitez ajuster.
2. Tapez une valeur dans la case %Couleur.
3. Cliquez sur le bouton Palette spéciale et sélectionnez Ajouter une couleur à la palette. La nuance est ajoutée à la fin de la palette.
4. Pour enregistrer la palette modifiée, cliquez sur le bouton Palette spéciale et choisissez Enregistrer la palette. Pour enregistrer la palette modifiée sous un autre nom, cliquez sur le bouton Palette spéciale et choisissez Enregistrer la palette sous.

**Note:** Pour ajouter une couleur non-quadri à la palette, il est nécessaire que la palette en cours soit une palette non-quadri (par exemple, le fichier "coreldrw.ipl" ou celui d'une palette que vous avez créée). Le nom de la palette en cours est affiché à côté du bouton Palette spéciale de la boîte de dialogue Surface uniforme ou Plume de contour.

## Modification de la palette par défaut

Vous pouvez spécifier la palette de couleur qui doit apparaître dans les boîtes de dialogue Surface uniforme et Couleurs de contour, ainsi que celle que vous voulez voir dans le bas de l'écran Corel-DRAW.

**Note:** La palette affichée dans les menus flottants Plume et Surface est déterminée par la couleur de surface et de contour par défaut. Pour plus d'informations, reportez-vous à la section "Modification des attributs de contour par défaut" au chapitre 7 et à la section "Modification des attributs de surface par défaut" au chapitre 6.

▶ **Pour modifier la palette de couleurs par défaut:**

1. Sélectionnez ⊕ dans le menu local de l'outil ◊ ou ◊.
2. Cliquez sur le bouton Palette spéciale dans la boîte de dialogue Plume de contour ou Surface uniforme.
3. Choisissez Ouvrir.
4. Spécifiez si vous voulez ouvrir une palette quadri ou non-quadri en sélectionnant le type de fichier approprié dans la case Afficher Fichiers du type.
5. Dans la case Nom du fichier, tapez ou sélectionnez le nom de la palette voulue.
6. Cliquez sur OK.
7. Cliquez sur le bouton Palette spéciale.
8. Sélectionnez Définir comme palette par défaut.
9. Cliquez sur OK.

CHAPITRE  13

# Création d'effets spéciaux

Le menu Effets donne accès à quelques-unes des fonctions les plus performantes pour manipuler les objets. La fonction Perspective, par exemple, vous permet d'appliquer une perspective unipolaire et bipolaire à un objet en déplaçant les poignées d'un rectangle de sélection spécial.

La fonction Enveloppe permet de déformer un objet en déplaçant les poignées de l'enveloppe appliquée à cet objet, de la même manière qu'une image sur une feuille en caoutchouc se déforme si l'on exerce une traction sur un ou plusieurs côtés.

La fonction Dégradé permet de créer une transition entre deux objets, dont les formes et les couleurs évoluent par étapes progressives. Vous pouvez utiliser cette fonction pour simuler l'effet obtenu avec un aérographe ou pour créer des copies espacées de manière uniforme (dans ce cas, il suffit d'appliquer la fonction à deux objets identiques). Vous pouvez même définir un tracé le long duquel les objets viendront se disposer.

La fonction Relief ajoute des surfaces à objet pour le transformer en un objet à trois dimensions. L'objet initial et les surfaces ajoutées constituent un ensemble dynamique qui réagit comme un tout aux commandes que vous lui appliquez.

La fonction Projection applique à un objet une série de formes concentriques qui créent une impression de profondeur. Les cartographes utilisent une technique analogue pour représenter les élévations de terrain.

La fonction Pleins/Déliés simule le style caractéristique des outils de dessins plus traditionnels. Si vous l'activez, l'outil $\ell$ , par exemple, se transforme en plume calligraphique ou en pinceau.

Appliquées à du texte, ces fonctions présentent la particularité de permettre la modification du texte sans altérer l'effet que vous avez créé. Dans le cas des fonctions Dégradé, Projection et Relief, l'effet peut être adapté automatiquement lorsque vous modifiez l'objet initial, par exemple, le contour ou la couleur de surface.

A part la fonction Perspective, tous les effets spéciaux sont appliqués au moyen d'un menu flottant.

# Mise en perspective des objets

La fonction Perspective permet de traiter un objet selon une perspective convergeant vers un ou deux points de fuite.

La perspective donne l'illusion d'une certaine profondeur en éloignant virtuellement certaines arêtes d'un objet par rapport aux autres. La grille illustrée ci-contre montre que pour simuler un effet de perspective sur une page à deux dimensions, il faut raccourcir l'un des côtés de la grille. Selon le côté que nous choisissons de raccourcir, nous pouvons créer l'illusion que la grille s'éloigne de l'observateur dans une direction particulière, d'où le terme de perspective convergeant vers un point de fuite. En raccourcissant deux côtés de la grille, nous pouvons créer une perspective convergeant vers deux points de fuite, qui donne l'impression que la grille s'éloigne dans deux directions.

Original

Perspective à 1 point

Perspective à 2 points

Lorsque vous choisissez la commande Perspective dans le menu Effets, un rectangle de sélection avec une poignée à chaque sommet s'affiche autour de l'objet sélectionné.

▶ **Pour mettre un objet en perspective:**

1. Avec l'outil ▶, sélectionnez l'objet ou le groupe d'objets dont vous souhaitez modifier la perspective.
2. Choisissez la commande Perspective dans le menu Effets.

Un périmètre de sélection pourvu de tirets et de quatre petites poignées entoure les objets sélectionnés tandis que le curseur prend la forme d'une ▶.

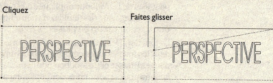

Cliquez        Faites glisser

3. Placez le curseur sur l'une des poignées. Le curseur prend la forme d'une +.
4. Pour obtenir une perspective convergeant vers un seul point de fuite, maintenez le bouton de la souris enfoncé et faites glisser la poignée verticalement ou horizontalement.

   Pour obtenir une perspective convergeant vers deux points de fuite, faites glisser la souris selon une diagonale s'éloignant de l'objet ou se dirigeant vers le centre de l'objet. Si vous faites glisser la souris vers le centre de l'objet, vous le poussez vers l'intérieur de l'écran. Si vous faites glisser la souris en l'éloignant du centre de l'objet, vous tirez l'objet vers vous.

»*Conseil:*
*Maintenez la touche CTRL enfoncée pour contraindre la poignée à se déplacer horizontalement ou verticalement.*

*Si vous maintenez les touches CTRL et MAJ enfoncées tout en faisant glisser la souris, la poignée opposée se déplace sur la même distance mais dans la direction opposée.*

**Faites glisser**

Lorsque vous faites glisser la souris, deux symboles + peuvent s'afficher sur l'écran. Ces symboles correspondent aux points de fuite. Vous pouvez les déplacer pour modifier la perspective de l'objet.

**5.** Lorsque vous relâchez le bouton de la souris, l'objet s'affiche à l'écran dans sa nouvelle perspective.

## Déplacement des points de fuite

Selon les conditions dans lesquelles vous déplacez les poignées, vous verrez apparaître deux points de fuite (chacun d'entre eux étant représenté par le symbole +) à l'écran. Le point de fuite situé à gauche ou à droite de l'objet correspond au point de fuite horizontal ; le point de fuite situé au-dessus ou au-dessous de l'objet correspond au point de fuite vertical.

 **Faites glisser**

**Faites glisser**

> **»Conseil:**
> *La commande Effacer les transformations du menu Effets supprime simultanément les rectangles de sélection et les enveloppes pour rendre ainsi à l'objet sa forme de départ.*

Le déplacement des points de fuite permet de modifier la perspective d'un objet. Si vous faites glisser l'un d'entre eux le long d'une ligne droite en direction de l'objet, le bord de l'objet le plus proche du point de fuite considéré raccourcit. Vous obtenez l'effet opposé si vous éloignez ce point de fuite de l'objet. Si vous faites glisser un point de fuite dans une direction parallèle au périmètre de sélection, le côté le plus éloigné de l'objet ne bouge pas tandis que le côté le plus proche bascule dans la direction de glissement de la souris.

Si vous ramenez les points de fuite trop près de l'objet, celui-ci reprend sa perspective initiale.

*Création d'effets spéciaux / 193*

## Copie de la perspective d'un objet

La commande Copier l'effet de dans le menu Effets vous permet d'appliquer la perspective d'un objet (source) à un autre objet (cible). Il n'est pas nécessaire d'entourer l'objet cible d'un rectangle de sélection pour utiliser la commande Copier l'effet de. Lorsque vous choisissez la commande Copier l'effet de... et Perspective à partir du menu, le curseur se transforme en une flèche spéciale "De?". Placez la pointe de la flèche sur le contour de l'objet source et cliquez. L'objet cible est redessiné avec la même perspective que celle de l'objet source.

La commande Copier l'effet de n'a aucune incidence si une enveloppe a été appliquée au-dessus du rectangle de sélection de la perspective. Pour la procédure à suivre dans ce cas, reportez-vous à la section "Effacement de la perspective d'un objet", ci-dessous.

## Effacement de la perspective d'un objet

Pour effacer la perspective d'un objet et le ramener à son état initial, choisissez la commande Effacer la perspective dans le menu Effets. Si vous avez appliqué plus d'un périmètre de sélection à l'objet, la commande Effacer la perspective annule toutes les modifications que vous avez effectuées depuis l'application du dernier périmètre.

La commande Effacer la perspective est sans effet si vous avez appliqué depuis lors une enveloppe à l'objet. Le seul moyen d'effacer la perspective consiste à supprimer l'enveloppe au préalable. En supprimant celle-ci, vous modifiez également la forme de l'objet. Pour remédier à ce problème, réalisez un duplicata de l'objet avant de supprimer l'enveloppe. De cette manière, vous pouvez utiliser la commande Copier l'effet de, permettant à l'original de reprendre la forme du duplicata.

---

### Alignement des paires de points de fuite

Pour aligner avec précision les points de fuite horizontaux ou verticaux des objets, utilisez les repères d'alignement afin de marquer la position du point de fuite de référence. Ensuite, sélectionnez l'autre point de fuite de l'objet concerné et faites-le coïncider avec le point d'intersection des repères d'alignement.

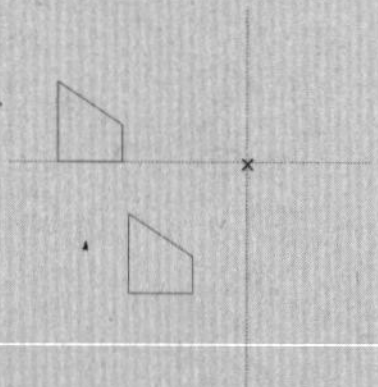

Dplacez le point de fuite sur lequel vous voulez effectuer l'alignement, ensuite...

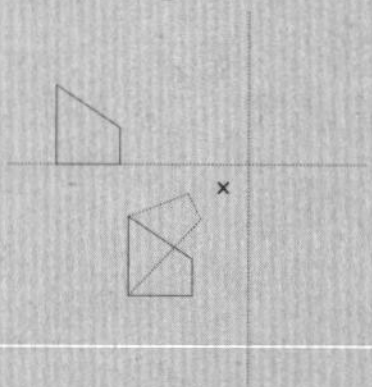

faites glisser le point de fuite de l'autre objet et placez-le à cet endroit.

# Modelage d'un objet par une enveloppe

Pour modifier la forme de base d'un objet, l'une des méthodes consiste à utiliser l'outil ⋏ pour manipuler ses points nodaux et ses poignées de contrôle. Une autre méthode consiste à lui appliquer une enveloppe.

La fonction Enveloppe permet de modeler des lettres sur des formes.

Par définition, l'enveloppe correspond au périmètre de sélection qui apparaît à l'écran lors de la sélection d'un objet avec l'outil ▸. Chaque enveloppe est pourvue de huit poignées, qui permettent d'étirer une partie de l'objet dans une direction déterminée. Imaginez que l'objet soit solidaire d'un support en caoutchouc : les déformations qu'il subit lorsque vous étirez ce support sont comparables aux distorsions que subit l'objet lorsque vous faites glisser l'une des poignées de l'enveloppe.

Quatre modes d'édition sont à votre disposition pour déterminer la manière dont l'enveloppe et l'objet qu'elle entoure doit être modifiée. Les trois premiers permettent de modifier la forme de l'un des côté de l'objet. Le quatrième vous servira à apporter des modifications plus spectaculaires, par exemple, ajuster un texte à l'intérieur d'une forme irrégulière.

Un texte remodelé avec une enveloppe reste un texte malgré tout. Cette particularité signifie que vous pouvez éditer un texte remodelé de cette façon, en modifier les attributs de texte (mais non pas les attributs de caractère), et même le remplacer par un autre texte avec les commandes Fusionner et Extraire/Réincorporer.

La procédure ci-dessous explique la marche à suivre pour modifier la forme d'un objet en utilisant une enveloppe. Les sections suivantes contiennent des informations plus détaillées au sujet de cette fonction.

> **Conseil:**
>
> Si vous maintenez les touches CTRL et/ou MAJ enfoncées tout en faisant glisser une des poignées dans un des trois premiers modes d'édition, vous pouvez remodeler les enveloppes comme suit:
>
> Si vous maintenez la touche CTRL enfoncée tout en faisant glisser la souris, vous contraignez la poignée sélectionnée et la poignée opposée à se déplacer dans la même direction.
>
> Si vous maintenez la touche MAJ enfoncée tout en faisant glisser la souris, vous contraignez la poignée sélectionnée et la poignée opposée à s'éloigner l'une de l'autre.
>
> Si vous maintenez les touches CTRL et MAJ enfoncées tout en faisant glisser la souris, vous contraignez les quatre sommets ou côtés à se déplacer dans des directions opposées.

### ▶ Pour appliquer une enveloppe à un objet :

1. Avec l'outil ▸, sélectionnez l'objet ou le groupe d'objets que vous souhaitez remodeler.
2. Choisissez la commande Menu Enveloppe dans le menu Effets. Le menu flottant Enveloppe s'affiche.
3. Vous avez le choix entre deux possibilités:
   - Cliquez sur Ajouter Nouvelle enveloppe pour ajouter une enveloppe rectangulaire standard, ensuite choisissez le mode édition voulu en cliquant sur le bouton ◁, ◁, ◁, ou ⋏. Pour la description de chaque mode, reportez-vous à la section "Sélection d'un mode Enveloppe" ci-après.
   - Cliquez sur Ajouter Présélection pour afficher une enveloppe dont la forme est prédéterminée. Cliquez ensuite sur la forme voulue.

L'outil ⋏ est sélectionné et un rectangle de tirets comportant huit poignées s'affiche autour de l'objet considéré.

4. Utilisez le curseur pour saisir l'une des poignées puis faites-la glisser dans la direction voulue. La manière dont vous déplacez les poignées dépend du mode d'édition sélectionné. Avec les trois premiers modes,
- les poignées latérales centrales permettent de déplacer l'enveloppe vers la gauche/droite
- les poignées supérieures et inférieures centrales permettent de déplacer l'enveloppe vers le haut/bas
- les poignées de coin permettent de déplacer l'enveloppe vers le haut/bas et vers la gauche/droite

»**Remarque:**
*Lorsque vous avez appliqué une enveloppe à un objet préalablement converti en courbes, vous ne pouvez sélectionner ses points nodaux sans effacer tout d'abord l'enveloppe ou convertir de nouveau cet objet en courbes.*

Avec le quatrième mode, les poignées se déplacent librement. Lorsque vous cliquez sur l'une des poignées de l'enveloppe, des points de contrôle apparaissent pour vous permettre d'affiner la forme de l'objet. Ce point est illustré plus loin dans ce chapitre.

5. Cliquez sur Appliquer pour ajuster les formes de l'objet en fonction de la forme de l'enveloppe.

**Note:** Si vous ne cliquez pas sur le bouton Appliquer après avoir choisi une nouvelle enveloppe pour l'objet, celui-ci ne sera pas redessiné en fonction de l'enveloppe. Si vous cliquez sur un autre objet avant de cliquer sur Appliquer, les modifications apportées à l'enveloppe seront perdues.

### Sélection des options dans le menu flottant Enveloppe

Le menu flottant Enveloppe affiche les commandes et options permettant d'appliquer et d'éditer les enveloppes. Il est possible d'éditer les enveloppes lorsque le menu flottant est fermé, mais il doit être ouvert pour que les modifications soient apportées à l'objet. Chaque commande est présentée brièvement ci-dessous.

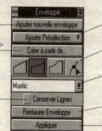

- Applique une enveloppe à l'objet sélectionné
- Affiche une sélection d'enveloppes prédéfinies
- Cliquez sur un de ces boutons pour sélectionner un mode d'édition
- Affiche un curseur permettant de sélectionner un objet que CorelDRAW utilisera pour créer une enveloppe
- Affiche une liste d'options modifiant l'effet d'une enveloppe sur la forme d'un objet
- Cochez cette case pour éviter que les lignes droites ne prennent la forme d'une courbe
- Annule toute mise en forme depuis l'application de l'enveloppe
- Donne à l'objet la forme de l'enveloppe

### Sélection d'un mode Enveloppe

Les boutons ◁ , ◁ , ◁ et ⋏ du menu flottant Enveloppe permettent de choisir l'un des quatre modes d'édition suivants:

- Ligne droite ◁
- Arc simple ◁
- Doubles courbes ◁
- Sans contrainte ⋏ .

Pour voir ce qui fait la différence entre les trois premiers modes, il suffit de les appliquer successivement à un élément de texte ou à un objet rectangulaire et de déplacer l'une des poignées pour en modifier la forme. Vous constaterez que ces trois modes ont à peu près le même effet sur des objets de forme circulaire ou irrégulière. Si vous ne parvenez pas à obtenir le résultat voulu avec le mode choisi, cliquez sur le bouton Restaurer Enveloppe dans le menu flottant et utilisez un autre mode.

Le mode Sans contrainte est le plus souple des quatre : outre que les poignées se déplacent en toute liberté, ce mode vous permet de modeler l'objet comme bon vous semble.

Avec les trois premiers modes, vous ne pouvez déplacer qu'une poignée à la fois. Par contre, en mode Sans contrainte, vous pouvez sélectionner plusieurs poignées et les déplacer simultanément. La méthode utilisée est identique à la technique permettant de déplacer plusieurs points nodaux (c'est-à-dire, MAJ+clic ou glissement d'un rectangle de sélection).

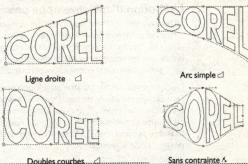

Ligne droite     Arc simple

Doubles courbes     Sans contrainte

Pour choisir un mode, cliquez sur le bouton correspondant. Le mode actif est indiqué par le bouton poussoir qui paraît enfoncé par rapport aux trois autres. Pendant que vous éditez l'objet, vous pouvez passer d'un mode à l'autre indifféremment. L'information qui indique les modes utilisés pendant l'édition d'une enveloppe n'est pas enregistrée avec l'objet. Par conséquent, le mode Enveloppe activé lorsque vous sélectionnez un objet n'est pas nécessairement celui que vous avez utilisé en dernier lieu pour cet objet si vous lui avez appliqué une enveloppe.

## *Edition d'une enveloppe avec le menu flottant Editer un point*

Lorsque vous éditez l'enveloppe d'un objet dans le mode Sans contrainte, vous pouvez appeler le menu flottant Editer un point pour ajouter et supprimer des points nodaux, convertir un segment curviligne en une droite et vice-versa, et déterminer si un point doit être angulaire, continu ou symétrique. Pour accéder au menu flottant Editer un point, double-cliquez sur un point nodal.

Dans le mode Sans contrainte, vous pouvez utiliser les touches "+" et "-" du pavé numérique pour ajouter et supprimer des points lorsque vous éditez l'enveloppe d'un objet, même si le menu flottant Editer un point n'est pas ouvert. En outre, les points nodaux peuvent être décalés avec les touches fléchées du clavier alphanumérique.

## Ajouter une nouvelle enveloppe au-dessus d'une enveloppe existante

La sélection de la commande Ajouter nouvelle enveloppe dans le menu flottant Enveloppe permet de remodeler un objet en faisant appel à une combinaison de modes d'édition. Pour ajouter une nouvelle enveloppe, sélectionnez un objet, cliquez sur Ajouter nouvelle enveloppe et ensuite cliquez sur Appliquer. CorelDRAW superpose une nouvelle enveloppe rectangulaire de base à l'enveloppe existante sans modifier la forme de l'objet. Ensuite, vous pouvez sélectionner un mode d'édition différent dans le menu flottant et éditer la forme de l'enveloppe.

Vous pouvez également passer d'un mode à l'autre en cliquant alternativement sur les boutons correspondants du menu flottant. Dans ce cas, vous n'ajoutez pas une nouvelle enveloppe: seul le mode d'édition change.

## Utilisation d'une enveloppe présélectionnée

Le bouton Ajouter Présélection affiche une série d'enveloppe dont la forme est prédéterminée. Pour appliquer l'une de ces enveloppes à un objet sélectionné, cliquez dessus et ensuite cliquez sur Appliquer. Etant donné que les présélections sont créées sur base des styles standard, vous pouvez les éditer comme n'importe quelle autre enveloppe.

Lorsque vous appliquez une enveloppe présélectionnée à un objet, l'enveloppe est étirée de manière non-proportionnelle pour s'ajuster à la forme de l'objet. Toutefois, lorsque vous appliquez une enveloppe présélectionnée à un texte courant, elle est étirée de manière proportionnelle pour s'ajuster au cadre déterminé par le périmètre de sélection.

## Sélection d'un point de départ

CorelDRAW calcule la forme d'un objet en comparant la position des poignées de l'enveloppe avec celles qui entourent l'objet lorsque vous le sélectionnez. Vous pouvez agir sur le résultat de ces calculs, et donc sur la forme de l'objet, en utilisant les options de la liste déroulante du menu flottant.

**Original:** Avec ce mode, les angles du périmètre de sélection sont assignés aux angles de l'enveloppe. D'autres points nodaux de l'enveloppe s'alignent sur les bords du périmètre de sélection. Des arcs de commande Bézier sont utilisés pour déterminer la corrélation entre les points nodaux de deux enveloppes. Ce mode tire son nom du fait qu'il s'agit de celui utilisé par les enveloppes créées avec CorelDRAW 3.0. Si vous souhaitez que les objets remodelés avec la version 3.0 du programme conservent leur forme lorsque vous les appelez dans la version 4.0, c'est ce mode que vous devez activer.

**Mastic:** Il s'agit du mode par défaut parce qu'il génère des distorsions moins accentuées que le mode Original (pour parvenir à ce résultat, le calcul de la forme finale de l'objet ne tient compte que de la position des poignées d'angle). Les points nodaux intérieurs sont étirés pour remplir l'enveloppe. Les arcs de commande Bézier et les points de l'enveloppe sont ignorés. Seuls la forme de l'enveloppe et

Mode original

Mode vertical

les points nodaux situés aux coins sont utilisés. La différence entre les modes Mastic et Original se remarque surtout lorsque vous travaillez avec des enveloppes en mode Sans contrainte.

**Vertical:** Ce mode adapte la forme d'un objet à celle de l'enveloppe en étirant l'objet pour l'ajuster à son périmètre de sélection puis en le comprimant ou en l'étirant dans le sens vertical pour l'ajuster à l'enveloppe. L'effet se remarque surtout lorsque vous travaillez avec des objets orientés dans le sens vertical, du texte par exemple. Comparez les deux objets de texte illustrés ci-dessous. Vous remarquerez que les éléments verticaux des caractères de droite résistent à la traction exercée par les poignées latérales de l'enveloppe.

**Horizontal:** Ce mode fonctionne selon le même principe que le mode Vertical, mais dans la dimension opposée: la forme de l'objet est comprimée ou étirée latéralement. L'illustration ci-dessous montre que le mode Horizontal est indiqué lorsque vous souhaitez préserver les caractéristiques de l'objet dans le plan horizontal.

Mode original    Mode horizontal

**Texte:** Si vous utilisez une enveloppe pour remodeler du texte courant, CorelDRAW sélectionne un cinquième mode, le mode Texte et désactive tous les autres.

**Note:** Lorsque vous sélectionnez un objet auquel vous avez appliqué une enveloppe, l'option utilisée pour en calculer la forme est sélectionnée automatiquement dans le menu flottant Enveloppe.

### Création d'une enveloppe sur la base d'un objet

Vous pouvez sélectionner un objet qui servira de modèle pour créer une enveloppe, en vue de l'appliquer à un autre objet.

▶ **Pour créer une enveloppe à partir d'un objet:**

1. Sélectionnez d'abord l'objet auquel vous voulez appliquer l'enveloppe (objet cible).

2. Cliquez sur le bouton Créer à partir de, dans le menu Enveloppe.
3. Placez le pointeur spécial sur l'objet dont vous voulez utiliser l'enveloppe (l'objet source) et cliquez.

Une ligne en pointillé ayant la forme de l'objet (enveloppe) entoure l'objet de destination.

**4.** Cliquez sur le bouton Appliquer.

L'objet de destination se remodèle en fonction de la nouvelle enveloppe.

Vous pouvez éditer la forme de l'enveloppe en utilisant l'outil ⚁. Ensuite, cliquez de nouveau sur Appliquer pour appliquer à l'objet l'enveloppe que vous venez d'éditer.

**Note:** Lorsque vous sélectionnez un objet dont vous voulez appliquer la forme à un autre objet, CorelDRAW crée une enveloppe en prenant les quatre points nodaux les plus proches des sommets du périmètre de sélection. Ces quatre points servent de points angulaires pour déterminer l'enveloppe pour autant qu'ils puissent être atteints en suivant le tracé de l'objet. Si ce n'est pas le cas, il est possible que l'enveloppe ne correspondra pas exactement à la forme de l'objet source. Par exemple, si c'est un chiffre "8" qui est sélectionné, il n'est pas certain que l'enveloppe coïncidera parfaitement avec la forme du chiffre 8. Vous pouvez envisager d'ajouter des points nodaux supplémentaires à l'objet source avant d'appliquer l'enveloppe à un autre objet.

Créer des enveloppes en utilisant des objets sources est particulièrement utile pour modifier la forme d'un texte courant. Pour plus d'informations, reportez-vous à la section "Modelage d'un texte courant au moyen d'une enveloppe" plus loin dans ce chapitre.

## Effacement de l'enveloppe d'un objet

> **» Conseil:**
> La commande Effacer les transformations du menu Effets rend à l'objet sélectionné sa forme initiale en supprimant simultanément toutes ses enveloppes.

La sélection de l'option Effacer l'enveloppe restaure la forme initiale de l'objet. Si vous avez appliqué plus d'une enveloppe à cet objet, l'option Effacer l'enveloppe annule toutes les opérations de remodelage effectuées depuis l'application de la dernière enveloppe. Pour supprimer des enveloppes appliquées antérieurement, vous devez cliquer sur cette commande autant de fois qu'il est nécessaire pour les supprimer toutes. Les enveloppes sont supprimées dans l'ordre inverse où elles ont été appliquées. En d'autres termes, c'est l'enveloppe appliquée en dernier lieu qui est supprimée en premier.

L'option Effacer l'enveloppe est sans effet si vous avez depuis lors appliqué la commande Perspective à cet objet. La seule méthode pour effacer l'enveloppe consiste à supprimer la perspective au préalable. Pour pallier à une perte éventuelle de la perspective appliquée à cet objet, dupliquez-le avant d'éliminer la perspective. Cette opération permet d'utiliser la commande Copier l'effet de... pour recopier la perspective du duplicata sur l'original.

## Copie d'une enveloppe d'un objet vers un autre

La commande Copier l'effet de qui se trouve dans le menu Effets permet d'appliquer la forme d'un objet (source) à un autre objet (cible). Il n'est pas nécessaire que l'objet cible soit entouré d'une enveloppe pour que cette commande soit opérationnelle. Lorsque vous choisissez la commande Copier l'effet de... et Enveloppe, le curseur prend la forme de la flèche spéciale "De?". Placez la pointe de la flèche sur le contour de l'objet source (ou n'importe où sur l'objet source lorsque vous travaillez dans le mode visualisation modifiable) et cliquez. L'objet cible est redessiné; il prend la forme de l'objet source.

La commande Copier l'effet de... est sans effet si vous avez depuis lors appliqué la commande Perspective à l'objet source. Pour plus d'informations sur la procédure à suivre dans ce cas, reportez-vous à la section "Effacement de l'enveloppe d'un objet plus haut".

## *Utilisation de la fonction Conserver Lignes*

Normalement, les segments de droite sont convertis en segments curvilignes pour que l'objet épouse au plus près les formes de l'enveloppe choisie. L'illustration montre que lorsque la case Conserver lignes est cochée, les segments de droite restent rectilignes. Remarquez toutefois que la concordance entre la forme de l'objet et celle de l'enveloppe est nettement moins précise.

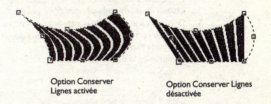

Option Conserver Lignes activée

Option Conserver Lignes désactivée

### *Utilisation des trois premières enveloppes pour remodeler un texte artistique*

Les enveloppes ne collent pas toujours de trs prs aux textes qui comportent des caractères arrondis (tels que les lettres, "O", "U"). Lorsque c'est le cas, vous risquez d'obtenir certaines courbures indésirables lorsque vous tentez de créer des effets tels que celui de l'illustration ci-contre. Ces courbures apparaissent en raison de la conception de certaines polices de caractères —la police Brooklyn par exemple—. Si vous ne pouvez utiliser d'autres polices, passez en mode d'édition Sans contrainte afin de rectifier manuellement de telles courbures.

## *Utilisation de la fonction Restaurer Enveloppe*

Lorsque vous appliquez une enveloppe à un objet au moyen de la commande Ajouter nouvelle enveloppe, Ajouter Présélection, ou Créer à partir de, ou en déplaçant les points nodaux de l'enveloppe au moyen de l'outil ⤢ , un contour en pointillé de l'enveloppe apparaît autour de l'objet avant son application. Vous pouvez supprimer ce pointillé et restaurer la forme initiale de l'enveloppe en cliquant sur Restaurer Enveloppe. Dans ce cas, CorelDRAW rétablit l'enveloppe dans la forme qui était la sienne lorsque vous avez appuyé sur le bouton Appliquer pour la dernière fois.

*Création d'effets spéciaux*

## Modelage d'un texte artistique selon une forme

Le mode d'édition Sans contrainte est idéal pour modeler un texte selon une forme.

▶ **Pour modeler un texte selon une forme:**

1. Placez le texte sur la forme.
2. Mettez le texte à l'échelle de telle façon que deux des sommets au moins de sa boîte de sélection coïncident avec le contour de la forme.
3. Choisissez Enveloppe et ensuite choisissez le mode d'édition Sans contrainte.

4. Positionnez les poignées de telle façon que le texte s'inscrive grosso modo dans le périmètre de la forme.
5. Déplacez les points de contrôle pour affiner la forme du texte.
6. Cliquez sur le bouton Appliquer pour que le texte soit remodelé en fonction de l'enveloppe.
7. Supprimez la forme (si vous le souhaitez).

Vous pouvez également utiliser la commande Créer à partir de dans le menu flottant Enveloppe pour ajouter une nouvelle enveloppe à un texte artistique. Pour plus d'informations, reportez-vous à la section "Création d'une enveloppe sur la base d'un objet", plus haut dans ce chapitre.

## Edition d'un texte modelé avec une enveloppe

Pour éditer un texte artistique que vous avez modelé en lui appliquant une enveloppe, cliquez sur l'outil ◭ et ensuite cliquez sur le texte. Vous pouvez aussi utiliser le curseur de texte pour mettre le texte en surbrillance et choisir ensuite la commande Editer le texte dans le menu Texte. La boîte de dialogue s'affiche pour vous permettre d'éditer le texte.

## Modelage d'un texte courant au moyen d'une enveloppe

Vous pouvez disposer du texte courant autour d'un objet ou le modeler dans une forme déterminée en appliquant une enveloppe ayant la forme voulue autour de son encadré. Contrairement aux autres objets, une nouvelle enveloppe appliquée à un texte courant remplace l'enveloppe existante. Lorsque vous sélectionnez le texte, le mode Texte est sélectionné automatiquement dans le menu flottant (les autres modes sont inopérants).

▶ **Pour appliquer une enveloppe à l'encadré d'un texte courant:**

1. Sélectionnez l'encadré de texte courant auquel vous voulez appliquer une enveloppe.

2. Choisissez Menu Enveloppe dans le menu Effets.

3. Dans le menu flottant, cliquez sur le bouton Créer à partir de.

Placez la flèche spéciale "De?" sur l'objet dont vous voulez appliquez la forme (l'enveloppe) au texte courant. Il peut s'agir d'un objet que vous avez dessiné ou importé, ou d'un symbole issu du menu flottant Symboles, la forme de l'objet devant être fermée.

Une ligne en pointillé ayant la forme de l'enveloppe apparaît autour de l'encadré du texte courant (illustration ci-dessous à gauche).

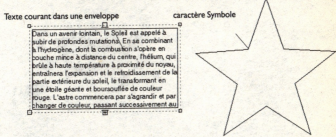

Texte courant dans une enveloppe     caractère Symbole

4. Cliquez sur le bouton Appliquer.

L'enveloppe est appliquée à l'encadré du texte courant et la forme du texte est adaptée (illustration ci-dessous à gauche).

Le texte courant épouse la forme de l'enveloppe basée sur le symbole

Dans un avenir lointain, le Soleil est appelé à subir de profondes mutations. En se combinant à l'hydrogène, dont la combustion s'opère en couche mince à distance du centre, l'hélium, qui brûle à haute température

Pour modifier la forme de l'enveloppe, utilisez l'outil ↷ et cliquez sur le bouton Appliquer pour appliquer l'enveloppe que vous venez d'éditer à l'encadré de texte.

Vous pouvez également modeler l'encadré d'un texte courant en utilisant les enveloppes standard dans la liste des présélections. Pour plus d'informations, reportez-vous à la section "Utilisation d'une enveloppe présélectionnée", plus haut dans ce chapitre.

# Application d'un dégradé de formes à des objets

La fonction Dégradé permet de transformer progressivement un objet en un autre objet par une série de formes intermédiaires. Vous pouvez également choisir le tracé que doit suivre l'effet de transition.

Outre l'habillage d'images, vous découvrirez que cette fonction de dégradé peut s'avérer très utile lors de la création de mises en valeur et d'effets d'aérographe. L'exemple illustré ici montre de quelle façon un dégradé définit les contours d'un objet en lui conférant un aspect tridimensionnel.

Vous pouvez créer un dégradé de formes avec des objets dont l'épaisseur du trait diffère, dont le périmètre est ouvert ou fermé ; vous pouvez combiner une couleur quadrichromique avec une autre couleur quadrichromique ainsi que différentes nuances d'une même couleur d'accompagnement.

Lorsque vous combinez deux objets, ils donnent naissance à un groupe d'objets associés par des liens dynamiques. Cela signifie que si vous avez créé un dégradé de formes et que vous modifiez l'objet de départ ou de fin, le dégradé se reconstitue instantanément en intégrant les modifications que vous avez apportées. Cette reconstitution a lieu quelle que soit l'opération effectuée : rotation, mise à l'échelle, inclinaison, ajout d'une enveloppe ou modification des couleurs de l'objet de départ ou de fin.

En outre, comme tous les objets d'un dégradé de formes sont associés par des liens dynamiques, tracé inclus, vous pouvez également modifier le tracé (c'est-à-dire éditer ses points nodaux). Le dégradé de formes se reconstitue instantanément en rendant compte des changements opérés.

Vous pouvez utiliser la commande Séparer du menu Disposer pour dissocier les différents éléments constitutifs d'un dégradé de formes.

La procédure ci-dessous explique la marche à suivre pour appliquer un dégradé à des objets. Les sections suivantes contiennent des informations plus détaillées au sujet de cette fonction.

## ▶ Pour créer un dégradé de formes entre deux objets :

1. Sélectionnez les deux objets concernés.
2. Choisissez "Menu Dégradé" de formes dans le menu Effets.

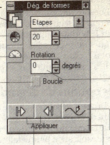

Cliquez pour afficher les commandes permettant de manipuler un dégradé sur un tracé

Cliquez pour afficher les options relatives au dégradé des couleurs

Cliquez pour choisir les points de départ des objets du dégradé, ainsi que pour scinder et fusionner le dégradé

Cochez la case Boucle pour faire pivoter des objets intermédiaires à mi-chemin entre le centre de rotation des objets de départ et d'arrivée

Cliquez pour sélectionner les objets de départ (▷) et d'arrivée (◁) dans un dégradé et pour en sélectionner des nouveaux

Cliquez pour slectionner Espacement, si vous souhaitez créer un dégradé de formes le long d'un tracé et si vous voulez définir l'espacement entre les étapes intermédiaires

Tapez dans cette case le nombre d'étapes intermédiaires choisies pour le dégradé ainsi que l'espacement des étapes. L'espacement est calculé dans la même unité que les règles

Tapez le degré de rotation des formes intermédiaires. Les valeurs positives entraînent une rotation vers la droite, les valeurs négatives, une rotation vers la gauche

Cliquez pour afficher les commandes se rapportant aux Etapes, aux Espacements et à la Rotation

Cliquez pour appliquer vos choix aux objets sélectionnés

### Dégradé de formes avec des objets comportant différents attributs de surface

> **» Conseil**
> Pour ouvrir le menu flottant Dégradé, appuyez sur CTRL+B.

Les attributs de surface changent selon les règles suivantes:

| Attribut de surface: | Formes intermédiaires: |
|---|---|
| Pas d'attribut de surface | Pas d'attribut de surface |
| Surface uniforme avec dégradé | Dégradé allant de la surface uniforme au dégradé |
| Surface uniforme avec motif | Surface uniforme |
| Surface concentrique et surface linéaire | Dégradé concentrique |
| Surface concentrique et surface uniforme | Dégradé concentrique |
| Même type de dégradé linéaire pour les deux objets | Dégradé |
| Motif dans un seul objet | Remplissage de l'autre objet |
| Motifs dans les deux objets | Motif de l'objet superposé |
| Couleur non-quadri et couleur quadri | Couleur quadri |
| Deux couleurs non-quadri différentes | Couleur quadri |
| Même style de texture pour les deux objets | Texture dgrade pour les formes intermédiaires |
| Texture pour un seul objet | Texture de l'autre objet pour les formes intermédiaires |
| Textures différentes pour les deux objets | Texture de l'objet plac en haut pour les formes intermédiaires |

*Création d'effets spéciaux*

3. Entrez le nombre d'étapes intermédiaires que doit comporter le groupe.
   Ce nombre d'étapes détermine le nombre de formes intermédiaires créées par CorelDRAW. Plus il est élevé, plus la progression entre les formes ou les attributs de surface sera subtile.
4. Spécifiez au besoin toute autre option supplémentaire (reportez-vous à la section "Sélection des options de dégradé" ci-dessous) et cliquez sur le bouton Appliquer.
   Au bout de quelques secondes, les formes intermédiaires apparaissent à l'écran. Dès que leur tracé a pris fin, le jeu de formes qu'elles constituent est sélectionné et considéré par la suite comme un Dégradé de formes en tant que tel.

## Sélection des options de dégradé

Le menu flottant Dégradé de formes affiche toutes les commandes et options permettant de créer et d'éditer les dégradés de formes. La fonction de chaque commande est présentée brièvement ci-dessous. Vous trouverez une explication plus détaillée dans les pages qui suivent.

### Sélection du nombre de formes intermédiaires ou de la distance entre les objets du dégradé

Une des méthodes permettant de contrôler la distance entre les différents objets d'un dégradé de formes consiste à spécifier le nombre d'étapes intermédiaires séparant les objets de ce dégradé. Plus le nombre des étapes intermédiaires est important, plus les objets sont rapprochés. De même, plus le nombre des étapes intermédiaires est réduit, plus les objets sont éloignés.

Lorsque vous spécifiez le tracé que doit suivre le dégradé de formes, vous avez la possibilité d'indiquer le nombre d'étapes ou la distance entre les formes intermédiaires, en pouces ou en utilisant l'unité de mesure de la règle horizontale. Par exemple, si les deux objets de départ sont distants de 10 pouces et que vous spécifiez un espacement de 0,1 pouce, CorelDRAW génère un dégradé composé de 99 formes intermédiaires.

### Définition du mode pour les couleurs du dégradé

Pour définir les couleurs du dégradé, cliquez sur le bouton ✿. Les commandes qui apparaissent vous permettent de spécifier les couleurs appliquées aux objets intermédiaires du dégradé de formes.

Si vous ne cochez pas l'option Arc-en-ciel, les couleurs des objets intermédiaires sont appliquées selon une progression directe entre les couleurs de l'objet de départ et de l'objet d'arrivée. Un trait le long du disque chromatique visualise le sens de la progression, dont les extrémités indiquent les couleurs de surface de l'objet de départ et de l'objet d'arrivée du dégradé.

Si vous cochez la case Arc-en-ciel, CorelDRAW détermine les couleurs des objets intermédiaires en fonction d'une trajectoire arquée dans le disque chromatique. Les couleurs de surface des objets de départ et d'arrivée du dégradé correspondent aux extrémités de cet arc. Cette méthode de détermination des couleurs offre un éventail de couleurs plus large pour réaliser cet effet de dégradé, d'où le nom de cette option : Arc-en-ciel.

Les boutons ⊙ et ⊙ (qui apparaissent lorsque vous cochez la case Arc-en-ciel), vous permettent de spécifier le sens de rotation de l'arc autour du disque chromatique.

**Note:** Le disque de couleurs illustre les transitions chromatiques des surfaces des différents objets du dégradé, mais le système s'applique également aux couleurs du contour des objets que comporte le dégradé. Si ces objets ne possèdent que des couleurs de contour, sans attribut de surface, le disque illustre la transition entre les couleurs de contour.

### Dégradés de formes avec des objets comportant un nombre inégal de tronçons

Si vous combinez des objets comportant un nombre inégal de tronçons, certains objets intermédiaires (ou même tous les objets intermédiaires) risquent d'être tracés en tant que tracés ouverts plutôt que fermés. En pareil cas, les objets intermédiaires peuvent ne pas apparaître à l'impression, ou alors ils s'impriment sous la forme de contours plutôt que de surfaces remplies.

## Rotation des formes intermédiaires

Vous pouvez également faire subir une rotation aux objets intermédiaires d'un dégradé de formes en entrant une valeur dans le champ Rotation. Si vous entrez une valeur positive, la rotation s'effectue dans le sens des aiguilles d'une montre par rapport à l'objet de départ. Avec une valeur négative, la rotation s'effectue dans le sens contraire. (Si vous ne savez pas exactement quel est l'objet de départ du dégradé, cliquez sur ▷ et sélectionnez Afficher le début pour mettre en évidence l'objet de départ). Si vous entrez, par exemple, une valeur de 180° alors que l'option Boucle est activée, la rotation a la forme d'un arc.

Dégradé rectiligne    Dégradé avec une rotation de 180°    Dégradé avec une rotation de 180° et l'option Boucle activée

### Déplacement du centre de rotation dans des groupes "Dégradés de formes"

Les objets d'un dégradé de formes sont liés entre eux, mais ils conservent néanmoins leur statut d'objet à part entière. Par conséquent, une modification qui consisterait, par exemple, à déplacer le centre de rotation du dégradé de formes est ignorée parce que le centre de rotation d'objets sélectionnés simultanément coïncide toujours avec le centre du périmètre de sélection de ces objets.

Pour rendre opérationnel un déplacement du centre de rotation d'un dégradé de formes, vous devez d'abord appliquer à ce groupe d'objets la commande Associer du menu Disposer. Ensuite, il n'est plus possible d'éditer les objets intermédiaires de manière séparée, aussi longtemps que vous n'appliquez pas au groupe la commande Dissocier du menu Disposer.

*Création d'effets spéciaux* / **207**

Avec des groupes, l'effet est différent en fonction du mode dans lequel se trouve le groupe lorsque vous cliquez sur Appliquer. S'il s'agit du mode rotation/inclinaison, la rotation des objets s'effectue depuis le centre de rotation, qui se trouve à mi-chemin entre le centre de rotation des objets de début et d'arrivée. S'il s'agit du mode étirement/mise à l'échelle, la rotation s'effectue sur la base du centre de rotation des objets. En changeant le centre de rotation de l'objet de départ ou d'arrivée d'un groupe auquel vous avez appliqué une rotation, vous pouvez obtenir des effets intéressants. Par contre, changer le centre de rotation du groupe est sans effet.

## Dégradé de formes avec objets le long d'un tracé

La combinaison de deux objets le long d'un tracé quelconque entraîne le déplacement de l'objet de départ et de l'objet d'arrivée (appelés "objets de contrôle") jusqu'à leur point le plus proche sur ce tracé. Plus spécifiquement, il s'agit du centre de rotation de chaque objet situé qui est placé sur ce tracé. (Habituellement, ces centres de rotation coïncident avec le centre des différents objets sauf si vous avez modifié la position des centres de rotation). Ensuite, la combinaison s'opère entre les deux objets selon le profil de ce tracé.

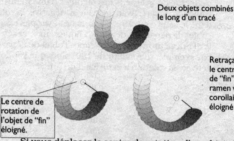

Deux objets combinés le long d'un tracé

Retraçage d'un dégradé dont le centre de rotation de l'objet de "fin" a automatiquement ramen vers le tracé avec, en corollaire, un objet de "fin" éloigné du tracé)

Le centre de rotation de l'objet de "fin" éloigné.

Si vous déplacez le centre de rotation d'un objet alors qu'il s'agit de l'objet de départ ou d'arrivée d'une combinaison exécutée le long d'un tracé, le traçage de cette combinaison sera différent. Ce traçage diffère parce que l'objet se déplace toujours de façon telle que son centre de rotation coïncide avec un point du tracé. Donc, si vous déplacez l'un des centres de rotation d'un objet de manière significative par rapport au contour de cet objet, la combinaison qui en résulte risque de s'écarter sensiblement du tracé.

Il est également possible de créer un dégradé de formes en utilisant un groupe d'objets comme objet de départ et/ou d'arrivée. Pour les détails, reportez-vous à la section "Création de dégradés composites" plus loin dans ce chapitre. Vous pouvez aussi appliquer plusieurs dégradés de formes le long d'un même tracé.

Après avoir combiné des objets le long d'un tracé, vous pouvez éditer les points de ce tracé avec l'outil ⚘. La combinaison est instantanément reconstituée pour rendre compte des modifications intervenues.

### ▶ Pour créer un dégradé de formes le long d'un tracé

1. Appliquez un dégradé à deux objets.
2. Cliquez sur le bouton ⚘.
3. Choisissez Nouveau tracé.
4. Cliquez sur le tracé qui doit servir de support au dégradé de formes.
5. Utilisez si nécessaire les options suivantes:

- Choisissez **Tracé complet** si vous souhaitez que le dégradé soit disposé sur toute la longueur du tracé (sinon, CorelDRAW attache le dégradé au point le plus proche sur le tracé).
- Choisissez **Rotation complète** si vous souhaitez que le dégradé suive un tracé curviligne. L'importance de la rotation est déterminée par la pente du tracé. Par exemple, si un objet se trouve sur un segment horizontal du tracé, CorelDRAW n'applique aucune rotation. S'il se trouve sur un segment vertical, l'objet subit une rotation de 90 degrés.
- Choisissez **Espacement** dans la liste du menu flottant et tapez, ou sélectionnez, la valeur de la distance qui doit séparer les formes intermédiaires.

6. Cliquez sur le bouton **Appliquer**.

Deux objets et un tracé      Deux objets dans un dégradé      Dégradé le long d'un tracé

Lorsque le dégradé est appliqué le long d'un tracé, vous pouvez utiliser la commande **Nouveau tracé** pour choisir un autre tracé; la commande **Afficher le tracé** pour mettre le tracé en évidence (parfois pratique dans le cas de certains dessins); et la commande **Détacher du tracé** pour séparer le dégradé et le tracé auquel il est appliqué.

Vous pouvez également sélectionner l'objet de départ ou l'objet d'arrivée et le déplacer le long du tracé. Vous pouvez même déplacer un objet par rapport au tracé en déplaçant son centre de rotation. Comme le centre de rotation est toujours ramené de force sur le tracé, il en résulte que l'objet s'en écarte.

### *Sélection des objets de départ et d'arrivée d'un dégradé*

Les deux icônes fléchées ▷ et ◁ dans le bas du menu flottant Dégradé de formes permettent de spécifier les objets de départ et d'arrivée d'un dégradé. Elles indiquent également quels sont les objets de départ et d'arrivée d'un dégradé existant. Après avoir créé un dessin contenant de nombreux éléments, il est difficile de se souvenir de l'objet de départ et d'arrivée d'un dégradé.

> **»Conseil:**
> Pour déterminer si vous avez sélectionné un dégradé de formes et si un tracé lui est associé, observez les boutons ▷, ◁ et ↶. Si le groupe est sélectionné, les flèches ▷ et ◁ sont noires. Si le dégradé est associé à un tracé, le tracé ↶ est également noir.

▶ **Pour déterminer l'objet de départ d'un dégradé:**

1. Cliquez sur l'icône ▷. Sélectionnez l'option **Nouveau début** dans le menu déroulant. Le curseur prend la forme d'une ▷.
2. Cliquez sur l'objet que vous souhaitez comme objet de départ de votre dégradé de formes. Cet objet est mis en valeur et il devient l'objet de départ du dégradé.
3. Cliquez sur l'option **Appliquer** pour réagencer les différents objets. Si le résultat ne vous satisfait pas, choisissez la commande **Annuler** dans le menu Edition pour revenir au dégradé antérieur.

Procédez de la même façon pour spécifier l'objet d'arrivée d'un dégradé. Utilisez l'icône ◁ et sélectionnez l'option **Nouvelle fin** dans le menu déroulant.

▶ **Pour afficher l'objet de départ d'un dégradé:**
1. Cliquez sur l'icône ▷.
2. Sélectionnez l'option Afficher le début dans le menu déroulant. L'objet de départ est mis en valeur. Pour afficher l'objet d'arrivée, procédez de la même manière en activant l'icône ◁ et en sélectionnant l'option Afficher la fin dans le sous-menu.

## Spécification des points de départ d'un dégradé de formes

CorelDRAW cherche le premier point nodal de l'objet de départ et d'arrivée et commence à créer les formes intermédiaires en fonction de leurs positions respectives. Selon la nature du dessin, cette méthode peut donner le résultat escompté ou un résultat inattendu.

L'option Déf. départ (qui s'affiche lorsque vous cliquez sur l'icône ⌒) vous permet de spécifier quels sont les différents points nodaux que CorelDRAW doit considérer comme les premiers points nodaux de chacun des objets. Cette désignation permet d'exercer un contrôle accru sur l'aspect que prennent les objets intermédiaires du dégradé en orientant la manière dont l'objet de départ se transforme pour devenir l'objet d'arrivée.

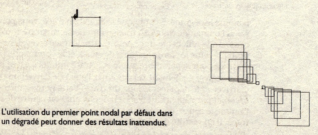

L'utilisation du premier point nodal par défaut dans un dégradé peut donner des résultats inattendus.

Si vous cliquez sur l'option Déf. départ, le curseur prend la forme d'une ↱ et les points nodaux de l'un des objets de contrôle apparaissent à l'écran. Cliquez sur le point nodal de votre choix pour en faire le premier point de l'objet. La flèche se retourne et les points nodaux de l'autre objet de contrôle s'affichent à leur tour. Comme précédemment, cliquez sur le point nodal qui doit servir de premier point pour cet objet. Ensuite, cliquez sur l'option Appliquer pour reconstituer le dégradé de formes.

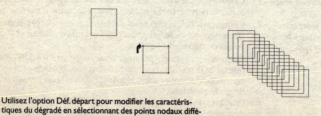

Utilisez l'option Déf. départ pour modifier les caractéristiques du dégradé en sélectionnant des points nodaux différents comme points de départ pour le dégradé.

## Modification d'un dégradé

Les objets d'un dégradé étant associés par des liens dynamiques, toute modification portant sur l'objet de départ, l'objet d'arrivée, les objets intermédiaires ou le tracé (le cas échéant) entraîne une refonte du dégradé, de manière à intégrer les modifications apportées, peu importe que vous ayez procédé à une rotation, une mise à l'échelle, une inclinaison, une édition des points, une application d'enveloppe ou une modification des couleurs de l'objet considéré.

Les objets de départ et d'arrivée d'un dégradé de formes sont appelés objets de contrôle parce que leurs attributs contrôlent les objets intermédiaires auxquels ils sont associés. Vous pouvez éditer les objets de contrôle d'un dégradé de formes, mais pas les objets intermédiaires. Il est toutefois possible de convertir un objet intermédiaire en un objet de contrôle. Sélectionnez l'objet avec le pointeur spécial qui apparaît lorsque vous cliquez sur le bouton Scinder (pour accéder à ce bouton, cliquez sur ⊙). Le périmètre de sélection apparaît autour de l'objet, qui peut désormais être modifié de la même manière que les objets de contrôle. En fait, le dégradé de formes initial se compose à présent de deux dégradés distincts. Le nouvel objet de contrôle est à la fois l'objet de départ d'un dégradé et l'objet d'arrivée du second dégradé (même si vous ne lui apportez aucune modification). Lorsque vous éditez le nouvel objet de contrôle et que vous reconstituez le dégradé, les deux groupes se reforment en fonction des modifications apportées.

Si le dégradé n'est associé à aucun tracé, vous pouvez positionner une forme intermédiaire en un point quelconque de la page. Cette opération a pour effet d'écarter le dégradé d'un axe qui, sinon, serait droit.

> **Remarque:**
> Vous ne pouvez scinder un dégradé en sélectionnant un objet intermédiaire adjacent à un objet de contrôle.

## Fusion d'un dégradé scindé

Les commandes Fusionner Haut et Fusionner Bas permettent de reconstituer un dégradé de formes que vous avez scindé antérieurement. Les termes Haut et Bas se réfèrent à l'objet de contrôle que partagent les deux dégradés obtenus en cliquant sur le bouton Scinder. Dans l'un des groupes, l'objet de contrôle occupe la position du bas; dans l'autre groupe, il occupe la position du haut. Cette relation est évidente lorsque les objets qui constituent les deux dégradés se chevauchent comme dans l'illustration ci-dessous.

Pour fusionner un double dégradé de formes comme celui de l'exemple, maintenez la touche CTRL enfoncée et cliquez sur l'un des objets intermédiaires de l'un quelconque des deux dégradés.

Objet de contrôle utilisé par deux dégradé de formes

...et l'objet d'arrivée de ce groupe

L'objet de contrôle est l'objet de départ de ce groupe...

Ensuite, cliquez sur le bouton Fusionner auquel CorelDRAW vous donne accès. Si les deux dégradés de formes ne sont pas le long d'un tracé et qu'ils se sont décalés par rapport à une ligne droite, la commande de fusion permet de reformer un dégradé rectiligne. Dans l'exemple suivant, l'objet de contrôle commun occupe la position de départ dans trois dégradés d'un groupe qui en compte trois. Cela signifie que le dégradé situé en bas et à gauche peut être fusionné avec l'objet de contrôle des deux autres dégradés distincts.

Objet de contrôle utilisé par trois dégradés de formes.

La fusion de ce groupe avec cet objet de contrôle donne le résultat suivant.

Dans une telle situation, CorelDRAW vous permet de choisir le dégradé avec lequel la fusion doit avoir lieu. Pour indiquer votre choix, maintenez la touche CTRL enfoncée et cliquez sur le dégradé voulu. Ensuite, cliquez sur le bouton Fusionner auquel CorelDRAW vous donne accès. Avec le pointeur spécial qui apparaît, cliquez sur l'un des objets intermédiaires du dégradé (à l'exception de l'objet intermédiaire immédiatement adjacent à l'objet de contrôle qui détermine le résultat de la fusion).

## Inversion, chaînage et effacement de dégradés

Normalement, CorelDRAW génère les formes intermédiaires d'un dégradé sur base de l'objet de départ. Si vous souhaitez que les calculs soient effectués plutôt sur base de l'objet d'arrivée, sélectionnez le dégradé et choisissez la commande Ordre dans le menu Disposer, et ensuite la commande Ordre inverse dans le sous-menu Ordre.

Après avoir créé un dégradé de formes, vous pouvez sélectionner n'importe quel objet qui le compose et vous en servir en combinaison avec un autre objet pour créer un nouveau dégradé. Vous pouvez répéter la procédure autant de fois que vous le voulez pour créer des dégradés en chaîne.

»**Remarque:**
*Le nom de la commande Effacer les effets change en fonction du dernier effet utilisée (par exemple, Effacer l'enveloppe ou Effacer la perspective).*

La sélection de la commande Effacer l'effet dans le menu Effets, après avoir sélectionné un dégradé de formes, supprime les objets intermédiaires en ne préservant que l'objet de Départ et d'Arrivée ainsi que le Tracé s'il y en avait un.

## Création de dégradés composites

Un dégradé de formes peut être créé en utilisant un groupe d'objets associés comme objet de départ et/ou d'arrivée. En outre, un seul et même tracé peut servir à plusieurs dégradés de formes. Ces deux fonctions permettent de créer des objets tel que le rameau de fougère de l'illustration ci-après.

Si au moins deux dégradés sont placés sur un même tracé, vous obtenez un dégradé composite. Pour éditer par la suite l'un des groupes de ce type de dégradé, ou l'un des éléments, vous devez recourir à une séquence de sélection particulière. Lorsque vous cliquez sur un élément quelconque d'un dégradé composite, vous sélectionnez le dégradé dans son intégralité. Si vous cliquez de nouveau sur le dégradé en maintenant la touche CTRL enfoncée, vous accédez au composant et vous pouvez l'éditer. Pour accéder à un élément déterminé en vue de l'éditer, vous devez cliquer dessus à l'aide du pointeur spécial qui apparaît lorsque vous choisissez le

Exemple de dégradé composé.

bouton Scinder dans le menu flottant Dégradé de formes. Le tracé qui sert de support à un dégradé composite peut être sélectionné à tout moment comme n'importe quel autre objet. L'édition du tracé entraîne une refonte de l'ensemble des dégradés de formes associés à ce tracé.

Vous ne pouvez pas créer un dégradé de formes en utilisant un autre dégradé de formes comme objet de départ ou d'arrivée. Toutefois, vous pouvez obtenir le même effet en utilisant la commande Associer dans le menu Disposer. Pour obtenir la fougère de l'exemple, la double rangée de feuilles de chaque rameau a été obtenue en plaçant deux dégradés sur un tracé commun (le rameau), qui constitue ainsi un dégradé composite. Le dessinateur a copié ce groupe à trois reprises avant de tracer la tige principale. Ensuite, les groupes ont été modifiés et disposés sur la tige principale. Chaque groupe a été transformé en un groupe simple d'objets au moyen de la commande Associer. Enfin, l'opérateur les a utilisés pour créer un dégradé de formes déployé le long de la tige principale.

### *Utilisation de la fonction Dégradé pour créer des mises en valeur*

Pour créer des mises en valeur (en noir et blanc ou en couleurs) avec la fonction Dégradé procédez comme suit :

1. Tracez la forme principale et remplissez-la avec une couleur appropriée.
2. Tracez les zones que vous souhaitez mettre en valeur et remplissez-les avec la même couleur que celle que vous avez attribué à la forme principale.

Première étape          Deuxième étape

3. Tracez la forme de la mise en valeur dans chaque zone et remplissez-la avec une couleur différente.

Troisième étape          Quatrième étape

4. Créez un dégradé avec les formes définies au cours des étapes 2 et 3.

### *Edition d'un texte artistique à dégradé de formes*

Pour éditer un texte artistique auquel vous avez appliqué un dégradé de formes, cliquez sur l'outil A et ensuite cliquez sur le texte. Ou sélectionnez le texte avec le curseur de texte et choisissez la commande Editer le texte dans le menu Texte. La boîte de dialogue permettant l'édition de texte artistique apparaît alors.

## Objets liés de manière dynamique: nombre indiqué dans la ligne d'état

Lorsque vous sélectionnez un objet, la ligne d'état indique de quel type d'objet il s'agit (une ellipse, du texte, un objet curviligne, etc...). Dans le cas d'un groupe, la ligne d'état indique qu'il s'agit d'un groupe et quel est le nombre d'objets dont il se compose. De même, lorsque vous sélectionnez un objet associé à un lien dynamique, la ligne d'état indique le type de combinaison dynamique. —texte le long d'un tracé, objet en relief ou dégradé de formes. Toutefois, lorsque vous sélectionnez un élément d'un objet associé à un lien dynamique, la ligne d'état indique qu'il s'agit d'un objet de "contrôle". Par exemple, lorsque vous sélectionnez le rectangle de départ d'un dégradé de formes, la ligne d'état mentionne "Rectangle de contrôle". Cette appellation résulte du fait que ses attributs contrôlent les formes intermédiaires liées entre elles de manière dynamique. En effet, tout modification apportée à la couleur de l'objet de départ entraîne la modification des objets intermédiaires. La bonne compréhension de cette notion d'objet de contrôle vous permettra de décoder les indications fournies par la ligne d'état.

En effet, les objets de contrôle peuvent compter pour deux ou plusieurs objets dans un objet composé (un "objet composé" se compose d'objets liés dynamiquement entre eux, par exemple, un texte en relief le long d'un tracé).

```
            Rectangle sur Plan 1
Largeur: 3.06  Hauteur: 1.97  Centre: ( 3.18, -10.30) pouces
```

Lorsque vous sélectionnez un objet intermédiaire pour le convertir en un objet de contrôle, un nouveau dégradé de formes est créé et l'objet que vous avez sélectionné est à la fois l'objet de départ d'un dégradé et l'objet d'arrivée de l'autre dégradé. Lorsque vous sélectionnez le groupe des deux dégradés, la ligne d'état indique 5 objets: l'objet de départ du premier dégradé, l'objet d'arrivée du second dégradé, l'objet de contrôle (qui compte pour deux parce qu'il est à la fois l'objet de départ du premier dégradé et l'objet d'arrivée du second dégradé) et le groupe que constituent les deux dégradés.

# Mise en relief d'un objet

La fonction de mise en relief permet de créer une illusion de profondeur. Pour créer cette illusion de profondeur, CorelDRAW projette une série de points le long des arêtes de l'objet en les reliant pour créer des surfaces. Ces surfaces constituent un groupe associé par un lien dynamique qui est automatiquement mis à jour chaque fois que vous modifiez l'objet en relief. Les objets en relief sont des formes tridimensionnelles dynamiques. Vous pouvez modifier leur forme et leur orientation dans trois plans de rotation distincts.

Quoiqu'elle soit idéale pour appliquer un effet tridimensionnel au texte et autres figures fermées, la fonction de mise en relief donne également des résultats intéressants lorsqu'elle est appliquée à des tracés ouverts. A titre d'exemple, le ruban illustré ci-contre a été obtenu en mettant en relief une ligne courbe avant de remplir en noir quelques-unes des surfaces. Une autre méthode consiste à utiliser la commande Perspective du menu Effets pour modifier l'orientation de l'objet avant de le mettre en relief.

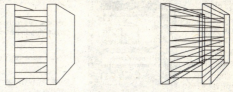

Les surfaces en relief adoptent les mêmes attributs de contour et de surface que l'objet original. Si vous mettez en relief une forme fermée dépourvue d'attributs de surface, vous obtenez une silhouette en fil de fer dont tous les segments de droite sont visibles. Par contre, la mise en relief d'une forme remplie masque les lignes que vous verriez apparaître dans le cas d'une forme vide.

La procédure ci-dessous explique la marche à suivre pour modifier un objet en lui appliquant un relief. Les sections suivantes contiennent des informations plus détaillées au sujet de cette fonction.

> *» Conseil:*
> *Pour ouvrir le menu flottant Relief, appuyez sur CTRL+E.*

▶ **Pour appliquer un relief à un objet:**

1. Sélectionnez l'objet.
2. Choisissez la commande Menu Relief dans le menu Effets. Le menu flottant Relief apparaît et un relief squelettique est appliqué automatiquement à l'objet sélectionné.
3. Sélectionnez les options voulues. Pour une explication détaillées des options disponibles, reportez-vous à la section "Sélection des options de relief" plus loin dans ce chapitre.

Notez les modifications que subit le relief squelettique en réponse à vos sélections.

4. Cliquez sur le bouton Appliquer lorsque le relief correspond à ce que vous souhaitez.

Pour modifier ultérieurement l'aspect d'un objet auquel vous avez appliqué un relief, sélectionnez l'objet et ouvrez le menu flottant Relief. Cliquez sur le bouton Editer (le relief squelettique réapparaît), apportez les modifications voulues et cliquez sur le bouton Appliquer.

### Sélection des options de relief

Les commandes et options permettant de créer et de modifier un effet de relief sont accessibles à partir du menu flottant Relief. Pour l'ouvrir, choisissez Menu Relief dans le menu Effets. La fonction de chaque commande est présentée brièvement ci-dessous. Cet aperçu est suivi d'une explication plus détaillée.

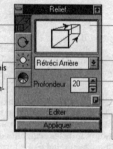

Affiche les options de profondeur et les types de relief, ainsi que les coordonnées du point de fuite

Affiche la sphère de rotation pour les objets mis en relief

Affiche les options d'orientation de la lumière incidente pour accroître l'effet 3D

Affiche les options de coloration pour les surfaces mises en relief

Applique vos sélections aux objets sélectionnés

Affiche une représentation graphique des types de relief disponibles dans la zone de liste située ci-après

Affiche une liste des types de relief

Tapez une valeur correspondant à la profondeur de la mise en relief. (pour les reliefs en perspective uniquement)

Permet de préciser la position du point de fuite (pour les reliefs en perspective uniquement)

Affiche le squelette de la mise en relief sélectionnée en vue d'une édition interactive

### Sélection du type et de la profondeur de relief

Lorsque vous activez le bouton ⌘ dans le menu flottant Relief, vous pouvez spécifier un type de relief et la profondeur de l'effet.

> **» Remarque :**
> Les unités des cases H et V sont identiques à celles de la règle et sont automatiquement mises à jour.

Vous avez le choix entre deux types de relief : en perspective ou parallèle. Dans le premier cas, vous pouvez déterminer si les surfaces qui constituent le relief doivent se rapprocher ou s'écarter par rapport au point de fuite. Dans le second cas, les surfaces du relief sont tracées avec des lignes parallèles entre elles. Pour sélectionner le type de relief, utilisez la liste déroulante au-dessus de la commande Profondeur. Les termes Premier plan et Arrière-plan se réfèrent à la position de la surface en relief par rapport à l'objet.

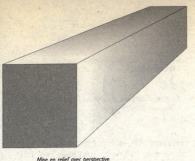
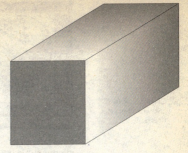

Mise en relief avec perspective                    Mise en relief parallèle

La commande Profondeur détermine l'ampleur de la mise en relief. Elle ne s'applique qu'aux reliefs avec perspective. La valeur 99 (valeur positive maximale) se traduit par un relief qui s'éloigne de l'objet de départ. Au fur et à mesure que la valeur de ce compteur approche de l'unité (valeur minimale), les surfaces en relief se rapprochent de l'objet de départ.

### Sélection des coordonnées du point de fuite

Lors de l'application initiale du relief squelettique à un objet, le point de fuite coïncide avec le centre de la page. Pour déplacer le point de fuite, faites glisser × ou tapez une valeur pour les coordonnées.

Pour faire apparaître les commandes permettant de spécifier les coordonnées, cliquez sur ⊘ dans le menu flottant. Les compteurs H et V déterminent les coordonnées horizontale et verticale, respectivement, tandis que les options A partir de déterminent le point de référence utilisé pour positionner le point de fuite. Si vous choisissez Origine Page, le point de référence coïncide avec les points 0,0 des règles. L'origine de ces points est le coin inférieur gauche de la page. Vous pouvez les déplacer en utilisant le curseur viseur ou la commande Précision de la grille dans le menu Présentation. Si vous choisissez Centre Objet, le point de référence est situé au centre du périmètre de sélection de l'objet.

### Rotation du relief

La seconde icône à partir du haut est l'icône Rotation 3D. Cette icône affiche la sphère de rotation (illustrée plus loin) qui permet de modifier l'orientation spatiale de l'objet. Elle opère suivant deux modes différents, selon que vous travaillez avec des reliefs parallèles ou en perspective.

**Reliefs en perspective :** Imaginez l'objet en suspension devant vous. En cliquant sur les flèches, vous avez la possibilité de le faire pivoter dans un sens ou dans l'autre.

Chaque fois que vous cliquez sur une flèche, l'objet se déplace d'un angle de cinq degrés dans le plan de rotation correspondant. Si vous maintenez le bouton de la souris enfoncé, l'objet en relief se met à tournoyer. Lorsque l'objet est orienté comme vous le souhaitez, cliquez sur le bouton Appliquer.

*Création d'effets spéciaux* /217

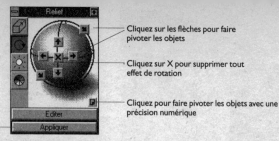

Cliquez sur les flèches pour faire pivoter les objets

Cliquez sur X pour supprimer tout effet de rotation

Cliquez pour faire pivoter les objets avec une précision numérique

Cliquez pour faire pivoter l'objet sélectionné

Pour faire pivoter un objet en relief avec une précision numérique, cliquez sur le bouton ▫ dans le coin inférieur droit sous la sphère de rotation. Une série de cases numériques apparaissent, dans lesquelles vous pouvez taper des valeurs pour déterminer l'angle de rotation dans chacun des trois plans. Ensuite, cliquez de nouveau sur le bouton ▫ pour revenir à la sphère de rotation.

Le "X" au centre de la sphère permet de supprimer tout effet de rotation appliqué à l'objet.

Lorsque vous appliquez une rotation à un relief en perspective, le point de fuite est affiché en grisé et il est toujours mesuré à partir de l'origine de la page.

**Reliefs parallèles :** Si vous avez sélectionné un relief parallèle, les deux flèches du cercle extérieur de la sphère font tourner le relief dans le sens des aiguilles d'une montre (ou dans le sens inverse) en utilisant l'objet de départ comme axe. Les flèches autour du "X" au centre de la sphère déplacent le relief dans le sens vertical ou horizontal.

Le "X" au centre de la sphère permet de supprimer tout effet de rotation appliqué à l'objet.

## Application d'une source lumineuse

Pour contrôler les effets de coloration et de dégradé d'un objet mis en relief, servez-vous des icônes ☼ et ☀.

L'icône Lumière incidente ☼ permet de régler l'orientation de la lumière incidente par rapport à un objet. Les cases à cocher Oui/Non permettent d'activer ou de désactiver cet éclairage. Si vous sélectionnez l'option Non, la sphère disparaît et la commande Intensité s'affiche en grisé. La couleur des surfaces concernées n'est pas affectée.

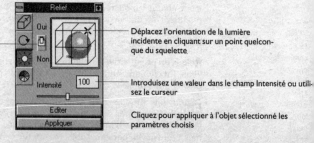

Cliquez pour activer la source de lumière incidente

Déplacez l'orientation de la lumière incidente en cliquant sur un point quelconque du squelette

Introduisez une valeur dans le champ Intensité ou utilisez le curseur

Cliquez pour appliquer à l'objet sélectionné les paramètres choisis

La sphère située au centre d'un cube squelettique représente l'objet en relief. Le X posé sur la silhouette indique l'origine de la source de lumière incidente. Le fait de cliquer sur le squelette en un point d'intersection quelconque de deux lignes ou plus contraint le X à coïncider avec cette intersection en modifiant du même coup l'orientation de la lumière incidente qui frappe l'objet. La zone de mise en valeur qui apparaît à la surface de la sphère indique ce changement de direction.

Vous pouvez modifier l'intensité de la lumière incidente en introduisant la valeur appropriée dans le champ situé en bas à droite dans la boîte de dialogue. Les valeurs possibles sont comprises entre 0 et 200 ; la valeur par défaut est 100. La couleur de l'objet de départ vire au noir à mesure de la diminution des valeurs de 99 à 0. Inversement, la couleur de l'objet de départ vire au blanc à mesure que la valeur passe de 101 à 200.

La lumière frappe toujours l'objet directement et n'affecte les surfaces en relief que dans une moindre mesure. Par conséquent, si l'objet de départ est partiellement masqué parce que vous lui avez appliqué un effet de rotation, il est possible qu'un changement apporté à la direction ou à l'intensité de la source lumineuse ne soit pas vraiment apparent.

## Coloration du relief

L'icône Couleurs du relief ⊕ affichée dans le bas du menu flottant permet de contrôler la coloration de toutes les surfaces en relief. Trois options sont à votre disposition:

- L'option Surface objet permet d'appliquer l'attribut de surface de l'objet original à toutes les surfaces en relief.
- L'option Autre couleur permet d'appliquer une couleur différente aux surfaces en relief. Cliquez sur l'échantillon de couleur affiché sous l'option Autre couleur pour sélectionner la couleur de votre choix. CorelDRAW applique la couleur retenue à toutes les surfaces en relief.
- L'option Dégradé permet de créer un effet de passage progressif d'une couleur vers une autre sur toute la longueur des surfaces en relief. Le résultat est analogue à celui du dégradé linéaire. Les deux échantillons de couleur affichés sous l'option Dégradé vous permettent de spécifier la couleur de départ et la couleur d'arrivée. L'échantillon de gauche permet de sélectionner la couleur la plus proche de celle de l'objet original. L'échantillon de droite permet de sélectionner la couleur vers laquelle les surfaces évoluent progressivement. Lorsque vous appliquez un relief avec effet de dégradé à un objet de texte, le bouton De ne permet pas de spécifier une nouvelle couleur de départ.

Quelle que soit l'option Couleurs du relief que vous choisissez, l'aspect final de l'objet mis en relief est déterminé par les choix que vous opérez concernant l'intensité et l'orientation de la lumière incidente. Si certaines surfaces en relief apparaissent en noir à l'écran et si cet affichage ne correspond pas à ce que vous souhaitez, réglez l'intensité en augmentant sa valeur.

## Effacement d'un relief

Pour effacer un relief, sélectionnez l'objet mis en relief puis choisissez la commande Effacer l'effet dans le menu Effets.

> **»Remarque:**
> Le nom de la commande Effacer les effets change en fonction du dernier effet utilisé (par exemple, Effacer l'enveloppe ou Effacer la perspective).

*Création d'effects spéciaux / 219*

> **»Conseil:**
> *Pour réduire le temps de retraçage et d'impression des objets mis en relief, sélectionnez dans la boîte de dialogue Préférences l'option Ebauche pour la commande Aplatissement, appliquez la mise en relief, imprimez et resélectionnez ensuite l'option initiale Normal.*

## Edition des points nodaux d'objets en relief

Vous pouvez éditer les points nodaux d'un objet mis en relief en utilisant l'outil ⋏, par exemple, pour créner les caractères d'un texte artistique que vous avez mis en relief. Les points nodaux de tout objet mis en relief peuvent être édités, sauf dans les cas suivants :

- Une enveloppe ou une perspective a été appliquée à l'objet d'origine
- l'effet de relief est du type Perspective et une rotation lui a été appliquée avec la sphère de rotation.

Dans l'un de ces cas, pour éditer les points nodaux de l'objet vous devez d'abord sélectionner l'objet et ensuite sélectionner la commande Effacer les transformations dans le menu Effets.

- **Note:** Avec les reliefs du type "Avant-plan", l'objet est masqué par les surfaces du relief, mais il est possible de le sélectionner et d'éditer les points nodaux.

## Duplication d'objets mis en relief

Avant de dupliquer des objets ou des groupes mis en relief, tenez compte des indications suivantes :

- Lorsque vous dupliquez l'objet de départ d'un groupe mis en relief, les attributs que vous lui avez appliqués (rotation, effet de dégradé, lumière incidente, etc.) sont également appliqués à l'objet dupliqué. Si vous sélectionnez l'objet dupliqué et que vous choisissez la commande Effacer les Transformations dans le menu Effets, vous supprimez les attributs de rotation et de dimensionnement qu'il aurait pu recevoir en provenance de l'objet de départ. Par contre, vous ne pouvez pas supprimer la lumière incidente ou l'effet de dégradé.
- Lorsque vous dupliquez un groupe en relief, le point de fuite du groupe dupliqué aura la même position par rapport au groupe que le groupe de départ.
- Lorsque vous dupliquez uniquement l'objet de départ d'un groupe en relief, le point de fuite de l'objet dupliqué (qui apparaît si vous mettez cet objet en relief) aura la position du point choisi pour le dernier point de fuite au moyen du menu flottant Relief.

## Déplacement du centre de rotation d'un objet en relief

Pour déplacer le centre de rotation d'un objet en relief et le maintenir dans sa nouvelle position, vous devez utiliser la commande Associer du menu Disposer.

Autrement, vous pouvez sélectionner uniquement l'objet de contrôle (et non pas l'ensemble du groupe que constitue le relief), et déplacer son centre de rotation, comme dans l'exemple à la page suivante. Lorsque vous déplacez le centre de rotation de l'objet de contrôle, le nouveau centre de rotation reste en place. Ensuite, lorsque vous faites pivoter l'objet de contrôle, le mouvement de rotation s'applique à l'ensemble des surfaces qui constituent le relief.

Double-cliquez pour afficher le centre de rotation.

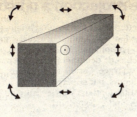 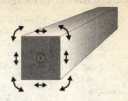

Cliquez sur le centre de rotation et faites le glisser pour le déplacer à un endroit quelconque de la page.

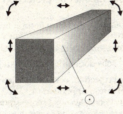 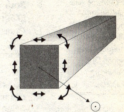

Lorsque vous désélectionnez l'objet et que vous double-cliquez dessus, seul le centre de rotation de l'objet de contrôle (à droite) occupe la nouvelle position, et non celui du groupe dégradé (à gauche) à moins d'avoir utilisé la commande Grouper avant de repositionner le centre de rotation.

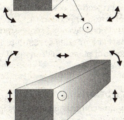 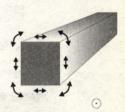

*Groupe Dégradé sélectionné*  *Objet de contrôle sélectionné du groupe Dégradé*

## *Edition d'un texte avec effet de relief*

Pour éditer un texte artistique auquel vous avez appliqué un effet de relief, cliquez sur ▲ pour afficher le curseur de texte, ensuite cliquez sur le texte. Ou sélectionnez le texte avec le curseur de texte et choisissez la commande Editer le texte dans le menu Texte. La boîte de dialogue Texte courant s'affiche pour vous permettre d'éditer le texte.

*Création d'effects spéciaux* / 221

# Application d'un effet de projection à un objet

L'effet de projection donne un résultat analogue au dégradé de formes et de couleurs, à la différence qu'il s'applique à un seul objet à la fois (texte ou graphique). En outre, les objets sont générés à l'intérieur de l'objet de départ et il n'est pas possible de les redisposer le long d'un tracé. Cette fonction ajoute à l'objet de départ un effet tridimensionnel, par superposition de formes identiques de plus en plus petites (options Vers le centre ou Intérieur) ou de plus en plus grandes (option Extérieur).

»*Remarque:*
*Les projections ne sont pas applicables aux objets groupés, aux objets bitmaps ou aux objets rsultant d'une manipulation OLE (Liaison et incorporation d'objets).*

▶ **Pour appliquer un effet de projection à un texte ou à graphique:**

1. Choisissez la commande Menu flottant Projection dans le menu Effets.
   Le menu flottant Projection apparaît.
2. Avec l'outil ▸, sélectionnez le texte artistique ou le dessin.
3. Dans le menu Projection, sélectionnez les options voulues et cliquez sur le bouton Appliquer.
   Selon l'option choisie, les objets concentriques se superposent à l'objet de départ et leur taille se réduit progressivement de bas en haut, ou ils sont placés en dessous et leur taille augmente du haut vers le bas.

## Sélection des options

La fonction de chaque commande du menu Projection est présentée brièvement ci-dessous.

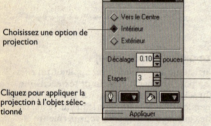

Choisissez une option de projection

Cliquez pour appliquer la projection à l'objet sélectionné

Introduisez une valeur pour spécifier la distance entre les étapes

Introduisez le nombre d'étapes à tracer dans la projection

Choisissez les couleurs de dégradé pour les surfaces et les contours. Les objets doivent contenir une surface pour pouvoir faire partie d'un dégradés

## Décalage et étapes

La commande Etapes permet de spécifier le nombre d'objets concentriques ou intermédiaires qui détermineront l'effet de projection. Le nombre maximum est 50. Utilisez les boutons fléchés pour augmenter ou réduire la valeur affichée, ou cliquez sur cette valeur et tapez le nombre de votre choix.

La commande Décalage détermine la distance d'un périmètre à l'autre. Choisissez une valeur de 0,1 à 10 pouces en utilisant les boutons fléchés, ou cliquez sur la valeur affichée et tapez celle de votre choix.

## Sélection du sens de la projection

Les options Vers le Centre, Intérieur et Extérieur déterminent le sens dans lequel les objets concentriques sont ajoutés par rapport à l'objet de départ. Les deux premières options sont affichées en grisé lorsque l'objet sélectionné contient un tronçon ouvert.

**Vers le Centre :** Cliquez sur l'option Vers le Centre pour créer des objets qui s'étagent en progressant vers le centre absolu de l'objet de départ. Vous remarquerez que l'option Etapes apparaît en grisé lorsque vous choisissez Vers le Centre, parce que CorelDRAW détermine automatiquement le nombre d'objets requis en fonction de la valeur choisie pour le paramètre Décalage. L'exemple ci-dessous illustre le mode de fonctionnement de l'option Vers le Centre.

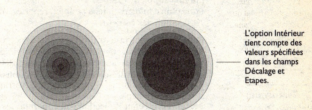

L'option Vers le centre ignore le paramètre Etapes. Dans ce cas, CorelDRAW détermine automatiquement le nombre d'objets intermédiaires requis par rapport au centre absolu de l'objet.

L'option Intérieur tient compte des valeurs spécifiées dans les champs Décalage et Etapes.

**Intérieur :** Lorsque vous cliquez sur l'option Intérieur, les objets sont dessinés vers l'intérieur de l'objet de départ à partir de la périphérie. Dans ce cas, vous pouvez spécifier une valeur pour Décalage et pour Etapes. Toutefois, si la valeur pour Etapes est trop élevée, CorelDRAW crée uniquement le nombre d'objets nécessaires pour parvenir au centre de l'objet. Par exemple, si vous spécifiez 5, CorelDRAW n'en dessinera que 3 si la valeur choisie pour Offset ne permet pas d'en créer plus. L'exemple ci-dessus illustre le mode de fonctionnement de l'option Intérieur.

**Extérieur :** Lorsque vous utilisez l'option Extérieur, les objets sont ajoutés de manière concentrique autour de l'objet de départ, en fonction des valeurs choisies pour Décalage et Etapes. L'exemple ci-contre illustre le mode de fonctionnement de l'option Extérieur.

## Accentuation de l'effet de dégradé

Vous pouvez rendre moins apparente la transition entre les objets concentriques en cliquant sur l'icône × du menu local de manière à désactiver l'attribut de ligne et à obtenir des objets dont le dégradé de couleurs présente des transitions graduelles. L'introduction de valeurs réduites en regard du paramètre Décalage permet de masquer les discontinuités.

*» Remarque :*
*Les projections ne peuvent contenir de textures bitmap.*

> **»Remarque:**
> Les projections ne sont pas applicables à un groupe d'objets. De même, vous ne pouvez appliquer un dégradé de formes le long d'un tracé aux objets contenant un effet de projection, car ils sont considérés comme des objets groupés.

## Sélection d'une couleur de surface et de contour

Cliquez sur la couleur à côté de l'icône Attribut de surface ou Attribut de contour. Une palette de couleurs apparaît pour vous permettre de sélectionner les couleurs du dégradé. La transition est d'autant plus progressive que le nombre choisi pour Etapes est élevé.

Affiche les palettes de couleurs

Sélectionnez une couleur de dégradé ou cliquez sur Autres pour accéder à la boîte de dialogue Sélection des couleurs

Si vous cliquez sur le bouton Autres... au bas de la palette, une boîte de dialogue apparaît avec des options supplémentaires.

Pour plus d'informations à ce sujet, reportez-vous au chapitre 12 "Utilisation des couleurs".

Pour modifier la couleur de surface ou de contour d'un objet après lui avoir appliqué l'effet Projection, sélectionnez l'objet avec l'outil ▶ et choisissez une autre couleur dans la palette. CorelDRAW redessine automatiquement les objets en utilisant la nouvelle couleur.

> **»Remarque:**
> Les projections sont des objets associés par un lien dynamique. Pour de plus amples informations, reportez-vous ci-dessus à la section "Objets liés de manière dynamique: nombre indiqué dans la ligne d'état".

**Note:** Pour l'effet Projection soit apparent, les objets doivent être dotés d'une couleur de surface. Si l'objet de départ est dépourvu d'attribut de surface et que vous appliquez l'effet Projection à cet objet, vous n'obtiendrez qu'une série de tracés concentriques, même si vous avez sélectionné une couleur pour votre projection. Par contre, la couleur de contour n'est pas indispensable pour générer l'effet tridimensionnel.

## Edition d'un effet de projection

Les attributs de chacun des objets concentriques générés pour créer un effet de projection (épaisseur de ligne, couleur et taille) peuvent être modifiés à tout moment.

▶ **Pour désolidariser les objets concentriques constituant un effet de projection :**

1. Sélectionnez avec l'outil ▶ l'objet auquel vous avez appliqué l'effet de projection.

2. Désolidarisez les objets concentriques en choisissant la commande Séparer dans le menu Disposer.
   Cette commande supprime le lien dynamique entre les objets qui servent à constituer l'effet de projection.

3. Maintenez la touche CTRL enfoncée et cliquez pour sélectionnez l'objet concentrique à modifier. Notez que la ligne d'état indique que la sélection est une courbe enfant.

4. Editez l'objet à votre convenance. Vous pouvez le redimensionner, le faire pivoter, ou choisir une autre couleur de surface ou de contour.

# Traçage de pleins et de déliés

La fonction Pleins/Déliés vous permet de dessiner et d'écrire en modifiant l'épaisseur du trait, pour donner l'impression d'un travail réalisé à la main. Les différentes options disponibles imitent le résultat obtenu avec les outils traditionnels utilisés par les graphistes: plumes calligraphiques, pinceaux et gouges. Vous pouvez activer la fonction Pleins/Déliés avant de commencer un dessin, ou après l'avoir exécuté. Le menu flottant Pleins/Déliés présente les commandes qui vous permettent de spécifier des attributs comme Largeur maximum, Forme du bec et Débit de l'encre. Les lignes tracées avec la fonction Pleins/Déliés doivent être considérées comme des objets graphiques à part entière. Elles possèdent des attributs de surface et de contour, contrairement aux lignes ordinaires obtenues avec l'outil ℓ.

## *Laissez jouer votre créativité*

Le menu flottant Pleins/Déliés contient une liste déroulante avec 24 types de ligne présélectionnés. Utilisez-les en modifiant les options à votre disposition. Vous pouvez ajouter à la liste celles qui donne un résultat que vous aimeriez retrouver ultérieurement.

L'option Présélection Pression est sans doute la plus intéressante de toutes les présélections parce qu'elle permet de personnaliser la pression exercée sur le support de dessin. Cliquez sur les boutons fléchés Haut et Bas pour augmenter ou réduire la largeur des lignes que vous tracez. Si vous utilisez un stylet sensible à la pression ou une tablette à digitaliser, dessinez comme vous en avez l'habitude et laissez le programme s'occuper du reste! La fonction Présélection Pression convertit la pression exercée sur la tablette en un trait régulier, comme celui obtenu dans la réalité. Pour accéder au menu flottant Pleins/Déliés, sélectionnez Menu Pleins/Déliés dans le menu Effets.

## *Utilisation des présélections Pleins/Déliés*

La fonction des commandes associées au bouton Pleins/Déliés (à gauche) est présentée brièvement ci-dessous. Cet aperçu est suivi d'une explication plus détaillée.

Cliquez pour sélectionner une présélection Pleins/Déliés dans la zone de liste

Cliquez pour accéder aux options Forme du bec et Intensité

Cliquez pour accéder aux options Vitesse, Etalement, Débit de et Echelle selon image

Applique automatiquement un effet Pleins/Déliés aux lignes que vous dessinez

Ce bitmap représente la sélection faite dans la zone de liste Présélection Pleins/Déliés ci-dessous

Choisissez une présélection Pleins/Déliés dans la zone de liste

Spécifiez la largeur maximale de l'effet Pleins/Déliés

Cliquez ici pour ajouter vos paramètres de Pleins/Déliés à ceux de la zone de liste

Cliquez pour appliquer l'effet Pleins/Déliés

Les illustrations ci-après vous donne une idée du résultat que vous pouvez obtenir avec les présélections Pleins/Déliés. Ces exemples ont été réalisés avec l'outil ℓ après avoir coché la case Appliquer à tous les tracés. Pour appliquer une présélection Pleins/Déliés à un dessin existant, sélectionnez l'objet avec l'outil ▶ et faites un choix dans la liste déroulante du menu. Après avoir réglé l'épaisseur maximum à votre convenance, cliquez sur le bouton Appliquer.

*Création d'effets spéciaux* /225

Ces exemples de Pleins/Déliés ont tous une Largeur max. de 0.4 pouces et illustre la différence de graisse entre les Présélections Gravure1 et Gravure2.

> **»Remarque:**
> Lorsque vous sélectionnez une présélection Pression dans la zone de liste, l'icône de la boîte à outils prend l'aspect de l'outil ✐.

**Sélection de l'épaisseur maximum:** La case Epaisseur maximum se trouve juste en-dessous de la liste déroulante des présélections. Tapez une valeur comprise entre 0,01 et 16 pouces dans cette case pour modifier l'épaisseur maximum d'un plein/délié, la valeur par défaut étant fixée à 0,5 pouce.

**Application de pleins et déliés à chaque nouvelle ligne:** Pour appliquer la fonction Pleins/Déliés à chaque ligne que vous créez avec les outils ✐ ou ✐, cochez la case Appliquer à tous les tracés. Essayez les différentes options en utilisant autre chose qu'une simple ligne.

## Sélection de la forme du bec

En travaillant, un artiste change de pinceau, de plume ou de gouge pour obtenir des effets différents. C'est ce que permet de faire la deuxième page du menu flottant Pleins/Déliés. La page Forme du bec vous permet de modifier l'angle et la réduction du bec. En agissant sur la forme du cercle, vous modifiez le bec et, par conséquent, la forme du trait obtenu.

Cliquez et faites glisser à l'intérieur de cette fenêtre pour afficher les options Angle et Réduction

Cliquez à un endroit quelconque du curseur pour modifier le niveau d'intensité du bec

Cliquez pour afficher les options Angle, Réduction et Intensité figurées ci-dessus

Cliquez pour appliquer une forme de bec

Les commandes qui permettent d'utiliser différentes formes de bec sont présentées ci-dessous.

**Note:** Vous souhaitez peut-être utiliser une valeur déterminée pour Forme du bec et Angle. Dans ce cas, cliquez sur l'icône de page dans le coin inférieur droit du menu flottant et spécifiez les paramètres voulus.

> **»Conseil:**
> N'oubliez pas de cliquer sur Appliquer pour valider vos sélections dans le menu flottant Pleins/Déliés.

▶ **Pour modifier la forme du bec :**

1. Placez le curseur sur le bec. Le curseur prend la forme d'une +
2. Cliquez et déplacez le curseur pour modifier la forme du bec.

**Ajustements précis de la forme du bec:** L'effet est d'autant plus spectaculaire que vous choisissez une valeur réduite pour l'intensité, parce que la ligne s'amincit beaucoup plus vite. Si vous choisissez 100 (valeur maximum), la largeur de la ligne est maximale lorsque la ligne forme un angle de 90 degrés.

### Relations entre Bec et Vitesse

Lorsqu'un de ces effets est activé (c'est-à-dire, lorsque leur niveau est supérieur à zéro), il détermine le degré de précision de traçage des angles vifs et des extrémités de ligne. Le tableau suivant illustre les résultats obtenus lorsque l'on active les effets en question.

| Effet activé | Résultats: |
|---|---|
| Aucun | Les angles vifs sont pointus. Les angles trs vifs adoptent une forme triangulaire. |
| Vitesse | Les angles vifs et trs vifs sont arrondis. |
| Bec | Les angles vifs et les extrmits sont coups en fonction de l'angle du bec. |
| Bec et Vitesse | Les Bec l'importe. Les coins sont coups. |

## Sélection de la vitesse, de l'étalement et du débit de l'encre

Cliquez sur la troisième icône à gauche du menu Pleins/Déliés pour accéder aux options permettant de contrôler la vitesse, l'étalement et le débit de l'encre. Les options Débit de l'encre et Echelle selon image sont indépendantes des commandes Vitesse et Etalement. Par contre, Vitesse et Etalement sont étroitement associées pour créer l'effet voulu.

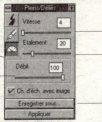

Cliquez pour accéder aux options Vitesse, Etalement et Débit

Plus la vitesse est importante plus elle entraîne de "tranes" autour des coins

Choisissez différents niveaux d'étalement entre 1 et 100 et expérimentez différentes textures

Le débit, qui peut varier de 0 à 100, détermine la quantité d'encre contenue dans votre plume. Une valeur réduite correspond à une faible couverture d'encre

Cochez la case Echelle selon image pour conserver vos paramètres Pleins/Déliés lors du redimensionnement de l'objet

**Modification de la vitesse de traçage:** Pour comprendre le principe de cette option, imaginez les traces qu'une voiture laisse au sol lorsque le conducteur s'engage dans une rue transversale à vive allure. L'option Vitesse vous permet de régler la valeur du "dérapage" que produit le stylet (ou le curseur de la souris) en réponse aux changements de direction. Plus la valeur choisie est élevée, plus l'effet obtenu est spectaculaire. Vous remarquerez également que cette option tient compte de l'angle du changement de direction en augmentant l'épaisseur du plein/délié dans les courbes accentuées et en la réduisant lorsque la courbe est peu prononcée.

**Sélection de l'étalement :** Lorsque la valeur choisie pour Vitesse est supérieure à zéro, l'option Etalement permet d'obtenir des lignes au contour plus ou moins régulier. A mesure que vous réduisez la valeur de ce paramètre, le tracé fait songer au résultat obtenu avec un stylo à bille. En augmentant cette valeur, vous passez progressivement à des lignes qui semblent tracées au pinceau. L'option Etalement apparaît en grisé lorsque vous choisissez zéro pour l'option Vitesse.

*Création d'effects spéciaux* / **227**

> **»Conseil:**
> *Les Pleins/Déliés tracés avec un stylet sensible à la pression et une tablette à digitaliser produisent un nombre plus important de points nodaux que ceux tracés avec une souris. Utilisez l'option Auto-Réduction dans le menu flottant pour supprimer les points superflus.*

**Sélection du débit de l'encre :** Ce paramètre détermine la quantité d'encre dont la plume peut se charger. Vous pouvez choisir une valeur de zéro à 100. La valeur zéro signifie que la plume est quasi à court d'encre et la valeur 100 que le plein d'encre vient d'être fait. En d'autre termes, avec une valeur élevée l'encre disponible permet de tracer une ligne pleine d'un bout à l'autre tandis qu'avec une valeur réduite, la plume s'assèche rapidement et la ligne s'amincit de plus en plus en fin de parcours.

## Utilisation de l'option Echelle selon image

Cochez la case Echelle selon image pour que la largeur maximale des lignes auxquelles vous avez appliqué l'option Pleins/Déliés soit ajustée automatiquement lorsque vous les redimensionnez. Cette option ne fonctionne que lorsque vous agissez sur l'une des poignées d'angle du périmètre de sélection.

## Edition des points nodaux d'une ligne

> **»Remarque:**
> *Le Mode Edition Pression n'est utilisé que dans le cas de l'édition de points de pression. Pour modifier le Bec, la Vitesse ou tout autre effet, utilisez le menu flottant Pleins/Déliés.*

Il est possible d'apporter d'autres modifications à une ligne tracée avec le menu Pleins/déliés en utilisant la fonction Edition de point en mode Pression du menu flottant Editer un point. L'outil utilisé pour éditer une ligne tracée avec des pleins et des déliés fonctionne de la même manière que pour n'importe quel autre objet. Toutefois, vous remarquerez quelques différences lorsque vous éditez une ligne avec des pleins et déliés.

La case à cocher Edition Mode Pression s'ajoute au bas du menu flottant Editer un point pour indiquer que l'objet sélectionné est une ligne à laquelle vous avez appliqué la fonction Pleins/Déliés. Cette case doit être cochée pour pouvoir modifier les paramètres de pression.

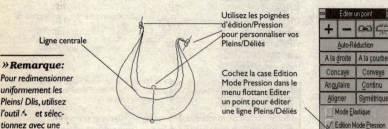

Ligne centrale

Utilisez les poignées d'édition/Pression pour personnaliser vos Pleins/Déliés

Cochez la case Edition Mode Pression dans le menu flottant Editer un point pour éditer une ligne Pleins/Déliés

> **»Remarque:**
> *Pour redimensionner uniformément les Pleins/ Dlis, utilisez l'outil ꜜ et sélectionnez avec une marquise de sélection les poignées d'édition/Pression. Ou, selon le cas, appuyez sur CTRL et cliquez pour sélectionner l'ensemble des poignées se trouvant d'un côté de la ligne Pleins/Déliés, ou sur MAJUSCULE + CTRL et cliquez pour sélectionner les poignées se trouvant du côté opposé de la ligne Pleins/Déliés.*

▶ **Pour éditer une ligne Pleins/Déliés:**

1. Sélectionnez l'outil ꜜ dans la boîte à outils.
2. Cliquez deux fois sur le trait central de la ligne Pleins/Déliés. Le menu flottant Editer un point apparaît.
3. Cochez la case Edition Mode Pression au bas du menu flottant.
4. Cliquez sur l'une ou l'autre poignée d'édition pour modifier la forme de la ligne.

Lorsque vous utilisez la fonction d'édition de points en mode Pression pour modifier une ligne Pleins/Déliés, les poignées vous permettent de modifier à votre convenance le réglage Epaisseur maximum si la valeur des options Vitesse et Intensité est égale à zéro. Si ces valeurs sont supérieures à zéro, des traits perpendiculaires apparaissent sur les poignées pour indiquer que la ligne ne peut pas être redimensionnée au-delà du point déterminé par la valeur choisie pour Epaisseur maximum. Moins la ligne comporte de points angulaires plus son tracé sera régulier. Toutefois, cela ne signifie pas que le résultat est nécessairement meilleur: tout dépend finalement de l'effet recherché.

## *Lignes Pleins/Déliés et objets à tronçons multiples*

L'information relative au mode Pression s'applique à tous les tronçons. Par conséquent, lorsque vous éditez un tronçon en mode Pression, la modification est apportée à tous les tronçons de l'objet. De même, si vous scindez un tronçon, l'information relative au mode Pression est appliquée aux deux tronçons.

Les attributs indépendants de la pression, par exemple Forme du bec et Vitesse, dépendent de la forme de chaque tronçon. Par conséquent, une modification du mode Pression ou du nombre de tronçons est sans incidence sur ces paramètres.

Si vous ajoutez des points de pression aux effets Forme du bec et Vitesse, rappelez-vous que c'est la valeur la plus élevée choisie pour ces deux paramètres qui détermine l'épaisseur d'une ligne à un point déterminé. Par exemple, l'effet Forme du bec prend la priorité sur l'information relative à la pression si la pression en un point déterminé est faible, et l'angle du bec produit un élargissement du trait à cet endroit. De même, vous pouvez utiliser les points de pression pour retravailler un objet sans tenir compte des valeurs choisies pour Forme du bec et Vitesse.

> **»Remarque:** Sélectionnez la présélection Aucun dans la zone de liste et cliquez sur Appliquer pour annuler les Pleins/Déliés que vous auriez appliqués à un objet.

## *Enregistrement des Pleins/Déliés personnalisés*

Cliquez sur le bouton Enregistrer sous qui se trouve en bas du menu flottant pour afficher la boîte de dialogue Présélection Pleins/Déliés. Cette boîte de dialogue vous permet d'ajouter à la liste déroulante du menu les types de ligne que vous définissez, en tapant un nom de votre choix.

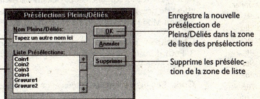

Spécifiez dans ce champ le nom de la nouvelle présélection

Le nom du nouveau Pléins/Déliés est ajouté à la liste des prslections

Enregistre la nouvelle présélection de Pleins/Déliés dans la zone de liste des présélections

Supprime les présélection de la zone de liste

*Création d'effects spéciaux /* **229**

## Symboles des présélections Pleins/Déliés

Les 24 styles de ligne prédéfinis dans le menu Pleins/Déliés sont reproduits ci-dessous. Chaque illustration représente la forme de base générée par CorelDRAW lorsque vous sélectionnez un style pour tracer une ligne.

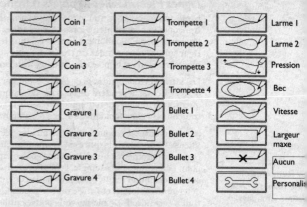

## Exemple d'utilisation de la fonction Pleins/Déliés

L'illustration de la page suivante, Amanda, montre le résultat que les effets de la fonction Pleins/Déliés permet d'obtenir. Ce dessin a été réalisé presque exclusivement avec la fonction Pleins/Déliés, en utilisant un stylet et une tablette à numériser. Certaines lignes droites servent à définir la robe.

La présélection utilisée la plus fréquemment est WoodCut 3. Il s'agit d'un outil de dessin polyvalent qui permet de fusionner les lignes Pleins/Déliés lorsqu'elles sont dessinées sans trait de contour. Les effets de pression ont été ajoutés au moyen de la commande Edition Mode Pression du menu flottant Editer un point.

**Chevelure:** L'essentiel de la chevelure est dessinée avec WoodCut 3. Pour donner du volume et de la profondeur, le pourtour a été réalisé avec Wedge 1.

**Cou:** Les lignes sont réalisées avec la présélection Forme du bec.

**Robe:** Les plis de la robe sont obtenus au moyen de WoodCut 3.

**Boutons:** C'est également WoodCut 3 qui donne l'effet de relief obtenu.

**Herbe:** L'herbe a été dessinée avec une présélection personnalisée basée sur Wedge 1 et rehaussée aux extrémités en utilisant la commande A la courbe du menu flottant Editer un point. Le trait du bas est réalisé avec une présélection Vitesse.

CHAPITRE 14

# Utilisation des styles

Un "style" est une série d'instructions de formatage qui permet de réduire le temps nécessaire à effectuer une mise en page et qui facilite la création de documents à l'aspect homogène. Les styles sont également utiles pour apporter plus rapidement des modifications à un fichier.

Avec la fonction Styles de CorelDRAW, vous pouvez définir des styles graphiques qui incluent des attributs de contour et de surface et des effets spéciaux. Les styles de texte peuvent inclure les attributs d'un style graphique plus une série d'attributs de texte, par exemple, une police de caractères, une valeur d'espacement, une valeur d'alignement, etc.

Après avoir défini un style sous un nom de votre choix, il suffit d'appeler le menu flottant Styles, de choisir le nom que vous lui avez attribué et de cliquer sur le bouton Appliquer pour modifier l'objet sélectionné. Outre la liste des styles que vous avez définis, le menu Styles vous permet d'enregistrer chaque série d'instructions dans un groupe appelé gabarit. De cette manière, vous pouvez créer des séries de styles pour des projets distincts.

Le fichier Coreldrw.CDT est le gabarit par défaut fourni avec Corel-DRAW. Il contient un style graphique, un style pour le texte artistique et quatre styles pour le texte courant. Vous pouvez les modifier, les supprimer ou en ajouter d'autres.

# Principes de fonctionnement

Si les programmes de mise en page ou de traitement de texte font également partie des outils que vous utilisez, vous êtes déjà familiarisé avec les notions de style, de feuille de style ou de gabarit. Les styles et gabarits permettent de rationaliser le travail en appliquant une série personnalisable de caractéristiques au texte ou aux éléments graphiques d'un fichier.

Le menu flottant Styles de CorelDRAW vous permet d'enregistrer sous un nom quelconque la série d'effets que vous avez appliqués à un texte ou à un dessin, en vue de reproduire le résultat ainsi obtenu. Les noms de styles peuvent être groupés pour constituer un gabarit, que vous pourrez sélectionner en fonction du travail à réaliser. De cette manière, vous avez la possibilité d'uniformiser l'aspect des illustrations créées dans le cadre d'un projet déterminé.

## Styles

Il y a trois types de styles: Texte artistique, Texte courant et Graphique, représentés par les icônes suivantes dans le menu flottant Styles:

Styles de Texte artistique    Styles de Texte courant    Styles d'Eléments graphiques

Les styles Texte artistique et Texte courant incluent les attributs relatifs aux caractères (police, style et taille) et au type de contour et de surface, tandis que les styles graphiques groupent les attributs de contour, de surface et les effets spéciaux. Pour plus d'informations sur les types de style, reportez-vous à la section "Formats de style" à la fin de ce chapitre.

## Gabarits

Un gabarit est une panoplie de styles qui peut être appelée à tout moment pour l'appliquer à une illustration quelconque. Pour créer de nouveaux gabarits et les appliquer ou gérer la liste des gabarits disponibles, utilisez le menu flottant Styles représenté ci-dessous:

Le nom du gabarit sélectionné s'affiche dans ce champ. L'exemple ci-contre illustre la sélection du gabarit par défaut.

Cliquez sur chaque bouton pour visualiser l'ensemble des styles associé au gabarit sélectionné.

Cliquez ici pour appliquer vos sélections au texte ou à l'élément graphique sélectionné.

Cliquez sur cette flèche pour visualiser les commandes permettant la création et la gestion des gabarits et styles.

Selon le bouton que vous avez sélectionné, cette fenêtre affichera les différents styles disponibles. Pour appliquer un style à un objet sélectionné, cliquez sur le nom du style en question et puis sur Appliquer.

## Création et application de styles

Pour enregistrer les attributs que vous avez appliqués à un objet textuel ou à une illustration, en vue de les réutiliser pour un autre dessin, il suffit de les conserver sous la forme d'un style.

### ▶ Pour créer un nouveau style:

1. Cliquez sur l'objet textuel ou sur le graphique avec le bouton droit de la souris. (Selon la manière dont la souris est programmée, au lieu de cliquer vous devrez peut-être maintenir le bouton droit enfoncé). Le menu Objet apparaît.

   Dans le menu Objet, sélectionnez Enregistrer comme style

2. Choisissez Enregistrer sous Style.
3. Tapez un nom dans la boîte de dialogue Enregistrer comme Style et sélectionnez les attributs à inclure. Pour des informations plus détaillées sur cette boîte de dialogue, consultez l'aide en ligne de CorelDRAW.
4. Cliquez sur OK. La boîte de dialogue dans laquelle sont définis les styles est modifiée selon le type de style en cours de création. Il n'est pas nécessaire de connaître les différences entre les types de style pour créer un nouveau style à partir d'un objet. CorelDRAW détermine automatiquement le style approprié en fonction de l'objet sélectionné. Par exemple, lorsque vous créez un style pour un objet graphique, la boîte de dialogue présente les options applicables aux objets graphiques.

### ▶ Pour appliquer un style à un objet:

Il y a deux méthodes. La première utilise le bouton droit de la souris et le menu Objet. La seconde utilise le menu flottant Style.

1. Avec le bouton droit de la souris, cliquez sur l'objet auquel vous voulez appliquer un style. Le menu Objet apparaît.
2. Choisissez Appliquer Style. Un menu local contenant les styles applicables à la sélection apparaît.
3. Choisissez le nom du style voulu.

**OU**

1. Choisissez la commande Menu Style dans le menu Présentation.
2. Avec l'outil ▸ , cliquez sur l'objet auquel vous voulez appliquer un style.
3. Choisissez un style dans le menu Style et cliquez sur le bouton Appliquer.

Le menu local affiche le style qui convient (Texte artistique, Texte courant ou Elément graphique).

Sélectionnez Appliquer Style pour visualiser les différents

> **»Conseil:**
> Pour rendre à l'objet son style initial, sélectionnez la commande Revenir au style du menu Objet. Cette commande annule tous les attributs de style appliqué à l'objet depuis l'utilisation de ce style. Les attributs qui n'auraient pas été définis dans le style initial restent inchangés.

## Utilisation d'un gabarit

Dans le menu flottant Style, cliquez sur la flèche à droite des trois icônes pour afficher le menu local illustré ci-contre. Dans ce menu local, vous pouvez choisir les options suivantes:

**Charger gabarit:** Cliquez sur cette option pour charger un gabarit. Une boîte de dialogue apparaît avec la liste des gabarits se trouvant dans le répertoire des gabarits de CorelDRAW. Le nom du gabarit sélectionné est affiché sous la barre de titre du menu flottant. Si le gabarit que vous chargez contient des styles dont les noms sont identiques à ceux appliqués aux objets sélectionnés, un message vous demande si vous voulez modifier ces objets au moyen des nouveaux styles.

> **Remarque:**
> L'utilisation de raccourcis n'est opérationnelle que dans le cas des styles de texte courant. Pour appliquer un style avec les Raccourcis, appuyez sur la touche CTRL en sélectionnant le numéro du raccourci correspondant Par exemple, CTRL-3.

**Enregistrer Gabarit:** Dans le menu local Style, cliquez sur Enregistrer Gabarit. Une boîte de dialogue apparaît. Tapez un nom pour le nouveau gabarit (maximum 8 caractères), ou renommez un gabarit existant. Sélectionnez un répertoire et un lecteur de destination. L'extension .CDT est ajoutée automatiquement aux fichiers de gabarit CorelDRAW.

**Raccourcis:** Vous pouvez définir de 1 à 10 raccourcis pour appliquer les styles Texte courant que vous utilisez le plus fréquemment. Choisissez Raccourcis dans le menu local pour afficher la boîte de dialogue reproduite ci-dessous.

Cette zone de liste contient les raccourcis. Un numéro apparaît sur le côté gauche de la zone de liste à côté du style correspondant.

Trie la liste de raccourcis selon le nom ou le corps

Cochez cette case pour grouper dans la zone de liste les styles contenant des bullets.

Sélectionnez une de ces cases d'option pour attribuer aux touches du clavier des styles spécifiques

Cliquez pour assigner automatiquement un numéro aux styles

**Supprimer Style:** Cliquez sur cette option pour supprimer l'un ou l'autre des styles appliqués à l'illustration sélectionnée. Pour supprimer un style qui fait partie d'un gabarit, supprimez le style et enregistrez ensuite le gabarit en utilisant la commande Enregistrer Gabarit.

**Rechercher:** Sélectionnez un style dans le menu flottant Style et choisissez Rechercher dans le menu local pour localiser les objets auxquels ce style a été appliqué. Des poignées de sélection apparaissent autour du premier objet concerné. Sélectionnez Rechercher Suivant pour localiser l'objet suivant auquel ce style est appliqué. La recherche est effectuée sur les objets de la page en cours. S'il s'agit d'un fichier qui se compose de plusieurs pages, la recherche se poursuit jusqu'à la fin du document.

La liste affiche les raccourcis par défaut. Pour modifier ces affectations, ou pour en ajouter d'autres, sélectionnez le style Texte courant auquel vous voulez affecter un raccourci en cliquant dessus avec la souris. Ensuite, sélectionnez un nombre parmi ceux affichés du côté droit de la boîte de dialogue. Pour attribuer rapidement des raccourcis aux styles Texte courant, cliquez sur Affectation autom. Il y a trois manières de trier les affections de raccourcis. Les styles Texte courant peuvent être triés par nom, par taille de caractère, ou en groupant tous les styles qui incluent des attributs de bullet.

### Mise à jour des styles et annulation des modifications de style

Le menu Objet inclut trois commandes relatives aux styles. La première d'entre elles, la commande Enregistrer comme style, est décrite à la section "Création et application de styles". La deuxième, la commande Mettre à jour Style, enregistre les ajouts apportés à un style existant. La troisième, la commande Revenir au style, vous permet d'annuler les modifications apportées à un objet après l'application du dernier style, de manière à rétablir l'objet textuel ou le graphique tel qu'il était avant la modification.

# Formats de style

CorelDRAW reconnaît automatiquement le type de style que vous voulez enregistrer. Lorsque vous choisissez la commande Enregistrer comme Style dans le menu Objet, la boîte de dialogue apparaît. Les attributs applicables au type d'objet graphique sont activés. Les effets Perspective, Enveloppe, et Relief sont inclus dans les nouveaux styles lorsque vous cochez la case Effets.

» **Remarque:**
*Tous les effets appliqués au texte courant ne peuvent être enregistrés avec vos styles*

### Styles Texte courant

Un seul style peut être appliqué par paragraphe. Si vous sélectionnez un encadré dans son intégralité avec l'outil ▸, tous les paragraphes de cet encadré sont modifiés en fonction du nouveau style.

Spécifiez le nom du nouveau style de texte courant

Choisissez les attributs de texte courant qui vous intressent pour les inclure au nouveau style

Cliquez sur OK pour enregistrer le nouveau style de texte courant dans le gabarit sélectionné

» **Conseil:**
*Pour enregistrer un attribut avec votre nouveau style, n'oubliez de cocher la case correspondante*

Dans le style Texte courant, la boîte de dialogue vous permet de définir les options pour les attributs listés dans la boîte de dialogue reproduite ci-dessous.

Dans un encadré, vous pouvez sélectionner des paragraphes à formater en déplaçant le curseur pour mettre le texte concerné en surbrillance. Si vous souhaitez appliquer des styles différents à plusieurs endroits du bloc de texte, vous devez scinder chaque paragraphe en appuyant sur ENTREE.

## Styles Texte artistique

Lorsque vous enregistrez un texte artistique sous la forme d'un style, vous pouvez inclure les attributs de surface, de contour, de police (style et taille), d'espacement et/ou de justification associés à ce texte. Les attributs non-applicables au texte artistique (tabulations, indentations, bullet et césure) sont affichés en grisé.

> **» Remarque:**
> Les options Tabulations, Retraits, Bullets, Césure et Espacement avant/après paragraphe ne sont pas opérationnelles lorsque vous travaillez avec du texte artistique.

Spécifiez le nom du nouveau style de texte artistique

Choisissez les attributs de texte artistique qui vous intéressent pour les inclure dans votre nouveau style

Cliquez sur OK pour enregistrer le nouveau style de texte artistique dans le gabarit sélectionné

## Styles Graphique

Lorsqu'un style graphique est appliqué à un texte, il se substitue automatiquement au style Texte appliqué à l'objet. Les styles graphiques fonctionnent de la même manière que les styles de texte et leurs attributs (contour, surface, effets, etc.) peuvent également être personnalisés.

> **» Remarque:**
> Les attributs qui ne peuvent être enregistrés avec votre nouveau style sont désactivés et apparaissent en grisé dans la boîte de dialogue Enregistrer comme style

Spécifiez le nom du nouveau style d'élément graphique

Choisissez les attributs d'élément graphique qui vous intressent pour les inclure dans le nouveau style

Cliquez sur OK pour enregistrer le nouveau style de texte graphique dans le gabarit sélectionné

CHAPITRE 15

# Création d'une base de données graphique

La fonction Infos Objet de CorelDRAW vous permet de créer une base de données où vous pourrez retrouver les informations sur les dessins que vous réalisez. Ces informations concernant des objets ou groupes d'objets peuvent être de diverses natures — texte, nombres, heures, dates, etc.

La base de données est établie au moyen d'une feuille de travail dans laquelle les catégories d'information sont organisées en colonnes. Dans le cas d'un dessin technique, par exemple, vous pourriez placer le nom des composants dans une colonne, le numéro de référence des pièces dans la colonne adjacente, le prix dans une troisième colonne, et ainsi de suite. Pour chaque composant inclus dans le dessin, vous entrez les mêmes catégories d'information.

Après avoir créé une base de données, vous pouvez consulter les informations relatives à l'un ou l'autre objet en cliquant sur l'objet concerné avec le bouton droit de la souris et en choisissant la commande Menu Infos Objet. Pour consulter les informations relatives à plusieurs objets, vous choisirez Gestionnaire Infos Objet.

Des fonctions de base sont prévues pour le formatage et la manipulation des informations dans la base de données. Par exemple, vous pouvez ajouter et supprimer des colonnes, mettre des rangées en retrait pour montrer les relations hiérarchiques, et résumer les données pour les objets sélectionnés. En outre, la base de données peut-être imprimée (entièrement ou en partie).

A l'aide du Presse-papiers, vous pouvez copier des informations et les insérer à divers endroits de la base de données en cours, ou dans une autre base de données créée avec CorelDRAW. Le Presse-papiers vous permet en outre de prélever des informations en provenance, ou à destination, d'une base de données ou d'un tableur exécuté sous Windows.

# Principe de la fonction Infos Objet

Si les bases de données ou les tableurs, par exemple Microsoft Excel ou Lotus 1-2-3, font partie des outils que vous utilisez, vous êtes déjà familiarisé avec la plupart des notions sur lesquelles se fondent la fonction Infos Objet de CorelDRAW. Une base de données est un programme qui permet d'organiser et de gérer des informations en vue de les consulter lorsque vous en avez besoin. Une base de données créée avec CorelDRAW vous permet de stocker et de manipuler des données illustrées. Imaginez le plan d'un étage de bureaux dessiné avec CorelDRAW. La fonction Infos Objet pourrait être utilisée pour définir une base de données avec les informations relatives aux différents locaux — par exemple, nom, titre, et numéro de téléphone des membres du personnel et du type de matériel à leur disposition.

Il s'agit d'un simple exemple: les possibilités offertes par cette fonction sont infinies. Les quelques pages qui suivent vous présentent le cas d'une entreprise fictive qui gère son inventaire en tirant parti de la fonction Infos Objet. Il s'agit, certes, d'une application choisie de manière arbitraire, mais la procédure à suivre pour créer une base de données est la même quelle que soit l'objectif poursuivi.

Toutes les commandes et options sont présentées de manière synoptique à la fin du chapitre, mais nous vous recommandons de prendre d'abord connaissance de l'exemple parce que les informations qu'il permet de communiquer sont nettement plus détaillées.

## Un peu de terminologie

Les principales notions associées à la fonction Infos Objet sont présentées au moyen des illustrations ci-dessous.

Objet: Elément graphique ou textuel créé dans CorelDRAW. Nous avons choisi ici un *club de golf* comme exemple d'un objet pouvant être associé à des données telles qu'un *prix de détail*.

Feuille de travail: Destiné à recevoir, traiter, calculer et analyser les données.

Définition des formats: Format correspondant au style des données introduites dans le champ. Les données du champ *Prix de détail* peuvent être définies comme Numériques, associées à un format monétaire du type $#,##0.00.

Champ: Catégorie désignant tous les objets ou les objets sélectionnés. Par exemple, le *prix de détail* du club de golf.

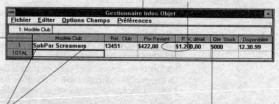

Données: Variable textuelle ou numérique pouvant être associée à un objet dans un champ particulier. Par exemple, les données introduites dans le champ *Prix de détail*. Il peut s'agir de 1 200.00$, comme dans notre exemple.

Cellule: Elément de base de la feuille de calcul destiné à recevoir les données et situé à l'intersection de chaque colonne et rangée.

# Le catalogue de SubPar Canada

SubPar Canada, un fabricant imaginaire de clubs de golf, ne parvient plus à s'y retrouver parmi les multiples variantes de sa production et Duff Milligan, le fondateur de la société, décide que l'élaboration d'un catalogue présentant les différents modèles est devenu une nécessité. Comme il vient de faire l'acquisition de CorelDRAW 4, il constate rapidement que la fonction Infos Objet lui donne le moyen de mettre ce projet à exécution.

Avant toute chose, M. Milligan doit déterminer quelles sont les informations qui doivent figurer dans le catalogue. Il décide que la version imprimée destinée au public doit contenir une illustration de chaque article, avec la mention des caractéristiques et le prix de vente, tandis que la version électronique à usage interne — le catalogue visualisé avec CorelDRAW — doit contenir les informations d'inventaire, par exemple, les numéros de référence et le nombre d'articles en stock. Voici les données que M. Milligan décide d'inclure dans son catalogue pour chaque club:

- Année du modèle
- Nom du modèle
- Numéro de référence
- Prix de revient
- Prix de vente au détail
- Nombre disponible en stock
- Date de disponibilité

Avec la fonction Infos Objet de CorelDRAW, cette base de données peut être transformée en un catalogue en associant chaque élément d'information à l'illustration à laquelle il se rapporte. De cette manière, lorsqu'un client téléphone pour commander une série de clubs, l'employé du service vente peut vérifier si un modèle de club est en stock en cliquant simplement sur l'image de l'article concerné.

Pour créer les illustrations du catalogue, les photos de chaque article sont passées au scanner en utilisant CorelPHOTO-PAINT. Les fichiers obtenus sont ensuite importés dans CorelDRAW et insérés aux endroits appropriés dans la mise en page.

Lorsque la mise en page est terminée, les données et les illustrations doivent être associées en vue de créer une base de données graphique. Les étapes requises sont décrites ci-dessous.

Duff Mulligan a créé ce catalogue en utilisant différentes fonctions de CorelDRAW. Il s'est servi de la maquette de son catalogue comme base pour ses données, en créant un lien entre les deux dans le menu Objet.

*Création d'une base de données graphique* / 241

> **»Raccourci:**
>
> Pour associer rapidement des données à des objets, utilisez les raccourcis suivants:
>
> Sélectionnez un objet et ouvrez le menu flottant Objet. Appuyez ensuite sur ENTREE pour introduire les données directement dans le champ d'édition des données
>
> Dans le menu, utilisez les touches fléchées pour faire défiler et sélectionner les champs auxquels vous attribuerez une valeur.
>
> Lorsque vous attribuez des données à plus d'un objet, utilisez la touche TABULATION pour faire passer la sélection d'un objet à un autre.

## Etape 1: Affichage du menu flottant Infos Objet

Le menu flottant Infos Objet établit une passerelle entre les objets, les données et la feuille de travail.

1. Avec le bouton droit de la souris, cliquez sur le bouton droit de la souris et ensuite cliquez sur l'objet (ou les objets) auquel (ou auxquels) des données doivent être associées.

2. Dans le menu Objet qui apparaît, choisissez Menu Infos Objet. Le menu flottant Infos Objet apparaît.

En laissant ouvert le menu flottant, commencez à établir la base de données en utilisant l'Editeur Infos Objet pour ajouter des champs par défaut rémanents (ou catégories), ou pour créer des champs personnalisés, et sélectionner un format pour les données.

## Etape 2: Définition de la base de données

La méthode pour associer les nouveaux champs aux illustrations des clubs consiste à sélectionner les objets sur la page affichée par CorelDRAW et à leur affecter les nouveaux champs.

1. Cliquez sur l'icône ▶ qui se trouve du côté droit du menu flottant pour ouvrir le menu Infos Objet.

2. Cliquez sur Editeur. La boîte de dialogue Editeur Infos Objet apparaît.

3. Cliquez sur le bouton Créer Nouveau Champ.

4. Tapez le nom du champ à créer. Dans notre exemple, la société SubPar Canada a créé les champs Numéro du modèle, Nom et Prix de revient.

5. Après avoir tapé un nom pour le champ, cliquez sur le bouton Créer nouveau champ. Le nom est ajouté dans la liste et vous pouvez en spécifier un autre.

   Si par la suite vous souhaitez modifier le nom attribué à un champ, mettez le nom en surbrillance, tapez un autre nom dans la zone de saisie et ensuite cliquez sur l'ancien nom dans la liste. Pour supprimer un champ, mettez-le en surbrillance et cliquez sur le bouton Supprimer Champ(s).

6. Cliquez sur le bouton Modifier, en bas à gauche, pour personnaliser le format des données du nouveau champ. La boîte de dialogue Définition Format apparaît.

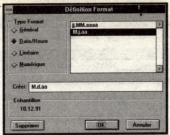

> **Remarque:**
> Si la case A tous les objets est cochée, il n'est pas nécessaire de cliquer sur Ajouter les fichiers sélectionnés pour ajouter des champs au Gestionnaire Infos Objet. Sélectionnez simplement Fermer.

7. Choisissez dans cette boîte de données le type de format approprié au champ.
   Pour l'option Date/Heure, la société SubPar Canada a choisi le type de format M/j/aa pour indiquer la date à partir de laquelle un golf de club ne sera plus fabriqué. Vous pouvez taper les formats de votre choix dans le champ Créer et les faire apparaître dans la liste.
8. Après avoir créé les champs requis, cliquez sur le bouton Ajouter Champ(s) sélectionné(s) dans la boîte de dialogue Editeur Infos Objet. Les champs créés sont ainsi affectés aux objets sélectionnés, la boîte de dialogue se referme et vous revenez au menu flottant.

L'étape suivante consiste à saisir les données dans une feuille de travail appelée Gestionnaire Infos Objet.

## Etape 3: Affectation et édition des données

M. Milligan a saisi les données de deux manières: avec le menu flottant Infos Objet pour affecter des données à un seul objet du catalogue; ou avec le Gestionnaire Infos Objet pour affecter des données à plusieurs objets.

1. Pour saisir et éditer des données au moyen du menu flottant, sélectionner un objet avec l'outil ▶ et cliquez dessus avec le bouton droit de la souris. Sélectionnez Menu Infos Objet dans le menu.
2. Dans le menu flottant qui apparaît, sélectionnez avec l'outil ▶ le champ dans lequel vous voulez saisir une donnée.

> **Conseil:**
> Vous pouvez dimensionner le menu flottant Objet et le Gestionnaire Infos Objet pour tenir compte de la longeur des données. Pour ce faire, cliquez et faites glisser un coin du menu flottant Objet ou du Gestionnaire Infos Objet.

3. Dans la zone de saisie sous la barre de titre du menu flottant, tapez l'information voulue.
4. Appuyez sur ENTREE pour affecter l'information au dessin et au champ.

- OU -

1. Pour saisir et éditer des données au moyen du Gestionnaire Infos Objet, sélectionnez un groupe d'objets au moyen de l'outil ▶ pour leur affecter une donnée (ou une autre donnée).

*Création d'une base de données graphique* / 243

2. Cliquez sur l'icône ▥ (feuille de travail) dans le coin supérieur gauche du menu flottant pour afficher le Gestionnaire Infos Objet. La feuille de travail apparaît en indiquant les objets sélectionnés et les champs et valeurs qui leur ont été affectés.

| | Gestionnaire Infos Objet | | | | | |
|---|---|---|---|---|---|---|
| **Fichier** | **Editer** | **Options Champs** | **Préférences** | | | |
| 1: Modèle Club | | | | | | |
| | Modèle Club | Réf. Club. | Prix Revient | P. V. détail | Qte Stock | Disponibilité |
| 1 | SubPar Screamers | 13451 | $422,00 | $1.200,00 | 5000 | 12.30.99 |
| TOTAL | | | | | | |

> **»Remarque:**
> Les objets appartenant à des groupes ou sélectionnés avec la commande Tout sélectionner apparaissent dans le Gestionnaire Infos Objet selon un ordre établi en fonction de leur affichage à l'écran (par exemple, ordre de création, ventuellement modifi avec les commandes Vers l'avant, vers l'arrière, etc...).

3. Dans le Gestionnaire Infos Objet, mettez une cellule en surbrillance.
4. Tapez la donnée appropriée (visible au fur et à mesure dans le champ d'édition sous la barre de menus).
5. Appuyez sur ENTREE pour affecter cette donnée à la cellule, au champ et à l'objet.

**Note:** La colonne de gauche du Gestionnaire Infos Objet numérote les objets dans l'ordre selon lequel ils ont été sélectionnés, tandis que la rangée du haut affiche les champs dans l'ordre selon lequel ils ont été créés dans l'Edieur Infos Objet. Pour passer d'une cellule à l'autre dans la feuille de travail, utilisez les touches fléchées, ou cliquez sur la cellule voulue.

## Etape 4: Modification du nom et de l'ordre des champs

Il est parfois nécessaire de déplacer certains champs de manière à les présenter selon un ordre plus logique dans la feuille de travail, ou d'en modifier le nom. La procédure à suivre dans ce cas est indiquée ci-dessous.

1. Cliquez sur l'icône ▶ qui se trouve du côté droit du menu flottant pour ouvrir le menu Infos Objet et sélectionnez Editeur.
2. Dans la liste des champs, cliquez sur le nom du champ à repositionner en gardant le bouton de la souris enfoncé. Le curseur se transforme en ✢ pour indiquer qu'il s'agit d'un déplacement. Placez le nom à l'endroit voulu. (Les listes de la boîte de dialogue Définition Format peuvent également être réorganisées de cette manière.)

> **»Conseil:**
> Double-cliquez sur un élément du menu Objet pour accéder automatiquement à l'Editeur Infos Objet. L'élément sélectionné dans le menu flottant apparat en surbrillance dans la zone de liste de l'Editeur Infos Objet.

3. Relâchez le bouton de la souris.
4. Pour modifier le nom d'un champ, mettez le nom en surbrillance dans la zone de saisie de l'Editeur Infos Objet et tapez le nouveau nom.

## Etape 5: Visualisation des relations hiérarchiques

La commande Afficher Hiérarchie dans le menu Options Champs du Gestionnaire Infos Objet indique clairement la présence de deux ou plusieurs groupes dans une feuille de travail en décalant les objets du groupe et en faisant suivre les données de deux espaces.

M. Mulligan a créé des catégories d'article sur base des années de fabrication et ces catégories ont été introduites dans la même feuille de travail. La commande Afficher Hiérarchie lui a permis de visualiser les différentes années et il a utilisé la fonction Soustotaux pour chaque année. Voici la manière de procéder pour parvenir à ce résultat:

La feuille de travail ci-contre illustre l'utilisation de la commande Afficher Hiérarchie pour opérer une distinction entre les groupes.

| | Modèle Club | Réf. Club | Prix Revient | P. V. détail | Qté Stock | Disponibilité |
|---|---|---|---|---|---|---|
| | **Nouvelles Lignes 1993** | 0 | $1.904,23 | $7.540,00 | 13050 | |
| 2 | SubPar Shot Savers | 34522 | $398,00 | $1.050,00 | 4000 | 12.30.99 |
| 3 | SubPar Danny Noonan | 12342 | $10,23 | $1.600,00 | 50 | 12.30.99 |
| 4 | SubPar WebbTechs | 34522 | $670,00 | $2.500,00 | 500 | 12.30.99 |
| 5 | SubPar GreenCaps | 45637 | $376,00 | $890,00 | 5500 | 12.30.99 |
| 6 | SubPar WhiteySpecials | 98574 | $450,00 | $1.500,00 | 3000 | 12.30.99 |
| 7 | **Gamme 1992** | 0 | $2.228,00 | $7.050,00 | 19000 | |
| 8 | SubPar Turfmasters | 14326 | $529,00 | $2.200,00 | 1000 | 12.30.99 |
| 9 | SubPar ParBreakers | 12323 | $427,00 | $1.260,00 | 5000 | 12.30.99 |
| 10 | SubPar EagleEye | 14953 | $460,00 | $1.400,00 | 2000 | 12.30.99 |
| 11 | SubPar Screamers | 13451 | $422,00 | $1.200,00 | 5000 | 12.30.99 |
| 12 | SubPar BigSticks | 43112 | $390,00 | $990,00 | 6000 | 12.30.99 |
| TOTAL | | | $4.132,23 | $14.590,00 | 32050 | |

1. Utilisez la commande Associer dans le menu Disposer pour créer deux groupes distincts dans le dessin en cours. M. Mulligan a utilisé la commande Associer pour créer un groupe concernant les nouvelles gammes de clubs produites en 1993, et un autre groupe concernant les modèles 1992 encore en stock.

2. Sélectionnez les deux groupes d'objet avec l'outil ▸.

3. Affichez le menu flottant Infos Objet et cliquez sur l'icône ▣ pour accéder au Gestionnaire Infos Objet.

4. Cliquez sur un nom de champ et choisissez la commande Afficher Hiérarchie dans le menu Options Champs.

## Etape 6: Affichage des totaux

La commande Afficher Totaux dans le menu Options Champs ajoute les valeurs numériques d'un champ. Le total apparaît au bas de la feuille de travail du Gestionnaire Infos Objet, à la ligne TOTAUX. La société SubPar a choisi de totaliser les valeurs saisies dans certains champs, par exemple, Prix de revient, Prix au détail et Nombres en stock. La procédure à suivre est la suivante:

1. Cliquez sur le bouton Champ de la colonne à totaliser.

2. Choisissez la commande Afficher Totaux dans le menu Options Champs du Gestionnaire Infos Objet.

> **Remarque:** Les formats linéaires autorisent également l'utilisation de la commande Afficher Totaux.

| | Modèle Club | Réf. Club | Prix Revient | P. V. détail | Qté Stock | Disponibilité |
|---|---|---|---|---|---|---|
| 1 | **Nouvelles Lignes 1993** | 0 | $1.904,23 | $7.540,00 | 0 | |
| 2 | SubPar Shot Savers | 34522 | $398,00 | $1.050,00 | 4000 | 12.30.99 |
| 3 | SubPar Danny Noonan | 12342 | $10,23 | $1.600,00 | 50 | 12.30.99 |
| 4 | SubPar WebbTechs | 34522 | $670,00 | $2.500,00 | 500 | 12.30.99 |
| 5 | SubPar GreenCaps | 45637 | $376,00 | $890,00 | 5500 | 12.30.99 |
| 6 | SubPar WhiteySpecials | 98574 | $450,00 | $1.500,00 | 3000 | 12.30.99 |
| 7 | **Gamme 1992** | 0 | $2.228,00 | $7.050,00 | 0 | |
| 8 | SubPar Turfmasters | 14326 | $529,00 | $2.200,00 | 1000 | 12.30.99 |
| 9 | SubPar ParBreakers | 12323 | $427,00 | $1.260,00 | 5000 | 12.30.99 |
| 10 | SubPar EagleEye | 14953 | $460,00 | $1.400,00 | 2000 | 12.30.99 |
| 11 | SubPar Screamers | 13451 | $422,00 | $1.200,00 | 5000 | 12.30.99 |
| 12 | SubPar BigSticks | 43112 | $390,00 | $990,00 | 6000 | 12.30.99 |
| | | | $4.132,23 | $14.590,00 | 32050 | |

SubPar Canada a totalisé les colonnes, ou champs, en utilisant la commande Afficher Totaux dans le menu Options Champs.

*Création d'une base de données graphique*

> **» Remarque:**
> Pour afficher l'ensemble des détails d'un groupe d'objets, activez l'option Afficher Détails Groupes du menu Préférences dans le Gestionnaire Infos Objet.

## Etape 7 : Calcul des sous-totaux de groupes

Il est parfois utile d'additionner les sous-totaux de chaque groupe. Par exemple, la société SubPar Canada a additionné le sous-total de la nouvelle gamme 1993 (le groupe 1) avec celui des modèles 1992 encore en stock (groupe 2). La procédure à suivre est la suivante:

1. Avec l'outil ▶ , sélectionnez les groupes à combiner dans le Gestionnaire Infos Objet.
2. Cliquez sur le nom du champ de la colonne à inclure.
3. Choisissez la commande Sous-totaux Groupes dans le menu Options Champs du Gestionnaire Infos Objet.

La commande Sous-totaux Groupes est utilisée pour définir des groupes de cots bien distincts, comme SubPar Canada l'a fait dans l'exemple ci-contre.

|   | Modèle Club | Réf. Club | Prix Revient | P.V. détail | Qté Stock | Disponibilité |
|---|---|---|---|---|---|---|
|   | Nouvelles Lignes 1993 | 0 | $1,904.23 | $7,540.00 | 13050 |   |
| 2 | SubPar Shot Savers | 34522 | $398.00 | $1,050.00 | 4000 | 12.30.99 |
| 3 | SubPar Danny Noonan | 12342 | $10.23 | $1,600.00 | 50 | 12.30.99 |
| 4 | SubPar WebbTechs | 34522 | $670.00 | $2,500.00 | 500 | 12.30.99 |
| 5 | SubPar GreenCaps | 45637 | $376.00 | $890.00 | 5500 | 12.30.99 |
| 6 | SubPar WhiteySpecials | 98574 | $450.00 | $1,500.00 | 3000 | 12.30.99 |
|   | Gamme 1992 | 0 | $2,228.00 | $7,050.00 | 19000 |   |
| 8 | SubPar Turfmasters | 14326 | $529.00 | $2,200.00 | 1000 | 12.30.99 |
| 9 | SubPar ParBreakers | 12323 | $427.00 | $1,260.00 | 5000 | 12.30.99 |
| 10 | SubPar EagleEye | 14953 | $460.00 | $1,400.00 | 2000 | 12.30.99 |
| 11 | SubPar Screamers | 13451 | $422.00 | $1,200.00 | 5000 | 12.30.99 |
| 12 | SubPar BigSticks | 43112 | $390.00 | $990.00 | 6000 | 12.30.99 |
| TOTAL |   |   | $4,132.23 | $14,590.00 | 32050 |   |

**Note :** Pour obtenir des totaux exacts en utilisant la commande Sous-totaux Groupes, les données doivent avoir été affectées à chaque objet dans les groupes concernés. Si vous devez affecter une donnée à un groupe d'objets, veillez à ce qu'elle le soit pour tous les objets du groupe.

> **» Remarque:**
> Pour n'imprimer que la série de cellules mises en surbrillance, activez l'option Sélection uniq. du Gestionnaire Infos Objet.

## Etape 8 : Impression de la feuille de travail

Pour imprimer la feuille de travail établie avec le Gestionnaire Infos Objet, procédez comme suit:

1. Choisissez la commande Imprimer dans le menu Fichier du Gestionnaire Infos Objet.
2. Choisissez les options voulues dans la boîte de dialogue Imprimer.
3. Cliquez sur OK.

# Aperçu des commandes de la fonction Infos Objet

Cette section est un résumé des commandes de la fonction Infos Objet. Elle ne vise pas à expliquer la manière de procéder pour créer une base de données graphique avec le menu flottant. La marche à suivre détaillée est décrite au moyen d'un cas d'application, celui de la société Subpar Canada, présenté dans les pages qui précèdent.

> » **Conseil:**
> Vous pouvez redimensionner le menu flottant Objet et le Gestionnaire Infos Objet en cliquant sur leurs bords respectifs et en les faisant glisser.

## Le menu flottant Infos Objet

Le menu flottant Infos Objet sert d'interface entre les objets affichés dans la fenêtre d'édition CorelDRAW et les opérations de création, édition et consultation des données associées à ces objets. Après avoir associé des objets et des données, vous pouvez utiliser ce menu flottant pour éditer l'une ou l'autre donnée de l'un ou l'autre objet. Le menu flottant Infos Objet se compose des éléments suivants:

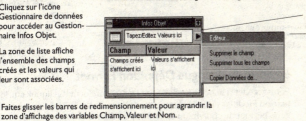

Cliquez sur l'icône Gestionnaire de données pour accéder au Gestionnaire Infos Objet.

La zone de liste affiche l'ensemble des champs créés et les valeurs qui leur sont associées.

Faites glisser les barres de redimensionnement pour agrandir la zone d'affichage des variables Champ, Valeur et Nom.

Le champ d'édition

Le menu local vous permet d'accéder à l'Editeur Infos Objet, de supprimer les champs sélectionnés à partir du menu flottant et de copier des données d'un objet à un autre sans devoir taper à nouveau les données.

**Note:** Le menu flottant Infos Objet est vide si aucun objet n'est sélectionné. Pour visualiser les données associées à plusieurs objets, cliquez sur l'icône qui donne accès au Gestionnaire Infos Objet.

> » **Conseil:**
> Pour ajouter des champs aux objets sélectionnés, utilisez la commande Ajouter Champ(s).
>
> Activez l'option A tous les objets pour ajouter systmatiquement des champs aux objets créés et à créer.
>
> Activez l'option Aux champs par défaut pour ajouter vos nouveaux champs à la liste permanente des champs. Lors de la prochaine session de CorelDRAW, lorsque vous ouvrirez le Gestionnaire Infos Objet, le nouveau champ s'y affichera automatiquement.

## Copie de données d'un objet à l'autre

La commande Copier Données de... permet d'actualiser rapidement une donnée en utilisant une donnée d'un autre objet. Cette commande ne remplace pas les données d'un objet. Elle ajoute à l'objet cible les champs et données aux endroits requis.

▶ **Pour appliquer les données d'un objet à un autre objet:**

1. Mettez en surbrillance l'objet auquel vous voulez appliquer les données.

2. Choisissez la commande Copier Données de... dans le menu local du menu flottant Infos Objet. Le curseur se transforme en une flèche.

3. Placez la flèche sur l'objet source dont vous voulez utiliser les données et cliquez sur le bouton de la souris. Les champs et les données correspondantes sont transférés automatiquement à l'objet cible.

## L'Editeur Infos Objet

L'Editeur Infos Objet sert à créer, supprimer et affecter des champs (ou catégories) à des objets avant de taper les données qui les concernent. La boîte de dialogue permet en outre de modifier le format des données en cliquant sur le bouton Modifier pour accéder à la boîte de dialogue Définition Format. Les fonctions de cette boîte de dialogue sont détaillées dans l'illustration ci-après.

*Création d'une base de données graphique*

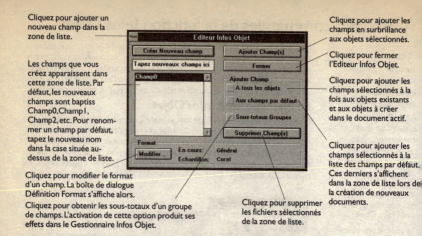

Cliquez pour ajouter un nouveau champ dans la zone de liste.

Les champs que vous créez apparaissent dans cette zone de liste. Par défaut, les nouveaux champs sont baptisés Champ0, Champ1, Champ2, etc. Pour renommer un champ par défaut, tapez le nouveau nom dans la case située au-dessus de la zone de liste.

Cliquez pour modifier le format d'un champ. La boîte de dialogue Définition Format s'affiche alors.

Cliquez pour obtenir les sous-totaux d'un groupe de champs. L'activation de cette option produit ses effets dans le Gestionnaire Infos Objet.

Cliquez pour ajouter les champs en surbrillance aux objets sélectionnés.

Cliquez pour fermer l'Editeur Infos Objet.

Cliquez pour ajouter les champs sélectionnés à la fois aux objets existants et aux objets à créer dans le document actif.

Cliquez pour ajouter les champs sélectionnés à la liste des champs par défaut. Ces derniers s'affichent dans la zone de liste lors de la création de nouveaux documents.

Cliquez pour supprimer les fichiers sélectionnés de la zone de liste.

## La boîte de dialogue Définition Format

Pour accéder à la boîte de dialogue Définition Format, cliquez sur le bouton Modifier dans l'Editeur Infos Objet. Cette boîte de dialogue vous permet de choisir, ou de définir, un format selon lequel les données doivent être affichées. Par exemple, si un champ est destiné à indiquer un montant, vous pouvez choisir $#,##0.00 dans la liste. Pour créer un format à votre convenance, tapez-le dans le champ Créer. Les nouveaux formats sont triés par type et placés automatiquement à l'endroit approprié. La boîte de dialogue est illustrée ci-après.

Pour obtenir des instructions détaillées sur la marche à suivre pour définir de nouveaux formats, consultez l'aide en ligne de Corel-DRAW.

Sélectionnez un type de format en cliquant sur une de ces cases

Ce champ affiche la forme que prendront vos données, une fois visualisées dans le menu Objet ou le Gestionnaire Infos Objet.

Cette zone de liste contient les options définissant le format. L'exemple illustre les options disponibles lorsque le format Date/Heure est sélectionné.

Pour ajouter un de vos propres formats, tapez-le dans le champ Créer et appuyez sur OK.

## Le Gestionnaire Infos Objet

Le Gestionnaire Infos Objet est la pierre angulaire de la fonction Infos Objet. S'il peut également être utilisé pour consulter et éditer les données associées à un objet déterminé, il est surtout conçu pour vous permettre de gérer les multiples données associées à des objets et groupes d'objets qui constituent un dessin.

Les fonctions du Gestionnaire Infos Objet sont détaillées dans l'illustration ci-après.

Entrez des valeurs dans le champ d'édition. Cette fenêtre affiche les valeurs dans leur version non formatée.

Cliquez sur un nom de champ pour sélectionner une colonne entière. Vous pouvez formater les colonnes en surbrillance avec les commandes du menu Options Champs.

Barre de menus

Cliquez sur un numéro d'objet pour sélectionner une rangée entière.

| Gestionnaire Infos Objet | | | |
|---|---|---|---|
| Fichier Editer Options Champs Préférences | | | |
| 1: Les Champs | Sélectionnez cases pour édition des données | | |
| | Les Champs s'affichent | En Haut | du Tableau |
| 1 | Sélectionnez cases pour édition des données | | |
| 2 | | | |

Les objets sont affichés verticalement sur le côté gauche de la feuille de travail. L'objet 1 correspond au dernier objet créé.

Les données formatées apparaissent dans la zone de la feuille de travail du Gestionnaire Infos Objet.

## Barre de menus du Gestionnaire Infos Objet

La barre de menus du Gestionnaire Infos Objet donne accès aux fonctions qui vous permettent de tirer le meilleur parti de vos données. Ces commandes sont résumées ci-dessous.

Le menu **Fichier** du Gestionnaire Infos Objet contient les commandes suivantes: Mise en page, Imprimer, Configuration de l'imprimante et Quitter.

**Mise en page:** Cette commande donne accès à la boîte de dialogue Mise en page qui permet de déterminer l'aspect de la feuille de travail imprimée en effectuant un choix parmi les options disponibles.

- Cochez Imprimer Graduations pour que les cellules soient imprimées avec des traits de séparations. Si cette option est désactivée, seul le contenu des cellules est imprimé.
- Cochez Imprimer Intitulés, Rangées et Colonnes si vous souhaitez identifier les cellules.
- Cochez Imprimer Nom Fichier et Nombre si vous souhaitez que le nom du fichier contenant le dessin soit imprimé en haut de la page et qu'un numéro de page figure au bas de chaque page.
- Cochez Centrer sur la page si vous souhaitez que la feuille de travail soit centrée horizontalement et verticalement sur la page.

»*Remarque:*
*Le Gestionnaire Infos Objet peut traiter jusqu'à 10 niveaux de groupe, chaque groupe pouvant contenir autant de sous-groupes que vtre systme est en mesure de traiter.*

Si nécessaire, modifiez la valeur des marges pour déterminer l'espace blanc autour de la feuille de travail par rapport aux limites de la feuille de papier.

**Imprimer:** Choisissez cette commande pour imprimer la feuille de travail en fonction des options spécifiées dans cette boîte de dialogue et dans la boîte de dialogue Mise en page. Dans la boîte de dialogue Imprimer, vous pouvez choisir parmi les options suivantes:

*Création d'une base de données graphique*

- Cochez Cases sélectionnées uniq. pour imprimer uniquement les cellules que vous avez mises en surbrillance dans la feuille de travail.
- Cochez la case Ajuster à la page pour réduire la taille de la feuille de travail (ou des cellules sélectionnées) en fonction du format de papier choisi.
- Cochez la case Echelle pour spécifier le pourcentage de réduction ou d'agrandissement de la feuille de travail.
- Utilisez la zone Copies pour indiquer le nombre d'exemplaires à imprimer.
- Destination indique quelle est l'imprimante sélectionnée.
- Choisissez Sortie Fichier pour créer un fichier qui peut être imprimé à partir du DOS. Lorsque vous cliquez sur OK, une boîte de dialogue vous invite à taper un nom de fichier.
- Choisissez la commande Configuration de l'imprimante pour sélectionner l'imprimante à utiliser et diverses options de configuration dans la boîte de dialogue qui apparaît.

**Configuration de l'imprimante:** Choisissez cette commande pour accéder à une boîte de dialogue qui indique quelle est l'imprimante sélectionnée par défaut. Si vous souhaitez utiliser une autre imprimante, cliquez sur Imprimante particulière et choisissez l'imprimante voulue dans la liste déroulante.

**Quitter:** Choisissez cette commande pour fermer le Gestionnaire Infos Objet et revenir au menu flottant Infos Objet.

Le menu **Editer** du Gestionnaire Infos Objet contient les commandes suivantes: Annuler, Rétablir, Couper, Copier, Coller, Supprimer.

**Annuler:** Annule l'opération effectuée en dernier lieu. CorelDRAW peut mémoriser un maximum de 99 opérations. Vous pouvez spécifier une valeur à votre convenance (de 1 à 99) dans la boîte de dialogue Préférences.

**Rétablir:** La commande Rétablir est accessible dès que vous avez utilisé la fonction Annuler. Elle vous permet de rétablir le dessin tel qu'il était avant l'utilisation de la commande Annuler. Vous pouvez spécifier une valeur à votre convenance (de 1 à 99) dans la boîte de dialogue Préférences.

**Couper:** Supprime l'information contenue dans la cellule (ou les cellules) sélectionnée(s) pour la copier dans le Presse-papiers de Windows.

**Copier:** Copie dans le Presse-papiers de Windows l'information sélectionnée.

**Coller:** La commande Coller est accessible lorsque le Presse-papiers contient une information qui peut être utilisée dans le Gestionnaire de données. Choisissez la commande Coller pour insérer à l'endroit voulu une information qui se trouve dans le Presse-papiers de Windows.

**Supprimer:** Supprime à titre définitif l'information qui se trouve dans la cellule (ou les cellules) sélectionnées.

Le menu **Options Champ** contient les commandes suivantes: Modifier le Format, Sous-totaux Groupes, Afficher Hiérarchie, Afficher Totaux et Editeur.

**Modifier le format:** Pour accéder à la boîte de dialogue Définition Format.

**Sous-totaux Groupes:** Lorsque plusieurs groupes d'objets sont affichés dans la feuille de travail, cette commande permet d'afficher le sous-total de chaque groupe lorsque des champs se rapportent à plusieurs groupes de données.

**Afficher Hiérarchie :** Cette commande décale de deux espaces les objets de chaque groupe afin de montrer la relation entre les différents groupes.

**Afficher Totaux:** Additionne les valeurs numériques de la colonne sélectionnée.

**Editeur:** Choisissez cette commande pour accéder à l'Editeur Infos Objet qui vous permet d'ajouter, supprimer, formater et réorganiser les champs.

Le menu **Préférences** sert à déterminer la manière dont les données doivent être affichées dans la feuille de travail. Par exemple, vous pouvez choisir d'afficher les détails d'un groupe de champs et de mettre en évidence certains niveaux et types de données. Les commandes cochées sont activées.

**Afficher Détails Groupes:** Cochez Afficher Détails pour étendre la feuille de travail de manière à voir les objets (et les données associées) contenus chaque groupe.

**Eclairer Objets Niveau sup.:** Cochez cette commande si vous souhaitez mettre en évidence le premier niveau d'un groupe dans une feuille de travail.

**Cellules protégées en italiques:** Cochez cette commande pour mettre en italique les cellules qui ne peuvent être modifiées. Par exemple, le total d'un champ numérique n'est pas accessible directement. La valeur affichée apparaît en italique lorsque cette option est activée.

*Création d'une base de données graphique*

CHAPITRE 16

# Utilisation d'images bitmap

Les images bitmap sont obtenues par juxtaposition de points (ou pixels). Elles sont générées au moyen d'un scanner ou d'un programme de dessin, par exemple, CorelPHOTO-PAINT.

La résolution de ces images est immuable, contrairement à celle des graphiques vectoriels. Cet inconvénient ne se remarque pas tant que l'image est affichée ou imprimée dans son format d'origine. Mais dès que vous agrandissez le format, vous obtenez des lignes en escalier produites par l'augmentation de la distance entre les pixels. Une réduction du format entraîne également une distorsion parce que, dans ce cas, le programme doit supprimer un certain nombre de pixels.

CorelDRAW permet d'importer des images bitmap en vue de les inclure dans un dessin en cours de création. L'image importée peut être positionnée à l'endroit voulu, recadrée, et même coloriée s'il s'agit d'une image monochrome. Il est également possible de la redimensionner de la faire pivoter ou de l'incliner, mais le résultat obtenu n'est pas toujours satisfaisant.

CorelTRACE, le programme de retraçage de CorelDRAW, vous permet de convertir une image bitmap en une image vectorisée qui peut être éditée, redimensionnée, imprimée,... sans subir de distorsion. Pour retracer des images bitmap simples, vous pouvez utiliser l'outil ℓ .

CorelDRAW permet d'exporter des dessins sous la forme d'images bitmap. Cette fonction est utile lorsque vous souhaitez réutiliser un dessin dans une application qui n'accepte pas les images vectorisées.

# Sélection d'une image bitmap

Pour sélectionner une image bitmap, cliquez sur l'outil ▸ et ensuite cliquez sur le cadre entourant l'image bitmap. Si vous travaillez en mode de visualisation squelettique, cliquez sur l'encadré. Vous pouvez également sélectionner une image bitmap avec la marquise de sélection. Après avoir sélectionné une image bitmap, vous pouvez la déplacer, l'étirer, la mettre à l'échelle, lui faire subir une rotation et l'incliner.

# Rotation et inclinaison d'une image bitmap

CorelDRAW permet de faire pivoter ou d'incliner les images bitmap, comme n'importe quel autre objet. (Pour la marche à suivre en vue d'appliquer une rotation ou une inclinaison à des objets, reportez-vous au chapitre 8 "Transformation des objets".) Lorsque vous faites subir une rotation ou une inclinaison à une image bitmap et que vous travaillez dans le mode squelettique, l'écran affiche un rectangle gris avec un triangle blanc dans le coin supérieur gauche. Ce triangle représente le coin supérieur gauche de l'image bitmap. Il vous permet de déterminer l'orientation de l'image après la rotation. Dans le mode de visualisation modifiable, la résolution de l'image bitmap est réduite automatiquement à 128 x 128 pixels parce que le retraçage prendrait trop de temps. Cette réduction de la résolution ne concerne que la représentation de l'image bitmap dans la fenêtre de dessin, et non pas le mode de visualisation plein écran, la visualisation dans la boîte de dialogue Imprimer et l'image imprimée. Par ailleurs, lorsque vous sélectionnez l'image bitmap et que vous supprimez l'attribut de rotation ou d'inclinaison au moyen de la commande Effacer les transformations du menu Effets, la résolution initiale est rétablie.

Les images bitmap auxquelles vous avez appliqué une rotation ou une inclinaison peuvent être imprimées aussi bien sur une imprimante PostScript que sur une imprimante non-PostScript.

Si l'image bitmap fait partie d'un fichier EPS, le fichier EPS est imprimé lorsque vous utilisez une imprimante PostScript. Si vous utilisez une imprimante non-PostScript, l'image bitmap est imprimée. La qualité de l'impression du fichier EPS est nettement meilleure. Lorsque vous modifiez l'échelle de l'image bitmap ou que vous lui appliquez une rotation ou une inclinaison, les transformations sont apportées dans le fichier EPS associé.

Une image bitmap qui a subi une rotation ne peut pas être collée dans une autre application en utilisant le Presse-papiers. Par contre, il est possible de le faire dans CorelDRAW.

# Retraçage d'une image bitmap

Le retraçage d'une image bitmap la transforme en un élément graphique du type objet qui peut être édité, mis à l'échelle, imprimé, etc., sans subir de déformation.

CorelDRAW intègre une fonction de retraçage automatique ainsi qu'un programme de retraçage distinct, mais plus puissant, portant le nom de CorelTRACE. La fonction de retraçage automatique décrite ci-dessous convient bien pour les dessins simples, mais elle requiert une intervention plus importante de votre part.

Elle est conçue pour le retraçage d'images en noir et blanc. Si vous l'utilisez pour retracer des images couleurs, le résultat obtenu sera inutilisable parce qu'elle ne permet de retracer que les éléments dont les couleurs peuvent être converties en noir. Les éléments dont les couleurs sont converties en blanc seront interprétés comme autant d'espaces blancs et ne seront pas retracés. Par conséquent, pour les dessins complexes et en couleurs, utilisez de préférence le programme CorelTRACE beaucoup plus rapide et précis. Pour plus d'informations, consultez l'aide en ligne CorelTRACE.

## *Pourquoi retracer une image bitmap?*

Puisqu'il est possible d'imprimer des images bitmap avec Corel-DRAW et avec les progiciels de mise en page les plus courants, vous vous demandez probablement pourquoi il faudrait perdre du temps à retracer une image. En fait, le retraçage d'une image bitmap présente un certain nombre d'avantages.

La représentation bitmap d'un dessin quelconque se caractérise par une résolution immuable. En d'autres termes, la technique de numérisation devient apparente dès que vous agrandissez ou que vous imprimez le dessin sur un périphérique de sortie à haute résolution : les lignes du dessin sont en dents de scie (effet d'escalier). Par contre, si vous retracez le dessin avec CorelDRAW, vous obtenez un document dont la résolution est déterminée uniquement par la résolution du périphérique de sortie. Autrement dit, vous pouvez l'agrandir autant que vous le souhaitez, le document s'imprimera toujours à la résolution maximale qu'offre le périphérique de sortie. Ce mode de traitement garantit des lignes et des courbes sans la moindre aspérité.

Deuxième avantage du retraçage d'une image bitmap : le dessin est beaucoup plus facile à éditer et vous pouvez tirer parti de toutes les fonctions de CorelDRAW. Les images bitmap ne peuvent être éditées que par conversion de points noirs en points blancs et inversement. Mais si vous retracez le dessin avec CorelDRAW, vous obtenez un document dont les lignes, courbes et autres objets peuvent être sélectionnés et manipulés individuellement. Vous pouvez donc utiliser les puissantes fonctions de CorelDRAW pour éditer le dessin en agissant sur la forme, la surface, le contour, la position et les dimensions de tous les éléments qui le composent.

Comme l'exécution d'un croquis au crayon sur une feuille de papier est beaucoup plus facile qu'avec une souris ou une tablette à digitaliser, il est préférable de réaliser les ébauches selon la méthode traditionnelle. Par la suite, lorsque vous tenez une bonne idée, scannez le projet de dessin et importez-le dans CorelDRAW. Vous pouvez alors exploiter l'ordinateur dans un domaine où il excelle : l'expérimentation avec diverses alternatives, ainsi que l'affinage et l'uniformisation du dessin que vous avez créé. L'apport de modifications avec un ordinateur est beaucoup plus rapide et plus facile que sur le papier. Par exemple, le coloriage à l'écran ne prend que quelques secondes alors que l'application de couleurs sur une feuille de papier nécessite bien plus de temps. Vous pouvez faire des essais avec différentes couleurs, épaisseurs de ligne et plumes calligraphiques. Vous pouvez étirer, mettre à l'échelle, faire pivoter, incliner et dupliquer le dessin en partie ou dans son intégralité. Vous pouvez ajouter/supprimer des lignes, des cercles, des rectangles et du texte beaucoup plus rapidement et avec davantage de précision et d'uniformité par rapport à la méthode traditionnelle du crayon et de la feuille de papier.

Bref, le retraçage permet de concilier la commodité du dessin réalisé sur papier et la plasticité que procure le support électronique. Par ailleurs, si la réalisation de crayonnés n'est pas votre point fort, vous avez ainsi la possibilité de réutiliser un dessin existant comme point de départ pour vos créations personnelles.

### ▶ Pour retracer une image bitmap:

1. Chargez cette image bitmap dans CorelDRAW et choisissez la commande Importer dans le menu Fichier.
   Dans le coin inférieur droit de la boîte de dialogue Importer, cochez la case Retracer. Cette option entraîne l'affichage de l'image bitmap à une résolution plus élevée, ce qui augmente la précision du retraçage. Pour plus d'informations sur l'importation d'images bitmap, reportez-vous à la section "Remarques générales sur l'exportation d'images bitmap" au chapitre 17.

La case à cocher "Tracer"

2. Dès que l'image bitmap s'affiche dans CorelDRAW, utilisez l'outil ⌕ pour effectuer un zoom sur la partie de l'image que vous souhaitez retracer. Normalement, vous commencerez par le périmètre extérieur de l'objet.

3. Sélectionnez l'objet bitmap en cliquant sur le cadre rectangulaire circonscrit à ce dernier. Vous devez voir s'afficher le périmètre de sélection ainsi que le terme bitmap dans la ligne d'état. L'affichage de ce terme indique la sélection d'un objet bitmap.

4. L'objet bitmap étant sélectionné, cliquez sur l'outil ℓ. Lorsque vous choisissez l'outil ℓ après avoir sélectionné un objet bitmap, vous passez automatiquement en mode de retraçage automatique. Le terme retraçage automatique s'affiche dans la ligne d'état. Le curseur prend la forme du curseur de retraçage.

5. Positionnez le curseur juste à gauche de la zone noire de l'image bitmap que vous souhaitez retracer et cliquez. CorelDRAW trouve automatiquement la zone noire située à la droite du curseur et procède à une opération de retraçage autour de celle-ci. Cette opération peut prendre plusieurs secondes surtout si elle est exécutée sur une courbe relativement longue.

6. Lorsque le retraçage du périmètre extérieur de l'objet est terminé, vous devez tracer le périmètre intérieur. Si le dessin contient une zone intérieure de couleur blanche, celle-ci se confondra avec l'autre côté de la ligne que vous venez de tracer. Etudiez la séquence relative au traitement de ce personnage de bande dessinée pour comprendre la procédure.

7. Continuez à délimiter autant de régions du dessin que vous le jugerez nécessaire pour définir les principales zones en noir et blanc de celui-ci. Il vous arrivera parfois de cliquer en vain pour

commencer une opération de ce type. Cette absence de réaction du programme indique habituellement la présence d'un petit groupe de pixels dans l'image qui ne s'affichent pas en raison du facteur de grossissement utilisé. En pareil cas, déplacez légèrement le curseur et recommencez l'opération. Si le problème persiste, exécutez un zoom avant pour vérifier s'il y a des agrégats de pixels cachés.

8. La phase suivante consiste à colorier les différentes zones de l'image. Vous pouvez procéder de deux manières.
La première méthode consiste à sélectionner chacun des périmètres fermés et à les remplir de couleur blanche ou noire ou de la couleur de votre choix avec l'outil ⟁. Si cette méthode est plus facile à comprendre, elle est toutefois moins performante que la seconde. Vous serez vraisemblablement amené à modifier l'ordre des éléments du dessin avec les commandes Premier plan, Arrière-plan, Vers l'avant, Vers l'arrière et Ordre inverse que comporte le menu Disposer.
La seconde méthode de coloriage est d'une grande utilité si vous souhaitez que les zones intérieures du dessin soient considérées comme des zones transparentes et vides plutôt que comme des zones de couleur blanche. Utilisez l'outil ▸ pour sélectionner toutes les courbes. Ensuite, faites appel à la commande Combiner dans le menu Disposer afin de les associer pour constituer un objet curviligne spécifique. Lorsque vous remplissez l'objet combiné résultant, CorelDRAW traite automatiquement les périmètres fermés en alternant entre les zones remplies avec la couleur sélectionnée et les zones transparentes. Dans cet exemple, les zones intérieures blanches seraient transparentes à l'arrivée.

9. Lorsque vous aurez terminé, vous souhaiterez peut-être supprimer l'image bitmap avant de sélectionner tous les objets et de les regrouper avec la commande Associer du menu Disposer, afin de prévenir toute séparation accidentelle. Vous pouvez également placer l'image tracée sur un plan non-imprimable et invisible. Pour plus d'informations sur les plans, reportez-vous au chapitre 8 "Disposition des objets".

## Contrôle de la précision avec laquelle CorelDRAW retrace des images bitmap

La commande Préférences intégrée dans le menu Spécial permet de contrôler la précision avec laquelle CorelDRAW retrace des images bitmap. Lorsque vous cliquez sur le bouton Courbes de la boîte de dialogue Préférences, la boîte de dialogue qui suit apparaît à l'écran :

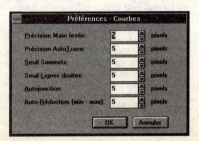

**Précision Auto Trace :** permet de contrôler la précision avec laquelle la fonction de retraçage automatique suit les contours d'une image lorsqu'elle calcule les courbes de Bézier de l'image bitmap que vous êtes en train de retracer.

Si vous introduisez un nombre limité (1 à 3 pixels), la courbe de Bézier épousera toutes les aspérités de l'image bitmap que vous êtes en train de retracer. Ce choix risque de se traduire par l'apparition d'un grand nombre de points nodaux et d'une courbe plus irrégulière.

Si vous introduisez un nombre élevé (6 à 10 pixels), la courbe de Bézier suit de manière moins rigoureuse les contours de l'image bitmap que vous êtes en train de retracer. Ce choix se traduit normalement par un nombre moins important de points nodaux et une courbe plus lisse.

**Seuil Sommets :** détermine le seuil à partir duquel CorelDRAW décide qu'un sommet doit être considéré comme un point continu ou un point angulaire. Ce seuil s'applique aussi bien au dessin à main levée qu'au retraçage automatique.

Si vous introduisez un nombre limité (1 à 3 pixels), CorelDRAW aura tendance à considérer les sommets comme des points angulaires ; les brusques changements d'orientation du trait seront reproduits avec une grande fidélité.

Si vous introduisez un nombre élevé (7 à 10 pixels), CorelDRAW aura tendance à considérer les sommets comme des points continus caractérisés par des changements d'orientation progressifs qui ne respectent pas l'original avec la même précision, mais adoucissent la forme du contour.

**Seuil Lignes droites :** détermine le seuil à partir duquel Corel-DRAW décide qu'un segment doit être considéré comme un segment rectiligne ou curviligne. Ce seuil s'applique aussi bien au dessin à main levée qu'au retraçage automatique.

Si vous introduisez un nombre limité (1 à 3 pixels), CorelDRAW aura tendance à considérer les segments tracés comme des courbes et à ne considérer que les segments parfaitement rectilignes comme des segments de droite.

Si vous introduisez un nombre élevé (7 à 10 pixels), CorelDRAW aura tendance à considérer les segments tracés comme des lignes droites et à ne considérer que les segments les plus incurvés comme des courbes.

# Recadrage d'une image bitmap

Le terme "recadrage" fait référence à l'opération d'affichage partiel de l'image bitmap que comporte le dessin. Pour recadrer des images bitmap, utilisez l'outil ⚞ .

Si vous avez l'intention de n'exploiter qu'une petite partie d'une image bitmap, nous vous recommandons d'utiliser CorelPHOTO-PAINT pour créer un fichier moins volumineux ne contenant que la partie utile de cette image. Les images bitmap réduites se chargent, s'affichent et se manipulent plus rapidement. D'autre part, elles nécessitent un espace disque moins important. Par la suite, vous pourrez utiliser la fonction de recadrage pour intégrer avec précision cette image bitmap dans un dessin.

▶ **Pour recadrer une image bitmap:**

1. Sélectionnez l'image bitmap avec l'outil ⚹ . La ligne d'état indique l'importance du recadrage actuel pour chaque bord. Des poignées de recadrage apparaissent sur les quatre côtés du périmètre de sélection de l'image bitmap.
2. Placez le curseur sur l'une des poignées. Le curseur prend la forme d'une + pour indiquer qu'il se trouve sur la poignée de recadrage.
3. Faites glisser cette poignée vers le centre de l'image bitmap afin de la recadrer le long de ce bord.
   Faites glisser la poignée en l'éloignant du centre de l'image bitmap pour révéler les parties éventuelles de l'image qui auraient été masquées par une opération de recadrage antérieure.
4. Lorsque vous relâchez le bouton de la souris, l'image est retracée en fonction du recadrage spécifié.
5. Faites glisser chacune des poignées de recadrage jusqu'à ce que seule la partie de l'image que vous souhaitez afficher soit visible.

# Coloriage d'une image bitmap monochrome

Vous pouvez appliquer une couleur à l'avant-plan et à l'arrière-plan des images bitmap noir et blanc. Par contre, vous ne pouvez pas faire de même pour les images bitmap couleurs ou comportant plusieurs niveaux de gris.

Pour colorier une image bitmap monochrome, sélectionnez-la avec l'outil ⚹ . Cliquez sur l'icône ❂ dans le menu local de l'outil Plume. Sélectionnez une couleur d'avant-plan avec la boîte de dialogue Couleurs de contour. (Les pixels noirs d'une image bitmap noir et blanc représentent l'avant-plan). Cliquez sur OK pour appliquer celle-ci à l'image bitmap.

Ensuite, cliquez sur l'icône ❂ du menu Surface. Sélectionnez une couleur d'arrière-plan avec la boîte de dialogue Surface uniforme. (Les pixels blancs d'une image bitmap noir et blanc représentent l'arrière-plan). Cliquez sur OK pour appliquer celle-ci à l'image bitmap.

Pour plus d'informations sur l'utilisation des boîtes de dialogue Couleurs de contour et Surface uniforme, reportez-vous au chapitre 7 "Application d'un contour aux objets".

**Note:** Si l'image bitmap monochrome que vous colorez est associée à un fichier EPS et imprimée avec une imprimante PostScript, la couleur n'apparaît pas à l'impression.

# Application d'une trame simili à une image bitmap

Si vous utilisez une imprimante PostScript, l'une des méthodes permettant de créer certains effets spéciaux affectant l'image bitmap consiste à modifier le motif de la trame simili PostScript. Vous pouvez appliquer une trame simili à l'avant-plan et à l'arrière-plan des images bitmap noir et blanc ainsi qu'à l'avant-plan des images bitmap qui comportent plusieurs niveaux de gris.

▶ **Pour appliquer une trame simili PostScript :**
1. Sélectionnez l'image bitmap de votre choix avec l'outil ▶.
2. Cliquez sur l'icône ✸ du menu local de l'outil ✸.
3. Cliquez sur le bouton Options PostScript. La boîte de dialogue Options PostScript s'affiche.

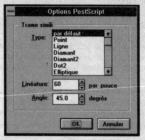

4. Sélectionnez les paramètres de votre choix, puis cliquez sur OK. Ces paramètres sont appliqués à l'image bitmap, mais ils n'apparaissent que lors de son impression. Pour une explication détaillée sur la sélection des paramètres relatifs aux trames simili, reportez-vous au chapitre 7 "Application d'un contour aux objets".

## Masquage des images bitmap

Si vous travaillez en mode de visualisation squelettique, vous découvrirez que le retraçage de l'écran est beaucoup plus rapide lorsque les images bitmap sont masquées. Pour masquer une image bitmap, choisissez la commande Afficher les images bitmap dans le menu Afficher. La coche affichée à côté de la commande disparaît et l'image bitmap est remplacée à l'écran par une zone vide. Pour afficher de nouveau l'image bitmap, choisissez la commande Afficher les images bitmap.

# CHAPITRE 17

# CorelDRAW avec d'autres applications

Vous pouvez transférer des textes et des graphiques à destination ou en provenance d'autres applications. Il existe trois méthodes pour réaliser ce type d'opération:

- Importation et exportation
  CorelDRAW inclut un grand nombre de filtres qui permet d'importer et d'exporter des informations entre différents formats de fichiers. De cette manière, vous pouvez réutiliser du texte et des graphiques en provenance de programmes de traitement de texte, de mise en page, de dessin, etc., y compris certains programmes qui ne tournent pas sous Windows.
- Liaison et incorporation d'objets
  La liaison et l'incorporation d'objets est une fonction de Windows qui permet de créer un document en réutilisant des informations générées avec différentes applications et en préservant la connexion entre les applications utilisées et le fichier final. La technique de la liaison d'objets entraîne la mise à jour automatique du fichier final lorsque vous apportez des modifications dans l'une ou l'autre application qui a servi à le créer. La technique de l'incorporation d'objets permet de modifier le fichier final en lançant l'application source qui a servi à générer les données que vous voulez modifier, sans même quitter l'application en cours.
- Presse-papiers de Windows
  Le Presse-papiers est une zone de stockage temporaire utilisée pour transférer des informations entre les applications conçues pour Windows. Lorsque vous travaillez avec CorelDRAW, vous pouvez également utiliser le Presse-papiers pour déplacer ou copier un dessin d'un fichier à un autre.

# Liaison et incorporation d'objets

Les fonctions d'incorporation et de liaison d'objets permettent de travailler sur un fichier en tirant parti de toutes les possibilités de deux applications différentes, ou même davantage. Les commandes Copier et Coller du menu Edition permettent certes de transférer des informations (un dessin ou un texte, par exemple) d'une application dans une autre, mais sans possibilité de modifier ultérieurement le dessin après collage dans l'application de destination. La seule manière de le faire consiste à remplacer le dessin ou le texte par la version remaniée. Par contre, sous Windows 3.1, vous pouvez utiliser toute application prenant en charge les fonctions d'incorporation et de liaison d'objets pour transférer et partager des informations d'une manière dynamique. En incorporant ou en liant des objets, vous pouvez créer un document qui contiendra des informations générées par d'autres programmes et modifier ces informations en appelant directement les applications sans quitter le document.

Les applications qui prennent en charge ces fonctions se divisent en deux catégories : les applications serveurs et les applications clients.

**Les applications serveurs:** les objets créés avec ces applications peuvent être incorporés ou liés dans d'autres documents.

**Les applications clients:** peuvent accepter des objets incorporés ou liés.

Certaines applications comme CorelDRAW sont capables d'assumer aussi bien la fonction de serveur que celle de client. D'autres n'assurent que l'une ou l'autre.

Pour modifier une information incorporée ou liée dans un fichier CorelDRAW, vous ouvrez une autre application sans quitter CorelDRAW, vous effectuez les modifications en utilisant les fonctions de cette application, et ensuite vous repassez dans CorelDRAW. Si, par exemple, vous avez incorporé dans un fichier CorelDRAW une image bitmap créée dans le programme Windows Paintbrush, et que vous souhaitez en modifier une partie, vous ouvrez Paintbrush depuis CorelDRAW, vous opérez vos modifications sur l'image bitmap puis vous l'enregistrez sous Paintbrush. Le dessin se referme, vous revenez dans le fichier CorelDRAW, où vous constaterez que l'image bitmap apparaît telle que vous l'avez modifiée.

**Note:** Pour utiliser les fonctions d'incorporation et de liaison, l'utilitaire SHARE doit être installé. Au cours de la procédure d'installation de CorelDRAW, un message vous demande si le programme SHARE peut être installé automatiquement. Si vous avez répondu par la négative, reportez-vous au de l'utilisateur MS-DOS pour les instructions à suivre.

## Quelques définitions

Pour comprendre le mode de fonctionnement de cette technique, vous devez être familiarisé avec les notions suivantes :

**Objet:** Tout élément d'information créé en utilisant une application Windows capable de prendre en charge l'incorporation ou la liaison d'objets. Il peut s'agir, par exemple, du contenu d'une cellule dans une feuille de calcul, ou d'un dessin complet.

**Document source:** Le document dans lequel l'objet a été créé initialement.

**Document cible :** Le document dans lequel vous réutilisez l'objet lié ou incorporé.

## Différence liaison/incorporation

La différence essentielle entre la liaison et l'incorporation d'objets est expliquée ci-après.

**Incorporation d'objets :** L'incorporation d'un objet consiste à insérer des informations (générées avec l'application source) dans le document cible (affiché le plus souvent dans une application différente). Lorsque vous voulez effectuer des changements sur un objet incorporé, vous sélectionnez l'objet dans le document cible et vous lancez la commande Editer depuis l'application cible. Dès cet instant, l'application utilisée initialement pour créer l'objet s'ouvre automatiquement et vous pouvez modifier l'objet en utilisant les fonctions de ce programme. Il est désormais superflu de quitter l'application en cours pour charger l'autre application dont vous avez besoin pour apporter les modifications. Il va de soi que l'ordinateur doit disposer d'une capacité de mémoire suffisante permettant l'exécution simultanée de toutes les applications que vous voulez utiliser.

Lorsque vous incorporez un objet, vous faites une copie de l'information dans le document source, puis vous la transférez dans le document cible. Après cette opération, il n'existe plus aucun lien avec le document source d'où vous avez transféré l'information en question. De ce fait, les modifications apportées à l'objet incorporé n'affectent en rien le document source.

**Liaison d'objets :** Contrairement à l'incorporation, la liaison d'un objet avec un document cible (par exemple, votre fichier CorelDRAW) n'a pas pour effet de copier une information, mais de créer un lien avec le document source contenant cette information. De ce fait, lorsque vous modifiez un objet lié, vous modifiez également l'information dans le document source. Le document cible contient uniquement un lien conduisant à l'objet existant dans le document source. Ce point constitue la différence fondamentale entre les objets incorporés et les objets liés.

Si vous créez un lien entre un document source déterminé et plusieurs documents cibles, toute modification effectuée dans le document source est automatiquement répercutée dans tous les documents cibles liés à ce document. Cette fonction peut être utile parce qu'elle uniformise les modifications à plusieurs endroits de manière identique lorsque c'est nécessaire.

Lorsque vous créez des liens, vous spécifiez également la fréquence à laquelle vous souhaitez que l'information soit mise à jour. Sauf indication contraire, CorelDRAW procède automatiquement à la mise à jour des informations à chaque modification du fichier source.

La liaison d'objets n'est possible qu'à partir de documents enregistrés. Si, par exemple, vous ouvrez Paintbrush pour créer un dessin, vous devez préalablement l'enregistrer comme document dans Paintbrush avant de l'associer à un autre document dans une autre application.

# Liaison d'objets dans CorelDRAW

La liaison d'objets permet de créer un fichier CorelDRAW en lui associant des informations provenant d'un second fichier généré avec une autre application. Ainsi, lorsque vous faites une copie d'un objet contenu dans un fichier source (par exemple, un dessin CorelDRAW) et que vous le collez dans le fichier cible (par exemple, un document WinWord), CorelDRAW actualise le fichier cible chaque fois que vous apportez des modifications au dessin du fichier source. Vous pouvez déterminer si ces modifications peuvent être apportées automatiquement par CorelDRAW, ou uniquement lorsque vous le décidez.

Les sections suivantes sont rédigées en partant de l'hypothèse que CorelDRAW est l'application cible, à savoir l'application qui génère le fichier cible.

## Création de liens

Vous pouvez ajouter à votre fichier CorelDRAW des informations provenant d'un autre fichier et créer ensuite un lien entre les deux. Par ce lien, le fichier CorelDRAW (le fichier cible) sera mis à jour à chaque modification de l'information dans le fichier source. Avant d'entreprendre cette procédure, vous devez enregistrer le fichier source avec l'application que vous avez utilisée pour le créer. Vous pouvez créer un lien à partir de l'application source ou de CorelDRAW.

### ▶ Pour créer un lien à partir de l'application source:

1. Lancez l'application utilisée pour créer l'information que vous souhaitez employer dans votre fichier CorelDRAW.

2. Ouvrez le fichier contenant l'information que vous allez ajouter dans votre fichier CorelDRAW.

3. Sélectionnez l'information pour laquelle vous souhaitez créer un lien.

4. Choisissez la commande Copier dans le menu Edition de l'application contenant l'information. Ceci fait, vous pouvez réduire cette application.

5. Ouvrez CorelDRAW. Choisissez la commande Collage spécial dans le menu Edition.
   La boîte de dialogue Collage spécial apparaît.

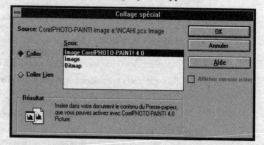

6. Depuis le champ rectangulaire au centre de la boîte de dialogue Collage spécial, sélectionnez le type d'information que vous souhaitez ajouter dans votre fichier CorelDRAW.

7. Cliquez sur le bouton Coller le lien. L'objet lié figure à présent dans votre fichier CorelDRAW.

### ▶ Pour créer un lien à partir de CorelDRAW:

1. Choisissez l'option Insérer l'objet dans le menu Fichier de manière à faire apparaître la boîte de dialogue Insérer l'objet.
2. Cliquez sur Créer à partir Fichier.
3. Cochez la case Lien.
4. Tapez le nom, le chemin d'accès et l'extension du fichier que vous souhaitez lier. Si vous ignorez le nom ou l'endroit du fichier, cliquez sur Parcourir pour ouvrir la boîte de dialogue Parcourir.
5. Choisissez Afficher comme Icône si vous souhaitez que le fichier apparaisse sous la forme d'une icône.
   L'icône associée à l'application sélectionnée apparaît alors. Vous pouvez choisir une autre icône dans la boîte de dialogue Modifier Icône en cliquant sur Modifier Icône.
6. Cliquez sur OK.
   L'objet lié apparaît au centre de votre dessin.

## Mise à jour de liens

La mise à jour des liens dans un fichier CorelDRAW peut s'effectuer automatiquement ou manuellement. Si vous optez pour la mise à jour automatique, chaque fichier cible répercutera immédiatement tout changement opéré dans le fichier source. Si vous optez pour la mise à jour manuelle, c'est à vous que revient l'initiative de la mise à jour de votre fichier.

### ▶ Spécification de la mise à jour manuelle ou automatique:

1. Dans le fichier cible CorelDRAW, sélectionnez l'information liée que vous souhaitez mettre à jour.
2. Choisissez la commande Liens dans le menu Edition. La boîte de dialogue Caractéristiques Liens s'affiche.

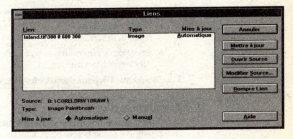

3. A côté de la rubrique Mettre à jour, sélectionnez l'option voulue.
4. Cliquez sur OK.

### ▶ Mise à jour manuelle de liens:

1. Dans le fichier cible CorelDRAW, sélectionnez l'information liée que vous souhaitez mettre à jour. Pour sélectionner plusieurs liens, maintenez enfoncée la touche MAJUSCULE lorsque vous sélectionnez l'information liée.
2. Choisissez la commande Liens dans le menu Edition. La boîte de dialogue Caractéristiques Liens s'affiche.

*CorelDRAW avec d'autres applications / 265*

Si vous souhaitez mettre à jour un autre lien de la liste, sélectionnez-le à ce stade dans la zone Liens. Pour désélectionner un lien, il suffit de cliquer dessus.

3. Cliquez sur Mettre à jour.

   Tous les changements effectués dans le fichier source depuis la dernière mise à jour dans le fichier cible seront répercutés dans le fichier CorelDRAW pour chaque lien sélectionné.

### ▶ Mise à jour de tous les liens dans un fichier:

1. Sélectionnez le fichier cible CorelDRAW en entier en choisissant la commande Tout sélectionner dans le menu Edition.
2. Choisissez la commande Liens dans le menu Edition.
3. Cliquez sur Mettre à jour.

   Tous les liens du fichier seront mis à jour.

## Modification d'un lien

Lorsque vous avez créé un lien dans votre fichier CorelDRAW, vous pouvez changer le nom et le type du fichier source utilisé. Cette opération peut entraîner une modification très importante de l'aspect du fichier CorelDRAW si le nouveau fichier source est très différent du fichier antérieur.

### ▶ Pour modifier une liaison:

1. Sélectionnez l'information liée dans votre fichier CorelDRAW.
2. Choisissez la commande Liens dans le menu Edition.
3. Cliquez sur Modifier le lien.
   La boîte de dialogue Modifier le lien s'affiche.
4. Effectuez l'une ou les deux opérations suivantes:
   - Tapez un nouveau nom pour le fichier source dans la zone Nom du fichier.
   - Sélectionnez un nouveau type de fichier dans la zone Afficher fichiers du type.
5. Cliquez sur OK pour exécuter les modifications.

## Annulation d'un lien

Lorsque vous annulez un lien, CorelDRAW cesse de mettre à jour l'information dans le fichier cible. L'information liée demeure dans votre fichier dans l'état où elle se trouvait lors de la dernière mise à jour du lien.

### ▶ Pour annuler un lien:

1. Sélectionnez l'information liée dans votre fichier CorelDRAW.
2. Choisissez la commande Liens dans le menu Edition.
3. Cliquez sur le bouton Annuler le lien.

## Passage d'un fichier cible au fichier source correspondant

Si vous vous trouvez dans la nécessité de modifier le contenu ou le format de l'information liée dans le fichier cible CorelDRAW, vous devez opérer ces changements depuis le fichier source. Deux méthodes sont à votre disposition pour passer du fichier cible au fichier source correspondant.

> ▶ **La première méthode pour passer du fichier cible au fichier source se présente comme suit :**

1. Dans le fichier cible, sélectionnez l'information liée que vous souhaitez modifier.
2. Choisissez la commande Liens dans le menu Edition.
3. Sélectionnez Ouvrir la source. Cette action appelle l'application utilisée pour créer le fichier.
4. Effectuez les changements voulus dans le fichier source.
5. Choisissez la commande Enregistrer dans le menu Fichier de l'application source. Vous pouvez ensuite fermer ou réduire l'application source.

> *»Raccourci:*
> *Vous pouvez également ouvrir l'application source en double-cliquant sur l'objet. Habituellemnt, cette opération entraîne l'activation du mode rotation dans CorelDRAW. Mais, la rotation d'un objet OLE étant impossible, ce n'est donc pas le cas ici.*

▶ **La deuxième méthode pour passer du fichier cible au fichier source se présente comme suit :**

1. Dans le fichier cible CorelDRAW, sélectionnez l'information liée que vous souhaitez modifier.
2. Dans le menu Edition, cliquez sur la commande Editer <nom de l'objet>.
   Cette opération entraîne l'ouverture de l'application utilisée pour créer le fichier source.
3. Effectuez les changements voulus dans le fichier source.
4. Choisissez la commande Enregistrer dans le menu Fichier de l'application source. Vous pouvez ensuite fermer ou réduire l'application.

Quelle que soit la méthode choisie, CorelDRAW répercutera les modifications effectuées dans le fichier source sur base des options de mise à jour que vous aurez choisies. Si vous ne souhaitez plus accepter d'autres mises à jour depuis le fichier source, vous pouvez annuler le lien et modifier l'information antérieurement liée comme vous le feriez pour tout autre objet CorelDRAW.

## Modification des informations liées dans un fichier source CorelDRAW - L'application source est CorelDRAW

Vous pouvez à tout moment modifier un fichier source créé sous CorelDRAW. Cette opération affectera tous les documents cibles possédant un lien avec ce fichier. CorelDRAW transmet tous les changements effectués dans le fichier source aux fichiers cibles, suivant l'option de mise à jour que vous avez sélectionnée dans les applications cibles.

▶ **Pour modifier des informations liées dans un fichier source CorelDRAW:**

1. Ouvrez le fichier source CorelDRAW.
2. Effectuez les changements voulus sur l'information liée.
3. Choisissez la commande Enregistrer dans le menu Fichier.

# Incorporation d'objets dans CorelDRAW

Vous utiliserez l'incorporation plutôt que la liaison dans les cas où il n'est pas nécessaire de partager une information avec d'autres fichiers, mais où vous souhaitez conserver la possibilité de modifier et de mettre en forme l'information depuis votre fichier CorelDRAW. Dans les cas nécessitant un partage de l'information avec un autre fichier, utilisez la fonction de liaison d'objet plutôt que l'incorporation.

## Insertion dans votre fichier CorelDRAW d'objets incorporés

L'insertion dans un fichier CorelDRAW d'objets incorporés s'effectue normalement en suivant l'une des deux méthodes suivantes. Soit l'application cible (CorelDRAW) est chargée et vous décidez d'incorporer un objet à partir d'une application source ; soit vous avez ouvert l'application source en premier et l'objet que vous souhaitez incorporer dans le fichier cible CorelDRAW est copié dans le Presse-papiers avant que vous n'ouvriez ensuite CorelDRAW. La section qui suit explique les deux méthodes.

▶ **Pour insérer un objet dans un fichier CorelDRAW:**

1. Choisissez la commande Insérer l'objet dans le menu Fichier de CorelDRAW.
2. Choisissez Créer Nouveau dans la boîte de dialogue Insérer l'objet.

3. Dans la zone Type d'objet, sélectionnez l'entrée qui décrit l'application utilisée pour créer l'objet. Les choix proposés dans cette liste dépendront des applications compatibles installées dans votre système. Si vous avez exécuté correctement l'installation de l'application Windows en utilisant son programme de configuration, celle-ci devrait normalement apparaître dans la zone de type d'objet.
4. Pour que l'objet apparaisse sous la forme d'une icône, cliquez sur Afficher comme Icône. L'icône associée à l'application sélectionnée apparaît alors. Pour sélectionner une autre icône, cliquez sur Modifier Icône et choisissez-en une autre dans la boîte de dialogue.
5. Pour ouvrir l'application source, cliquez sur OK.
6. Lorsque l'application source est disponible à l'écran, créez ou sélectionnez l'information que vous souhaitez incorporer dans votre fichier CorelDRAW.

7. Lorsque vous incorporez de l'information en tant qu'objet dans votre fichier, le mode de traitement variera légèrement selon les applications. En règle générale, vous aurez à effectuer l'une des opérations suivantes :
   - Choisir Mettre à jour, et/ou Quitter, ou Quitter et Revenir dans le menu Fichier de l'application source.
   - Dans certaines applications, une boîte de dialogue pourra s'afficher, vous demandant si vous souhaitez une mise à jour. Répondez oui ou OK.
8. Quittez l'application source.
9. Lorsque vous revenez dans CorelDRAW, l'objet incorporé apparaît au centre de votre dessin.

▶ **Pour insérer un objet d'un fichier existant dans un fichier CorelDRAW :**

1. Choisissez l'option Insérer l'objet dans le menu Fichier.
2. Cliquez sur Créer à partir Fichier.
3. Tapez le nom, le chemin d'accès et l'extension du fichier que vous souhaitez incorporer. Si vous ignorez le nom ou l'endroit du fichier, cliquez sur Parcourir pour ouvrir la boîte de dialogue Parcourir.
4. Choisissez Afficher comme Icône si vous souhaitez que le fichier apparaisse sous la forme d'une icône. L'icône associée à l'application apparaît alors. Vous pouvez choisir une autre icône en cliquant sur Modifier Icône.
5. Cliquez sur OK.
   L'objet incorporé apparaît au centre de votre dessin.

▶ **Pour coller un objet à incorporer en provenance de l'application source :**

1. Ouvrez l'application source avec laquelle vous avez l'intention de créer l'objet à incorporer dans CorelDRAW.
2. Copiez l'objet ou l'information dans le Presse-papiers Windows à l'aide de la fonction Copier. Dans la plupart des applications, cette fonction figure dans le menu Edition.
3. Ouvrez CorelDRAW.
4. Pour incorporer l'objet, choisissez la commande Coller dans le menu Edition.

## Edition d'un objet incorporé

Il est possible de modifier un objet incorporé avec l'application sous laquelle il a été créé. Procédez comme suit :

▶ **Pour éditer un objet incorporé :**

1. Sélectionnez dans votre fichier CorelDRAW l'objet que vous souhaitez modifier.
2. Choisissez la commande Editer <nom de l'objet> dans le menu Edition. L'application source s'ouvre, et vous permet de modifier l'objet.
3. Apportez les modifications voulues.
4. L'étape suivante pourra varier légèrement selon les applications. En règle générale, vous aurez à effectuer l'une des opérations suivantes :
   - Choisissez Mettre à jour et/ou Quitter, ou Quitter et Revenir dans le menu Edition de l'application source.

»*Conseil :*
*Si vous souhaitez traiter un fichier dont le format n'est pas autorisé par CorelDRAW, essayez de le convertir à l'aide d'un programme auxiliaire du type HiJaak ou ImagePrep. Ou alors, ouvrez-le dans une autre application Windows et essayez de le transférer via le Presse-papiers.*

- Dans certaines applications, une boîte de dialogue pourra s'afficher, vous demandant si vous souhaitez la mise à jour. Répondez oui ou OK.

Lorsque vous reviendrez à CorelDRAW, l'objet incorporé apparaîtra tel que vous l'avez modifié.

# Importation de fichiers d'autres applications

CorelDRAW permet l'importation de nombreux types de fichiers générés par d'autres applications. Les formats pris en charge comprennent le format vectoriel d'autres progiciels de dessin aussi bien que les fichiers bitmap de programmes de peinture. Le texte généré par des traitements de texte est également importable. Si le texte a été rédigé avec un programme dont le format est reconnu par CorelDRAW (par exemple, WordPerfect, Microsoft Word et Ami Pro), utilisez la commande Importer dans le menu Fichier. Les alinéas, retraits et autres informations de formatage du texte sont préservés dans le fichier importé.

Le code logiciel qui autorise l'importation de fichiers d'un autre format est appelé filtre. Le vaste assortiment de filtres fournis avec CorelDRAW est un gage de compatibilité avec un grand nombre d'applications courantes.

> **» Conseil**
> *Des modifications ultérieures étant toujours possibles, enregistrez le fichier dans le format CDR avant de l'exporter.*

▶ **Pour importer un dessin en provenance d'un autre programme:**

1. Choisissez la commande Importer dans le menu Fichier.
2. Choisissez le format du fichier à importer dans la liste Afficher Fichiers du type.

   La liste Nom du fichier affiche les fichiers contenu dans le répertoire en cours qui répondent au format sélectionné. Si le fichier voulu se trouve dans un autre lecteur ou répertoire, sélectionnez le lecteur dans la liste Lecteurs et le répertoire dans la liste Répertoires.

3. Dans la liste Nom du fichier, tapez ou sélectionnez le fichier à importer.
4. Cliquez sur OK.

Des informations techniques détaillées sur les divers filtres d'importation peuvent être consultées en utilisant l'aide en ligne de CorelDRAW. Utilisez la fonction Rechercher et entrez l'extension du type de fichier (par exemple, cgm). L'une des entrées secondaires est consacrée à l'importation de ce type de fichier particulier.

## Considérations générales relatives à l'importation d'images bitmap

Si vous travaillez en mode de visualisation modifiable, le fichier bitmap s'affiche en couleurs dans votre dessin. En présentation squelettique, l'image est représentée par des niveaux de gris. L'image est affichée dans un rectangle que vous pouvez étirer, mettre à l'échelle, déplacer, tourner, incliner et mettre en couleurs.

Vous pouvez retracer les images bitmap dans CorelDRAW. Toutefois, si vous avez besoin de retracer un fichier bitmap, utilisez plutôt CorelTRACE dont les fonctions de traçage sont beaucoup plus complètes et précises. Si vous utilisez CorelDRAW pour retracer une image bitmap, sélectionnez l'option Retracer dans la boîte de dialogue Importer. En la sélectionnant, vous indiquez que vous voulez utiliser l'image bitmap comme modèle pour la retracer avec l'outil correspondant. Les images bitmap chargées lorsque cette option est activée ne sont pas imprimables. En mode squelettique, les images bitmap importées après avoir activé l'option Retracer sont importées à une résolution plus élevée que si l'option n'est pas activée. Lorsqu'une image bitmap sélectionnée a été chargée après activation de l'option Retracer, le mot Tracer s'affiche à la fin de la ligne d'état.

Les images bitmap auxquelles vous avez appliqué une rotation ou une inclinaison ne peuvent être imprimées que sur des imprimantes PostScript.

Les images bitmap sont stockées dans le répertoire Temp avec l'extension .TMP. Si votre répertoire se caractérise par un espace disponible réduit, cela peut entraîner quelques problèmes. En outre, tout fichier de format bitmap importé sous forme compressée est enregistré dans le répertoire Temp sous le format BMP. Ainsi, si vous importez un fichier TIF compressé de 200 kilo-octets, ce dernier peut être converti en un fichier BMP non compressé de 400 kilo-octets, la taille d'arrivée variant selon que la compression a été bien effectuée ou non. Par conséquent, les images bitmap peuvent augmenter considérablement la taille de votre fichier CDR.

Pour des explications détaillées concernant l'importation d'images bitmap, consultez l'aide en ligne de CorelDRAW. Utilisez la fonction Rechercher pour trouver la section "Bitmap: notes sur l'importation".

## *Importation d'images Clipart CorelDRAW*

Pour ouvrir ou importer un fichier compressé contenant une bibliothèque d'images Clipart, il est nécessaire de passer par le module CorelMOSAIC. Pour plus d'informations sur la manière de procéder pour accéder aux images Clipart avec le Gestionnaire visuel de fichiers CorelMOSAIC, consultez l'aide en ligne de MOSAIC.

# Exportation de fichiers destinés à être utilisés dans d'autres applications

La commande Exporter du menu Fichier vous donne la possibilité d'enregistrer un dessin dans un format autorisant une utilisation avec d'autres programmes. Le code logiciel qui vous permet de réaliser une exportation sous un autre format de fichier est appelé filtre. Le vaste assortiment de filtres fournis avec CorelDRAW assure un maximum de compatibilité avec un grand nombre d'applications courantes, par exemple, Xerox Ventura Publisher, Aldus Pagemaker, WordPerfect, MS Word et de nombreux autres programmes de PAO et de traitement de texte. Vous pouvez également effectuer des exportations vers des applications tournant sous MAC, UNIX et OS/2.

> »*Conseil:*
> *Si vous rencontrez des difficultés à exporter le fichier EPS dans d'autres applications, essayez de l'exporter sans en-tête.*

▶ **Pour exporter un dessin en vue de l'utiliser dans un autre programme:**

1. Ouvrez le fichier CorelDRAW que vous voulez exporter.
2. Choisissez la commande Exporter dans le menu Fichier.
   La boîte de dialogue Exporter (représentée ci-dessous) apparaît alors.

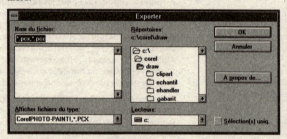

3. Dans la liste Afficher Fichiers du type, choisissez le format dans lequel le fichier doit être exporté.

4. Effectuez l'une des opérations suivantes:
   - Acceptez le nom que la liste Afficher Fichiers du type vous propose pour le fichier que vous voulez exporter.
   - Tapez un autre nom dans la case Nom du fichier.
   - Sélectionnez un nom existant dans la liste.
   
   CorelDRAW ajoute automatiquement l'extension qui correspond au format d'exportation que vous avez sélectionné.
   Si vous souhaitez enregistrer le fichier dans un autre lecteur ou répertoire, sélectionnez le lecteur dans la liste Lecteurs et le répertoire dans la liste Répertoires.

5. Choisissez OK.
   Selon le format sélectionné, une autre boîte de dialogue peut apparaître. Si c'est le cas, sélectionnez les options voulues et cliquez sur OK.

Des informations techniques détaillées concernant les divers filtres d'exportation sont disponibles dans l'aide en ligne de CorelDRAW. Utilisez la fonction Rechercher et entrez l'extension du type de fichier (par exemple, cgm). L'une des entrées secondaires est consacrée à l'exportation de ce type de fichier particulier.

## Remarques générales sur l'exportation dans le format EPS

Le format PostScript encapsulé (EPS) est largement utilisé dans la plupart des progiciels de PAO, de mise en page et de traitement de texte. Ce format reconnaît pratiquement toutes les fonctionnalités complexes de CorelDRAW. Lorsque vous exportez dans le format PostScript encapsulé (EPS), la boîte de dialogue suivante s'affiche :

A l'aide de la boîte de dialogue Exporter fichiers EPS, vous pouvez spécifier les paramètres suivants :

**Toutes les polices résidentes :**  Lorsque vous sélectionnez cette option, CorelDRAW suppose que toutes les polices utilisées dans votre dessin sont résidentes dans votre imprimante. Toutes les chaînes de texte seront imprimées avec les polices résidentes et non avec les polices CorelDRAW.

Vous utiliserez cette fonction lorsque :

- Vous avez fait l'acquisition de polices PostScript téléchargeables Adobe, ou d'une autre marque, et que vous voulez les utiliser à la place de polices CorelDRAW. Veillez à bien télécharger toutes les polices dont vous avez besoin. Cette option est prévue pour une utilisation temporaire ; pour que les polices téléchargeables soient considérées comme disponibles en permanence, vous devez modifier le fichier CORELFNT.INI. Pour la marche à suivre, recherchez la rubrique "Liste des polices" dans l'aide en ligne de CorelDRAW.
- Vous créez un fichier PostScript destiné à être imprimé par une photocomposeuse PostScript ou par une société de services d'impression disposant des versions Adobe des polices que vous avez utilisées. En choisissant l'option Toutes les polices résidentes au moment où vous créez un fichier EPS, le fichier utilisera les versions Adobe des polices. Cette option constitue un moyen pratique d'empêcher temporairement CorelDRAW de faire usage de ses propres polices.

Si vous imprimez un fichier EPS que vous avez créé en utilisant cette option alors que la police n'est pas résidente dans l'imprimante, le texte sera imprimé en Courier, ou l'impression de la page n'aura pas lieu.

**Convertir Bitmaps couleurs en niveaux de gris :**  La sélection de cette option a pour effet de convertir les images bitmap en couleur que vous exportez en images noir et blanc avec plusieurs niveaux de gris. Cette option a été prévue parce que les fichiers EPS contenant des images bitmap en couleur ne peuvent pas être imprimés sur des imprimantes PostScript noir et blanc de niveau 1.

**En-têtes d'image:** En sélectionnant Aucun, vous choisissez de ne pas avoir d'en-tête d'image. Cet en-tête se révèle toutefois très utile lorsque vous importez le dessin dans un progiciel de mise en page gérant l'affichage d'en-têtes d'images EPS. PageMaker PC et Ventura Publisher, par exemple, gèrent l'affichage de l'en-tête.

L'en-tête d'image vous permet de visualiser le dessin lorsque vous importez le fichier EPS. Cette fonction rend plus rapides et plus aisés le positionnement, le dimensionnement et le recadrage de l'image dans le programme de mise en page.

En général, l'en-tête d'image sera une image bitmap de très faible résolution (128x128 bits), puisqu'elle ne sert qu'au positionnement. Vous pourrez cependant sélectionner une résolution basse, moyenne ou haute en cliquant sur les cases d'option correspondantes.

## *Remarques générales sur l'exportation de fichiers au format bitmap*

Les fichiers d'images bitmap sont fondamentalement différents des formats vectoriels tels que CorelDRAW CDR. Alors que CorelDRAW enregistre les objets d'un dessin sous forme d'expressions mathématiques, les images bitmap sont composées de rangées de pixels de différentes couleurs. L'exportation d'images de ce type exige une attention particulière pour obtenir un bon résultat final.

Si vous agrandissez une image bitmap dans votre progiciel de mise en page, vous perdrez en résolution et l'effet d'escalier deviendra apparent. Si vous rétrécissez une image dans votre progiciel de mise en page, l'aspect de l'image sera amélioré, mais vous gaspillerez de l'espace sur disque pour stocker l'information inutilisée.

Lorsque vous sélectionnez l'un des formats de fichier bitmap dans la boîte de dialogue Exporter, la boîte de dialogue suivante apparaît:

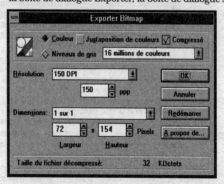

Vous pouvez spécifier si le fichier doit être exporté en couleurs ou en niveaux de gris. Les options couleurs sont : 16 (4 bits), 256 (8 bits), ou 16 millions (24 bits). Pour les niveaux de gris, les options sont : noir et blanc (1 bit), 16 niveaux (4 bits), ou 256 niveaux (8 bits). Tous les filtres bitmap à l'exception de CompuServe GIF gèrent 16 millions (24bits) de couleurs.

L'exportation d'images bitmap s'effectue indépendamment du type d'écran. Si vous travaillez avec un écran monochrome, vous pouvez exporter des images bitmap en couleurs, quelles que soient les limitations de l'écran monochrome.

La densité de la trame de dégradé utilisée pour l'image bitmap exportée correspondra au nombre que vous aurez spécifié dans la boîte de dialogue Préférences du menu Spécial. Pour plus d'informations, reportez-vous à la section "Sélection des préférences d'affichage" à l'annexe A.

**Juxtaposition de couleurs:** Vous pouvez exporter vos couleurs en mode juxtaposé. CorelDRAW utilise la méthode de Juxtaposition ordonnée des couleurs. La juxtaposition peut être activée pour 16 et 256 couleurs ou pour 16 niveaux de gris. Cette option rehausse l'aspect de l'image en juxtaposant deux ou plusieurs couleurs pour simuler une seule couleur. Cette méthode donne l'impression que l'image contient des couleurs autres que les couleurs disponibles. CorelDRAW sélectionne les 16 ou 256 couleurs les plus adéquates (ou niveaux de gris) à utiliser dans le fichier bitmap. Le plus souvent, ces 16 ou 256 couleurs ne suffisent pas pour donner une représentation bitmap acceptable de l'image originale, étant donné que CorelDRAW peut utiliser jusqu'à 16 millions de couleurs. Si les couleurs utilisées sont inadéquates, l'image bitmap présentera des changements de couleurs (bandes) visibles. La décision d'utiliser la juxtaposition pour exporter une image en format bitmap dépendra de l'usage que vous lui réservez. A cette fin, voici quelques indications à caractère général :

- Si vous n'utilisez que 16 ou 256 couleurs (ou 16 niveaux de gris), l'usage de la juxtaposition est fortement recommandé.
- Si l'image bitmap est destinée à être redimensionnée sous une autre application (dans un système PAO, par exemple), la juxtaposition est déconseillée. Le résultat obtenu sera semblable à la photocopie d'une autre photocopie - l'image perdra en netteté.
- Si l'image est destinée à être utilisée dans une autre application sans redimensionnement ni retouche, la juxtaposition est recommandée.

La meilleure méthode pour retoucher une image bitmap consiste à exporter le dessin CorelDRAW en 16,8 millions de couleurs et d'utiliser un programme de peinture, par exemple CorelPHOTO-PAINT pour modifier les images.

**Compression d'un fichier:** Certains formats bitmap peuvent être compressés. La compression réduit de manière significative la taille des fichiers bitmap. En contrepartie, le chargement d'un fichier bitmap compressé dure plus longtemps, puisqu'il doit d'abord être décompressé. Certains formats bitmap sont toujours comprimés. Pour ces derniers, la case à cocher Compressé sera toujours sélectionnée et mise en grisé. Pour les informations sur les méthodes de compression utilisées par CorelDRAW, consultez la rubrique "Images bitmaps: notes sur l'exportation" de l'aide en ligne.

**Spécification des dimensions et de la résolution:** Vous pouvez dimensionner les images bitmap selon vos besoins. Les dimensions sont étirées proportionnellement pour correspondre au nouveau format. Lorsque l'augmentation en largeur et en hauteur n'est pas proportionnelle, CorelDRAW rétablit toujours les proportions en restant le plus proche possible des dimensions souhaitées.

Les options de dimensionnement que vous pouvez spécifier dans le champ Dimensions sont les suivantes : 1 x 1, 640 x 480, 800 x 600, 1024 x 768, Dimensions sur mesure de 32 à 4800 en largeur et en hauteur. La sélection de l'une de ces options, à l'exception de 1 x 1 détermine la résolution du fichier exporté.

Si vous choisissez l'option 1 x 1, vous pouvez également spécifier la résolution de l'exportation. Les paramètres de résolution sont 300, 200, 150 et 75 dpi, et deux paramètres correspondant aux résolutions Fax Normale et Fine. Vous pouvez également fixer une résolution sur mesure entre 60 et 600 dpi. Les résolutions les plus élevées produisent la meilleure qualité d'image, mais risquent de générer des fichiers d'une taille considérable selon le contenu graphique de l'image du fichier. Une image bitmap de 256 couleurs à une résolution de 300 dpi pourra ainsi occuper jusqu'à 8 méga-octets d'espace sur disque. La durée d'impression augmente également avec la taille du document.

Avec un fichier de grande taille, vous pourrez facilement dépasser la capacité du répertoire Windows TEMP ou de l'espace disque. Un message s'affiche pour vous le signaler si le cas se présente. Une fois que vous avez spécifié les paramètres de dimensions et de résolution, une projection de dimension est calculée et affichée pour le fichier que vous vous apprêtez à créer.

L'utilisation du rapport 1 x 1 et d'une résolution plus basse constitue le meilleur moyen de réduire la taille d'un fichier bitmap. Une autre solution consiste à réduire l'image dans CorelDRAW avant de l'exporter.

**Restauration de la boîte de dialogue Exportation bitmap:**
Lorsque vous vous trouvez dans la boîte de dialogue Exporter Bitmap, vous pouvez à tout moment annuler les changements effectués dans les divers champs en appuyant sur le bouton Restaurer.

## *Exportation limitée aux objets sélectionnés*

Pour exporter uniquement une portion du dessin, cliquez sur Sélection uniquement. De cette manière, seuls les objets de la sélection seront enregistrés dans le fichier exporté.

Si vous souhaitez enregistrer une partie du dessin dans un fichier .CDR distinct, sélectionnez l'objet concerné et cliquez sur l'option Sélection uniquement.

# Utilisation du Presse-papiers de Windows

Pour échanger des dessins entre CorelDRAW et d'autres programmes tournant sous Windows, l'un des moyens consiste à utiliser le Presse-papiers. Cependant, aucun programme n'interprète les données transférées dans le Presse-papiers exactement de la même manière. Un dessin transféré dans le Presse-papiers depuis une application pourra réapparaître métamorphosé si vous le récupérez dans une autre application. Par exemple, des cercles introduits dans CorelDRAW par l'entremise du Presse-papiers pourront apparaître sous la forme de segments de droite reliés ensemble. Pour plus d'informations sur les limites inhérentes au Presse-papiers, recherchez la rubrique "Presse-papiers: limites" dans l'aide en ligne de CorelDRAW.

Le Presse-papiers représente également un moyen pratique pour faire passer des objets d'un fichier CorelDRAW dans un autre. Avec ce type d'utilisation, les objets transitent par le Presse-papiers sans subir de modification.

## *Copier et Couper des objets dans le Presse-papiers*

L'utilisation du Presse-papiers est très simple : avec l'outil ▶ , sélectionnez le ou les objets à placer dans le Presse-papiers, puis choisissez la commande Copier ou Couper dans le menu Edition.

La commande Copier place l'objet dans le Presse-papiers en laissant le dessin actuel inchangé. La commande Couper place également l'objet dans le Presse-papiers, mais en le retirant du dessin actuel.

Les messages d'erreur Taille du métafichier trop importante pour le Presse-papiers et Format du Presse-papiers CorelDRAW trop important pour le Presse-papiers, indiquent que l'objet que vous tentez de copier ou de couper est trop complexe pour être traité par le Presse-papiers. Si vous êtes confronté à ce problème, essayez de décomposer l'objet en éléments plus petits (quelques caractères de texte, par exemple). Une autre solution consiste à enregistrer l'objet comme un nouveau dessin et d'utiliser ensuite la commande Importer pour l'intégrer dans votre dessin actuel.

## *Coller des objets du Presse-papiers*

Pour coller dans votre dessin un objet contenu dans le Presse-papiers, sélectionnez l'outil ▶ , puis choisissez la commande Coller dans le menu Edition.

Si l'objet copié provient d'un autre fichier CorelDRAW, il est collé dans le dessin actuel en conservant les mêmes dimensions et le même emplacement que dans l'original. Si le format et/ou l'orientation de la page ne sont pas les mêmes dans les deux fichiers, l'objet pourra se retrouver collé dans une partie de la zone de travail non visible.

Pour faire apparaître l'objet, sélectionnez l'outil ٩ et sélectionnez ⌻ . Les objets provenant d'autres programmes seront insérés le plus souvent au centre de la zone de travail.

La commande Coller place dans votre dessin une copie de l'objet qui se trouve actuellement dans le Presse-papiers. L'objet original reste dans le Presse-papiers jusqu'au moment où vous copiez ou coupez un autre objet, ou jusqu'à la clôture de la session Windows en cours.

*CorelDRAW avec d'autres applications* / 277

CHAPITRE

# Gestion et impression des fichiers

Avec les fonctions de gestion de fichiers auxquelles CorelDRAW vous donne accès, il n'est plus nécessaire de se rappeler ce que contient chaque fichier pour retrouver un dessin. Pour localiser rapidement l'élément recherché, il suffit d'utiliser CorelMOSAIC ou la commande Rechercher Fichier.

CorelMOSAIC est un gestionnaire visuel qui affiche, sous la forme d'images miniatures, le contenu des fichiers et celui des bibliothèques Clipart. Lorsque le dessin recherché apparaît sur l'écran, il suffit de double-cliquer dessus pour le charger dans CorelDRAW. Quant à la commande Rechercher Fichier, elle se base sur les mots-clés que vous attribuez au fichier lorsque vous l'enregistrez. Vous pouvez également trier les fichiers en fonction de leur nom ou de leur date de création et leur ajouter un commentaire.

Pour l'impression des fichiers, CorelDRAW inclut des fonctions qui vous permettent de spécifier ce que vous souhaitez obtenir. Par exemple, vous pouvez décider que seuls les objets sélectionnés doivent être imprimés; ou que le dessin doit être agrandi ou réduit (jusqu'au facteur dix) par rapport à l'original; ou qu'un dessin de grandes dimensions doit être imprimé sur des pages successives (en vue de les juxtaposer ultérieurement à la manière d'une mosaïque); ou que le fichier doit être "imprimé" dans un fichier destiné à une société de services qui se chargera de l'impression sur un périphérique à haute résolution.

D'autres options plus évoluées sont également accessibles en cas de nécessité. Par exemple, l'impression de séparations de couleurs, la possibilité de spécifier une valeur de trame simili, l'ajout de traits de coupe, l'étalonnage de l'imprimante, etc.

Si vous avez l'intention d'imprimer des séparations de couleurs, lisez ce chapitre pour prendre connaissance des options de base et ensuite reportez-vous au chapitre 19 pour une explication détaillée sur la manière d'utiliser la fonction de séparation de couleurs de CorelDRAW.

# Gestion des fichiers

Pour retrouver rapidement un fichier dont vous avez besoin, utilisez CorelMOSAIC ou la commande Rechercher Fichier. Il existe en outre d'autres fonctions qui facilitent l'utilisation des fichiers:

- Tri de fichiers selon le nom ou la date d'enregistrement.
- Association de notes aux fichiers.
- Création de fichiers de sauvegarde à intervalle régulier et lors de l'enregistrement du fichier.
- Enregistrement des fichiers dans un format utilisable par la version 3.0 de CorelDRAW.

## Recherche de fichiers par mots-clés

La commande Rechercher Fichier permet de localiser un fichier sur base des mots-clés que vous avez ajoutés lorsque ce fichier a été enregistré. Pour la marche à suivre pour attribuer des mots-clés, reportez-vous à la section "Ajout de mots-clés et de notes" plus loin dans ce chapitre.

▶ **Pour rechercher un fichier en utilisant les mots-clés:**

1. Cliquez sur Options dans la boîte de dialogue Ouvrir un dessin puis cliquez sur l'option Rechercher.

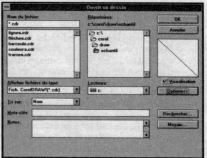

2. Entrez un mot-clé (ou plusieurs mots-clés séparés par des virgules) dans la zone Mots-clés et cliquez sur Rechercher. Si vous souhaitez que la recherche s'effectue dans tous les répertoires du lecteur en cours, cochez la case Rechercher dans tous les répertoires avant de cliquer sur Rechercher.

   CorelDRAW se met à la recherche de tous les fichiers du répertoire actif qui contiennent le ou les mots-clés spécifiés et les affiche dans la zone Nom du fichier.

   Vous pouvez également partir à la recherche de certains fichiers en associant deux mots-clés avec le signe + ; exemple : cartes+rivières. Avec cette instruction, seuls les noms des fichiers contenant ces deux mots-clés s'affichent à l'écran.

# Recherche de fichiers avec CorelMOSAIC

CorelMOSAIC est un gestionnaire visuel qui affiche le contenu de vos fichiers et des bibliothèques Clipart sous la forme d'images en miniature. Lorsque le dessin recherché apparaît sur l'écran, il suffit de cliquer deux fois dessus pour le charger dans CorelDRAW.

▶ **Pour retrouver un fichier à l'aide de CorelMOSAIC:**

1. Choisissez la commande Ouvrir dans le menu Fichier.
2. Cliquez sur le bouton Options.
3. Cliquez sur le bouton Mosaic.
   Le module CorelMOSAIC s'exécute et les fichiers CorelDRAW contenus dans le répertoire en cours apparaissent sous la forme d'une reproduction en miniature (seuls sont concernés les fichiers créés avec CorelDRAW à partir de la version 2.0 et contenant un en-tête, c'est-à-dire une petite image bitmap représentant le contenu du fichier).
   Pour effectuer la recherche dans d'autres lecteurs ou répertoires, choisissez la commande Afficher Répertoire dans le menu Fichier de CorelMOSAIC.
4. Lorsque la miniature voulue apparaît sur l'écran, double-cliquez dessus pour ouvrir le fichier.
5. Pour fermer Mosaic, appuyez sur ALT+F4.

Consultez l'aide en ligne de CorelMOSAIC si vous souhaitez plus d'informations sur cette application.

## Tri des fichiers

CorelDRAW trie les fichiers en fonction de leur nom ou de leur date. Par défaut, les fichiers sont triés dans l'ordre alphabétique de leur nom (de A à Z). Le tri par date classe les fichiers en commençant par le plus récent. Pour trier des fichiers, choisissez la commande Ouvrir dans le menu Fichier. Dans la boîte de dialogue, cliquez sur le bouton Options et choisissez le type de tri dans la liste déroulante Tri sur.

## Ajout de mots-clés et de notes

*» Conseil:*
*Vous pouvez également taper et éditer des mots-clés et des notes lorsque vous ouvrez un fichier avec la commande Ouvrir du menu Fichier. Sélectionnez le fichier, cliquez sur le bouton Options et tapez les mots-clés et les notes. Ensuite, cliquez sur OK.*

Les champs Mots-clés et Notes dans la boîte de dialogue Enregistrer Dessin, qui apparaît lorsque vous choisissez la commande Enregistrer ou Enregistrer sous dans le menu Fichier, permettent d'entrer des mots-clés et un commentaire. Les notes peuvent être utiles pour vous rappeler ultérieurement ce que contient le fichier. Quant aux mots-clés, ils permettent de retrouver le fichier en utilisant la commande Rechercher Fichier. Chaque mot-clé doit être séparé par une virgule. Les notes et mots-clés sont enregistrés avec le dessin et apparaissent lorsque vous sélectionnez le nom du fichier dans la boîte de dialogue Ouvrir un dessin.

## Copie d'un fichier ouvert

Pour obtenir un deuxième exemplaire d'un fichier ouvert, enregistrez-le sous un autre nom ou dans un autre lecteur ou répertoire. Choisissez la commande Enregistrer sous dans le menu Fichier et tapez un autre nom dans le champ Nom du fichier. Pour enregistrer le dessin dans un autre lecteur ou répertoire, sélectionnez un lecteur dans le champ Lecteurs et un répertoire dans le champ Répertoires.

*Gestion et impression des fichiers* /**281**

Pour supprimer le fichier conservé sous son ancien nom, utilisez le Gestionnaires de fichiers de Windows. Pour la marche à suivre, reportez-vous au Guide de l'utilisateur Microsoft Windows.

### Création de fichiers de sauvegarde

Lorsque vous travaillez sur un fichier donné, CorelDRAW exécute une copie de sauvegarde à intervalles réguliers. CorelDRAW en exécute également une copie chaque fois que vous enregistrez un fichier avec les commandes Enregistrer ou Enregistrer sous. Pour plus d'informations sur ces fonctions d'enregistrement automatique, reportez-vous à la rubrique Informations relatives au logiciel CorelDRAW à la section Référence de l'Aide en ligne CorelDRAW.

### Enregistrement de fichiers destinés aux versions antérieures de CorelDRAW

Pour enregistrer un fichier dans le format compatible avec la version 3.0 de CorelDRAW, cochez la case Version 3.0 dans la boîte de dialogue Enregistrer Dessin.

**Note:** Si vous avez inclus dans le dessin un texte rédigé avec une police non-disponible dans la version 3.0, convertissez le texte en courbes au moyen de la commande Convertir en courbes dans le menu Disposer, avant d'enregistrer le fichier.

# Gestion des documents de plusieurs pages

Il est possible de créer des documents de plusieurs pages en utilisant les commandes Insérer Page et Supprimer Page dans le menu Présentation. (Pour les instructions sur l'ajout et la suppression de pages, reportez-vous au chapitre 1 "CorelDRAW : Notions de base"). Lorsque vous travaillez sur des documents de plusieurs pages, vous pouvez définir des pages de base et afficher sur l'écran les doubles pages.

### Définition d'un plan de référence

Un document de plusieurs pages peut contenir un ou plusieurs plans de référence. Le plan de référence contient les informations que vous souhaitez appliquer à toutes les pages du document, par exemple, un texte, des graphiques, des valeurs de marges ou tout autre information de mise en page. Vous utilisez cette fonction, par exemple, pour placer un logo sur le plan de référence. Pour masquer les informations du plan de référence sur les pages sélectionnées, utilisez l'option Définir Options pour toutes les pages.

Vous pouvez inclure dans un document autant de plans de référence que vous le souhaitez. Pour supprimer un plan de référence, la procédure est identique que pour n'importe quel autre plan. Pour plus d'informations sur l'ajout et la suppression de plans, reportez-vous à la section "Utilisation des plans" au chapitre 10.

La procédure pour créer un plan de référence consiste à ajouter un plan au document et à le désigner comme plan de référence au moyen de la boîte de dialogue Options Plans. Lorsque le plan est ajouté, procédez comme indiqué ci-après:

▶ **Pour créer un plan de référence:**

1. Choisissez la commande Menu Plans dans le menu Présentation. Cliquez sur le plan qui doit servir de plan de référence.
2. Cliquez sur ▶ à droite du menu flottant et choisissez la commande Editer dans le menu local qui s'affiche. La boîte de dialogue Options Plans apparaît.
3. Dans la boîte de dialogue Options Plans, cliquez sur Plan de référence.
4. Cliquez sur OK. Le plan sélectionné sert à présent de plan de référence.

Dès qu'un plan est désigné comme Plan de référence, les informations qui s'y trouvent sont répétées sur chaque page du document. Si le plan que vous avez désigné contient une double page, les informations de la page de gauche sont répétées sur les pages gauches du document et les informations de la page de droite sont répétées sur les pages droites du document.

▶ **Pour masquer les informations du plan de référence au niveau de certaines pages:**

1. Passez à la page où les informations du plan de référence ne doivent pas figurer.
2. Dans le menu flottant Plans, double-cliquez sur le plan de référence dont les informations doivent être masquées.
3. Dans la boîte de dialogue Options Plans qui apparaît, désactivez l'option Définir Options pour toutes les pages. Lorsque cette option est désactivée, les options que vous spécifiez dans la boîte de dialogue Options Plans s'appliquent uniquement à la page (ou aux pages) affichée(s).
4. Cochez la case Visible pour la désactiver, ensuite cliquez sur OK.

Les informations du plan de référence sont masquées pour la page (ou les pages) en cours.

## Sélection d'un style pour le format de page

Plusieurs présélections de mise en page sont prévues pour vous permettre de réaliser des publications standard, par exemple, une brochure ou une carte de salutation. Pour sélectionner un style de mise en page, choisissez la commande Mise en page dans le menu Présentation.

Cliquez sur la flèche de la liste des présélections de mise en Page pour afficher les six styles disponibles: Page 1/1, Libre, Fascicule, Cavalier, Dépliant, pli latéral et Dépliant, pli supérieur. Lorsque vous effectuez un choix dans la liste, une description du style apparaît à droite et les dimensions s'affichent sous la liste.

Quel que soit le style choisi, c'est dans le sens vertical que vous travaillerez pour éditer chaque page dans la fenêtre de dessin.

Les présélections de mise en page sont les suivantes:

**Page 1/1:** Une page est imprimée par feuille. Il s'agit du style par défaut.

**Livre:** Deux pages sont imprimées par feuille, avec un blanc de coupe au centre.

**Fascicule:** Deux pages sont imprimées par feuille, à plier au milieu.

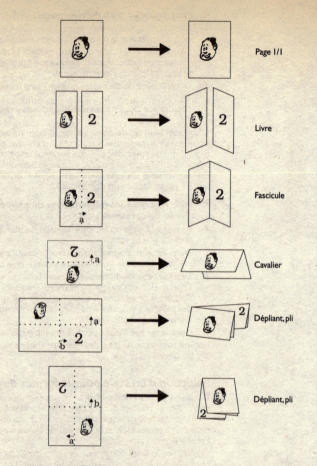

**Cavalier :** Deux pages sont imprimées par feuille, à plier au-dessus.

**Dépliant, pli latéral :** Quatre pages sont imprimées par feuille, à plier d'abord par le dessus, ensuite par la gauche, comme indiqué dans l'illustration.

**Dépliant, pli supérieur :** Quatre pages sont imprimées par feuille, à plier d'abord par la gauche, ensuite par le dessus, comme indiqué dans l'illustration.

Après avoir choisi un style de page, vous devez insérer le nombre de pages requis pour le style concerné, si vous souhaitez que chaque page contienne des informations (texte ou graphique). Par exemple, l'option Dépliant, pli latéral entraîne la création de 4 pages par feuille. Toutefois, lorsque vous commencez un dessin et que vous choisissez ce style, vous devez insérer les trois autres pages.

## Impression des styles de page sélectionnés

A l'exception du style "Page 1/1", les pages du style sélectionné ne sont pas nécessairement imprimées dans l'ordre où elles apparaissent dans la fenêtre de dessin. Par exemple, si vous créez une brochure de 12 pages avec l'option Fascicule et que vous activez l'option Double page, la fenêtre de dessin affiche la double page 1 et 2, puis 3 et 4, etc., bien que les pages 1 et 2 ne s'impriment pas sur la même page. Pour que l'ordre de présentation soit correct dans le document sur papier, CorelDRAW imprimera sur une même feuille les pages 1 et 12, 2 et 11, etc., comme illustré ci-dessous. Les calculs requis pour obtenir la représentation finale sont effectués au moment de l'impression. Vous ne devez pas vous préoccuper de l'ordre des pages vous-même pour obtenir le style de mise en page envisagé.

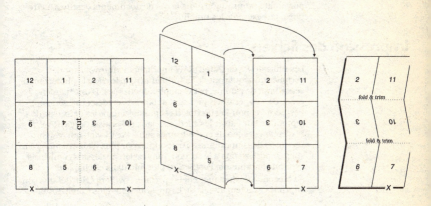

Pour créer un livre de 12 pages, utilisez le style de mise en page Livre proposé par CorelDRAW. Le résultat imprimé ressemblera à l'illustration à droite. Pour prponer le livre pour la duplication, dcoupez le long des lignes, comme indiqu. Les deux moitis doivent alors tre imprimes dos dos, avec les croix alignes (utilises ici des fins d'utilisation uniquement). La maquette double face est alors plie et coupe comme indiqu l'extrme droite.

*Gestion et impression des fichiers* / **285**

### Visualisation par double page

Lorsque vous réalisez un document de plusieurs pages, vous pouvez afficher simultanément dans la fenêtre de dessin les deux pages qui se font face. Pour activer cette option, choisissez la commande Mise en page dans le menu Présentation, ou double-cliquez sur l'encadré de page affiché dans la fenêtre de dessin. Dans la boîte de dialogue Mise en page, cochez la case Double page. Ensuite, sélectionnez Gauche d'abord ou Droite d'abord selon que le document doit commencer à la page de droite ou de gauche. Lorsque cette option est activée, deux pages consécutives du document apparaissent l'une à côté de l'autre dans la fenêtre de dessin.

L'option Double page permet de dessiner en une fois des objets qui s'étendent sur deux pages. Les objets ne s'étendent pas dans la gouttière pour éviter qu'ils ne soient masqués en partie lorsque vous pliez les pages. Elle permet en outre de fusionner un objet qui se trouve sur une page avec un autre objet de la page d'à-côté. Cette possibilité est pratique dans le cas de documents destinés à être pliés, par exemple les brochures.

## Impression des fichiers

Les utilisateurs de CorelDRAW impriment leur travail sur des périphériques qui vont de l'imprimante matricielle à la photocomposeuse haut de gamme, par exemple, Linotronics. D'une manière générale, ces périphériques sont subdivisés en deux catégories: PostScript et non-PostScript. Il est possible, dans les deux cas, de reproduire sur papier les effets spéciaux créés avec CorelDRAW, à l'exception des motifs et des trames simili PostScript, qui restent l'apanage des imprimantes PostScript. Pour plus d'informations à ce sujet, reportez-vous à la section "Impression de dessins complexes avec une imprimante PostScript" plus loin dans ce chapitre.

A l'exception de quelques effets spéciaux PostScript, les dessins sont imprimés exactement tels qu'ils apparaissent dans CorelDRAW.

### Préparation de l'impression

Avant d'imprimer, vous devez choisir l'imprimante et les options d'impression à utiliser.

▶ **Pour spécifier l'imprimante et les options d'impression:**

1. Choisissez la commande Configuration de l'imprimante dans le menu Fichier. La boîte de dialogue suivante apparaît:

> »**Conseil:**
> Vous pouvez également sélectionner une imprimante et choisir des options d'impression dans la boîte de dialogue Options d'impression.

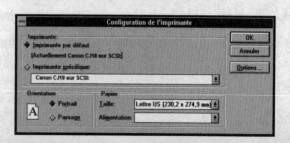

Le nom de l'imprimante active est affiché sous Imprimante par défaut. Pour sélectionner une autre imprimante, cliquez sur Imprimante. Pour afficher les imprimantes disponibles, cliquez sur la flèche de la liste déroulante. Cette liste ne mentionne que les imprimantes installées. Pour les informations relatives à l'installation d'imprimantes supplémentaires, reportez-vous au Guide de l'utilisateur Microsoft Windows.

2. Pour sélectionner une imprimante, cliquez sur son nom dans la liste.
3. Choisissez l'orientation et le format du papier.
   CorelDRAW vous avertit en cas de discordance entre l'orientation du papier au niveau de l'imprimante et celle que vous avez spécifiée dans la boîte de dialogue Mise en page. Vous avez la possibilité de régler l'imprimante ou d'annuler la demande d'impression. Si vous cliquez sur Oui, l'orientation du papier est sélectionnée en conséquence.
4. Cliquez sur OK.

### Impression d'un fichier

▶ **Pour imprimer un fichier:**

1. Choisissez la commande Imprimer dans le menu Fichier.
   La boîte de dialogue suivante apparaît:

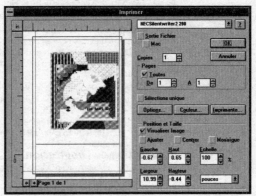

» *Raccourci:*
*Pour ouvrir la boîte de dialogue Imprimer, appuyez sur CTRL+P.*

2. Sélectionnez les options voulues (les options disponibles sont décrites dans les pages qui suivent).
3. Cliquez sur OK.

## Utilisation de la boîte de dialogue Imprimer

### Visualisation du dessin avant l'impression

La boîte de dialogue Imprimer affiche le dessin dans la case de visualisation. Il est entouré d'un périmètre qui représente la surface imprimable de la page, selon l'imprimante utilisée. La taille et la position de l'image affichée sont proportionnelles à la taille et à la position de la surface imprimable de la page imprimée. Les icônes Page avant et Page arrière dans le bas de la fenêtre de visualisation permettent de passer d'une page à l'autre si le document se compose de plusieurs pages.

Les quatre poignées d'angle autour du dessin permettent de mettre le dessin à l'échelle. Vous pouvez utiliser les règles autour de la case de visualisation comme référence. Pour modifier les unités des règles, cliquez sur la boîte des unités et choisissez l'unité voulue dans la liste. Les valeurs dans les zones Largeur et Hauteur sont adaptées au fur et à mesure de la mise à l'échelle du dessin.

Vous pouvez également entrer des valeurs dans les cases Largeur et Hauteur. Lorsque vous modifiez la valeur Hauteur, la valeur Largeur est adaptée de manière proportionnelle pour préserver l'aspect du dessin. Pour maintenir le dessin au centre de la page pendant la mise à l'échelle, cochez la case Centrer.

Lorsque vous mettez le dessin à l'échelle dans la case de visualisation, seul le document imprimé est concerné, sans incidence sur le dessin que vous avez créé.

Pour modifier sa position sur la page, cliquez n'importe où à l'intérieur du dessin et faites-le glisser. Les valeurs dans les cases Gauche et Haut se modifient au fur et à mesure. La valeur dans la zone Gauche représente la position du coin supérieur du dessin. La valeur Haut représente la position du sommet du dessin. (Si vous avez coché la case Centrer, vous ne pourrez pas déplacer le dessin, seule la mise à l'échelle est possible).

Vous pouvez également modifier la position du dessin en entrant des valeurs dans les cases Gauche et Haut.

La boîte de dialogue Imprimer contient les options suivantes:

**Liste déroulante des imprimantes:** La liste en haut à droite dans la boîte de dialogue vous permet de sélectionner l'imprimante à utiliser. Le bouton ? à côté permet d'accéder à la boîte de dialogue Infos imprimante qui fournit les informations sur les caractéristiques de l'imprimante active.

**Sortie fichier:** Cochez cette case pour "imprimer" le dessin sous la forme d'un fichier. Lorsque vous créez des séparations de couleurs et que vous sélectionnez cette option, vous obtenez un fichier EPS en quadrichromie. La boîte de dialogue Sortie fichier vous invite à indiquer un nom de fichier. L'extension par défaut pour les fichiers créés avec cette option est .PRN (elle est ajoutée automatiquement).

L'option Sortie fichier s'applique à tous les formats d'impression. Elle est utile pour créer des fichiers PostScript que vous pourrez confier à une société de services en vue de les reproduire au moyen d'une photocomposeuse ou d'une imprimante laser haut de gamme. Vous pouvez également utiliser cette option lorsque l'imprimante que vous souhaitez utiliser se trouve dans un autre bureau. Lorsque vous créez une sortie sur fichier, la linéature de trame utilisée est celle spécifiée dans la boîte de dialogue Options.

**Note:** Si vous disposez d'une imprimante PostScript et que vous effectuez une sortie sur disque, il est judicieux de régler le nombre de dpi de votre driver d'imprimante en fonction du périphérique utilisé par la société de service qui se charge de l'impression du fichier. Si le driver de votre imprimante vous permet de le faire, choisissez la commande Configuration de l'imprimante, cliquez sur le bouton Options dans la boîte de dialogue et ensuite sélectionnez Options avancées.

N'utilisez pas l'option FILE de Windows comme port de sortie (Panneau de configuration, Imprimantes, Connecter). CorelDRAW ne reconnaît que l'option Sortie fichier décrite ci-dessus.

**Macintosh:** Les fichiers PostScript créés avec l'option Sortie fichier contiennent deux caractères CTRL D (^D) qui empêchent leur impression sur les périphériques PostScript pilotés par un ordinateur Macintosh. Si vous envoyez vos fichiers à une société de services utilisant du matériel Macintosh, la sélection de l'option Macintosh permet de supprimer les caractères ^D des fichiers concernés. Dans ce cas, signalez à la société de services que le fichier livré est entièrement formaté.

**Copies:** Cette option permet d'indiquer le nombre de copies à imprimer. La valeur que vous tapez prend la priorité sur celle spécifiée avec l'option Imprimantes du Panneau de configuration de Windows.

**Pages:** Si le document à imprimer se compose de plusieurs pages, vous pouvez cocher la case Toutes, ou spécifier les pages à imprimer en utilisant les cases De et A.

**Sélection uniquement:** Pour imprimer uniquement les objets sélectionnés dans le dessin. Cochez cette case pour obtenir une épreuve de la partie de dessin que vous souhaitez vérifier, dans le cas d'un travail complexe dont l'impression demande beaucoup de temps.

**Options:** Cliquez sur ce bouton pour accéder à la boîte de dialogue Options.

**Couleur:** Cliquez sur ce bouton pour accéder à la boîte de dialogue Couleur, qui vous permet de voir le dessin avec les couleurs corrigées et d'utiliser les outils Pré-presse. Les options de cette boîte de dialogue sont expliquées au chapitre 19.

**Imprimante:** Cliquez sur ce bouton pour accéder à la boîte de dialogue Windows Configuration de l'imprimante.

**Visualiser Image:** Cochez cette case pour afficher le dessin dans la case de visualisation de la boîte de dialogue Imprimer. Lorsque cette option est désactivée, seul le périmètre du dessin est visible. Utile pour accélérer l'affichage de la boîte de dialogue dans le cas d'un dessin complexe.

**Ajuster à la page:** Pour mettre le dessin à l'échelle en fonction du format de papier utilisé par l'imprimante active. Cette option permet de tirer une épreuve d'un dessin dont les dimensions excèdent le format du papier. Elle ne détermine que la manière dont le fichier est imprimé, sans aucune incidence sur le contenu du fichier.

**Centrer :** Pour centrer le dessin sur la page au moment de l'impression. Cette option ne détermine que la manière dont le fichier est imprimé, sans aucune incidence sur le contenu du fichier.

**Mosaïque:** Permet de continuer l'impression sur une autre page lorsque le dessin est plus grand par rapport aux limites de la page. Cochez cette option lorsque:

- Votre dessin déborde du cadre de la page correspondant au format de page sélectionné.
- Vous utilisez l'option Echelle dans la boîte de dialogue Imprimer pour obtenir un dessin plus grand que le format de page sélectionné.

L'origine de cette fonction coïncide avec le coin supérieur gauche de la page pour toutes les imprimantes, à l'exception des imprimantes PostScript pour lesquelles cette origine correspond au coin inférieur gauche.

**Echelle:** Pour que les dimensions d'un dessin soient modifiées lors de son impression, sélectionnez l'option Echelle. Les valeurs inférieures à 100% réduisent la taille du dessin; les valeurs supérieures à 100% l'augmentent (par rapport au fichier). Cette option peut se révéler utile pour obtenir une épreuve d'un dessin de très petites ou de très grands dimensions, par exemple, pour reproduire un poster sur une seule page. Inversement, elle peut vous servir à réaliser un poster au moyen d'un dessin qui n'occupe qu'une seule page. L'option Echelle ne détermine que la manière dont le fichier est imprimé, sans aucune incidence sur le contenu du fichier.

### Comment savoir si un dessin est trop complexe pour être imprimé ?

Les tracés sont de plus en plus complexes à mesure que la résolution de l'imprimante augmente et l'interpréteur PostScript est limité quant au nombre de segments contenus dans un tracé. Pour juger de la complexité d'un dessin, essayez de l'imprimer sur une imprimante PostScript à une résolution de 300 dpi et un aplatissement des courbes de 0.20. Vous simulez ainsi une impression à 1270 dpi. En augmentant ainsi la complexité des tracés, vous pouvez par la même occasion vous assurer que le dessin s'imprimera sur un périphérique d'une résolution plus importante. Si ce n'est pas le cas, le dessin ne s'imprimera pas davantage sur la photocomposeuse. Pour l'imprimer, augmentez la définition ou scindez les courbes, comme nous l'avons vu précédemment.

## Utilisation de la boîte de dialogue Options

Lorsque vous cliquez sur le bouton Options dans la boîte de dialogue Imprimer, la boîte de dialogue suivante apparaît.
Elle contient les options suivantes:

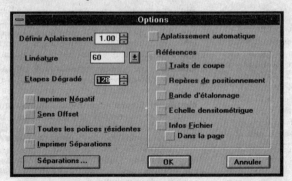

**Trame:** Affiche la linéature de trame par défaut utilisée par l'imprimante active. Si vous imprimez des épreuves composites et que vous souhaitez utiliser une autre linéature de trame, cliquez sur Utilisateur et entrez une valeur dans la zone Linéature. Si vous imprimez des séparations de couleurs, les valeurs de linéature utilisées sont celles que vous entrez dans la boîte de dialogue Séparations.

**Etapes Dégradés :** Détermine le nombre de bandes employées par les imprimantes pour créer un dégradé. Si vous utilisez une valeur réduite (inférieure à 20), l'impression de l'objet est plus rapide, mais la transition entre les différents niveaux de gris et nuances de couleur est très marquée. L'emploi d'une valeur élevée (supérieure à 40) se traduit par un dégradé plus progressif et une durée d'impression accrue. Si vous imprimez l'original sur une photocomposeuse, le nombre de bandes recommandé est 128 pour une résolution de 1270 dpi et 200 pour une résolution de 2540 dpi.

Selon la résolution du périphérique de sortie, le nombre de niveaux de gris ou de nuances de couleur disponibles et la gamme de couleurs du dégradé, il existe un nombre de paliers au-delà duquel la différence n'est plus perceptible. Les valeurs qui dépassent cette limite n'ont plus aucune incidence sur l'aspect du dessin, mais elles influent néanmoins sur les temps d'impression. Vous devrez probablement effectuer quelques essais pour déterminer le nombre de bandes optimum pour l'imprimante utilisée.

Si l'icône à côté de la case Etapes dans la boîte de dialogue Dégradé représente un cadenas fermé ( 🔒 ) par opposition au cadenas ouvert ( 🔓 ), les dégradés sont imprimés en fonction du nombre spécifié dans la case Etapes. Pour plus d'information, reportez-vous à la section "Utilisation de la boîte de dialogue Dégradé" au chapitre 6. Si l'icône représente un cadenas ouvert, le nombre de dégradés imprimés est celui spécifié dans la boîte de dialogue Options d'impression.

> **» Conseil :**
> *Pour réduire les temps d'affichage et d'impression des objets mis en relief, choisissez Ebauche comme paramètre d'aplatissement dans la boîte de dialogue Préférences, appliquez la mise en relief, choisissez Normal comme paramètre d'aplatissemnt et imprimez.*

**Définir Aplatissement :** Détermine le nombre de segments utilisés par l'imprimante pour restituer les courbes. La valeur par défaut est 1. Vous pouvez sélectionner une valeur au choix (le maximum est 100). Une augmentation de l'aplatissement entraîne une réduction du nombre de segments utilisés par l'imprimante pour tracer les courbes. La réduction du nombre de segments contribue à remédier aux erreurs de délimitation PostScript, qui peuvent empêcher l'impression de courbes complexes. Vous pouvez spécifier vous-même cette valeur ou utiliser l'option Aplatissement automatique (abordée ci-dessous), pour laisser CorelDRAW l'augmenter automatiquement pendant l'impression du dessin. Pour plus d'informations, reportez-vous à la section "Impression de dessins complexes avec une imprimante PostScript" plus loin dans ce chapitre.

Une modification de cette valeur ne détermine que la manière dont le fichier est imprimé ; elle n'a aucune incidence sur le contenu du fichier.

> **» Conseil :**
> *Lorsque vous augmentez l'aplatissement, vous réduisez également le temps d'impression. Vous pouvez en tirer parti pour raliser les preuves de vos travaux. Toutefois, si l'aplatissement est trop important, vous risquez d'obtenir une distorsion des objets tracés.*

**Aplatissement automatique :** Si vous sélectionnez Aplatissement automatique, CorelDRAW augmente automatiquement l'aplatissement de la courbe par incrément de deux. Les tentatives d'impression de l'objet prennent fin lorsque la valeur choisie pour l'aplatissement a été augmentée d'un facteur 10 par rapport à la valeur spécifiée dans la case Définir Aplatissement. A ce moment, l'imprimante passe à l'objet suivant. Cette option réduit sensiblement la probabilité que l'imprimante se bloque lorsque vous essayez d'imprimer un dessin complexe.

**Imprimer Négatif :** Cette option entraîne l'impression du fichier sous forme de négatif en vue de l'imprimer sur une photocomposeuse qui reproduit les documents directement sur film.

**Sens Offset :** L'émulsion est la couche de matériau photosensible d'un film. Si vous choisissez Sens Offset, l'image est orientée vers le bas et si vous choisissez Sens Litho, l'image est orientée vers le haut. Le paramètre par défaut est Sens Litho.

**Toutes les polices résidentes:** Avec cette option, le texte ajouté dans le dessin est imprimé en utilisant les polices de l'imprimante plutôt que les polices de CorelDRAW. Vous pouvez décider de l'utiliser, par exemple, lorsque vous envoyez vos fichiers à une société de services qui imprime vos travaux avec un périphérique qui dispose de la version Adobe des polices que vous avez utilisées dans le dessin. Pour plus d'informations, reportez-vous à la section "Impression du texte au moyen des polices de l'imprimante", plus loin dans ce chapitre.

**Imprimer Séparations:** Avec cette option, chaque composant d'une couleur quadri et chaque couleur non-quadri du dessin sont imprimés sur une page distincte. Lorsque vous activez cette option, les cases Traits de coupe, Echelle densitométrique, Repères de positionnement, Sens Offset, Imprimer Négatif, et Infos Fichier sont cochées automatiquement. Pour plus d'informations, reportez-vous à la section "A propos du sélecteur de couleurs de CorelDRAW" au chapitre 19.

**Séparations:** Ce bouton n'est disponible que si vous cochez la case Imprimer Séparations. Lorsque vous cliquez sur le bouton, la boîte de dialogue Séparations apparaît. Les options qu'elle contient sont décrites à la section suivante.

**Traits de coupe:** Pour imprimer des lignes qui indiquent les dimensions de la page imprimée et qui permettront de rogner les feuilles avec précision. Si vous avez sélectionné l'option Informations, la couleur ainsi que l'angle et la linéature de trame correspondants à la page seront imprimées entre les traits de coupe situés du côté gauche. Le positionnement des traits de coupe dépend du format de page sélectionné dans la boîte de dialogue Mise en page.

La page de travail CorelDRAW doit avoir un format inférieur aux dimensions du papier d'impression, ou vous devez mettre le dessin à l'échelle de manière à réduire ses dimensions par rapport au format du papier utilisé pour que les traits de coupe s'impriment sur la page.

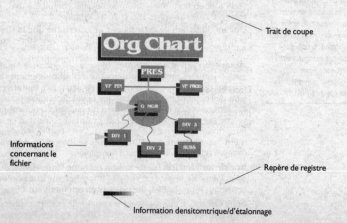

**Repères de positionnement:** Permet d'imprimer des repères de positionnement sur la page du dessin. Il s'agit de petits traits qui servent à aligner les négatifs les uns par rapport aux autres. Cette option n'est accessible que lorsque vous créez des séparations de couleurs.

**Bande d'étalonnage:** Lorsque vous sélectionnez cette option, un échantillon des six couleurs de base (RVB et CMY) ainsi qu'une échelle de gris sont imprimés en même temps que le dessin. Ces couleurs vous permettent d'étalonner les couleurs affichées dans la case de visualisation de la boîte de dialogue Imprimer, de manière à ce que les couleurs obtenues sur le papier correspondent exactement à celles affichées par l'écran. Pour plus d'informations, reportez-vous à la section "Utilisation des outils Pré-presse" au chapitre 19.

**Echelle densitométrique:** Si vous cochez cette case, une échelle densitométrique est imprimée en même temps que le dessin pour indiquer l'intensité de l'encre imprimée pour chacune des couleurs CMYK. Il s'agit d'une grille montrant les niveaux de couleur de 0 à 100 pour la séparation de couleurs concernée, ainsi que les échelles de densitomètre. Ces échelles vous permettent de vérifier la précision, la qualité et la constance du résultat. Les canaux de sélection peuvent être examinés séparément en imprimant une échelle densitométrique sur chacune des quatre pages CMYK, ou sous la forme d'épreuves progressives en combinant deux ou plusieurs canaux CMYK. Cette option n'est accessible que lorsque vous créez des séparations de couleurs.

**Infos Fichier:** Imprime le nom du fichier, la date et l'heure à côté de la marge gauche de la page imprimée. Si vous imprimez des séparations de couleurs, les informations correspondantes sont incluses. Ces données ne sont pas visibles si le format de page sélectionné dans la boîte de dialogue Mise en page est identique (ou supérieur) au format du papier sur lequel vous imprimez. Pour résoudre ce problème, vous pouvez utiliser l'option Dans la page, décrite ci-dessous, mais dans ce cas la taille du dessin sera peut-être réduite pour permettre l'inclusion des informations fichier sur la page. Vous pouvez également définir un format spécial en choisissant une largeur inférieure à celle du papier. L'inconvénient de cette solution est que vous devrez peut-être redimensionner le dessin en fonction du nouveau format de page.

**Dans la page:** Imprime les informations fichier à l'intérieur par rapport à la marge gauche de la page imprimée. Lorsque vous sélectionnez cette option, la taille du dessin devra parfois être réduite pour permettre l'inclusion des informations sur la page imprimée.

## *Quelques indications relatives à l' impression*

Le temps d'impression d'un dessin est quelquefois considérable en raison de la somme de calculs que suppose l' opération. CorelDRAW permet de créer des dessins très complexes et partant, longs imprimer. Attendez-vous à des temps d'impression plus longs pour les dessins contenant les éléments suivants:

- Objets curvilignes en grand nombre (texte inclus)
- Texte courant
- Dégradés
- Motifs PostScript CorelDRAW
- Images et textures bitmap
- Réserves et masques
- Motifs couleurs et bicolores
- Objets retracés comportant de nombreux points nodaux et contours

Le type de l'imprimante utilisée n'est pas non plus sans influence sur le temps d'impression. D'une manière générale, les imprimantes PostScript calculent plus rapidement que les imprimantes de type LaserJet, PaintJet, etc..., parce qu'elles sont équipées d'un microprocesseur dédié à cette tâche. Dans le cas des imprimantes non-PostScript, les calculs sont effectués par le microprocesseur de l'ordinateur, qui n'a pas été spécialement conçu ni optimisé pour ce type d'opérations.

Les imprimantes PostScript ne possèdent pas toutes une vitesse d'impression équivalente: les modèles plus anciens sont sensiblement plus lents. Par ailleurs, les versions plus coteuses contiennent des cartes contrôleur plus rapides, ainsi qu'une mémoire vive de plus grande capacité, ce qui leur permet d'imprimer plus rapidement. Les imprimantes les plus récentes intègrent un processeur RISC et une microprogrammation du type PostScript2, qui en améliorent leurs performances.

Si vous utilisez une imprimante PostScript, utilisez le driver d'imprimante PostScript proposé par Windows 'PSCRIPT.DRV'. Les drivers PostScript proposés par d'autres fabricants risquent de ne pas être compatibles avec CorelDRAW.

Si votre imprimante utilise une émulation PostScript, le temps d'impression est généralement plus long.

Lorsque vous imprimez sur une imprimante LaserJet, vous pouvez réduire le temps d'impression en choisissant une resolution de 75 dpi. Pour ce faire cliquez sur le bouton Configuration de l'imprimante dans la boîte de dialogue Options d'impression. Conservez une résolution de 75 dpi jusqu'à l'impression définitive de votre document à 300 dpi. "Il est à noter qu'une résolution de 75 dpi peut produire des effets étranges tels qu'une impression de faible qualité des bitmaps . La différence de résolution peut parfois réduire le temps d'impression d'un facteur 10.

Certaines imprimantes de type LaserJet ne disposent que de 500K de mémoire et parfois moins pour les modèles plus anciens encore. Cette capacité de mémoire limite la complexité ou la taille de l'image à imprimer sur une seule page. Si la taille de l'image est trop importante pour la mémoire de votre imprimante et pour être imprimée sur une seule page, la plupart des imprimantes de type LaserJet divisent le dessin en bandes imprimées sur plusieurs pages. Pour l'impression de nombreux dessins complexes, vous serez peut-être amen à augmenter la mémoire de votre imprimante. Si vous n'avez pas la possibilité d'accroître cette mémoire et si vous souhaitez imprimer le dessin sur une seule page, utilisez une résolution inférieure telle que 150 dpi, comme décrit ci-dessus. Toutefois, la sélection d'une résolution plus faible peut entraîner des résultats inattendus.

Lorsque vous insérez un bitmap imprimable dans votre dessin, essayez de réduire au maximum sa taille. Plus le bitmap est grand, plus l'espace disque nécessaire est important et plus long sera le temps d'impression. Si vous savez que vous serez amen à réduire le bitmap dans CorelDRAW,

## Utilisation de la boîte de dialogue Séparations

La boîte de dialogue reproduite ci-dessous apparaît lorsque vous cliquez sur le bouton Séparations dans la boîte de dialogue Options.

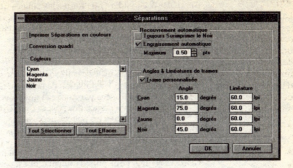

Cette boîte de dialogue contient les options suivantes:

**Imprimer Séparations en couleurs:** Cette option permet d'imprimer les séparations dans la couleur concernée au lieu d'utiliser l'échelle des gris. Elle est disponible si vous utilisez une imprimante couleurs, si vous avez installé un driver pour imprimante couleur, ou lorsque vous effectuez une sortie sur fichier. Vous pouvez l'utiliser, par exemple, pour vérifier l'effet d'étagement lorsque vous imprimez sur des transparents.

**Conversion Non-quadri/CMYK:** Lorsque vous sélectionnez cette option, les couleurs non-quadri appliquées dans le dessin sont converties dans leur équivalent CMYK selon le modèle quadrichromique. Bien que le résultat obtenu semble identique sur l'écran, des différences sensibles sont probables au niveau du document imprimé, en fonction de l'imprimante utilisée parce que la conversion n'est qu'une approximation.

**Recouvrement automatique:** La sélection de l'une quelconque des options disponibles entraîne l'activation de la fonction Recouvrement automatique. Pour les informations sur cette fonction, reportez-vous à la section "A propos de la fonction de recouvrement automatique" au chapitre 19.

**Trame personnalisée:** Lorsque vous cochez la case de cette option, vous pouvez entrer une valeur d'angle et de linéature de trame simili pour chacune des couleurs CMYK. Si vous ne cochez pas cette case, le dessin est imprimé en utilisant les valeurs par défaut, déterminées par l'imprimante. Pour plus d'informations à ce sujet, reportez-vous à la section "Sélection d'une linéature de trame pour un dessin" plus loin dans ce chapitre.

**Couleurs:** La liste des couleurs indique toutes les couleurs utilisées dans le dessin en cours. Sélectionnez celles pour lesquelles vous souhaitez imprimer des séparations. Cliquez sur le bouton Tout sélectionner ou sur le bouton Tout effacer pour les sélectionner ou les désélectionner, selon le cas.

*Gestion et impression des fichiers*

## Impression du texte au moyen des polices de l'imprimante

Lorsque vous sélectionnez l'option Toutes les polices résidentes, CorelDRAW considère que toutes les polices utilisées dans le dessin concerné sont accessibles dans l'imprimante utilisée. Toute chaîne de caractères est imprimée avec les polices résidentes sans que les polices CorelDRAW soient sollicitées.

Cette option n'est disponible que si l'imprimante active est du type PostScript.

Vous serez amené à utiliser cette fonction dans deux cas :

- Si vous avez fait l'acquisition de polices téléchargeables PostScript diffusées par Adobe et que vous souhaitez les utiliser en lieu et place des polices CorelDRAW. Veillez à télécharger toutes les polices nécessaires.

Cette option est conçue pour un emploi temporaire. Si vous souhaitez que CorelDRAW considère la sélection des polices téléchargeables comme définitive, vous devez modifier le fichier CORELFNT.INI. Pour plus d'informations à ce sujet, consultez la section "Fichiers INI" de l'Aide en ligne CorelDRAW.

- Si vous avez l'intention de faire imprimer vos fichiers par un studio d'impression ou de photocomposition PostScript qui dispose des versions Adobe des polices que vous utilisez, vous devez sélectionner l'option Toutes les polices résidentes avant de procéder à une sortie sur fichier. L'activation de cette option garantit l'impression de polices Adobe en lieu et place des polices CorelDRAW.

Si vous imprimez un dessin après avoir sélectionné cette option et que la police prévue n'est pas dans l'imprimante, le texte sera imprimé en Courier ou sera ignoré, selon l'imprimante utilisée.

**Note:** Lorsque cette fonction est activée, le texte est imprimé avec les polices de l'imprimante, uniquement, pour autant que le texte n'ait subi aucune distorsion. Si vous avez converti le texte en courbes, ou si vous l'avez transformé en lui appliquant une enveloppe ou en lui faisant suivre un tracé, par exemple, le texte est imprimé sous forme de courbes.

## Impression de dessins complexes avec une imprimante PostScript

L'impression d'un dessin qui contient des objets curvilignes complexes est parfois interrompue par une erreur de délimitation PostScript. Ce type d'erreur se produit lorsque le nombre de segments utilisés pour tracer la courbe est trop élevé. Pour réduire le nombre de segments, augmentez la valeur de l'option Définir Aplatissement dans la boîte de dialogue Options d'impression.

La valeur par défaut est 1. Vous pouvez spécifier une valeur quelconque (le maximum est 100) en la tapant après avoir sélectionné Définir Aplatissement. Lorsqu'une erreur de délimitation se produit, augmentez progressivement cette valeur par incrément de 4 ou 5 jusqu'à la reprise de l'impression.

Si vous sélectionnez Aplatissement automatique, cette valeur est augmentée automatiquement par incrément de deux. Les tentatives d'impression de l'objet prennent fin lorsque la valeur choisie pour l'aplatissement a été augmentée d'un facteur 10 par rapport à la valeur spécifiée dans la case Définir Aplatissement. A ce moment, l'imprimante passe à l'objet suivant. Cette option réduit sensiblement la probabilité que l'imprimante se bloque lorsque vous essayez d'imprimer un dessin complexe.

**Note:** Les segments de droite finissent par se remarquer dans les courbes lorsque la valeur d'aplatissement a été augmentée au-delà d'un certain seuil (soit manuellement soit automatiquement). Plutôt que d'utiliser cette fonction, envisagez dans ce cas de redessiner avec l'outil ↷ les courbes qui sont à l'origine du problème.

Autres solutions pour simplifier un dessin:

- Réduisez le paramètre PSComplexityThreshold dans le fichier CORELPRN.INI (pour les détails, consultez la rubrique "CORELPRN.INI" dans l'aide en ligne).
- Evitez de convertir en courbes les longues chaînes de texte. Si vous êtes amené à le faire, utilisez la commande Eclater dans le menu Disposer pour scinder les courbes résultantes en objets de dimensions plus réduites. Ensuite, utilisez la commande Combiner pour combiner les tracés extérieurs et intérieurs des lettres comme "O" et "B".
- Eviter de combiner ce genre de texte avec d'autres objets (par exemple, pour créer des réserves ou des masques).
- Supprimez les objets et points nodaux inutiles. Chaque objet ajoute un nombre considérable d'octets au fichier; chaque point de contrôle et point nodal contribuent également à augmenter le volume du fichier. La fonction Auto-Réduction constitue la meilleure manière de suppprimer les points nodaux superflus des objets. Pour plus d'informations, reportez-vous à la section "Suppression de points nodaux et de segments avec la fonction Auto-Réduction" au chapitre 9.

## *Sélection d'une linéature de trame pour un dessin*

Si vous utilisez une imprimante PostScript, vous pouvez ajouter une trame simili à votre dessin. Une trame simili est un motif utilisé pour générer les nuances intermédiaires d'une couleur entre 0 et 100%. Parmi les types de trame simili disponibles, vous trouverez des structures constituées de lignes, points, cercles, etc. Les motifs de trame simili sont utilisés aussi bien pour réaliser des travaux d'impressions classiques que pour créer des effets spéciaux. Ils peuvent être appliqués à des objets déterminés ayant une couleur non-quadri comme attribut de surface, ou à l'ensemble du dessin au moment de l'impression. Les motifs de trame simili ne sont pas perceptibles sur l'écran; ils ne sont visibles que sur le document imprimé.

La linéature de la trame simili se réfère au nombre de lignes ou de points par pouce sur un motif de trame simili. La valeur choisie détermine la résolution de l'image imprimée et le nombre de niveaux de gris. L'intensité des couleurs et le piqué de l'image sont d'autant meilleurs que la valeur choisie est élevée. Inversement, si vous choisissez une linéature de valeur réduite, les couleurs et l'image perdront en intensité. Pour une explication sur la relation entre les linéatures de trame et le nombre de niveaux de gris, reportez-vous à la section "Sélection de trames similis" au chapitre 6.

Si vous disposez d'une imprimante PostScript, vous pouvez utiliser la linéature par défaut de l'imprimante, ou spécifier une valeur à votre convenance. Pour cela, sélectionnez l'option Trame personnalisée dans la boîte de dialogue Séparations et tapez une autre valeur dans la case Linéature. L'option que vous choisissez dépend du type d'impression voulu: épreuves composites ou séparations de couleurs.

**Composites :** si vous imprimez des épreuves composites, choisissez l'option Linéature par défaut si vous ne voulez pas que Corel-DRAW envoie à l'imprimante des commandes déterminant la linéature de trame. La linéature de trame sera déterminée par l'imprimante PostScript que vous utilisez. A chaque imprimante correspond une trame par défaut spécifique qui dépend de la résolution de l'imprimante. Par exemple, l'imprimante Apple LaserWriter de 300 dpi utilise une trame par défaut de 60 lignes par pouce, tandis que les photocomposeuses PostScript capables de sortir des documents à une résolution de 2540 dpi utilisent des trames par défaut d'une valeur supérieure.

Si vous n'êtes pas sûr de la finesse de la trame par défaut de l'imprimante ou si vous souhaitez en utiliser une autre, sélectionnez l'option Spéciale et entrez la valeur de votre choix.

**Séparation de couleurs:** Les séparations de couleurs sont imprimées en utilisant la linéature de trame que vous spécifiez dans la case Linéature.

Sauf si vous avez sélectionné des valeurs différentes pour divers objets en utilisant la boîte de dialogue Options PostScript, la linéature de trame simili spécifiée avec cette option s'applique à l'ensemble du dessin.

Si vous spécifiez des linéatures personnalisées pour un objet ayant une couleur non-quadri comme attribut de surface et que vous le convertissez ensuite selon le modèle colorimétrique CMYK, ces linéatures seront ignorées. Les séparations seront imprimées, mais sans linéature spécifique.

Si vous imprimez un dessin avec l'option Mosaïque, toutes les séparations de couleurs pour chaque page de la mosaïque seront imprimées les unes à côté des autres.

## Définition d'un angle de trame

Vous pouvez également spécifier l'angle de trame pour chacune des quatre séparations de couleurs. Les angles de trame servent à décaler les différents films nécessaires aux séparations de couleurs. Pour spécifier un angle de trame, entrez une valeur pour chaque couleur quadri dans la case Angles.

Pour éviter l'effet de moiré, il est préférable de ne pas modifier ces angles, à moins que la société de services ou l'imprimeur ne vous donne une autre indication. Par mesure de précaution supplémentaire, CorelDRAW inclut une liste de paramètres optimisés (appelés valeurs RT) pour certains périphériques et pour des résolutions déterminées. Ces paramètres sont mémorisés dans le fichier CORELPRN.INI et ils sont utilisés lorsque vous imprimez des séparations de couleurs, sauf si vous spécifiez d'autres valeurs dans la boîte de dialogue Séparations. Pour plus d'informations sur les angles et linéatures de trame, reportez-vous à la section "Utilisation de la boîte de dialogue Séparations" plus haut dans ce chapitre.

Les séparations de couleurs quadri sont imprimées avec l'angle de linéature du noir, sauf si vous avez choisi un autre paramètre pour un objet déterminé au moyen du bouton Options PostScript de la boîte de dialogue Couleur du contour ou Surface uniforme.

## Impression de plans sélectionnés

CorelDRAW permet d'imprimer uniquement les plans sélectionnés dans un dessin. Cette fonction peut s'avérer utile si vous travaillez sur un dessin très élaboré et si vous souhaitez obtenir une épreuve des objets se trouvant sur l'un ou l'autre plan, de manière à accélérer l'impression.

▶ **Pour imprimer les plans sélectionnés:**

1. Dans le menu flottant Plans, double-cliquez sur le nom du plan que vous voulez imprimer.
   La boîte de dialogue Options Plans apparaît.

2. Sélectionnez l'option Imprimable. Cette option est sélectionnée par défaut pour tous les plans. Désélectionnez-la si vous ne souhaitez pas l'impression des objets que contient le plan sélectionné.
3. Cliquez sur OK.

## Impression avec une imprimante couleurs

CorelDRAW prend en charge divers périphériques capables de restituer les couleurs. Pour tester la fidélité avec laquelle votre imprimante reproduit les couleurs, chargez et imprimez le fichier Colorbar.CDR (inclus avec les exemples CorelDRAW). Ce fichier contient la carte des couleurs CMYK que vous trouverez dans le Guide de Référence. L'imprimante utilisée devrait théoriquement vous permettre d'obtenir un résultat identique, mais vous noterez probablement des différences parce que la manière de gérer les couleurs varie en fonction de l'imprimante et du gestionnaire de l'imprimante. La carte des couleurs CMYK contenue dans le Guide de Référence vous permet de voir quel est le résultat que vous pouvez obtenir si vous confiez la reproduction finale de vos dessins à un imprimeur. Vous constaterez par la même occasion que les différences de couleurs peuvent être importantes entre le résultat affiché sur l'écran, l'épreuve tirée sur papier avec une imprimante couleurs de bureau et le document obtenu sur du matériel haut de gamme. Le recours à un système colorimétrique, comme Pantone ou Trumatch peut vous éviter de perdre du temps à deviner à quoi ressemblera le résultat final.

## Impression sans lancer CorelDRAW

Sous Windows 3.1, vous pouvez imprimer des fichiers CDR sans devoir ouvrir CorelDRAW.

▶ **Pour imprimer en utilisant la fonction "faire glisser et lâcher" de Windows:**

1. Chargez le Gestionnaire d'impression et réduisez-le.
2. Chargez le Gestionnaire de fichier et localisez le fichier.

3. Cliquez sur le fichier CDR et faites le glisser pour le placer sur l'icône Gestionnaire d'impression ; relâchez le bouton de la souris.
4. La boîte de dialogue Options d'impression apparaît à l'écran.
5. Configurez les différentes options et cliquez sur OK pour lancer la procédure d'impression.

# Utilisation de la fonction Fusionner

La commande Fusionner du menu Fichier permet de remplacer les objets textuels d'un dessin par un texte créé au moyen d'un traitement de texte. Elle est conçue pour permettre la création de dessins standard utilisables à la manière du texte standard rédigé avec un traitement de texte pour servir de base à la réalisation d'un mailing personnalisé. Elle peut servir à imprimer des certificats, comme celui de l'illustration, ou n'importe quel autre dessin que vous souhaitez individualiser en modifiant un ou plusieurs éléments de texte. (La fonction Fusionner ne peut pas être utilisée avec du texte courant).

Lorsque CorelDRAW procède à une fusion, le logiciel insère le texte aux emplacements appropriés puis il envoie la version révisée à l'imprimante. Vous obtenez ainsi un nombre de copies dont le dessin reste identique et dont le texte (ou une partie du texte) varie d'un exemplaire à l'autre.

**Note:** Contrairement aux textes combinés, mis en relief ou accolés à un tracé, un texte fusionné est représenté de la même manière que le texte original. Il possède les mêmes attributs (polices, corps, espacement, etc.) et présente le même alignement (gauche, droite, centrage, etc.). De plus, à l'exception des opérations mentionnées ci-dessus, toute transformation appliquée au texte original l'est également au texte fusionné. Toutefois, certains attributs de caractères (angle des caractères, approche verticale, gras, etc.) risquent de ne pas être préservés après la fusion d'un texte. Plus spécifiquement, seuls les caractères précédant ceux que vous avez édités conservent leurs attributs ; les caractères qui suivent prennent les attributs affectés à la chaîne de caractères dans son intégralité.

## *Préparation du fichier à fusionner*

La première étape du processus de fusion consiste à préparer un fichier de fusion contenant le texte que vous souhaitez insérer dans votre dessin. Vous pouvez utiliser un traitement de texte quelconque pour autant que le fichier soit enregistré sous la forme d'un fichier ASCII avec l'extension TXT.

Lorsque vous préparez le texte, ne perdez pas de vue que Corel-DRAW n'enregistre, ni n'affiche à l'écran les fichiers fusionnés. Par conséquent, vous devez vérifier l'absence d'erreurs dans le fichier de texte ainsi que dans votre dessin avant de procéder à la fusion des deux fichiers. Assurez-vous que le dessin comporte suffisamment d'espace pour intégrer le texte que vous envisagez de fusionner. Vous devez en outre vérifier que les options d'alignement appropriées ont été entrées dans la boîte de dialogue Texte. Par exemple, pour que le texte des fichiers fusionnés soit correctement centré, vous devez centrer le texte du dessin avec l'option de justification Centré.

Le fichier à fusionner se compose du texte que vous souhaitez remplacer dans le dessin, suivi du texte de substitution prévu. Afin d'éviter toute confusion, nous appellerons texte principal le texte du dessin et texte secondaire le texte du fichier de fusion. De même, le terme chaîne désigne aussi bien un caractère isolé, un mot ou un bloc de texte.

Pour préparer le fichier de fusion, vous devez respecter une série de règles :

- La première ligne doit indiquer le nombre de chaînes de caractères que vous souhaitez remplacer dans un dessin donné. Vous pouvez remplacer autant de chaînes de caractères que vous le souhaitez, mais chacune d'entre elles doit être unique. Vous ne pouvez pas, par exemple, remplacer deux occurrences du mot Nom par le mot Jacques dans un cas et le mot Martine dans l'autre.
- Les chaînes du texte principal qui doivent être remplacées commencent sur la seconde ligne. Elles doivent être introduites exactement telles qu'elles apparaissent dans le dessin. Cela vaut pour la saisie des majuscules, des coupures de mot et des lignes de blanc quel que soit l'endroit où elles apparaissent. Pour limiter le risque d'erreur, vous pouvez employer des nombres plutôt que du texte dans le dessin. Pour prendre l'exemple du certificat, les chiffres 1 à 4 auraient pu être utilisés au lieu des chaînes de caractères Nom, Société, Instructeur et mm/jj/aa.
- Vous devez entrer une barre oblique inverse (\) avant et après chaque chaîne du texte principal. Ces signes servent à séparer les chaînes de texte et ils ne peuvent pas apparaître dans le texte lui-même. Comme le montre l'exemple, les chaînes peuvent être saisies côte à côte sur la même ligne ou sur plusieurs lignes successives.
- La liste des chaînes de texte principal est suivie par celles du texte secondaire. Vous devez séparer les chaînes de texte par des barres obliques inverses et vous pouvez les saisir sur la même ligne ou sur plusieurs lignes de texte successives.
- A chaque chaîne de texte principal doit correspondre une chaîne de texte secondaire. Par exemple, vous ne pouvez pas spécifier que les termes Nom, Société, Instructeur et mm/jj/aa sont des chaînes de texte principal et n'indiquer que deux chaînes de texte secondaire.
- Vous pouvez entrer plusieurs jeux de chaînes secondaires. Pour reprendre l'exemple du certificat, vous pouvez taper autant de noms, sociétés, instructeurs et dates que vous le souhaitez. Pour autant que chacun de ces jeux soit complet, CorelDRAW imprimera un certificat correspondant à chaque individu spécifié.
- Tout caractère appartenant au jeu de caractères Corel-DRAW qui ne figurerait pas sur le clavier peut être saisi avec la touche ALT et les touches chiffrées du pavé numérique. (Pour plus d'explications, reportez-vous au tableau de référence des caractères contenu dans le Guide de Référence).
- Vous êtes libre d'ajouter autant de texte que vous le souhaitez. Rappelez-vous toutefois que chaque chaîne de caractères est insérée dans un dessin à la position qu'occupait le texte qu'elle remplace. Aussi, selon le nombre de chaînes ajouté, vous risquez de découvrir qu'un certain nombre de chaînes chevauchent d'autres chaînes ou objets dans le dessin imprimé.

*Gestion et impression des fichiers*

### *Fusion du fichier de texte avec le dessin considéré*

Dès que vous avez préparé le fichier de fusion, vous pouvez le fusionner avec le dessin de votre choix. Procédez comme suit :

1. Ouvrez le dessin avec lequel vous souhaitez fusionner le texte.
2. Choisissez la commande Fusionner dans le menu Fichier. Une boîte de dialogue vous invite à sélectionner le fichier de fusion.
3. Sélectionnez le fichier de fusion et cliquez sur Incorporer. La boîte de dialogue Options d'impression apparaît alors.
4. Sélectionnez les options voulues et cliquez sur OK.

# Chapitre 19

# Création de séparations de couleurs

CorelDRAW crée des séparations de couleurs quadri et non-quadri qui peuvent être imprimées sur toute imprimante, PostScript ou non. Séparer les couleurs d'une image implique l'impression des éléments de couleur sur un certain nombre de pages. Ce nombre varie suivant le mode de coloriage des objets. Si vous avez colorié un ou plusieurs objets en utilisant le modèle quadrichromique, vous obtiendrez de une à quatre pages d'impression, une pour chacune des couleurs quadrichromiques CMYK utilisées. Les couleurs non-quadri sont imprimées sur des pages distinctes, une page par couleur.

Le sélecteur de couleurs de CorelDRAW utilise des gabarits spéciaux pour automatiser le processus de sélection. Ces gabarits utilisent des commandes Pré-presse pour préparer les images en fonction des différents types de supports. A l'aide des options d'une simple boîte de dialogue, vous pouvez personnaliser les outils Pré-presse pour chaque fichier graphique. Parmi les outils que Corel-DRAW met à votre disposition, vous trouverez: Remplacement des gris, Superposition des encres, Gain de tonalité, et Point noir.

CorelDRAW inclut également des fonctions de surimpression permettant de créer des recouvrements. Les utilisateurs moins expérimentés pourront faire usage de la fonction de recouvrement automatique du programme.

CorelDRAW met en outre à votre disposition des commandes d'étalonnage des couleurs pour ajuster l'imprimante de façon à ce que les couleurs imprimées concordent le plus possible avec celles affichées par la case de visualisation de la boîte de dialogue Couleurs.

## Mise en garde

Si vous êtes novice dans le domaine de la séparation des couleurs, procédez avec méthode. Les fonctions de séparation des couleurs de CorelDRAW s'adressent aux utilisateurs rompus à ces techniques. Prenez conseil auprès de professionnels chevronnés avant de vous lancer dans ce domaine afin d'éviter des erreurs coûteuses en temps et en argent.

# Surimpression et recouvrement

La surimpression s'emploie pour créer un effet de recouvrement et une série d'autres effets par mélange de deux couleurs non-quadri directement sur la page imprimée. Les fonctions de surimpression destinées à créer un effet de recouvrement doivent être définies avant la création d'une séparation de couleurs.

## Surimpression de couleurs

Lorsque des objets auxquels vous avez appliqué une surface uniforme et/ou un contour se chevauchent, les objets de la couche inférieure sont automatiquement réservés de manière à éviter que les couleurs n'interfèrent entre elles lors de l'impression. La fonction de surimpression permet d'imprimer volontairement une couleur au-dessus d'une autre.

*»Remarque:*
*En fonction de l'option Préférences-Souris choisie, vous serez peut-être amen à maintenir le bouton droit de la souris enfoncé pendant une seconde pour voir le menu Objet s'afficher. Pour de plus amples renseignements sur les préférences en matière de souris, reportez-vous à l'Annexe A.*

Le résultat obtenu par surimpression dépend de la combinaison de couleurs utilisée. En général, vous obtenez de meilleurs résultats lorsque la couleur de l'objet supérieur est un peu plus foncée que la couleur surimprimée.

Le résultat obtenu par surimpression de deux couleurs non-quadri n'est pas restitué au niveau de l'affichage sur l'écran; il ne peut être évalué que sur les épreuves d'impression et sur l'illustration imprimée.

▶ **Pour surimprimer deux objets:**

1. Cliquez avec le bouton droit de la souris sur l'objet qui se trouve au-dessus de celui que vous voulez surimprimer.
   Le menu Objet s'affiche.
2. Cliquez sur la commande Surimprimer Surface.
   A l'impression, l'objet du dessus sera surimprimé sur l'objet d'en-dessous.

## Création d'un recouvrement

La fonction de surimpression est le plus souvent employée pour créer un recouvrement, une technique utilisée dans le domaine de l'impression offset pour éviter les interstices indésirables qui apparaissent quelquefois entre les zones adjacentes de différentes couleurs. De tels interstices se manifestent lorsque le repérage des couleurs (c'est-à-dire le positionnement des couleurs dans l'original) subit une erreur d'alignement lors de la création des plaques d'impression ou sur la presse d'impression. Le recouvrement compense le décalage en ajoutant un peu d'une couleur au-dessus de l'autre. Le recouvrement est nécessaire uniquement lorsque les couleurs qui se chevauchent ne partagent pas les mêmes teintes. Si les teintes sont identiques, les interstices sont comblés automatiquement.

Donner un contour à un objet et le désigner pour qu'il se surimprime à la zone qui se trouve en-dessous est un moyen de créer un recouvrement dans CorelDRAW.

Dans l'exemple ci-contre, l'application d'un effet de recouvrement au cercle étend légèrement sa superficie de façon à ce qu'elle ne s'inscrive plus parfaitement dans la surface réservée initiale. Il existe deux types de recouvrement: l'engraissement et l'amaigrissement.

Repérage parfait.

Les erreurs de repérage peuvent donner lieu à des interstices entre les objets superposs.

---

### » Conseil :

*Dans la mesure du possible évitez l'étagement d'objets textuels. En effet, la ligne place en recouvrement risque fort de modifier la forme de la lettre. Pour éviter ce phnomne parasit, utilisez la surimpression ou, pour compenser, ajoutez un pourcentage de la couleur sous-jacente à la couleur du texte.*

---

L'engraissement étend la surface de l'objet dans l'arrière-plan (extension de l'avant-plan); l'amaigrissement étend l'arrière-plan dans l'avant-plan. Pour éviter les distorsions de forme, rappelez-vous que lorsque des encres foncées et claires sont imprimées l'une au-dessus de l'autre, le mélange résultant se rapprochera plus de la couleur foncée. Par conséquent, les objets les plus clairs doivent de préférence déborder dans les objets les plus sombres. Aussi, optez pour l'engraissement lorsque l'avant-plan est plus clair, et pour l'amaigrissement lorsque l'arrière-plan est plus clair.

La méthode la plus commode pour créer un recouvrement avec CorelDRAW consiste à ajouter un contour à un objet et à le superposer à l'objet sous-jacent lors de l'impression. Vous utiliserez cette fonction dans les cas où certains objets se juxtaposent le long d'un périmètre irrégulier ou lorsqu'un objet déterminé est complètement entouré par d'autres objets. S'il s'agit de deux objets juxtaposés le long d'un bord rectiligne, le recouvrement est obtenu en retraçant les objets de façon à ce qu'ils se chevauchent et en désignant celui des deux objets qui doit se superposer à l'autre lors de l'impression.

Dans la pratique, l'utilisation de cette fonction de recouvrement requiert une certaine habitude et la compréhension des nombreux facteurs impliqués dans l'impression en quadrichromie. Parmi ces facteurs, il convient de citer le niveau de qualité, la couleur et l'ordre d'impression des encres utilisées ; les caractéristiques du papier et de la presse d'impression, ainsi que le degré de complexité de l'original. Pour obtenir un résultat satisfaisant, il est essentiel de consulter l'imprimeur avant d'utiliser cette technique.

### ▶ Pour créer un recouvrement :

1. Sélectionnez l'objet superposé à celui que vous souhaitez recouvrir.
2. Les étapes suivantes dépendent des attributs de surface et de contour de l'objet que vous êtes en train de recouvrir :
   - Si l'objet est doté d'un attribut de surface, mais qu'il ne comporte aucun contour, commencez par le doter d'un contour de 0,30 point d'épaisseur. Le choix de cette valeur crée un recouvrement de 0,15 points, puisque le contour est centré par rapport au tracé qui définit la forme de l'objet. Il n'est pas exclu que les caractéristiques de la presse d'impression vous imposent de recourir à un recouvrement supérieur. Néanmoins, un recouvrement excessif risque de provoquer l'apparition d'un bord perceptible le long des zones de juxtaposition des objets. Lorsque les couleurs

---

Dans CorelDRAW, les contours sont centrés sur le tracé qui définit la forme de l'objet, en l'occurence une ligne paisse de 1 point. Par conséquent, pour obtenir un recouvrement de 0,15 point au niveau d'une ligne, vous devez augmenter l'épaisseur de son contour de 0,30 point, comme illustré ici.

1.30 pt | 1 pt

Extrémité | Tracé tel qu'il est vu dans la fenêtre

Pour créer un recouvrement pour la lettre B, effectuez un duplicata et placez-le au-dessus de l'original. Ensuite, augmentez de 0,30 point l'épaisseur du contour du duplicata. Enfin, désignez le duplicata pour qu'il soit surimprimé.

*Création de séparations de couleurs / 305*

sont similaires, ce bord n'en sera que plus perceptible et, dans certains cas, ne pourra être évité même avec un recouvrement minimum (consultez votre imprimeur pour qu'il vous indique la valeur de recouvrement à utiliser). Ensuite, affectez la couleur de l'objet au contour. Pour terminer, cliquez sur l'objet avec le bouton droit de la souris et choisissez la commande Surimprimer Contour dans le menu Objet (assurez-vous que l'option Surimprimer Surface n'est pas sélectionnée pour la surface de l'objet concerné).

Appliquer une extrémité de ligne arrondie ou carrée à un quelconque tracé ouvert..............

Pour raliser un recouvrement avec un objet de couleur foncée placé sur un fond clair, créez un duplicata et appliquez-lui une surface de × (c'est-à-dire Aucune) et un contour de la couleur

- Si l'objet est doté d'un attribut de surface et de contour dont l'épaisseur et la couleur correspondent respectivement aux indications fournies ci-avant, affectez tout simplement ce contour à la fonction de surimpression.

**»Conseil:**
*Pour réduire le temps d'impression, il est conseillé d'appliquer un recouvrement aux objets au moment o vous les crez..*

- Si l'objet se confond avec un tracé continu (en d'autres termes, un objet dépourvu d'attribut de surface), vous devez recourir à une méthode différente pour créer un recouvrement. Tout d'abord, superposez à l'original un duplicata de ce dernier. Ensuite, augmentez l'épaisseur du duplicata de 0,30 point au moins et désignez-le en vue d'une surimpression. Si le tracé est du type ouvert (par exemple un filet), les points d'extrémité du duplicata doivent s'étendre au-delà de ceux de l'original pour obtenir le recouvrement approprié. Pour cela, utilisez l'option Extrémités de ligne afin de sélectionner une extrémité de ligne qui permette d'étendre celle-ci légèrement au-delà de ses points d'extrémité initiaux.

**»Remarque:**
*L'effet de recouvrement n'apparaît qu'au niveau des épreuves et de l impression finale : il n'est donc pas visible à l'écran.*

- Si la couleur de l'objet superposé est plus sombre que celle de l'objet sous-jacent, dupliquez l'objet superposé selon les indications fournies ci-avant, mais conférez-lui un attribut de surface du type Aucun et un attribut de contour de la même couleur que l'objet auquel il se superpose.
- Si certains objets sont pourvus d'un contour de couleur blanche ou d'une surface blanche sans contour, il n'est pas nécessaire de faire appel à la fonction de Surimpression pour créer un recouvrement.
- Les objets textuels dont les surfaces sont noires doivent être marqués pour la surimpression par un clic avec le bouton droit de la souris suivi de la sélection de Surimprimer Surface.

### *A propos de la fonction de recouvrement automatique*

La fonction de recouvrement automatique de CorelDRAW constitue un moyen aisé pour résoudre certains problèmes de recouvrement. Si vous êtes familiarisé au recouvrement, vous préférerez peut-tre utiliser la fonction de surimpression pour obtenir des résultats plus précis. La fonction de recouvrement automatique n'utilise que l'engraissement, à l'exclusion de l'amaigrissement.

Pour activer la fonction de recouvrement automatique, sélectionnez Engraissement automatique et/ou Toujours surimprimer le noir dans la boîte de dialogue Options d'impression. Lorsque la fonction de recouvrement automatique est activée, CorelDRAW applique automatiquement un recouvrement à tous les objets qui répondent aux trois critères suivants: absence de contour, présence d'une surface uniforme et ne pas avoir été marqués pour la surimpression dans le menu Objet.

La fonction de recouvrement automatique cre le recouvrement en attribuant à l'objet un contour de la même couleur que sa surface. Dans la case Engraissement automatique maximum, entrez une valeur de recouvrement maximale, jusqu'à 36 points. La valeur de recouvrement maximale par défaut est de 1/2 point. Le degré de grossissement appliqué aux objets par la fonction de recouvrement automatique est calculé en fonction de la valeur de recouvrement maximum spécifiée et de la couleur de l'objet. Le recouvrement est d'autant plus proche de la valeur maximum que la couleur est claire et inversément pour les couleurs sombres.

Lorsque vous cochez la case Toujours Surimprimer le noir, le recouvrement est appliqué à tous les objets contenant 95% de noir. Si vous avez coché la case Engraissement automatique, la surimpression du noir sera appliquée systématiquement à tous les objets, même s'ils ne répondent pas aux trois critères d'application du recouvrement automatique mentionnés ci-dessus.

Vous pouvez utiliser la fonction de recouvrement automatique aussi bien avec une imprimante PostScript que non-PostScript.

# A propos du sélecteur de couleurs de CorelDRAW

Le sélecteur de couleurs professionnel de CorelDRAW permet de produire aisément des fichiers images de séparations de couleurs. Le sélecteur produit les séparations de couleurs CMYK sous forme de fichiers composites CMYK. Ces fichiers peuvent être sortis en séparations sur disque ou tels quels vers toute imprimante, PostScript ou non, ou encore vers une photocomposeuse.

Le sélecteur de couleurs de CorelDRAW utilise des circuits .SMT pour automatiser le processus de séparation des couleurs. Ces circuits appliquent les commandes Pré-presse nécessaires en fonction des divers types de supports. Les outils Pré-presse employés sont le remplacement des gris, la superposition des encres et le gain de tonalité.

> »*Conseil:*
>
> *Pour une plus grande précision lors d'une séparation quadrichromique, mlangez vos couleurs partir de valeurs CMYK, et non de couleurs Pantone 100%. Lors de séparations en deux ou trois couleurs, utilisez les couleurs Pantone pour plus de précision.*

## Les circuits .SMT

Les circuits .SMT sont des fichiers que vous pouvez constituer et qui contiennent des commandes de séparation de couleurs permettant de définir des paramètres pour préparer l'image en vue de la séparation des couleurs. Un circuit .SMT comprend six paramètres que vous modifierez à partir de la boîte de dialogue Outils Pré-presse (décrite plus loin dans ce chapitre). Ces paramètres sont les suivants:

- Etalonnage Périphérique de sortie
- Superposition des encres
- Point noir
- Remplacement des gris
- Engraissement du point Presse/Papier
- Qualité Sélection.

Lorsque vous accédez à la boîte de dialogue Couleurs, le programme charge le circuit .SMT par défaut fourni avec CorelDRAW. Pour utiliser un autre circuit, cliquez sur le bouton Charger et entrez le nom du circuit voulu dans la boîte de dialogue. Lorsque vous modifiez le circuit en modifiant ses paramètres dans la boîte de dialogue Outils Pré-presse, vous devez enregistrer sous un autre nom le circuit modifié. Vous pouvez configurer et modifier le circuit par défaut .SMT à loisir et enregistrer et réutiliser tous ceux dont vous avez besoin en fonction des différentes caractéristiques de l'image et des exigences de l'application pré-presse.

**Note:** Il est préférable de ne pas écraser le fichier "default.smt" lorsque vous enregistrez un circuit sous un autre nom. Si vous deviez en avoir besoin par la suite, vous seriez obligé de le réinstaller à partir des disquettes CorelDRAW d'origine.

## Analyse des sélections à l'aide de l'Echelle densitométrique

Le sélecteur de couleurs de CorelDRAW comporte une option qui vous permet d'imprimer une échelle densitométrique pour analyser les séparations de couleurs CMYK. L'analyse peut s'effectuer séparément avec impression d'une échelle densitométrique sur chacune des quatre pages CMYK, mais vous pouvez également obtenir des épreuves progressives en combinant deux sélections CMYK ou davantage. La fonction d'échelle densitométrique commande l'impression d'une grille pour chaque sélection CMYK, avec indication des niveaux de couleur échelonnés de 1 à 100.

Pour obtenir l'impression d'une grille densitométrique avec votre document graphique, sélectionnez l'option Echelle densitométrique dans la boîte de dialogue Options d'impression.

# Préparation des images à la séparation des couleurs

La première étape du processus de création d'une séparation de couleurs s'effectue depuis la boîte de dialogue Couleurs. Après avoir spécifié les paramètres dans cette boîte de dialogue, vous passez à la boîte de dialogue Outils Pré-presse, qui contient des outils de correction des couleurs pour préparer les images en vue de la séparation des couleurs.

▶ **Pour accéder à la boîte de dialogue Couleurs:**

1. Choisissez la commande Imprimer dans le menu Fichier.
2. Dans la boîte de dialogue Imprimer, cliquez sur le bouton Couleur. La boîte de dialogue Couleur s'affiche.

3. Sélectionnez les options appropriées (décrites ci-dessous) et cliquez sur OK.

## Utilisation de la boîte de dialogue Couleur

La boîte de dialogue Couleur présente votre image originale dans la case Original et l'image affectée des corrections chromatiques dans la case de visualisation. La liste Couleurs énumère les couleurs utilisées dans le dessin en cours. Par défaut, toutes les couleurs sont activées et visibles dans la case de visualisation. Pour désactiver une couleur et la faire disparaître de la case de visualisation, il suffit de cliquer dessus. Pour activer toutes les couleurs, cliquez sur le bouton Tout sélectionner. Pour les désactiver, cliquez sur Tout effacer. La possibilité d'activer/désactiver les couleurs séparément est utile pour vérifier les séparations. L'activation/désactivation affecte uniquement l'affichage dans la case de visualisation au niveau de cette boîte de dialogue, sans aucune incidence sur le résultat obtenu à l'impression.

Si vous souhaitez effectuer un zoom avant sur l'image originale, cliquez sur la case Zoom, en haut de la fenêtre Original. Cliquez sur la case Zoom une nouvelle fois pour un zoom arrière. Procédez de la même manière pour effectuer un zoom sur l'image affectée des corrections chromatiques en cliquant sur la case Zoom située au-dessus de la fenêtre de visualisation.

*Création de séparations de couleurs* / **309**

Pour visualiser l'image en 256 niveaux de gris, cochez la case Echelle de gris. La fenêtre de visualisation passe à l'échelle de gris. Cette option n'est disponible que lorsqu'une seule des couleurs est activée dans la case Couleurs.

La boîte de dialogue Couleur contient également les options suivantes:

**Charger :** Cliquez sur ce bouton pour charger un autre circuit. La boîte de dialogue Ouvrir apparaît pour vous permettre de charger les circuits fournis avec CorelDRAW, ou ceux que vous avez créés et enregistrés.

**Enregistrer:** Cliquez sur ce bouton pour enregistrer les modifications que vous avez apportées au circuit .SMT au moyen de la boîte de dialogue Outils Pré-presse (cette boîte de dialogue est présentée à la section suivante).

**Pré-presse:** Cliquez sur ce bouton pour accéder à la boîte de dialogue Outils Pré-presse. Les outils de cette boîte de dialogue sont présentés à la section suivante.

Pour obtenir des informations sur le circuit .SMT en cours, cliquez sur le bouton Info pour accéder à la boîte de dialogue correspondante.

# Utilisation des outils Pré-presse

Les outils Pré-presse inclus dans le sélecteur couleurs de CorelDRAW sont ceux que l'on trouve sur les systèmes pré-presse de numérisation et les photocomposeuses haut de gamme. Ces outils sont accessibles depuis la boîte de dialogue Outils Pré-presse illustrée ci-dessous:

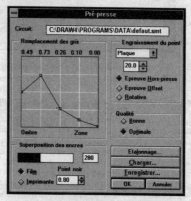

L'accès à cette boîte de dialogue s'effectue en cliquant sur le bouton Pré-presse de la boîte de dialogue Couleur. Lorsque vous définissez des paramètres dans la boîte de dialogue Outils Pré-presse, vous modifiez en fait les paramètres du circuit .SMT par défaut. La boîte de dialogue Enregistrer circuit apparaît une fois que vous avez spécifié les paramètres de pré-presse et cliqué sur OK. Dans cette boîte de dialogue, vous pouvez entrer le nom du nouveau circuit .SMT que vous venez de créer. (Il est préférable d'enregistrer le circuit modifié sous un autre nom, de manière à ne pas écraser le circuit .SMT par défaut). L'enregistrement du circuit modifié peut nécessiter quelques minutes, et davantage encore si vous avez coché la case Optimale dans la section Qualité de la boîte de dialogue Outils Pré-presse.

Après l'enregistrement du circuit modifié, vous revenez à la boîte de dialogue Couleur, où l'image d'origine et l'image corrigée sont affichées dans les cases de visualisation. Ces cases vous permettent d'évaluer l'effet des paramètres Pré-presse que vous avez sélectionnés. Si le résultat ne vous convient pas, vous pouvez repasser dans la boîte de dialogue Outils Pré-presse pour modifier les paramètres.

## *Utilisation de la boîte de dialogue Outils Pré-presse*

La boîte de dialogue Outils Pré-presse contient les outils suivants:

**Remplacement des gris:** Le remplacement des gris est une technique destinée à retirer des séparations de couleurs une partie ou la totalité des nuances de cyan, magenta et de jaune qui produisent la composante grise d'une image. Cette technique se fonde sur l'accroissement de la densité du film du noir pour créer la plupart des formes et des détails de l'image, ce qui réduit les quantités de cyan, de magenta ou de jaune nécessaires à la reproduction des parties sombres d'une image.

Lorsque cette technique est utilisée, la qualité obtenue à l'impression est meilleure: angles plus nets, meilleure définition, meilleure fidélité des couleurs et des détails, meilleur contraste. L'incorporation du remplacement des gris dans un circuit .SMT n'est cependant pas indispensable pour produire une séparation de couleurs de qualité, mais elle permet certainement d'améliorer encore la séparation de couleurs, surtout avec des images sombres ou des images comportant un grand nombre de couleurs délicates telles que les tons pourpres, bruns, rouge profond, chair, et gris. L'outil Remplacement des gris est un davantage un outil d'impression qu'un outil visuel d'édition des couleurs, dans la mesure où ses effets ne sont pas toujours visibles au stade du tirage d'épreuves et parfois à peine perceptibles au stade de l'impression sur presse.

L'outil Remplacement des gris de CorelDRAW vous permet de régler le remplacement des gris sur différents niveaux dans la gamme de tonalités. Vous pouvez produire des squelettes noirs en réglant le niveau de RDG sur des valeurs très basses aux abords des zones claires et sur des valeurs élevées dans les zones sombres. Etant donné que les plus hauts niveaux de RDG réduisent la quantité d'encre, les teintes profondes et les zones noires risquent d'apparaître moins brillantes et de perdre en profondeur. Pour prévenir cet effet, appliquez moins de RDG dans les zones sombres.

▶ **Pour ajuster le RDG:**

1. Accédez à la boîte de dialogue Outils Pré-presse.
   Le graphe RDG apparaît, muni de cinq poignées de gamme de tonalités.
2. Cliquez et déplacez une poignée de gamme de tonalités vers le haut ou vers le bas sur l'échelle graduée de 0,00 à 1,00 pour la positionner sur la valeur voulue.
   La valeur affichée en haut de la gamme sélectionnée change à mesure que vous déplacez la poignée. Vous pouvez manipuler chacune de ces cinq poignées vers le haut ou vers le bas pour régler le degré de RDG sur une plage quelconque de la gamme de tonalités.
3. Cliquez sur OK.

**Superposition des encres :** La valeur de superposition des encres consiste à réduire les couleurs CMY dans les zones sombres ou neutres pour réduire la valeur totale de la couverture en encre. En conditions idéales, une presse est normalement en mesure d'imprimer n'importe quelle combinaison de densités d'encres, jusqu'à 100% de chacune des quatre couleurs, pour obtenir une couverture de surface à 400%. Dans la pratique cependant, la couverture de surface maximale généralement acceptée n'est que de 260 à 300%. Les valeurs de couverture de surface supérieures à cette limite donnent généralement lieu à des problèmes de transfert de l'encre noire ou à des problèmes de séchage et d'accrochage.

▶ **Pour régler la valeur de superposition des encres :**

1. Dans la boîte de dialogue Outils Pré-presse, sélectionnez la valeur de superposition des encres voulue en cliquant sur le curseur avec la souris ou en entrant une valeur dans la zone de texte.
2. Sélectionnez Film ou Imprimante.
3. Cliquez sur OK.

**Point noir :** Un noir produit avec une couverture de surface de 400% est plus dense que le résultat sorti sur des imprimantes CMY. Le point noir détermine le niveau de noir par rapport aux deux références suivantes dans une gamme de 0 à 1.0. Un point noir de 0,0 produit un noir dont l'intensité équivaut à un noir trois couleurs (CMY). Un point noir de 1,0 produit un noir dont l'intensité équivaut à un noir quatre couleurs (c'est-à-dire plus sombre).

Dans CorelDRAW, vous déterminerez la valeur du point noir en entrant une valeur dans la zone de texte Point noir de la boîte de dialogue Pré-presse.

La point noir ne fait que spécifier la profondeur apparente du noir. Les pourcentages réels de CMYK utilisés pour produire ce résultat sont déterminés par les paramètres de remplacement des gris et de superposition des encres.

**Engraissement du point :** Le gain de tonalité (ou gain sur la presse) définit une condition liée à la confection de la plaque et à la presse. Les points de trames simili visibles sur le film et ceux obtenus à la sortie de la presse n'ont pas vraiment la même taille. Si vous ne prenez aucune mesure pour compenser l'engraissement, cet effet, l'aspect de l'image imprimée s'écartera généralement du résultat escompté.

Le gain de tonalité se mesure en référence à l'augmentation de densité d'un point de trame à 50% que l'on constate normalement en impression offset lors du passage du film à l'impression. Ce gain de tonalité (gain de tonalité total) découle de deux facteurs : le changement physique de la taille du point dû à la confection de la plaque et au transfert de l'encre sur le papier, d'une part, et le changement apparent dû aux propriétés optiques du papier, d'autre part, que l'on appelle gain de tonalité optique.

La souplesse de la commande de gain de tonalité de CorelDRAW permet de définir un facteur de compensation séparément pour chacune des quatre couleurs (CMYK), ou globalement pour les quatre couleurs (Etalon). La technique utilisée réduit la taille d'un pixel déterminé de l'image pour compenser l'augmentation de la taille de ce point sur la presse d'impression. Un pixel affichant une densité de 60%, mesurée avant l'impression, est susceptible d'atteindre une densité de 70%, une fois imprimé sur papier. Si vous souhaitez conserver la densité de 60% à l'impression, vous devrez réduire cette valeur en raison de l'accroissement dû au gain de tonalité pour obtenir un point imprimé final de 60%. Lorsque vous calculez un gain de tonalité et que vous appliquez un pourcentage, vous devez entrer une valeur positive qui représente le pourcentage de réduction que vous souhaitez appliquer aux pixels du canal (ou des canaux) de séparation de couleurs considérés. Les pourcentages de gain de tonalité les plus courants pour les épreuves sur rotative, offset ou hors-presse se situent dans une plage comprise entre 18 et 24%.

### ▶ Pour définir le gain de tonalité:

1. Sélectionnez le canal voulu dans la liste déroulante Engraissement du point. Vous pouvez définir le pourcentage de gain séparément pour chacun des quatre canaux ou sélectionner Etalon dans la liste pour définir un gain globalement applicable aux quatre canaux.
2. Entrez un pourcentage dans la zone de texte.
3. Sélectionnez Epreuve hors-presse, Epreuve Offset, ou Rotative. Le gain de tonalité sera optimisé pour le type de presse sélectionné.

**Qualité:** Vous pouvez choisir entre deux qualités de séparation de couleurs: Bonne ou Optimale. Sélectionnez Bonne pour imprimer une épreuve de votre travail. Si vous sélectionnez Optimale, le processus de séparation des couleurs sera plus lent, mais vous obtiendrez une qualité optimale. Faites ce choix pour imprimer la copie définitive.

**Etalonnage:** L'outil d'étalonnage permet de faire concorder les couleurs affichées dans la case de visualisation de la boîte de dialogue Couleur avec celles d'une impression en quadrichromie, ou une épreuve couleurs, obtenue sur un périphérique de sortie CMYK (photocomposeuses, tireuse d'épreuves, ou système 'matchprint'). L'étalonnage garantit ainsi une correspondance aussi exacte que possible entre les couleurs affichées dans la case de visualisation de la boîte de dialogue Couleur et celles du document imprimé. La définition des paramètres d'étalonnage constitue une étape importante dans la création d'un circuit .SMT.

**Note:** Si votre imprimante comporte une fonction d'étalonnage, veillez à étalonner l'imprimante avec les outils d'étalonnage de son driver avant d'utiliser les outils d'étalonnage de CorelDRAW. Cette remarque est également valable pour l'écran de votre ordinateur.

En vous servant de l'outil Etalonnage, vous ajusterez chacune des six couleurs primaires (CMY et RVB) affichées à l'écran pour les faire correspondre aux six couleurs imprimées sur le périphérique CMYK utilisé. Cette opération fournit au sélecteur de couleurs des informations sur les caractéristiques colorimétriques du périphérique de sortie. Cette information est enregistrée comme partie intégrante du circuit .SMT.

Vous serez amené probablement à définir plusieurs valeurs d'étalonnage pour les différents périphériques CMYK (photocomposeuse, tireuse d'épreuves ou système 'matchprint'). Toutefois, après avoir défini ces paramètres pour chaque périphérique et enregistrés ceux-ci dans un circuit .SMT, vous n'aurez plus besoin de recommencer chaque fois les opérations d'étalonnage, à moins que les conditions de travail ne changent. CorelDRAW inclut une série de circuits .SMT contenant les paramètres d'étalonnage adaptés aux photocomposeuses CMYK et tireuses d'épreuves les plus répandues. Ces fichiers sont stockés dans le répertoire CUSTOM de CorelDRAW.

### ▶ Pour étalonner les couleurs en fonction d'un périphérique de sortie CMYK:

1. Imprimez un échantillon de chacune des six couleurs primaires (CMY et RVB) sur le périphérique de sortie.
2. Ouvrez la boîte de dialogue Outils Pré-presse en cliquant sur le bouton Pré-presse de la boîte de dialogue Couleur. (Choisissez la commande Imprimer dans le menu Fichier, puis cliquez sur le bouton Couleur pour accéder à la boîte de dialogue Couleur.)
3. Dans la boîte de dialogue Outils Pré-presse, cliquez sur le bouton Etalonnage.
   La boîte de dialogue Etalonnage représentée par l'illustration ci-dessous s'affiche en vous présentant un pavé de couleur pour chacune des six couleurs primaires.

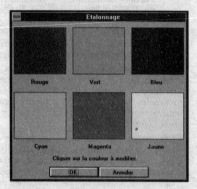

4. Cliquez sur le pavé de la couleur que vous souhaitez étalonner. La boîte de dialogue Couleur s'affiche, en vous présentant la couleur sélectionnée dans une case de visualisation affichée en regard des valeurs Teinte, Densité, et Luminosité. La case de visualisation est divisée en deux parties: à gauche, la couleur obtenue par juxtaposition de pixels, à droite, la couleur pure.
5. Définissez les paramètres de teinte, de densité et de luminosité en modifiant les valeurs correspondantes. Modifiez les proportions de rouge, de vert et de bleu en changeant les valeurs dans les cases Rouge, Vert et Bleu. (Vous pouvez enregistrer ces valeurs à titre de référence).
   Les valeurs des couleurs rouge, vert et bleu changent à mesure que vous faites varier les valeurs de teinte, densité et de luminosité. L'inverse est vrai également.
   Vous pouvez également utiliser le sélecteur de couleur Teinte et Densité pour modifier les paramètres de teinte, de densité, de rouge, de bleu et de vert. Pour ce faire, déplacez l'icône ??? (icône grille) dans la grille de couleurs. La couleur sélectionnée s'affiche dans la case de visualisation, et ses paramètres s'inscrivent dans les cases situées en dessous de la grille de couleurs.
   Vous pouvez également modifier la luminosité en utilisant le sélecteur visuel de luminosité. (Le sélecteur de luminosité est la barre affichée à côté de la grille de couleurs). La manoeuvre consiste à cliquer sur le curseur triangulaire et à le faire monter ou descendre en glissant avec la souris. La position la plus basse correspond à une valeur de luminosité de zéro. La

position la plus haute correspond à une valeur de 240, qui est la limite maximum autorisée.

7. Faites varier la teinte, la densité et la luminosité, jusqu'à ce que la couleur concorde avec la couleur du document imprimé.

8. Pour ajouter dans la liste des couleurs personnalisées la couleur que vous venez de modifier, cliquez sur le bouton Ajouter aux couleurs personnalisées.
La nouvelle couleur est affichée dans la liste des couleurs personnalisées et elle est enregistrée en tant que telle. Lorsque vous cliquez sur une couleur personnalisée, elle s'affiche dans la case de visualisation et les valeurs de teinte, densité et luminosité sont adaptées en conséquence. Si vous étalonnez plusieurs périphériques de sortie, vous pouvez enregistrer certaines couleurs sous la forme de couleurs personnalisées de manière à ne pas devoir entrer à chaque fois les valeurs de teinte, densité et luminosité lorsque vous changez de périphérique.

9. Cliquez sur OK. Vous revenez à la boîte de dialogue Etalonnage, où la nouvelle couleur est affichée.

Répétez les étapes de la procédure pour chacune des couleurs à étalonner.

**Charger :** Cliquez sur ce bouton pour charger un autre circuit .SMT. La boîte de dialogue correspondante apparaît pour vous permettre de choisir le circuit voulu.

**Enregistrer :** Cliquez sur ce bouton pour enregistrer les modifications apportées au circuit .SMT (la modification de l'un quelconque des paramètres dans la boîte de dialogue Outils Pré-presse entraîne la modification du circuit .SMT en cours). Si vous ne cliquez pas sur ce bouton pour enregistrer les modifications que vous auriez apportées, un message vous invite à le faire lorsque vous cliquez sur OK.

# Impression des séparations de couleurs

## Sortie des séparations de couleurs sur disque

> »**Conseil :**
> Si vous imprimez vos séparations de couleurs chez un imprimeur, peut-tre pouvez-vous lui demander aussi qu'il les prépare pour vous, étant donné qu'il connaît davantage le matériel qui servira à leur impression.

Vous pouvez sortir une image sur disque si vous avez l'intention de confier l'impression à une société de services en vue d'une impression sur un périphérique PostScript ou non, ou si l'imprimante n'est pas connectée sur l'ordinateur. Dans la boîte de dialogue Imprimer, choisissez Sortie fichier. La boîte de dialogue Sortie fichier apparaît. Sélectionnez le lecteur et le répertoire. Entrez un nom dans la zone de liste Nom du fichier. Cliquez sur OK. L'image et ses séparations de couleurs sont enregistrées dans un fichier.

**Note :** Veillez à ne pas choisir FILE (Fichier) comme port de sortie dans la boîte de dialogue Connecter de Windows (accessible par le Panneau de configuration, Imprimantes, bouton Connecter). Si cette option est sélectionnée sous Windows, vous risquez de ne pas pouvoir imprimer le fichier parce que CorelDRAW ne reconnaît que sa propre option de sortie fichier.

## *Séparation de couleurs vers un périphérique de sortie*

Si vous effectuez la séparation de couleurs d'une image directement sur un périphérique de sortie, le sélecteur de couleurs de Corel-DRAW exploitera la fonction d'impression professionnelle pour contrôler le processus. Cette fonction d'impression fonctionne avec le gestionnaire du périphérique actif installé sur Windows pour transmettre les données et les commandes d'imprimante vers la photocomposeuse ou l'imprimante. Les valeurs et les paramètres spécifiés pour la fonction d'impression professionnelle prennent le pas sur les valeurs sélectionnées affichées dans la boîte de dialogue Impression évoluée du gestionnaire d'imprimante Windows.

Dans la boîte de dialogue Imprimer, veillez à ce que l'option Sortie fichier soit désélectionnée. Lorsque vous cliquez sur OK, Corel-DRAW opère la séparation de couleurs sur l'image et procède à la sortie sur base des options d'impression que vous avez sélectionnées.

# ANNEXES

*Annexe A:* **Personnalisation de CorelDRAW**

*Annexe B:* **Création et modification de polices**

*Annexe C:* **Motifs PostScript**

*Annexe D:* **Résumé des fonctions de précision**

*Annexe E :* **Bibliographie**

# Annexe A

## Personnalisation de CorelDRAW

Vous pouvez modifier un certain nombre de paramètres pour configurer le logiciel en fonction de vos préférences et du type de travail à effectuer au cours d'une session. Ces paramètres peuvent être modifiés à tout moment. La marche à suivre pour personnaliser le mode de fonctionnement de CorelDRAW consiste à utiliser la commande Préférences dans le menu Spécial et à éditer le fichier CORELDRW.INI.

### Spécification des préférences

Lorsque vous sélectionnez l'option Préférences dans le menu Spécial, la boîte de dialogue suivante s'affiche :

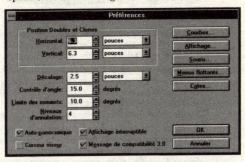

**Position Doubles et Clones :** Lorsque vous utilisez les commandes Dupliquer et Cloner du menu Edition pour copier un objet, la copie est insérée dans le dessin à une certaine distance par rapport à l'objet initial. Pour modifier la distance du décalage, utilisez l'option Position Doubles et Clones dans la boîte de dialogue Préférences. Avec une valeur positive, la copie se place au-dessus ou à droite de l'original. Avec une valeur négative, la copie se place en dessous ou à gauche de l'original.

Vous serez parfois amené à opter pour un décalage nul de manière à ce que le double se superpose à l'objet original. Dans ce cas, appuyez sur la touche "+" du pavé numérique après avoir sélectionné l'objet de manière à placer la copie sur l'original.

**Décalage :** Les touches fléchées du clavier permettent de déplacer ou décaler certains objets sélectionnés dans la direction correspondant à la touche fléchée. Si vous maintenez la touche du curseur enfoncée, l'objet se déplace en continu. La valeur entrée dans le champ Décalage détermine la distance parcourue par l'objet lorsque vous appuyez sur la touche. Si vous spécifiez un décalage compris entre 0,001 et 0,009 pouce, vous aurez l'impression la prochaine fois que vous ouvrirez cette boîte de dialogue que ce paramètre a pris la valeur 0,00. En fait, cette remise à zéro apparente n'affecte que l'affichage ; la valeur active est celle que vous avez spécifiée dans cette plage de mesure.

**Contrôle d'angle:** Si vous maintenez la touche CTRL enfoncée tout en exécutant l'une des opérations qui suivent, l'objet est contraint de se déplacer selon l'angle spécifié avec cette option.
- inclinaison ou rotation des objets
- traçage de lignes droites en mode à main levée
- position des poignées de contrôle lors du traçage de courbes en mode Bézier.

**Limite des sommets:** Cette option contrôle la limite inférieure à appliquer au sommet des figures que vous créez. En deçà de l'angle spécifié, le sommet considéré est biseauté. Cette limite permet d'éviter l'extension excessive de certains sommets lors du traitement d'angles aigus.

**Niveaux d'annulation:** Détermine le nombre d'actions ou d'opérations qui peuvent être annulées avec la commande Annuler du menu Edition. Le nombre maximum est 99, la valeur par défaut est 4. La capacité de mémoire utilisée par CorelDRAW est d'autant plus importante que le nombre choisi est élevé. Lorsque vous travaillez sur un dessin comportant un grand nombre d'objets, ou des objets incluant des images bitmap, des textures, du texte courant, etc., choisissez un nombre réduit de niveaux d'annulation pour éviter la saturation de la mémoire vive de votre ordinateur. Notez que la valeur choisie détermine également le nombre de niveaux pour le rétablissement des données après annulation.

**Auto-panoramique:** Pour activer la fonction Auto-panoramique, cliquez sur l'option Auto-panoramique. Elle permet de faire défiler automatiquement le contenu de la page lorsque vous faites glisser un objet au-delà des limites de la partie visible de la page imprimable. Pour désactiver cette option, cliquez de nouveau sur la case.

**Curseur viseur:** Pour transformer le curseur en un curseur viseur qui s'étend sur toute la largeur et la longueur de la fenêtre de dessin, cliquez sur l'option Curseur viseur. Ce curseur reprend la forme d'une flèche dès que vous quittez la fenêtre de dessin pour sélectionner un outil ou une commande.

**Message de compatibilité 3.x:** La version 3.0 et la version 4 de CorelDRAW ne calculent pas de la même manière la valeur de l'interligne pour les polices TrueType et Type 1. Lorsque l'option Message de compatibilité 3.x est activée, une boîte de dialogue apparaît pour permettre la conversion dans les cas suivants: lorsqu'un fichier CorelDRAW version 3.0 est ouvert ou importé dans un fichier CorelDRAW version 4, ou lorsqu'un fichier CorelDRAW version 4 est importé dans un fichier CorelDRAW version 3.0.

La différence est si minime que vous ne remarquerez probablement aucun changement dans l'aspect du texte si vous choisissez Oui pour convertir la valeur de l'interligne. Toutefois, la conversion peut échouer si la chaîne de texte ou le paragraphe contient du texte auquel vous avez appliqué plus d'une police de caractères, ou plusieurs corps de caractère.

Si vous désactivez l'option Message de compatibilité 3.x, Corel-DRAW convertit automatiquement le texte en utilisant le type d'interligne utilisé par CorelDRAW 4.

*»Raccourci:*
*Pour rafraîchir l'écran, appuyez sur CTRL+W.*

**Affichage interruptible:** Lorsque l'option Affichage interruptible est activée, vous pouvez isoler un objet particulier ou sélectionner une commande ou un outil sans devoir attendre la fin du retraçage de l'écran. Cette option est très utile lorsque vous travaillez sur des dessins complexes.

Pour interrompre le retraçage en cours après avoir activé l'option Affichage interruptible, cliquez avec le bouton de la souris ou appuyez sur une touche quelconque dès que l'objet que vous souhaitez isoler apparaît à l'écran. Le retraçage reprend dès que vous avez terminé l'action entreprise qu'il s'agisse d'un déplacement ou d'un changement de visualisation. Si vous n'exécutez aucune autre opération dans les quelques secondes qui suivent, le retraçage reprend automatiquement. Vous pouvez également demander un retraçage immédiat en cliquant sur le bouton d'une barre de défilement ou en choisissant la commande Rafraîchir l'écran dans le menu Afficher.

Vous avez encore la faculté de sélectionner des objets même s'ils ne sont pas visibles à l'écran.

Comme les objets sont retracés de l'arrière-plan à l'avant-plan, l'intérêt de cette fonction décroît si l'objet que vous souhaitez isoler est superposé à de nombreux objets. En mode de visualisation squelettique, il suffit de sélectionner un objet pour qu'il soit retracé en priorité, pour autant que cet objet ne soit pas associé à d'autres objets.

## Lignes courbes

Lorsque vous cliquez sur l'option Courbes, la boîte de dialogue qui suit apparaît à l'écran:

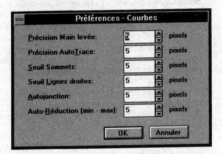

La valeur par défaut pour chacune des options est 5 pixels. Vous pouvez choisir une valeur quelconque entre 1 et 10.

**Précision Main levée:** Cette option contrôle la précision avec laquelle les courbes de Bézier calculées par CorelDRAW suivent les lignes de vos dessins à main levée.

Si le nombre introduit est limité (1 à 3 pixels), la courbe de Bézier épouse les irrégularités de la ligne à main levée que vous avez tracée. Ce choix risque de se traduire par un nombre important de points nodaux et une courbe très sinueuse.

Si le nombre introduit est élevé (6 à 10 pixels), la courbe de Bézier suit la ligne que vous avez tracée avec une précision moins rigoureuse. Ce choix devrait se traduire par un nombre limité de points nodaux et une courbe plus arrondie.

**Précision Auto Trace:** Cette option contrôle la précision avec laquelle la fonction de retraçage automatique tient compte des contours d'une image lorsque CorelDRAW calcule les courbes de Bézier.

Si le nombre introduit est limité (1 à 3 pixels), la courbe de Bézier épouse les irrégularités de l'image bitmap que vous êtes en train de retracer. Ce choix risque de se traduire par un nombre important de points nodaux et une courbe très sinueuse.

Si le nombre introduit est élevé (6 à 10 pixels), la courbe de Bézier suit avec une précision moins rigoureuse les contours de l'image bitmap que vous êtes en train de retracer. Ce choix devrait se traduire par un nombre limité de points nodaux et une courbe plus arrondie.

**Seuils Sommets:** Cette option contrôle le seuil à partir duquel CorelDRAW décide qu'un sommet donné doit être considéré comme un point continu ou un point angulaire. Ce seuil s'applique aussi bien au dessin à main levée qu'au retraçage automatique.

Si le nombre introduit est limité (1 à 3 pixels), CorelDRAW a tendance à considérer les sommets comme des points angulaires et les changements brusques d'orientation du trait sont reproduits avec une grande précision.

Si le nombre introduit est élevé (7 à 10 pixels), CorelDRAW a tendance à considérer les sommets comme des points continus et les changements d'orientation sont plus progressifs. L'original n'est pas reproduit avec la même précision, mais les contours sont plus harmonieux.

**Seuil Lignes droites:** Cette option contrôle le seuil à partir duquel CorelDRAW décide qu'un segment donné doit être considéré comme un segment rectiligne ou curviligne. Ce seuil s'applique aussi bien au dessin à main levée qu'au retraçage automatique.

Si le nombre introduit est limité (1 à 3 pixels), CorelDRAW a tendance à considérer les segments tracés comme des courbes et à ne considérer que les segments parfaitement rectilignes comme des segments de droite.

Si le nombre introduit est élevé (7 à 10 pixels), CorelDRAW a tendance à considérer les segments tracés comme des lignes droites et à ne considérer que les segments les plus incurvés comme des courbes.

**Autojonction:** Cette option contrôle la distance limite exprimée en pixels à laquelle vous devez vous trouver par rapport à un point nodal d'extrémité pour que la fonction Autojonction soit opérationnelle. Si le nombre introduit est limité (1 à 3 pixels), vous devrez positionner le curseur avec davantage de précision mais le risque d'une activation accidentelle de la fonction Autojonction est réduit.

Si le nombre introduit est élevé (7 à 10 pixels), vous ne serez pas obligé de positionner le curseur avec précision, le risque d'une jonction involontaire entre segments est plus grand.

**Auto-Réduction:** Cette option détermine dans quelle mesure la forme d'une courbe est modifiée lorsque vous utilisez l'option Auto-Réduction dans le menu flottant Editer un point. La valeur par défaut est 5, la valeur maximum est 10. Plus la valeur choisie est élevée, plus la modification apportée à la forme de la courbe est importante lorsque vous lui appliquez la fonction Auto-Réduction. Inversement, la modification apportée à la courbe est d'autant plus réduite que la valeur choisie est faible. Pour plus d'informations sur la fonction Auto-Réduction, reportez-vous à la section "Pour supprimer des points nodaux et des segments associés à une courbe" au chapitre 9.

## Affichage : spécification des préférences

Pour définir vos préférences en matière d'affichage, cliquez sur Affichage. La boîte de dialogue correspondante apparaît à l'écran.

**Densité des dégradés dans Visuel :** Cette option détermine le nombre de bandes utilisées pour représenter les dégradés dans la fenêtre de dessin. La sélection d'une valeur réduite (inférieure à 20) permet d'améliorer le temps de retraçage, mais entraîne un dégradé dont les bandes sont perceptibles. Si vous exportez le dessin sous forme de fichier SCODL, la valeur sélectionnée aura le même effet sur l'aspect du dégradé.

L'option Etapes Dégradés de la boîte de dialogue Options d'impression permet de contrôler le nombre de bandes utilisées par les imprimantes lors de l'impression des dégradés. Pour plus de détails, reportez-vous au chapitre 18 "Gestion et impression des fichiers".

Les valeurs choisies pour l'option Densité des dégradés dans Visuel et pour l'option Etapes Dégradés (de la boîte de dialogue Options d'impression) peuvent être substituées par une autre valeur pour un objet déterminé en utilisant l'option Etapes de la boîte de dialogue Dégradé. Pour plus d'informations, reportez-vous au chapitre 6 "Remplissage des objets".

**Simulation Texte sous :** Cette option permet de simplifier l'aspect du texte courant de petite taille affiché à l'écran et d'en accélérer le temps de retraçage. Cette option n'affecte que l'affichage et n'a aucune incidence sur l'impression. Un texte courant quelconque dont le corps des caractères est inférieur à la valeur spécifiée ici s'affiche sous forme de petits rectangles. Si le fichier contient une grande quantité de texte en petits caractères, cette fonction permet de réduire sensiblement le temps de retraçage. Si le texte est reproduit de cette manière lors d'une visualisation pleine page, vous avez toujours la possibilité de lire une chaîne de caractères quelconque en exécutant un zoom sur celle-ci.

Si votre dessin contient beaucoup de texte courant (en petits ou grands caractères) et si vous travaillez sur un autre élément du fichier, vous pouvez réduire le temps de retraçage en conférant à cette variable une valeur élevée (le maximum est 500). De cette manière, l'ensemble du texte courant est "simulé" et vous ne devez pas attendre la fin du retraçage à l'écran. Lorsque vous devez travailler de nouveau sur le texte, redonnez à cette variable une valeur réduite. La valeur spécifiée dépend de la résolution de l'écran.

**Couleurs dans Visuel:** Ces options contrôlent les conditions dans lesquelles CorelDRAW affiche les couleurs sur l'écran. Elles n'ont aucune incidence sur l'impression du fichier. L'option Juxtaposition 256 couleurs est sélectionnée par défaut. Elle est automatiquement sélectionnée si vous utilisez un driver d'écran capable de prendre en charge 256 couleurs. L'option Juxtaposition Windows est la seule option disponible si votre driver d'écran ne prend en charge que 16 couleurs ou si l'ordinateur est équipé d'une carte vidéo couleurs pures.

**Juxtaposition Windows:** Cette option est la seule disponible si vous ne disposez pas d'une carte graphique à palette et d'un driver d'écran approprié. Cette option affiche les couleurs en faisant appel à la technique de juxtaposition par défaut du driver d'écran.

Si vous disposez d'une carte vidéo/driver d'écran capable d'afficher simultanément 256 couleurs, vous constaterez probablement que le retraçage de l'écran est plus rapide lorsque cette option est sélectionnée. Toutefois, cette option n'autorise que l'utilisation de 15 de ces couleurs pour créer les couleurs juxtaposées.

**Palette optimisée pour Visuel plein écran:** Si vous sélectionnez cette option, CorelDRAW modifie et optimise les couleurs utilisées lors de l'affichage de votre travail en mode de visualisation couleurs. CorelDRAW utilise jusqu'à 256 couleurs pures (c'est-à-dire des couleurs obtenues sans juxtaposition de pixels de teintes différentes), si la configuration de votre équipement l'autorise.

**Aplatissement des courbes:** Plus le nombre de courbes complexes dans le dessin augmente, plus le temps nécessaire à l'impression et au retraçage est important. Pour réduire les temps d'impression et de retraçage, augmentez le paramètre Aplatissement des courbes. Cette valeur détermine le nombre de segments rectilignes qu'utilise CorelDRAW pour représenter des courbes à l'écran et sur les imprimantes non-PostScript. Le nombre de segments utilisés et le temps de retraçage diminuent à mesure que vous augmentez la valeur de ce paramètre.

Vous avez trois options : Normal, Ebauche et Spécial. La valeur pour le mode Normal est égale à 1; la valeur pour le mode Ebauche est égale à 10. Le mode Normal affiche les courbes les plus précises et le temps de retraçage est le plus long. Vous obtenez le temps de retraçage le plus court, et des courbes angulaires si vous optez pour le mode Ebauche. Pour spécifier une valeur intermédiaire entre les modes Normal et Ebauche, sélectionnez le mode Spécial et tapez ou sélectionnez la valeur de votre choix.

Pour contrôler le nombre de segments qu'utilise une imprimante PostScript pour tracer des courbes, utilisez l'option Aplatissement dans la boîte de dialogue Options d'impression. Pour plus d'informations, reportez-vous au chapitre 18 "Gestion et impression des fichiers".

## Sélection d'une fonction pour le bouton droit de la souris

Lorsque vous cliquez sur le bouton Souris dans la boîte de dialogue Préférences, une autre boîte de dialogue apparaît à l'écran. Elle permet d'affecter une fonction spécifique au bouton droit de la souris.

Quelle que soit la fonction sélectionnée, vous pouvez toujours vous servir du bouton droit pour conserver une copie d'un objet déplacé par glissement de la souris.

**Menu Objet:** Affiche le menu Objet qui contient les commandes permettant d'appliquer des styles, de surimprimer et de joindre des notes aux objets. Si le menu Objet n'est pas affiché à l'écran, placez le pointeur de la souris sur un objet et appuyez sur le bouton droit de la souris jusqu'au moment où le menu apparaît.

**Zoom 2x:** Chaque fois que vous appuyez sur le bouton secondaire de la souris, la zone indiquée par le curseur dans la fenêtre de dessin est agrandie deux fois. La zone agrandie est centrée par rapport au point où vous avez cliqué avec la souris. Cliquez deux fois sur le bouton secondaire de la souris pour revenir à l'affichage précédant le dernier zoom avant. Lorsque vous avez atteint la limite d'agrandissement déterminée par les caractéristiques de votre écran, vous devez cliquer deux fois sur le bouton secondaire de la souris ou utiliser l'une des options du menu local de l'outil ⌕ pour effectuer un zoom arrière avant d'exécuter un nouveau zoom avant. Pour plus d'informations, reportez-vous à l'option ⌕ au chapitre "Visualisation des dessins".

**Editer le texte:** Cette option affiche la boîte de dialogue Editer le texte pour autant qu'une chaîne de caractères ait été sélectionnée avec l'outil ▶ ou ⋏ .

**Visuel plein écran:** Cette option alterne entre l'affichage plein écran et l'affichage normal de la fenêtre de visualisation.

**Editer un point:** Cette option active l'outil ⋏ .

## Sélection des préférences pour les menus flottants

Lorsque vous cliquez sur le bouton Menus flottants dans la boîte de dialogue Préférences, une autre boîte de dialogue apparaît pour vous permettre de spécifier la manière dont les menus flottants doivent s'afficher lorsque vous lancez CorelDRAW pour entamer une session de travail.

**Aucun menu flottant:** Tous les menus flottants sont fermés lorsque vous mettez fin à la session CorelDRAW en cours.

**Tous les menus flottants disposés:** Les menus s'enroulent et les barres de titre sont rangées les unes au dessus des autres, de part et d'autre de la fenêtre de dessin.

**Comme en fin de session:** CorelDRAW mémorise la manière dont les menus flottants sont affichés lorsque vous mettez fin à la session CorelDRAW.

**Comme maintenant:** CorelDRAW mémorise la manière dont les menus flottants sont affichés lorsque vous sélectionnez cette option.

## Sélection des préférences pour les lignes-cotes

Lorsque vous cliquez sur Cotes dans la boîte de dialogue Préférences, la boîte de dialogue Préférences - Cotes apparaît pour vous permettre de préciser l'endroit où le texte doit être placé par rapport au trait.

Si vous choisissez Libellé horizontal, le texte sera toujours disposé de manière horizontale, quel que soit l'angle de la ligne-cote. Si vous ne sélectionnez pas cette option, le texte pivote selon le même angle que celui de la ligne-cote.

Si vous choisissez Libellé centré, le texte est placé au milieu par rapport aux deux extrémités de la ligne-cote, à condition de faire glisser le curseur en croix entre les lignes de rappel avant de cliquer pour faire apparaître le texte. Si vous placez le curseur à l'extérieur des lignes de rappel, le texte se positionne à l'endroit où vous cliquez pour faire apparaître le texte, même si vous avez choisi l'option Libelle centré. Si cette option est désélectionnée, le texte se positionne toujours à l'endroit où vous cliquez. Pour plus d'informations, reportez-vous à la section "Traçage de lignes-cotes" au chapitre 2.

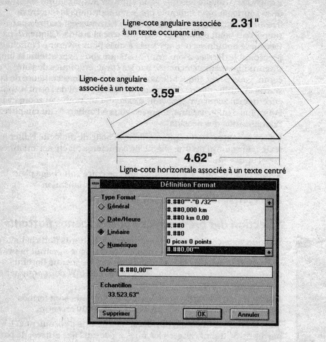

# Personnalisation du fichier CorelDRW.INI

Le fichier CORELDRW.INI contient d'autres paramètres que vous pouvez modifier en utilisant un éditeur de texte ASCII, par exemple, le Bloc-notes de Windows. Voici quelques indications sur les résultats que vous pouvez obtenir en modifiant ces paramètres:

- Doubler la taille de la boîte à outils et de la palette de couleurs pour faciliter la sélection si vous utilisez un écran à haute résolution.
- Spécifier le moment à partir duquel un objet peut être redessiné lorsque vous interrompez le déplacement de cet objet.
- Spécifier la fréquence d'enregistrement des fichiers de sauvegarde et le répertoire dans lequel ils doivent être placés.
- Modifier la police et le corps par défaut du texte

Pour plus d'informations sur le contenu du fichier "CORELDRW.INI", consultez la rubrique CORELDRW.INI dans l'aide en ligne de CorelDRAW.

# Annexe B — Création et modification de polices de caractères

CorelDRAW vous permet de créer vos propres polices de caractères et de symboles en utilisant le filtre d'exportation CorelDRAW TrueType ou Adobe Type 1. Ces filtres ne convertissent pas votre image en format graphique, mais vous permettent d'incorporer directement votre dessin dans une police Adobe Type 1 (PFB) ou TrueType (TTF). Cela vous donne la possibilité d'appeler votre dessin et de l'utiliser comme caractère de texte dans CorelDRAW ou toute autre application Windows, soit comme élément dans une police existante, soit comme élément d'une police entièrement personnalisée que vous aurez créée vous-même.

Vous pouvez à tout moment personnaliser tout caractère dans chacune des polices fournies avec CorelDRAW, ou encore créer des caractères exclusifs des jeux de symboles personnels par exemple. En vous aidant d'un scanner, vous pouvez même créer une police basée sur votre propre écriture manuscrite. Les possibilités sont multiples et passionnantes sans autres limites que celles de votre imagination.

## Création de caractères

**Sources:** Plusieurs types de graphiques peuvent être utilisés pour créer des caractères. D'une manière générale, vous utiliserez soit une image saisie au scanner puis retracée, ou un dessin créé directement dans CorelDRAW. L'image obtenue avec un scanner (fichier bitmap PCX ou TIFF) peut être vectorisée au moyen de Corel-TRACE. Reportez-vous à la section CorelTRACE de ce manuel pour plus d'informations sur ces fonctions.

Si vous saisissez une image au scanner, le résultat final est généralement d'autant plus précis que l'image est grande. Bien entendu, le fichier scanner produit sera également de plus grande taille si vous vous basez sur un original de grandes dimensions. Il s'agit toutefois d'un inconvénient mineur, dans la mesure où ce fichier peut être supprimé sitôt après que l'image a été tracée. Un moyen simple de créer un graphisme de grande taille, au format d'une page pour la saisie au scanner, à partir d'un original de moindre dimension, consiste à agrandir l'original à une taille raisonnable en utilisant un photocopieur.

Si vous avez l'intention d'utiliser CorelTRACE pour la saisie d'image au scanner, faites en sorte que l'image ne dépasse pas la limite des 3000 x 3000 pixels, faute de quoi la taille du fichier excédera les capacités de traitement du programme.

De même, si vous créez un objet directement dans CorelDRAW, en vue de le convertir en caractère de police, il est conseillé de le visualiser pour contrôle avant d'effectuer la conversion. La meilleure façon de juger l'aspect d'un graphisme consiste à l'imprimer à une échelle convenable. Mettez votre graphisme à l'échelle de manière à ce qu'il tienne dans les limites d'une page A4, puis imprimez-le. Apportez les retouches nécessaires au dessin original, en vous référant à l'aspect de la sortie imprimée.

**Quelques notions de typographie:** La typographie est un art complexe dont l'étude dépasse très largement le cadre de ce manuel de référence. Si vous souhaitez créer une police entièrement nouvelle, vous trouverez dans le commerce des livres de qualité sur le sujet. Si vous créez ou si vous modifiez une police existante,

**Aax3lpb**

*Ascender* · *Cap height* · *Baseline* · *x-height* · *Bowl* · *Point size*

**Wth9?mg**

*Baseline* · *Serif* · *Descender*

référez-vous à l'illustration ci-après pour vous familiariser avec les quelques termes typographiques de base qu'il faut connaître.

De ce croquis, il ressort clairement que toutes les lettres capitales doivent avoir la même hauteur. De la même manière, toutes les lettres minuscules auront le même oeil. Les ascendantes et les descendantes seront également plus ou moins uniformes en ce qui concerne la distance dont elles s'écartent de la hauteur d'oeil. Les caractères dont les hauteurs et les proportions ne sont pas uniformes auront une allure incongrue.

**Dimensionnement d'un objet:** La clé de la réussite en matière de création de caractère consiste à travailler avec un objet de grande taille. Les filtres d'exportation TrueType ou Adobe Type 1 de Corel-DRAW sont sensibles à la taille à laquelle vous aurez créé votre caractère de police. C'est la raison pour laquelle définir dès le départ la forme de l'objet à une grande échelle revient au même que de créer ce caractère dans un corps élevé lors de la conversion. Lorsque vous utilisez votre nouveau caractère dans des corps plus petits, le résultat sera généralement net et précis.

Dans les procédures qui suivent, nous vous suggérons de créer l'objet à une taille adaptée à l'exportation d'un caractère de 720 points. La plupart des objets de cette taille tiendront sans problème sur une page au format A4, ce qui vous permettra de les imprimer facilement pour contrôler le dessin. Ce corps représente en outre à peu près le tiers de la limite supérieure de 2160 points gérée par CorelDRAW pour les caractères. Si jamais vous utilisez le nouveau caractère dans les corps proches de la limite maximum, l'agrandissement ne représentera qu'un triplement de la taille originale. Si l'aspect du caractère est satisfaisant à 720 points, un facteur de grossissement aussi réduit ne devrait pas altérer sensiblement son apparence. Si une partie de l'objet sort des limites de la zone imprimable d'une page A4, sélectionnez l'option Ajuster à la page lorsque vous procédez à l'impression. L'ordinateur réduire temporairement le graphisme pour le faire tenir dans le format de la page.

**Limites de l'imprimante:** Pour produire des caractères capables de donner des résultats d'impression conformes à votre attente dans les corps courants (de 20 à 40 points, par exemple), vous devez savoir quelle est la résolution de votre imprimante. Avec une résolution de 300 points par pouce, typique des imprimantes à laser, un caractère dont le corps est 36, sera imprimé avec une résolution verticale maximum de 150 points - un pouce contenant 72 points. De la même manière, un caractère de 12 points, corps typique employé pour le courrier, sera imprimé avec une résolution verticale maximum de 50 points seulement.

Si les caractères que vous créez sont très élaborés, et composés d'une multitude de courbes, spirales et segments entremêlés, votre imprimante ne sera pas toujours capable de traiter ces détails comme il convient dans les petits corps. Dans ce cas, deux solutions s'offrent à vous : soit vous n'utilisez vos caractères que dans les corps les plus importants, avec une imprimante haute résolution, soit vous simplifiez les caractères. Une photocomposeuse Linotronic peut restituer des résolutions de 2540 dpi ou supérieures. Une résolution de 2540 points signifie qu'un caractère d'un corps de 6 points sera imprimé avec une résolution verticale maximum de 212 points. En d'autres termes, une imprimante de ce type est capable de restituer des détails très fins. A titre de compa-

"Grille" d'une imprimante matricielle - 120 dpi

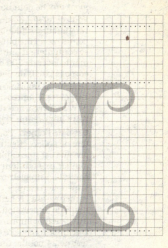

"Grille" d'une imprimante laser - 300 dpi

**Chaque carré de la grille représente un "point" que l'imprimante peut utiliser pour tenter d'imprimer un caractère dans un corps de 6 points. Dans cet exemple, les carrés sont soit remplis, soit vides selon qu'ils correspondent ou pas à une partie du caractère.**

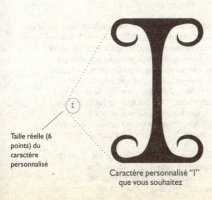

Taille réelle (6 points) du caractère personnalisé

Caractère personnalisé "I" que vous souhaitez

"Grille" d'une photocomposeuse Linotronic - 2540 dpi

*Création et modification de polices de caractères* /**329**

raison, une imprimante matricielle d'une résolution de 120 points par pouce ne pourrait restituer votre caractère de 6 points qu'avec dix points seulement dans le sens vertical.

Les figures qui accompagnent ce texte montrent une lettre capitale personnalisée "I" successivement recouverte de grilles de différentes linéatures. En supposant que le corps de cette lettre "I" soit de six points, chaque carré de la grille représente un point susceptible d'être activé ou désactivé (imprimé ou non) par une imprimante particulière. Même si cette comparaison ne rend pas entièrement compte du mode de fonctionnement des imprimantes, l'analogie est suffisamment proche pour donner une idée du résultat.

Vous constaterez ainsi que la photocomposeuse Linotronic n'éprouvera aucune difficulté à restituer ce caractère dans un corps de 6 points ou même plus petit. L'imprimante matricielle, en revanche, se contentera d'une approximation très médiocre. Même l'imprimante laser de 300 dpi produirait un résultat inacceptable dans ce corps (à partir de douze points, le résultat serait satisfaisant).

Le résultat imprimé sera d'autant plus conforme à vos attentes que les points d'impression seront nombreux. En bref, il est déconseillé de créer un caractère trop complexe par rapport aux capacités de votre imprimante dans le corps où vous envisagez de l'utiliser.

**Essai de l'objet:** Pour contrôler la convertibilité de l'objet en caractère de police, effectuez cet essai. En supposant que le caractère dessiné est une capitale, dimensionnez votre objet de manière à lui donner une hauteur de 15,24 cm, représentant sa hauteur de capitale. Enregistrez votre fichier et imprimez-le. Utilisez cette impression comme référence de comparaison. Sélectionnez l'objet et mettez-le à l'échelle à 2% de sa taille originale et effectuez une nouvelle impression. Le résultat aura approximativement l'allure du caractère imprimé si vous l'utilisez dans un corps de 12 points. Une mise à l'échelle de 4% correspondra plus ou moins à un caractère de 24 points, une mise à l'échelle de 1% à un caractère de six points, et ainsi de suite.

Si l'aspect de ces caractères imprimés dans les corps plus petits ne vous satisfait pas, simplifiez le caractère, utilisez-le uniquement dans les corps plus importants ou utilisez une imprimante de plus haute résolution.

## Limites

La création d'un caractère de police à l'aide de ces filtres est soumise au respect des quelques conventions et restrictions suivantes:

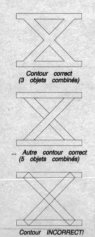

Contour correct
(3 objets combinés)

... Autre contour correct
(5 objets combinés)

Contour INCORRECT!

- Le caractère que vous créez ou modifiez doit être un objet simple ou combiné. Les objets multiples ou les groupes ne peuvent pas être exportés avec succès. Si vous tentez une exportation de ce type, la procédure avortera sans toutefois affecter le fichier du caractère. Si votre caractère se compose d'une série de lignes et de formes visuellement distinctes, vous devez les sélectionner toutes et les combiner (et non les grouper) en un seul objet avant de les exporter. En outre, les lignes et formes doivent être des tracés fermés.
- Evitez de croiser les lignes sur votre dessin. Un objet doit se trouver soit à l'intérieur, soit à l'extérieur d'un autre objet avant d'être combiné. Les intersections de lignes sont vivement déconseillées. L'exportation est certes possible, mais les résultats seront très vraisemblablement insatisfaisants. L'illustration du chiffre romain "X" vous

montre deux méthodes possibles pour créer de manière adéquate les contours d'un caractère de ce type.
- Les fichiers de polices de caractères ne contiennent aucun attribut de surface, de contour, de couleur, ni d'informations concernant la force de trait. Les informations éventuellement associées à votre caractère lors de la création seront ignorées au moment de l'exportation du caractère.

## Préparation de l'objet-caractère

Cette section vous propose une procédure pas à pas pour préparer l'objet graphique destiné à être converti en caractère dans une police TTF ou AT1. Cette même procédure peut être suivie autant de fois qu'il est nécessaire, soit pour changer un nombre limité de caractères dans une police existante, soit pour constituer une police originale complète.

▶ **Pour préparer l'objet-caractère en vue de sa conversion:**

1. Si le caractère que vous allez créer est destiné à faire partie d'une police existante, faites au préalable une copie de la police existante en utilisant le DOS ou le gestionnaire de fichiers Windows, et rangez-la dans un autre répertoire sur votre disque dur. Une meilleure méthode encore consiste à faire une copie de la police existante dans le même répertoire que l'original (généralement WINDOWS\SYSTEM), en lui attribuant un autre nom. Utilisez ensuite la version renommée de la police pour y exporter votre caractère. Le but de cette manoeuvre est clair. Lorsque vous exportez un caractère dans une police existante le nouveau caractère écrasera la version antérieure alors que souhaiterez très certainement encore disposer d'une copie inchangée de cette police à l'avenir.

2. Nous vous recommandons de créer vos caractères à une grande échelle. Si vous avez l'intention d'exporter un certain nombre de caractères, respectez une cohérence dans les hauteurs, faute de quoi ces lettres prendront une allure incongrue. Un bon moyen de vous assurer de cette cohérence consiste à définir un certain format de page et d'en faire le corps de caractère que vous créez. Choisissez la commande Mise en page dans le menu Présentation. Cliquez sur Spécial comme option de taille, puis cliquez sur les unités de mesure jusqu'à ce que l'option points s'affiche. Fixez la hauteur et la largeur à 750 (cette mesure vous donnera une page voisine de 10.5" x 10.5"). Vérifiez que vos règles sont activées.

3. Définissez le point de base ou point d'origine du caractère sur la page. Cette définition est essentielle pour établir la ligne de base du caractère (ou de la police). Le point de base se définit habituellement sur la position de l'angle inférieur gauche d'un rectangle imaginaire exactement circonscrit au caractère. Ce rectangle ne recouvre pas toujours exactement le périmètre de sélection, qui est le rectangle en tirets qui apparaît lorsque vous déplacez un objet ou un caractère. Notez que si le caractère tout entier est inscrit (par définition) dans le rectangle, son contour ne doit pas passer obligatoirement par le point de base (notez également que les caractères avec descendantes ne sont pas traités de la même manière - voir étape 8). Tous les caractères exportés dans une même police doivent avoir le même point

"Rectangle" imaginaire

"Périmètre de sélection" réel qui apparaît lorsque vous déplacez l'objet

Point de base du

de base, c'est-à-dire le point 0,0 sur les règles. Pour définir ce point d'origine, positionnez le curseur dans le coin supérieur gauche de l'espace délimité par l'intersection des règles. Maintenez enfoncé le bouton principal de la souris, et faites glisser le curseur sur un point situé à 30 points (mesure) du bas de la page et à 30 points du bord gauche de cette page. Cette opération redéfinit les règles dont le point d'intersection se confond à présent avec leur nouveau point d'origine, qui est également le point de base du caractère. Vous pouvez également utiliser la commande Précision de la grille du menu Présentation pour définir les règles avec une très grande précision.

4. Définissez les repères d'alignement vertical et horizontal de manière à que ces lignes se croisent sur ce point. Ces repères vous serviront de référence visuelle lorsque vous créez votre caractère et vous mettront en mesure d'aligner avec précision les contours du caractère sur le point de base. La ligne horizontale devient alors la ligne de base du caractère. La ligne verticale est généralement utilisée pour aligner le contour le plus à gauche du caractère. Ce paramétrage définit également un espace de 720 points entre la ligne de base et le haut de la page. Cette distance représente le corps dans lequel vous créerez vos caractères. Vous pouvez utiliser la commande Précision des repères du menu Présentation pour définir les repères avec une très grande précision.

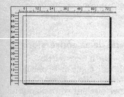

5. Considérez l'objet que vous souhaitez exporter comme caractère. Il pourra s'agir d'un caractère existant dans l'une des polices fournies avec CorelDRAW, ou d'un dessin original, saisi au scanner ou tracé à l'écran. S'il s'agit d'un caractère provenant d'une police existante, comme la lettre J de l'exemple, mettez-le à l'échelle à laquelle vous avez l'intention de le modifier. En d'autres termes, si vous exportez les caractères dans le corps 720 points, mettez le caractère original, non modifié, à l'échelle correspondant à 720 points. Cette opération vous permettra de garder la bonne hauteur, sauf si vous créez des caractères spéciaux surdimensionnés, des caractères d'indice, etc.

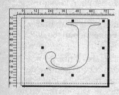

6. Sélectionnez l'élément graphique. Convertissez-le en courbe s'il s'agit d'un caractère de texte. Déplacez-le ensuite vers le point de base 0,0. L'option Repères magnétiques étant activée, le périmètre de sélection adhérera aux repères. Nous avons vu que le rectangle circonscrit au graphisme pourra parfois être plus petit que le périmètre de sélection effectif du graphisme. De ce fait, vous pourrez être amené à désélectionner l'option Repères magnétiques. Ceci vous donnera une meilleure maîtrise des mouvements pour positionner le contour inférieur et le contour d'extrême-gauche de l'objet sur les repères.

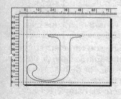

A ce stade vous aurez peut-être constaté quelque chose de curieux. Alors que vous disposez d'un espace vertical de 720 points entre le repère horizontal et le haut de votre page, la lettre capitale de 720 points ne s'étend pas jusqu'en haut de cette page. Mais rappelez-vous : le corps d'un caractère est défini par la distance entre les deux lignes de base de deux lignes de texte. La hauteur de la lettre capitale de 720 points affichée à l'écran représente la hauteur de capitale du caractère. La distance restante avec le haut de la page représente la différence entre la force de corps et la hauteur de capitale. Cette distance est également l'espacement entre lignes (interligne) du caractère de cette police. Abaissez une nouvelle ligne de repère horizontal au sommet de ce caractère. Ce repère vous servira de référence en hauteur. A moins que vous ne vouliez créer un effet spécial, toutes les lettres capitales et les caractères de bas de casse avec ascendantes devront être dimensionnées en respectant ce repère de hauteur.

**7.** Modifiez le dessin à votre convenance. Rappelez-vous qu'il s'agit au départ d'un caractère de police converti en courbes par la suite. Utilisez l'outil ⋏ pour personnaliser son contour. Respectez les limitations évoquées précédemment, tout particulièrement en ce qui concerne le croisement de lignes et le groupement/combinaison.

**8.** Si vous avez extrait un caractère bas de casse d'une police existante, vous serez amené à abaisser un autre repère horizontal pour marquer la hauteur d'oeil. Rappelez-vous que les hauteurs d'oeil doivent rester homogènes, faute de quoi les caractères modifiés prendront une allure incongrue ou sembleront mal positionnés. Les caractères de bas de casse avec ascendantes ont généralement la même hauteur totale que les capitales correspondantes. Si le caractère bas de casse que vous traitez possède une descendante, abaissez un repère horizontal supplémentaire pour garantir l'homogénéité des longueurs de descendantes également. Les descendantes sortiront des limites inférieures de votre page de travail. Ceci est sans importance parce que avec des caractères possédant des descendantes, vous ne devez pas positionner le caractère sur le sommet inférieur gauche du rectangle circonscrit qui représente le point de base. Au lieu de cela, vous placerez la panse ou le corps du caractère en respectant l'alignement de la ligne de base et du repère vertical, comme il est montré sur l'exemple de la lettre "p" ci-contre.

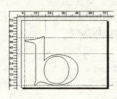 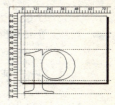

Lorsque vous avez terminé de donner une forme à votre objet, vous souhaiterez sans doute contrôler le résultat en l'imprimant. Si vous avez respecté les dimensions suggérées lors des étapes précédentes, vous n'aurez pas de difficulté à imprimer le caractère sur une feuille A4. Certains caractères plus larges cependant (symboles, W, m, etc.), risquent de sortir des limites de la page. Pour remédier à ce problème, ne réduisez pas physiquement le caractère pour l'imprimer. Sélectionnez simplement l'option Ajuster à la page de la boîte de dialogue Imprimer. Cette option a pour effet de réduire temporairement l'objet pour l'ajuster au format de page de votre imprimante. Si le résultat imprimé est acceptable, vous pouvez passer à la conversion de l'objet en un caractère de police.

## Conversion d'objets en caractères

**Important:** Lorsque vous entrez un numéro de caractère qui n'est associé à aucun caractère défini dans la police spécifiée, c'est le caractère par défaut qui est utilisé en remplacement. Dans de nombreuses polices, les numéros disponibles ne sont pas nécessairement associés à un caractère spécifique. Le filtre d'exportation utilise automatiquement le premier caractère exporté comme caractère par défaut du fichier police que vous créez. Lorsque ce caractère a été assigné, il n'est plus possible de le changer par la suite. Aussi, choisissez un caractère par défaut (le point, généralement, n° 046) et exportez-le en premier lieu.

▶ **Pour convertir l'objet graphique en caractère:**

1. Choisissez la commande Exporter dans le menu Fichier.
2. Dans la liste Afficher fichiers du type, choisissez TrueType Font ou Adobe Type 1.
3. Effectuez l'une des actions suivantes:
   - Si vous créez une nouvelle police, tapez le nom que vous voulez attribuer à cette police dans la zone Nom du fichier.
   - Si vous ajoutez un caractère à une police existante, indiquez le répertoire dans lequel se trouve la police, puis sélectionnez le nom de cette police dans la liste sous Nom du fichier.
4. Cliquez sur OK.
5. Indiquez les informations requises dans la boîte de dialogue Exporter Adobe Type 1 ou TrueType. Les paramètres à spécifier sont passés en revue ci-dessous.
6. Cliquez sur OK.
   Si vous mettez à jour une définition existante, un message vous demande si la nouvelle définition peut écraser l'ancienne définition. Si vous cliquez sur Oui, le caractère sera modifié. Si vous cliquez sur Non, la procédure d'exportation prend fin.

## Utilisation de la boîte de dialogue Exporter TrueType/Adobe Type 1

Lorsque vous exportez des caractères pour créer une nouvelle police TrueType (TTF) ou Adobe Type 1 (PFB), la boîte de dialogue Options apparaît. Tapez le nom de la nouvelle police et cliquez sur OK. Toutes les options de cette boîte de dialogue, y compris le nom choisi pour la police, peuvent être modifié ultérieurement si nécessaire. (Pour plus d'informations sur l'utilisation de cette boîte de dialogue, reportez-vous à la section "Utilisation de la boîte de dialogue Options" plus loin dans ce chapitre. Lorsque vous cliquez sur le bouton OK, la boîte de dialogue Exporter TrueType apparaît. (Note: c'est la même boîte de dialogue qui apparaît lorsque vous choisissez Adobe Type 1). Si vous exportez des caractères vers une police existante, vous accédez directement à la boîte de dialogue True/Type/Type 1 décrite ci-dessous, sans passer par la boîte de dialogue Options.

La boîte de dialogue contient les options suivantes; elles sont les mêmes pour les polices TrueType ou Adobe Type 1.

**Fenêtre de visualisation:** Le caractère est affiché dans la fenêtre de visualisation, sous le nom de la police. Le curseur en croix dans le coin inférieur gauche représente l'origine du caractère. Le trait

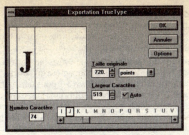

vertical à droite du caractère représente sa largeur. Si vous n'avez pas activé l'option Largeur automatique (décrite plus loin), vous pouvez sélectionner le caractère et modifier sa largeur en faisant glisser la souris.

**Dimen. des caract. créés:** Les dimensions des caractères créés représentent le corps dans lequel vous avez créé le caractère à exporter, spécifié en pouces ou en points. Si vous avez créé un nouveau caractère ou un nouveau symbole en suivant les procédures détaillées à la section "Préparation de l'objet-caractère", il convient d'entrer la valeur 720 à cet endroit. Si vous modifiez un caractère dans une police existante, entrez la force de corps que vous avez spécifiée lorsque vous avez affiché le caractère à l'écran (si vous avez appelé le caractère avec une force de corps de 400 points, par exemple, entrez la valeur 400 points à cet endroit). Cette entrée n'affecte pas les autres caractères du jeu. Si vous modifiez cette valeur, la fenêtre de visualisation est mise à jour de manière à refléter la modification apportée.

**Largeur du caractère:** Cette valeur représente la largeur de votre caractère par rapport à la grille dont vous avez défini les paramètres lors de la création du fichier de police. Si vous modifiez un caractère dans une police existante tout en maintenant les proportions d'origine, ne modifiez pas cette valeur. A moins que vous ne souhaitiez créer un effet spécial (caractères surdimensionnés, par exemple) ne changez pas cette variable et désélectionnez l'option Largeur automatique avant d'exporter le caractère. Vous préserverez de cette manière la largeur originale du caractère, celle que vous lui avez donnée lorsque vous l'avez dessiné. Si vous modifiez la largeur, le caractère pourra sembler mal proportionné comparé aux autres caractères de cette police. Si vous créez une nouvelle police, spécifiez la Largeur du caractère ou laissez à CorelDRAW le soin de calculer une largeur appropriée. Si à l'usage, et après examen du caractère dans un fichier CorelDRAW, vous n'appréciez pas sa largeur, vous pouvez toujours l'exporter une nouvelle fois en ajustant sa largeur manuellement. Dans ce dernier cas, désélectionnez l'option Largeur automatique et augmentez ou réduisez la largeur à votre gré.

**Largeur automatique:** Si vous activez cette option, CorelDRAW calcule automatiquement la largeur du caractère exporté, sur base de sa forme et de sa dimension à la conception. Si vous avez de bonnes notions de typographie ou si vous avez suffisamment utilisé ce filtre pour développer une bonne appréciation de la largeur des caractères, ajustez la largeur manuellement comme décrit plus haut. Dans le cas contraire, nous vous suggérons de sélectionner cette option lorsque vous exportez un caractère. Cette option applique une augmentation de 5% de la largeur à droite du caractère, pour des raisons d'espacement entre caractères. Si à l'usage, cette valeur vous semble trop importante ou trop faible vous pouvez toujours effectuer un crénage manuel de votre texte.

**Numéro du caractère:** Cette variable représente le numéro de caractère Windows 3.1 du caractère en cours d'exportation. Reportez-vous au manuel Windows 3.1 pour connaître le numéro de caractère vers lequel vous souhaitez exporter le caractère créé. Vous apercevez le caractère dans la liste Caractères. L'affichage change lorsque vous utilisez la barre de défilement pour sélectionner le numéro. Les caractères n'existant pas dans le fichier ne sont pas affichés en noir mais en gris. Pour modifier cette valeur, indiquez-en une nouvelle ou choisissez-en une autre dans la liste.

**Options:** Cliquez dessus pour ouvrir la boîte de dialogue Options (décrite ci-dessous).

**OK:** Cliquez sur OK pour exporter le caractère. Si vous modifiez la définition existante d'un caractère, un message apparaît et vous demande de confirmer si vous souhaitez écraser cette définition.

**Annuler:** Cliquez sur ce bouton pour annuler l'exportation et laisser le fichier police inchangé.

## Utilisation de la boîte de dialogue Options

Lorsque vous sélectionnez un format d'exportation TTF ou PFB ou que vous cliquez sur le bouton Options dans la boîte de dialogue Exporter TrueType Export/Adobe Type 1, la boîte de dialogue figurée ci-dessous apparaît.

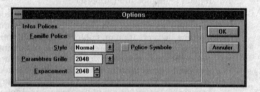

Si vous exportez vers une nouvelle police True Type Font ou Adobe Type 1, seule la section Infos Police de cette boîte de dialogue apparaît. Toutefois, lorsque vous cliquez sur le bouton Options dans la boîte de dialogue Exporter TrueType, la version complète de la boîte de dialogue Options (figurée ci-dessous) apparaît alors.

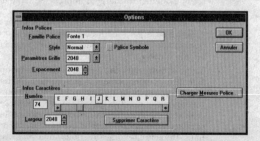

La section Infos Police permet de modifier les informations générales relatives à la police concernée alors que la section Infos Caractères permet de modifier les informations relatives aux caractères distincts.

Cette boîte de dialogue contient les options suivantes:

**Famille Police:** Affiche le nom de la police. Si vous en créez une nouvelle, indiquez son nom dans la case.

**Styles:** Affiche le style de la police. Vous ne pouvez modifier ce paramètre que lorsque vous créez une nouvelle police et que la case Police de symboles n'est pas activée. Si la police existe déjà, l'un des quatre styles sera sélectionné: Normal, Gras, et/ou Gras-Italique. Vous devez cliquer sur le style dans lequel vous souhaitez exporter votre caractère. Sélectionnez le style avant les autres variables ou noms éventuels. Une fois la sélection faite et enregistrée dans la police, ce champ ne peut plus être modifié.

Si vous souhaitez exporter le caractère dans plusieurs styles, vous devez répéter la procédure d'exportation pour chaque style, après avoir apporté les modifications appropriées à l'objet.

**Police de symboles:** Une fois cette case activée, la police est considérée comme symbole. Vous ne pouvez modifier ce champ que lorsque vous créez une nouvelle police. Si vous créez une police basée sur le jeu de caractères Windows 3.1 (ASCII 33127 et ANSI 128255) et que vous souhaitez que cette police soit disponible dans la liste de sélection Police, laissez cette option désactivée. Si vous créez un fichier de symboles ou un jeu de caractères hors standard accessible sur une base individuelle par l'intermédiaire de la boîte de dialogue Symboles sous CorelDRAW, activez cette option.

**Paramètres de la grille:** Il s'agit là d'une variable complexe portant sur plusieurs facteurs dans une police, tels que la granularité et certains paramètres d'échelle. Si vous exportez un objet dans une police existante, un nombre sera affiché dans ce champ (2048, par exemple). Une fois spécifié, ce nombre ne peut plus être modifié. Si vous créez une nouvelle police et que le caractère que vous exportez est le premier de la série, vous pourrez entrer un nombre quelconque. La valeur par défaut est 2048. Vous serez amené à changer cette valeur si vous avez l'intention d'utiliser la police dans des corps importants. Une grille plus grande (4096) utilisera plus de points pour décrire le caractère. Elle donnera de meilleurs résultats et restituera mieux les caractères plus compliqués. Une fois spécifié, le nombre ne peut plus être modifié.

Pour les polices TTF, cette valeur est toujours paramétrée à 2048. Si vous créez une police Adobe Type 1, vous ne pouvez modifier cette valeur car elle est fixée à 1000.

**Espacement Entre mots:** Cette valeur représente la largeur du caractère espace de la police (n° 32). Faites des essais avec plusieurs valeurs pour obtenir les meilleurs résultats.

**Numéro:** Affiche le numéro du caractère sélectionné. Pour modifier ce numéro, indiquez-en un nouveau ou choisissez-en un autre dans la liste des caractères.

**Largeur:** Indiquez une nouvelle valeur dans ce champ pour modifier la largeur du caractère sélectionné.

**Supprimer caract.:** Ce bouton sert à supprimer le caractère sélectionné dans la police.

**Charger mesures des polices:** Ouvre la boîte de dialogue Charger Mesure des polices permettant d'appliquer la largeur et le crénage d'un fichier AFM à la police que vous modifiez. La sélection de cette option doit venir en dernier lieu dans la procédure de création/modification. Si vous comptez l'utiliser, exportez le caractère final dans la police modifie sans sélectionner l'option, de manière que le caractère soit exporté dans le fichier police avant l'application de l'information relative à la largeur. Ensuite, exportez de nouveau le caractère final en cliquant sur le bouton Charger mesures des polices. Vous devez ensuite sélectionner un fichier AFM approprié. Cette option est utile parce qu'elle permet d'ajouter les informations relatives à la largeur et au crénage pour chaque caractère de la police.

**OK:** Si vous avez apporté des modifications dans cette boîte de dialogue et que vous cliquez sur OK, un message vous invite à enregistrer les modifications apportées à la police. Vous revenez ensuite à la boîte de dialogue Exporter.

## Utilisation de vos polices personnalisées

Si vous avez suivi les étapes précédentes, vous disposez à présent d'un fichier de police TrueType ou Adobe Type Manager. Pour l'essayer, quittez CorelDRAW et ajoutez la police à Windows en utilisant le Panneau de configuration s'il s'agit d'une police TrueType ou le gestionnaire Adobe Type Manager s'il s'agit d'une police Type 1. Si vous avez exporté un caractère dans une police existante sans la renommer (cette méthode n'est pas recommandée, sauf si vous avez copié la police dans un autre répertoire), vous devez supprimer la police de la liste des polices installées et la réinstaller. Pour voir apparaître sur l'écran les caractères que vous avez créés, tapez une chaîne de caractères en lui appliquant la police que vous avez modifiée.

## Remarques spécifiques

**Crénage:** Les informations de crénage ne sont pas encodées par le filtre d'exportation, sauf si vous sélectionnez Charger mesures des polices, comme décrit dans les pages précédentes. CorelDRAW vous permettant d'effectuer un crénage interactif à l'écran, cette mesure n'est pas vraiment nécessaire.

**Suggestion automatique:** Les filtres TrueType et Adobe Type 1 ne prennent pas en charge la fonction de suggestion automatique. Il en résulte que les polices peuvent présenter des aspérités dans les corps de petite taille. Vous pouvez toutefois utiliser cette fonction avec des programmes tiers, par exemple Font Manager.

**Caractères indirects:** Un caractère indirect se compose de deux ou plusieurs caractères directs. Par exemple, le "é" qui peut théoriquement être obtenu en combinant la lettre "e" et l'accent aigu. Cette version du filtre d'exportation de police ne prend pas en charge cette fonction de combinaison. Pour créer de tels caractères, vous devez créer et exporter le graphique tel que vous souhaitez le voir apparaître dans la police.

# Annexe C

## Motifs PS

Cette annexe présente les motifs CorelDRAW PS disponibles actuellement et que vous pouvez utiliser en combinaison avec une imprimante PostScript.

Reportez-vous à la section consacrée à l'outil ⌾ où vous trouverez la marche à suivre pour les appliquer aux objets comme motif de surface.

Avec chaque motif, vous pouvez créer une multitude d'effets différents en modifiant les cinq paramètres de la boîte de dialogue. Pour vous donner une idée de ce que vous pouvez obtenir, nous avons inclus quatre versions différentes pour chaque motif en indiquant chaque fois les valeurs sélectionnées pour les différents paramètres.

### Conventions

Sauf indication contraire, les unités de mesure sont le pouce pour la linéature et le millième de pouce pour l'épaisseur. 100% gris est noir, 0% est blanc.

### Transparence

Le degré de transparence est indiqué pour chaque motif. Le fond est transparent si vous choisissez une valeur négative pour le gris d'arrière-plan.

### Motifs à structure aléatoire

Certains motifs sont générés de manière aléatoire sur base de la taille de l'objet à remplir. Même une modification mineure de la taille de l'objet peut se traduire par un motif tout à fait différent.

Après avoir choisi définitivement la taille d'un objet, vous pouvez malgré tout modifier l'apparence du motif en changeant le paramètre de répartition aléatoire.

### Considérations relatives à l'impression

Il faut beaucoup de temps pour imprimer les motifs les plus complexes.

Si vous modifiez les paramètres de nombre ou de linéature pour augmenter le nombre d'objets ou de points nodaux, ou pour étendre le motif à une surface adjacente, le temps d'impression augmentera de manière proportionelle.

Parfois, l'imprimante refusera d'imprimer un motif ou donnera un résultat inattendu. Dans un tel cas, essayez d'imprimer l'objet en utilisant l'option *Sélection(s) uniq.* dans la boîte de dialogue *Options d'impression*. Si cette méthode ne donne pas le résultat voulu, essayez en utilisant les paramètres par défaut du motif concerné. En raison de la nature du programme PostScript, il est impossible de garantir que tous les motifs illustrés peuvent être imprimés sur tous les périphériques PostScript.

Il peut arriver qu'un motif puisse être imprimé directement à partir de CorelDRAW, mais qu'il soit impossible de le sortir sur papier lorsqu'il a été importé dans Ventura ou Pagemaker. Si cela vous arrive, essayez de nouveau après avoir supprimé tout ce qui se trouve sur la page, à l'exception du fichier EPS. Parfois, le problème résulte du fait que le contenu de la page est trop complexe lorsque le fichier EPS est combiné à d'autres éléments sur la même page.

## Archimède

| | | | | |
|---|---|---|---|---|
| Linéature: | 8 | 20 | 8 | 3 |
| Largeur Ligne: | 5 | 5 | 20 | 10 |
| GrisPremierPlan: | 100 | 100 | 100 | 0 |
| GrisArrièrePlan: | 0 | 0 | 0 | 60 |

*Transparent si GrisArrièrePlan est un nombre négatif.

## Barres

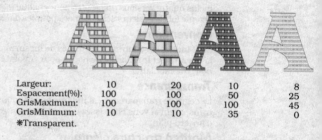

| | | | | |
|---|---|---|---|---|
| Largeur: | 10 | 20 | 10 | 8 |
| Espacement(%): | 100 | 100 | 50 | 25 |
| GrisMaximum: | 100 | 100 | 100 | 45 |
| GrisMinimum: | 10 | 10 | 35 | 0 |

*Transparent.

## Tresses de panier

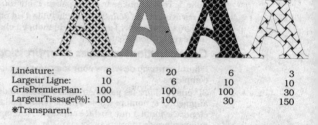

| | | | | |
|---|---|---|---|---|
| Linéature: | 6 | 20 | 6 | 3 |
| Largeur Ligne: | 10 | 6 | 10 | 10 |
| GrisPremierPlan: | 100 | 100 | 100 | 30 |
| LargeurTissage(%): | 100 | 100 | 30 | 150 |

*Transparent.

## Oiseaux

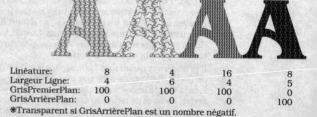

| | | | | |
|---|---|---|---|---|
| Linéature: | 8 | 4 | 16 | 8 |
| Largeur Ligne: | 4 | 6 | 4 | 5 |
| GrisPremierPlan: | 100 | 100 | 100 | 0 |
| GrisArrièrePlan: | 0 | 0 | 0 | 100 |

*Transparent si GrisArrièrePlan est un nombre négatif.

# Briques

| Linéature: | 8 | 2 | 16 | 8 |
|---|---|---|---|---|
| Largeur Ligne: | 5 | 8 | 4 | 6 |
| GrisPremierPlan: | 100 | 100 | 100 | 0 |
| GrisArrièrePlan: | 0 | 0 | 0 | 84 |

✻Transparent si GrisArrièrePlan est un nombre négatif.

# Bulles

| Nombre(pouce carré): | 25 | 200 | 20 | 100 |
|---|---|---|---|---|
| TailleMax: | 300 | 100 | 300 | 50 |
| TailleMin: | 10 | 10 | 100 | 50 |
| Largeur Ligne: | 10 | 10 | 10 | 12 |
| RépartitionAléatoire: | 0 | 0 | 0 | 0 |

✻Espacement transparent entre bulles blanches.

# Tapis

| Linéature(dpi): | 72 | 44 | 72 | 72 |
|---|---|---|---|---|
| Gris: | 100 | 100 | 100 | 100 |
| Gamma(taille_zone): | 50 | 50 | 25 | 50 |
| FacteurModif: | 3 | 3 | 3 | 2 |
| Alpha: | 10 | 10 | 10 | 10 |

✻Transparent.

# Grille circulaire

| Linéature: | 6 | 6 | 15 | 4 |
|---|---|---|---|---|
| Largeur Ligne1: | 6 | 24 | 5 | 6 |
| Largeur Ligne2: | 6 | 6 | 5 | 10 |
| Gris1: | 40 | 0 | 0 | 100 |
| Gris2: | 40 | 40 | 0 | 70 |

✻Arrière-plan transparent. Transparent si valeurs négatives pour Gris1 ou Gris2.

# Construction

| Linéature: | 8 | 2 | 24 | 16 |
|---|---|---|---|---|
| Largeur Ligne: | 5 | 133 | 4 | 5 |
| GrisPremierPlan: | 100 | 100 | 100 | 0 |
| GrisArrièrePlan: | 0 | 0 | 0 | 100 |

✼Transparent si GrisArrièrePlan est un nombre négatif.

# Fissures

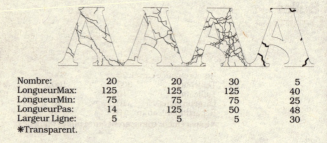

| Nombre: | 20 | 20 | 30 | 5 |
|---|---|---|---|---|
| LongueurMax: | 125 | 125 | 125 | 40 |
| LongueurMin: | 75 | 75 | 75 | 25 |
| LongueurPas: | 14 | 125 | 50 | 48 |
| Largeur Ligne: | 5 | 5 | 5 | 30 |

✼Transparent.

# Cratères

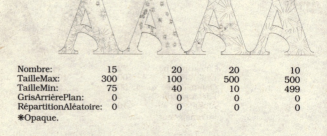

| Nombre: | 15 | 20 | 20 | 10 |
|---|---|---|---|---|
| TailleMax: | 300 | 100 | 500 | 500 |
| TailleMin: | 75 | 40 | 10 | 499 |
| GrisArrièrePlan: | 0 | 0 | 0 | 0 |
| RépartitionAléatoire: | 0 | 0 | 0 | 0 |

✼Opaque.

# Hachures croisées

| DistanceMax: | 75 | 25 | 50 | 150 |
|---|---|---|---|---|
| DistanceMin: | 0 | 0 | 0 | 50 |
| Largeur Ligne: | 5 | 4 | 6 | 13 |
| Angle: | 45 | 45 | 8 | 60 |
| RépartitionAléatoire: | 0 | 0 | 0 | 0 |

✼Transparent. Mesure de la distance: perpendiculaire aux lignes en .001". Angle mesuré de la verticale à chaque hachure.

## Treillis cristallin

| Linéature: | 4 | 18 | 4 | 4 |
|---|---|---|---|---|
| GrisArrièrePlan: | 100 | 100 | 0 | 0 |
| GrisPremierPlan: | 0 | 0 | 100 | 100 |
| Echelle(%): | 75 | 75 | 60 | 15 |

\*Transparent.

## Denim

| Linéature: | 72 | 72 | 72 | 8 |
|---|---|---|---|---|
| GrisMax: | 100 | 100 | 25 | 100 |
| GrisMin: | 0 | 75 | 0 | 0 |
| Trame: | 60 | 60 | 60 | 60 |
| RépartitionAléatoire: | 0 | 0 | 0 | 0 |

\*Opaque.

## ADN

| Linéature: | 4 | 15 | 5 | 3 |
|---|---|---|---|---|
| Largeur Ligne: | 1 | 1 | 1 | 2 |
| GrisPremierPlan: | 100 | 100 | 100 | 0 |
| GrisArrièrePlan: | 0 | 0 | 0 | 100 |
| Espacement(%): | 100 | 100 | 33 | 100 |

\*Transparent si GrisArrièrePlan est un nombre négatif. Espacement(%) relatif à la valeur par défaut. Les spires de ADN ont une largeur de 40 et entrent en contact pour une valeur de 40%.

## Ecailles

| Linéature: | 8 | 28 | 4 | 8 |
|---|---|---|---|---|
| Largeur Ligne: | 5 | 4 | 10 | 7 |
| GrisPremierPlan: | 100 | 100 | 100 | 0 |
| GrisArrièrePlan: | 0 | 0 | 0 | 100 |

\*Transparent si GrisArrièrePlan est un nombre négatif.

## Herbe

| | | | | |
|---|---|---|---|---|
| Nombre: | 100 | 100 | 28 | 100 |
| TailleMax: | 35 | 50 | 35 | 35 |
| TailleMin: | 7 | 16 | 25 | 7 |
| Gris: | 0 | 0 | 50 | 100 |
| RépartitionAléatoire: | 0 | 0 | 0 | 0 |

*Transparent si Gris est un nombre négatif.

## Hachures

| | | | | |
|---|---|---|---|---|
| DistanceMax: | 75 | 25 | 50 | 150 |
| DistanceMin: | 0 | 0 | 0 | 50 |
| Largeur Ligne: | 5 | 4 | 6 | 13 |
| Angle: | 45 | 90 | 0 | 60 |
| RépartitionAléatoire: | 0 | 0 | 0 | 0 |

*Transparent. Mesure de la distance: perpendiculaire aux lignes en .001". Angle mesuré de la verticale à chaque hachure.

## Hexagones

| | | | | |
|---|---|---|---|---|
| Linéature: | 8 | 20 | 8 | 3 |
| Largeur Ligne: | 5 | 5 | 20 | 10 |
| GrisPremierPlan: | 100 | 100 | 100 | 0 |
| GrisArrièrePlan: | 0 | 0 | 0 | 60 |

*Transparent si GrisArrièrePlan est un nombre négatif.

## Ruche

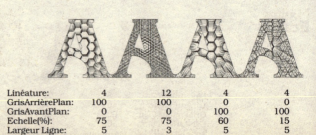

| | | | | |
|---|---|---|---|---|
| Linéature: | 4 | 12 | 4 | 4 |
| GrisArrièrePlan: | 100 | 100 | 0 | 0 |
| GrisAvantPlan: | 0 | 0 | 100 | 100 |
| Echelle(%): | 75 | 75 | 60 | 15 |
| Largeur Ligne: | 5 | 3 | 5 | 5 |

*Transparent.

# Impact

| Largeur Ligne: | 5 | 5 | 24 | 5 |
| --- | --- | --- | --- | --- |
| LongueurPas: | 15 | 125 | 65 | 35 |
| MaximumAngle: | 40 | 40 | 70 | 38 |
| MinimumAngle: | 10 | 10 | 60 | 34 |
| RépartitionAléatoire: | 0 | 0 | 0 | 0 |

✻Transparent.

# Paysage

| Profondeur: | 6 | 7 | 5 | 4 |
| --- | --- | --- | --- | --- |
| GrisMaximum: | 100 | 100 | 100 | 75 |
| GrisMinimum: | 0 | 10 | 50 | 25 |
| RépartitionAléatoire: | 0 | 0 | 0 | 0 |

✻Opaque. Augmenter la profondeur de 1 multiplie par 4 le temps d'impression.

# Feuilles

| Nombre(pouce carré): | 50 | 50 | 50 | 49 |
| --- | --- | --- | --- | --- |
| GrisMaximum: | 100 | 75 | 30 | 100 |
| GrisMinimum: | 0 | 25 | 25 | 99 |
| TailleMax: | 100 | 80 | 50 | 31 |
| TailleMin: | 10 | 10 | 10 | 30 |

✻Transparent.

# Mailles

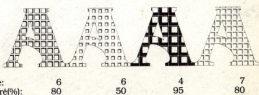

| Linéature: | 6 | 6 | 4 | 7 |
| --- | --- | --- | --- | --- |
| TailleCarré(%): | 80 | 50 | 95 | 80 |
| OmbreBasGauche: | 3 | 3 | 30 | 0 |
| OmbreHautDroit: | 15 | 15 | 6 | 20 |
| GrisPremierPlan: | 100 | 100 | 100 | 40 |

✻Transparent.

# Motifs

| Motif: | 1 | 2 | 3 | 4 |
|---|---|---|---|---|
| Linéature: | 2 | 6 | 4 | 4 |
| Espacement(%): | 100 | 80 | 100 | 60 |
| GrisPremierPlan: | 100 | 100 | 100 | 100 |

✻Transparent. 7 motifs prédéfinis. Vous pouvez en ajouter si vous savez programmer en PostScript.

# Motifs (suite)

| Motif: | 5 | 6 | 7 | 3 |
|---|---|---|---|---|
| Linéature: | 4 | 6 | 5 | 4 |
| Espacement(%): | 75 | 75 | 100 | 50 |
| GrisPremierPlan: | 100 | 100 | 75 | 100 |

✻Transparent.

# Octogones

| Linéature: | 8 | 20 | 8 | 3 |
|---|---|---|---|---|
| Largeur Ligne: | 5 | 5 | 20 | 20 |
| GrisPremierPlan: | 100 | 100 | 100 | 0 |
| GrisArrièrePlan: | 0 | 0 | 0 | 60 |

✻Transparent si GrisArrièrePlan est un nombre négatif.

# Patio

| Linéature: | 8 | 20 | 8 | 3 |
|---|---|---|---|---|
| Largeur Ligne: | 5 | 5 | 20 | 20 |
| GrisPremierPlan: | 100 | 100 | 100 | 0 |
| GrisArrièrePlan: | 0 | 0 | 0 | 60 |

✻Transparent si GrisArrièrePlan est un nombre négatif.

# Rectangles

| | | | | |
|---|---|---|---|---|
| Zone: | 100 | 10 | 50 | 40 |
| Nombre: | 50 | 60 | 20 | 9 |
| Largeur Ligne: | 5 | 20 | 5 | 100 |
| Gris: | 0 | 0 | 100 | 50 |
| RépartitionAléatoire: | 0 | 0 | 0 | 0 |

✱Espacement transparent entre rectangles opaques.

# Reptiles

| | | | | |
|---|---|---|---|---|
| Linéature: | 4 | 5 | 4 | 10 |
| Gris1: | 60 | 0 | 100 | 100 |
| Gris2: | 30 | 0 | 60 | 50 |
| Gris3: | 0 | 0 | 30 | 0 |
| Largeur Ligne: | 8 | 8 | 6 | 2 |

✱Gris1 et Gris2 transparents si ce sont des nombres négatifs. Gris3 est Opaque.

# Toiles d'araignée

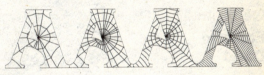

| | | | | |
|---|---|---|---|---|
| Largeur Ligne: | 5 | 5 | 5 | 4 |
| Séparation: | 300 | 200 | 100 | 50 |
| AngleMaxi: | 40 | 18 | 32 | 40 |
| AngleMini: | 10 | 7 | 6 | 10 |
| RépartitionAléatoire: | 0 | 0 | 0 | 0 |

✱Transparent.

# Spirales

| | | | | |
|---|---|---|---|---|
| Dimensions: | 150 | 150 | 50 | 100 |
| Largeur Ligne: | 5 | 25 | 5 | 12 |
| GrisPremierPlan: | 100 | 70 | 100 | 100 |
| GrisArrièrePlan: | 0 | 0 | 0 | 100 |

✱Transparent si GrisArrièrePlan est un nombre négatif.

# Rayons de roues

| | | | | |
|---|---|---|---|---|
| Nombre: | 120 | 120 | 120 | 100 |
| Largeur Ligne: | 5 | 7 | 1 | 25 |
| Horizontal: | 0 | 50 | 50 | 0 |
| Vertical: | 0 | 0 | 50 | 100 |
| GrisPremierPlan: | 100 | 100 | 100 | 35 |

✻Transparent. Le nombre indique le nombre de rayons dans un cercle complet de 360°.
Horizontal et Vertical définissent la position du point central comme pourcentage du périmètre de sélection de l'objet.

# Carrés

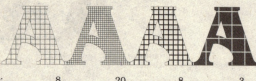

| | | | | |
|---|---|---|---|---|
| Linéature: | 8 | 20 | 8 | 3 |
| Largeur Ligne: | 5 | 5 | 20 | 20 |
| GrisPremierPlan: | 100 | 100 | 100 | 0 |
| GrisArrièrePlan: | 0 | 0 | 0 | 60 |

✻Transparent si GrisArrièrePlan est un nombre négatif.

# Etoile de David

| | | | | |
|---|---|---|---|---|
| Linéature: | 8 | 20 | 8 | 3 |
| Largeur Ligne: | 5 | 5 | 20 | 20 |
| GrisPremierPlan: | 100 | 100 | 100 | 0 |
| GrisArrièrePlan: | 0 | 0 | 0 | 60 |

✻Transparent si GrisArrièrePlan est un nombre négatif.

# Etoiles

| | | | | |
|---|---|---|---|---|
| Nombre: | 100 | 40 | 100 | 30 |
| TailleMaxi: | 300 | 300 | 200 | 150 |
| TailleMini: | 3 | 100 | 100 | 150 |
| RépartitionAléatoire: | 0 | 0 | 0 | 0 |

✻Opaque. Taille exprimée en unités de .001". Nombre en pouce carré.

# Formes d'étoiles

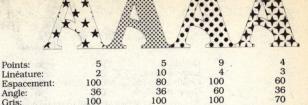

| Points:     | 5   | 5   | 9   | 4  |
|-------------|-----|-----|-----|----|
| Linéature:  | 2   | 10  | 4   | 3  |
| Espacement: | 100 | 80  | 100 | 60 |
| Angle:      | 36  | 36  | 60  | 36 |
| Gris:       | 100 | 100 | 100 | 70 |

✻Transparent. Pour créer des polygones réguliers avec n points, utilisez Angle = 180 - (360/n). Angle d'étoile = 180 - (720/n). En général, pour joindre chaque vertex à celui qui se trouve $x$ au-dessus, utilisez Angle = 180 - (360$x$/n)

# Mur de pierres

| Linéature:    | 15  | 20  | 5   | 12  |
|---------------|-----|-----|-----|-----|
| GrisMaximum:  | 100 | 80  | 100 | 100 |
| GrisMinimum:  | 0   | 30  | 0   | 50  |
| Largeur Ligne: | 5  | 0   | 20  | 5   |

&ɔOpaque.

# Texte

| Police:          | 35 | 19 | 13 | 35 |
|------------------|----|----|----|----|
| Caractère:       | 43 | 36 | 63 | 40 |
| Linéature:       | 15 | 12 | 10 | 15 |
| Espacement:      | 40 | 60 | 40 | 40 |
| GrisArrièrePlan: | 0  | 0  | 0  | 35 |

✻Transparent si GrisArrièrePlan est un nombre négatif.

Caractère est un code ASCII (eg. 67=C). Numérotation des polices comme suit:

1=Times-Roman, 2=Times-Italic, 3=Times-Bold, 4=Times-BoldItalic, 5=Helvetica, 6=Helvetica-Oblique, 7=Helvetica-Bold, 8=Helvetica-BoldOblique, 9=Courier, 10=Courier-Oblique 11=Courier-Bold, 12=Courier-BoldOblique, 13=Symbol, 14=AvantGarde-Book, 15=AvantGarde-BookOblique, 16=AvantGarde-Demi, 17=AvantGarde-DemiOblique, 18=Bookman-Demi, 19=Bookman-DemiItalic, 20=Bookman-Light, 21=Bookman-LightItalic, 22=Helvetica-Narrow, 23=Helvetica-Narrow-Bold, 24=Helvetica-Narrow-BoldOblique, 25=Helvetica-Narrow-Oblique, 26=NewCenturySchlbk-Roman, 27=NewCenturySchlbk-Bold, 28=NewCenturySchlbk-Italic, 29=NewCenturySchlbk-BoldItalic, 30=Palatino-Roman, 31=Palatino-Bold, 32=Palatino-Italic, 33=Palatino-BoldItalic, 34=ZapfChancery-MediumItalic, 35=ZapfDingbats.
33=Palatino-BoldItalic, 34=ZapfChancery-MediumItalic, 35=ZapfDingbats.

## Carreaux

| | | | | |
|---|---|---|---|---|
| Linéature: | 8 | 20 | 8 | 3 |
| Largeur Ligne: | 5 | 5 | 20 | 20 |
| GrisPremierPlan: | 100 | 100 | 100 | 0 |
| GrisArrièrePlan: | 0 | 0 | 0 | 60 |

✱Transparent si GrisArrièrePlan est un nombre négatif.

## Anneaux

| | | | | |
|---|---|---|---|---|
| DistanceMaxi: | 150 | 100 | 30 | 51 |
| DistanceMini: | 0 | 40 | 0 | 50 |
| Largeur Ligne: | 5 | 35 | 5 | 5 |
| GrisArrièrePlan: | 0 | 0 | 0 | 33 |
| RépartitionAléatoire: | 0 | 0 | 0 | 0 |

✱Transparent si GrisArrièrePlan est un nombre négatif. Distance mesurée entre anneaux adjacents.

## Triangle

| | | | | |
|---|---|---|---|---|
| Linéature: | 8 | 20 | 8 | 3 |
| Largeur Ligne: | 5 | 5 | 20 | 20 |
| GrisPremierPlan: | 100 | 100 | 100 | 0 |
| GrisArrièrePlan: | 0 | 0 | 0 | 60 |

✱Transparent si GrisArrièrePlan est un nombre négatif.

## Vagues

| | | | | |
|---|---|---|---|---|
| Linéature: | 6 | 20 | 3 | 3 |
| Largeur Ligne: | 5 | 5 | 20 | 20 |
| GrisPremierPlan: | 100 | 100 | 100 | 0 |
| GrisArrièrePlan: | 0 | 0 | 0 | 60 |
| Espacement: | 100 | 100 | 80 | 70 |

✱Transparent si GrisArrièrePlan est un nombre négatif.

# Annexe D

## Résumé des outils de précision

CorelDRAW inclut de nombreuses fonctions qui vous permettent de dessiner avec un maximum de précision. Par exemple, le zoom qui permet d'examiner de près un élément de dessin pour lui apporter une modification de détail; les règles et repères d'alignement, qui permettent d'aligner les objets de manière précise; ou la touche CTRL pour contraindre le pointeur de la souris à se déplacer selon un angle déterminé. Cette section passe en revue ces fonctions de précision en indiquant l'endroit où elles sont expliquées en détail dans ce manuel.

### Zoom

L'outil ۹ permet de faire un gros plan sur un objet pour apporter d'infimes modifications à l'un ou l'autre élément du dessin. Toutes les fonctions de CorelDRAW sont applicables dans la fenêtre de la vue rapprochée. Pour les détails, reportez-vous au chapitre 5 "Visualisation des dessins".

### Décalage

Les touches fléchées du clavier permettent de déplacer ou décaler les objets sélectionnés dans la direction de la flèche sur laquelle vous appuyez. Si vous maintenez l'une de ces touches enfoncées, l'objet se déplace en continu. La valeur entrée dans le champ Décalage de la boîte de dialogue Préférences détermine la distance parcourue par l'objet chaque fois que vous appuyez sur la touche. Si, par exemple, vous entrez une valeur de 0,1 millimètre, vous pouvez déplacer un objet quelconque du dessin vers le haut, vers le bas, vers la gauche ou vers la droite par paliers successifs de 0,1 millimètre. Vous pouvez certes utiliser la souris pour déplacer les objets, mais il est difficile d'égaler le degré de précision qu'offre la fonction de décalage. Pour plus d'informations, reportez-vous à l'Annexe A "Personnalisation de CorelDRAW".

### Utilisation des règles

Lorsque vous choisissez la commande Afficher les règles dans le menu Afficher, les règles correspondantes s'affichent autour de votre fenêtre de dessin. Une ligne pointillée se déplace dans chacune des règles pour refléter les déplacements du curseur. Lorsque vous faites défiler le contenu de la fenêtre de dessin en déplaçant le bouton de l'une des barres de défilement, les règles suivent le mouvement pour rendre compte de la position du curseur sur la page. Les graduations des règles sont déterminées par la valeur spécifiée en regard de l'option Linéature de la grille. Pour changer l'unité de mesure, choisissez la commande Précision de la grille dans le menu Présentation et introduisez une valeur dans le champ Linéature de la grille. Vous pouvez également spécifier l'origine de la grille en introduisant une valeur dans le champ

Position zéro. Cette valeur détermine la position des zéros des différentes règles.

Vous pouvez procéder à des mesures d'une grande précision en faisant coïncider les zéros que comportent les règles avec les coordonnées du point à partir duquel vous effectuez vos mesures. Pour cela, utilisez les graduations de la règle. Ces graduations sont d'une grande utilité pour contrôler l'alignement d'un objet.

Les règles peuvent être placées n'importe où sur la page: maintenez la touche MAJUSCULE enfoncée et faites glisser la règle de gauche à droite ou de haut en bas avec le pointeur de la souris. Pour plus d'informations, reportez-vous à la section "Utilisation des règles, des grilles, des repères d'alignement et des objets de référence" du chapitre 10.

## *Utilisation de la grille*

Lorsque vous enregistrez un dessin, les paramètres de la grille sont enregistrés avec celui-ci pour préserver l'alignement correct des objets lors de toute ouverture ultérieure du fichier concerné. Si vous modifiez les paramètres de la grille, seule la position des lignes est concernée. Les objets gardent leur position respective même s'ils ne sont plus alignés de la même manière par rapport aux nouvelles positions qu'occupent les lignes de la grille.

Lorsque les lignes de la grille sont affichées, vous pouvez utiliser la fonction de magnétisation de CorelDRAW (décrite ultérieurement dans ce chapitre) pour accrocher des objets à la grille par aimantation.

Pour plus de détails sur les règles et leurs graduations, reportez-vous au chapitre 10 "Disposition des objets".

## *Utilisation des repères d'alignement*

Les repères d'alignement permettent également d'aligner les objets. Il s'agit de lignes non-imprimables que vous pouvez placer n'importe où dans la fenêtre de dessin. Leur nombre n'est pas limité, mais vous ne pouvez pas enregistrer un dessin qui ne contiendrait que des repères d'alignement. Lorsque vous choisissez la commande Précision de la grille dans la menu Présentation, la boîte de dialogue qui apparaît vous permet de spécifier où les repères doivent s'afficher. Lorsque l'option Repères d'alignement est activée, vous pouvez utiliser la fonction Magnétiser (décrite ci-après) pour y faire adhérer des objets. Pour les détails sur les repères d'alignement, reportez-vous au chapitre 10 "Disposition des objets".

## *Magnétisation*

De toutes les fonctions de positionnement, la fonction de magnétisation est probablement la plus élaborée. Vous avez la possibilité d'"aimanter" ou d'aligner à la perfection différents objets par rapport à la grille, aux repères d'alignement et à d'autres objets. L'aimantation des objets est utile si vous souhaitez les disposer en un point précis d'un dessin, les déplacer avec précision, les aligner horizontalement ou verticalement, les espacer ou les dimensionner selon les mêmes critères.

Lorsque l'option Grille magnétique est activée, elle contraint le curseur à passer par les différents points de la grille. De même, l'option Repères magnétiques contraint le curseur à se positionner par rapport aux repères d'alignement. Lorsque l'option Objets magnétiques est active, les objets sélectionnés s'accolent aux points de magnétisation d'autres objets. Pour plus d'informations sur la fonction de magnétisation, reportez-vous au chapitre 10 "Disposition des objets".

### *Utilisation des plans*

Vous pouvez créer des objets sur le plan des repères d'alignement et les accrocher par aimantation à d'autres objets appartenant à d'autres plans pour obtenir un alignement précis. Vous serez vraisemblablement amené à utiliser cette fonction pour créer une grille polaire. Cette grille consiste en une série de cercles concentriques équidistants avec des rayons tracés depuis leur centre commun.

Pour accéder au plan des repères d'alignement, choisissez la commande Menu Plans dans le menu Présentation. Pour plus d'informations sur la fonction Plans, reportez-vous au chapitre 10 "Disposition des objets".

### *Lignes-cotes*

L'outil Lignes-cotes permet de mesurer des objets et de dessiner des objets à la dimension spécifiée. Utilisée conjointement avec la fonction Magnétiser, vous pouvez faire adhérer des objets aux lignes-cotes pour augmenter la précision de la mesure. Pour plus d'informations, reportez-vous au chapitre 2, section "Traçage de lignes-cotes".

### *Clonage*

La commande Cloner vous donne la certitude que toutes les modifications apportées à l'objet maître (couleur, nuance, dimension, etc.) seront également appliquées à la copie (ou aux copies) de cet objet. Pour plus d'informations sur le clonage d'objets, reportez-vous au chapitre 4 "Déplacement, duplication et suppression des objets".

### *Styles*

Les styles permettent également d'appliquer de manière systématique des attributs aux objets que vous créez. Après avoir appliqué des attributs à un objet, vous pouvez créer un style réunissant la série d'attributs en vue de les appliquer à d'autres objets. Pour plus d'informations sur les styles, reportez-vous au chapitre 14 "Utilisation des styles".

### *Utilisation de la touche de contrainte (CTRL)*

La touche CTRL permet de contrôler de nombreuses opérations exécutées par CorelDRAW. Voici quelques-unes des façons dont vous pouvez utiliser la touche CTRL pour modeler, dimensionner et déplacer des objets avec précision.

- Si vous maintenez la touche CTRL enfoncée tout en traçant une ligne droite, vous obtiendrez une ligne parfaitement horizontale ou verticale ou une ligne respectant un angle par multiple de 15°. Vous pouvez modifier cet angle avec l'option Préférences du menu Spécial.

- Lorsque vous tracez des courbes en mode Bézier et que vous maintenez la touche CTRL enfoncée pendant que vous positionnez les poignées de contrôle, celles-ci se déplacent par incréments de 15°. Pour choisir un autre angle, utilisez la commande Préférences du menu Spécial.

- Si vous maintenez la touche CTRL enfoncée tout en traçant un rectangle, celui-ci prend la forme d'un carré. Si vous maintenez les touches CTRL et MAJ enfoncées tout en traçant un rectangle, le carré se dessine à partir de son centre.

- Si vous maintenez la touche CTRL enfoncée tout en traçant une ellipse, vous obtenez un cercle. Si vous maintenez les touches CTRL et MAJ enfoncées tout en traçant une ellipse, le cercle se dessine à partir de son centre.

- Si vous maintenez la touche CTRL enfoncée tout en traçant un arc de cercle ou un quartier de tarte, les angles sont un multiple de 15°. Pour choisir un autre angle, recourez à l'option Préférences dans le menu Spécial.

- Si vous maintenez la touche CTRL enfoncée tout en redimensionnant les mosaïques d'un motif bicolore ou couleurs, elles conservent leurs proportions initiales.

- Si vous maintenez la touche CTRL enfoncée tout en étirant un objet ou en le mettant à l'échelle, l'objet ne peut être étiré que par incréments de 100% par rapport aux dimensions de cet objet. Cette fonction permet de créer rapidement le reflet d'un objet.

- Si vous maintenez la touche CTRL enfoncée tout en faisant glisser l'une des poignées latérales au travers d'un objet pour créer un effet miroir, vous obtiendrez une réplique parfaitement symétrique de cet objet.

- Si vous maintenez la touche CTRL enfoncée tout en faisant subir une rotation ou une inclinaison à un objet donné, vous le contraindrez à se déplacer par incréments de 15°. Pour choisir un autre angle, utilisez l'option Contrôle d'angle de la boîte de dialogue Préférences.

- Si vous maintenez la touche de contrainte (CTRL) enfoncée tout en faisant glisser les caractères d'un texte, vous contraindrez ceux-ci à s'aligner sur la ligne de base la plus proche. La touche de contrainte aligne un texte par rapport à la ligne de base même s'il a subi une rotation. Cette fonction permet d'éviter tout décalage vertical accidentel dans l'une quelconque des lignes d'un texte.

# Annexe E

# Bibliographie

## Livres

Vous trouverez ci-dessous une liste de livres et périodiques sur la création graphique et la reproduction des couleurs.

**Les Couleurs**
Jeremy Galton, Ulisséditions, Paris, 1989.

**Profession Graphiste**
Alan Swan, Editions du Moniteur, Paris, 1992.

**Le Guide de l'illustrateur professionnel**
Ian Simpson, Editions du Moniteur, Paris, 1992.

**Guide pratique des techniques de l'imprimerie**
Arcival e.a., AFNOR, 2ème édition.

**Les applications nouvelles des procédés d'impression**
Pierre Durchon, Editions du Moniteur, Paris, 1992.

**Photogravure et Impression offset**
Pierre Durchon, Editions du Moniteur, Paris, 1987.

**Mise en page et conception graphique**
Sybex 1991.

**Photo et micro**
Dunot 1991

**Vidéo et micro**
Dunot 1991

**Synthèse d'images**
Dunot 1992

**Dictionnaire des termes informatiques d'imprimerie et d'édition**
Tec & Doc - Lavoisier 1992

### Principles of Color Proofing

Michael H. Bruno: GAMA (also know as Type World), 1986
Though it deals primarily with color prepress proofing methods, this book is also worth consulting for an overview of color theory and printing.
P.O. Box 170
Salem, New Hampshire, 03079 U.S.A.
Phone: 603-898-2822

### The Print Production Handbook

David Bann: North Light, 1985
An indispensable reference guide that deals with all aspects of offset printing.
1507 Dana Avenue
Cincinnati, Ohio, 45207
Phone: 513-531-2222 in the U.S. / 416-293-1911 in Canada
(McGraw Hill Publishers)

# Documentation de tiers partie sur CorelDRAW

Vous trouvez ci-dessous une liste des manuels sur CorelDRAW 3.0. Reportez-vous par la suite aux nouveaux manuels de tiers partie sur Corel DRAW 4. Si votre librairie n'a pas un manuel donné, contactez l'editeur à l'adresse spécifée.

### CorelDRAW 3.0 Made Easy

Matthews & Ihrig
Osbourne-McGraw Hill Publishers
2600 10th Street
Berkeley, California, 94710, U.S.A.
Phone: 800-227-0900

### CorelDRAW 3.0 Simple et Rapide

Annie Tonneau
Edition Logique
P.O. Box 10, Station D
Montreal, Quebec, Canada
H3K 3B9
Phone: 514-933-1299

### CorelDRAW How-To Reference Guide

Bezaire, Youngman, and Christianson
Association of Corel Artists and Designers
2912 3rd Street, Suite 4
Santa Monica, California, 90405 U.S.A.
Phone: 310-452-5637

### CorelDRAW Instant Reference

Gordon Padwick
Sybex Inc. 2021 Challenger Drive
Alameda, California 94501 U.S.A.
Phone: 510-523-8233

## CorelDRAW Quick & Easy
Robin Merrin
Sybex Inc. 2021 Challenger Drive
Alameda, California 94501 U.S.A.
Phone: 510-523-8233

## CorelDRAW Running Start
Len Gilbert
Sybex Inc. 2021 Challenger Drive
Alameda, California 94501 U.S.A.
Phone: 510-523-8233

## Illustrating CorelDRAW
Bill Harrell
Wordware Publishing
1506 Capital Avenue
Plano, Texas 75074 U.S.A.
Phone: 214-423-0090

## Inside CorelDRAW
Daniel Gray and Steve Shubitz
New Riders Publishing
1171 N. College Avenue, Suite 140
Carmel, Indiana 46032 U.S.A.

## Introduction to CorelDRAW 3.0
Bernice Taylor
Wm. C. Brown Publishing
2460 Kerper Blvd
Debuque, Iowa 52001 U.S.A.
Phone: 319-588-1451

## Learn CorelDRAW in a Day
Ed Paulsen
Wordware Publishing
1506 Capital Avenue
Plano, Texas 75074 U.S.A.
Phone: 214-423-0090

## Looking Good With CorelDRAW
Nemoy and Aiken
Ventana Press
P.O. Box 2468
Chapel Hill, North Carolina 27515 U.S.A.
Phone: 919-942-0220

## Mastering CorelDRAW 3
Dickman et al
Peachpit Press
2414 Sixth St.
Berkeley, California 94710 U.S.A.
Phone: 510-548-4393

### Power of CorelDRAW
Jim Karney
MIS Press
115 West 18th Street
New York, New York 10011 U.S.A.
Phone: 212-886-9293

### Teach Yourself CorelDRAW
Maxine Iritz
MIS Press
115 West 18th Street
New York, New York 10011 U.S.A.
Phone: 212-886-9293

### Quick Reference Guide to CorelDRAW 3.0
Arnold Rosen
Wm. C. Brown Publishing
2460 Kerper Blvd
Debuque, Iowa 52001 U.S.A.
Phone: 319-588-1451

# Périodiques

### Electronic Composition & Imaging
505 Consumers Rd, suite 102
Willowdale, Ontario, Canada
M2J 4V8
Tél.: 416-492-5777

### Personal Publishing
191 S. Gary Ave.
Carol Stream, Illinois, 60188
Tél.: 312-665-1000

### Publish!
501 Second St.
San Francisco, California, 94107
Tél.: 1-800-222-2990

# SECTION 2

## COREL **PHOTO-PAINT**

# Chapitre 1

# Introduction

CorelPHOTO-PAINT combine des outils de dessin impressionnants à des fonctions puissantes de retouche photo, vous permettant ainsi de produire des dessins et des images de qualité photo pour toutes vos présentations, brochures et documents.

CorelPHOTO-PAINT présente des nouvelles fonctions de pré-presse et d'étalonnage qui vous permettent d'ajuster vos images avant de les envoyer à des sociétés de services en vue de leur reproduction. Des filtres d'image et effets spéciaux permettent d'ajouter des touches subtiles ou des effets puissants à de nouveaux dessins ou à des images provenant de périphériques externes tels que des scanners et des cartes vidéo. Les menus flottants Outils, Surface, Canevas et Sélection des couleurs assurent un contrôle rapide, accessible et pratique des outils, surfaces et couleurs. L'OLE (Object linking and embedding) est supporté, CorelPHOTO-PAINT jouant le rôle de serveur.

En cours d'installation, une icône CorelPHOTO-PAINT est créée dans un groupe du Gestionnaire de programmes (le nom par défaut de ce groupe est Corel Graphics). Pour lancer le programme, lancez Windows puis double-cliquez sur l'icône CorelPHOTO-PAINT dans votre groupe Corel Graphics.

# L'écran CorelPHOTO-PAINT

L'écran CorelPHOTO-PAINT se compose de nombreux éléments. Vous pouvez ouvrir jusqu'à huit fichiers séparés simultanément et créer jusqu'à 20 copies multiples à l'aide de la commande Dupliquer du menu Fenêtre. Si la taille de votre image est supérieure à celle de la zone visible, utilisez la Main ou les barres de défilement pour visualiser les autres parties de l'image. Pour visualiser la totalité de l'image, effectuez un zoom arrière.

Utilisez la commande Etalonnage du menu Affichage pour ajuster le gamma. Le gamma affecte l'aspect de l'image à l'écran. Cliquez sur Juxtaposition optimale dans le menu Affichage pour améliorer la simulation des couleurs à l'écran. Plus la résolution de l'écran est élevée, meilleure sera l'image.

Menu

Cliquez sur la case Systme de la barre d'outils pour personnaliser la présentation de la boîte à outils

Cliquez sur la case du menu Système pour accéder aux commandes de la fenêtre et afficher les infos de l'image

La boîte à outils par défaut vous permet de sélectionner les outils

Le menu flottant Paramètres permet de spécifier les paramètres de tous les pinceaux et outils

Le menu flottant Sélection Couleurs vous permet de choisir les palettes et de spécifier les paramètres de couleurs

La barre d'informations vous renseigne sur la position du pointeur, sur un outil ou une commande

Nom du fichier   Zoom %   Aide en ligne

# Utilisation de l'Aide en ligne

Pour faire appel à la fonction d'Aide dans CorelPHOTO-PAINT, cliquez sur le menu Aide et choisissez le sujet de votre choix ou appuyez sur F1 pour obtenir une aide contextuelle lorsqu'une boîte de dialogue est ouverte. Choisissez Contenu dans le menu pour afficher l'écran d'aide ci-dessous. Cliquez avec le bouton droit de la souris sur l'un des outils pour afficher le sujet d'Aide concernant cet outil.

Cliquez sur Commandes pour afficher une liste des commandes dans les menus disponibles

Cliquez sur Outils pour afficher les informations dtaillant les fonctions et l'utilisation des outils

Cliquez sur Comment... pour afficher une liste de rubriques accompagnée d'instructions pas à pas et se rapportant aux différentes possibilités offertes par CorelPHOTO-PAINT

# Affichage des outils

Utilisez le menu Système de la boîte à outils pour déplacer ou cacher la boîte à outils. Vous pouvez également personnaliser la présentation de la boîte à outils à l'aide des options Présentation de ce même menu. Tous les outils peuvent être présentés sur un certain nombre de colonnes et de rangées, ou être regroupés par fonction.

Le menu flottant Paramètres Outils dans le menu Affichage contrôle la forme, la taille et les effets des outils. Cliquez sur Boîte à outils dans le menu Affichage pour cacher ou afficher la boîte à outils.

Cliquez sur la case Système pour accéder aux options de présentation de la boîte à outils

Présentation par défaut de la boîte à outils. Les boutons assortis d'un petit triangle dans le coin sont accompagnés d'autres outils

Cliquez sur un outil et maintenez le bouton gauche de la souris enfoncé pendant une demi-seconde pour faire apparaître un menu local figurant d'autres outils de la même famille

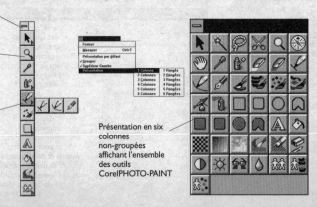

Présentation en six colonnes non-groupées affichant l'ensemble des outils CorelPHOTO-PAINT

**364** \ CorelPHOTO-PAINT: Chapitre 1

# Utilisation des menus flottants

Les menus flottants contiennent bon nombre des contrôles que l'on trouve dans les boîtes de dialogue : boutons de commande, zones de texte, listes déroulantes, etc. A l'inverse des boîtes de dialogue, cependant, les menus flottants restent ouverts après que vous avez appliqué les options sélectionnées. Cela vous permet d'essayer d'autres options sans devoir rouvrir une boîte de dialogue à chaque fois. Les menus flottants de CorelPHOTO-PAINT sont accessibles par le biais du menu Affichage.

# Réglage des paramètres des outils

Utilisez le menu flottant Paramètres Outils pour contrôler la forme, la largeur et de nombreux effets de pinceau et autres selon le type d'outil sélectionné.

Choisissez Bords doux pour produire des traits estompés. Choisissez Bords moyens ou Bords marqués pour produire des bords plus nets. Les paramètres sont spécifiques à l'outil sélectionné, ce qui vous permet de changer d'outil sans devoir changer de paramètres.

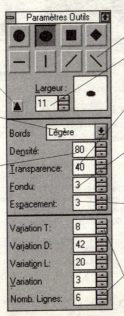

Cliquez sur la flèche pour masquer ou afficher les parties inférieures du menu flottant

L'option Bords permet de définir les bords du coup de pinceau. Un effet adouci est davantage visible lorsque la forme du pinceau est un carré ou une ligne. Les paramètres disponibles sont Elevée, Moyenne et Légère.

L'option Densité permet de régler la douceur du coup de pinceau. Plus la valeur est faible, plus le coup de pinceau sera fin et plus les bords seront atténués et doux. Plus la valeur est leve, plus les coups de pinceau seront marqus.

Cliquez sur un bouton pour sélectionner la forme d'un outil

Sélectionnez ou tapez une largeur d'outil

L'option Transparence permet de définir l'opacité de la peinture, pourant tre compare à la quantité d'eau que vous ajoutez aux peintures à l'eau. Plus le nombre est lev, plus la transparence sera grande.

L'option Fondu permet de déterminer la vitesse à laquelle le coup de pinceau disparaît, pourant tre compare la pression de vtre pinceau sur la toile lorsque vous peignez. Plus le nombre est lev, plus le fondu sera rapide.

L'option Espacement permet de spécifier la distance séparant deux coups de pinceau. Si vous choisissez une valeur de 0, l'espacement dépendra de la vitesse à laquelle vous faites glisser la souris. Choisissez une valeur de 1 pour les coups de pinceau les plus légers. Les coups de pinceau seront d'autant plus rapprochés que vous aurez choisi une petite valeur.

Les options de variation et de nombre de lignes ne sont disponibles qu'avec les pinceaux Impressionnisme et Pointillisme et les clones Impressionnisme et Pointillisme. Utilisez ces options pour spécifier les variations de teinte, de densité et de luminosité. La variation de largeur définit de manière aléatoire la largeur des points ou des lignes basée sur la largeur de l'outil. Le nombre de lignes indique le nombre de coups de pinceau ou de points qui seront dessinés.

# Manipulation de surfaces, dégradés et textures

Utilisez le menu flottant Paramètres Surface dans le menu Affichage pour charger un motif bitmap pour l'Outil-surface Mosaïque ou une texture bitmap pour l'Outil-surface Texture.

N'importe quelle image bitmap peut être utilisée comme surface et la boîte de dialogue Texture offre d'innombrables variations de textures. Consultez le manuel de CorelDRAW pour plus d'informations sur les textures bitmap.

Le menu flottant Paramètres Surface vous permet de choisir un type de dégradé lorsque vous utilisez l'Outil-surface Dégradé. Spécifiez les couleurs de début et de fin du dégradé dans le menu flottant Sélection Couleurs. Cliquez d'abord sur l'Outil-surface Dégradé pour activer ces paramètres.

Mosaïque chargée dans le menu flottant Paramètres Surface

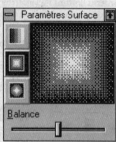
Paramètres dégradés activés

Texture affichée dans le menu flottant Paramètres Surface

# Application de canevas

Utilisez le menu flottant Canevas accessible par le biais du menu Affichage pour charger un canevas. Cliquez sur Infos dans la boîte de dialogue Charger Mosaïque pour afficher des informations sur la mosaïque mise en surbrillance.

Cliquez sur Appliquer pour utiliser le canevas comme fond pour le dessin. Une fois appliqué, le canevas apparaît au travers de la couleur qui sera appliquée ultérieurement. Une transparence importante vous permet de voir davantage l'image de fond. Un relief peut être également appliqué au canevas. Une fois l'option Fusionner sélectionnée, toute couleur appliquée ultérieurement se répandra sur le canevas.

Vous pouvez créer des canevas personnalisés, mais ceux-ci doivent comprendre entre 16 et 128 pixels, par multiples de 16. Ils doivent également avoir une forme carrée et être des images couleur 8 bits ou 24 bits.

Un canevas appliqué n'est pas enregistré avec l'image aussi longtemps qu'il n'a pas été fusionné.

Canevas affiché dans le menu flottant Canevas

Cliquez sur Aucun pour supprimer le canevas du menu flottant ou pour enlever d'une image le canevas qui lui a été appliqué. Utilisez Annuler dans le menu Edition pour supprimer un canevas fusionné.

# Utilisation des couleurs

Utilisez le menu flottant Sélection Couleurs pour choisir des couleurs et spécifier les couleurs de début et de fin pour les dégradés.

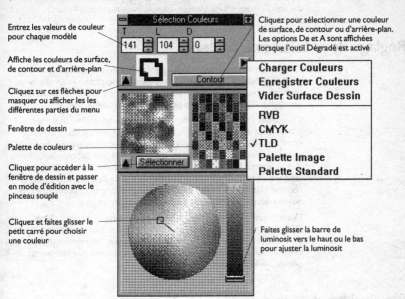

Entrez les valeurs de couleur pour chaque modèle

Affiche les couleurs de surface, de contour et d'arrière-plan

Cliquez sur ces flèches pour masquer ou afficher les les différentes parties du menu

Fenêtre de dessin

Palette de couleurs

Cliquez pour accéder à la fenêtre de dessin et passer en mode d'édition avec le pinceau souple

Cliquez et faites glisser le petit carré pour choisir une couleur

Cliquez pour sélectionner une couleur de surface, de contour ou d'arrière-plan. Les options De et A sont affichées lorsque l'outil Dégradé est activé

Faites glisser la barre de luminosit vers le haut ou le bas pour ajuster la luminosit

Le menu flottant vous permet de charger des couleurs dans la carte des couleurs et dans la zone de couleur. Alors que le bouton affiche Editer, utilisez le pinceau souple pour mélanger une couleur dans la zone de couleur. Cliquez sur le bouton pour prélever une couleur avec la Pipette dans la zone de couleur et la faire glisser jusqu'à la carte des couleurs. Vous pouvez de cette façon ajouter des couleurs de la Palette Image et de la Palette Standard à la carte des couleurs. Vous pouvez alors enregistrer la carte des couleurs sous la forme d'une carte personnalisée avec une extension (.clr).

La première fois que vous chargez un nouveau fichier dans Corel-PHOTO-PAINT, les couleurs de cette image sont affichées dans la Palette Image dans le bas du menu flottant (si vous cliquez sur Palette Image dans le menu local). La palette restera inchangée si vous ouvrez d'autres images, ce qui vous permet de conserver les couleurs originales et de les utiliser dans d'autres images. Pour modifier la Palette Image, rendez l'une des autres images actives et cliquez sur Palette Image dans le menu local.

La Palette Standard se compose d'un groupe de couleurs par défaut. Elle fait également office de table de juxtaposition pour les écrans 8 bits.

Pour choisir une couleur dans les modèles RVB, CMYK et TLD, cliquez à un endroit de la roue ou du cube chromatique, ou cliquez sur le ou les petits carrés et faites-les glisser. Faites glisser le curseur de luminosité vers le haut ou vers le bas pour ajuster la luminosité. Des valeurs de couleur individuelles peuvent être introduites dans les zones situées dans le haut du menu flottant.

# Réglage de la tolérance couleurs

La commande Tolérance Couleurs s'utilise en combinaison avec les outils-surface et l'Outil-sélection Baguette magique. Les valeurs de tolérance couleurs permettent de spécifier une plage de couleurs qui doivent être remplacées par une seule et même surface.

Choisissez Tolérance Couleurs dans le menu Spécial et choisissez ou introduisez des valeurs individuelles de rouge, vert et bleu. Cliquez sur Valeurs identiques pour définir les mêmes valeurs pour les trois couleurs. Les valeurs plus et moins affichées dans la boîte de dialogue indiquent la plage de valeurs de couleurs, entre 0 et 255, représentant les nuances les plus claires et les plus foncées de chaque couleur primaire. Ces valeurs deviennent effectives la prochaine fois que vous utilisez l'outil-surface ou la Baguette magique.

Dans l'exemple ci-dessous, la valeur de tolérance la plus élevée (100) fait que davantage de couleurs tombent dans la même plage (autrement dit, parmi 256 couleurs possibles, 100 sont considérées comme étant la même couleur et sont remplacées par la couleur de surface sélectionnée).

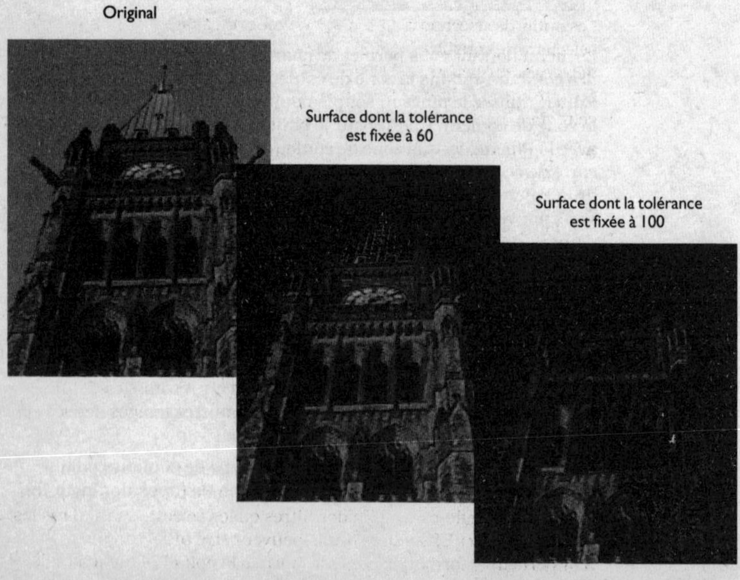

Original

Surface dont la tolérance est fixée à 60

Surface dont la tolérance est fixée à 100

# Chapitre 2

# Outils de sélection, d'affichage et de retouche

Les outils de sélection définissent une zone de l'image. La zone ainsi sélectionnée constitue à la fois une découpe et un masque. Vous pouvez déplacer, copier, couper, coller, supprimer, faire pivoter, distordre, étirer ou faire basculer la zone sélectionnée. Vous pouvez également coller cette zone dans un autre fichier ou lui appliquer des filtres.

- Pour déplacer, rétrécir ou étirer la découpe/le masque, cliquez et faites glisser la poignée d'angle.
- Cliquez une deuxième fois sur la zone sélectionnée pour la faire pivoter. Cliquez une fois de plus pour afficher des poignées qui vous permettent de distordre la sélection.
- Cliquez sur la sélection avec le bouton gauche de la souris et faites-la glisser pour la découper de l'image de fond.
- Cliquez sur la sélection avec le bouton droit de la souris et faites-la glisser pour la déplacer sans modifier l'image de fond.
- Cliquez en dehors de la zone pour la coller.

Les outils d'affichage permettent de rendre visibles différentes zones de l'image et de changer le facteur de zoom.

Les outils de retouche permettent d'affiner certaines zones d'une image. Si vous souhaitez retoucher une grande partie de l'image ou la totalité de celle-ci, utilisez des filtres en les sélectionnant dans les menus Image et Effets. Ces outils peuvent être utilisés dans n'importe quel format de couleur, hormis le noir et blanc. La taille, la forme, le bord, la densité et autres paramètres de l'outil sont spécifiés dans le menu flottant Paramètres Outils.

# Utilisation des outils de sélection et d'affichage

Outil-sélection Rectangle

### Sélection d'une zone rectangulaire

Utilisez l'Outil-sélection Rectangle pour définir une zone rectangulaire dans une image.

▶ **Pour définir une zone :**
1. Choisissez l'Outil-sélection Rectangle.
2. Cliquez avec le bouton gauche de la souris pour positionner le rectangle et faites glisser le pointeur jusqu'à ce que le rectangle englobe la zone à manipuler.
3. Relâchez le bouton de la souris. Vous pouvez maintenant faire glisser la zone sélectionnée jusqu'à un autre endroit.

Outil-sélection Baguette magique

### Sélection d'une zone de couleur similaire

Utilisez l'Outil-sélection Baguette magique pour sélectionner une zone d'une image composée de différentes nuances de la même couleur. Utilisez la commande Tolérance Couleurs du menu Spécial pour régler la plage de couleurs que vous pouvez sélectionner avec la Baguette magique. Pointez sur la zone que vous souhaitez définir et cliquez avec le bouton gauche de la souris.

Outil-sélection Lasso

### Sélection d'une zone irrégulière

Utilisez l'Outil-sélection Lasso pour définir une zone irrégulière dans une image. Choisissez le Lasso puis cliquez avec le bouton gauche de la souris. Faites glisser le Lasso de manière à entourer la zone que vous souhaitez manipuler, puis relâchez le bouton de la souris.

Outil-sélection Polygone

### Sélection d'une zone polygonale

Utilisez l'Outil-sélection Polygone pour définir une zone polygonale dans votre image.

▶ **Pour définir une zone à l'aide de l'outil Polygone :**
1. Choisissez l'outil Polygone.
2. Pointez sur une zone proche du bord de la zone que vous souhaitez sélectionner.
3. Cliquez avec le bouton gauche de la souris pour marquer le début de la réserve.
4. Pointez sur l'endroit où vous souhaitez placer l'extrémité du premier côté du polygone et cliquez à nouveau avec le bouton gauche de la souris. Vous pouvez également faire glisser le pointeur pour définir les côtés du polygone.
5. Continuez à déplacer le pointeur, en cliquant ou en le faisant glisser, jusqu'à ce que tous les côtés du polygone à l'exception du dernier soient définis.
6. Cliquez deux fois pour fermer le polygone.

Outil Zoom

### Zoom avant et arrière
Le Zoom permet d'augmenter ou de diminuer le taux d'agrandissement d'une image, en centrant la nouvelle image autour du point où vous cliquez. Cliquez avec le bouton gauche de la souris pour effectuer un zoom avant. Cliquez avec le bouton droit de la souris pour effectuer un zoom arrière. Le facteur d'agrandissement de l'image est augmenté ou diminué jusqu'à l'incrément suivant.

Outil Localisateur

### Affichage d'une zone similaire dans des images dupliquées
Utilisez le Localisateur pour afficher la même zone dans des images dupliquées affichées à un facteur d'agrandissement différent. Vous pouvez ainsi garder une copie réduite d'une image à l'écran de manière à localiser plus facilement l'endroit que vous souhaitez afficher dans la vue agrandie. Cliquez sur le Localisateur, puis cliquez sur la zone que vous souhaitez afficher.
CorelPHOTO-PAINT affiche la même zone dans toutes les autres copies. L'image est centrée autour du point où vous avez cliqué.

Outil Main

### Modification de la position d'une image
Utilisez la Main pour déplacer ou faire défiler dans n'importe quelle direction une vue agrandie. Cliquez sur la Main, puis cliquez avec le bouton gauche de la souris pour faire glisser le pointeur.

### Masquage de zones
Utilisez les commandes du menu Masque pour sélectionner la totalité de l'image, supprimer un masque ou limiter un masque pour créer un nouveau fichier. Comme une découpe, un masque se définit avec n'importe quel outil de sélection et des effets peuvent lui être appliqués sans modifier l'image adjacente. Vous pouvez utiliser différents outils et filtres tout en laissant le masque actif.

## Retouche d'images

Outil Annulation partielle

### Annulation d'actions
Utilisez l'outil Annulation partielle pour rétablir l'aspect original de parties spécifiques de votre image. Cette commande annule les modifications apportées depuis la dernière fois que vous avez choisi une commande ou un outil. Cliquez sur Annulation partielle et faites glisser le pointeur sur les parties de l'image dont vous souhaitez annuler la modification.

Un double-clic sur l'outil Annulation partielle revient à choisir Annuler dans le menu Edition. Une fois que vous choisissez Annuler, l'Annulation partielle n'est plus disponible.

Outil Pipette

### Sélection d'une couleur dans une image
Utilisez la Pipette pour "prélever" une couleur de votre image. Choisissez la Pipette et pointez sur la couleur voulue. Pour prélever la couleur de contour, cliquez avec le bouton gauche de la souris. Pour prélever la couleur de surface, cliquez avec le bouton droit de la souris. Pour prélever la couleur de fond, appuyez sur la touche

CTRL et cliquez avec le bouton gauche ou droit de la souris. Appuyez sur la touche MAJ avec n'importe quel outil hormis les outils de sélection pour accéder à la Pipette.

Outil Gomme

## Effacement de zones d'une image

Utilisez la Gomme pour remplacer des parties de votre image par la couleur de fond. Faites glisser la Gomme sur la zone à effacer. Double-cliquez sur la Gomme pour effacer toute l'image.

Outil Gomme colorée

## Remplacement d'une couleur

Utilisez la Gomme colorée pour remplacer la couleur de contour par la couleur de surface.

Choisissez la couleur de contour (la couleur que vous souhaitez remplacer) et la couleur de surface (la couleur que vous souhaitez appliquer avec la Gomme colorée) dans le menu flottant Sélection Couleurs ou utilisez la Pipette.

Cliquez avec le bouton gauche de la souris et faites glisser le curseur sur la zone que vous souhaitez modifier. A mesure que vous déplacez le curseur, la couleur de contour se modifie et est remplacée par la couleur de surface.

Pinceau de contraste à main levée

## Réglage du contraste

Utilisez l'outil Contraste pour renforcer le contraste dans une partie sélectionnée de l'image, comme dans la partie droite de l'image ci-dessous. Plus la valeur est élevée, plus les parties claires deviennent claires et les parties foncées s'assombrissent. Plus la valeur est basse, plus les couleurs sont atténuées.

Pinceau de luminosité à main levée

## Contrôle de la luminosité

Utilisez l'outil Luminosité pour modifier l'intensité des couleurs. La luminosité ne change qu'au premier passage de l'outil. Pour renfor-

**372 \\** *CorelPHOTO-PAINT: Chapitre 2*

cer l'effet, sélectionnez un niveau différent ou cliquez à nouveau sur l'outil pour enregistrer les modifications et repassez ensuite avec le pinceau.

## Nuançage d'une image

Pinceau de nuance à main levée

Utilisez l'outil Nuançage pour teinter une zone avec la couleur de contour. Appuyez sur le bouton gauche de la souris et faites glisser l'outil par-dessus la zone à teinter. La teinte ne change qu'au premier passage de l'outil. Pour ajuster l'effet, sélectionnez une couleur différente ou cliquez à nouveau sur l'outil pour enregistrer les modifications et repassez ensuite avec le pinceau.

Pour ajouter des teintes à une image en niveaux de gris, convertissez-la en couleur et utilisez ensuite l'outil Nuançage pour marquer des zones.

## Fondu

Pinceau de fondu à main levée

Utilisez l'outil Fondu pour adoucir des zones de l'image. Cette option équivaut à ajouter de l'eau dans une peinture à l'eau.

Plus la valeur est élevée, plus la zone est adoucie.

Flou appliqu la partie droite d'un hieroglyphe.

## Maculage de zones

Pinceau de maculage à main levée

Utilisez l'outil Maculage pour étendre des couleurs dans votre image. L'effet est semblable à maculer de la peinture à l'huile avec des couleurs.

Utilisez le menu flottant Paramètres Outils pour ajuster les bords, la transparence de la peinture et la vitesse à laquelle le coup de pinceau disparaît.

*Outils de sélection, d'affichage et de retouche* / 373

Vaporisateur de flou à main levée

## Flous

Utilisez l'outil Flou pour mélanger aléatoirement les points d'une zone. L'effet est semblable à celui obtenu par un artiste qui mélange des couleurs avec de la craie ou des pastels.

L'outil Flou permet de donner une consistance particulière à une image.

Flou appliqué sur la végétation

Pinceau d'affinage à main levée

## Accentuation

Utilisez l'outil Accentuation pour accentuer des zones de votre image. Sachez cependant que vous perdez du détail lorsque vous accentuez une zone.

Affinage appliqué aux pétales pour les séparer du fond flou

CHAPITRE 3

# Utilisation des outils de dessin

Les outils de dessin bitmap permettent de créer des images et d'ajouter des effets à des images existantes. Utilisez le menu flottant Paramètres Outils pour modifier la largeur, la hauteur, la forme et l'épaisseur de l'outil. Vous pouvez également définir les bords, la densité, la transparence, le fondu et l'espacement.

Les outils de dessin vous permettent de créer différents types de lignes, courbes, objets vides ou pleins ainsi que du texte. Pour le texte, vous pouvez choisir la police et la taille des caractères dans la boîte de dialogue Texte. L'outil Stylo encre vous permet de tracer des formes régulières dans la couleur de contour ou de modifier l'image pixel par pixel.

# Outils de dessin bitmap

Pinceau

### Pinceau
Utilisez le Pinceau pour créer des coups de pinceau dans la couleur de contour.

Pinceau Impressionnisme

### Pinceau Impressionnisme
Utilisez le Pinceau Impressionnisme pour créer des coups de pinceau multicolores. De nombreux réglages sont disponibles pour cet outil dans le menu flottant Paramètres Outils. Procédez par tâtonnements jusqu'à ce que vous trouviez l'effet exact souhaité.

Pinceau Pointillisme

### Pinceau Pointillisme
Utilisez le Pinceau Pointillisme pour créer des groupes de points. Les Paramètres Outils permettent de définir de nombreux effets pour cet outil. Les points varient en densité de couleur. Des points très petits peuvent être utilisés pour élaborer une image ; vous pouvez également utiliser des points plus gros pour créer des effets spéciaux.

Pinceau Artiste

### Pinceau Beaux Arts
Utilisez le Pinceau Beaux Arts pour donner à votre image l'aspect d'une peinture à l'huile. De nombreux styles de pinceau sont disponibles. Choisissez le style de votre choix dans le menu flottant Paramètres Outils. Cliquez sur le nom d'un pinceau pour le choisir. Cliquez à nouveau sur le nom du pinceau pour visualiser les autres pinceaux (éventuellement) disponibles dans ce groupe.

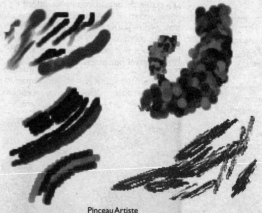

Surface colorée

### *Remplissage d'une zone avec une couleur*
Utilisez l'Outil-surface Colorée pour remplir une zone au moyen de la couleur de votre choix. Cliquez avec le bouton gauche de la souris pour utiliser la couleur de surface ou avec le bouton droit de la souris pour utiliser la couleur de contour.

Mosaïque

### *Remplissage d'une zone avec une mosaïque*
L'Outil-surface Mosaïque permet de remplir une zone par répétition d'un motif. Utilisez le menu flottant Paramètres Surface pour charger un motif de mosaïque à partir du disque. Si vous souhaitez que les couleurs de votre image apparaissent à travers une partie de la mosaïque, choisissez l'une des couleurs de la mosaïque comme couleur de contour, pointez sur la zone que vous souhaitez remplir et cliquez avec le bouton gauche de la souris. Le pointeur de l'outil marque l'endroit à partir duquel la mosaïque est appliquée.

Dégradé

> **»Remarque:**
> *Les paramètres de tolérance de couleur déterminent la gamme de couleurs qui sera remplacée par une couleur unique lorsque vous utiliserez les outils-surface.*

### *Remplissage d'une image avec un dégradé de couleur*
L'Outil-surface Dégradé ne permet de remplir une zone avec un "lavis" utilisant les couleurs de début et de fin spécifiées dans le menu flottant Sélection Couleurs. Utilisez le menu flottant Paramètres Surface pour choisir un dégradé horizontal, vertical ou radial et en régler la luminosité.

Le dégradé est plus uniforme lorsque les couleurs de début et de fin sont de la même teinte (par exemple du rouge foncé au rouge clair). Les dégradés seront en outre de meilleure qualité si vous utilisez une image couleur 24 bits. Pointez sur la zone que vous souhaitez remplir et cliquez avec le bouton gauche de la souris. Le pointeur de l'outil marque l'endroit à partir duquel la couleur est appliquée. Dans l'exemple ci-dessous, l'avion est coloré avec un dégradé, tandis que le fond utilise une texture.

*Utilisation des outils de dessin* **/ 377**

Texture

## Remplissage d'une zone avec une texture bitmap

Utilisez l'Outil-surface Texture pour remplir une zone avec une texture bitmap. Les possibilités sont illimitées. Cliquez sur l'outil Texture, puis choisissez une surface dans le menu flottant Paramètres Surface. Vous pouvez varier la texture en entrant des numéros de texture, en ajustant l'adoucissement, la densité et la luminosité. Référez-vous au manuel CorelDRAW pour plus d'informations sur les textures.

## Dessin à l'aérographe

Aérographe

Utilisez l'outil Aérographe pour pulvériser une couleur de contour ou de surface sur une zone afin de créer un effet de brouillard. L'Aérographe est utile pour donner plus de profondeur à votre image et corriger des défauts.

Cliquez sur l'outil Aérographe, ajustez la taille et la forme du jet, puis sélectionnez la couleur de contour ou de surface voulue. Cliquez avec le bouton gauche de la souris et faites glisser le pointeur pour vaporiser la couleur de contour. Cliquez avec le bouton droit de la souris et faites glisser le pointeur pour vaporiser la couleur de surface.

## Dessin au vaporisateur

Vaporisateur

Utilisez le Vaporisateur pour vaporiser de manière aléatoire la couleur de contour ou la couleur de surface sur une zone afin de créer un effet d'"éclaboussure".

Cliquez sur le Vaporisateur, réglez la largeur et la forme du jet, puis choisissez la couleur. Cliquez avec le bouton gauche de la souris et faites glisser le pointeur sur les zones voulues pour vaporiser la couleur de contour. Cliquez avec le bouton droit de la souris et faites glisser le pointeur pour vaporiser la couleur de surface.

## *Clonage*

Clone

Utilisez l'outil Clone pour copier une zone vers une autre. L'outil Clone vous permet de choisir une partie de l'image et de l'utiliser pour dessiner ailleurs, vous offrant un contrôle plus précis qu'en copiant et en collant. Vous pouvez cloner entre deux images ou entre deux parties de la même image.

▶ **Pour utiliser l'outil Clone :**

1. Cliquez sur l'outil Clone.
2. Réglez les caractéristiques de l'outil dans le menu flottant Paramètres Outils.
3. Cliquez sur le bouton droit de la souris dans la zone à reproduire (source). N'oubliez pas que l'endroit où vous cliquez définit le centre de la zone de clonage. Si vous souhaitez modifier la source de clonage, pointez sur un autre endroit de l'image et cliquez à nouveau avec le bouton droit de la souris.
4. Pointez à l'endroit où vous souhaitez commencer le clonage et faites glisser le pointeur. L'image source apparaît au fur et à mesure que vous faites glisser le pointeur. Le clonage s'arrête dès que vous atteignez les bords de l'image source. Il est généralement préférable de travailler en partant du centre vers l'extérieur de l'image clonée.

Les arbres, les cygnes et la végétation aquatique ont été clonés dans l'image originale qui a ensuite été enregistrée comme un nouveau fichier

Image originale

Image modifiée avec l'outil-Clone

*Utilisation des outils de dessin* **/379**

On peut modifier une image en clonant certaines parties et en les
appliquant à des objets qui se trouvent dans le champ de l'image.

Image originale avec objets
parasites, notamment le papier.

Image modifiée moyennant
remplacement des objets parasites
par des lments clons  partir du
T-shirt et du fond

Clone Impressionnisme

### Clonage impressionniste

Utilisez l'outil Clone impressionniste pour cloner les couleurs d'une
partie de l'image et utilisez cette plage de couleurs pour les coups
de pinceau créés par cet outil.

Clone Pointillisme

### Clonage pointilliste

Utilisez l'outil Clone pointilliste afin de cloner la plage de couleurs
de l'image pour les nombreux points créés par ce type de pinceau.

# Traçage de lignes et de courbes

Outil Ligne

▶ **Pour tracer des lignes droites :**
1. Cliquez sur l'outil Ligne et choisissez la couleur de contour.
2. Pointez sur l'endroit où vous souhaitez commencer la ligne. Cliquez et faites glisser le pointeur jusqu'à l'extrémité de la ligne. Pour recommencer, effacez la ligne en appuyant sur ECHAP avant de relâcher le bouton de la souris.

▶ **Pour tracer des lignes jointes :**
1. Tracez la première ligne de la façon décrite ci-dessus.
2. Pointez sur l'endroit où vous souhaitez placer l'extrémité de la ligne suivante, enfoncez le bouton droit de la souris et maintenez-le enfoncé. Une ligne apparaît entre l'extrémité de la première ligne et le point que vous avez indiqué en appuyant sur le bouton de la souris.
3. Faites glisser le pointeur jusqu'à l'endroit exact où vous souhaitez placer l'extrémité de la deuxième ligne, cliquez et relâchez le bouton de la souris. Vous pouvez continuer à ajouter des lignes de la même manière, chacune étant liée à l'extrémité de la précédente.

▶ **Pour tracer un ensemble de rayons possédant le même point d'origine :**
1. Tracez la première ligne de la façon décrite plus haut. Le point de départ de la première ligne sera le point de départ des lignes ultérieures.
2. Pointez sur l'endroit où vous souhaitez placer l'extrémité de la seconde ligne, cliquez et maintenant enfoncés la touche CTRL et le bouton droit de la souris. Une ligne apparaît entre le point que indiqué et le début de la première ligne.
3. Faites glisser la ligne jusqu'à ce que le pointeur se trouve exactement à l'extrémité voulue de la ligne et relâchez le bouton de la souris. Vous pouvez continuer à ajouter des lignes de cette manière, chacune ayant son origine au même endroit que les autres.

Outil Courbe

▶ **Pour tracer une courbe :**
1. Cliquez sur l'outil Courbe et choisissez la couleur de contour.
2. Placez le pointeur à l'endroit où vous voulez situer le début de la courbe.
3. Faites glisser le pointeur jusqu'à l'extrémité de la courbe et relâchez le bouton de la souris. Une ligne apparaît entre les deux points. Deux poignées circulaires apparaissent sur la ligne, tandis que des poignées carrées marquent les extrémités.
4. Pour donner à la ligne la courbure voulue, faites glisser les poignées circulaires. Vous pouvez également déplacer les poignées carrées pour déplacer les extrémités de la courbe. Pour recommencer, effacez la courbe en appuyant sur la touche ECHAP avant de relâcher le bouton de la souris.
5. Pour accepter la courbe, choisissez un outil dans la Boîte à outils ou cliquez à l'extérieur de la courbe.

▶ **Pour tracer des courbes jointes :**

1. Tracez la première courbe de la façon décrite ci-dessus, mais ne la collez pas.
2. Pointez sur l'endroit où vous souhaitez placer l'extrémité de la courbe suivante, enfoncez le bouton droit de la souris et maintenez-le enfoncé. Une ligne apparaît entre l'extrémité de la première courbe et le point que vous avez indiqué en appuyant sur le bouton de la souris.
3. Faites glisser le pointeur jusqu'à l'endroit exact où vous souhaitez placer l'extrémité de la deuxième courbe, cliquez et relâchez le bouton de la souris.
4. Réglez la courbure de la ligne et continuez à ajouter des courbes jusqu'à ce que l'image soit complète.

▶ **Pour tracer un ensemble de rayons courbes possédant le même point d'origine :**

1. Tracez la première courbe de la façon décrite plus haut, mais ne la collez pas. Le point de départ de la première courbe sera le point de départ des courbes ultérieures.
2. Pointez sur l'endroit où vous souhaitez placer l'extrémité de la seconde courbe, cliquez et maintenez enfoncés la touche CTRL et le bouton droit de la souris. Une ligne apparaît entre le début de la première courbe et la position du pointeur.
3. Faites glisser la ligne jusqu'à ce que le pointeur se trouve exactement à l'extrémité voulue de la ligne et relâchez le bouton de la souris.
4. Définissez la courbure de la ligne et continuez à ajouter des courbes, jusqu'à ce que l'image soit complète.

Outil Crayon

▶ **Pour tracer avec l'outil Stylo encre:**

1. Cliquez sur le Stylo encre et ajustez la largeur et la forme de l'outil.
2. Utilisez le menu flottant Sélection des Couleurs, la Pipette ou cliquez sur une couleur avec le bouton droit de la souris pour choisir une couleur de contour.
3. Tracez des lignes régulières de manière à créer l'image.
4. Si la forme tracée n'est pas complètement fermée, effectuez un zoom avant pour agrandir la partie discontinue et corrigez-la.

# Traçage de rectangles

Rectangle vide et Rectangle plein

Rectangle arrondi vide et Rectangle arrondi plein

▶ **Pour tracer un rectangle ou un rectangle arrondi :**

1. Cliquez sur le Rectangle vide, le Rectangle rempli, le Rectangle arrondi vide ou le Rectangle arrondi plein.
2. Utilisez le menu flottant Sélection des Couleurs pour sélectionner la couleur de contour à utiliser pour les bords ainsi que la couleur de surface à utiliser si vous créez un rectangle plein.
3. Spécifiez la largeur des bords dans le menu flottant Paramètres Outils.
4. Appuyez sur le bouton gauche de la souris pour marquer le début du rectangle et faites glisser le pointeur jusqu'à ce que le rectangle ait la taille voulue. Pour recommencer, effacez le

rectangle en appuyant sur la touche ECHAP avant de relâcher le bouton de la souris. Relâchez le bouton de la souris et cliquez à l'extérieur du rectangle pour le coller.

## Traçage d'ellipses

Ellipse vide et Ellipse pleine

▶ **Pour tracer une ellipse :**
1. Cliquez sur l'outil Ellipse vide ou Ellipse pleine.
2. Utilisez le menu flottant Sélection des Couleurs pour sélectionner la couleur de contour pour les bords et la couleur de surface (si vous créez une ellipse pleine).
3. Spécifiez la largeur des bords dans le menu flottant Paramètres Outils.
4. Pointez sur l'endroit où vous souhaitez placer le centre de l'ellipse et faites glisser le pointeur jusqu'à ce que l'ellipse ait la taille voulue. Pour recommencer, effacez l'ellipse en appuyant sur la touche ECHAP avant de relâcher le bouton de la souris.
5. Relâchez le bouton de la souris et cliquez à l'extérieur de l'ellipse pour la coller.

》*Conseil:*
*Lorsque vous maintenez la touche CTRL enfoncé, lorsque vous faites glisser la souris, vous contraignez le rectangle en carré et l'ellipse en cercle.*

▶ **Pour tracer des ellipses ou des cercles concentriques :**
1. Tracez une ellipse de la façon décrite ci-dessus, mais sans la coller.
2. Appuyez sur le bouton droit de la souris et faites glisser le pointeur jusqu'à ce que la deuxième ellipse ait la taille voulue.
3. Relâchez le bouton de la souris pour coller l'ellipse. Une nouvelle ellipse apparaît, dont le centre se confond avec celui de la première ellipse.
4. Continuez à tracer autant d'ellipses concentriques que vous le souhaitez.

## Traçage de polygones

Polygone vide et Polygone plein

》*Conseil:*
*En mantenant la touche CTRL enfoncée lorsque vous faites glisser, les côtés d'un polygone sont contraints de se déplacer verticalement ou horizontalement ou par incréments de 45 degrés.*

▶ **Pour tracer un polygone :**
1. Cliquez sur l'outil Polygone vide ou Polygone plein.
2. Choisissez la couleur de contour à utiliser pour les bords et la couleur de surface (si vous créez un polygone plein).
3. Spécifiez la largeur des bords.
4. Pointez sur l'endroit où vous souhaitez commencer le polygone et cliquez avec le bouton gauche de la souris pour marquer le point de départ du polygone.
5. Pointez sur l'endroit où vous souhaitez placer l'extrémité du premier côté du polygone et cliquez à nouveau avec le bouton gauche de la souris. Vous pouvez également faire glisser le pointeur pour définir les côtés du polygone.
6. Continuez à déplacer le pointeur en cliquant ou en le faisant glisser, jusqu'à ce que tous les côtés du polygone à l'exception du dernier soient définis. Pour recommencer, effacez le polygone en appuyant sur la touche ECHAP avant de terminer le polygone.
7. Double-cliquez pour achever le polygone et le coller.

# Saisie de texte

**Outil Texte**

L'outil Texte permet d'ajouter du texte à votre image. CorelPHOTO-PAINT reconnaît toutes les polices Windows installées. La couleur du texte est déterminée par la couleur de contour. Le texte proprement dit s'introduit dans la boîte de dialogue Taper Texte, qui permet en outre de choisir parmi différentes polices. Terminez de taper et de modifier le texte avant de le coller dans l'image. Une fois collé, le texte devient partie intégrante de l'image.

▶ **Pour entrer du texte :**

1. Choisissez une couleur de contour pour le texte.
2. Cliquez sur l'outil Texte.
3. Tapez le texte dans la boîte de dialogue Taper Texte. Les sauts de ligne sont automatiques. Pour créer un saut de ligne forcé, appuyez sur CTRL + ENTREE. Pour coller du texte à partir du Presse-papiers, appuyez sur MAJ + INSER.
4. Cliquez sur OK lorsque vous avez terminé de taper le texte. Un cadre de texte apparaît à l'écran, contenant le texte que vous venez de taper.
5. Faites glisser les poignées du cadre de texte jusqu'à obtenir les marges voulues.

    Pour déplacer le cadre de texte, déplacez le pointeur à l'intérieur du cadre. Pour modifier votre texte, appuyez sur la barre d'espacement : la boîte de dialogue Taper Texte réapparaît. Vous pouvez choisir une autre police, modifier les caractéristiques de la police ou changer la couleur de votre texte avant de le coller.
6. Cliquez à l'extérieur du cadre de texte ou choisissez un autre outil pour coller le texte.

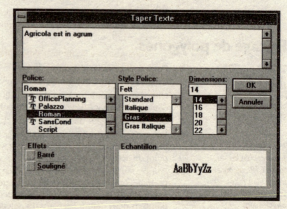

CHAPITRE

# Utilisation des filtres

Les filtres permettent d'améliorer la qualité des images et de créer des effets spéciaux pour tout ou partie d'une image. Les commandes de filtre se trouvent dans le menu Image et dans le menu Effets. Utilisez l'option de prévisualisation à l'écran pour voir l'effet que les paramètres choisis pour le filtre auront sur l'image avant de les appliquer. Essayez différents filtres jusqu'à ce que vous obteniez les résultats voulus.

La commande Annuler du menu Edition permet d'annuler l'effet d'un filtre. L'outil Annulation partielle permet d'annuler les changements apportés à des zones spécifiques, le long de contours mais aussi pixel par pixel.

Les effets de certains filtres peuvent être très subtils et difficiles à détecter à faible résolution. De même, une image imprimée à basse résolution pourra paraître moins réussie que l'image à l'écran. La résolution originale des images numérisées influence le résultat final. Les images couleur qui ont été numérisées à une haute résolution contiennent davantage d'informations que le filtre peut traiter, ce qui permet d'obtenir un meilleur effet. Ces fichiers peuvent ensuite être rééchantillonnés afin de réduire la taille du fichier.

# Filtres de réhaussement et de correction

## *Egalisation*

Utilisez le filtre d'égalisation dans le menu Image pour redistribuer les nuances de couleur. L'égalisation convertit en noir les couleurs les plus foncées et en blanc les couleurs les plus claires, et distribue uniformément les couleurs intermédiaires. Lorsque vous choisissez ce filtre, une boîte de dialogue affiche un histogramme représentant les nuances contenues dans l'image. La hauteur de chaque barre de l'histogramme indique le nombre de points possédant cette nuance de couleur. Le bas de l'histogramme indique la plage de nuances contenue dans l'image.

L'égalisation permet de réhausser une image bien exposée dont l'histogramme montre que les nuances ont tendance à se concentrer autour de la moyenne. Vous pouvez également améliorer une image fortement contrastée dont l'histogramme montre que la plupart des nuances se répartissent en deux crêtes (une pour les zones foncées et une pour les zones claires). Par contre, vous ne pourrez pas corriger une image surexposée, c'est-à-dire une image dont l'histogramme montre que la plupart des nuances sont proches du blanc.

Faites glisser les curseurs ou introduisez des valeurs de manière à ajuster les valeurs des zones Faible, Moyenne et Elevée. Les nuances situées à gauche de la flèche Faible seront noires. Les nuances situées à droite de la flèche Elevée seront blanches. La flèche Moyenne sert à redistribuer les couleurs entre les valeurs faibles et les valeurs élevées.

Choisissez Rétablir si vous souhaitez que CorelPHOTO-PAINT recalcule les valeurs par défaut de l'image. Les exemples ci-dessous montrent une photo originale et la même photo égalisée de trois manières différentes.

Image originale

Paramètres par défaut

Valeurs faibles

Valeurs élevées

## *Ajustement de la table des couleurs/gris*

Utilisez le filtre Table des couleurs/Gris accessible dans le menu Image pour corriger certains défauts de luminosité.

Choisissez la composante de couleur à ajuster. L'option Toutes les couleurs permet d'ajuster toutes les couleurs de l'image. L'option Mono est la seule option disponible pour les images en niveaux de gris. Choisissez une composante de couleur spécifique pour créer un effet spécial et procéder à des ajustements de la balance des couleurs.

Choisissez une valeur prédéfinie telle que Tons moyens foncés si vous souhaitez que CorelPHOTO-PAINT ajuste automatiquement votre image.
Choisissez un Style pour apporter des ajustements mineurs à la courbe de réponse.

Vous pouvez utiliser plusieurs styles différents de manière à obtenir la courbe de réponse souhaitée. La courbe des réponses permet d'uniformiser la distribution des couleurs et d'affiner d'autres styles. Utilisez le style Courbe pour réhausser votre image en créant une courbe en S. Cette option, semblable à un réglage symétrique, vous aide à faire ressortir les détails en vue de corriger les problèmes d'exposition.

Le style Main levée vous permet de tracer une courbe de réponse de n'importe quelle forme dans la zone d'échantillon. Cette option est utile pour affiner et ajuster une courbe que vous avez créée en utilisant un autre style.

L'option Linéaire vous permet d'ajuster la luminosité et le contraste d'une composante en faisant glisser les poignées situées aux extrémités de la ligne correspondante.

Cliquez sur Rétablir pour rétablir les courbes de réponse originales. Les exemples ci-dessous montrent le résultat de différentes courbes de réponse prédéfinies.

Image originale

Accentuation des

Tons moyens foncés

Tons moyens

Image originale    Gamma    Luminosité et Contraste    Seuil

## Filtre de luminosité et de contraste

Utilisez le filtre Luminosité et Contraste afin de rendre une image plus claire ou plus foncée (luminosité) ou pour changer la différence entre les zones claires et les zones foncées (contraste). Choisissez l'outil Luminosité à main levée ou Contraste à main levée pour corriger de petites zones de l'image.

Utilisez l'option Intensité pour augmenter ou diminuer l'intensité globale d'une image ou d'une partie sélectionnée de l'image. L'intensité n'est pas appliquée de manière égale à toutes les parties de la sélection, mais est appliquée davantage aux zones plus lumineuses de la partie sélectionnée.

## Gamma

Utilisez l'option Gamma pour réhausser les détails d'une image en ajustant les valeurs de gris moyennes (tons moyens) sans affecter les zones d'ombre et de haute lumière. Les zones d'ombre sont les parties les plus sombres d'une image, généralement de couleur noire ; les zones de haute lumière sont les zones les plus claires, généralement de couleur blanche.

## Seuil

Utilisez l'option Seuil pour assombrir progressivement une image. Si la valeur d'une composante RVB est inférieure à une valeur spécifiée, appelée le seuil, elle devient égale à 0. Les valeurs des autres composantes ne sont pas modifiées. Lorsque cette option est appliquée à des images à niveaux de gris, les points dont la valeur est inférieure au seuil (c'est-à-dire correspondant à des ombres plus sombres que la valeur spécifiée) sont noircis.

## Teinte et densité

Vous pouvez ajuster la teinte et la densité d'une image ou d'une partie d'image sans en affecter la luminosité. La teinte se réfère à une couleur particulière (rouge, vert, violet, ...). La densité se réfère à l'intensité de cette couleur : par exemple, le degré de rouge, vert ou violet. Utilisez cette commande pour corriger des décalages de couleur ou créer des effets spéciaux de couleur. Le curseur Teinte permet d'ajuster les couleurs d'une sélection en changeant les valeurs de chaque pixel dans la zone sélectionnée. Le curseur Densité permet de régler le pourcentage de densité des couleurs contenues dans la zone sélectionnée. Plus la valeur est élevée, plus la couleur est dense. Des valeurs négatives produisent souvent des images de type niveaux de gris.

## Réhaussement des détails

Ce filtre analyse les valeurs des pixels dans différentes directions afin de déterminer la direction dans laquelle il faut appliquer la plus grande netteté. Cliquez sur le curseur pour spécifier le pourcentage voulu. Choisissez Prévis. à l'écran pour visualiser le résultat de l'effet, puis cliquez sur OK.

Image originale floue

Image affine

## Accentuation d'une image

Utilisez la commande Accentuation pour améliorer les bords et faire ressortir les détails. Dans une image en niveaux de gris, vous pouvez mettre la valeur d'accentuation à 100 et toujours voir les nuances de gris. Plus la valeur est élevée, plus l'image est accentuée. Choisissez Grande ouverture pour agrandir la zone à accentuer.

## Masquage flou

Utilisez ce filtre pour accentuer les détails des bords tout en accentuant les zones lisses de l'image. Ce filtre estompe les zones de contraste, puis soustrait l'image ainsi obtenue de l'original. Cliquez sur le curseur pour spécifier le pourcentage désiré. Choisissez Prévis. à l'écran pour visualiser le résultat de l'effet, puis cliquez sur OK. Les effets d'un masquage flou ressortent davantage dans les images couleur à haute résolution.

## Masquage flou adaptatif

Utilisez ce filtre pour accentuer les détails des bords sans affecter le reste de l'image ou de la zone définie. Cliquez sur le curseur pour spécifier le pourcentage spécifié. Choisissez Prévis. à l'écran pour visualiser le résultat de l'effet, puis cliquez sur OK. L'effet ressort davantage dans les images couleur haute résolution.

## Lissage

Utilisez ce filtre pour atténuer les différences entre des pixels adjacents. Ce filtre ne provoque qu'une légère perte de détails. Cliquez sur le curseur pour spécifier le pourcentage souhaité. Choisissez Prévis. à l'écran pour visualiser le résultat de l'effet, puis cliquez sur OK.

## Adoucissement

Utilisez ce filtre pour atténuer la dureté de l'image sans perdre de détails. Cliquez sur le curseur pour spécifier le pourcentage souhaité. Choisissez Prévis. à l'écran pour visualiser le résultat de l'effet, puis cliquez sur OK.

Image originale

Adoucissement appliqué à la surface du lac

## Diffusion d'une image

Utilisez le filtre Diffusion pour disperser les couleurs. Plus le pourcentage est élevé, plus l'effet de dispersion est grand. Choisissez Prévis. à l'écran pour visualiser le résultat de l'effet, puis cliquez sur OK.

## Fondu

Utilisez le filtre Fondu pour uniformiser et adoucir les couleurs de l'image ainsi que pour créer des transitions plus progressives à la frontière entre les zones de lumière et les zones d'ombre. Utilisez l'outil Fondu à main levée pour appliquer le filtre à de petites zones.

Plus la valeur de fondu est élevée, plus grand est l'effet. Une grande ouverture crée un fondu plus uniforme ; cette option agrandit la zone analysée par le filtre au moment de déterminer l'application du fondu.

# Effets spéciaux

Les filtres du menu Effets permettent de créer d'innombrables effets spéciaux des plus réussis.

Image originale

Utilisation du filtre Détection des

## *Détection des bords*

Utilisez l'effet Détection des bords pour créer un effet de contour. L'option Sensibilité permet de renforcer les bords. A une valeur de 1, seuls les bords nettement marqués sont affectés. A une valeur de 10, tous les pixels sont susceptibles d'être affectés.

Dans la liste déroulante Couleur, choisissez la couleur voulue pour les zones sans contour. Choisissez un style de bord pour la couleur du contour dans la liste déroulante Bord. Si vous manipulez une image en niveaux de gris, choisissez Clair pour obtenir des contours blancs ou Foncé pour obtenir des contours noirs. Si votre image est une image en couleurs, choisissez Clair pour des contours de couleur claire ou Foncé pour des contours de couleur foncée. Choisissez Auto si vous souhaitez que CorelPHOTO-PAINT ajuste automatiquement les contours.

## Silhouettage

Utilisez le filtre Silhouettage pour entourer d'une ligne les bords d'une image. Ajustez le seuil du contour pour marquer des zones.

Image originale

Seuil du silhouettage fixé à 110

## Accentuation des bords

Utilisez le filtre Accentuation des bords pour accentuer les bords dans des zones de différentes couleurs et nuances.

## Détourage

Cette option permet de détourer la totalité de l'image ou une zone sélectionnée. Tous les éléments de la zone sélectionnée, hormis les bords tracés, sont soulignés par un contour gris dont l'intensité est basée sur l'intensité de la couleur de fond.

### Mouvement fondu
Utilisez le filtre Mouvement fondu pour donner une illusion de mouvement. Les flèches Direction indiquent la direction du mouvement. Plus la valeur de vitesse spécifiée est élevée, plus l'effet de flou est grand.

### Postérisation
Utilisez l'effet Postérisation pour supprimer les gradations, créant ainsi des zones de couleur ou de nuances de gris à 100%. Plus la valeur spécifiée est faible, plus l'effet est prononcé.

### Psychédélique
Cette option permet de donner à votre image un effet "sixties" en modifiant la couleur d'une manière aléatoire. Ajustez le pourcentage de modification et prévisualisez votre sélection.

### Solarisation
Cet effet inverse l'image (crée un négatif) de manière sélective. Ajustez le seuil afin de déterminer quels pixels doivent être inversés. Tous les pixels dont la valeur est inférieure à celle définie seront inversés.

## *Ajouter bruit*

Utilisez l'option Ajouter bruit pour créer un effet de grain et donner ainsi de la texture à des images fades ou présentant un trop grand effet de fondu. Plus la Variation définie est grande, plus l'image est granuleuse. Une distribution uniforme donne un résultat plus prononcé qu'une courbe en cloche. Vous pouvez ajuster une composante de couleur séparément ou toutes les couleurs à la fois. Pour les images en niveaux de gris, la seule composante disponible est Mono.

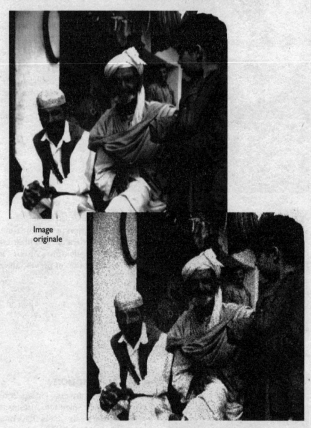

Image originale

Effet Ajouter bruit

## *Ajouter plus de bruit*

Choisissez Uniforme pour créer un effet global de grain. Choisissez Gaussien pour produire un grain plus épais. Choisissez en pic pour un grain plus fin, de couleur plus claire. Cliquez sur le curseur pour modifier le pourcentage de niveau de bruit.

### Supprimer le bruit

Utilisez Supprimer le bruit pour adoucir les bords et réduire l'effet de dispersion créé par la numérisation. Chaque pixel est comparé aux pixels avoisinants et le programme dégage une valeur moyenne. Cliquez sur le curseur pour définir la valeur maximale autorisée au-dessus de la valeur moyenne. Tout pixel dépassant cette valeur sera modifié.

### Maximum

Cette option permet d'éclaircir une image en ajustant les valeurs des pixels de manière à diminuer le nombre de couleurs. Plus le pourcentage spécifié est élevé, plus l'image est claire.

### Moyen

Cette option permet de supprimer le bruit des images numérisées présentant un aspect granuleux.

### Minimum

Cette option permet d'assombrir une image en ajustant les valeurs des pixels de manière à diminuer le nombre de couleurs. Plus le pourcentage spécifié est grand, plus l'image est sombre.

### Dispersion

Utilisez le filtre Dispersion pour disperser les couleurs dans une image. Spécifiez la Largeur et la Hauteur pour déterminer l'effet de dispersion. Cliquez sur Décalage Couleurs pour introduire de nouvelles couleurs dans l'image.

Dispersion

Image originale

Mise en relief

Inversion

Mosaïque

## Mise en relief

Utilisez le filtre Mise en relief pour créer un effet tridimensionnel. Les flèches de direction indiquent l'emplacement de la source lumineuse et déterminent l'angle des zones de haute lumière et des zones d'ombre.

La zone Couleur vous permet de déterminer la couleur globale de l'image mise en relief. Pour obtenir de meilleurs résultats, choisissez une couleur moyenne, tirant vers le gris.

## Inverser

Utilisez le filtre Inverser pour inverser les couleurs d'une image, comme sur un négatif photo.

## Mosaïque

Utilisez le filtre Mosaïque pour créer un effet de mosaïque en agrandissant les pixels de votre image. Cet effet provoque une certaine perte de détail.

La largeur et la hauteur (en pixels) des blocs individuels peuvent être spécifiées. Choisissez Valeurs identiques pour spécifier une largeur et une hauteur identiques (des blocs carrés).

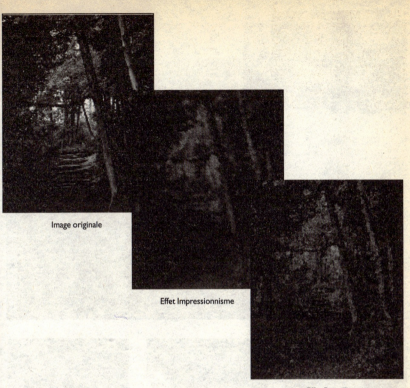

Image originale

Effet Impressionnisme

Effet Pointillisme

## *Pointillisme*

Utilisez l'effet Pointillisme pour créer un effet pointilliste, dans lequel l'image est formée de points. Vous pouvez spécifier la taille de point, ajuster la variation de taille, l'espacement des points et la variation des couleurs en déplaçant les curseurs correspondants. Choisissez Prévis. pour visualiser le résultat de l'effet, puis cliquez sur OK.

## *Impressionnisme*

Utilisez le filtre Impressionnisme pour créer des coups de pinceau de type impressionniste. Vous pouvez spécifier la forme et la direction des coups de pinceau. Vous pouvez créer des styles de coup de pinceau personnalisés en déplaçant les carrés dans la zone de définition. Vous pouvez également définir la longueur des coups de pinceau, la taille, le nombre de pinceaux, la variation de taille, l'espacement des coups de pinceau et la variation des couleurs. Expérimentez votre effet sur une zone sélectionnée jusqu'à ce que vous obteniez l'effet souhaité.

# CHAPITRE 5

# Manipulation de fichiers et de périphériques externes

CorelPHOTO-PAINT vous permet de convertir des images en différents formats et de les enregistrer dans une multitude de types de fichier bitmap. Vous pouvez rééchantillonner les images numérisées volumineuses afin d'en réduire la taille et de les rendre plus faciles à manipuler.

La commande Acquérir vous permet de contrôler des périphériques tels que des scanners ou des cartes de capture vidéo à partir de CorelPHOTO-PAINT.

Les commandes d'impression offrent un contrôle précis de l'impression et des fonctions de pré-presse ainsi que des options de correction de couleur pour les images séparées.

Des commandes d'étalonnage sont disponibles pour les imprimantes, scanners et écran. Grâce à ces commandes, vous pouvez créer un environnement uniforme pour votre équipement à tous les stades de la création et du traitement des images. Des courbes de réponse personnalisées (.map) peuvent être créées et enregistrées sur disques.

# Ouverture et enregistrement de fichiers

La commande Nouveau du menu Fichier affiche la boîte de dialogue Créer une nouvelle image. Dans cette boîte de dialogue, vous pouvez spécifier la largeur; la hauteur et l'unité de mesure de l'image. Le type d'image à créer peut également être spécifié dans la liste Mode.

La commande Ouvrir affiche la boîte de dialogue Charger une image à partir du disque. Choisissez le fichier voulu et cochez la case Visualisation pour obtenir une représentation bitmap de l'image. Cliquez sur Infos pour afficher des données concernant le fichier choisi.

La commande Enregistrer sous affiche la boîte de dialogue Enregistrer une image sur le disque, qui vous permet d'enregistrer un fichier sous un nom différent ou dans un autre format.

# Utilisation du Presse-papiers

Le Presse-papiers est une zone de stockage temporaire permettant le transfert de texte et d'images entre des applications Windows. Vous pouvez également utiliser le Presse-papiers pour déplacer des objets d'un fichier CorelPHOTO-PAINT à l'autre.

Pour couper ou coller un objet et le placer dans le Presse-papiers, sélectionnez-le, puis choisissez la commande Couper ou Copier dans le menu Edition. La commande Couper supprime l'objet de l'image, tandis que la commande Copier se contente de placer une copie de l'objet dans le Presse-papiers. Une fois l'objet placé dans le Presse-papiers, utilisez la commande Coller pour placer une copie de cet objet dans CorelPHOTO-PAINT sous la forme soit d'une Nouvelle Sélection, soit d'une Nouvelle Image.

Utilisez la commande Coller depuis Fichier pour insérer une image du disque dans votre image actuelle.

# Rééchantillonnage d'une image

La commande Rééchantillonnage du menu Image permet de créer une image de taille ou de résolution différentes sans modifier l'original.

Le rééchantillonnage par taille et le rééchantillonnage en % sont liés : lorsque vous modifiez l'une de ces options, l'autre est automatiquement modifiée. Si vous sélectionnez l'option Conserver Aspect, vous devez uniquement modifier la largeur, la hauteur étant automatiquement ajustée par le programme.

La hauteur, la largeur et la taille (en octets) de l'image rééchantillonnée apparaissent dans la zone Rééchantillonner Infos Image, tandis que celles de l'image originale apparaissent dans la zone Infos Image orig.

Vous pouvez également déterminer la qualité de traitement de l'image rééchantillonnée.

Le décrantage offre une meilleure qualité de traitement en appliquant des algorithmes de décrantage qui suppriment les effets d'escalier. L'option Moyenne crée une image uniforme en calculant la moyenne entre les pixels doubles. L'option Etirement crée une image plus brute en étirant les pixels doubles. Enfin, l'option Troncage crée une image rééchantillonnée grossière en éliminant les pixels qui se chevauchent.

Utilisez la zone Résolution pour modifier la résolution de l'image. Cette information, qui sera enregistrée dans le nouveau fichier, détermine la relation entre la dimension de l'image en pixels et la dimension de l'image en pouces.

# Conversion de format d'image

Utilisez la commande Convertir en pour changer le format de couleur d'une image. Les filtres et les outils de retouche de Corel-PHOTO-PAINT offrent les meilleurs résultats avec des images couleur ou en niveaux de gris.

Les couleurs contenues dans votre image qui ne sont pas supportées par votre écran sont simulées. Plus le nombre de couleurs disponibles pour votre image est élevé, plus le traitement de l'image consomme de la mémoire.

L'option Noir & blanc, Trait convertit une image en noir & blanc sans demi-tons.

L'option Noir & blanc, Trame d'impression convertit une image en noir & blanc en utilisant une trame d'engraissement.

L'option Noir & blanc, Trame d'affichage convertit une image en noir & blanc en utilisant une trame diffuse. Cette option donne de bons résultats à l'écran. Elle n'utilise pas de motifs, mais tend à suivre les contours de l'image. Elle offre de bons résultats lorsque l'image contient de nombreux niveaux de couleur mais de moins bons résultats lorsque l'image contient de larges zones de même couleur.

L'option Echelle de gris (8 bits) convertit une image en 256 niveaux de gris. C'est le format indiqué si votre image est composée de nuances de gris. Les filtres et outils de retouche seront plus rapides et offriront de bons résultats. Si vous fractionnez une image couleur avec l'option YIQ, la séparation Y pourra produire une image en niveaux de gris de meilleure qualité que celle que vous pourrez obtenir avec une conversion standard couleur/niveaux de gris.

L'option 256 Couleurs (8 bits) convertit une image en 256 couleurs. CorelPHOTO-PAINT crée une palette optimisée pour votre image.

Si vous convertissez une image en niveaux de gris en une image 256 couleurs, certains couleurs seront ajoutées à votre carte des couleurs de sorte que vous puissiez les ajouter à votre image. Etant donné que l'oeil humain n'est pas capable de distinguer entre des gris très foncés, votre image paraîtra identique avant et après la conversion. Si vous souhaitez conserver tous les gris et disposer de nombreuses couleurs, convertissez votre image en une image couleur 24 bits.

L'option Couleurs exactes (24 bits) convertit une image en un format utilisant 24 bits de couleur par point (8 bits pour le rouge, 8 bits pour le vert et 8 bits pour le bleu). Les images couleur 24 bits occupent trois fois plus d'espace sur le disque que les images 256 couleurs.

# Transformation d'images

Les options Bascule Horizontale et Bascule Verticale vous permettent de faire basculer tout ou partie d'une image en la faisant pivoter sur son axe vertical (image miroir) ou horizontal (image renversée).

La commande Rotation vous permet de faire pivoter rapidement tout ou partie d'une image de 90° vers la gauche ou vers la droite. Elle permet également de faire pivoter l'image de 180° ou à un angle de votre choix, par incréments de 1 degré. Pour conserver la taille de l'image originale, cochez la case correspondante. La commande Rotation Libre vous permet de faire pivoter l'image selon l'angle de votre choix et dans la direction de votre choix en déplaçant les flèches d'angle.

La commande Distorsion vous permet de donner à votre image différentes formes en faisant glisser les poignées d'angle d'une marquise de sélection qui entoure l'image.

# Affichage d'informations à propos d'une image

La commande Infos du menu Image affiche des informations sur l'image active : nom, largeur, hauteur, dimensions en points par pouce, type et taille, ainsi que format et sous-format. La commande indique aussi si l'image a été modifiée. Cette commande figure en outre dans le menu Système de chaque image.

# Commandes du menu Fenêtre

Les commandes du menu Fenêtre permettent de réorganiser les icônes des images, de rouvrir des images qui ont été réduites à l'état d'icônes, de changer d'image active et de dupliquer rapidement jusqu'à 20 fenêtres d'images. Le menu Fenêtre affiche également le nom ainsi que certaines informations à propos des images affichées ou réduites à l'état d'icônes. Choisissez une image dans le menu Fenêtre pour la rendre active (la fenêtre active est marquée par une coche). Vous pouvez également changer d'image active en cliquant sur la barre de titre de l'image que vous souhaitez rendre active.

# Préférences

Utilisez la commande Préférences pour spécifier des informations de démarrage ainsi que les unités de mesure à utiliser.

# Numérisation

Les commandes de numérisation vous permettent de sélectionner et de piloter votre scanner sans devoir quitter le programme Corel-PHOTO-PAINT. Utilisez la commande Sélectionner Source dans le menu Acquérir Image pour choisir un gestionnaire de saisie d'images standard telles que Source de l'image Corel.

La commande Acquérir vous permet de numériser une image. La boîte de dialogue qui est affichée est fonction du type de scanner utilisé. Certains scanners offrent davantage d'options, accessibles en cliquant sur le bouton Paramètres.

Vous pouvez définir les zones à numériser en ajustant le périmètre de sélection dans la zone de contrôle de numérisation ou en introduisant l'emplacement, la largeur, la hauteur et la résolution dans les zones appropriées. L'unité de mesure, les couleurs, les demi-tons et le format de papier peuvent être spécifiés dans les zones correspondantes.

L'option Prénumérisation effectue une numérisation préliminaire de la totalité de l'original. Vous pouvez alors sélectionner la zone exacte à numériser. L'image peut être enregistrée sur disque dans différents formats.

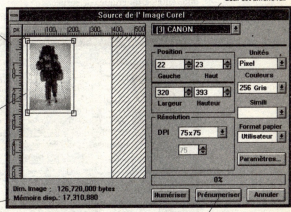

Le nom du scanner actif est affiché ici.

Les règles permettent un positionnement précis des coordonnées.

Cliquez sur le bouton Prénumériser et sélectionnez ensuite la zone à numériser en cliquant et en faisant glisser les poignées de coin de la marquise de sélection.

Informations relatives à la taille de la partie à numriser et à l'espace mémoire disponible.

La commande Prénumériser effectue une numérisation de toute l'image et affiche dans la fenêtre de numérisation une version de l'image en niveaux de gris et à basse résolution. Sélectionnez alors la partie de l'image que vous souhaitez numériser.

*Manipulation de fichiers et de périphériques externes* **/ 403**

# Etalonnage de l'écran

Utilisez la commande Etalonnage du menu Affichage pour étalonner votre écran de telle sorte que les images affichées à l'écran soient aussi proches que possible de la sortie imprimée.

Le Gamma se réfère à des caractéristiques d'intensité de l'écran qui se rapportent à des différences d'intensité de couleur entre l'image originale et les couleurs affichées à l'écran. Les écrans peuvent également différer par un décalage général de couleur. Certaines couleurs sont ainsi décalées davantage vers le bleu ou vers le rouge. Si vous étalonnez votre écran, les images que vous verrez à l'écran seront aussi uniformes et cohérentes que possible, selon les conditions d'éclairage de l'environnement de travail et le type d'équipement utilisé.

Dans la boîte de dialogue Etalonnage Ecran, entrez ou choisissez une valeur dans la zone Gamma. Ajustez la balance des couleurs de manière à rendre la bande verticale aussi grise que possible. Les gradations de couleur affichées dans la barre de couleur au bas de la boîte de dialogue doivent apparaître plus uniformes à mesure que vous modifiez les valeurs dans les zones d'intensité relative. Ajustez les valeurs dans les zones de la section Balance des couleurs pour supprimer toute teinte de la bande verticale. Pour conserver ces paramètres, vous devez les enregistrer sous un nouveau nom de manière à pouvoir les réutiliser après que vous ayez quitté la boîte de dialogue. D'autres tables d'étalonnage peuvent être chargées ou enregistrées de manière à pouvoir piloter différents périphériques de sortie.

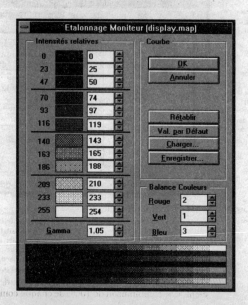

# Modification d'une gamme de tonalités

La commande Editer Gamme Tonalités du menu Fichier permet de définir et d'enregistrer un nombre illimité de courbes afin d'ajuster la gamme de tonalités, la balance, le contraste, la luminosité, etc. de vos images. La boîte de dialogue Gamme Tonalité offre une grille permettant d'ajuster les zones de haute lumière, les quarts de ton, les demi-tons, les trois-quarts tons et les ombres ainsi que d'autres points intermédiaires pour les composantes RVB ou CMYK de l'image. Dans le bas de la boîte de dialogue, un curseur permet de régler le gamma, ou balance.

L'axe horizontal de la courbe représente les valeurs d'entrée (originales) ; l'axe vertical représente les valeurs de sortie (nouvelles valeurs). La courbe représente une formule de conversion entre les valeurs originales des pixels et les nouvelles valeurs désirées, ou valeurs de sortie.

En sélectionnant l'option RVB dans la zone Gamme Tonalité, vous pouvez modifier à la fois les composantes rouge, vert, bleu et gris ; ou vous pouvez modifier une composante à la fois en sélectionnant la composante voulue, par exemple le vert. Les courbes de chaque composante sont affichées dans la couleur correspondante : bleu pour le bleu, magenta pour le magenta, etc.

Après avoir choisi la courbe à modifier, vous pouvez en manipuler les points. Vous pouvez utiliser la souris pour cliquer sur les points dans la grille et les faire glisser, ou utiliser l'outil d'édition pour sélectionner les valeurs de chacun des points de la courbe.

Les valeurs des composantes RVB s'étendent de 0 à 255, tandis que les valeurs de densité des composantes CMYK s'étendent de 0 à 100%.

Dans le modèle de couleurs RVB, 0 représente le noir, tandis que 255 représente un bleu pur, un rouge pur ou un vert pur, selon la composante concernée. Si les trois composantes sont à 0, on obtient du noir. Si les trois composantes sont à 255, on obtient du blanc. Par conséquent, la partie la plus claire (blanche) d'une image a généralement une valeur de 255, tandis que la partie la plus foncée (noire) d'une image a une valeur de 0.

Dans la courbe représentant la gamme de tonalités du modèle RVB, la partie la plus claire de l'image est généralement représentée par le point le plus à droite, tandis que le point le plus à gauche représente la partie la plus foncée. Les points intermédiaires représentent toutes les autres valeurs de couleur de l'image. Lorsque vous modifiez l'emplacement d'un point sur la grille, vous en redéfinissez la valeur. Les valeurs intermédiaires entre les points définis sont extrapolées de manière à uniformiser les gradations de tonalité. Dans le modèle RVB, plus la valeur est élevée, plus la couleur est rouge, verte ou bleue. Vous remarquerez que le modèle RVB permet également un ajustement du gris. Le gris est utilisé pour créer des transitions plus progressives d'une nuance à l'autre.

Le modèle de couleurs CMYK fonctionne d'une manière totalement opposée. Le modèle CMYK se mesure en pourcentages ; par exemple, 20% de cyan, 20% de magenta, 20% de jaune. Théoriquement, une combinaison de 100% de chaque composante produit du noir, et non du blanc, à l'inverse du modèle RVB. La composante noire est nécessaire pour créer un noir plus vrai et pour améliorer les contrastes.

Dans le modèle de couleurs CMYK, le point le plus à gauche de la grille représente la partie la plus claire de l'image, tandis que le point situé à l'extrême droite représente la partie la plus foncée. Les points intermédiaires représentent les autres pourcentages de valeurs CMYK contenues dans l'image. Lorsque vous modifiez l'emplacement d'un point sur la grille, vous redéfinissez le pourcentage de cyan, magenta, jaune et/ou noir pour ce point. Les pourcentages intermédiaires sont extrapolés de manière à uniformiser les gradations de tonalité.

La boîte de dialogue Gamme Tonalités permet également d'ajuster le gamma. Lorsque vous ouvrez une image, votre écran lit les informations de cette image et interprète les valeurs qu'il lit en couleurs.

Après avoir défini les paramètres de votre courbe dans la grille de la gamme de tonalités, vous pouvez définir le type de courbe que vous avez créé et l'enregistrer sous un nom spécial dans la boîte de dialogue Enregistrer Gamme Tonalités. Toutes les courbes sont enregistrées dans des fichiers (.map). Après avoir créé et enregistré une courbe personnalisée, vous pouvez la charger et l'appliquer à une image.

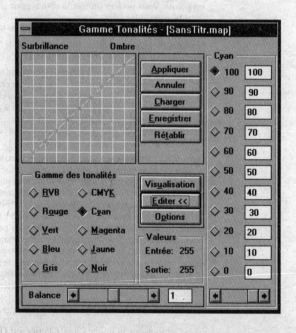

# Fractionnement des composantes

Utilisez la commande Fractionner les composantes du menu Image pour fractionner une image en ses différentes composantes selon un modèle de couleurs défini (RVB, TLV, CMYK et YIQ) et modifier une ou plusieurs de ses composantes sans affecter les autres. Cette possibilité vous permet d'apporter des corrections à une image ou de créer un effet spécial. Par exemple, vous pouvez visualiser la composante de cyan, magenta, jaune et noir d'une image et ajuster la luminosité et le contraste pour une, deux, trois ou les quatre composantes CMYK qui composent l'image. Si vous choisissez le modèle CMYK, vous pouvez également charger un circuit de correction de couleur personnalisé si vous créez des séparations pour une imprimante particulière.

Le modèle YIQ crée des séparations similaires à un standard vidéo tel que NTSC. La composante Y de ce procédé crée une image en niveaux de gris qui conserve davantage de détails qu'une conversion standard d'une image couleur en une image en niveaux de gris.

Lorsque vous fractionnez une image, vous créez automatiquement un fichier PCX par défaut pour chaque composante. Vous pouvez ensuite enregistrer ces informations dans des fichiers PCX ou dans d'autres formats de fichier tels que BMP, TGA ou TIFF.

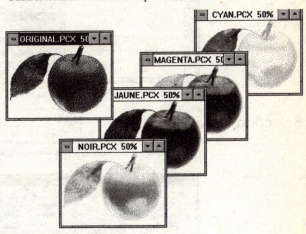

# Combinaison de composantes

Utilisez la commande Combiner les composantes du menu Image pour recombiner une image qui a été fractionnée. La boîte de dialogue Combiner affiche chaque image séparée dans la zone Mode. Le plus souvent, on choisira de combiner les composantes d'une image après l'avoir fractionnée et avoir modifié une ou plusieurs de ses composantes. Pour créer des effets spéciaux, vous pouvez sélectionner un mode différent et réaffecter les composantes dans les zones Composante et Image Cible. Cliquez sur OK pour créer la nouvelle image.

# Impression de fichiers

Utilisez les commandes Imprimer du menu Fichier pour imprimer une image, sélectionner, configurer et étalonner votre imprimante, ainsi que pour spécifier différentes options d'impression.

Choisissez Imprimer pour afficher la boîte de dialogue Imprimer, qui vous permet de déterminer l'aspect de votre image sur la page imprimée. Vous pouvez spécifier la position d'impression en introduisant des valeurs dans les zones appropriées ou en faisant glisser la prévisualisation à l'aide de la souris. Cochez les options d'échelle voulues et spécifiez les unités de mesure de votre choix. Cliquez sur Charger pour placer plusieurs images ouvertes sur une même page (imprimantes PostScript uniquement).

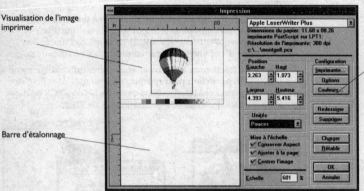

Visualisation de l'image imprimer

Barre d'étalonnage

Cliquez sur Couleur pour afficher la boîte de dialogue SmartColor

Boîte de dialogue Impression

# Sélection des options

Cliquez sur Options si vous désirez sélectionner d'autres paramètres d'impression et cochez les cases appropriées.

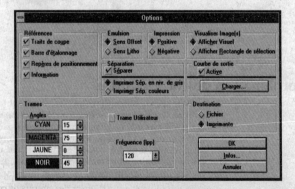

Boîte de dialogue Options d'impression

408 \ CorelPHOTO-PAINT: Chapitre 5

La zone Visualiser image(s) permet d'afficher l'image à imprimer ou un rectangle vide délimitant celle-ci.

Cliquez sur Infos pour afficher des informations à propos du gestionnaire d'imprimante actif.

L'impression de l'image peut être dirigée vers un fichier disque ou une imprimante. Cliquez sur le bouton approprié dans la zone Destination.

Cliquez sur Active, puis sur Charger pour ouvrir une courbe de gradation différente pour l'imprimante.

# Impression de séparations

Cliquez sur Séparation dans la boîte de dialogue Options afin d'imprimer des séparations de couleurs ou de niveaux de gris. Cliquez sur Couleur dans la boîte de dialogue Imprimer pour afficher la boîte de dialogue Couleur.

La fenêtre Original affiche les couleurs qui apparaissent à l'écran. La fenêtre Visualisation affiche les couleurs telles qu'elles seront imprimées si vous effectuez une impression des séparations.

Cliquez sur une couleur dans la zone Visualisation pour afficher les valeurs RVB et CMYK de la couleur en question et ce, pour chacune des deux images.

L'option Gradation vous permet de charger une courbe de gradation utilisateur applicable au fichier à imprimer. Cette courbe n'est pas attachée à une imprimante spécifique. L'option masquage flou permet d'accentuer l'image en spécifiant une valeur.

Cette boîte de dialogue vous permet de comparer l'aspect de l'image à l'écran et l'aspect qu'elle aura une fois imprimée sur l'imprimante sélectionnée. Vous pouvez charger des circuits personnalisés pour différentes imprimantes de destination et afficher les informations à propos du circuit actif. Cliquez sur Pré-presse pour accéder aux outils de pré-presse afin de créer des circuits de correction de couleur.

*Manipulation de fichiers et de périphériques externes*

# Utilisation des outils de pré-presse

Le pré-presse implique généralement la création de négatifs pour les images en noir et blanc, des négatifs demi-tons pour les photos non couleur et les traits, et la création de quatre séparations de couleur correspondant aux encres de l'imprimante (couleurs primaires). Des épreuves couleur sont réalisées afin de comparer les images couleur à l'original. La correction des couleurs et les retouches font également partie du processus.

Utilisez la commande Pré-presse du menu Fichier pour créer des circuits personnalisés qui pourront être appliqués aux images séparées lors de leur impression sur différentes imprimantes.

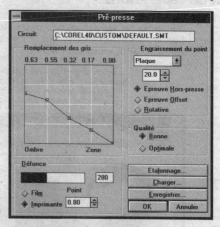

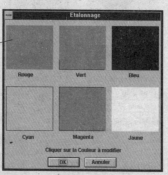

Cliquez sur une couleur pour accéder à la boîte de dialogue Couleurs o vous pourrez sélectionner une couleur qui se rapproche le plus possible de l'échantillon destiné à l'imprimante.

Vous pouvez créer vos propres circuits afin d'essayer de trouver la meilleure correspondance avec l'échantillon de couleurs d'une imprimante spécifique. Cliquez sur Etalonner dans la boîte de dialogue Outils Pré-presse et ajustez les blocs de couleur affichés pour les faire correspondre à un échantillon de couleur de l'imprimante de destination. Cliquez sur Bonne comme Qualité d'impression afin de créer le nouveau circuit de correction de couleurs. L'option Optimale peut allonger sensiblement le temps de création du circuit. Lorsque vous chargerez ce nouveau circuit dans la boîte de dialogue Couleur, vous pourrez voir l'aspect que votre image aura à l'impression sur l'imprimante de destination (cfr. boîte de dialogue Couleur à la page précédente).

Le remplacement des gris est une technique qui supprime des séparations de couleurs le cyan, le magenta et/ou le jaune correspondant aux parties grises d'une image. La défonce utilise du noir pour réduire et remplacer les couleurs primaires, réduisant ainsi la quantité d'encre consommée lors de l'impression.

La valeur de Point noir spécifie l'intensité apparente du noir. Un point noir de 0.0 produit un noir aussi foncé que celui produit par les 3 couleurs CMJ. Un point noir de 1.0 produit un noir aussi intense que celui produit en quadrichromie.

L'engraissement de point est dû à la nature du papier, des encres et des presses : les points simili peuvent augmenter de taille entre la séparation sur film et la page imprimée. Entrez une valeur pour spécifier l'engraissement de point de l'imprimante de destination.

Nous n'avons fait que résumer ici les variables de pré-presse. Pour des informations détaillées sur ce qu'elles contrôlent et sur ce qui se passe quand on les modifie, référez-vous au Chapitre 19 de la section CorelDRAW de ce manuel.

# Etalonnage d'une imprimante

La commande Etalonnage du menu local Imprimer permet de maximiser la linéarité de votre imprimante. Ajustez la courbe dans la boîte de dialogue Etalonnage Impression en déplaçant les points de la ligne. Vous pouvez ajuster toutes les couleurs à la fois en cliquant sur Plaque, ou chaque couleur séparément en cliquant sur la couleur en question. Vous pouvez créer des courbes de gradation différentes afin de produire différents types de sorties sur votre imprimante.

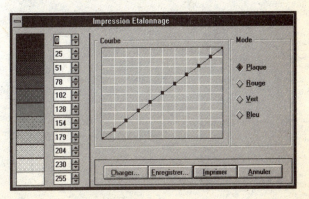

Normalement, vous définirez des courbes de gradation pour votre imprimante, votre écran et votre scanner. Veillez à ne pas confondre ces courbes de gradation avec les circuits de correction de couleur créés pour les séparations de couleurs.

# SECTION 3

## COREL**MOVE**

# Chapitre 1

# Introduction

Le programme d'animation CorelMOVE met à votre disposition des outils faciles à utiliser pour la création d'animations simples ou complexes, sans qu'il soit nécessaire d'être expert en la matière. CorelMOVE simule le processus image par image traditionnel. Il dispose des outils nécessaires pour la création des acteurs, décors et effets sonores, ainsi que de fonctions permettant de combiner ou superposer plusieurs images animées et sons.

La manière la plus simple de décrire une animation est de la considérer comme une séquence de dessins enchaînés pour créer l'illusion du mouvement. La méthode traditionnelle implique le dessin d'acteurs pour chaque changement de position sur les différentes feuilles de papier. Par exemple, si un acteur marche, chaque mouvement du corps est dessiné sur une feuille séparée. La combinaison de tous les dessins simule la marche de l'acteur. La technique d'animation de CorelMOVE consiste à utiliser des outils tels que la Palette de dessin bitmap et à créer le mouvement d'un acteur dans une série de cases, qui se substituent au papier. CorelMOVE combine ainsi les concepts de l'animation traditionnelle avec la puissance de la technologie moderne.

# Notions de base de CorelMOVE

▶ **Pour lancer CorelMOVE :**
- Double-cliquez sur l'icône de CorelMOVE. L'écran de l'application apparaît. Initialement, seul le menu Fichier y est disponible ; les autres menus sont estompés et restent inaccessibles jusqu'à ce qu'une animation ait été ouverte ou créée.

# Structure de l'écran de CorelMOVE

L'écran de CorelMOVE se compose des éléments suivants :

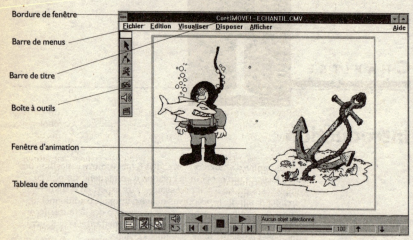

Bordure de fenêtre
Barre de menus
Barre de titre
Boîte à outils
Fenêtre d'animation
Tableau de commande

Voici une brève description de chaque élément :

**Bordure de fenêtre :** La bordure de fenêtre permet de modifier la taille de la fenêtre CorelMOVE. Cette possibilité est utile si vous faites tourner simultanément plusieurs applications Windows.

**Barre de titre :** En plus d'indiquer le nom du fichier dans lequel vous travaillez, la barre de titre permet de repositionner la fenêtre CorelMOVE à l'écran.

Les icônes fléchées à droite de la barre de titre permettent de réduire la fenêtre CorelMOVE en une icône ou de l'agrandir pour qu'elle occupe la totalité de l'écran.

**Barre de menus :** La barre de menus affiche le nom des six menus déroulants. Lorsque vous sélectionnez le nom d'un menu, le programme présente une liste de commandes donnant accès à de nombreuses fonctions de CorelMOVE.

**Fenêtre d'animation :** La fenêtre d'animation est affichée lors de la création ou modification d'une animation. C'est la zone dans laquelle vous travaillez sur vos animations. Elle peut en quelque sorte être considérée comme une image d'un film. Lorsque vous y placez un objet, il est positionné sur l'image affichée.

**Boîte à outils :** La boîte à outils autorise un accès rapide aux principales fonctions de CorelMOVE. Elle contient les outils suivants :

| Outil | | Fonction |
|---|---|---|
| Outil-sélection | ▶ | Sélection d'objets |
| Outil-tracé | ✎ | Sélection d'objets et création de tracés |
| Outil-acteur | 🏃 | Création d'acteurs |
| Outil-décor | 🖼 | Création de décors |
| Outil-son | 🔊 | Création de sons |
| Outil-branchement | 🗐 | Création de branchements |

**Tableau de commande :** Le tableau de commande est situé dans le bas de l'écran. Il comprend les icônes Bibliothèque, Chronologie et Séquenceur Cases qui donnent accès aux menus flottants de CorelMOVE. Il dispose également de commandes semblables à celles d'un magnétoscope, qui permettent de visualiser une animation en cours de création. Les icônes Son et Boucle figurent à gauche des commandes de lecture. L'icône Son active et désactive le son, tandis que l'icône Boucle permet de répéter continuellement l'animation, qui redémarre dès qu'elle est terminée. La ligne d'état et les indicateurs d'image de début et de fin fournissent des informations sur l'objet sélectionné. La ligne d'état précise le type et le nom de l'objet sélectionné, et, dans le cas d'un acteur, son nombre de cases. Les indicateurs d'image de début et de fin contiennent, respectivement, le numéro de la première et de la dernière image de l'objet sélectionné. Situé sous la ligne d'état, le compteur affiche le numéro de l'image en cours (à gauche) et le nombre total d'images (à droite). Pendant la lecture de l'animation, le curseur se déplace d'image en image. Il peut également être utilisé pour atteindre manuellement une image spécifique.

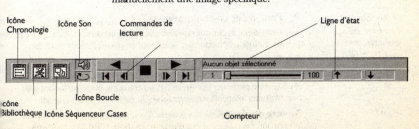

*Introduction*

**Fenêtre de dessin bitmap :** Cette fenêtre est affichée lors de la création ou de la modification d'un acteur ou décor. Lorsque vous créez un acteur ou un décor, elle est initialement vide. Si vous modifiez un objet, l'acteur ou le décor sélectionné y apparaît. La barre de menus de la fenêtre de dessin bitmap présente trois menus déroulants qui contiennent les commandes de dessin de CorelMOVE. Vous pouvez utiliser la palette de dessin bitmap pour créer des acteurs ou des décors.

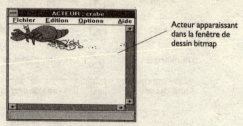

Acteur apparaissant dans la fenêtre de dessin bitmap

**Palette de dessin bitmap :** La palette de dessin bitmap n'est accessible que lors de la création ou de la modification d'un acteur ou d'un décor. Elle contient le lasso, le rectangle de sélection, le crayon, la gomme, l'aérographe, le pinceau, la ligne, le rectangle, le polygone, l'ellipse, le sélecteur de motifs, le sélecteur de couleur d'avant-plan et d'arrière-plan et le sélecteur de largeur de lignes.

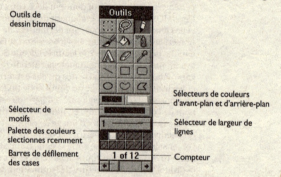

Outils de dessin bitmap

Sélecteur de motifs

Palette des couleurs slectionnes rcemment

Barres de défilement des cases

Sélecteurs de couleurs d'avant-plan et d'arrière-plan

Sélecteur de largeur de lignes

Compteur

# Création d'une animation

> **»Raccourci :**
> Pour créer une animation, appuyez sur CTRL + N.

▶ **Pour créer une animation :**

1. Choisissez la commande Nouveau dans le menu Fichier. La boîte de dialogue Sélectionner Nom pour Nouveau Fichier s'affiche.

3. Entrez le nom de la nouvelle animation dans le champ Nom du fichier.

4. Sélectionnez un lecteur et un répertoire si la nouvelle animation doit être placée à un emplacement différent de celui affiché.

5. Cliquez sur OK.

# Ouverture d'une animation

> **»Raccourci:**
> Pour ouvrir une animation, appuyez sur les touches CTRL + O.

▶ **Pour ouvrir une animation :**

1. Choisissez la commande Ouvrir dans le menu Fichier. La boîte de dialogue Ouvrir s'affiche.
2. Sélectionnez l'animation dans la liste présentée.
   Si l'animation à ouvrir se trouve à un emplacement différent, sélectionnez l'unité et le répertoire appropriés. Il est possible d'ouvrir des fichiers CorelMOVE (.CMV) ou des fichiers ProMotion (.MWF) en changeant de type de fichier.
3. Cliquez sur OK pour ouvrir l'animation sélectionnée.

**Remarque :** Vous pouvez aussi double-cliquer sur le nom de fichier de l'animation à ouvrir. De même, la liste des quatre derniers fichiers d'animation ouverts apparaît en bas du menu Fichier. Pour rouvrir un de ces fichiers, il suffit d'en sélectionner le nom dans le menu.

# Enregistrement d'une animation

> **»Raccourci:**
> Pour enregistrer une animation, appuyez sur CTRL + S.

▶ **Pour enregistrer une animation :**
- Choisissez la commande Enregistrer dans le menu Fichier.

▶ **Pour enregistrer une animation sous un nouveau nom ou à un emplacement différent :**

1. Choisissez la commande Enregistrer sous dans le menu Fichier.
2. Effectuez une des opérations suivantes :
   - Pour enregistrer l'animation dans l'unité et le répertoire en cours, tapez un nom de huit caractères maximum dans la zone Nom du fichier. CorelMOVE ajoute automatiquement l'extension .CMV.
   - Pour enregistrer l'animation dans une unité ou répertoire différent, tapez le chemin complet dans la zone Nom du fichier ou utilisez les champs Lecteurs (unités) et Répertoires pour identifier l'emplacement approprié.

# Réglage de la taille de la fenêtre d'animation

> **»Raccourci:**
> Pour ouvrir la boîte de dialogue Infos Animation, appuyez sur les touches CTRL + A.

La taille de la fenêtre d'animation est un élément important dans la préparation d'une animation. La taille sélectionnée détermine en effet celle de l'animation. Ainsi, si vous sélectionnez une taille trop importante pour le système utilisé pour visualiser l'animation, celle-ci ne sera que partiellement affichée. Il convient donc de considérer avec soin le public et l'emplacement. Si vous envisagez de présenter l'animation à un public nombreux, elle doit être prévue pour un écran plus grand.

▶ **Pour régler la taille de la fenêtre d'animation :**

1. Choisissez la commande Infos Animation dans le menu Afficher.
2. Entrez la hauteur et la largeur de fenêtre désirée dans les champs Fenêtre et cliquez sur OK.

# Spécification d'options d'animation

Accessibles en permanence, les boîtes de dialogue Infos Animation et Options Lecture permettent de définir les options de votre animation.

## Boîte de dialogue Infos Animation

Vous pouvez employer la boîte de dialogue Infos Animation comme ressource pour votre animation. Elle affiche le nombre d'acteurs, de décors, de sons et de branchements ainsi que divers autres paramètres. Elle permet par ailleurs de définir la taille de la fenêtre d'animation, le nombre d'images, la vitesse et l'espacement de la grille. Une description complète de chacun des éléments de la boîte de dialogue est présentée ci-après.

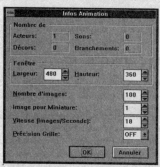

**Nombre de :** Cette zone énumère le nombre d'objets de chaque type dans l'animation en cours. Les différents types d'objets possibles sont les suivants : acteurs, décors, sons et branchements.

**Fenêtre :** Les champs Largeur et Hauteur permettent de modifier la taille de la fenêtre d'animation. L'unité utilisée est le pixel.

**Nombre d'images :** Ce champ indique le nombre d'images de l'animation. Pour le modifier, tapez une nouvelle valeur ou utilisez les flèches de défilement. La longueur d'une animation peut aller de 1 à 5 000 images.

**Image pour Miniature :** La valeur introduite dans ce champ identifie l'image utilisée comme miniature pour l'animation. Ces miniatures apparaissent dans les cases de visualisation comme celles de la boîte de dialogue Ouvrir. Une miniature est une petite représentation bitmap du fichier d'animation créée et enregistrée avec l'animation originale.

**Vitesse (Images/seconde) :** La vitesse de lecture de l'animation se mesure en images par seconde (ips). Les vitesses disponibles vont de 1 à 18 ips. La vitesse d'animation varie d'un système à l'autre, étant donné qu'elle dépend de la quantité de mémoire RAM disponible, du processeur et du temps d'accès du disque dur.

**Paramètres de la grille :** Le sous-menu Paramètres de la grille permet de définir une grille invisible. Lorsque vous ajoutez des points à un tracé ou déplacez des acteurs et des décors à l'écran, ils sont placés sur le pixel spécifié le plus proche. Par exemple, si vous choisissez 5 dans le menu déroulant, les points sont placés sur le 5ème pixel le plus proche à partir de l'angle supérieur gauche de la fenêtre. La grille est invisible et peut avoir une précision de 5 à 200 pixels. Pour la désactiver, choisissez Non dans le sous-menu.

## Options de lecture

> **» Raccourci :**
> Pour ouvrir la boîte de dialogue Options Lecture, appuyez sur les touches CTRL + K.

La boîte de dialogue Options Lecture contrôle la lecture de l'animation. Vous pouvez sélectionner la combinaison de touches permettant d'interrompre l'animation, masquer les outils, couper le son ou demander de rejouer automatiquement l'animation. Choisissez la commande Options Lecture dans le menu Afficher.

> **» Conseil :**
> A tout moment, vous pouvez utiliser la touche ECHAPPEMENT pour interrompre l'animation.

**Interrompre si :** Vous pouvez choisir entre Clic Souris ou Ctrl-Interrompre pour arrêter l'animation. L'animation est interrompue lorsque l'action correspondante est effectuée en cours de lecture.

**Outils :** Les options de cette zone permettent de masquer les outils, la barre de menus ou le curseur. Masquer Outils cache l'ensemble des outils, tels que la boîte à outils et le tableau de commande. Masquer Barre des menus et Masquer Curseur masquent respectivement la barre de menus et le curseur pendant la lecture de l'animation. Lorsque le curseur est masqué, il réapparaît quand vous passez à une autre application ; il disparaît de nouveau lorsque vous revenez à l'animation.

**Avec Sons :** Cette option active et désactive le son pendant la lecture. Cette opération est également possible à l'aide de l'icône Son du tableau de commande.

**Répétition auto. :** Cochez cette option pour que l'animation se répète automatiquement. L'animation est alors lue de manière répétée jusqu'à ce que vous l'arrêtiez. Lorsque cette case n'est pas cochée, elle n'est exécutée qu'une seule fois. L'option Répétition auto. peut également être contrôlée à l'aide de l'icône Boucle du tableau de commande.

**Remarque :** Si les palettes et la barre de menus sont masquées tandis que l'animation est lue en mode de répétition automatique, vous pouvez l'interrompre au moyen des touches spécifiées dans la zone Interrompre si de cette boîte de dialogue.

# Sortie de CorelMOVE

Pour quitter CorelMOVE, sélectionnez la commande Quitter dans le menu Fichier. Si vous n'avez pas sauvegardé les dernières modifications, le programme vous invite à enregistrer l'animation avant de quitter.

# CHAPITRE

# Création d'acteurs et de décors monocases

Ce chapitre explique comment créer un acteur ou un décor monocase à l'aide de la palette de dessin bitmap de CorelMOVE. Les acteurs peuvent être constitués d'une ou plusieurs cases, dont le nombre est déterminé à partir de la fenêtre de dessin bitmap. Reportez-vous au chapitre 3, "Création d'acteurs multicases".

Un acteur monocase est similaire à un décor en ce sens qu'il n'a qu'une forme et une couleur ; par contre, vous pouvez lui associer une action. Par exemple, si une balle de tennis se déplace à l'écran pendant une partie de l'animation, vous pouvez créer un acteur monocase pour la représenter. Si cette balle atterrit ou touche un objet, vous devez employer un acteur multicase. Toutefois, vous pourriez également utiliser deux acteurs pour représenter la balle : un acteur monocase pour le déplacement à l'écran et un acteur multicase pour l'impact proprement dit. Cette méthode permet d'économiser de la mémoire. Des arbres, des tableaux accrochés à un mur, etc. sont des exemples d'acteurs monocases inanimés : ces acteurs sont placés devant les décors (les acteurs sont toujours placés à l'avant-plan par rapport aux décors), mais ne changent pas de forme ni de couleur et ne sont pas nécessairement présents pendant la totalité de l'animation.

## Création d'acteurs et de décors

Il existe deux manières de créer des acteurs ou des décors : vous pouvez les créer de toutes pièces, ou utiliser un fichier existant. Dans les deux cas, l'acteur ou décor peut être créé dans différentes applications.

Une fois l'acteur ou décor créé, il est automatiquement placé au centre de la fenêtre d'animation. Pour le déplacer, sélectionnez l'outil-sélection dans la boîte à outils, cliquez sur l'objet et déplacez-le.

▶ **Pour créer un acteur ou décor :**

1. Cliquez sur l'icône Acteur ou Décor dans la boîte à outils, ou choisissez Décor ou Acteur dans le sous-menu Insérer du menu Edition.
   La boîte de dialogue Nouvel Acteur/Nouveau Décor s'affiche.

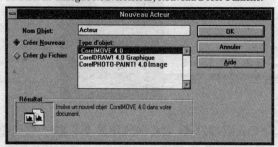

2. Entrez un nom pour le nouvel acteur ou décor dans la zone Nom Objet.
   Chaque acteur et décor doit être identifié par un nom spécifique. En effet, à mesure que vous créez des acteurs/décors ou les importez dans votre animation, ils sont ajoutés à la liste d'objets qui apprait dans le menu flottant Chronologie. Reportez-vous au chapitre 7, "Edition et lecture de l'animation" pour plus d'informations sur le menu flottant Chronologie.

3. Cliquez sur Créer Nouveau.

4. Sélectionnez le nom de l'application à utiliser dans la zone Type d'objet.
   S'il ne s'agit pas de CorelMOVE, l'application spécifiée (par exemple CorelDRAW) s'ouvre. Une fois l'objet créé et enregistré dans cette application, CorelMOVE est rouvert et l'acteur ou le décor y est placé.
   La zone Résultat de la boîte de dialogue affiche le résultat de chaque sélection effectuée dans la zone Type d'objet.

5. Cliquez sur OK.

6. Utilisez les outils de la palette de dessin bitmap ou ceux de l'application appelée pour dessiner l'acteur ou le décor.

7. Choisissez la commande Enregistrer dans le menu Fichier pour enregistrer l'acteur ou le décor ou double-cliquez sur la case du menu Système lorsque vous avez terminé l'image. Si vous vous trouvez dans une autre application, il vous suffit de la quitter pour revenir à CorelMOVE.

8. Cliquez sur OK.

▶ **Pour créer un acteur ou un décor à partir d'un fichier :**
1. Ouvrez la boîte de dialogue Nouvel Acteur/Nouveau Décor.
2. Entrez un nom dans la zone Nom Objet.
3. Cliquez sur Créer du Fichier.
4. Entrez le nom d'un fichier dans la zone Fichier.

   **- OU -**

   Cliquez sur le bouton Parcourir.
   Cliquez sur Parcourir affiche la boîte de dialogue Parcourir. Vous pouvez alors parcourir les lecteurs et répertoires de votre système et sélectionner des fichiers de différentes applications. Lorsque vous cliquez sur OK, la boîte de dialogue Nouvel Acteur/Nouveau Décor réapparaît.
5. Cliquez sur OK.
6. Utilisez les outils de la palette de dessin bitmap ou ceux de l'application appelée pour dessiner l'acteur ou le décor.
7. Choisissez la commande Enregistrer dans le menu Fichier pour enregistrer l'acteur ou le décor ou double-cliquez sur la case du menu Système pour fermer la fenêtre une fois l'image terminée. Si vous vous trouvez dans une autre application, il vous suffit de la quitter pour revenir à CorelMOVE.
8. Cliquez sur Enregistrer.

## Modification de la taille de la fenêtre de dessin bitmap

La taille de la fenêtre de dessin bitmap peut être modifiée à l'aide de la commande Mise en page du menu Fichier. La boîte de dialogue Définir Format apparaît pour permettre l'introduction des dimensions verticale et horizontale dans les zones appropriées. Cliquez sur OK.

## Annulation d'erreurs dans la fenêtre de dessin bitmap

Il existe deux manières d'annuler des erreurs. Dans la plupart des cas, vous utiliserez la commande Annuler du menu Edition de la fenêtre de dessin bitmap. Vous pouvez néanmoins aussi employer la commande Rétablir le dessin du menu Edition. Cette dernière fonctionne conjointement à la commande Maintenir le dessin, qui mémorise l'apparence en cours de la case. Vous pouvez ensuite effectuer plusieurs modifications et, si vous n'êtes pas satisfait du résultat, utiliser Rétablir le dessin pour rendre à la case l'apparence mémorisée par Maintenir le dessin. Cette dernière commande n'enregistre pas l'acteur ou le décor ; elle se contente de mémoriser les modifications apportées à la case en cours au moment de son utilisation.

»*Raccourci:*
*Pour annuler vos erreurs, appuyez sur les touches CTRL + Z.*

**Annuler :** Cette commande annule une seule modification. Elle ramène la case à l'état précédant la dernière opération. Par exemple, si vous avez tramé un objet, la commande Annuler rétablit l'état de la case avant le tramage de l'objet.

»*Raccourci:*
*Pour rétablir le dessin, appuyez sur CTRL + V.*

**Rétablir le dessin :** Cette commande rétablit l'état de la case enregistré à l'aide de la commande Maintenir le dessin ou, à défaut, l'état enregistré dans le fichier. Rétablir le dessin ne fonctionne pas si un effet spécial a été appliqué sur toutes les cases.

# Utilisation de la palette de dessin bitmap

La palette de dessin bitmap est affichée lors de la création ou de la modification d'un acteur ou décor. Elle comprend les outils nécessaires pour produire et modifier des acteurs et des décors. La partie supérieure de la palette présente les outils de dessin bitmap. La forme du pointeur varie en fonction de l'outil sélectionné. Par exemple, la sélection du Crayon transforme le pointeur en un crayon. La sélection des couleurs d'avant-plan et d'arrière-plan, des motifs et des largeurs de ligne s'effectue également dans la palette de dessin bitmap. La présence des flèches de défilement Cases et le nom de l'objet dans la barre de titre permettent de déterminer si l'objet manipulé est un acteur ou un décor : s'il s'agit d'un acteur, la barre de défilement Cases est visible dans le bas de la palette de dessin bitmap et indique la case en cours de traitement, tandis que la barre de titre affiche la mention ACTEUR : suivie du nom de l'acteur. Les décors étant constitués d'une seule case, les flèches de défilement Cases ne sont pas affichées et la barre de titre indique DECOR : suivi du nom du décor.

## *Outils de sélection : rectangle de sélection et lasso*

 Rectangle de sélection

 Lasso

Les outils de sélection permettent de sélectionner tout ou partie d'une image. La palette de dessin bitmap comprend deux outils de sélection : le rectangle de sélection et le lasso. Les commandes du menu Edition (Couper, Copier, Coller et Supprimer) peuvent être utilisées dans la fenêtre de dessin bitmap après qu'un ou plusieurs objets aient été sélectionnés. Le rectangle de sélection permet de sélectionner des zones rectangulaires de l'image, tandis que le lasso permet de sélectionner une partie spécifique non rectangulaire d'une image ou une zone située entre d'autres éléments graphiques. La ligne tracée par l'extrémité du lasso détermine la partie sélectionnée de l'image. Dès que le bouton de la souris est relâché, le lasso se resserre autour de l'image et la sélectionne. Les contours se mettent alors à clignoter.

▶ **Pour sélectionner une zone :**

1. Cliquez sur le rectangle de sélection ou sur le lasso.
2. Faites glisser le rectangle de sélection en diagonale sur la zone à sélectionner ou délimitez celle-ci à l'aide du lasso.
3. Relâchez le bouton de la souris. Le contour de la zone sélectionnée est délimité.

▶ **Pour sélectionner toute la partie visible de l'image ou l'image entière :**
- Double-cliquez sur le rectangle de sélection pour sélectionner la partie visible de l'image. Pour sélectionner la totalité de l'image, affichez-la entièrement dans la fenêtre de dessin bitmap, puis double-cliquez sur le rectangle de sélection. Vous pouvez également utiliser la commande Tout sélectionner du menu Edition.

▶ **Pour déplacer une sélection :**
- Positionnez le pointeur à l'intérieur de la sélection jusqu'à ce qu'il prenne l'apparence d'une flèche à quatre pointes, puis cliquez et faites glisser la sélection.

▶ **Pour déplacer une sélection verticalement ou horizontalement :**
- Maintenez la touche Maj enfoncée pendant le déplacement. Dès que vous avez défini une direction, l'objet sélectionné se déplace uniquement dans cette direction. Pour changer de direction, relâchez le bouton de la souris, enfoncez-le à nouveau et changez de direction.

▶ **Pour effectuer plusieurs copies d'une sélection :**
- Appuyez sur la touche Ctrl pendant le déplacement. Le nombre de copies créées est fonction de la vitesse de déplacement du curseur : plus le déplacement est rapide, moins il y a de copies.

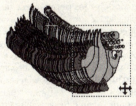 

## *Outils de dessin bitmap : Pinceau, Outil de remplissage, Aérographe et Pipette*

Les outils de dessin bitmap permettent de créer des acteurs ou des décors.

**Pinceau :** Utilisez le Pinceau pour effectuer un tracé au pinceau utilisant le motif et la forme de pinceau en cours. Vous pouvez sélectionner la forme du pinceau en cliquant deux fois sur l'icône du pinceau dans la Palette de dessin bitmap.

▶ **Pour modifier la forme du Pinceau :**
- Double-cliquez sur l'icône du pinceau. Un menu flottant présente les différents types de pinceau disponibles. Cliquez sur le type voulu pour le sélectionner.

L'effet produit par cet outil varie selon le motif et la forme de pinceau sélectionnés. Pour dessiner des lignes droites verticales ou horizontales, maintenez la touche Maj enfoncée pendant le déplacement.

**Outil de remplissage :** L'Outil de remplissage permet de remplir des zones fermées d'une image avec la couleur et le motif sélectionnés. Les parties creuses d'un texte ombré et en relief peuvent être remplies de la même manière.

Si le contour d'une zone est brisé par un espace, la peinture s'y engouffre et remplit la zone environnante de l'image. Dans ce cas, choisissez la commande Annuler dans le menu Edition, puis la commande Zoom du menu Options pour chercher et corriger les défauts du contour avant d'utiliser à nouveau l'Outil de remplissage.

 **Aérographe :** Utilisez l'Aérographe pour vaporiser de la couleur sur une zone de l'image. Cet outil crée un effet similaire à un vaporisateur de peinture. Le bouton gauche de la souris vaporise la couleur d'avant-plan sélectionnée, tandis que le bouton droit vaporise la couleur d'arrière-plan. Double-cliquez sur l'icône de l'Aérographe pour afficher la boîte de dialogue Paramètres Aérographe, où vous pouvez modifier la zone de vaporisation et la densité de la couleur.

▶ **Pour modifier les paramètres de l'Aérographe :**

1. Double-cliquez sur l'Aérographe. La boîte de dialogue Paramètres Aérographe s'affiche.
2. Entrez une valeur dans le champ Ouverture. La taille de la zone vaporisée se mesure en pixels. Par exemple, si vous introduisez 100 dans la zone Ouverture, la couleur est vaporisée en un cercle d'un rayon de 100 pixels. Les valeurs admises vont de 1 à 300 pixels.
3. Entrez une valeur dans le champ Pression. La pression est la densité de la couleur vaporisée dans la zone délimitée par la case Ouverture. Par exemple, si vous définissez une ouverture de 100 pixels et une pression de 200, l'Aérographe produira environ 200 pixels colorés dans un cercle de 100 pixels de rayon. Plus la valeur est élevée, plus le nombre de pixels colorés sera grand. Les valeurs admises vont de 1 à 500 pixels.
4. Cliquez sur OK.

*» Conseil :*
*Utilisez la touche TABULATION pour passer du dernier outil utilisé à l'outil actif.*

### Ajouter une couleur à la Panoplie des couleurs récentes

Les 12 dernières couleurs sélectionnées sont affichées dans la Palette des couleurs récentes située en-dessous du Sélecteur de motifs. Si vous sélectionnez une couleur à l'aide de l'outil Pipette, elle s'ajoute à la palette devant la dernière couleur sélectionnée. Les couleurs sont ajoutées de la gauche vers la droite. Lorsque les 12 espaces sont occupés, la treizième couleur sélectionnée prend la première place et la dernière couleur est supprimée.

**Pipette :** La Pipette permet de sélectionner une couleur de l'image. Elle n'est pas disponible si vous travaillez en noir et blanc.

## Panoplie de couleurs récentes

La Panoplie de couleurs récentes présente les 12 dernières couleurs sélectionnées. Elle permet de resélectionner une couleur par un simple clic sur une des options de la palette.

▶ **Pour modifier les couleurs récentes :**
- Cliquez sur la couleur à remplacer dans la Panoplie des couleurs récentes et sélectionnez-en une nouvelle dans la palette des couleurs d'avant-plan ou d'arrière-plan.

▶ **Pour sélectionner des couleurs d'avant-plan et d'arrière-plan à l'aide de la Panoplie des couleurs récentes :**
- Sélectionnez la couleur d'avant-plan avec le bouton gauche de la souris et celle d'arrière-plan avec le bouton droit.

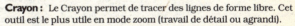

## Le sélecteur Largeur de lignes

Les largeurs de lignes disponibles sont affichées dans la palette de dessin bitmap. Cliquez sur le sous-menu Largeur de lignes, puis sélectionnez l'une des neuf largeurs proposées. Vous pouvez choisir une ligne pointillée d'une épaisseur d'un pixel (0) ou une ligne pleine de 1 (1) à huit (8) pixels d'épaisseur.

》*Conseil :*
*Pour dessiner des lignes horizontales ou verticales, maintenez la touche MAJUSCULE enfoncée lorsque vous utilisez les outils Crayon et Ligne.*

## Outils de dessin bitmap : Crayon, Ligne, Rectangle, Rectangle à coins arrondis, Ellipse, Courbe et Polygone

La palette de dessin bitmap comprend deux types d'outils de dessin bitmap : les outils de dessin de lignes (Crayon et Ligne) et les outils de dessin de formes, au nombre de cinq. Ces derniers permettent de tracer des cercles, carrés, rectangles, ellipses, polygones et formes libres. La largeur, la couleur et le motif de la bordure peuvent être sélectionnés dans les sous-menus correspondants de la palette.

 **Crayon :** Le Crayon permet de tracer des lignes de forme libre. Cet outil est le plus utile en mode zoom (travail de détail ou agrandi).

Vous pouvez utiliser les couleurs d'avant-plan et d'arrière-plan pour dessiner. Si vous cliquez sur le bouton gauche de la souris, le Crayon utilise la couleur d'avant-plan. Avec le bouton droit, le Crayon utilise la couleur d'arrière-plan.

 **Outil-ligne :** Utilisez l'Outil-ligne pour tracer des lignes droites.

**Outils Rectangle et Rectangle à coins arrondis :** Utilisez l'outil Rectangle pour tracer des rectangles et l'outil Rectangle à coins arrondis pour tracer un rectangle dont les angles sont arrondis. Maintenez la touche Maj enfoncée pour tracer des carrés (ou carrés arrondis).

**Ellipse :** Utilisez l'outil Ellipse pour tracer des ellipses. Maintenez la touche Maj enfoncée pour tracer des cercles parfaits.

**Courbe :** Utilisez l'outil Courbe pour tracer des courbes de forme libre.

**Polygone :** Utilisez l'outil Polygone pour créer des polygones aux côtés irréguliers. Cet outil fonctionne différemment des autres.

▶ **Pour tracer un objet avec l'un des outils de dessin bitmap :**
1. Sélectionnez l'outil de dessin voulu.
2. Effectuez une des opérations suivantes :

| Outil | | Procédure |
|---|---|---|
| Rectangle | ▢ | Positionnez la croix à l'endroit où doit commencer le rectangle, puis faites glisser le curseur en diagonale. |
| Rectangle à coins arrondis | ▢ | Positionnez la croix à l'endroit où doit commencer le rectangle, puis faites glisser le curseur en diagonale. |
| Ellipse | ○ | Positionnez la croix à l'endroit où doit commencer l'ellipse, puis faites glisser le curseur en diagonale. |
| Courbe | ♡ | Positionnez la croix à l'endroit où doit commencer la courbe, puis faites glisser le curseur pour tracer votre forme. Dès que vous relâchez le bouton de la souris, une ligne droite est tracée entre les deux extrémités de la forme. |
| Polygone | ⊿ | Positionnez la souris à l'endroit où vous souhaitez commencer le polygone puis cliquez et relâchez le bouton de la souris. Positionnez la souris sur le second point puis cliquez. Passez au troisième point et cliquez. Procédez de la sorte jusqu'à obtention du nombre de points voulu. Double-cliquez pour terminer le polygone. |

▶ **Pour modifier l'épaisseur du contour :**
- Sélectionnez une largeur de ligne dans le sous-menu Largeur de lignes.

▶ **Pour modifier la couleur du contour :**
Effectuez une des opérations suivantes :
- Sélectionnez une couleur dans le sous-menu Couleur d'avant-plan.
- Sélectionnez une couleur dans la Panoplie des couleurs récentes.

▶ **Pour dessiner des objets tramés :**
- Sélectionnez une couleur dans le sous-menu Couleur d'avant-plan, dans le sous-menu Couleur d'arrière-plan

ou dans la Panoplie des couleurs récentes. Double-cliquez sur l'outil de dessin de forme désiré. L'icône de l'outil se noircit pour indiquer que vous êtes en mode de dessin tramé. Si vous enfoncez le bouton gauche de la souris, les formes tracées sont remplies de la couleur d'avant-plan ; si vous enfoncez le bouton droit, c'est la couleur d'arrière-plan qui est utilisée. Pour revenir au dessin non tramé, double-cliquez à nouveau sur l'outil.

### Outil-texte

L'Outil-texte permet d'ajouter du texte à un acteur ou à un décor. Ce texte peut être utilisé pour des étiquettes, des titres ou en tant qu'acteur ou décor en soi. Vous pouvez modifier les attributs du texte à l'aide de la commande Police du menu Options à condition de sélectionner cette commande immédiatement après avoir saisi le texte et avant de cliquer ailleurs dans l'écran. La boîte de dialogue Police apparaît alors. Vous pouvez y sélectionner la police, le style, le corps et différents effets. Les paramètres sélectionnés restent en vigueur jusqu'à ce que vous les modifiez de nouveau ou que vous quittiez la fenêtre de dessin bitmap. Une fois qu'un texte a été ajouté, il devient partie intégrante de l'image et vous ne pouvez plus en modifier les attributs. L'édition du texte est terminée dès que vous cliquez à un endroit quelconque de l'écran.

*Poisson fâ*   *Poisson fâché*

**》Raccourci :**
*Pour afficher la boîte de dialogue Police, double-cliquez sur l'outil-texte.*

**Police et style de police :** CorelMOVE accède aux polices de CorelDRAW. Vous pouvez donc utiliser toutes ces polices, de même que les polices TrueType d'autres fournisseurs que vous avez installées. Reportez-vous au chapitre 11 de CorelDRAW, "Utilisation des fonctions de texte" pour plus d'informations sur les polices et les styles.
Les styles de police disponibles varient en fonction de la police choisie. Certaines, comme la police France, n'existent qu'en versions normale et grasse. La boîte de dialogue Police comprend une zone d'affichage qui présente un aperçu de la police et du style choisis.

**Corps :** Le corps est uniquement limité par la taille de l'écran. Si vous introduisez une valeur supérieure à la taille de l'écran, il se peut que vous ne puissiez pas voir le texte ou qu'il soit coupé.

**Effets :** Les effets disponibles sont Barré et Souligné, qui tracent une ligne horizontale respectivement au centre et sur la ligne de base du texte.

**Couleur :** Vous pouvez, avant de saisir le texte, sélectionner une couleur dans la palette de dessin bitmap. L'Outil-texte utilise la couleur d'avant-plan.

## Gomme

La gomme sert à effacer ou supprimer la partie de l'image sur laquelle elle est déplacée. Un double clic sur la gomme efface la totalité de l'image.

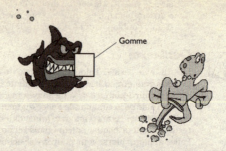

## Sélecteurs Couleur d'avant-plan et Couleur d'arrière-plan

Les sélecteurs de couleur d'avant-plan et d'arrière-plan présentent un choix de différentes couleurs pour les outils de dessin. Selon le type de moniteur, ces palettes peuvent afficher du noir et du blanc (2 bits), ou jusqu'à 256 niveaux de gris ou couleurs. Les couleurs en cours sont affichées dans les boutons de couleur d'avant-plan et d'arrière-plan. La couleur d'avant-plan est celle de gauche ; la couleur d'arrière-plan est affichée à droite. Le bouton Motif, situé au-dessous, affiche le motif sélectionné, dans les couleurs d'avant-plan et d'arrière-plan en cours.

> **»Remarque:**
> Vous pouvez également sélectionner la couleur d'avant-plan et d'arrière-plan avec la Pipette. Le bouton gauche de la souris permet de sélectionner la couleur d'avant-plan et le le bouton droit la couleur d'arrière-plan.

▶ **Pour sélectionner les couleurs d'avant-plan ou d'arrière-plan à l'aide des palettes :**

1. Cliquez sur Avant-plan ou Arrière-plan.
2. Maintenez enfoncé le bouton de la souris jusqu'à ce que le curseur soit positionné sur la couleur désirée.
3. Relâchez le bouton de la souris.

Il est possible d'afficher en permanence la palette flottante dans la fenêtre de dessin bitmap. Pour ce faire, cliquez sur Avant-plan ou Arrière-plan et faites glisser le curseur. La palette devient une fenêtre détachable. Vous ne pouvez afficher qu'une seule palette de couleur amovible à la fois. La case du menu Système de la palette détachable ouvre un menu qui permet de déplacer, fermer ou trier la palette.

▶ **Pour trier la palette :**

1. Cliquez sur la case du menu Système située dans l'angle supérieur gauche de la palette détachable.
2. Choisissez Trier Palette. Le sous-menu Trier Palette apparaît alors.
3. Choisissez un des procédés de couleur suivants :
   - TLD – Ce procédé est basé sur les trois caractéristiques de la couleur : teinte, luminosité et densité. La teinte est la couleur proprement dite, par exemple pourpre, bleu ou rouge. La densité se réfère à la pureté de la couleur et se mesure à la quantité de gris contenue dans la

couleur. Plus la quantité de gris est grande, moins la couleur est intense. La luminosité détermine le caractère clair ou foncé d'une couleur et correspond à la quantité de noir qu'elle contient.
- RVB – Rouge, vert et bleu sont les trois couleurs primaires utilisées pour l'affichage des couleurs sur les moniteurs. Toutes les autres couleurs sont constituées d'une combinaison de rouge, vert et bleu.
- Niveau de gris – Cette palette est triée sur la base du pourcentage de noir contenu dans la couleur. Le noir est la première couleur de la palette, le blanc, la dernière.

▶ **Pour sélectionner les couleurs d'avant-plan et d'arrière-plan à l'aide de la palette détachable :**
- A l'aide du curseur, cliquez sur la couleur à sélectionner. Utilisez le bouton gauche de la souris pour choisir la couleur d'avant-plan et sur le droit pour sélectionner la couleur d'arrière-plan. Un cadre bleu entoure la couleur d'avant-plan sélectionnée ; un cadre rouge identifie la couleur d'arrière-plan.

## Sélecteur de motifs

Le sélecteur de motifs présente un choix de différents motifs qui peuvent être utilisés pour le dessin et le remplissage. Ces motifs sont affichés dans les couleurs d'avant-plan et d'arrière-plan en cours.

Le sélecteur de motifs peut être affiché de manière permanente dans la fenêtre de dessin bitmap. Il suffit pour cela de cliquer sur le bouton Motif et de faire glisser le curseur ; le sélecteur de motifs devient alors une fenêtre détachable.

▶ **Pour sélectionner des motifs :**
1. Cliquez sur le bouton Motifs.
2. Maintenez enfoncé le bouton de la souris jusqu'à ce que le curseur soit positionné sur le motif désiré, puis relâchez-le.

▶ **Pour utiliser des motifs :**
1. Choisissez une couleur d'avant-plan et une couleur d'arrière-plan dans les palettes flottantes.
2. Cliquez sur le bouton Motifs. Le sélecteur de motifs apparaît.
3. Choisissez un motif à l'aide de la souris. Le motif sélectionné est entouré d'un cadre noir dans la palette et apparaît dans le bouton Motifs.
4. Utilisez l'Outil de remplissage pour remplir des formes avec le motif sélectionné.
   Pour supprimer le motif, ouvrez la palette des motifs et sélectionnez la trame pleine, dans l'angle supérieur gauche.

## Barres de défilement Cases

Les barres de défilement Cases sont situées dans le bas de la palette de dessin bitmap. Elle vous permettent de vous déplacer dans les cases d'un acteur multicase. Pour plus d'informations sur les barres de défilement Cases, reportez-vous au chapitre 3 : "Création d'acteurs multicases".

## Compteur de cases

Le compteur de cases indique la case de l'acteur en cours, puis le nombre total de cases de l'acteur. Dans le cas d'un acteur monocase, le compteur indique 1 de 1.

# Création d'effets spéciaux

Il est possible d'appliquer des effets spéciaux aux cases en utilisant les commandes du menu Options de la fenêtre de dessin bitmap. Ces effets sont les suivants : teinter, décranter (fondre), rotation et basculer.

## Sélection

Les effets spéciaux s'appliquent à la partie de l'acteur ou du décor sélectionnée à l'aide du Lasso ou du Rectangle de sélection. Si aucune partie n'est sélectionnée, l'effet est appliqué à la totalité de l'objet. Dans le cas d'un acteur, il est alors impossible d'utiliser les commandes Annuler ou Rétablir pour inverser l'effet spécial. Dans le cas d'un décor, vous ne pouvez pas annuler les effets d'une rotation ou d'un dimensionnement appliqué à la totalité du décor. Si le Lasso ou le Rectangle de sélection a été utilisé, seule la partie sélectionnée de la case en cours est affectée et la commande Annuler du menu Edition permet de ramener l'objet sélectionné à son état antérieur.

Le menu Options varie selon qu'une sélection a été effectuée ou non. "Toutes les cases" et "Décor" indiquent qu'aucune sélection n'a été effectuée dans l'acteur ou le décor, respectivement. "Sélection" indique que tout ou partie de l'objet a été sélectionné. En outre, l'option Libre des sous-menus Rotation et Dimensionner n'est disponible que si vous sélectionnez une partie d'une image.

## Application d'une teinte

Teinter une case consiste à fusionner la couleur existante de la case avec la couleur sélectionnée (d'avant-plan ou d'arrière-plan).

Vers l'Avant          Vers l'Arrière

▶ **Pour teinter les cases/la sélection :**
   Effectuez une des opérations suivantes :
   - Sélectionnez Vers l'Avant pour ajouter la couleur d'avant-plan aux pixels sélectionnés.
   - Sélectionnez Vers l'Arrière pour ajouter la couleur d'arrière-plan aux pixels sélectionnés.

**Remarque :** Lorsqu'aucune sélection n'a été effectuée, l'option affichée dans le menu est Teinter toutes les cases (dans le cas d'un acteur) ou Teinter le décor. Dans le cas contraire, le menu affiche "Teinter Sélection".

## *Décrantage*

La commande Décranter toutes les cases supprime les bords irréguliers ou en escalier des contours. Cette opération lisse les bords de la case en créant des pixels intermédiaires. Ceux-ci sont grisés si aucune couleur d'arrière-plan n'a été sélectionnée. Dans le cas contraire, la couleur de l'objet est mélangée avec celle de l'arrière-plan pour créer des cases de couleur intermédiaire. Par exemple, si l'acteur est un oiseau en vol, vous pourriez souhaiter l'entourer de bleu ciel avant de choisir Décranter.

Cette option n'est disponible qu'en couleur. Elle est particulièrement utile pour l'impression de l'animation finale sur vidéo ou son affichage sur un écran vidéo.

## *Rotation*

La commande Rotation permet de faire pivoter l'image vers la droite, la gauche, librement ou en degrés. L'option Libre n'est disponible que si une partie de l'image a été sélectionnée. Lorsque cette option est sélectionnée, des poignées apparaissent afin de faire pivoter manuellement la zone sélectionnée.

**Remarque :** Si aucune sélection n'a été effectuée, le menu affiche "Rotation toutes les cases" (acteurs) ou "Rotation Décor". Dans le cas contraire, le menu affiche "Rotation Sélection".

> **»Remarque:**
> Si vous faites pivoter une zone sélectionnée et qu'une portion de l'objet qu'elle contient dépasse les limites de l'écran, vous la perdrez de manière définitive.

▶ **Pour faire pivoter des cases à l'aide du menu :**
1. Sélectionnez Rotation dans le menu Options.
2. Effectuez une des opérations suivantes :

| Option de rotation | | Résultat |
|---|---|---|
| Gauche | | Rotation de 90 degrés vers la gauche. |
| Droite | | Rotation de 90 degrés vers la droite. |
| Libre | | Exige une sélection préalable. Des poignées apparaissent aux angles de la zone sélectionnée. Utilisez le curseur pour faire pivoter cette zone autour de son centre. |
| En Degrés |  | Fait pivoter l'objet du nombre de degrés spécifié dans la boîte de dialogue Rotation en degrés. Le nombre de degrés doit être compris entre 1 et 180, la rotation peut se faire dans les deux sens. |

## Basculer

Cette option permet de faire basculer un objet verticalement ou horizontalement sur la ligne centrale.

| Basculer toutes les cases | Vertical | Basculer Sélection | Vertical |
|---|---|---|---|
| | Horizontal | | Horizontal |

**Remarque :** Si aucune sélection n'a été effectuée, le menu affiche "Basculer toutes les cases" (acteurs) ou "Basculer Décor". Dans le cas contraire, il affiche "Basculer Sélection".

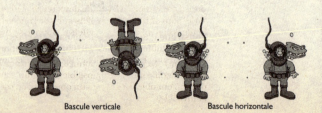

Bascule verticale    Bascule horizontale

## Dimensionner

La commande Dimensionner modifie l'échelle librement ou en fonction d'un pourcentage. L'option Libre n'est disponible que lorsqu'une partie de l'image a été sélectionnée. Dans ce cas, des poignées apparaissent pour permettre de dimensionner manuellement la zone sélectionnée. Si vous sélectionnez En %, la boîte de dialogue Dimensionner apparaît.

**Remarque :** Si aucune sélection n'a été effectuée, le menu Options affiche "Dimensionner toutes les cases" (acteurs) ou "Dimensionner Décor". Dans le cas contraire, il affiche "Dimensionner Sélection".

▶ **Pour dimensionner à l'aide du menu :**
1. Sélectionnez Dimensionner dans le menu Options.
2. Effectuez une des opérations suivantes :

| Option de dimensionnement | Résultat |
| --- | --- |
| En % | Dimensionne en fonction des valeurs spécifiées dans la boîte de dialogue Dimensionner. La case peut être dimensionnée en modifiant le pourcentage verticalement et/ou horizontalement. Vous pouvez entrer des pourcentages de 0 à 200. |
| Libre | Disponible uniquement lorsqu'une partie d'une cellule a été sélectionnée. Des poignées apparaissent alors aux angles de la zone sélectionnée. Utilisez le curseur pour modifier la taille de la zone. Le dimensionnement reste possible jusqu'à ce qu'un autre outil ou une autre option de menu soit sélectionnée. |

## Utilisation d'effets d'encrage

Les effets d'encrage modifient l'apparence de l'acteur ou du décor dans l'animation. Ils sont de deux types : Opaque et Transparent. Vous pouvez utiliser ces effets sur une zone sélectionnée d'un acteur ou d'un décor. Les effets d'encrage se trouvent dans le menu Options.

**Opaque :** La partie sélectionnée de l'acteur ou décor est opaque, ce qui signifie qu'il est impossible de voir au travers de l'acteur ou décor. Tout objet situé sous un objet opaque est couvert par celui-ci et invisible.

**Transparent :** La partie sélectionnée de l'acteur ou décor est transparente, ce qui signifie qu'il est possible de voir au travers de l'acteur ou du décor. Si vous placez un objet transparent au-dessus d'un autre, l'objet situé au-dessous est visible au travers de l'objet du dessus.

## Enregistrement d'un nouvel acteur ou décor

Il existe deux manières d'enregistrer un nouvel acteur ou décor. Vous pouvez utiliser le bouton de contrôle de la fenêtre de dessin bitmap, lorsque vous avez terminé de travailler sur votre acteur ou décor et souhaitez fermer la fenêtre de dessin. Vous pouvez également utiliser la commande Appliquer Modifications du menu Fichier. Cette commande enregistre le fichier, mais laisse l'acteur ou décor ouvert dans la fenêtre de dessin.

Vous pouvez aussi utiliser l'option Maintenir le dessin du menu Edition pour enregistrer les modifications apportées à un acteur ou décor dans la fenêtre de dessin bitmap. Vous pouvez ensuite utiliser Rétablir le dessin pour revenir à la dernière version enregistrée de l'image.

▶ **Pour enregistrer un acteur ou décor à l'aide du bouton de contrôle :**

1. Cliquez sur le bouton de contrôle dans la fenêtre de dessin bitmap. La boîte de dialogue de fermeture de la fenêtre de dessin s'affiche.

2. Cliquez sur Oui pour enregistrer l'acteur ou décor. Vous pouvez également cliquer sur Annuler pour annuler l'opération d'enregistrement et retourner à la fenêtre de dessin bitmap ou cliquer sur Non. Dans ce dernier cas, la fenêtre de dessin est fermée sans que l'acteur ou le décor soit enregistré.

## Annulation d'effets spéciaux

*»Raccourcis:*
*Zoom x1: appuyez sur ALT + 1 Zoom x2: appuyez sur ALT + 2*
*Zoom x4: appuyez sur ALT + 3*
*Zoom x8: appuyez sur ALT + 4*

Rétablir le dessin restaure la version la plus récente de l'acteur ou du décor après utilisation des commandes Maintenir le dessin ou Appliquer Modifications. Si vous n'aviez pas effectué de sélection et que l'objet affecté est un acteur, vous ne pouvez pas utiliser Annuler ou Rétablir pour inverser l'effet spécial. Si vous n'aviez pas effectué de sélection et que l'objet affecté est un décor, vous ne pouvez pas annuler ou rétablir les effets des commandes Rotation ou Dimensionner.

## Utilisation de la commande Zoom

Vous pouvez utiliser la commande Zoom pour agrandir un acteur ou décor afin de pouvoir travailler à un niveau de résolution supérieur. Zoom permet d'agrandir un objet par incréments de x1, x2, x4 et x8.

> **Pour agrandir la vue :**
- Sélectionnez la commande Zoom dans le menu Options. Le menu flottant Zoom apparaît. Sélectionnez le niveau d'agrandissement. Pour retourner à la vue par défaut, sélectionnez le facteur x1.

# Modification d'acteurs et de décors

*»Conseil:*
*Pour éditer vos objets, vous pouvez également utiliser les boîtes de dialogue Infos Acteur et Infos Décor. Pour cela, cliquez sur le bouton Editer.*

Après avoir créé vos acteurs et décors, il est possible que vous souhaitiez les modifier. Toutes les modifications des décors et acteurs créés dans CorelMOVE s'effectuent dans la fenêtre de dessin bitmap, à moins que vous ne décidiez de changer d'éditeur (voir Chapitre 9, "Utilisation d'autres applications"). Si vous avez créé des acteurs ou des décors dans une autre application, vous pouvez utiliser cette application pour les modifier.

> **Pour modifier un acteur ou un décor :**

1. Sélectionnez l'acteur ou décor à l'aide de l'outil-Sélection.
2. Choisissez Objet dans le menu Edition. La fenêtre de dessin bitmap ou l'application sélectionnée comme Editeur s'ouvre.
3. Modifiez l'acteur ou le décor.

# Chapitre 3

# Création d'acteurs multicases

Vous devez créer des acteurs multicases lorsque vous souhaitez que l'acteur se déplace dans l'animation. Dans une animation, le mouvement est composé de deux éléments : le mouvement proprement dit de l'acteur et la trajectoire suivie par ce dernier dans l'animation. Le mouvement de l'acteur est créé dans la fenêtre de dessin bitmap par le développement de cases progressives affichant l'acteur à chaque étape de son déplacement. Par exemple, un chien qui court n'a pas toujours les quatre pattes sur le sol. A un point de sa course, toutes ses pattes sont en l'air; à d'autres moments, une patte est sur le sol, puis trois, etc. Pour donner l'apparence que le chien court dans une animation, les étapes de la foulée du chien sont illustrées dans des cases progressives. Les acteurs multicases sont créés de la même manière que les acteurs monocases et les décors. Une fois dans la fenêtre de dessin bitmap, vous pouvez insérer le nombre de cases requis.

# Insertion et suppression de cases

Vous pouvez utiliser le nombre de cases d'un acteur pour déterminer la manière dont il semble se déplacer. La vitesse de mouvement de l'acteur dépend du nombre de cases et de la taille de l'acteur dans chacune d'elles. Cette vitesse détermine la régularité du mouvement et la vitesse à laquelle l'acteur se déplace dans l'ensemble des cases. Plus le nombre de cases est élevé, plus lent est le mouvement de l'acteur, car sa position change peu d'une case à l'autre et il faut plus de temps pour afficher le cycle complet des cases. Si vous souhaitez que l'acteur se déplace plus rapidement, réduisez le nombre de cases.

## Insertion de cases

Vous pouvez insérer une ou plusieurs cases dans la définition d'un acteur à l'aide de la commande Insérer Cases du menu Edition de la fenêtre de dessin. Pour obtenir un résultat optimal, limitez-vous à 10 cases par acteur ; toutefois, si vous disposez d'une grande quantité de mémoire, ce maximum peut être augmenté proportionnellement à la mémoire disponible.

▶ **Pour insérer des cases dans un acteur :**

1. Sélectionnez Insérer Cases dans le menu Edition.

    La boîte de dialogue Insérer Cases s'affiche.

2. Tapez le nombre de cases à insérer. La valeur par défaut est 1.

    Si vous souhaitez que les nouvelles cases contiennent la même image que la case en cours, cochez l'option Dupliquer Contenu, puis cliquez sur OK.

3. Sélectionnez la position d'insertion des nouvelles cases. Cliquez sur Avant Case en cours pour insérer la/les case(s) avant la case affichée, cliquez sur Après Case en cours pour les insérer après la case en cours.

4. Cliquez sur OK.

Lorsque des cases sont insérées dans un acteur, la fenêtre de dessin apparaît vierge, sauf si vous avez choisi de dupliquer le contenu de la case. Le compteur de cases change pour refléter le nombre de cases ajouté à l'acteur.

### Suppression de cases

Vous pouvez supprimer des cases d'un acteur à l'aide de la commande Supprimer Cases du menu Edition.

▶ **Pour supprimer des cases d'un acteur :**

1. Sélectionnez Supprimer Cases dans le menu Edition. La boîte de dialogue Supprimer Cases apparaît.

2. Entrez le nombre de cases à supprimer.
3. Cliquez sur OK.

## Application d'effets spéciaux

*»Remarque:*
*Si vous modifiez un acteur sans sélectionner une zone à l'intérieur d'une case spécifique, il vous est ensuite impossible d'utiliser les commandes Annuler ou Rétablir pour effacer les modifications.*

Les effets spéciaux peuvent s'appliquer soit à une partie spécifique de l'acteur multicase, soit à la totalité de celui-ci. Les effets spéciaux sont décrits au chapitre 2, "Création d'effets spéciaux". Vous pouvez appliquer des effets spéciaux à un acteur multicase de la même manière qu'à un acteur monocase et n'affecter que la case en cours. Pour ce faire, vous devez utiliser les outils de sélection pour sélectionner la case en cours. La seconde méthode consiste à appliquer les effets spéciaux à toutes les cases de l'acteur. Pour ce faire, sélectionnez l'effet spécial à utiliser alors qu'aucune sélection n'a été effectuée à l'aide du Rectangle de sélection ou du Lasso. L'effet spécial est alors appliqué à toutes les cases de l'acteur et aussitôt intégré à l'animation.

## Déplacement dans les cases d'un acteur

La barre de défilement Cases de la palette de dessin bitmap permet de se déplacer d'une case à l'autre d'un acteur multicase ou de choisir la case à modifier ou à créer. Vous pouvez également vous faire une idée du déplacement de l'acteur et de l'apparence qu'il aura dans l'animation. Le compteur de cases indique la case affichée et le nombre total de cases de l'acteur. Vous pouvez afficher la case suivante en cliquant une fois sur l'une des flèches. Pour parcourir les cases plus rapidement, maintenez le bouton de la souris enfoncé ou déplacez la barre de défilement.

## Méthode de la Pelure d'oignon

La méthode de la pelure d'oignon consiste à afficher la case précédente ou suivante de l'acteur sous la case en cours. La Pelure d'oignon est toujours affichée derrière la case en cours à 30% de la densité de l'original. Cette option n'est accessible que lorsque l'acteur comporte plus d'une case.

L'option Pelure d'oignon permet de contrôler le positionnement de la case en cours par rapport à la case précédente ou suivante. Elle permet ainsi de s'assurer facilement que toutes les cases d'un acteur sont positionnées de la même façon et présentent une taille et une forme similaires. Cette uniformité est importante : si l'alignement est imparfait ou si la taille de l'acteur varie d'une case à l'autre, son mouvement paraîtra saccadé ou tremblotant.

L'option Pelure d'oignon peut vous aider à créer une séquence progressive de cases pour un acteur. Commencez par dessiner la première case de l'acteur. Ensuite, insérez les nouvelles cases et dessinez-les en vous aidant de la Pelure d'oignon pour utiliser la première case comme calque pour la deuxième, etc. Cette méthode est utile pour recopier des parties de la case voisine. Pour reproduire la totalité de la case, vous pouvez utiliser l'option Dupliquer Contenu de la boîte de dialogue Insérer Cases. Cette méthode garantit une copie exacte de l'image, alors que le dessin à l'aide d'un calque (pelure d'oignon) est moins précis.

L'option Pelure d'oignon fonctionne à tous les niveaux de zoom, mais peut ralentir certaines opérations. Choisissez Case précédente, Case suivante ou Aucune pour désactiver la fonction.

### ▶ Pour utiliser l'option Pelure d'oignon lors de la création de cases :

1. Sélectionnez l'option Pelure d'oignon dans le menu Options de la fenêtre de dessin bitmap.

2. Sélectionnez Case précédente ou Case suivante.

   L'image de l'autre case apparaît derrière la case en cours à 30% de son intensité réelle.

3. En utilisant l'image de l'autre case comme repère de dessin ou d'alignement, continuez à ajouter des cases et à tracer de nouvelles images avec les modifications nécessaires pour créer l'illusion du mouvement.

4. Répétez la procédure jusqu'à ce que vous ayez créé toutes les cases désirées.

5. Sélectionnez Aucune dans le menu flottant Pelure d'oignon pour désactiver la fonction.

## Duplication de cases

Au cours du cycle de déplacement, il se peut qu'un acteur se retrouve dans la même position. Par exemple, il se peut qu'il se trouve à un autre endroit de la case, mais qu'il ait la même forme et/ou la même couleur. Ainsi, dans le cas d'une balle qui rebondit, celle-ci peut présenter la même forme dans plusieurs des cases. Pour reproduire exactement l'image, utilisez le bouton Dupliquer de la boîte de dialogue Insérer Cases.

## Inversion de cases

La commande Inverser Cases permet d'inverser la direction du mouvement d'un acteur. L'ordre des cases est inversé et l'acteur semble se déplacer en marche arrière. Pour inverser l'ordre des cases d'un acteur, sélectionnez Inverser Cases dans le menu Edition de la fenêtre de dessin. Toutes les cases de l'acteur sont alors inversées. La commande Inverser Cases n'est accessible que dans la fenêtre de dessin bitmap.

## Modification d'acteurs multicases

Les acteurs multicases se modifient de la même manière que les acteurs monocases : sélectionnez l'acteur à l'aide de l'Outil-Sélection et choisissez la commande Objet dans le menu Edition principal. La fenêtre de dessin bitmap ou l'application s'ouvre pour permettre la modification de l'acteur.

# CHAPITRE 4

# Création de sons

Le son remplit de nombreuses fonctions dans les animations : il peut souligner, précipiter ou introduire un mouvement, des personnages, voire des thèmes. Dans les animations traditionnelles, la piste son est définie avant même que les personnages ou les décors ne soient créés.

Si vous possédez un micro et une carte son appropriée comme la carte SoundBlaster ou Windows Sound System, CorelMOVE vous permet d'enregistrer des sons. Le texte qui suit suppose que votre ordinateur est équipé de ce matériel et qu'il est correctement installé et fonctionnel.

# Enregistrement d'un son

▶ **Pour créer un effet sonore :**

1. Choisissez Son dans le menu flottant Insérer Nouvel Objet du menu Edition. La boîte de dialogue Nouveau Son apparaît.

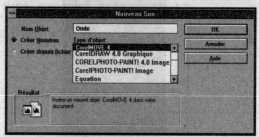

2. Entrez un nom pour le nouveau son dans la zone Nom Objet. Un nom spécifique doit être attribué à chaque son pour le différencier des autres. En effet, à mesure qu'ils sont créés ou importés dans une animation, les sons sont ajoutés à la liste des objets (menu flottant Chronologie). Reportez-vous au chapitre 7, "Modification et visualisation de l'animation" pour plus d'informations sur le menu flottant Chronologie.

3. Cliquez sur Créer Nouveau.

4. Choisissez le nom de l'application à utiliser dans la zone Type d'objet.
S'il ne s'agit pas de CorelMOVE, cette application s'ouvre. Par exemple, si vous avez sélectionné Son, une application telle que Wave Edit s'ouvre. Créez l'objet dans cette application. Une fois l'objet enregistré, l'application est fermée, CorelMOVE est rouvert et le son y est placé.
La zone Résultat de la boîte de dialogue présente les résultats de chaque sélection effectuée dans la zone Type d'objet.

> **》Raccourci:**
> Pour ouvrir l'Editeur d'effets sonores, cliquez sur l'icône Son de la boîte à outils.

5. Cliquez sur OK. L'Editeur d'Effets sonores s'ouvre.

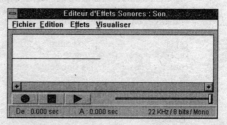

6. Cliquez sur Enregistrer pour entamer l'enregistrement d'un nouveau son.

7. Cliquez sur Stop pour arrêter l'enregistrement du son.

Vous pouvez zoomer sur l'onde sonore à l'aide de la barre Zoom.

8. Cliquez sur Lecture pour entendre votre nouveau son.

# Utilisation de la boîte de dialogue Infos son

La boîte de dialogue Infos son permet d'ajuster un son une fois celui-ci ajouté à une animation. Pour afficher cette boîte de dialogue, double-cliquez sur le nom d'un son dans la fenêtre Chronologie.

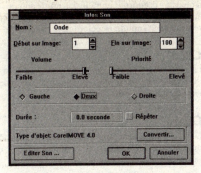

## Nom

Ce champ contient le nom du fichier son. Vous pouvez modifier le son en entrant un nouveau nom de fichier.

## Début sur image

Par défaut, le son commence à l'image qui était en cours au moment où le son a été ajouté. L'image de début peut être modifiée à tout moment mais doit porter un numéro inférieur à celui de l'image de fin. Lorsqu'il est ajouté à l'animation, le son est reproduit à partir de l'image de début jusqu'à l'image de fin, à moins qu'il ne se termine avant.

*» Conseil:*
*Si vous souhaitez utiliser simultanément plus de deux sons différents dans une animation, vous devez les fusionner dans un seul fichier. Un éditeur sonore plus complet, tel que Microsoft Quick Recorder, sera nécessaire à cette opération. Soyez également attentif au timing lors de cette fusion, pour que la synchronisation des sons avec les autres éléments de l'animation soit parfaite.*

## Fin sur image

Par défaut, l'image de fin est la dernière image de l'animation. Un son a cependant une longueur fixe : il se peut donc qu'il se termine avant que l'image de fin ne soit atteinte. Si l'option Répéter le son est activée au moment où l'animation est reproduite, le son est répété jusqu'à ce que l'image de fin soit atteinte. Dans le cas contraire, le son est émis une seule fois. S'il s'arrête avant l'image de fin, il n'est plus rejoué avant que l'animation soit relancée depuis le début.

## Volume

Le curseur du volume permet de régler le volume du son sélectionné.

## Priorité

Le curseur Priorité permet de définir la priorité du son, entre Basse et Haute. Ce réglage détermine quels sons sont effectivement entendus lorsque l'animation est lue. Si quatre sons sont définis pour l'image 10 alors que le système ne supporte que deux canaux, seuls les deux sons ayant la plus haute priorité seront entendus. Il est donc préférable d'associer une faible priorité aux bruits de fond (chants d'insectes,...). Les sons temporaires - par exemple un chant d'oiseau - prendront alors le pas sur le son des insectes. Après avoir été interrompu par un son de priorité plus élevée, un son n'est repris que si l'option Répéter le son est activée.

### Canal
La zone Canal permet de choisir un canal pour le son : gauche, droit ou les deux. Si vous choisissez Deux, le son sera émis par les canaux gauche et droit, en stéréo.

### Durée
La durée indique la longueur du son, en secondes. Il s'agit de la durée d'une seule émission du son, sans tenir compte des répétitions éventuelles.

### Répéter le son
Activez la case à cocher Répéter le son pour que le son soit répété indéfiniment jusqu'à l'image de fin.

### Type d'objet
Cette section de la boîte de dialogue indique le type d'objet.

### Convertir
Le bouton Convertir permet de convertir vos objets en objets CorelMOVE. Reportez-vous au chapitre 9, "Utilisation d'autres applications" pour plus d'informations.

### Editer le son
Le bouton Editer le son ouvre l'Editeur d'Effets sonores (si le son a été créé dans CorelMOVE) ou l'application dans laquelle il a été créé.

## Modification de sons

Dans l'éditeur d'effets sonores, les sons sont représentés graphiquement sous la forme d'une onde. L'axe horizontal est celui du temps, tandis que l'axe vertical représente le volume. L'éditeur d'effets sonores permet de modifier des sons créés ou importés en altérant l'onde à l'aide des menus situés en haut de la fenêtre. Vous pouvez ainsi couper, copier, coller et supprimer des parties du son, ou lui appliquer divers traitements.

Si vous avez sélectionné le son stéréo dans la boîte de dialogue Modifier Format Audio, le son est diffusé par les deux canaux, gauche et droit. Le son qui passe par chacun des canaux étant généralement différent (sauf si le son a été enregistré en mono), les ondes gauche et droite sont visuellement différentes. Vous pouvez éditer chaque canal séparément.

### ▶ Pour éditer l'onde d'un effet sonore :

1. Double-cliquez sur un son dans le menu flottant Chronologie. La boîte de dialogue Infos son apparaît.
2. Cliquez sur Editer le son. L'Editeur d'Effets sonores apparaît.

   Si le son a été créé dans une autre application, c'est cette application qui est ouverte.
3. Sélectionnez le canal à éditer dans le menu Visualiser.
4. Modifiez le son à l'aide des outils fournis.
5. Enregistrez le son modifié.

La plupart des opérations de modification du son portent sur la totalité de celui-ci si aucune sélection n'est effectuée. Si une partie de l'onde est sélectionnée, seule cette zone est modifiée.

### ▶ Pour sélectionner une partie d'une onde :

1. A l'aide de la barre de défilement, localisez la partie de l'onde à modifier.
2. Cliquez sur l'onde et, tout en maintenant enfoncé le bouton de la souris, faites glisser le curseur le long de l'onde jusqu'à ce que vous ayez sélectionné la partie désirée. La partie sélectionnée est noircie.

## Annuler, Couper, Copier, Coller, Supprimer, Tout Sélectionner

> »*Raccourcis:*
> *Couper: appuyez sur MAJUSCULE + SUPPR.*
> *Copier: appuyez sur CTRL + INS.*
> *Coller: appuyez sur MAJUSCULE + INS.*
> *Supprimer: appuyez sur SUPPR.*

**Couper :** Pour couper une partie d'un son, sélectionnez la zone désirée en maintenant le bouton de la souris enfoncé jusqu'à ce qu'une ligne d'insertion apparaisse. Faites glisser la souris dans l'une ou l'autre direction pour sélectionner une partie du son. Choisissez Couper dans le menu Edition pour supprimer la sélection et la placer dans le Presse-papiers. La partie qui suit la section coupée se décale vers la gauche, de sorte qu'aucun "trou" n'est laissé lorsqu'une partie d'un son est coupée.

**Copier :** Pour copier une partie d'un son, sélectionnez la zone désirée en maintenant le bouton de la souris enfoncé jusqu'à ce qu'une ligne d'insertion apparaisse. Faites ensuite glisser la souris dans l'une ou l'autre direction pour sélectionner une partie du son. Choisissez Copier dans le menu Edition pour copier la sélection dans le Presse-papiers.

**Coller :** Pour coller une partie d'un son à partir du Presse-papiers, maintenez le bouton de la souris enfoncé sur l'onde au point où vous souhaitez coller le son. Une ligne d'insertion apparaît. Sélectionnez Coller dans le menu Edition pour coller la partie du son à partir du Presse-papiers. La partie du son située à droite de la ligne d'insertion est décalée vers la droite. Elle commencera désormais après la section qui vient d'être collée. La longueur du son augmente en conséquence.

**Supprimer :** Pour supprimer une partie d'un son, sélectionnez la zone désirée en maintenant le bouton de la souris enfoncé jusqu'à ce qu'une ligne d'insertion apparaisse. Faites ensuite glisser la souris dans l'une ou l'autre direction pour sélectionner une partie du son. Choisissez Supprimer dans le menu Edition pour supprimer la sélection. La partie du son sélectionnée est supprimée. Cette commande fonctionne exactement comme la commande Couper, si ce n'est que la partie supprimée n'est pas placée sur le Presse-papiers.

▶ **Pour sélectionner la totalité d'une onde, effectuez une des opérations suivantes :**

- Vous pouvez sélectionner la totalité de l'onde en faisant glisser la souris du début à la fin de l'onde ou en utilisant la commande Tout sélectionner dans le menu Edition.
- Double-cliquez en un point quelconque de l'onde.

## *Application d'effets à l'onde sonore*

**Modifier les caractéristiques :** Lorsque vous sélectionnez cette commande, la boîte de dialogue Modifier Format Audio s'affiche. Vous pouvez y modifier les canaux (mono ou stéréo), le format d'échantillon (8 bits ou 16 bits) et la /concordance (44,1 kHz, 22,05 kHz ou 11,025 kHz). Les canaux déterminent si le son est diffusé en stéréo ou en mono. Le format d'échantillon contrôle la gamme dynamique des sons enregistrés et affecte donc la taille du fichier. Par exemple, l'option 16 bits enregistre une plage sonore dynamique plus grande, ce qui donne une qualité d'enregistrement supérieure, mais augmente sensiblement la taille du fichier. La concordance contrôle le nombre de fois par seconde que l'enregistreur capture un échantillon du son lors de l'enregistrement. Ce paramètre détermine également la qualité du son : 44,1 kHz correspond à une qualité CD, 22,05 kHz, à celle d'une bande magnétique et 11,025, à celle d'une radio.

**Silence :** Lorsque cette option est sélectionnée, l'onde sonore est "aplatie" - le son est donc supprimé.

**Gain progressif :** Sélectionnez Gain progressif pour afficher la boîte de dialogue Définir Gain progressif. Entrez un pourcentage dans la zone Gain progressif jusque %. Cette option fait commencer la sélection en cours (ou la totalité du son) à un niveau sonore 0 (silence) pour l'augmenter progressivement jusqu'à un certain pourcentage du niveau sonore de fin (niveau mesuré à la fin de la partie sélectionnée avant application de la commande).

**Affaiblissement progressif :** Lorsque vous sélectionnez cette option, la boîte de dialogue Définir Affaibl. progressif apparaît. Entrez un pourcentage dans la zone Affaiblissement progresif jusque. Cette option fait commencer la sélection en cours (ou la totalité du son) à son niveau de volume actuel pour l'affaiblir progressivement jusqu'à un pourcentage du niveau sonore de fin (niveau mesuré à la fin de la partie sélectionnée avant application de la commande).

**Amplification :** Lorsque vous sélectionnez Amplification, la boîte de dialogue Définir Amplification apparaît. Entrez un pourcentage dans le champ Amplitude %.

Selon le pourcentage introduit, le volume sonore est affaibli (entre 1% à 99%) ou augmenté (entre 101% à 9999%), rendant ainsi le son plus ou moins audible. Une amplification de 100% n'a aucun effet. Une amplification à 0% équivaut à réduire au silence la partie sélectionnée du son.

**Inverser :** La commande Inverser inverse la totalité de l'onde ou la partie sélectionnée. Le son est alors diffusé à l'envers.

**Echo :** La commande Echo répète la totalité de l'onde ou la partie sélectionnée avec un affaiblissement, à la manière d'un écho. Sélectionnez Echo à plusieurs reprises pour augmenter l'effet d'écho.

> *»Raccourcis:*
> *Lecture: appuyez sur CTRL + P*
> *Stop: appuyez sur CTRL + S pour l'interrompre*

## Diffusion et enregistrement du son édité

Vous pouvez écouter le son à partir de l'Editeur d'Effets sonores pour entendre les modifications apportées.

▶ **Pour lire un son :**
- La commande Ecoute du menu Fichier lit la totalité d'une onde ou la partie sélectionnée. Vous pouvez également utiliser le bouton correspondant dans la fenêtre de l'Editeur d'Effets sonores.

▶ **Pour interrompre un son :**
- Choisissez la commande Arrêter Son dans le menu Fichier ou utilisez Stop dans la fenêtre de l'Editeur d'Effets Sonores.

▶ **Pour enregistrer un son édité :**
- Choisissez Appliquer Modifications dans le menu Fichier.

# CHAPITRE 5

# Placement d'acteurs, de décors et de sons dans l'animation

Les animations sont composées des acteurs, décors et sons que vous créez ou importez. Pour plus d'informations sur l'importation, reportez-vous au chapitre 8, "Importation d'objets d'animation". Lorsque vous créez ou importez un acteur ou décor, il est placé au centre de la fenêtre d'animation avec une bordure de sélection. Vous devez alors le placer à l'endroit approprié dans l'animation en le déplaçant dans la fenêtre d'animation. Pour vous aider à placer vos acteurs et vos décors, CorelMOVE vous propose les outils suivants : Outil-Sélection, commandes du menu Disposer, commandes du menu Edition, boîtes de dialogue Infos et menu flottant Bibliothèque.

(Par défaut, les sons placés commencent à l'image en cours et ne sont pas répétés. Reportez-vous au chapitre 7, "Utilisation du menu flottant Chronologie", pour plus d'informations sur le placement de sons.)

# Placement d'acteurs et de décors

Vous pouvez utiliser l'Outil-Sélection ou les boîtes de dialogue Infos pour déplacer un acteur ou décor jusqu'à l'endroit voulu dans l'animation.

### Utilisation de l'Outil-Sélection

L'Outil-Sélection permet de déplacer acteurs et décors vers un endroit quelconque de la fenêtre d'animation.

▶ **Pour déplacer un objet à l'aide de l'Outil-Sélection :**

1. Sélectionnez l'Outil-Sélection et cliquez sur l'acteur ou décor à déplacer. Une bordure de sélection apparaît autour de l'objet et le curseur se transforme temporairement en un curseur de déplacement.
2. Faites glisser l'objet jusqu'à l'emplacement souhaité.
3. Relâchez le bouton de la souris lorsque l'objet est correctement positionné.

### Utilisation des boîtes de dialogue Infos

Vous pouvez entrer la position de l'acteur ou du décor directement dans la boîte de dialogue Infos correspondante. Pour faire apparaître la boîte de dialogue Infos Acteur ou Infos Décor, double-cliquez sur un objet placé, double-cliquez sur un objet dans le menu flottant Chronologie ou sélectionnez un objet dans la fenêtre d'animation et choisissez Infos Objet dans le menu Edition. Reportez-vous au chapitre 7, "Edition et visualisation de l'animation", pour plus d'informations sur la modification d'acteurs et décors placés.

# Réaménagement des plans

Chaque acteur et décor est placé sur son propre plan dans l'animation, comme des cartes à jouer dans une pile. Les acteurs sont toujours placés devant les décors. Si vous devez modifier le plan d'un décor ou d'un acteur, utilisez les commandes du menu Disposer. Les commandes de ce menu ne fonctionnent pas dans la fenêtre de dessin bitmap.

*»Raccourcis:*
*Premier Plan –*
*MAJUSCULE + PGPRéc*
*Arrière-plan –*
*MAJUSCULE + PgSuiv*
*Vers l'avant – CTRL + PgPréc*
*Vers l'arrière – CTRL + PgSuiv*

### Premier Plan

Sélectionnez un acteur ou décor, puis choisissez Premier Plan pour placer le plan de l'objet au sommet de la pile.

### Arrière Plan

Sélectionnez un acteur ou décor, puis choisissez Arrière Plan pour placer le plan de l'objet au fond de la pile.

### Vers l'Avant

Sélectionnez un acteur ou décor, puis choisissez Vers l'Avant pour déplacer l'objet vers le plan précédent dans l'ordre de la pile. Vous pouvez utiliser cette commande de manière répétée pour déplacer un objet jusqu'au plan de votre choix. Cette commande est sans effet lorsque l'objet sélectionné se trouve au premier plan.

### Vers l'Arrière

Sélectionnez un acteur ou décor, puis choisissez Vers l'Arrière pour déplacer l'objet vers le plan suivant dans l'ordre de la pile. Cette commande est notamment utile lorsqu'un objet en recouvre un autre que vous souhaiteriez sélectionner. Vous pouvez également utiliser cette commande pour déplacer un objet jusqu'au plan de votre choix. Cette commande est sans effet lorsque l'objet sélectionné se trouve au plan inférieur.

# Gestion des objets

La gestion des acteurs, décors et sons placés dans votre animation s'effectue au moyen des commandes du menu Edition et du menu flottant Bibliothèque. Les commandes d'édition (Couper, Copier, Coller, Supprimer, Dupliquer et Cloner) n'affectent que la fenêtre d'animation. Par exemple, lorsque vous supprimez un objet à l'aide de la commande Supprimer, il est supprimé de la fenêtre, mais est conservé dans la bibliothèque. Vous pouvez toujours récupérer l'objet dans la bibliothèque et le replacer dans l'animation. Le menu flottant Bibliothèque permet de créer des bibliothèques d'acteurs, de décors et de sons. Si vous supprimez un objet de la bibliothèque, il est uniquement supprimé de la bibliothèque.

## Suppression d'objets

Pour supprimer un objet, sélectionnez-le puis appuyez sur la touche Suppression. L'objet est supprimé de la fenêtre d'animation, mais pas de la bibliothèque.

## Couper, Copier et Coller des objets

»*Raccourcis:*
*Couper: appuyez sur CTRL + X*
*Copier: appuyez sur CTRL + C*

Vous pouvez couper, copier et coller des acteurs et décors dans votre animation à l'aide des commandes du menu Edition de la fenêtre d'animation.

▶ **Pour couper des objets :**
- Sélectionnez les objets à couper, puis choisissez Couper dans le menu Edition. Les objets sont supprimés de la fenêtre d'animation et du menu flottant Chronologie. Utilisez Coller pour replacer les objets dans l'animation. Vous pouvez utiliser la touche Maj pour sélectionner plusieurs objets.

▶ **Pour copier des objets :**
- Sélectionnez les objets à copier, puis choisissez Copier dans le menu Edition. Utilisez la commande Coller pour placer une copie des objets dans la fenêtre d'animation. Vous pouvez utiliser la touche Maj pour sélectionner plusieurs objets.

*Placement d'acteurs, de décors et de sons dans l'animation*

▶ **Pour coller des objets :**
- Sélectionnez la commande Coller pour placer dans votre animation les objets qui ont été coupés ou copiés en dernier lieu. Les objets sont placés dans l'image en cours.

## Duplication d'objets

> **»Raccourci:**
> Pour ouvrir le dialogue Dupliquer, appuyez sur les touches CTRL+D.

Vous pouvez créer une copie d'un objet en le sélectionnant et en utilisant la commande Dupliquer du menu Edition. La boîte de dialogue Dupliquer apparaît alors. Entrez le nom de la copie dans le champ En:. La copie est placée au-dessus de l'original, légèrement décalée vers le bas et vers la droite. Le nouvel objet est ajouté à la liste de la fenêtre Chronologie.

## Clonage d'objets

Le clonage diffère de la duplication en ce sens que la plupart des modifications apportées à l'objet original (appelé "maître") sont automatiquement appliquées à la copie. Par exemple, si vous modifiez le nombre de cases de l'original, celui de la copie change également.

Original     Objet de base     Clone

**Remarque :** Les modifications apportées à un clone affectent tous les clones ainsi que l'objet original. Par exemple, si vous modifiez la couleur de remplissage d'un clone, tous les autres clones de ce groupe et l'objet original utiliseront également la nouvelle couleur de remplissage. Lorsque vous supprimez un clone, seul celui-ci est supprimé.

Pour cloner un objet, sélectionnez Cloner dans le menu Edition. La boîte de dialogue Cloner apparaît. Entrez le nom du clone dans le champ En:. Le clone est placé au-dessus de l'objet original, légèrement décalé vers le bas et la droite.

## Tout sélectionner

Utilisez Tout sélectionner pour sélectionner l'ensemble des objets de votre animation.

## Utilisation du menu flottant Bibliothèque

Vous pouvez utiliser le menu flottant Bibliothèque pour créer des bibliothèques contenant les acteurs, décors et sons que vous créez ou importez. Vous pouvez ainsi vous constituer un réservoir d'objets pour des animations futures. Pour utiliser un objet d'une bibliothèque, il suffit de charger la bibliothèque contenant l'objet désiré. Ensuite, utilisez les barres de défilement pour faire défiler les noms des objets contenus dans la bibliothèque. Cliquez sur le nom de l'objet désiré, puis sélectionnez la commande Placer, dans le bas du menu flottant. L'objet est placé dans l'animation en cours. Si vous n'êtes pas certain de l'objet à utiliser, choisissez Mode Visuel dans le sous-menu flottant Bibliothèque et parcourez les objets à l'aide des flèches de défilement. Vous pourrez ainsi voir les acteurs, décors et sons avant de décider de les placer dans l'animation. Vous pouvez également faire défiler les cases d'un acteur multicase ou écouter un son en cliquant sur Ecoute/Visualisation dans le menu flottant.

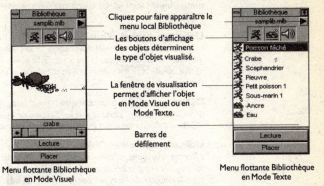

Menu flottante Bibliothèque en Mode Visuel

Menu flottante Bibliothèque en Mode Texte

**Création d'une bibliothèque :** Cliquez sur le bouton de sous-menu dans la partie supérieure du menu flottant, puis choisissez Nouvelle bibliothèque. La boîte de dialogue Nouvelle bibliothèque apparaît alors. Entrez le nom, le lecteur et le répertoire de la nouvelle bibliothèque. Les bibliothèques portent l'extension de fichier "mlb". Il n'est pas nécessaire de spécifier cette extension

lorsque vous introduisez le nom.

**Sélection d'un fichier de bibliothèque :** Cliquez sur le bouton de sous-menu et sélectionnez Ouvrir Bibliothèque. La boîte de dialogue Charger Bibliothèque apparaît. Sélectionnez le nom de la bibliothèque et cliquez sur OK. La bibliothèque sélectionnée est chargée dans le menu flottant.

**Ajout d'un élément à la bibliothèque :** Pour ajouter un élément à la bibliothèque, sélectionnez un objet et cliquez sur le bouton de sous-menu. Choisissez Ajouter à la bibliothèque. L'objet est inséré dans le fichier Bibliothèque. Les objets de la bibliothèque sont rangés par ordre alphabétique.

*Placement d'acteurs, de décors et de sons dans l'animation* **/457**

**Suppression d'un élément de la bibliothèque :** Pour supprimer un membre, sélectionnez un objet et cliquez sur le bouton de sous-menu. Choisissez Supprimer de la bibliothèque. L'objet est supprimé de la bibliothèque.

**Modification du nom d'un élément :** Pour renommer un élément de la bibliothèque, sélectionnez un objet et cliquez sur le bouton de sous-menu. Choisissez Renommer l'article. La boîte de dialogue Renommer l'article apparaît. Entrez le nom dans la zone Nouveau nom. Cliquez sur OK. Le nouveau nom s'applique uniquement à la Bibliothèque ouverte.

**Utilisation du Mode Visuel :** Cliquez sur le bouton de sous-menu et choisissez Mode Visuel. Les objets de la bibliothèque sont affichés sous une forme graphique. Si le Mode Visuel n'est pas activé, seule une liste de noms apparaît dans la fenêtre de la bibliothèque.

**Défilement dans la bibliothèque :** Pour faire défiler les éléments de la bibliothèque, cliquez sur les flèches de la barre de défilement affichée à droite ou sous la case de visualisation.

**Utilisation des icônes Objet :** Les icônes Objet servent à déterminer quels types d'objets sont affichés dans la case de visualisation. Lorsque le bouton d'un type d'objet particulier est activé, tous les objets de ce type contenus dans la bibliothèque sont affichés. Par exemple, si vous utilisez l'icône Acteur, tous les acteurs de la bibliothèque sont affichés.

**Utilisation du bouton Ecoute/Visualisation :** Cliquez sur Ecoute/Visualisation pour écouter un son ou visualiser un acteur avant de le charger. Ce bouton alterne entre Ecoute/Visualisation et Stop.

**Utilisation du bouton Placer :** Cliquez sur Placer pour placer l'acteur, le décor ou le son dans l'animation. En Mode Visuel, l'objet affiché est placé dans l'animation. En mode liste, sélectionnez l'objet à l'aide du curseur avant de cliquer sur Placer.

# Chapitre 6

# Animation

Une fois que vous avez créé et placé les acteurs voulus dans l'animation, vous devez déterminer la trajectoire que ceux-ci devront suivre dans la fenêtre d'animation. C'est ce qu'on appelle le tracé. Dans CorelMOVE, un tracé se compose d'un certain nombre de points mobiles, chaque point indiquant l'emplacement d'une case de l'acteur. C'est l'affichage successif des différentes cases aux différents points du tracé qui donne l'illusion de mouvement. Des décors peuvent également être ajoutés au mouvement global d'une animation. Vous pouvez définir avec précision la manière dont un décor doit apparaître ou disparaître en spécifiant une transition.

# Création et édition de tracés

### Création d'un tracé

Lorsqu'un acteur est placé dans une animation, il est placé à un endroit spécifique de l'écran. A ce moment, son tracé ne comporte qu'un seul point.

▶ **Pour ajouter des points au tracé d'un acteur :**

1. Alors qu'un acteur est sélectionné, choisissez l'Outil-tracé dans la boîte à outils. Le menu flottant Editer le tracé apparaît alors.

2. Assurez-vous que la case Ajouter des points est activée, puis cliquez sur l'écran pour définir de nouveaux points.
   Chaque point du tracé est représenté par un petit rectangle évidé lorsque le point est désélectionné, noir dans le cas contraire. Le premier point d'un tracé est représenté par un rectangle légèrement plus grand, tandis que le dernier point est représenté par un cercle.
   Lors de la lecture de l'animation, l'acteur se déplace le long du tracé.

La vitesse de déplacement de l'acteur est fonction de la distance entre les points du tracé : plus les points sont rapprochés, plus l'acteur se déplace lentement ; plus les points sont distants, plus l'acteur se déplace rapidement.

Cet exemple illustre un tracé de 24 points. Le dernier point (représenté par un cercle) est défini comme point de bouclage. L'acteur part du premier point et suit le tracé jusqu'au dernier point. Lorsque ce dernier est atteint et s'il reste des images à afficher pour cet acteur, la séquence de déplacement de l'acteur est répétée à partir du point de bouclage jusqu'à ce que la dernière image de l'acteur (image de fin) soit atteinte. L'acteur disparaît alors. S'il ne reste plus d'images à afficher, aucune boucle n'est effectuée et l'acteur disparaît.

Si aucun point de bouclage n'est défini alors que le tracé compte moins de points que l'acteur ne contient de cases, les cases restantes sont affichées successivement au dernier point du tracé.

## Edition de tracés

Lorsque vous sélectionnez l'Outil-tracé dans la boîte à outils, le menu flottant Editer le tracé s'affiche. Ce menu contient des outils d'édition puissants. Vous pouvez éditer la totalité du tracé ou une série de points.

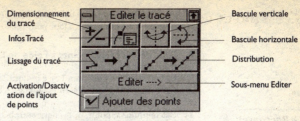

## Sélection d'une série de points

Pour sélectionner une série de points, cliquez sur le premier point. Maintenez la touche Maj enfoncée et cliquez sur le dernier point de la série. Les points intermédiaires sont automatiquement sélectionnés. Tous les points sélectionnés sont noircis.

## Basculement de points d'un tracé

Vous pouvez faire basculer la totalité d'un tracé ou une série de points sélectionnés verticalement ou horizontalement à l'aide des commandes Basculement vertical ou Basculement horizontal du menu flottant Editer le tracé.

## Lissage, distribution et dimensionnement de tracés

Il se peut que le nombre de points du tracé ou leur espacement ne produise pas le mouvement voulu. Vous pouvez dans ce cas utiliser les options de lissage, de distribution et de dimensionnement du menu flottant Editer le tracé pour modifier le tracé. Si aucune série de points n'est sélectionnée, ces options s'appliquent à la totalité du tracé.

**Lissage :** Cette commande "adoucit" le tracé en le rendant plus fluide, moins anguleux. Lorsque cette option est utilisée de manière répétée, le tracé ou la série de points sélectionnée devient progressivement plus plate.

**Distribution :** Cette commande répartit les points de manière régulière sur la totalité du tracé ou entre les points extrêmes de la série sélectionnée. Elle permet ainsi de rendre le mouvement de l'acteur plus régulier.

**Dimensionnement :** Cette commande permet d'augmenter ou diminuer le nombre de points contenus dans le tracé ou dans la série de points sélectionnée. La boîte de dialogue Dimensionnement du Tracé qui apparaît lorsque vous sélectionnez cette commande indique le nombre de points existant. Entrez une nouvelle valeur dans la zone Nombre de points désiré. Le nombre de points du tracé est augmenté ou diminué en conséquence.

> » **Conseil :**
> Vous pouvez utiliser la commande Dimensionnement pour ajouter des points entre deux points rapprochés. Vous créez ainsi un effet de pause, l'acteur semblant s'arrter en chemin.

## Déplacement de points sur un tracé.

Il existe deux manières de déplacer des points dans un tracé : en les déplaçant manuellement à l'aide de la souris ou en entrant les nouvelles coordonnées dans la boîte de dialogue Infos Tracé.

▶ **Pour déplacer des points à l'aide de la souris :**
- Pour déplacer un point, sélectionnez-le et faites-le glisser jusqu'à l'endroit voulu. La position originale du point reste

> » **Conseil :**
> Pour éviter d'ajouter des points lorsque vous en sélectionnez avec la souris, désactivez l'option Ajouter des points.

visible jusqu'à ce que le bouton de la souris soit relâché. Le tracé est ensuite mis à jour pour refléter la nouvelle position du point.

▶ **Pour déplacer des points à l'aide de la boîte de dialogue Infos Tracé :**

La boîte de dialogue Infos Tracé indique la position horizontale et verticale du point à l'écran et précise s'il s'agit d'un point de bouclage.

1. Sélectionnez le point, puis cliquez sur le bouton Infos Tracé dans le menu flottant Editer le tracé.

> »*Raccourci:*
> *Double-cliquez sur le point de votre choix pour afficher la boîte de dialogue Infos Tracé.*

La boîte de dialogue Infos Tracé indique les coordonnées du point à l'écran. Vous pouvez modifier la position du point en introduisant de nouvelles coordonnées.

> »*Remarque:*
> *Le point (0,0), où les coordonnées horizontale et verticale sont égales à zéro, est situé dans le coin supérieur gauche de la fenêtre d'animation. Dans le coin inférieur droit, les coordonnées sont égales à la largeur et la hauteur de la fenêtre d'animation.*

2. Entrez les nouvelles positions horizontale et/ou verticale voulues.

3. Cochez la case Point de bouclage si vous souhaitez que ce point soit le point de bouclage du tracé.
   Lorsqu'un point de bouclage est défini et que la fin du tracé est atteinte en cours de lecture de l'acteur, la lecture se poursuit à partir du point de bouclage.

4. Cliquez sur OK pour enregistrer les modifications.

## Ajout de points à un tracé

Vous pouvez ajouter des points à n'importe quel endroit du tracé. Pour ajouter un point, sélectionnez un point, puis cliquez dans la fenêtre d'animation. Les points sont toujours ajoutés après le point sélectionné. Le point ajouté devient le nouveau point sélectionné ; vous pouvez continuer à ajouter de nouveaux points.

## Couper, copier et coller des points

Le sous-menu Editer du menu flottant Editer le tracé permet de couper, copier et coller des points dans un tracé. Vous pouvez déplacer des sections entières du tracé à l'aide des commandes Couper/Coller, et réaménager ainsi directement les points du tracé.

Vous pouvez également utiliser la commande Copier pour répéter des sections du tracé. Cette méthode est utile lorsque le mouvement de l'acteur suit un schéma répétitif, comme dans le cas d'un bourdon ou d'un colibri. La méthode du couper-coller garantit la répétition exacte du mouvement.

▶ **Pour couper des points d'un tracé :**
- Sélectionnez les points à couper, cliquez sur Editer et choisissez Couper Point(s) dans le sous-menu. Utilisez la touche Maj pour sélectionner plusieurs points consécutifs.

▶ **Pour copier des points sur un tracé :**
- Sélectionnez les points à copier, cliquez sur Editer et choisissez Copier Point(s) dans le sous-menu. Utilisez la touche Maj pour sélectionner plusieurs points consécutifs.

▶ **Pour coller des points :**
- Sélectionnez l'endroit où vous souhaitez placer les points coupés ou copiés. Sélectionnez Coller Point(s) dans le sous-menu Editer. Les points copiés ou coupés sont placés après le point sélectionné.

## Annulation d'erreurs

La commande Annuler du sous-menu Editer permet d'annuler toute modification apportée au tracé.

## Suppression du tracé

Vous pouvez utiliser la commande Effacer tracé du sous-menu Editer pour supprimer la totalité du tracé. Il n'est pas nécessaire de sélectionner préalablement les points ; tous les points sont automatiquement supprimés. Cette commande est utile pour supprimer rapidement la totalité des points du tracé.

## Sélection de tous les points d'un tracé

Vous pouvez sélectionner tous les points d'un tracé à l'aide de la commande Sélectionner tous les points du sous-menu Editer. Cette commande est utile pour déplacer l'ensemble des points d'un tracé.

## Définition du point de bouclage d'un tracé

Les points de bouclage permettent de faire en sorte qu'un acteur s'anime sur place ou répète indéfiniment une séquence. Tout point du tracé peut être désigné comme point de bouclage. Si vous désignez un point de bouclage au milieu du tracé, l'acteur se déplace du début jusqu'à la fin du tracé. Ensuite, il exécute une boucle continue entre le point de bouclage et le dernier point du tracé.

Pour définir un point de bouclage, double-cliquez sur un point. Dans la boîte de dialogue Infos tracé qui apparaît alors, cochez Point de bouclage, puis cliquez sur OK. Le segment de tracé entre le point de fin et le point de bouclage apparaît sous la forme de tirets.

## Déplacer Image avec Points

Si vous activez la case à cocher Déplacer Image avec Points du sous-menu Editer, le compteur du tableau de commande change en fonction du point sélectionné : il affiche le numéro de l'image active au moment où l'acteur se trouve au point sélectionné.

# Ancrage

Le point d'ancrage d'un acteur définit la position des images de l'acteur par rapport aux points du tracé. Si vous placez le point d'ancrage sous l'acteur, l'acteur se déplacera à cette distance du tracé. L'ancrage d'un acteur peut être modifié afin d'améliorer le déroulement de l'animation. Par exemple, vous pourriez avoir deux acteurs utilisant le même tracé de base et se déplaçant ensemble dans l'animation. Si les points d'ancrage des deux acteurs sont identiques, les deux acteurs seront superposés. Vous pouvez alors modifier le point d'ancrage d'un des acteurs de sorte qu'ils se déplacent suivant le même tracé, mais en des positions légèrement différentes.

L'ancrage n'est disponible que lors de la création ou de l'édition d'un acteur. Lorsque vous sélectionnez Ancrage dans le menu Edition, le point d'ancrage de l'acteur apparaît dans la fenêtre de dessin bitmap. Vous pouvez alors le déplacer.

▶ **Pour modifier le point d'ancrage :**

1. Sélectionnez Ancrage dans le menu Edition. Le curseur d'ancrage apparaît. La position d'ancrage en cours est indiquée par un repère d'ancrage clignotant.
2. Positionnez le curseur au point d'ancrage souhaité et cliquez. Le repère d'ancrage est déplacé.
3. Désactivez le repère d'ancrage en sélectionnant Ancrage dans le menu Edition. Le menu permet de déterminer si la commande Ancrage est activée : lorsqu'elle est activée, une marque apparaît en regard de la commande dans le menu.
4. Enregistrez les modifications apportées à l'acteur en choisissant Appliquer Modifications dans le menu Fichier.
   Lors de la création ou de l'édition du tracé de l'acteur, vous remarquerez que les points du tracé ont été déplacés par rapport à l'acteur.

# Ajout de décors transitoires

*»Remarque:*
*Les étapes ne correspondent pas aux images. Si, par exemple, une transition est composée de six étapes, celle-ci ne rclame pas la lecture de six images. L'animation s'interrompt durant la transition.*

Les transitions déterminent la façon dont les décors apparaissent et disparaissent de l'animation. CorelMOVE propose différents effets de transition qui vous permettront de rehausser vos animations. Les décors peuvent comprendre divers objets. Ils ne sont pas nécessairement une simple toile de fond : les décors peuvent être des objets tels que des pièces de mobilier, des mots, des arbres, des îles... Le seul point commun à tous les décors est qu'ils ne sont pas animés (ils ne bougent pas). Ils peuvent toutefois apparaître dans l'animation et en disparaître de diverses manières.

▶ **Pour appliquer des transitions à un décor :**

1. Double-cliquez sur un décor ou sélectionnez un décor et choisissez Infos Objet dans le menu Edition. La boîte de dialogue Infos Décor s'affiche. Reportez-vous au chapitre 7, "Edition et visualisation de l'animation", pour plus d'informations sur la boîte de dialogue Infos Décor.

2. Cliquez sur Editer dans la section Transition de la boîte de dialogue Infos Décor. La boîte de dialogue Transitions pour Décor apparaît.
3. Sélectionnez le type de transition dans les zones de liste Début Transition et Fin Transition.

   Si vous sélectionnez Défilement, Zoom ou Rectangles Zoom, un bouton apparaît au-dessous de la zone de liste. Cliquez sur ce bouton pour afficher les boîtes de dialogue Editer Défilement, Editer Zoom ou Editer Rectangles Zoom. Entrez les informations requises. Voir "Utilisation de la boîte de dialogue Transitions pour Décor" pour plus d'informations sur ces boîtes de dialogue.
4. Cliquez sur OK.

## Types de transitions

Les transitions sont des effets spéciaux qui améliorent la manière dont un décor apparaît et disparaît d'une animation. Si vous vous contentez de faire apparaître le décor dans une image donnée, son apparition peut sembler un peu brusque. En revanche, si vous utilisez un effet de transition, il apparaît progressivement d'une façon qui varie selon le type de transition sélectionné. Vous pouvez choisir parmi les types de transition suivants :

**Défilement :** Le décor entre progressivement dans l'animation à partir de l'endroit spécifié dans la boîte de dialogue Editer Défilement. L'effet est similaire à celui obtenu dans les boîtes de dialogue et les fenêtres lorsque vous utilisez la barre de défilement.

**Zoom :** Une version réduite du décor apparaît à l'emplacement spécifié dans la boîte de dialogue Editer Zoom et s'agrandit progressivement. Si vous utilisez cet effet comme transition de fin, l'effet est inverse : le décor diminue progressivement jusqu'à disparaître.

**Rectangles Zoom :** Si vous utilisez cet effet comme transition de début, le décor apparaît à l'emplacement spécifié dans la boîte de dialogue Editer Rectangles Zoom. En fait, seule une petite partie du décor apparaît dans un petit rectangle. Ce rectangle s'agrandit ensuite pour laisser apparaître une partie de plus en plus grande du décor jusqu'à ce que celui-ci soit affiché dans sa totalité. Comme transition de sortie, l'effet est inverse : le rectangle diminue progressivement jusqu'à ce que le décor disparaisse.

**Balayage :** Les options sont TL à BR (de l'angle supérieur gauche vers l'angle inférieur droit), TR à BL (de l'angle supérieur droit vers l'angle inférieur gauche), BL à TR (de l'angle inférieur gauche vers l'angle supérieur droit), BR à TL (de l'angle inférieur droit vers l'angle supérieur gauche) et Circulaire. Dans un effet de balayage, le décor entre ou sort progressivement de l'animation suivant une ligne diagonale qui se déplace à partir du point d'origine (angle supérieur gauche, droit, etc.). Dans un balayage circulaire, la ligne diagonale tourne autour du centre du décor, qui apparaît ou disparaît progressivement au passage de la ligne.

**Damier :** Le décor apparaît ou disparaît dans un motif à damiers

**Iris :** Une partie du décor apparaît dans un petit cercle dont le centre correspond au centre du décor à l'écran. Ce cercle s'agrandit progressivement de manière concentrique jusqu'à ce que la totalité du décor soit affichée. Dans le cas d'une transition de sortie, l'effet est inverse : le décor disparaît à mesure que le cercle rétrécit.

**Pixels :** Le décor apparaît sous la forme de pixels surdimensionnés qui s'affinent progressivement pour devenir des pixels de taille normale. L'image du décor devient plus nette à mesure que la taille des pixels diminue. Dans le cas d'une transition de sortie, l'effet est inverse : les pixels s'agrandissent et le décor devient de moins en moins distinct jusqu'à disparaître.

## Utilisation de la boîte de dialogue Transitions pour Décor

La boîte de dialogue Transitions pour Décor permet de définir la manière dont les décors apparaissent et disparaissent de l'animation.

**Début Transition et Fin Transition :** Début Transition permet de sélectionner la manière dont le décor apparaît dans l'animation. Fin Transition sélectionne la manière dont le décor disparaît de l'animation. Les différents types de transition ont été décrits dans les paragraphes qui précèdent.

**Boutons Editer Défilement, Editer Zoom et Editer Rectangles Zoom :** Si vous sélectionnez Défilement, Zoom ou Rectangles Zoom, un bouton Editer Défilement, Editer Zoom et Editer Rectangles Zoom apparaît sous la liste correspondante. Cliquez sur ce bouton pour ouvrir la boîte de dialogue Editer Défilement, Editer Zoom et Editer Rectangles Zoom. Chacune de ces boîtes de dialogue contient les mêmes informations.

Dans la zone Origine Décor, spécifiez la position d'entrée ou de sortie du décor (en pixels). Les coordonnées horizontale et verticale que vous entrez dans cette zone définissent l'endroit de la fenêtre d'animation où doit commencer l'entrée/la sortie du décor. Pour les transitions de type Zoom, vous pouvez utiliser les 4 lignes grises qui apparaissent dans la zone de visualisation pour sélectionner une origine. Cliquez et faites glisser ces lignes jusqu'à l'endroit de votre choix dans la zone de visualisation. Dans la boîte de dialogue Editer Défilement, la zone de visualisation contient un rectangle que vous pouvez déplacer pour définir l'origine du décor.

Dans la zone Etapes, entrez le nombre d'étapes. Ce nombre détermine en combien d'étapes le décor doit apparaître ou disparaître de l'animation.

**Etapes :** La zone Etapes détermine le nombre d'étapes de la transition. Ce nombre détermine également la vitesse de transition : plus le nombre d'étapes est élevé, plus la transition est lente et fluide.

**Visualisation :** Cliquez sur le bouton Visualisation pour afficher dans la case de Visualisation un aperçu des effets de transition d'entrée et de sortie sélectionnés.

# Chapitre 7

# Edition et lecture de l'animation

Ce chapitre décrit les options qui permettent de réunir les éléments de l'animation. Dans l'industrie du film et de l'animation, cette opération est appelée le montage. Après avoir créé les acteurs, les décors et les sons de votre animation et après avoir attribué des tracés aux différents acteurs, vous pouvez utiliser les boîtes de dialogue Infos pour ajuster les différents composants. Ensuite, vous pouvez utiliser le Séquenceur Cases, la Chronologie et les Branchements pour mettre la dernière touche à l'animation. Ces options établissent des liens entre des événements tels que l'apparition, la disparition et le mouvement d'un acteur. Elles permettent également de mettre en valeur des parties importantes de l'animation. Le résultat ? Une animation réussie qui donne au spectateur l'illusion de la vie et exprime parfaitement le message de l'animateur.

# Ajustement des acteurs et décors

Les acteurs et décors peuvent être ajustés dans l'animation à l'aide de leur boîte de dialogue Infos respective.

## La boîte de dialogue Infos Acteur

La boîte de dialogue Infos Acteur permet d'ajuster les caractéristiques d'un acteur une fois que celui-ci a été placé dans l'animation. Pour faire apparaître cette boîte de dialogue, double-cliquez sur un acteur placé à l'aide de l'Outil-sélection ou sélectionnez un acteur placé, puis choisissez Infos Objet dans le menu Edition.

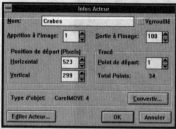

**Nom :** Le champ Nom contient par défaut le nom de la bibliothèque dont provient l'acteur. Si vous avez dupliqué ou cloné un acteur, le nom affiché dans la boîte de dialogue Infos Acteur est le même que celui que vous lui avez attribué dans la boîte de dialogue Dupliquer ou Cloner. Pour plus de clarté, il est recommandé d'attribuer à chaque acteur un nom unique la première fois que vous l'utilisez. Ce nom est utilisé à des fins d'identification uniquement ; il ne modifie en rien le nom original de l'acteur dans la bibliothèque.

> » *Conseil :*
> *Pour différencier les différents acteurs dans la fenêtre Chronologie, nous vous conseillons d'attribuer des noms différents aux différentes copies d'un même acteur.*

**Verrouillé :** Cliquez sur la case à cocher Verrouillé pour verrouiller l'acteur à la position indiquée de l'écran. Tant que cette case sera cochée, l'acteur ne pourra pas être déplacé avec l'Outil-sélection.

**Apparition à l'image :** Ce numéro indique à partir de quelle image l'acteur apparaît dans l'animation. Par défaut, cette zone contient le numéro de l'image qui était affichée lorsque l'acteur a été placé. Ce numéro peut être modifié à tout moment pour autant qu'il ne soit pas supérieur à celui de la dernière image de l'animation.

**Sortie à l'image :** Cette zone indique à quelle image l'acteur quitte l'animation. Par défaut, elle contient le numéro de la dernière image de l'animation. Ce numéro peut être modifié à tout moment, pour autant qu'il ne soit pas supérieur au numéro de la dernière image de l'animation.

**Position de départ (Pixels) :** Un acteur est placé à une position spécifique dans la fenêtre d'animation. Les champs Horizontal et Vertical indiquent la position du point d'ancrage de l'acteur. Si vous déplacez l'acteur, ces valeurs changent en conséquence. Vous pouvez modifier la position de l'acteur en tapant des valeurs différentes dans les champs Horizontal et Vertical. La position zéro (0) correspond à l'angle supérieur gauche de la fenêtre d'animation. Les valeurs déterminent la position du point d'ancrage dans la fenêtre de dessin bitmap.

**Tracé :** Le champ Point de départ indique le point de départ du tracé d'un acteur. Tous les acteurs ont un tracé d'au moins un point. Si le tracé d'un acteur comprend plusieurs points, le premier est par défaut le point de départ. Vous pouvez modifier le point de départ du tracé en lui attribuant un numéro quelconque, pour autant que celui-ci ne dépasse pas le nombre de points du tracé. Par exemple, si un tracé compte 23 points, la valeur du point de départ doit être comprise entre 1 et 23. Le champ Total Points indique le nombre de points du tracé. Utilisez ce chiffre pour vous aider à choisir le point de départ.

**Type d'Objet :** Il est possible de changer l'éditeur de l'acteur en cliquant sur Convertir. L'acteur est converti en un objet Corel-MOVE. Lorsque vous cliquez sur Editer, l'éditeur de dessin de Corel-MOVE s'ouvre.

**Editer Acteur :** Cliquez sur Editer Acteur pour éditer ou modifier l'acteur à l'aide des outils de dessin bitmap ou de l'application source. La palette de dessin bitmap et la fenêtre de dessin bitmap (contenant la case active de l'acteur) apparaissent. Si vous avez sélectionné une autre application comme éditeur pour l'acteur, c'est cette application qui est sélectionnée lorsque vous cliquez sur Editer Acteur. Reportez-vous au chapitre 9, "Utilisation d'autres applications".

## Boîte de dialogue Infos Décor

La boîte de dialogue Infos Décor permet d'ajuster un décor une fois qu'il a été placé. Pour la faire apparaître, double-cliquez sur un décor placé à l'aide de l'Outil-sélection ou sélectionnez un décor placé, puis choisissez Infos Objet dans le menu Edition.

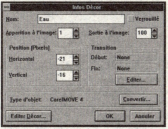

> **» Conseil :**
> *Pour différencier les différents décors dans la fenêtre Chronologie, nous vous conseillons d'attribuer des noms différents aux différentes copies d'un même décor.*

**Nom :** Le champ Nom contient par défaut le nom de la bibliothèque dont provient le décor. Si vous avez dupliqué ou cloné un décor, le nom affiché dans la boîte de dialogue Infos Décor est le même que celui que vous lui avez attribué dans la boîte de dialogue Dupliquer ou Cloner. Pour plus de clarté, il est recommandé d'attribuer à chaque décor un nom unique la première fois que vous l'utilisez. Ce nom est utilisé à des fins d'identification uniquement ; il ne modifie en rien le nom original du décor dans la bibliothèque.

**Verrouillé :** Cliquez sur la case à cocher Verrouillé pour verrouiller le décor à la position indiquée de l'écran. Tant que cette case sera cochée, le décor ne pourra pas être déplacé avec l'Outil-sélection.

**Apparition à l'image :** Ce numéro indique à partir de quelle image le décor apparaît dans l'animation. Si vous souhaitez changer d'image, entrez un autre numéro. Vous pouvez utiliser pour cela les flèches de défilement. Par défaut, cette zone contient le numéro de l'image dans laquelle le décor a été placé.

**Sortie à l'image :** Cette zone indique à quelle image l'acteur quitte l'animation. Ce numéro peut être modifié à tout moment, pour autant qu'il ne soit pas supérieur au numéro de la dernière image de l'animation. Par défaut, cette zone contient le numéro de la dernière image de l'animation.

**Position (Pixels) :** Lorsque vous placez un décor dans la fenêtre d'animation, il reçoit des coordonnées verticale et horizontale, qui sont indiquées ici dans les zones Horizontal et Vertical. Si vous déplacez le décor, ces valeurs changent en conséquence. Vous pouvez modifier la position du décor en tapant des valeurs différentes dans les champs Horizontal et Vertical ou en utilisant les flèches de défilement. La position zéro (0) correspond à l'angle supérieur gauche de la fenêtre d'animation.

**Transitions :** Vous pouvez utiliser le champ Transitions pour spécifier comment un décor apparaît et disparaît d'une animation. Ainsi, il peut apparaître progressivement à l'écran plutôt que de surgir soudainement. Pour plus d'informations, reportez-vous à la section "Ajout de décors transitoires", au chapitre 6.

**Type d'Objet :** Il est possible de changer l'éditeur du décor en cliquant sur Convertir. Le décor est alors converti en un objet Corel-MOVE. Lorsque vous cliquez sur Editer, l'éditeur de dessin de Corel-MOVE s'ouvre.

**Editer Décor :** Cliquez sur Editer Décor pour modifier le décor à l'aide des outils de dessin bitmap ou de l'application source. La palette de dessin bitmap et la fenêtre de dessin bitmap (contenant le décor) apparaissent. Si vous avez sélectionné une autre application comme éditeur pour l'acteur, c'est cette application qui est sélectionnée lorsque vous cliquez sur Editer Acteur. Reportez-vous au chapitre 9, "Utilisation d'autres applications".

# Utilisation du menu flottant Séquenceur Cases

Le menu flottant Séquenceur Cases contrôle la combinaison entre les cases d'un acteur et les images de l'animation. Lorsque vous créez un acteur, vous concevez un certain nombre de cases qui créent une illusion de mouvement. Vous créez ensuite un tracé que l'acteur suit à travers les images de l'animation. Les cases de l'acteur sont affichées séquentiellement aux points du tracé, chaque point représentant une image différente dans l'animation. Par exemple, si vous avez un acteur à quatre cases, la première case est affichée sur le premier point du tracé, la deuxième sur le deuxième point, etc. Le menu flottant Séquenceur Cases permet de modifier l'ordre des cases et de sélectionner celle qui apparaît dans une image donnée. Vous pouvez également modifier la taille de l'objet dans la case et créer ainsi des effets spéciaux. Par exemple, vous pourriez avoir un acteur qui grandit progressivement à mesure qu'il suit son tracé, donnant ainsi un effet de perspective. En mode par défaut, le Séquenceur reproduit les cases de l'acteur de manière cyclique sur une série de points. Ainsi, la première case d'un acteur à quatre cases est automatiquement attribuée au premier point du tracé, puis au cinquième point, puis au neuvième point, etc.

Image : 1,2,3,4,5,6,7,8,9,10...

Case à afficher : 1,2,3,4,1,2,3,4,1,2...

Cette séquence donne au mouvement de l'acteur un rythme constant et répétitif. Si votre animation exige des rythmes irréguliers, vous pouvez répéter une case en différents points, inverser le cycle des cases ou omettre des cases dans un cycle. Par exemple, votre acteur à quatre cases pourrait rester immobile sur plusieurs points du tracé ou se déplacer en sens inverse.

Image : 1,2,3,4,5,6,7,8

Case à afficher : 1,1,3,2,1,2,2,4

▶ **Pour afficher le menu flottant Séquenceur Cases :**
Alors qu'un acteur est sélectionné, effectuez une des opérations suivantes :
- Choisissez Séquenceur Cases dans le menu Afficher. Le menu flottant Séquenceur Cases apparaît alors.
- Cliquez sur l'icône Séquenceur Cases dans le Tableau de commande, dans le bas de la fenêtre d'animation.

## Fonctions du menu flottant Séquenceur Cases

**Appliquer à :** La zone de liste Appliquer à permet de sélectionner les cases auxquelles les options du Séquenceur Cases doivent être appliquées. Vous pouvez sélectionner Toutes les images, Image en cours, Image numéro et Série d'images. L'option Toutes les images sélectionne toutes les images de l'animation ; Image en cours sélectionne l'image affichée ; Image Numéro ouvre une boîte de dialogue dans laquelle vous pouvez préciser le numéro de l'image à modifier ; Série d'images permet de spécifier une série d'images.

**Type d'effet :** Il existe quatre types d'effets : Case unique, Dim. Case, Séquence Cases et Dim. Séquence. Case unique permet de spécifier la case à afficher dans les images sélectionnées. Dim. Case permet d'entrer le pourcentage de réduction/agrandissement de la case dans l'image sélectionnée. Séquence Cases affiche une liste d'options permettant de déterminer quelles cases doivent être affichées dans les images sélectionnées. Dim. Séquence affiche une liste d'options de dimensionnement pour la série d'images sélectionnée.

**Options :** La liste déroulante située sous Type d'effet n'est disponible que si vous avez sélectionné Dim. Case ou Séquence Cases. Dans les deux cas, une liste d'options est présentée. Une description complète des différentes options est présentée dans les sections "Réglage de la taille des cases" et "Réglage de la Séquence des cases" :

## Sélection d'images

Les options de la zone Appliquer à permettent de sélectionner des images. Vous pouvez sélectionner une série d'images ou une image particulière. Si vous sélectionnez une série d'images à l'aide de l'option Toutes les images ou Série d'images, vous pouvez utiliser la liste déroulante Options ; sinon, entrez une valeur dans la zone.

## Réglage de la taille des cases

Vous pouvez ajuster la taille d'une case dans une image spécifique ou régler la taille d'une série de cases sélectionnées. Dans le premier cas, seules les flèches de contrôle de taille de l'image en question sont disponibles. La taille réelle correspond à 100%, tandis que la plus petite taille visible est 1%. Le facteur de dimensionnement augmente et diminue par pas de 1%. Si vous modifiez la taille d'une série de cases, vous pouvez utiliser les options de séquencement proposées dans la liste déroulante située sous la zone d'affichage des images.

▶ **Pour régler la taille de cases :**

1. Sélectionnez la (les) image(s) dans la zone Appliquer à :.
2. Choisissez un effet de dimensionnement dans la zone Type d'effet.
3. Entrez un pourcentage dans la zone numérique.
   - OU -
   Sélectionnez une option dans la zone de liste déroulante Options. Ces options ne sont disponibles que si vous avez sélectionné une série de cases.

   Les options de dimensionnement sont les suivantes :
   - Taille réelle - toutes les cases sont affichées à leur taille réelle.
   - Progressif 5-100% – La taille des cases augmente progressivement en commençant à 5% de la taille réelle pour terminer à 100%. Les cases restantes (dont le nombre est déterminé par le nombre d'images sélectionnées dans les options de l'animation) sont affichées à 100%.
   - Dégressif 100-5% – La taille des cases diminue progressivement en commençant à 100% de la taille réelle pour terminer à 5%. Les cases restantes sont affichées à 5% de leur taille.
   - Progressif 50-100% – La taille des cases augmente progressivement en commençant à 50% de la taille réelle pour terminer à 100%. Les cases restantes sont affichées à 100%.
   - Dégressif 100-50% – La taille des cases diminue progressivement en commençant à 100% de la taille réelle pour terminer à 50%. Les cases restantes sont affichées à 50%.
   - Progressif 1-50% – La taille des cases augmente progressivement en commençant à 1% de la taille réelle pour terminer à 50%. Les cases restantes sont affichées à 50%.
   - Dégressif 50-5% – La taille des cases diminue progressivement en commençant à 50 % de la taille réelle pour terminer à 5 %. Les cases restantes sont affichées à 50%.

- Taille aléatoire – Les cases sont présentées à différentes tailles comprises entre 1 et 100%, sans aucun ordre particulier.

## *Définition de la séquence des cases*

Vous pouvez modifier la séquence des cases pour toute image dans laquelle l'acteur apparaît. Vous pouvez ainsi définir quelle case est affichée dans quelle image individuellement ou, si vous avez sélectionné une série de cases, choisir une des options de séquencement disponibles. Dans le premier cas, seules les options Echelle % ou Numéro Case du menu Effet sont disponibles.

▶ **Pour spécifier quelle case afficher dans une image :**
1. Sélectionnez la (les) image(s) dans la zone Appliquer à :.
2. Choisissez un effet de séquencement dans le menu Type d'effet.
3. Entrez un numéro dans la zone numérique.

   - OU -

   Sélectionnez une option dans la liste Options ou, pour une série d'images, utilisez la zone numérique. Les options de séquencement sont les suivantes :
   - Normal – Toutes les cases sont affichées dans leur ordre original, la première case de l'acteur étant affichée dans la première image de la série sélectionnée.
   - Inverse – L'ordre des cases est inversé : c'est la dernière case de l'acteur qui est affichée dans la première image de la série sélectionnée, etc. Les numéros de cases diminuent à mesure qu'augmentent les numéros d'image. La séquence est répétée sur la série d'images sélectionnée.
   - Ping-pong – Les cases sont d'abord affichées dans leur ordre original, puis dans l'ordre inverse. Par exemple, dans le cas d'un acteur de quatre cases, l'ordre serait 1, 2, 3, 4, 3, 2, 1, 2...
   - Normal lent – Les cases sont affichées dans l'ordre chronologique original, mais à raison de deux images par case, par ex., 1,1,2,2,3,3,....
   - Inverse lent – Les cases sont affichées dans l'ordre inverse, et chaque case est affichée dans deux images consécutives, ex., 4,4,3,3,2,2... dans la série sélectionnée.
   - Ping-pong lent – Les cases sont d'abord affichées dans l'ordre original, puis dans l'ordre inverse, la même case étant affichée sur deux images consécutives, ex., 1,1,2,2,3,3,4,4,3,3...
   - Aléatoire – L'ordre des cases est généré de manière aléatoire.

# Ajout de branchements

Les branchements permettent de contrôler la lecture de l'animation. Un branchement définit une condition qui doit être satisfaite, puis une action qui doit avoir lieu lorsque cette condition est rencontrée. Pour vous aider à créer des branchements, CorelMOVE dispose d'une boîte de dialogue qui énumère les options de branchements.

▶ **Pour ajouter un branchement à votre animation :**

1. Cliquez sur l'Outil-branchement dans la boîte à outils.
   La boîte de dialogue Infos Branchement apparaît.

2. Entrez un nom pour le branchement dans le champ Nom.
3. Entrez des numéros d'image dans les champs Apparition à l'image et Sortie à l'image pour indiquer la période au cours de laquelle le branchement est actif.
4. Cliquez sur Avant traçage de l'image pour que le branchement soit activé avant que l'image dont le numéro apparaît dans la zone Apparition à l'image ne soit tracée à l'écran.
5. Sélectionnez une condition.

> » *Conseil :*
> *Pour sélectionner des branchements existants, utilisez le menu flottant Chronnologie.*

| Première liste | deuxième liste | troisième liste | quatrième liste |
|---|---|---|---|
| Toujours | | Préciser une durée (0 à 30 sec) | |
| Attendre | Délai | N'importe quoi | Choisir un nom d'acteur |
| | Clic Souris | Acteur désigné Décor désigné | |
| Si Alors Sinon | Enfoncement Touche | Choisir une touche | Choisir un nom de décor |

Ces options définissent la condition qui entraîne l'exécution de l'action. Une description des conditions disponibles est fournie dans la section suivante.

6. Choisissez l'action voulue dans la zone de liste déroulante Action, puis sélectionnez Insérer. Une action spécifique sera exécutée chaque fois que la condition spécifiée est vérifiée. Les actions sont décrites dans la section "Utilisation du champ Action de la boîte de dialogue Infos Branchement", plus loin dans ce chapitre.
7. Cliquez sur OK.

## Utilisation du champ Condition de la boîte de dialogue Infos Branchement

La zone Condition permet de définir facilement des conditions de branchement : toutes les conditions sont accessibles en cliquant sur des boutons qui font apparaître les choix possibles. Seul le premier bouton est toujours visible ; les trois autres apparaissent lorsque vous sélectionnez la condition appropriée dans la première zone de liste déroulante.

La première zone de liste déroulante comprend trois options :

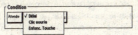

- Toujours – Aucune condition ne doit être satisfaite et aucune information complémentaire n'est nécessaire. Le branchement est toujours exécuté.
- Attendre – L'animation s'arrête jusqu'à ce que le branchement soit exécuté. Lorsque vous choisissez cette option, deux autres boutons apparaissent et vous pouvez spécifier les conditions dans la deuxième liste déroulante. Les options sont Délai, Clic Souris, Enfoncement Touche et Son terminé. Ces options permettent de spécifier le type d'événement attendu par le branchement avant d'exécuter l'action. Elles sont expliquées dans le détail ci-dessous.
- Si Alors Sinon – Le branchement ne s'exécute que si la condition spécifiée est satisfaite. Si elle ne l'est pas, une autre action sélectionnée se produit (ou rien, si aucune action n'a été sélectionnée). Vous pouvez définir les actions correspondant aux conditions "alors" et "sinon" dans le champ Action. Les options disponibles pour la condition "Si" sont accessibles dans la seconde zone de liste déroulante ; ce sont les mêmes que pour l'option Attendre.

La deuxième liste déroulante n'est affichée que si l'option Attendre ou si l'option Si Alors Sinon a été sélectionnée dans la première liste déroulante. Ces options définissent la première partie de la condition pour le branchement. Elles sont les suivantes :

- Délai – La condition spécifiée est un laps de temps déterminé, que vous indiquez en cliquant sur le troisième bouton. Celui-ci présente alors un champ dans lequel vous pouvez introduire une durée avec une précision du centième de seconde, par exemple 6,16 secondes. La valeur maximum est 30,0 secondes.
- Clic Souris – La condition est un clic du bouton de la souris. La troisième liste déroulante spécifie l'emplacement du clic de la souris : sur un acteur, un décor ou à endroit quelconque. Si vous sélectionnez un acteur ou un décor, une quatrième liste déroulante s'affiche, énumérant les différents acteurs ou décors de l'animation. Sélectionnez celui sur lequel vous souhaitez cliquer pour votre branchement. Si vous utilisez Clic

Souris, deux cases à cocher apparaissent au-dessous des boutons de condition, et permettent de définir comment ces clics sont générés pendant l'animation. Si vous cochez Action Bouton, un clic sur l'acteur ou le décor pendant l'animation fonctionne comme un clic sur un bouton de boîte de dialogue. Si vous cochez Avec périmètre, le clic de la souris pendant l'animation peut intervenir n'importe où dans les limites d'un rectangle invisible contenant l'acteur ou le décor.

- Enfoncement touche – La condition de branchement est la pression d'une touche sélectionnée. La troisième liste déroulante vous permet de préciser la touche qui doit être utilisée par le spectateur de l'animation. La boîte de dialogue Choisir une touche est affichée. Tapez un caractère au clavier.

## *Utilisation du champ Action de la boîte de dialogue Infos Branchement*

L'action est exécutée lorsque la condition du branchement est satisfaite. Vous pouvez choisir entre différentes actions. Sélectionnez l'option désirée dans la liste déroulante qui apparaît lorsque vous cliquez sur l'action affichée et maintenez le bouton de la souris enfoncé. Mettez en surbrillance l'action désirée, puis cliquez sur Insérer. Pour supprimer une action, sélectionnez-la et cliquez sur Supprimer. La zone de liste déroulante propose les options suivantes :

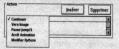

- Continuer – L'animation continue à s'exécuter.
- Atteindre Image – Cette action provoque le saut de l'animation à un numéro d'image spécifique. Vous pouvez utiliser cette option pour créer des boucles dans une animation. Cliquez sur le numéro d'image affiché pour le modifier.
- Pause jusqu'à – L'animation effectue une pause jusqu'à ce que l'instruction de condition devienne de nouveau vraie. Par exemple, vous pourriez créer un branchement qui provoque une pause de l'animation jusqu'à ce que vous cliquiez sur un décor. En l'absence de clic sur le décor, l'animation reste interrompue.
- Arrêt Animation – L'animation s'arrête. Si vous exécutez une animation autonome utilisant le lecteur d'animation fourni, l'application se termine également.
- Modifier Rythme – Un champ apparaît dans lequel vous pouvez spécifier un nouveau rythme pour l'animation. Cette option permet d'exécuter certaines parties de l'animation à des vitesses différentes.

Si l'action choisie est associée à une condition Attendre, vous pouvez choisir OK pour finaliser le branchement. Au contraire, si la condition utilise Si Alors Sinon, assurez-vous que le bouton radio Alors est sélectionné lorsque vous définissez votre première action. Ensuite, cliquez sur le bouton radio Sinon et sélectionnez une action pour la partie Sinon de votre condition Si Alors Sinon. Cliquez sur OK pour finaliser les branchements.

# Utilisation du menu flottant Chronologie

Le menu flottant Chronologie de CorelMOVE permet de voir les éléments qui constituent une animation et de leur appliquer des opérations de montage. Lorsque le menu flottant est affiché, vous pouvez voir, pour chaque objet, l'image de début, la longueur de lecture de l'objet dans l'animation et l'image à laquelle il prend fin.

▶ **Pour afficher le menu flottant Chronologie**
   Effectuez une des opérations suivantes :
- Cliquez sur l'icône Chronologie dans le Tableau de commande.
- Choisissez Chronologie dans le menu Afficher.

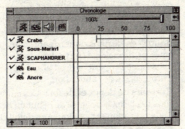

## Eléments du menu flottant Chronologie

Le menu flottant Chronologie est constitué des éléments suivants :

**Icônes Objet :** Les quatre icônes affichées dans la partie supérieure gauche représentent les acteurs, les décors, les sons et les branchements de votre animation. Lorsqu'une de ces icônes est activée, tous les objets de cette catégorie apparaissent dans la fenêtre Chronologie. Si vous cliquez à nouveau sur l'icône pour la désélectionner, les objets de cette catégorie sont temporairement masqués de la liste.

**Curseur zoom :** Ce curseur permet de "zoomer" dans la fenêtre Chronologie. Le pourcentage indiqué à côté du curseur spécifie la quantité de l'animation visible dans la fenêtre Chronologie. Plus ce pourcentage est petit, plus petite est la partie visible de l'animation, mais plus les informations présentées sont détaillées.

**Chronologie :** Si vous utilisez un moniteur couleur, vous remarquerez qu'une couleur différente est utilisée pour chaque type d'objet dans la Chronologie : les acteurs sont affichés en rouge, les décors en vert, les sons en bleu et les branchements en rose.

**Liste d'objets :** Chaque objet y apparaît avec une icône descriptive. Les objets sont regroupés par type (par exemple, tous les acteurs apparaissent dans une même section de la liste). Chaque objet est en outre identifié par un nom. A droite, une ligne représente le nombre d'images pendant lequel cet objet est employé dans l'animation. Vous pouvez sélectionner un objet dans le menu flottant Chronologie en cliquant sur son nom ou sur un autre de ses éléments (icône, ligne chronologique, etc.). La ligne chronologique de l'objet sélectionné est alors mise en surbrillance et l'objet est sélectionné dans la fenêtre d'animation (si elle est visible). Si l'objet est verrouillé, le curseur se transforme en un cadenas

*Edition et lecture de l'animation* / 479

> **»Remarque:**
> Lorsque vous sélectionnez un objet dans la fenêtre Chronologie, celui est également sélectionné à l'écran.

lorsqu'il est placé dans la fenêtre Chronologie. Pour verrouiller ou déverrouiller un objet, double-cliquez sur celui-ci pour faire apparaître la boîte de dialogue Infos.

**Ligne d'état :** La ligne d'état est située au-dessous de la liste d'objets. L'image de début de l'objet sélectionné est indiquée dans le champ ↑, l'image de fin dans le champ ↓, et l'image en cours de la fenêtre d'animation dans le champ En cours.

**Cases à cocher :** La case à cocher située à gauche de l'icône descriptive de chaque objet permet d'activer et de désactiver cet objet. Si un objet est activé, la case est cochée (marque ✓). Lorsque l'objet est désactivé, la case à cocher est vide et l'objet est affiché en gris dans la liste. Cela permet de faciliter la manipulation d'animations complexes en supprimant des objets temporairement de l'écran. Lorsque la case est activée, l'objet apparaît dans l'animation. La case est alors cochée.

**Bouton de dimensionnement :** Vous pouvez redimensionner la fenêtre Chronologie en cliquant sur la flèche vers la droite située dans l'angle supérieur droit afin d'agrandir la fenêtre et afficher les Chronologies de l'animation.

**Curseurs de début et de fin :** Ces curseurs sont visibles lorsque vous déplacez la poignée de début ou de fin d'une Chronologie. Cette opération est expliquée en détail ci-dessous.

**Curseur de déplacement :** Le curseur se change en un curseur de déplacement lorsqu'il est positionné sur une ligne chronologique. Appuyez sur le bouton de la souris et maintenez-le enfoncé, puis faites glisser la ligne chronologique. Vous pouvez de cette manière déplacer la ligne chronologique jusqu'à un nouveau numéro d'image de début.

**Curseurs de réaménagement :** Les curseurs de réaménagement permettent de modifier la position des plans de l'objet dans le menu flottant Chronologie. Lorsque vous cliquez sur le nom de l'objet et le faites glisser, le curseur prend la forme suivante : ↕. Faites glisser l'objet jusqu'à une position de votre choix dans la liste : il s'insère au-dessus de l'objet au-dessus duquel vous relâchez le bouton de la souris. Vous ne pouvez déplacer des objets qu'à l'intérieur de leur propre groupe.

**Règle Image :** La Règle Image indique les numéros d'image au-dessus de la fenêtre Chronologie. Si vous utilisez le curseur Zoom pour agrandir la Chronologie, les intervalles entre les numéros d'image affichés changent conformément au pourcentage affiché.

## Utilisation des icônes Objet pour modifier les listes

Les quatre icônes situées dans la zone supérieure gauche de la fenêtre Chronologie permettent de supprimer temporairement des objets de la liste. Seuls les objets appartenant aux catégories dont les icônes sont activées apparaissent dans la liste d'objets. Si vous désélectionnez une icône d'objet, les objets correspondants n'apparaissent plus dans la liste d'objets. Par exemple, si les icônes Acteur et Décor sont sélectionnées, seuls les objets de ce type sont affichés dans la liste. Vous pouvez utiliser cette méthode pour traiter des types sélectionnés d'objets sans que les autres soient affichés.

## Réglage de l'image de début et de fin d'un objet

Chaque Chronologie comprend une poignée de début et une poignée de fin. Ces poignées peuvent être déplacées pour modifier les images de début et de fin (la fenêtre Chronologie doit être ouverte pour pouvoir modifier l'image de début et de fin).

### ▶ Pour régler l'image de début et de fin d'un objet :

1. Positionnez le curseur sur la poignée de gauche (début) ou de droite (fin) de la Chronologie de l'objet.

   Si vous êtes sur la poignée de fin (droite), le curseur prend l'apparence d'une flèche pointée vers la droite, appelé Curseur de fin. Si vous êtes sur la poignée de début (gauche), la flèche du curseur de début est dirigée vers la gauche.

2. Faites glisser la poignée horizontalement jusqu'à un nouveau numéro d'image. Les numéros d'image en cours sont indiqués dans la ligne d'état, en bas de la fenêtre Chronologie.

3. Relâchez la poignée lorsque le numéro d'image voulu apparaît dans la ligne d'état. La Chronologie de l'objet est mise à jour en conséquence.

## Déplacement d'une ligne chronologique

Vous pouvez déplacer la ligne complète d'un objet vers la gauche ou vers la droite dans la fenêtre Chronologie.

### ▶ Pour déplacer la totalité d'une ligne chronologique :

1. Positionnez le curseur à proximité du milieu de la Chronologie de l'objet.
   Le curseur se transforme en une flèche à deux directions.

2. Cliquez et faites glisser la Chronologie jusqu'à une nouvelle position.

   Les numéros d'image de début et de fin indiqués dans la ligne d'état au bas de la fenêtre changent à mesure que la ligne est déplacée.

3. Relâchez la ligne lorsque vous êtes satisfait de la nouvelle position.
   La Chronologie de l'objet est mise à jour en conséquence.

## Suppression d'objets de la fenêtre Chronologie

### ▶ Pour supprimer un objet :

1. Cliquez sur l'icône ou le nom de l'objet.

   La Chronologie de l'objet est mise en surbrillance (pour sélectionner plusieurs objets à supprimer, maintenez enfoncée la touche Ctrl et cliquez sur l'icône de chaque objet).

2. Appuyez sur la touche Suppr pour supprimer l'objet. La fenêtre Chronologie est mise à jour en conséquence.

# Visualisation de l'animation

En cours de travail, vous pouvez passer d'une image à une autre à l'aide des commandes du menu Visualiser. Les mêmes commandes sont disponibles sous la forme d'icônes dans le tableau de commande.

> »*Raccourci:*
> *Première image –*
> *MAJUSCULE + F5*
> *Dernière image –*
> *MAJUSCULE + F6*
> *Image précédente –*
> *MAJUSCULE + F7*
> *Image suivante –*
> *MAJUSCULE + F8*
> *Action – F9*
> *Arrêt – ECHAP*

**Première image :** Passe à la première image de l'animation.

**Dernière image :** Passe à la dernière image de l'animation.

**Image suivante :** Passe à l'image suivante de l'animation.

**Image précédente :** Passe à l'image précédant l'image en cours dans l'animation.

**Numéro de l'image :** La boîte de dialogue Vers Image apparaît. Entrez le numéro de l'image à afficher.

**Action :** Lance la visualisation de l'animation à partir du numéro d'image en cours.

**Stop :** Provoque l'arrêt de l'animation.

# Lecture de l'animation

Le tableau de commande comprend des commandes similaires à celles d'un magnétoscope. Utilisez ces commandes pour lire, arrêter ou rebobiner vos animations. Vous pouvez également vérifier votre animation image par image, en avant ou en arrière.

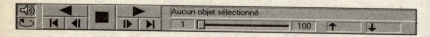

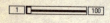

## Compteur d'images

Le compteur d'images indique le numéro de l'image en cours. Lorsqu'une animation est en cours de lecture, le compteur augmente d'une image à la fois jusqu'à la fin de l'animation. Si vous appuyez sur Stop, le compteur s'arrête. Utilisez le curseur du compteur pour changer le numéro de l'image en cours de l'animation.

## Son Oui/Non

Utilisez le bouton Son pour activer ou désactiver le haut-parleur. Le son est activé lorsque le bouton est enfoncé.

## Bouclage

Cliquez sur cette icône pour que l'animation soit lue continuellement du début à la fin (boucle). Lorsque le bouton est enfoncé, l'animation est répétée indéfiniment.

### Lecture arrière
Cliquez sur ce bouton pour lire l'animation en marche arrière.

### Arrêt Animation
Cliquez sur ce bouton pour arrêter l'animation. La touche ECHAP arrête toujours l'animation.

### Lecture
Cliquez sur ce bouton pour lire l'animation vers l'avant.

### Image arrière
Cliquez sur ce bouton pour faire reculer l'animation d'une image. Si vous désirez passer les images en revue une à une continuellement, maintenez le bouton de la souris enfoncé.

### Image avant
Cliquez sur ce bouton pour faire avancer l'animation d'une image. Si vous voulez avancer pas à pas et en continu dans les images, maintenez le bouton de la souris enfoncé.

### Retour Début
Cliquez sur ce bouton pour ramener la position de lecture de l'animation à la première image (le début).

### Avance Fin
Cliquez sur ce bouton pour ramener la position de lecture de l'animation à la dernière image (la fin).

**Remarque :** Lorsqu'un objet est sélectionné, il est identifié dans la ligne d'état au-dessus du curseur du compteur d'images. Ses images de début et de fin sont également indiquées par des flèches vers le haut et vers le bas, respectivement, à droite du curseur.

# CHAPITRE 8

# Importation d'objets d'animation

Vous pouvez également créer votre animation en important des objets. Les acteurs, décors et sons peuvent ainsi être importés à partir d'autres applications.

# Importation d'objets

▶ **Pour importer un objet d'une autre application :**

1. Choisissez Importer dans le menu Fichier. Le sous-menu Importer apparaît.
2. Choisissez le type d'objet dans la liste. La boîte de dialogue Ouvrir apparaît.
3. Choisissez le fichier à importer.
   Vous pouvez utiliser la case de visualisation pour voir l'objet avant de l'importer dans votre animation. Ces images sont appelées des miniatures. Toutefois, certains types de fichiers ne contiennent pas de miniatures ou peuvent présenter des problèmes lors de la lecture d'une image. Dans ce cas, la case de visualisation est vide et barrée d'un trait.
   Si vous importez un objet à partir d'une autre application, sélectionnez le type de fichier.
4. Cliquez sur OK. La boîte de dialogue Options Couleurs Importation s'ouvre.
5. Choisissez les options de couleur désirées.
6. Cliquez sur OK.

## Choix des options d'importation des couleurs

La boîte de dialogue Options Couleurs Importation permet de spécifier la manière dont les couleurs d'un fichier doivent être importées dans CorelMOVE.

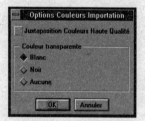

**Juxtaposition Couleurs Haute Qualité :** Lorsque vous importez des fichiers dans CorelMOVE, vous pouvez utiliser l'option de juxtaposition pour convertir 256 couleurs en une palette de 16 couleurs. La juxtaposition utilise plusieurs couleurs placées côte à côte pour représenter une autre couleur. Par exemple, si vous avez 8 teintes de pourpre dans le fichier original, la couleur obtenue par juxtaposition pourrait être composée d'un bleu rouge et de pourpre. Cette combinaison serait proche de la couleur originale.

**Blanc :** Toute zone blanche contenue dans le fichier importé devient transparente.

**Noir :** Toute zone noire contenue dans le fichier importé devient transparente.

**Aucune :** Le fichier importé ne contient aucune couleur transparente.

## Importation de fichiers CorelDRAW

Vous pouvez utiliser des fichiers CorelDRAW dans vos animations. Ces fichiers ne peuvent cependant être importés à l'aide de la commande Importer : vous devez utiliser la commande Insérer Nouvel Objet du menu Edition, car le format d'un fichier Corel-DRAW est différent de celui d'un fichier CorelMOVE. La commande Insérer Nouvel Objet utilise les fonctions OLE de CorelMOVE et de CorelDRAW pour insérer des fichiers .CDR dans vos animations. Pour plus d'informations sur l'OLE, reportez-vous au chapitre 9 de ce manuel "Utilisation d'autres applications".

### ▶ Pour importer un fichier CorelDRAW :

1. Choisissez Insérer Nouvel Objet dans le menu Edition.
2. Choisissez Acteur ou Décor. La boîte de dialogue Nouvel Acteur ou Nouveau Décor apparaît.
3. Entrez un nom pour le nouvel objet dans la zone Nom Objet.
4. Cliquez sur Créer Nouveau.
5. Choisissez CorelDRAW Graphic dans la liste déroulante.
6. Cliquez sur OK. CorelDRAW s'ouvre.
7. Choisissez Importer dans le menu Fichier. La boîte de dialogue Importer s'ouvre.
8. Choisissez un fichier et cliquez sur OK. Le fichier est ouvert dans la fenêtre de CorelDRAW. Si vous le souhaitez, vous pouvez modifier le fichier à l'aide des outils de CorelDRAW. Pour plus d'informations, reportez-vous au chapitre 9, "Utilisation d'autres applications".
9. Choisissez Quitter et Revenir dans le menu Fichier. L'appplication CorelMOVE est rouverte et l'objet est placé dans la fenêtre d'animation.

# Edition d'objets importés

Vous pouvez modifier des acteurs et des décors importés à l'aide de la fenêtre de dessin bitmap. Les sons peuvent être modifiés avec l'Editeur d'Effets sonores. Tous les objets importés deviennent des objets CorelMOVE et ne peuvent plus être modifiés dans l'application source. Si vous désirez conserver l'identité originale de l'objet, vous devez utiliser les boîtes de dialogue Nouvel Acteur/Nouveau Décor/Nouveau Son au lieu de la commande Importer. Reportez-vous au chapitre 9, "Utilisation d'autres applications", pour plus d'informations à ce sujet.

### ▶ Pour éditer un objet importé :

1. Sélectionnez l'objet importé.
2. Choisissez Infos Objet dans le menu Edition. La boîte de dialogue Infos correspondant à l'objet sélectionné s'ouvre.
3. Cliquez sur le bouton Acteur/Décor/Son.
4. Editez l'objet.
5. Cliquez sur OK.

CHAPITRE 9

# Utilisation d'autres applications

CorelMOVE offre la possibilité d'utiliser des informations issues d'autres applications dans vos animations. Cela signifie que vous pouvez créer des acteurs et des décors dans des applications telles que CorelDRAW, CorelPHOTO-PAINT ou d'autres applications non Corel telles que celles de Microsoft. Vous pouvez également créer des sons dans d'autres applications et les employer dans vos animations. La seule condition est que le format soit compatible avec CorelMOVE.

Il existe trois manières d'utiliser des informations provenant d'autres applications :

- Vous pouvez importer l'objet. Reportez-vous au chapitre 10, "Importation d'objets d'animation", pour plus d'informations à ce sujet.

- Vous pouvez utiliser la commande Insérer Nouvel Objet du menu Edition et créer l'objet dans l'application de votre choix ou utiliser un fichier existant. Cette fonction OLE de CorelMOVE vous permet d'utiliser des objets créés dans d'autres applications telles que CorelDRAW, qui utilisent des formats différents.

- Vous pouvez utiliser le Presse-papiers de Windows pour couper et coller des éléments entre différentes applications Windows.

# Création d'acteurs et de décors avec CorelDRAW

CorelDRAW propose un groupe spécial de fonctions que vous pouvez utiliser pour créer des acteurs et des décors. Ces fonctions ne sont disponibles que si vous avez appelé CorelDRAW à partir de CorelMOVE.

Vous pouvez utiliser les outils de CorelDRAW pour créer et éditer vos objets. Certaines des options ne sont pas disponibles et apparaissent estompées dans les menus. Pour plus d'informations sur CorelDRAW, reportez-vous à la partie CorelDRAW de ce manuel.

▶ **Pour créer un acteur ou décor dans CorelDRAW :**

1. Choisissez Insertion Nouvel Objet dans le menu Edition de CorelMOVE.
2. Choisissez Acteur ou Décor dans le sous-menu. La boîte de dialogue Nouvel Acteur ou Nouveau Décor s'ouvre.
3. Entrez un nom pour le nouvel objet dans la zone Nom Objet.
4. Cliquez sur Créer Nouveau.
5. Choisissez CorelDRAW 4.0 Graphic dans la liste déroulante.
6. Cliquez sur OK. CorelDRAW s'ouvre.
7. Créer l'acteur ou le décor.
8. Choisissez Quitter et Revenir dans le menu Fichier. L'application CorelDRAW est fermée et CorelMOVE s'ouvre. L'objet est placé dans votre animation.

## Utilisation du menu flottant Sélection d'images

Le menu flottant Sélection d'images permet de créer des acteurs qui sont composés de plusieurs images. Les images dans CorelDRAW sont l'équivalent des cases dans CorelMOVE.

**Flèche d'agrandissement :** Si vous cliquez sur la flèche, le sous-menu Sélection d'images s'ouvre. Les commandes du sous-menu permettent de contrôler les images.

**Case à cocher Vers suivante :** Lorsque cette case est cochée, vous pouvez appliquer certains effets spéciaux à un objet et les résultats de l'opération sont appliqués à l'image suivante.

**Zone de liste :** La zone de liste présente toutes les images de l'objet. La première image de la liste est "Commune". Si vous sélectionnez cette image et y créez un objet, un clone du nouvel objet créé est placé dans toutes les images.

**Bouton Visualiser :** Le bouton Visualiser ouvre la boîte de dialogue Visualiser Image, dans laquelle vous pouvez visualiser l'action de votre acteur. Les boutons fléchés dans le bas de la boîte de dialogue déplacent l'acteur image par image en avant ou en arrière. Le bouton Visualiser parcourt l'ensemble des images consécutivement. Cela vous donnera un bon aperçu de l'apparence qu'aura le mouvement de votre acteur dans l'animation et vous permettra d'effectuer des ajustements.

**Boutons fléchés :** Les boutons fléchés parcourent les images en avant ou en arrière.

## Insertion d'images

Il existe deux manières d'insérer des images. Si vous êtes en train de créer un acteur, vous pouvez insérer des images à l'aide de la commande Nouveau du sous-menu Sélection d'images. Les images sont ajoutées à la fin de la liste d'images. Vous pouvez également utiliser les commandes Insérer du sous-menu. Celles-ci permettent d'insérer des images avant ou après une image donnée.

▶ **Pour insérer des images à l'aide de la commande Nouveau :**

1. Cliquez sur la flèche de sous-menu dans le haut du menu flottant. Le sous-menu Sélection d'images s'ouvre.

2. Choisissez la commande Nouveau. La boîte de dialogue Annexe Nouvelles Images apparaît.

3. Entrez le nombre d'images à ajouter dans la zone Nombre d'images. La valeur peut être comprise entre 1 et 30. Les images sont ajoutées à la fin de la liste.

▶ **Pour ajouter des images à l'aide des commandes Insérer :**

1. Cliquez sur la flèche de sous-menu dans le haut du menu flottant. Le sous-menu Sélection d'images s'ouvre.

2. Choisissez Insérer Avant... ou Insérer Après... La boîte de dialogue Insérer Nouvelles images s'ouvre.

3. Entrez une valeur dans la zone Nombre d'images. Vous pouvez entrer une valeur de 1 à 30.

4. Cliquez sur OK. Si vous avez choisi Insérer Après..., les images sont ajoutées après l'image en cours. Si vous avez choisi Insérer Avant..., les images sont ajoutées avant l'image en cours.

## Suppression d'images

Vous pouvez supprimer des images à l'aide de la commande Supprimer du sous-menu Sélection d'images. Cliquez sur l'image à supprimer dans le menu flottant Sélection d'images et choisissez Supprimer.

## Déplacement d'objets entre images

Vous pouvez déplacer des objets vers une nouvelle image en utilisant la commande Déplacer du sous-menu Sélection d'images.

▶ **Pour déplacer des objets :**

1. Sélectionnez l'objet dans son image actuelle.
2. Choisissez Déplacer dans le sous-menu Sélection d'images. Le curseur se transforme en une flèche sur laquelle est inscrit Vers?.
3. Cliquez sur une image dans la zone de liste Sélection d'images. L'objet est déplacé vers l'image sélectionnée, qui devient l'image en cours.

## Copie d'objets entre images

Vous pouvez copier des objets d'une image à une autre en utilisant la commande Copier du sous-menu Sélection d'images.

▶ **Pour copier des objets :**

1. Sélectionnez l'objet dans son image actuelle.
2. Choisissez Copier dans le sous-menu Sélection d'images. Le cur-seur se transforme en une flèche sur laquelle est inscrit Vers ?.
3. Cliquez sur une image dans la zone de liste Sélection d'images. L'objet est copié sur l'image sélectionnée, qui devient l'image en cours.

## Boîte de dialogue Options Image

La commande Options du sous-menu Sélection d'images ouvre la boîte de dialogue Options Image. Celle-ci permet de contrôler la manière dont sont affichés les objets créés sur la page. En cours de travail, vous souhaiterez sans doute voir ce que vous avez dessiné sur l'image précédente ou sur l'image suivante. Cette possibilité peut faciliter le placement d'objets ainsi que le contrôle de leur forme et de leur couleur.

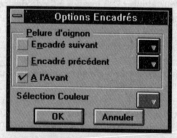

Les options de la boîte de dialogue sont les suivantes :

**Pelure d'oignon :** La pelure d'oignon consiste à afficher le contour des objets se trouvant sur l'image précédente et/ou suivante.

**Image suivante :** Lorsque l'option Image Suivante est activée, un contour des objets de l'image qui suit l'image en cours est affiché.

La couleur du contour peut être sélectionnée dans la palette. L'image suivante est également affichée dans la couleur sélectionnée dans la zone de liste Sélection d'images.

**Image précédente :** Lorsque l'option Image Précédente est activée, un contour des objets de l'image qui précède l'image en cours est affiché. Ce contour est affiché dans la couleur sélectionnée dans la palette. L'image précédente est également affichée dans la couleur sélectionnée dans la liste Sélection d'images :

**Frontal :** Cette option permet d'afficher vos contours devant ou derrière les objets de l'image en cours. Lorsque l'option Frontal est cochée, elle est activée.

**Couleur squelette :** Cette option détermine la couleur d'affichage de l'objet sélectionné. Par exemple, si un objet est sélectionné sur l'image 4 et si l'image en cours est la 2, le contour de l'objet de l'image 4 est affiché dans la couleur choisie. Lorsqu'aucun objet n'est sélectionné, l'option Couleur squelette n'apparaît pas.

**Boutons Palette :** Lorsque vous cliquez sur l'un des boutons Palette, la palette s'ouvre. Vous pouvez alors sélectionner une couleur parmi celles affichées ou cliquer sur Autres pour afficher la boîte de dialogue Sélection des couleurs. Reportez-vous au chapitre 6, "Sélection et application de surfaces", de la partie CorelDRAW de ce manuel pour plus d'informations sur l'utilisation de ce type de boîte de dialogue.

▶ **Pour définir les options d'image :**

1. Choisissez la commande Options dans le sous-menu Sélection d'images. La boîte de dialogue Options Image s'ouvre.
2. Cliquez sur la case à cocher Image suivante pour activer l'affichage de l'image suivante. Lorsqu'une option est activée, la case est cochée.
3. Cliquez sur le bouton Palette pour faire apparaître la palette.
4. Choisissez la couleur de l'image suivante en cliquant sur une couleur à l'aide de la souris.
5. Répétez les étapes 2 à 4 pour choisir la couleur de l'image précédente.
6. Cliquez dans la case Frontal pour afficher les pelures d'oignon des images suivantes et/ou précédente devant les objets de l'image en cours. Lorsque cette case n'est pas cochée, les pelures d'oignons sont affichées derrière les objets de l'image en cours.
7. Répétez les étapes 2 à 4 pour choisir la Couleur squelette.
8. Cliquez sur OK.

## *Visualisation des images*

Vous pouvez utiliser la boîte de dialogue Visualiser Image pour parcourir les images et obtenir un aperçu du déplacement de l'acteur dans l'animation. Vous pouvez également identifier les zones qui nécessitent des modifications. Par exemple, il se pourrait qu'une image ne s'inscrive pas parfaitement dans le mouvement général de l'acteur. La boîte de dialogue Visualiser Image permet de localiser de tels problèmes.

▶ **Pour visualiser les images :**
1. Choisissez Visualiser dans le sous-menu Sélection d'images. La boîte de dialogue Visualiser image s'affiche.

2. La séquence complète de l'acteur est affichée dans la boîte de dialogue. Si vous souhaitez revoir la séquence, cliquez sur le bouton Visualiser. Pour parcourir les images une à une, utilisez les flèches vers le haut ou vers le bas.
3. Cliquez sur OK.

## Utilisation de la case à cocher Vers suivante

La case à cocher Vers suivante permet d'appliquer une action à un objet de l'image en cours et d'en coller le résultat dans l'image suivante. Par exemple, si l'image 1 contient un cercle et si vous sélectionnez et déplacez ce cercle, celui-ci est dupliqué et placé à cette nouvelle position sur l'image 2, tandis que le cercle de l'image 1 est conservé à son emplacement original.

## Enregistrement d'une copie sous la forme d'un fichier CorelDRAW

Vous pouvez enregistrer une copie de votre acteur ou décor sous la forme d'un fichier CorelDRAW à l'aide de la commande Enregistrer sous du menu Fichier.

▶ **Pour enregistrer une copie :**
1. Choisissez la commande Enregistrer sous dans le menu Fichier. La boîte de dialogue Enregistrer sous apparaît.
2. Entrez un nom dans la zone Nom du fichier.
3. Choisissez le lecteur et le répertoire.
4. Cliquez sur OK.

# Création d'objets à l'aide d'autres applications

Vous pouvez créer des objets à l'aide de PHOTO-PAINT, CHART et DRAW ou utiliser d'autres applications telles que celles de Microsoft.

▶ **Pour créer un objet avec une autre application :**
1. Choisissez Insérer Nouvel Objet dans le menu Edition. Le sous-menu Insérer Nouvel Objet apparaît.
2. Choisissez le type d'objet à créer (acteur, décor ou son). La boîte de dialogue Nouvel acteur, Nouveau décor ou Nouveau son s'affiche.
3. Entrez un nom dans la zone Nom Objet.

4. Cliquez sur Créer Nouveau. La zone de liste Type d'objet apparaît, énumérant toutes les applications que vous pouvez utiliser pour créer l'objet.
5. Choisissez le type d'application dans la zone de liste Type d'objet. La zone Résultat indique le résultat de votre sélection. Par exemple, si vous choisissez CorelPHOTO-PAINT 4.0, cette zone affiche "Insérez un nouvel objet CorelPHOTO-PAINT 4.0 dans votre document.".
6. Cliquez sur OK. L'application choisie s'ouvre.
7. Créez l'objet dans l'application choisie et quittez. L'application est fermée et CorelMOVE s'ouvre à nouveau. L'objet est automatiquement placé dans votre animation. S'il s'agit d'un son, il est placé de manière à commencer sur l'image en cours.

# Création d'objets à l'aide de fichiers existants

Vous pouvez également créer des objets d'animation à partir de fichiers existants créés dans d'autres applications.

> *»Conseil:*
> *La case Résultat du dialogue Nouvel Acteur, Nouveau Décor et Nouveau Son affiche les résultats de vos sélections dans la boîte de dialogue.*

▶ **Pour créer un objet à partir d'un fichier existant :**

1. Choisissez la commande Insérer Nouvel Objet dans le menu Edition. Le sous-menu Insérer Nouvel Objet s'ouvre.
2. Choisissez le type d'objet à créer. La boîte de dialogue Nouvel acteur, Nouveau décor ou Nouveau son s'ouvre.
3. Entrez un nom dans la zone Nom Objet.
4. Cliquez sur Créer du Fichier. Les options de Fichier apparaissent.
5. Entrez le nom du fichier à utiliser dans la zone Fichier.

   - OU -

   Vous pouvez utiliser le bouton Parcourir pour parcourir les fichiers présents dans votre système. Lorsque vous cliquez sur ce bouton, la boîte de dialogue Parcourir apparaît. Sélectionnez le fichier voulu et cliquez sur OK.
6. Les objets du fichier sélectionné sont placés dans votre animation.

# Edition d'objets créés dans d'autres applications

Vous pouvez éditer vos objets dans l'application qui a servi à les créer.

> *»Raccourci:*
> *Double-cliquez sur l'objet dans la fenêtre d'animation ou dans le menu flottant pour ouvrir sa boîte de dialogue Infos Objet.*

▶ **Pour éditer un objet :**

1. Sélectionnez l'objet dans la fenêtre d'animation ou utilisez le menu flottant.
2. Choisissez Infos Objet dans le menu Edition. La boîte de dialogue Infos correspondant à l'objet s'affiche.
3. Cliquez sur le bouton Editer. L'application dans laquelle l'objet a été créé s'ouvre.
4. Editez l'objet et quittez l'application. CorelMOVE s'ouvre et l'objet est affiché dans sa forme modifiée.

# Changement de type d'objet

CorelMOVE vous permet de convertir en objets CorelMOVE des objets qui ont été créés dans d'autres applications. Lorsque vous transformez un objet en objet CorelMOVE, son éditeur devient CorelMOVE.

▶ **Pour changer l'éditeur d'un objet :**
1. Sélectionnez l'objet dans la fenêtre d'animation ou utilisez le menu flottant.
2. Choisissez Infos Objet dans le menu Edition. La boîte de dialogue Infos correspondant à l'objet apparaît.
3. Cliquez sur le bouton Convertir. L'objet est converti en un objet CorelMOVE.
4. Cliquez sur OK.

# Utilisation du Presse-papiers de Windows

Le Presse-papiers de Windows est un moyen pratique d'échanger des images entre CorelMOVE et d'autres applications Windows. Sachez cependant que chaque programme interprète à sa manière l'objet transféré dans le Presse-papiers. Une image placée dans le Presse-papiers à partir d'une application peut donc apparaître sensiblement différente une fois collée dans une autre application. Ainsi, des cercles placés dans CorelMOVE par l'intermédiaire du Presse-papiers peuvent apparaître sous la forme d'une séquence de segments de droite. Le Presse-papiers offre également un moyen pratique d'échanger des objets entre différents fichiers CorelMOVE. Dans ce cas, les objets sont transférés sans aucune modification.

## Copier et coller des objets vers le Presse-papiers

Avec l'Outil-sélection, sélectionnez les objets à placer dans le Presse-papiers, puis choisissez Copier ou Couper dans le menu Edition.

L'option Copier place l'objet dans le Presse-papiers tout en laissant intacte l'animation en cours. L'option Couper place également l'objet dans le Presse-papiers, mais le supprime de l'animation.

Vous pouvez également copier la totalité d'une image d'animation vers le Presse-papiers. Sélectionnez l'image à l'aide du Tableau de commande, puis utilisez la commande Copier Image du menu Edition.

## Coller des objets à partir du Presse-papiers.

Pour coller un objet du Presse-papiers dans votre animation, sélectionnez l'Outil-sélection et choisissez Coller dans le menu Edition.

L'option Coller place dans votre dessin une copie de l'objet qui se trouve dans le Presse-papiers. L'original est conservé dans le Presse-papiers jusqu'à ce que vous copiiez ou coupiez un autre objet ou que vous mettiez fin à la session Windows en cours.

CHAPITRE 10

# Exportation d'une animation

Vous pouvez exporter votre animation au format AVI de Video for Windows à l'aide de la commande Exporter vers Film du menu Fichier. Ce processus est similaire à la création d'un film. Vous pouvez alors utiliser CorelPLAYER ou Video for Windows pour reproduire l'animation.

# Exportation vers un fichier film

▶ **Pour exporter une animation vers un fichier film :**

1. Sélectionnez Exporter vers Film dans le menu Fichier. La boîte de dialogue Exporter vers Film s'affiche.
2. Entrez un nom pour le nouveau film dans le champ Nom du fichier.
3. Le cas échéant, sélectionnez le répertoire et l'unité.
4. Cliquez sur OK.

# Lecture d'un film

Vous pouvez visionner un film créé dans CorelMOVE à l'aide du Lecteur CorelMOVE.

▶ **Pour visionner un film :**

1. Double-cliquez sur l'icône de CorelPLAYER. Le Lecteur CorelMOVE s'ouvre et affiche la boîte de dialogue Ouvrir.
2. Sélectionnez le film à visionner.
3. Cliquez sur OK.

# Annexe A — Principes de l'animation

Aux débuts de l'animation, les animateurs ont établi un certain nombre de principes qui permettent de rendre les animations plus réalistes par des méthodes d'exagération. Avec le temps, les méthodes et termes ci-dessous se sont généralisés parmi les animateurs. Ils sont également applicables aux animations informatisées. Il importe de bien maîtriser ces principes de base. Ce n'est qu'ensuite que vous pourrez explorer d'autres voies pour créer des animations qui porteront votre cachet.

## Compression et étirage

Ces termes se réfèrent à l'exagération des mouvements afin de rendre l'animation plus fluide. Pour comprendre ce principe, il faut considérer les personnages animés comme davantage qu'un ensemble de lignes : les personnages doivent se déplacer et se comporter comme des formes possédant un volume et une masse. Dès lors, étant composés de substances, et non de formes vides, les personnages doivent se mouvoir comme des masses fluides articulées sur un "squelette" interne rigide. Cette interprétation des personnages est l'un des principes fondamentaux de l'animation.

Compression et étirage contribuent à illustrer la nature et la composition des acteurs. Ils ajoutent une profondeur et un réalisme à des mouvements qui, sans cela, seraient rigides ou maladroits. Ils rehaussent ainsi la qualité globale de vos animations.

Imaginez la différence de rebond entre une balle de tennis et un boulet de canon. Si vous parvenez à rendre cette différence, vous deviendrez un excellent animateur. Utilisez toutes les techniques de l'animation pour communiquer au maximum les caractéristiques de vos acteurs : leur seul mouvement doit révéler s'ils sont durs, mous, creux, ou pleins. Plus la différence de nature de vos acteurs sera nette, plus efficaces seront vos animations.

## Anticipation

L'anticipation consiste à préparer votre public au mouvement suivant, à faire en sorte qu'il prévoie l'action avant qu'elle ne se produise. Ce principe se fonde sur ce qui se passe dans la vie réelle : on se ramasse légèrement avant de sauter, on prend une profonde respiration avant de souffler des bougies... Ces exemples illustrent le principe de l'anticipation. La pause avant une action est une technique éprouvée : le public cherche instinctivement les informations qui assurent la continuité du scénario.

L'anticipation peut être utilisée pour préparer l'action suivante et communiquer davantage d'informations sur la nature des acteurs. Cependant, les mouvements d'un acteur ne doivent pas toujours suivre de longues pauses ou périodes d'anticipation. De trop longues pauses brisent le rythme et la continuité de l'action. L'anticipation doit toujours être en relation directe avec l'action qu'elle précède : un acteur qui se met à marcher ou une balle qui se met à rouler lentement à l'écran ne nécessite aucune anticipation. L'anticipation peut également servir à préparer le public à des "gags visuels" en les faisant anticiper l'action.

## Action secondaire

L'action secondaire d'un acteur est un support à l'action initiale ou principale. Elle se produit en même temps, mais lui demeure subordonnée. Utilisez la technique de l'action secondaire pour enrichir la scène et développer la personnalité de l'acteur d'une manière à la fois subtile et naturelle.

## Action évolutive et pose-à-pose

Les techniques de l'action évolutive et du pose-à-pose sont deux approches différentes dans la création d'une action dans une animation. Dans la première, l'animateur connaît le fil de la scène, mais laisse les mouvements de l'acteur se développer naturellement à partir du premier dessin. La scène se développe à mesure du processus de création. Dans la technique du pose-à-pose, l'action mène l'acteur par une série de poses préalablement déterminées entre lesquelles l'action se déroule. Les principales poses sont élaborées avant que commence le processus de l'animation.

Ces deux approches peuvent produire des résultats radicalement différents. L'action évolutive permet à l'animateur de se laisser guider par la "personnalité" de l'acteur, tandis que, dans le pose-à-pose, l'animateur "contrôle" davantage l'action.

## Suivi et chevauchement

Le suivi et le chevauchement sont des techniques qui s'utilisent conjointement pour prolonger le mouvement d'un acteur d'une action à l'autre et d'une scène à l'autre pour assurer la continuité du mouvement. Une légère exagération du mouvement contribue à renforcer la sensation de continuité et de fluidité des animations. Lorsque vos acteurs se mettent en mouvement, leurs accessoires et autres éléments (vêtements, cheveux) ne doivent démarrer qu'avec un léger décalage dans le temps. De même, lorsque vos acteurs s'arrêtent, le mouvement des accessoires doit se prolonger légèrement après l'arrêt du personnage. L'importance de ce prolongement du mouvement apparaît clairement lors des enchaînements entre les différentes actions de l'acteur. Ces subtilités contribuent en effet à associer le mouvement aux acteurs.

## Ralentissement

Le ralentissement se réfère à une façon spécifique de déplacer un acteur d'une pose à l'autre. Vous pouvez obtenir cet effet en préparant soigneusement les poses importantes de l'acteur, puis en plaçant la plupart des dessins intermédiaires le plus près de ces poses. Plus vous placez de dessins en fin de mouvement, plus l'acteur semblera ralentir.

N'oubliez pas : plus vous utilisez de dessins (cases) pour produire un mouvement, plus ce mouvement sera lent. A l'inverse, moins vous utilisez de dessins pour produire un mouvement, plus le mouvement sera rapide. La technique du ralentissement rend le mouvement plus vivant, mais peut au contraire donner un aspect trop mécanique au mouvement si elle est utilisée trop souvent.

### Arcs

L'emploi de tracés incurvés rend les actions plus naturelles, plus fluides. Lorsque la tête de l'acteur se déplace de droite à gauche, elle doit également suivre un arc de cercle. Cette technique ne s'appplique généralement pas aux objets non organiques, car elle représente le mouvement d'un être vivant.

Les animateurs sont souvent tentés de créer des dessins intermédiaires qui se situent exactement à mi-chemin entre les dessins de début et de fin, mais cette rigueur tend à ruiner l'esprit de l'action, rendue trop mécanique. Donnez plus de latitude aux mouvements que vous affectez à de nombreuses parties de vos acteurs et vous verrez comme le mouvement semblera plus fluide.

### Mise en scène

La mise en scène consiste à déterminer l'emplacement et la pose de vos acteurs par rapport aux décors et aux autres acteurs de l'animation. La mise en scène contribue à créer une ambiance et un environnement pour une action, comme au théâtre ou au cinéma. Le décor ne doit jamais prendre le pas sur l'action qu'il est sensé rehausser.

La mise en scène peut également se référer plus directement aux acteurs. Comment les acteurs doivent-ils être placés dans le décor dans un gros plan ou dans un plan général ? Il faut également tenir compte des attributs physiques de l'acteur. Les costumes reflètent-ils le caractère de leur personnage ? Le placement des acteurs reflète-t-il leur personnalité ? Sont-ils perdus dans le paysage ? Faut-il les mettre en valeur ? Si vous prenez en compte ces considérations lors du processus de création, vous améliorerez l'environnement de votre animation.

### Synchronisation

La synchronisation est la vitesse relative des différentes actions. Considérez ce qui se passe et demandez-vous s'il y a lieu ou non d'augmenter ou de réduire la vitesse de l'action. La synchronisation détermine la relation entre les actions. Ainsi, la vitesse de déplacement d'un acteur peut attirer l'attention sur cet acteur. Particulièrement s'il se déplace plus vite que tous les autres acteurs de la scène. La question est donc de savoir ce qui est au centre de votre animation : un acteur qui se déplace deux fois plus vite que les autres attirera l'attention sur lui, mais est-ce bien compatible avec le flux et le rythme de l'animation ?

### Exagération

Les animateurs ont tendance à exagérer les attributs des acteurs afin de mieux contribuer à la compréhension du récit, de l'acteur et de l'environnement de l'animation. Utilisée avec parcimonie, cette technique rend l'animation plus crédible et convaincante. Exagérez la forme et le comportement de vos acteurs pour tous les mouvements "importants" du récit.

## Consistance du dessin

La consistance du dessin peut être décrite comme la cohérence, la force et le "réalisme" de l'animation. Cette cohérence aide le public à suivre l'action et le scénario de l'animation. Vous pouvez faire n'importe quoi à vos acteurs et en exagérer la forme et les réactions aussi longtemps qu'ils restent reconnaissables. Vos dessins doivent être clairs et précis. Essayez de "visualiser" ce que vous voulez dessiner par la pratique et l'observation attentive du sujet.

Idéalement, vous devriez pouvoir dessiner vos acteurs sous tous les angles. Si vous ne pouvez les dessiner que sous deux ou trois angles, vos animations seront plus longues à dessiner et vous serez limité dans vos mises en scène.

## Charisme

Le charisme est l'image globale, le caractère et les qualités que vos acteurs ont aux yeux du public. Un acteur qui a du charisme est un acteur qui attire l'attention visuelle et auditive du public et parvient à la conserver. Pour y parvenir, vous devrez identifier parfaitement votre public et savoir ce qu'il attend. Le charisme permet de communiquer au public des concepts, des thèmes et des sujets d'intérêt. Le public est ouvert à tous les sujets pour autant qu'on ne le laisse pas dans l'incertitude et dans la confusion de scènes sans suite logique. Abordez votre dessin avec conviction et réalisez vos animations de telle sorte qu'elles donnent un sens à votre histoire et qu'elles renforcent son impact.

# SECTION 4

# COREL **MOSAIC**

# APERÇU

# CorelMOSAIC

CorelMOSAIC est un gestionnaire visuel de fichiers qui permet d'organiser, gérer et manipuler les fichiers avec une grande facilité. Les fonctionnalités de CorelMOSAIC sont présentées dans les pages qui suivent, mais l'essentiel de la documentation se trouve dans le fichier d'aide en ligne, accessible directement à partir du programme.

## L'écran CorelMOSAIC

L'écran d'affichage des fichiers est la fenêtre qui apparaît au démarrage de CorelMOSAIC. Elle contient des icônes de programme ou des petites images bitmap —appelées miniatures— qui représentent les fichiers. Les miniatures vous permettent de sélectionner les fichiers en connaissance de cause, c'est-à-dire sur base de leur contenu plutôt que sur leur nom uniquement. CorelMOSAIC gère divers formats de fichiers, notamment les fichiers contenant du texte, des séquences sonores ou des images (bitmap et vectorielles). Au moyen du menu Fichier, vous pouvez sélectionner le répertoire à visualiser et spécifier vos préférences pour l'affichage. Les fichiers peuvent être visualisés sous la forme d'une miniature ou sous la forme des informations texte relatives à chaque fichier. Vous pouvez en outre ouvrir plusieurs répertoires simultanément pour tirer parti de la fonction de positionnement par glissement d'icônes.

CorelMOSAIC n'est pas une simple visionneuse de fichiers. Outre la fonction de visualisation, il vous permet de gérer les fichiers en les manipulant de diverses manières.

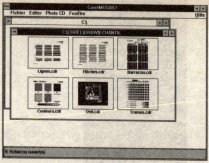

# Gestion de fichiers

CorelMOSAIC permet de gérer les fichiers graphiques en les classant dans des bibliothèques ou dans des catalogues. Les bibliothèques et catalogues sont des fichiers maîtres qui peuvent être comparés à des armoires vitrées dans lesquelles les dessins seraient rangés de manière synoptique.

## Bibliothèque

Les fichiers placés dans une bibliothèque sont compressés automatiquement afin de ne pas encombrer inutilement le disque dur. Les fichiers qui sont déjà compressés (par exemple, les fichiers GIF ou TIFF compressés) sont stockés sans compression supplémentaire. Lorsque vous ouvrez une bibliothèque dans CorelMOSAIC, les miniatures des fichiers contenu dans la bibliothèque apparaissent et la possibilité vous est offerte de décompresser les fichiers qui s'y trouvent.

## Catalogue

Les catalogues permettent de grouper les miniatures à la manière de photos dans un album. Lorsqu'une miniature est ajoutée à un catalogue, l'adresse du fichier concerné est enregistrée en même temps, ce qui permet de lier des fichiers entre eux sans devoir les déplacer. De cette manière, vous pouvez inclure un graphique dans plusieurs groupes distincts. Par ailleurs, de même que dans un album de photos, vous pouvez ajouter une description. Par exemple, "Notre voyage à Bruges".

## Mots-clés

Les mots-clés —articles d'indexation—que vous associez aux fichiers sont enregistrés dans les bibliothèques et catalogues au moment de leur création. CorelMOSAIC vous permet ainsi de trier rapidement des fichiers sur base d'un mot-clé spécifique.

# Manipulation de fichiers

Outre l'organisation des fichiers, CorelMOSAIC permet l'impression, le déplacement et l'édition des fichiers sans devoir ouvrir un autre programme après avoir quitté l'application.

## Opérations par lots

Depuis CorelMOSAIC, vous pouvez exécuter des tâches répétitives sur des lots de fichiers, par exemple, imprimer, importer et convertir des groupes de fichiers. Vous pouvez également éditer du texte dans un groupe de fichiers au moyen des commandes Extraire Texte et Réincorporer Texte.

## Positionnement par glissement d'icônes

CorelMOSAIC affiche plusieurs fenêtres pour vous donner accès à divers répertoires, catalogues ou bibliothèques simultanément. Tout comme dans le Gestionnaire de fichiers de Windows, vous pouvez faire passer un fichier d'un répertoire dans un autre en le déplaçant au moyen de la souris. Cette fonction de positionnement par glissement d'icônes permet de déplacer, copier et décompresser des fichiers très facilement.

## Utilisation d'autres applications à partir de CorelMOSAIC

Vous pouvez utiliser CorelMOSAIC pour lancer les applications se trouvant dans la base de données Windows. L'application serveur a été identifiée pour les formats de fichiers enregistrés. Par conséquent, vous pouvez ouvrir un fichier depuis CorelMOSAIC en plaçant le pointeur de la souris sur la miniature du fichier et en double-cliquant sur le bouton gauche de la souris. De cette manière, vous pouvez éditer vos fichiers sans quitter CorelMOSAIC.

## Photo CD

CorelMOSAIC permet également de visualiser et convertir les fichiers d'un disque photo-CD. Cette fonction vous donne la possibilité de manipuler vos photos favorites et de les charger dans un programme d'application.

# Utilisation de CorelMOSAIC

CorelMOSAIC permet de gérer les fichiers et les répertoires. Les procédures les plus courantes sont décrites ci-dessous. Pour plus d'informations, reportez-vous à l'aide en ligne de CorelMOSAIC.

## Visualisation d'un répertoire

▶ **Pour afficher un répertoire:**

1. Choisissez la commande Afficher Répertoire dans le menu Fichier.
2. Dans la boîte de dialogue qui apparaît, sélectionnez le lecteur et le répertoire que vous voulez afficher.
3. Cliquez sur OK.

## Création d'une bibliothèque ou d'un catalogue

▶ **Pour créer une bibliothèque ou un catalogue:**

1. Choisissez la commande Nouveau Catalogue/Bibliothèque dans le menu Fichier.
2. Dans la zone Nom du fichier, tapez le nom que vous voulez attribuer à la nouvelle bibliothèque, ou au nouveau catalogue.
3. Dans la liste déroulante Afficher Fichiers du type, sélectionnez Bibliothèque ou Catalogue.
4. Cliquez sur OK.

## Ajout d'un fichier dans une bibliothèque ou un catalogue

▶ **Pour ajouter un fichier:**

1. Ouvrez ou créez la bibliothèque ou le catalogue qui doit recevoir le fichier.
2. Choisissez la commande Insérer Fichiers dans le menu Edition.
3. Dans la boîte de dialogue qui apparaît, choisissez la bibliothèque ou le catalogue qui contient le fichier.
4. Sélectionnez le fichier ou le groupe de fichiers que vous voulez copier.
5. Cliquez sur OK.

> »*Conseil:*
> *Le "positionnement par glissement d'icônes" permet de copier un fichier en faisant glisser une miniature sélectionnée et en relâchant le bouton de la souris dans la fentre de la bibliothèque ou du catalogue souhaités.*

## Recherche d'un fichier

▶ **Pour rechercher un fichier:**

1. Ouvrez une bibliothèque, un catalogue ou un répertoire.
2. Choisissez la commande Sélectionner sur mots-clés dans le menu Edition.
3. Tapez les mots-clés sur lesquels doit porter la recherche en les séparant par AND ou OR.
   Si vous utilisez la commande AND entre les mots-clés, CorelMOSAIC sélectionne uniquement les fichiers dans lesquels se trouvent les mots-clés indiqués. Si vous utilisez la commande OR, tous les fichiers contenant l'un ou l'autre des mots-clés indiqués seront sélectionnés.
4. Cliquez sur le bouton Commencer la recherche. CorelMOSAIC affiche au fur et à mesure les fichiers contenant les mots-clés spécifiés.

## Décompression d'un fichier contenu dans une bibliothèque

▶ **Pour décompresser un fichier:**

1. Ouvrez une bibliothèque.
2. Sélectionnez le fichier à décompresser.
3. Choisissez la commande Décompresser Fichiers dans le menu Edition.
4. Dans la boîte de dialogue qui apparaît, sélectionnez le lecteur et le répertoire de destination.
5. Cliquez sur OK.

> »*Conseil:*
> *Si vous faites glisser la miniature du fichier dans le rpertoire des fichies dcompresss il s'y dcompresse automatiquement.*

### *Impression des fichiers*

▶ **Pour imprimer un fichier:**

1. Ouvrez une bibliothèque, un catalogue ou un répertoire.
2. Sélectionnez la miniature des fichiers à imprimer.
3. Choisissez la commande Imprimer Fichiers dans le menu Fichier.
   CorelMOSAIC ouvre CorelDRAW et charge séparément les différents fichiers sélectionnés.
4. Sélectionnez les options d'impression voulues.
5. Cliquez sur OK.

### *Impression de miniatures*

▶ **Pour imprimer des miniatures:**

1. Ouvrez une bibliothèque, un catalogue ou un répertoire.
2. Sélectionnez les miniatures à imprimer.
3. Choisissez la commande Mise en page dans le menu Fichier.
4. Sélectionnez les options d'impression voulues.
5. Cliquez sur OK.
6. Choisissez la commande Imprimer Miniatures dans le menu Fichier. CorelMOSAIC imprime les miniatures des fichiers dans le style "album de photos".

# Navigation dans l'aide en ligne de CorelMOSAIC

### *Informations générales sur l'aide en ligne*

Vous trouverez un mode d'emploi détaillé du système d'aide en ligne intégré au progiciel CorelDRAW dans le chapitre qui sert d'introduction à ce manuel. Pour utilisez l'aide en ligne de CorelMOSAIC, ouvrez le menu Aide et sélectionnez la rubrique qui vous intéresse, ou appelez l'aide contextuelle en appuyant sur la touche F1.

### *Utiliser l'Aide*

Cette commande vous permet d'obtenir les informations de base sur la manière de naviguer dans le système pour trouver ce que vous rechercher. Elle vous sera utile si c'est la première fois que vous utilisez le système d'aide en ligne de Corel.

### *Contenu*

La commande Contenu du menu Aide présente quatre catégories d'informations sur CorelMOSAIC: Utiliser l'Aide, Aperçu, Commandes et Comment. L'option *Utiliser l'Aide* vous explique comment naviguer parmi les fichiers du système d'aide en ligne. *Aperçu* inclut plusieurs catégories d'informations générales sur CorelMOSAIC, par exemple, comment faire pour lancer l'application et quelles sont les possibilités du programme. *Commandes* décrit chacun des menus déroulants ainsi que la fonction de chaque sélection du menu. *Comment* fournit des instructions pas à pas pour effectuer des tâches ou opérations déterminées.

## Recherche d'aide sur

Si vous ne parvenez pas à localiser immédiatement dans la section Contenu l'information dont vous avez besoin, vous pouvez lancer une recherche sur un sujet spécifique. Pour trouver l'information voulue, tapez un mot dans la zone des rubriques, ou sélectionnez une rubrique dans la liste. Lorsque la rubrique apparaît, sélectionnez-la et cliquez sur le bouton Afficher Rubriques. Sélectionnez une rubrique dans la liste et cliquez sur Aller à. Le système d'aide affiche alors les informations détaillées sur la rubrique choisie.

SECTION 5

*COREL***TRACE**

## APERÇU

# CorelTRACE

CorelTRACE permet de convertir des images bitmap dans le format vectoriel compressé, rapidement et avec un maximum de souplesse. Le programme reconnaît les objets, lignes et tableaux qui entrent dans la composition des images bitmap couleurs ou monochromes et peut même extraire le texte qui s'y trouve. Le recours à la technologie Omnifont lui permet de faire la distinction entre un grand nombre de polices (y compris les polices de texte artistique) et de restituer correctement la position, le corps et le style des caractères.

Le principal inconvénient des images bitmap (les fichiers obtenus au moyen d'un scanner, par exemple) est le nombre fixe de pixels dont elles sont composées. Il s'agit d'une limitation qui se remarque par l'effet d'escalier que présentent les lignes dès que vous agrandissez l'image ou que vous l'imprimez sur un périphérique à haute résolution. Ce problème peut être résolu en convertissant l'image bitmap en image vectorielle, dont le rendu des lignes est indépendant du degré d'agrandissement ultérieur ou du périphérique utilisé.

Vous pouvez également utiliser CorelTRACE pour créer des dessins bitmap. Les modes de retraçage Silhouette et Gravure vous permettent d'utiliser une image bitmap comme point de départ d'une image vectorielle de votre composition. Le mode Silhouette restitue uniquement la forme d'un objet. Il est utile lorsque vous n'avez pas besoin des couleurs de l'objet. Le mode Gravure permet d'obtenir un dessin bicolore constitué de bandes pour représenter les zones claires et sombres d'une image bitmap. L'outil Baguette magique permet d'obtenir une image sur base de nuances de couleurs similaires en paramétrant les valeurs de tolérance selon le résultat voulu.

CorelTRACE peut lire un grand nombre de formats de fichier, notamment les formats BMP, TIFF, PCX, TGA et Photo CD. En outre, la commande Acquérir Image permet d'utiliser des périphériques de saisie sans quitter le programme.

## L'écran CorelTRACE

L'illustration présente une vue de l'interface CorelTRACE. Dans cet exemple, un fichier TIFF a été chargé et retracé avec le mode Contour. L'écran est divisé en deux parties: à gauche l'image source et à droite la nouvelle image après le retraçage. Selon le type d'image à retracer, certains modes sont indisponibles (boutons en grisé).

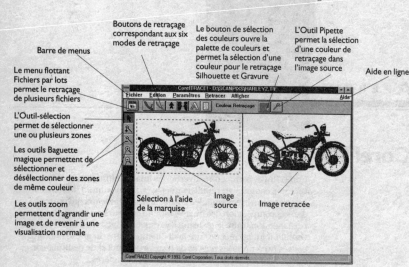

Boutons de retraçage correspondant aux six modes de retraçage

Le bouton de sélection des couleurs ouvre la palette de couleurs et permet la sélection d'une couleur pour le retraçage Silhouette et Gravure

L'Outil Pipette permet la sélection d'une couleur de retraçage dans l'image source

Barre de menus

Aide en ligne

Le menu flottant Fichiers par lots permet le retraçage de plusieurs fichiers

L'Outil-sélection permet de sélectionner une ou plusieurs zones

Les outils Baguette magique permettent de sélectionner et désélectionner des zones de même couleur

Les outils zoom permettent d'agrandir une image et de revenir à une visualisation normale

Sélection à l'aide de la marquise

Image source

Image retracée

## Utilisation de l'aide en ligne

Pour plus d'informations sur les modalités d'utilisation de l'aide en ligne, consultez l'introduction de ce manuel. Pour utiliser l'aide en ligne dans CorelTRACE, cliquez sur le menu Aide et choisissez Contenu ou appuyez sur F1 à partir des boîtes de dialogue.

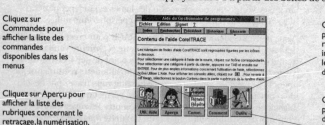

Cliquez sur Commandes pour afficher la liste des commandes disponibles dans les menus

Cliquez sur Aperçu pour afficher la liste des rubriques concernant le retraçage, la numérisation, les formats de fichiers et les bitmaps

Cliquez sur Comment... pour afficher la liste de rubriques reprenant des instructions pas pas pour les différentes méthodes de retraçage

Cliquez sur Outils pour afficher la liste des outils et des boutons, double d' une description de leur fonction

# Modes de retraçage

Les exemples suivants montrent le résultat obtenu en fonction du mode de retraçage utilisé.

En mode Contour, CorelTRACE trace les traits extérieurs de chaque élément de l'image bimap et remplit le contour ainsi obtenu en fonction des caractéristiques de l'image bitmap retracée.

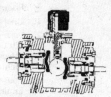

En mode Axe, les traits de l'image bitmap sont considérés comme des objets dotés d'une certaine épaisseur, mais dépourvus de surface. Le retraçage ne s'effectue que sur le trait et non sur le contour.

En mode Gravure, un effet spécial retrace l'image en lui associant une série de lignes tracées suivant un angle défini.

En mode Silhouette, vous retracez le contour d'une zone sélectionnée et créez un objet rempli d'une seule couleur de silhouettage.

En mode OCR, vous convertissez le texte en éléments vectoriels afin de manipuler les lettres comme du texte normal.

En mode Formulaire, vous retracez le texte, puis les lignes et les objets restants d'un formulaire numeris.

# Utilisation de CorelTRACE

## *Retraçage d'une image: notions de base*

CorelTRACE vous permet de choisir parmi divers modes de retraçage. Le mode Contour donne de bons résultats avec la plupart des images.

▶ **Pour retracer une image:**

1. Choisissez la commande Ouvrir dans le menu Fichier.
2. Pour sélectionner un fichier, cliquez sur son nom puis cliquez sur OK, ou double-cliquez sur le nom du fichier. Si vous sélectionnez plusieurs images à retracer, le menu flottant Fichiers par lots apparaît.
3. Pour visualiser les fichiers se trouvant dans un autre répertoire, localisez le répertoire dans la liste Répertoires et double-cliquez dessus.
4. Choisissez la commande Paramètres par défaut dans le menu Paramètres.
5. Cliquez sur le bouton Retraçage Contour. L'image retracée apparaît dans la fenêtre à côté de l'image source.

## *Retraçage d'une partie d'image avec l'outil ▸*

La plupart du temps, une partie seulement de l'image affichée doit être retracée.

▶ **Pour retracer une partie d'image:**

1. Cliquez sur l'outil ▸
2. Pour délimiter la partie d'image qui vous intéresse, cliquez sur l'outil ▸ et tracez un cadre autour de l'élément voulu. En maintenant la touche MAJUSCULE enfoncée, vous pouvez effectuer plusieurs sélections consécutivement.
3. Cliquez sur le bouton du mode de retraçage voulu.
   Si vous avez décidé de retracer plusieurs images, l'option Retracer Sélection est indisponible.

## *Retraçage d'une partie d'image avec la Baguette magique (+)*

Image composée avec la Baguette magique et le mode de retraçage Silhouette

La Baguette magique sert à sélectionner des zones dont les nuances de couleur sont similaires, en vue de les retracer. Utilisé conjointement avec le mode Silhouette, cet outil permet de constituer une nouvelle image de manière interactive.

▶ **Pour retracer une image avec la Baguette magique:**

1. Cliquez sur l'outil Baguette magique (+).
2. Cliquez sur une zone de l'image bitmap. Une marquise de sélection apparaît autour d'une zone qui se trouve dans la plage de tolérance des couleurs.
3. Cliquez sur le bouton Couleur pour choisir une couleur de retraçage.
4. Cliquez sur le bouton Retraçage Silhouette. La zone sélectionnée, représentée par une forme de couleur unie, apparaît dans la page de retraçage.

Menu flottant Fichiers par lots

5. Répétez la procédure autant de fois que nécessaire pour constituer l'image voulue. Pour obtenir des effets inhabituels, vous pouvez modifier les couleurs et les tolérances. Enregistrez l'image terminée sur disque ou copiez-la dans le Presse-papiers si vous souhaitez la récupérer dans un autre programme pour l'enregistrer dans un autre format.

## *Retraçage de plusieurs images*

Le menu flottant Fichiers par lots permet de retracer plusieurs images. Vous devez utiliser les mêmes options de sortie, de retraçage et de couleurs pour toutes les images. Toutefois, les images ne doivent pas nécessairement avoir le même format.

▶ **Pour retracer plusieurs images:**

1. Mettez en surbrillance le nom des fichiers à retracer en déplaçant la souris, ou maintenez la touche CTRL enfoncée, cliquez sur les noms de fichiers puis cliquez sur OK.
   Les noms de fichiers sont affichés dans la zone Fichiers par lots.
2. Cliquez sur le bouton Tout retracer. Un message peut apparaître avant le retraçage d'une image pour vous signaler qu'un fichier du même nom existe déjà dans le répertoire de destination. Si vous souhaitez que toutes les images soient retracées sans interruption, désactivez l'affichage de ce message en utilisant la boîte de dialogue Sortie par lots.

## *Définition de modes de retraçage personnalisés*

Image retracée avec un mode de retraçage Gravure personnalisé

Vous pouvez modifier les options par défaut de plusieurs modes de retraçage et enregistrer les paramètres pour définir un mode de retraçage personnalisé.

▶ **Pour définir un mode de retraçage personnalisé:**

1. Choisissez la commande Modifier dans le menu Paramètres.
2. Sélectionnez les paramètres à modifier, par exemple, Filtrage Image, Correspondance Couleurs, Attributs Lignes, mode Axe, style Gravure, mode OCR.
3. Modifiez les options de paramètres dans les boîtes de dialogue appropriées.
4. Enregistrez vos sélections en leur attribuant un nom dans la zone Enregistrer sous et cliquez sur OK.

## *Numérisation à partir de CorelTRACE*

La commande Acquérir Image et ses options vous permettent de sélectionner et de piloter un scanner sans quitter CorelTRACE. Utilisez la commande Sélectionner Source pour choisir un driver de saisie d'image standard, par exemple, Corel Image Source.

▶ **Pour numériser une image:**

1. Spécifier un scanner avec la commande Sélectionner Source.
2. Choisissez la commande Acquérir. La boîte de dialogue qui apparaît dépend du type de scanner sélectionné. Certains scanners sont associés à un plus grand nombre d'options, accessibles au moyen du bouton Paramètres.
3. Sélectionnez Prénumériser pour effectuer une numérisation préliminaire de l'original dans son ensemble. Ensuite, cliquez et

*Aperçu /513*

utilisez la marquise de sélection pour spécifier la partie du dessin à numériser.

4. Cliquez sur le bouton Numériser.

### Edition d'une image bitmap

Vous pouvez ouvrir CorelPHOTO-PAINT à partir de CorelTRACE pour éditer l'image source. La panoplie complète des outils de peinture et de dessin est ainsi à votre disposition.

▶ **Pour éditer une image source:**

1. Ouvrez un fichier dans CorelTRACE et choisissez la commande Editer l'image dans le menu Edition.
2. Editez l'image dans CorelPHOTO-PAINT et cliquez sur Mettre à jour CorelTRACE.
3. Choisissez la commande Quitter et revenir à CorelTRACE dans le menu Fichier de CorelPHOTO-PAINT.

## Importation dans CorelDRAW de fichiers retracés

Une fois retracé et enregistré, un fichier CorelTRACE peut être importé dans CorelDRAW.

▶ **Pour importer dans CorelDRAW un fichier retracé:**

1. Dans CorelDRAW, choisissez la commande Importer dans le menu Fichier. Cliquez ensuite sur CorelTRACE pour indiquer le type de fichier. Vous pouvez travailler sur l'image importée de la même manière que pour toute image créée directement dans CorelDRAW.
2. Pour travailler sur un élément déterminé, vous devez d'abord dissocier l'image. Ensuite, vous pouvez modifier l'image à votre convenance en utilisant les diverses fonctions de CorelDRAW sans aucune restriction.

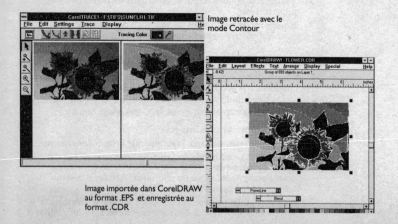

Image retracée avec le mode Contour

Image importée dans CorelDRAW au format .EPS et enregistrée au format .CDR

# SECTION 6

## COREL*SHOW*

# APERÇU

# CorelSHOW

CorelSHOW permet de réaliser une présentation en assemblant des fichiers graphiques créés avec divers types de programmes, par exemple, CorelDRAW, CorelCHART, CorelPHOTO-PAINT, y compris les fichiers d'animation élaborés avec CorelMOVE, Autodesk Animator Pro, ou Quicktime pour Windows.

Le fichier présentation peut être visionné sur un écran d'ordinateur sous la forme d'un diaporama. Vous pouvez également le faire reproduire sur diapositives ou sur transparents par une société de services, ou l'imprimer sous la forme d'une publication.

CorelSHOW peut être utilisé pour créer une brochure dont le contenu de chaque page proviendrait d'un fichier CorelDRAW distinct. Au cours du travail d'assemblage, vous pouvez faire appel à toute application serveur OLE installée sur votre disque dur pour créer du texte, des graphiques, des tableaux, etc. Les pages peuvent être montées successivement et vous pouvez transférer un ou plusieurs éléments d'une page à l'autre.

Si votre objectif est d'élaborer un diaporama, vous pouvez spécifier combien de temps chaque diapo doit rester affichée sur l'écran et inclure des effets de transition pour déterminer la manière dont la diapo suivante doit apparaître (par exemple, fondu enchaîné, zoom, etc.). En outre, la possibilité d'inclure des branchements permet de créer une présentation interactive qui permet au spectateur d'influer sur le déroulement de la présentation en sélectionnant l'une ou l'autre rubrique qui l'intéresse. CorelSHOW est fourni avec une application distincte qui fait office de lecteur portable, pour permettre la projection des diaporamas avec un autre ordinateur sur lequel CorelSHOW n'est pas installé.

L'aide en ligne de CorelSHOW contient des informations détaillées sur la manière d'utiliser les diverses fonctions du programme.

# L'écran CorelSHOW

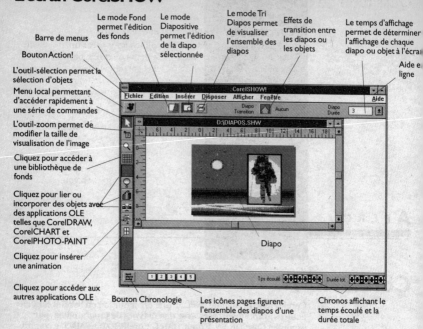

## Utilisation de l'aide en ligne

Le principe de fonctionnement du système d'aide en ligne est expliqué dans l'introduction de ce manuel. Pour utiliser l'aide en ligne dans CorelSHOW, cliquez sur le menu Aide et choisissez Contenu; si une boîte de dialogue est affichée, appuyez sur F1; ou appuyez sur MAJ + F1 pour afficher le curseur Aide.

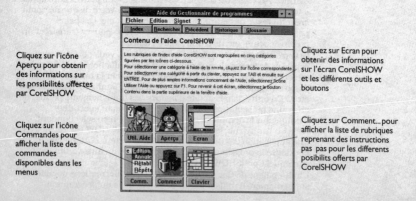

# Utilisation de CorelSHOW

## *Création d'une nouvelle présentation*

Vous avez le choix entre deux possibilités pour créer une nouvelle présentation: soit utiliser la boîte de dialogue qui apparaît chaque fois que vous démarrez le programme, soit choisir la commande Nouveau dans le menu Fichier. La première méthode vous permet de spécifier le nombre de diapositives et les paramètres de page et d'imprimante.

▶ **Pour créer une présentation à partir de la boîte de dialogue:**

1. Sélectionnez l'option Commencer une nouvelle présentation.

2. Tapez le nombre de diapositives envisagées. Vous pourrez ajouter et supprimer des diapositives comme bon vous semble ultérieurement.

3. Effectuez l'une des opérations suivantes:
   - Cliquez sur le bouton Mise en page pour spécifier le format de page et son orientation.
   - Cliquez sur le bouton Config. Imprim. pour sélectionner et configurer une imprimante.
   - Cliquez sur OK pour commencer à élaborer la présentation selon les paramètres affichés.

▶ **Pour créer une présentation avec la commande Nouveau:**
Choisissez la commande Nouveau dans le menu Fichier. Une autre fenêtre se superpose à celles qui sont déjà affichées. Lorsque vous enregistrez la présentation, le nom que vous spécifiez remplace le mot "Sansnom" et le chiffre qui le suit dans la barre de titre.

## *Ouverture d'une présentation existante*

La commande Ouvrir permet d'appeler un fichier présentation qui se trouve sur le disque. Vous pouvez également ouvrir une présentation que vous auriez enregistrée récemment en cliquant sur son nom (ou le chiffre à côté) dans le menu Fichier.

▶ **Pour ouvrir une présentation:**

1. Choisissez la commande Ouvrir dans le menu Fichier.

2. Dans la zone Nom du fichier, tapez le nom de la présentation à ouvrir, ou sélectionnez ce nom dans la liste. La première diapositive de la présentation choisie apparaît dans la fenêtre de visualisation. Si le fichier contient plusieurs diapositives, utilisez les barres de défilement. Après avoir sélectionné un fichier, vous pouvez cliquer sur le bouton Options pour ajouter des notes et rechercher des fichiers en tapant des mots-clés.

3. Cliquez sur OK.

## Sélection d'un fond

CorelSHOW intègre une bibliothèque de fonds standard que vous pouvez appliquer aux diapositives d'une présentation. Cette bibliothèque peut être complétée par vos créations.

▶ **Pour sélectionner un fond:**

1. Cliquez sur le bouton Bibliothèque de fonds pour accéder à la bibliothèque.
2. Utilisez la barre de défilement à droite dans la boîte de dialogue pour passer en revue les fonds disponibles dans la bibliothèque.
3. Cliquez sur le fond que vous souhaitez utiliser.
4. Cliquez sur le bouton Terminé.

## Ajout d'une animation

Les fichiers d'animation fournis avec CorelSHOW permettent de commencer un diaporama par une séquence d'introduction qui capte l'attention et de maintenir le spectateur en éveil par des effets de transition insolites.

▶ **Pour insérer une animation dans un diaporama:**

1. Sélectionnez la diapositive qui doit apparaître après l'animation.
2. Choisissez la commande Animation dans le menu Insérer.
3. Dans la zone Nom du fichier, tapez le nom du fichier d'animation que vous souhaitez insérer, ou sélectionnez le fichier dans la liste. La première image de l'animation apparaît dans la fenêtre de visualisation. Vous pouvez examiner l'animation image par image en utilisant les barres de défilement.
4. Cliquez sur Options pour afficher les options voulues pour déterminer le déroulement de l'animation.
5. Cliquez sur OK.

## Sélection des effets de transition et de la durée d'affichage sur l'écran

Les effets de transition évitent les passages trop brusques d'une diapositive à l'autre. La case Durée diapo sert à spécifier ou sélectionner la durée pendant laquelle chaque diapositive doit rester affichée sur l'écran. Les paramètres Effets de transition et Durée diapo sont également applicables aux différents objets qui entrent dans la composition d'une diapositive.

▶ **Pour affecter un effet de transition à une diapositive:**

1. Dans le mode Diapositive ou dans le mode Tri Diapos, cliquez sur la diapositive que vous voulez introduire au moyen d'un effet de transition.
2. Cliquez sur le bouton Transition Diapo pour sélectionner une transition de début ou de fin dans la boîte de dialogue Effet de transition.

## Enregistrement d'une présentation sous la forme d'un diaporama

CorelSHOW vous permet d'enregistrer une présentation utilisable uniquement comme diaporama. Le fichier obtenu peut également être visionné avec un autre ordinateur sur lequel est installé le programme de présentation portable.

▶ **Pour enregistrer un fichier sous la forme d'un diaporama:**

1. Choisissez la commande Enregistrer sous dans le menu Fichier.
2. Cochez la case Ecran seulement.
3. Pour enregistrer la présentation sur une disquette, cliquez sur Segmenter Fichier pour supports portatifs et ensuite sélectionnez l'option relative au format de la disquette.
4. Cliquez sur OK.

   Si le fichier ne tient pas sur une seule disquette, un message s'affiche pour vous inviter à insérer d'autres disquettes au fur et à mesure. En outre, si la présentation inclut des liaisons avec d'autres fichiers, CorelSHOW vous demande de spécifier si ces fichiers doivent être copiés ou ignorés.

## Liaison et incorporation d'objets – Aperçu

### Liaison d'objets

La technique de la liaison d'objets vous permet de créer un fichier dans CorelSHOW, d'inclure des informations prélevées dans un fichier créé avec une autre application, et d'établir une connexion entre les deux fichiers. En copiant un objet provenant d'un fichier source (par exemple, un fichier CorelDRAW) dans le fichier cible (par exemple, un fichier CorelSHOW), le fichier cible est mis à jour chaque fois que vous apportez une modification dans le fichier source.

Vous pouvez déterminer si la mise à jour doit être confirmée ou si elle peut s'effectuer automatiquement à chaque intervention ultérieure sur le fichier source.

### Incorporation d'objets

La technique de l'incorporation d'objets vous permet de créer un fichier qui inclut des informations (par exemple, un dessin ou un graphe) générées dans une autre application. Seules les applications Windows qui supportent cette fonction sont utilisables. Les modifications apportées ultérieurement au fichier source n'ont aucune incidence sur les objets incorporés dans d'autres fichiers.

La capacité de mémoire de l'ordinateur doit être suffisante pour charger simultanément les applications requises.

Utilisez l'incorporation, plutôt que la liaison d'objets, lorsque vous souhaitez apporter des modifications aux informations que vous incorporez dans le fichier CorelSHOW. Par exemple, vous pouvez incorporer un graphique créé avec CorelCHART et l'éditer dans CorelSHOW. Au cours de votre travail dans CorelSHOW, vous pouvez décider, par exemple, que la taille du texte inclus dans le graphique doit être modifiée. Pour cela, il suffit de cliquer deux fois sur le graphique. CorelCHART ouvre le fichier du graphique pour vous permettre de l'éditer. Lorsque vous reviendrez dans CorelSHOW après avoir apporté les modifications voulues, vous constaterez que le graphique a été modifié en conséquence.

## Visualisation d'un diaporama

Diverses options sont à votre disposition pour déterminer la manière dont le diaporama doit être exécuté. Vous pouvez choisir entre les modes automatique, manuel et continu. Le déroulement du diaporama peut être interrompu à tout moment en appuyant sur la touche ECHAP.

### ▶ Pour visualiser un diaporama:

1. Ouvre le fichier du diaporama à visualiser. Si plusieurs fichiers sont ouverts simultanément, cliquez sur la fenêtre dans laquelle se trouve le diaporama voulu.

2. Sélectionnez le mode automatique ou manuel. Dans le mode manuel, vous devez appuyer sur une touche ou cliquer sur un bouton de la souris pour afficher la diapositive suivante.

3. Cliquez sur OK.

4. Pour démarrer le diaporama, cliquez sur le bouton Action ou choisissez la commande Action! dans le menu Fichier.

## Création d'un diaporama "portable"

CorelSHOW inclut un lecteur portable de diaporama (SHOWRUN.EXE) qui permet de visionner un diaporama avec un ordinateur sur lequel CorelSHOW n'est pas installé. Pour exécuter ce programme, il est toutefois nécessaire que Microsoft Windows version 3.0 ou une version ultérieure soit installée.

### ▶ Pour créer un diaporama portable

1. Enregistrez la présentation sous la forme d'un diaporama et copiez le fichier correspondant sur une disquette.

2. Copiez sur la même disquette le fichier SHOWRUN.EXE qui se trouve dans le répertoire CORELSHOW\SHOWRUN.

3. Sur l'ordinateur qui doit servir à visionner le diaporama, démarrez SHOWRUN.EXE en utilisant le Gestionnaire de fichiers Windows ou en choisissant la commande Exécuter dans le menu Fichier du Gestionnaire de programmes.

4. Pour démarrer le diaporama, cliquez sur le bouton Action ou choisissez la commande Action! dans le menu Fichier.

# SECTION 7
## COREL **CHART**

# CHAPITRE 1

# Introduction

CorelCHART 4.0 permet de créer des graphiques capables de présenter les informations les plus complexes de manière on ne peut plus simple et efficace.

CorelCHART propose les trois types de graphiques classiques — courbes, graphes à barres et camemberts —ainsi que divers types de graphiques tridimensionnels et spécialisés. Vous pouvez créer des graphes à partir de données de feuilles de calcul ou ASCII importées ou collées, ou encore de données que vous introduisez vous-même dans le Gestionnaire de données de Chart. Divers outils permettent la création d'annotations, à base de textes et de graphismes, que vous pouvez produire et positionner sur un plan distinct, à la façon d'un calque posé sur le graphique. Les annotations s'utilisent pour souligner un aspect particulier du graphique, par exemple un point de données. Vous pouvez également importer des éléments graphiques bitmap ou vectoriels, ou les coller à partir du Presse-papiers Windows, pour les placer sur le plan des annotations ou à l'intérieur des objets constituant le graphe. CorelCHART étant un serveur OLE, vous pouvez aussi incorporer ou lier des graphiques à d'autres documents. Et le fait que CorelCHART supporte les liens dynamiques DDE vous permet de créer par ailleurs des liens avec des fichiers tableurs existants, produits dans d'autres applications compatibles DDE.

# Démarrage de CorelCHART

Dans le Gestionnaire de programmes Windows, double-cliquez sur l'icône CorelCHART. Ensuite, choisissez la commande Ouvrir dans le menu Fichier. La liste de fichiers affiche tous les graphiques contenus dans le sous-répertoire en cours. Pour visualiser le contenu d'un fichier avant de l'ouvrir, cliquez sur son nom. S'il s'agit du fichier souhaité, double-cliquez sur son nom pour l'ouvrir, ou cliquez sur OK.

# Structure de l'écran CorelCHART

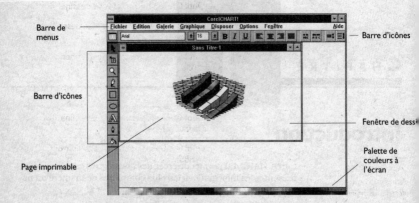

### La page imprimable
Vous ne pouvez travailler que dans les limites de la page imprimable de CorelCHART.

### La barre de menus
Les menus déroulants de CorelCHART sont, dans la mesure du possible, disposés de la même manière que ceux de CorelDRAW. Lorsque vous démarrez CorelCHART, vous ne voyez qu'un menu Fichier abrégé, avec des options vous permettant de créer un nouveau graphique ou d'en ouvrir un existant, ainsi que le menu d'Aide, à l'extrémité droite de la barre de menus. Lorsque le Gestionnaire de données est sélectionné, vous avez alors accès aux menus Fichier, Edition, Format, Données, Options, Fenêtre et Aide. En mode Graphique, vous accédez aux menus Fichier, Edition, Galerie, Graphique, Disposer, Options, Fenêtre et Aide. Les commandes apparaissant sous le menu Graphique varient en fonction du type de graphique affiché dans la fenêtre.

### La boîte à outils
Celle-ci contient une série d'outils analogues à ceux de CorelDRAW. (Dans le Gestionnaire de données, tous les outils sont désactivés, à l'exception du bouton Mode Graphique.)

| Cliquez sur cet outil... | Nom & Fonction de l'outil |
|---|---|
| ▦ / ▦ | Bouton Gestionnaire de données/mode Graphique |
| ▸ | Outil-sélection pour la sélection |
| ☰ | Outil Menu contextuel permettant d'accéder aux menus contextuels des éléments sélectionnés |
| Q | Outil Zoom permettant de modifier la taille de visualisation du graphique |
| ℓ | Outil Crayon permettant de dessiner droites |
| □ | Outil Rectangle permettant de dessiner rectangles et carrés |
| ○ | Outil Ellipse permettant de dessiner ellipses et cercles |
| 𝔸 | Outil Texte permettant l'adjonction et l'édition des textes |
| ♀ | Outil Contour permettant de définir des attributs de contour |
| ⌕ | Outil Surface permettant de définir des attributs de surface |

> **»Conseil:**
> Autre solution pour accéder au menu contextuel lorsque vous éditez votre graphique: utilisez l'outil ▸ pour sélectionner un objet, puis à cliquez avec le bouton droit de la souris pour faire apparaître le même menu local que vous auriez obtenu avec l'outil ☰.

Ces outils sont décrits en détail ci-après.

Le bouton ▦ donne accès au Gestionnaire de données lorsque vous êtes dans le mode Graphique. Une fois dans le Gestionnaire de données, le bouton change d'aspect ▦ et vous permet de repasser au mode Graphique.

L'outil ▸ s'utilise pour sélectionner, déplacer ou redimensionner des objets dans un graphique. Il fonctionne de la même manière que son son équivalent dans CorelDRAW, au même titre du reste que les outils □, ○, 𝔸, ♀, et ⌕.

L'outil Q permet de pointer sur un élément du graphique et d'accéder directement aux commandes du menu Graphique applicables à l'élément concerné. Les menus contextuels offrent la possibilité de travailler plus rapidement en cela qu'ils présentent uniquement les commandes concernant l'élément sélectionné sans devoir utiliser le menu Graphique et faire un choix parmi toutes les commandes qu'il regroupe.

Les outils Q modifient la taille de visualisation du graphique. Sélectionnez l'outil et cliquez sur le format souhaité. L'écran est alors redimensionné en conséquence.

L'outil ℓ permet de tracer des polygones et des lignes d'annotation, et comporte un menu local. La première des 4 options permet de tracer des segments de droite; cliquez sur l'option souhaitée, positionnez-vous sur la page, et enfin, cliquez et faites glisser pour tracer la ligne. L'option △ permet de tracer des polygones. Cliquez sur l'option, positionnez-vous sur la page, et cliquez pour amorcer votre tracé. Faites glisser (sans maintenir le bouton de la

Introduction / 523

souris enfoncé) pour tracer le premier côté du polygone. Recliquez pour définir le premier sommet, faites à nouveau glisser pour le deuxième côté, et ainsi de suite. Lorsque le dernier côté est tracé, revenez au point de départ et cliquez (Vous savez que vous vous trouvez au point de départ car le curseur se transforme en une croix surmontée d'un cercle.) Vous pouvez aussi, après avoir tracé le polygone de la même manière, faire un double-clic, sans revenir jusqu'au point de départ. Le dernier côté est alors tracé entre l'endroit de ce double-clic et le point de départ. L'option ℅ est un outil à main levée qui opère à peu près de la même manière que l'outil Crayon de CorelDRAW. Cliquez sur l'option souhaitée, positionnez-vous sur la page, et enfin, cliquez et faites glisser pour tracer une courbe à main levée. L'option ✒ permet quant à elle de tracer des flèches. Cliquez sur l'option, positionnez-vous sur la page, cliquez au point de départ de la ligne, et faites glisser; CorelCHART positionne automatiquement la flèche à l'extrémité de votre ligne.

L'outil □ permet de tracer des rectangles et des carrés en tant qu'éléments graphiques d'annotation, que vous pouvez ajouter dans le mode Graphique pour mettre en évidence une caractéristique particulière de votre graphe. Cliquez sur l'outil, positionnez-vous à l'endroit où vous souhaitez commencer votre rectangle, et puis cliquez et faites glisser. Relâchez le bouton lorsque le rectangle a environ la taille voulue. Pour le redimensionner et le remodeler, utilisez l'outil ▸.

> **»Conseil:**
> Les outils □ et ○ ont les mmes fonctions de contrainte que les outils correspondants dans CorelDRAW. Vous pouvez consulter une liste de combinaisons de touches dans l'Aide en ligne de CorelCHART; faites une recherche sur "Touches de la barre d'outils."

L'outil ○ permet de tracer des ellipses et des cercles qui serviront d'annotations à votre graphique. Cliquez sur l'outil, positionnez-vous à l'endroit où vous souhaitez commencer votre ellipse, et puis cliquez et faites glisser. Relâchez le bouton lorsque l'ellipse a environ la taille voulue. Pour la redimensionner et la remodeler, utilisez l'outil ▸.

L'outil 🅐 diffère quelque peu de l'outil Texte de CorelDRAW. Il sert surtout à ajouter le texte des annotations, mais permet aussi de modifier les titres, sous-titres et notes d'un graphique. Cliquez sur l'outil 🅐, positionnez le curseur sur la page, et celui-ci se transforme en +. Cliquez et vous obtenez alors un curseur I. Commencez alors la frappe. Pour éditer le texte, cliquez et faites glisser le I sur le texte pour le sélectionner, comme vous le feriez dans un traitement de textes.

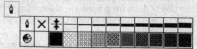

L'outil ✏, et l'outil ✏ qui se trouve en dessous, fonctionnent de la même manière que les outils équivalents de CorelDRAW. Tous deux donnent accès à un menu local. Après avoir sélectionné un élément avec l'outil ▸, utilisez les icônes de la ligne supérieure du menu local ✏ pour définir l'épaisseur du contour. L'icône ✏ de la rangée supérieure permet de choisir une largeur personnalisée. L'icône × permet de supprimer les contours, et les suivantes d'appliquer un trait de plus en plus gras. L'icône ✺ ouvre le dialogue Couleur de contour, où vous pouvez choisir des couleurs non-quadri prédéfinies ou mélanger des couleurs quadri à partir des modèles CMYK, RVB et TLD. Les icônes suivantes correspondent au blanc, au noir et à divers niveaux de gris.

Cliquez sur l'outil ◊ pour ouvrir le menu local de l'outil Surface. Dans le menu local, vous pouvez cliquer sur ● pour ouvrir la boîte de dialogue Couleur uniforme, identique à celle que vous pouvez ouvrir dans le menu local de l'outil ♦. La deuxième icône ▣ ouvre le menu flottant Surface, qui vous donne accès aux dégradés, aux motifs bicolores, aux motifs couleurs et aux textures bitmap. Les menus flottants sont envisagés plus de loin de manière détaillée. L'option × permet d'omettre le fond, rendant ainsi l'objet transparent.

Les icônes du menu local correspondent aux boutons que vous trouverez dans le menu flottant Surface, et qui permettent respectivement de choisir les motifs couleurs (✓) ou d'éditer les dégradés (▣), les motifs bicolores (▩) et les textures bitmap (▣).

La dernière icône permet d'ouvrir le menu flottant Pictographe. Vous pouvez utiliser ce dernier pour ouvrir n'importe quel format de fichier bitmap ou vectoriel supporté par CorelCHART et l'appliquer à des barres sous forme de pictographe—c'est-à-dire un motif inséré entre les graduations principales des barres constituant les graphiques à barres et les histogrammes. (Pour une liste des formats de fichiers, voir la zone de liste Afficher Fichiers du type dans le dialogue concerné, ou rechercher "Importation de fichiers" dans l'Aide en ligne de CorelCHART.)

Les icônes de la rangée inférieure du menu local s'utilisent pour appliquer un fond blanc ou noir, ainsi qu'une série de motifs prédéfinis.

## La barre d'icônes

Les listes déroulantes et boutons placés sous la barre de menus en haut de l'écran permettent de spécifier la famille de caractères, le corps et les attributs typographiques qui déterminent l'aspect du texte d'un graphique. (Des commandes de formatage distinctes sont disponibles dans le Gestionnaire de données). La liste des familles de caractères donne accès à toutes les polices vectorielles reconnues par Windows, qu'il s'agisse des polices TrueType ou de Type 1.

> **»Remarque**
>
> *Les textes figurant sur les axes et les étiquettes sont traités comme un ensemble cohrent; lorsque vous modifiez les attributs d'un lment, vous modifiez automatiquement les attributs de l'ensemble.*

La liste des corps permet de sélectionner la taille des caractères et des chiffres. Les boutons Texte en gras, Texte en italique, et Texte souligné servent à mettre en évidence un élément de texte sélectionné. Les quatre boutons suivants déterminent le mode d'alignement de plusieurs lignes de texte: de gauche à droite, texte justifié à gauche, texte centré, texte justifié à droite et texte justifié des deux côtés. Les quatre derniers boutons permettent d'augmenter ou de réduire l'espacement entre les caractères ainsi que l'interlignage des titres, sous-titres, notes et textes des annotations.

| Times New Roman | ▼ | 22 | ▼ | **B** | *I* | U | ≡ | ≡ | ≡ | ≡ | ABC | ABC | ≡ | ≡ |

## Menus flottants

CorelCHART dispose également de menus flottants. Les menus flottants sont des boîtes de dialogue qui restent affichées à l'écran aussi longtemps que vous le souhaitez, ce qui vous permet d'effectuer sur un objet toutes les opérations voulues sans devoir réouvrir à plusieurs reprises le même dialogue.

CorelCHART comporte trois menus flottants. Le menu flottant Surface s'utilise pour appliquer dégradés, motifs bicolores, motifs couleurs et textures bitmap aux éléments et annotations des graphiques. Pour ouvrir le menu flottant Surface, cliquez sur ▣ à partir de l'outil ◊. Pour appliquer une de ces surfaces, cliquez sur le bouton correspondant, dans la partie gauche du menu flottant; ▪

correspond aux dégradés, ※ aux motifs bicolores, ✱ aux motifs couleurs et ▩ aux textures bitmap.

En cliquant sur la dernière icône de la rangée supérieure du menu local de l'outil ⌂, vous faites apparaître le menu flottant Pictographe, qui s'utilise pour ajouter des pictographes aux graphiques à barres et aux histogrammes. Tous les dessins au format .CDR ainsi que beaucoup d'autres formats graphiques courants peuvent être utilisés comme pictographes. Pour une description plus précise, voir "Ajout de pictographes dans un graphique" au Chapitre 4.

Sélection de l'option Dégradé dans le menu flottant Surface

Sélection de l'option Elément graphique dans le menu flottant Pictographe

Sélection de l'option Mouvement 3D dans le menu flottant 3D

Le menu flottant 3D s'utilise quant à lui pour modifier la taille, l'échelle ou la perspective d'un graphique tridimensionnel, pour modifier la longueur de ses axes ou l'épaisseur de ses parois, ou encore pour le faire pivoter. Pour ouvrir ce menu flottant, sélectionnez Menu 3D dans le menu Graphique tandis qu'un graphique 3D est ouvert en mode Graphique.

Pour utiliser un des outils de ce menu flottant, cliquez sur le bouton correspondant dans la rangée supérieure. Cliquez ensuite sur les flèches rouges. Plus vous maintenez le bouton de la souris enfoncé, plus l'effet obtenu est intense. Lorsque vous relâchez le bouton de la souris, vous voyez une silhouette de l'effet obtenu, le graphique restant jusque là dans sa position initiale. Si vous n'êtes pas satisfait du résultat, cliquez sur Annuler. Si vous souhaitez que le graphique soit retracé en fonction des modifications apportées, cliquez sur Retracer.

### La palette de couleurs

CorelCHART dispose aussi d'une palette de couleurs, affichée en bas de la fenêtre de l'application. Ses couleurs viennent compléter celles du dialogue Surface uniforme. Après avoir sélectionné n'importe quel élément d'un graphe visualisé en mode Graphique, cliquez sur une couleur. Si vous le faites avec le bouton gauche de la souris, vous appliquez cette couleur à la surface de l'objet. Si vous le faites avec le bouton droit de la souris, vous appliquez la couleur au contour de l'objet. Les éléments du Gestionnaire de données ne peuvent être coloriés à partir de cette palette.

## Note concernant les annotations

Les annotations sont des objets textuels et graphiques que vous pouvez créer et éditer sur un plan distinct, qui vient se superposer au graphique, et ce au moyen des outils graphiques de la boîte à outils. Utilisées pour souligner un aspect particulier du graphique, par exemple un point de données, les annotations sont les seuls éléments d'un graphique qui ne soient pas contenus dans le Gestionnaire de données. L'ajout d'annotations est décrit dans "Création d'annotations" au Chapitre 4, et dans les leçons, au Chapitre 5.

# Anatomie d'un graphique

Certains utilisateurs sont déjà familiarisés aux techniques permettant de créer un graphe alors que d'autres abordent ce domaine pour la première fois. Si vous êtes dans ce cas, les illustrations qui suivent vous présentent les termes essentiels utilisés dans ce manuel, dans l'Aide en ligne et dans le programme.

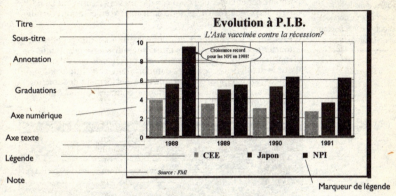

# Structure du Gestionnaire de données

## Passage du Gestionnaire de données au mode Graphique et vice-versa

>**Conseil:**

*Avec une fentre Graphique et une fentre Gestionnaire de donnes ouvertes pour vtre graphe, choisissez Disposer horizontalement dans le menu Fenêtre. Vous pouvez ainsi visualiser les deux fenêtres et constater l'effet des modifications opérées dans le Gestionnaire de données en sélectionnant la fenêtre Graphique.*

Il est probable que vous deviez faire quelques fois l'aller et retour entre le Gestionnaire de données, qui contient les données de votre graphique, et le mode Graphique, où vous les visualisez sous la forme d'un graphique finalisé.

▶ **Pour passer au Gestionnaire de données à partir du mode Graphique, vous avez le choix entre les trois possibilités suivantes:**

- Cliquez sur ▦ en haut de la boîte à outils.
- Sélectionnez Afficher Données Graphique dans le menu Edition.
- Si la fenêtre du Gestionnaire de données d'un graphique est ouverte, sélectionnez le menu Fenêtre et dans la liste s'affichant en fin de menu, choisissez le nom du fichier précédé de la mention "Données". (Notez que la mention Données n'apparaît dans cette liste à côté du nom d'un graphique que si la fenêtre du Gestionnaire de données qui lui correspond a déjà été ouverte durant la session CorelCHART en cours.)

*Introduction* /527

▶ **Pour revenir au mode Graphique, vous avez le choix entre les trois possibilités suivantes:**
- Cliquez sur ▦, en haut de la boîte à outils.
- Sélectionnez Mode Graphique dans le menu Edition.
- Sélectionnez le menu Fenêtre. En bas du menu Fenêtre, vous trouvez des entrées correspondant au graphique et à sa fenêtre dans le Gestionnaire de données. Cliquez sur le nom du fichier, non précédé de la mention "Données".

>*Conseil:*

*Vous pouvez accéder aux menus contextuels même lorsque vous travaillez dans le Gestionnaire de données en cliquant sur le bouton droit de la souris*

CorelCHART vous permet de charger plus d'un graphique à la fois. A chaque graphique sont associées une fenêtre Graphique et une fenêtre Gestionnaire de données, que vous pouvez ouvrir et fermer indépendamment l'une de l'autre. (Il se peut que vous souhaitiez ouvrir les fenêtres Gestionnaire de données de deux graphiques pour couper et coller des données de l'un vers l'autre, ou bien ouvrir deux fenêtres Graphique pour mettre en commun certains graphismes d'annotation.)

C'est dans le Gestionnaire de données que vous tapez, collez ou importez les textes et valeurs que contiendra votre graphique. Sa structure et son fonctionnement sont proches de ceux d'un tableur. (Pour le détail des procédures d'importation, voir "Importation de données" au Chapitre 2. Pour une liste des formats de tableurs supportés, rechercher "Importation de données" dans l'Aide en ligne de CorelCHART.)

Gestionnaire de données

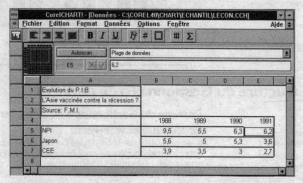

Vous pouvez également coller des données que vous avez copiées dans le presse-papiers Windows à partir d'une autre application. En utilisant la commande Coller Lien, vous pouvez établir un lien DDE avec le fichier de données original. Les données de votre graphique sont alors mises à jour à chaque modification du fichier source.

Le Gestionnaire de données permet aussi d'"étiqueter" ou libeller les cellules pour indiquer au programme quel doit être leur rôle dans le graphique : titre, légende, valeur de la plage de données, etc. Voir "Libellé des cellules" au Chapitre 2, pour des instructions détaillées.

L'ordre dans lequel vous tapez ou importez les données dans le Gestionnaire de données est laissé à votre discrétion. (Pour plus de facilité, suivez le diagramme fourni dans "Gestionnaire de données: Notions de base" au Chapitre 2). Notez cependant que si vous importez un fichier de données et que le Gestionnaire de données en contient déjà, celles-ci sont alors effacées. Si vous avez importé des données dans un ordre différent de celui du diagramme, utilisez les commandes Couper, Copier, Effacer, Coller, Insérer et Supprimer du Gestionnaire de données pour organiser les cellules contenant le texte et les données que vous souhaitez voir figurer dans votre graphique. Vous pouvez également libeller manuellement les cellules en sélectionnant une cellule et en cliquant sur le libellé voulu dans la liste de libellés. Si vous ne souhaitez pas utiliser dans votre graphique certaines des données que vous avez importées, ne leur attribuez pas de libellé, et le Gestionnaire de données les ignorera. Pour plus de détails et la marche à suivre, voir "Gestionnaire de données: Notions de base" au Chapitre 2.

### *Fonctions Feuille de calcul*

Le Gestionnaire de données permet d'établir entre les cellules des relations mathématiques telles qu'addition, soustraction, multiplication, division et pourcentage. Il supporte aussi des fonctions mathématiques, statistiques, trigonométriques et financières évoluées telles que variance, écart-type, cosinus, tangente et amortissements. Pour une liste complète de ces fonctions, voir "Formules du Gestionnaire de données" dans l'Aide en ligne de CorelCHART.

Dans le Gestionnaire de données, vous pouvez également trier des cellules et remplacer éléments textuels, nombres ou formules. La fonction de tri permet de réorganiser les rangées et les colonnes de la plage de données par ordre croissant ou décroissant, l'ordre croissant plaçant le texte en tête, suivi des nombres, rangés du plus petit au plus grand.

# Ouverture d'un graphique existant

▶ **Pour ouvrir un graphique existant:**

1. Après avoir lancé CorelCHART en double-cliquant sur son icône dans le Gestionnaire de programmes, sélectionnez Ouvrir dans le menu Fichier.

2. Dans la boîte de dialogue Ouvrir Graphique, faites défiler les répertoires et les lecteurs pour trouver le fichier que vous souhaitez ouvrir. Une fois que vous l'avez trouvé, cliquez sur son nom. Vous le voyez alors apparaître, avec les notes qui lui sont associées, dans la case de visualisation. Cliquez sur OK pour l'ouvrir.

# Création d'un nouveau graphique

La création d'un nouveau graphique implique, au plan formel, l'utilisation d'un gabarit existant (qui précise le type de graphique, les couleurs utilisées, le positionnement des éléments, etc.). Les informations de ce gabarit sont appliquées aux nouvelles données pour produire un nouveau graphe. Cela peut paraître complexe, mais il suffit en fait de sélectionner un type de graphique dans la Galerie, comme vous allez le voir ci-après. Notez que vous pouvez choisir d'ouvrir le graphe existant avec ou sans ses données-échantillons.

▶ **Pour créer un nouveau graphique:**

1. Choisissez la commande Nouveau dans le menu Fichier. Dans la boîte de dialogue qui s'affiche, vous devez sélectionner le type de graphique qui servira de gabarit au nouveau graphique.

2. Si vous souhaitez taper vous-même vos textes et vos valeurs,

activez le bouton Utiliser les données-échantillons, situé dans le coin inférieur gauche. Si vous envisagez par contre d'importer ou de coller de nouvelles données, désactivez cette option.

3. Sélectionnez un type de graphique dans la Galerie. Les fichiers de graphiques fournis avec CorelCHART sont alors visualisés dans la case de droite.

4. Sélectionnez l'un de ces fichiers en double-cliquant sur son image.

5. Si vous utilisez les données-échantillons du graphique, vous visualisez alors le graphe dans en mode Graphique, et vous devez ensuite cliquer sur ▫ pour passer à la fenêtre Gestionnaire de données du graphique. Dans le cas contraire, vous obtenez une fenêtre de Gestionnaire de données vide.

Si vous envisagez de remplacer manuellement les données-échantillons par les vôtres, voyez "Gestionnaire de données: Notions de base" au Chapitre 2. Si vous envisagez de coller ou d'importer un fichier tableur ou base de données, qui écrasera tous les textes et nombres déjà présents dans le Gestionnaire de données, voyez au Chapitre 2, "Importation de données" ou "Etablissement de liens DDE avec des feuilles de calcul dans d'autres applications".

# Travail avec d'autres applications: OLE, DDE, importation, exportation

CorelCHART Version 4.0 est une application serveur OLE, ce qui signifie que vous pouvez lier ou incorporer des graphiques au sein de documents créés dans des applications cibles OLE. (On trouvera au Chapitre 4 une description détaillée de liaisons de graphiques dans d'autres fichiers. Pour plus d'informations sur la technique OLE proprement dite, voyez ce sujet au Chapitre 17 de la Section CorelDRAW, ainsi que votre documentation Microsoft Windows.) Notez que vous ne pouvez pas lier ou incorporer des données de votre Gestionnaire de données dans un document créé dans une application cible OLE.

CorelCHART permet également l'échange dynamique des données (DDE), c'est-à-dire que vous pouvez établir un lien entre des fichiers tableurs et des graphiques créés avec CorelCHART. Cette fonction entraîne la mise à jour automatique des données dans le fichier CorelCHART lorsque vous modifiez les chiffres ou le texte dans le fichier du tableur. Pour plus de détails, voyez au Chapitre 2, "Travail sur les données d'un graphique." Consultez aussi la documentation de votre application tableur pour vous assurer qu'elle supporte effectivement la technique DDE.

CorelCHART permet également l'importation de données à partir de nombreux formats de feuilles de calcul et de bases de données, ainsi que l'importation de graphismes sous de nombreux formats bitmap et vectoriels. Vous pouvez exporter les données du Gestionnaire de données dans un large éventail de formats courants. De même, vous pouvez exporter les fichiers de graphes sous de nombreux formats graphiques différents. Pour la liste des formats supportés pour chacune de ces fonctions, recherchez "Importation de fichiers" ou "Exportation de fichiers" dans l'Aide en ligne de CorelCHART.

# Utilisation de l'Aide en ligne

La barre de menus inclut un menu Aide qui donne accès à l'index du système d'aide en ligne. Vous pouvez aussi appuyer sur CTRL + F1 pour effectuer une recherche à l'aide de mots-clés dans le fichier d'Aide.

CorelCHART propose également une aide contextuelle, qu'il vous est loisible d'appeler de deux manières différentes. Lorsque vous vous trouvez dans une boîte de dialogue, ou que vous avez mis en surbrillance - sans l'activer - une commande d'un menu déroulant, appuyez sur F1. Vous obtenez alors une aide relative à la boîte de dialogue ou à la commande en question.

La seconde méthode est utile lorsqu'aucun dialogue n'est ouvert et qu'aucun article de menu n'est sélectionné. Dans ce cas, appuyez sur MAJ + F1. Le curseur se transforme en ?. Vous pouvez alors obtenir de l'aide sur un élément particulier, en plaçant ce curseur spécial sur l'élément en question et en cliquant.

# Quitter CorelCHART

En mode Graphique ou dans le Gestionnaire de données, sélectionnez Quitter dans le menu Fichier pour mettre un terme à votre session CorelCHART. Si vous avez apporté des modifications depuis le dernier enregistrement de votre graphique, un dialogue apparaît, qui vous demande si vous souhaitez les enregistrer. Pour écraser le fichier avec vos modifications récentes, cliquez sur Oui. Si vous ne souhaitez pas tenir compte de ces modifications, cliquez sur Non. Pour enregistrer cette nouvelle version du fichier sous un autre nom, cliquez sur Annuler et ensuite, dans le mode Graphique, sélectionnez Enregistrer sous dans le menu Fichier. Si vous n'avez pas encore enregistré le graphique à ce stade, un dialogue apparaît pour vous demander d'indiquer un nom de fichier.

# Chapitre 2

# Travailler avec des données de graphiques

Ce chapitre explique la marche à suivre pour introduire les textes et les valeurs de votre graphique dans le Gestionnaire de données. Vous pouvez importer des données à partir d'un autre fichier de graphique, d'une feuille de calcul ou d'un fichier texte, les coller à partir du Presse-papiers, les coller à partir d'un fichier tableur via des liens DDE ou encore, les (re)taper entièrement. Vous devez alors référencer les cellules textes et valeurs pour déterminer la place qui sera la leur dans le graphique. Nous envisagerons aussi diverses opérations plus sophistiquées impliquant le Gestionnaire de données, telles que le tri, la recherche/substitution et l'utilisation des formules.

Avec les fonctions de tri de CorelCHART, vous pouvez organiser un groupe de données suivant un ordre mathématique, par exemple de la plus petite valeur d'une fourchette à la plus élevée. La recherche et la substitution permettent une mise à jour aisée des valeurs ou des formules dans les cellules lorsque vous souhaitez modifier une feuille de calcul volumineuse. Quant aux formules de CorelCHART, elles vous permettent d'incorporer dans votre feuille de calcul des fonctions financières, statistiques et trigonométriques.

# Gestionnaire de données: Notions de base

## Découverte du Gestionnaire de données

Il y a plusieurs façons de passer de la cellule A1 à la cellule B2. Lorsque le Gestionnaire de données s'ouvre pour la première fois, c'est la cellule A1 qui est sélectionnée. Lorsque vous y revenez à partir du mode Graphique, c'est la cellule sélectionnée en dernier lieu qui demeure sélectionnée.

▶ **Pour vous déplacer d'une cellule à l'autre, suivez l'une des méthodes suivantes:**

1. Pour vous déplacer d'une cellule à la fois, dans n'importe quelle direction, appuyez sur les touches fléchées.

2. Placez le pointeur de la souris dans la matrice du Gestionnaire de données. Il se transforme alors en une + grasse. Positionnez-la sur n'importe quelle cellule, et cliquez.

3. Pour atteindre rapidement une cellule éloignée, sélectionnez Vers dans le menu Données. Dans le dialogue Vers Cellule, tapez l'adresse de la cellule, c'est-à-dire la lettre correspondant à la colonnne, suivie du chiffre de la rangée, comme ceci: A1 ou b3. Cliquez sur OK.

## Saisie et édition des textes et des nombres

▶ **Pour taper du texte dans une cellule vide ou dans une cellule contenant déjà du texte ou des nombres que vous souhaitez éliminer:**

1. Atteignez la cellule en adoptant une des méthodes décrites plus haut, et commencez la frappe de votre texte. (Cela vaut pour la saisie des textes, des nombres et des formules. Pour plus de détails sur la saisie des formules, voyez "Utilisation des formules dans le Gestionnaire de données", plus loin dans ce chapitre.)

2. Pour annuler l'édition et revenir à l'état antérieur de la cellule, cliquez sur X. Lorsque vous en avez terminé avec une cellule, cliquez sur Entrée, et utilisez ensuite les touches fléchées ou la souris pour en atteindre une autre.

Annuler   Entrée

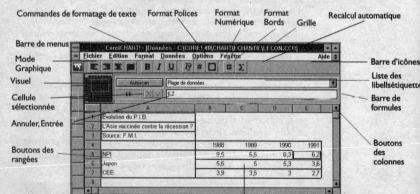

Commandes de formatage de texte — Format Polices — Format Numérique — Format Bords — Grille — Recalcul automatique

Barre de menus — Mode Graphique — Visuel — Cellule sélectionnée — Annuler, Entrée — Boutons des rangées

Barre d'icônes — Liste des libellés/étiquettes — Barre de formules — Boutons des colonnes

Matrice du Gestionnaire de données

534 \ CorelCHART: Chapitre 2

▶ **Pour éditer le contenu d'une cellule:**

1. Atteignez la cellule en adoptant une des méthodes décrites plus haut.

2. Cliquez dans la barre des formules ou appuyez sur F2. Vous voyez alors apparaître dans la barre des formules un I, que vous pouvez déplacer avec les touches fléchées.

3. Maintenez le bouton de la souris enfoncé et faites glisser le curseur pour sélectionner plusieurs caractères. Pour supprimer, utilisez les touches RETOUR ARRIERE ou SUPPRIMER.

4. Tapez les textes et nombres nouveaux. Vous pouvez également placer dans le Presse-papiers du texte provenant d'un autre endroit de la matrice, d'un autre fichier de graphique ou d'une autre application Windows, et le coller dans la barre des formuless à l'aide des commandes Edition, Copier et Edition, Coller.

5. Lorsque vous avez terminé, cliquez sur Entrée, et utilisez ensuite les touches fléchées ou la souris pour sélectionner une autre cellule.

▶ **Pour taper du texte dans des cellules contiguës:**

1. Cliquez sur la cellule située le plus en haut à gauche dans le groupe, faites glisser vers le bas et vers la droite pour sélectionner le groupe de cellules, et relâchez ensuite le bouton de la souris.

2. Tapez le premier chiffre: il apparaît dans la cellule du coin supérieur gauche.

3. Appuyez sur Entrée; vous passez alors automatiquement à la cellule située en dessous. Tapez le deuxième chiffre, appuyez sur Entrée, et ainsi de suite.

4. Lorsque vous avez terminé la saisie dans la dernière cellule de la première des colonnes sélectionnées, appuyez sur Entrée et vous passez alors automatiquement à la rangée supérieure de la deuxième colonne sélectionnée. Lorsque vous avez terminé la saisie dans toutes les colonnes de votre sélection, vous devez cliquer à un autre endroit de la matrice pour désélectionner le groupe. Si vous ne le faites pas, et que vous continuez à taper des chiffres, vous revenez à la cellule supérieure gauche et vous commencez à écraser les différentes cellules déjà complétées.

## Sélection et déplacement de cellules

▶ **Pour sélectionner un groupe de cellules à déplacer:**

1. Cliquez sur la cellule qui constitue le coin supérieur gauche du groupe de cellules concernées et ensuite, cliquez et faites glisser sur les cellules à inclure.

2. Choisissez la commande *Couper* dans le menu Edition pour transférer les données des cellules sélectionnées dans le Presse-papiers de Windows.

3. Utilisez la souris ou les touches fléchées pour vous placer dans

Sélection d'une cellule    Sélection de plusieurs cellules

le coin supérieur gauche du groupe de cellules dans lequel vous souhaitez coller les données. Si cette cellule n'est pas visible, utilisez les barres de défilement à droite et en bas de l'écran pour l'atteindre.

4. Choisissez la commande Coller dans le menu Edition. Les données que vous avez transférées dans le Presse-papiers Windows s'affichent, en commençant dans la cellule sélectionnée, puis vers la droite et vers le bas.

# Importation de données

CorelCHART traite toute une série de formats de tableurs.

▶ **Avec la fenêtre Gestionnaire de données sélectionnée:**

1. Sélectionnez la commande Importer Données dans le menu Fichier.
2. Dans le dialogue Importer Données, passez à la zone de liste Afficher Fichiers du type. Cliquez sur la flèche de défilement pour visionner la liste des formats supportés. Cliquez pour un choisir un.
3. Faites défiler les répertoires et les lecteurs de manière à localiser le fichier souhaité. Double-cliquez sur le nom de votre fichier données pour l'importer. Les données apparaissent alors dans le Gestionnaire de données. Pour rappel, lorsque vous importez un fichier, tous les textes et les chiffres déjà présents dans le Gestionnaire de données sont effacés.

Vous devez maintenant "étiqueter" ou libeller chacune des cellules de texte et de valeurs que vous souhaitez utiliser dans le graphique. Vous n'êtes pas tenu d'utiliser dans le nouveau graphique toutes les données contenues dans le fichier importé. Voir "Libellé des cellules" ci-après.

# Libellé des cellules

Une fois vos données introduites dans le Gestionnaire de données, vous devez "étiqueter" ou libeller les cellules que vous souhaitez utiliser comme éléments de votre graphique, à savoir titres, intitulés des axes, plage de données, etc.

▶ **Pour libeller les cellules manuellement:**

1. Sélectionnez une cellule en cliquant dessus. Pour attribuer un libellé à plusieurs cellules simultanément, cliquez sur la cellule constituant l'angle supérieur gauche du bloc à libeller, maintenez le bouton de la souris enfoncé et faites glisser jusqu'à la cellule qui constitue l'angle inférieur droit du bloc.
2. Avec une/des cellule(s) sélectionnée(s), positionnez vous dans la liste des libellés et cliquez sur la flèche de défilement. Dans la liste, cliquez sur le libellé qui vous convient pour le sélectionner.
3. Pour vérifier l'élément de graphique qui a été affecté à une cellule déterminée, cliquez sur cette cellule. Le type de libellé apparaît dans le champ supérieur de la liste de libellés.

▶ **Pour libeller les cellules automatiquement:**

1. En utilisant la procédure décrite dans "Sélection et déplacement de cellules," tapez ou collez les textes et valeurs de votre graphique suivant le schéma précisé ci-après. (Votre graphique ne doit pas nécessairement utiliser tous les éléments affichés: ignorez simplement ceux qui ne vous sont pas utiles.)

2. Cliquez sur Balayage automatique. Cela constitue le moyen le plus rapide pour libeller la plupart ou l'intégralité des cellules textes et valeurs de votre graphique. Le Balayage automatique recherche les éléments de votre graphe à divers endroits déterminés. Il balaye un bloc important de cellules contenant des chiffres et à partir de là, opère par déduction pour les cellules attenantes. Vous pouvez aussi utiliser le Balayage automatique pour ne balayer que les cellules, pour autant que la sélection comprenne plus d'une cellule.

# Utilisation des formules dans le Gestionnaire de données

CorelCHART supporte de nombreuses fonctions mathématiques, statistiques, trigonométriques et financières. La marche à suivre est identique pour toutes les fonctions.

▶ **Pour introduire des formules dans le Gestionnaire de données:**

1. Cliquez sur une cellule dans laquelle vous souhaitez introduire la formule, et dans laquelle le résultat doit apparaître. Cette cellule soit être vide.

2. Une fois la cellule cible sélectionnée, sélectionnez Entrer Formule dans le menu Données.

   Dans le diagramme ci-contre, par exemple, la cellule A4 contient la formule donnant la somme des valeurs contenues dans les cellules A1 à A3. Si vous modifiez les valeurs dans une de ces cellules, le total repris à la cellule A4 se transforme en conséquence, pour autant que l'option Recalcul automatique soit activée. Les deux points inclus dans la formule figurent les cellules comprises entre A1 et A3. La valeur de la cellule A4 apparaît toujours dans la feuille de calcul. La formule ne s'affiche dans la barre des formules que lorsque la cellule A4 est sélectionnée.

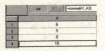

La formule Somme affiche dans la barre de formules visualise dans la cellule A4 le total des valeurs contenues dans les cellules A1 à A3.

3. Dans le dialogue Entrer Formule, cliquez sur la flèche de défilement de la liste de fonctions et faites défiler celle-ci. Double-cliquez sur le nom de la formule que vous souhaitez utiliser. La formule s'affiche alors dans le champ d'édition. Cliquez n'importe où sur la formule avec le curseur t, et ajoutez des valeurs ou des coordonnées de cellules à l'aide du pavé numérique du dialogue ou de votre clavier. Utilisez les boutons compris entre le pavé numérique et la liste de fonctions pour insérer dans votre formule les symboles mathématiques voulus. Pour une explication complète des symboles et des formules, recherchez "Formules du Gestionnaire de données" dans l'Aide en ligne de CorelCHART.

*Travailler avec des données de graphiques*

4. Cliquez sur Entrée. La formule que vous venez de créer s'affiche dans la barre des formules, au-dessus de la matrice.

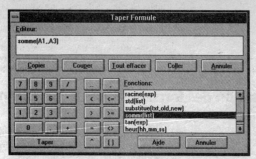

Editeur de formules du Gestionnaire de données: pour toutes explications concernant les formules et la syntaxe à utiliser, recherchez "Formules du Gestionnaire de données" dans l'Aide en ligne de CorelCHART.

# Formatage dans le Gestionnaire de données

## Format des nombres et des dates

▶ **Pour modifier le format des valeurs numériques dans le Gestionnaire de données:**

1. Cliquez et faites glisser sur les cellules à formater de manière à les sélectionner.

2. Cliquez sur le bouton Format Nombres dans la boîte à outils située en haut du Gestionnaire de données, ou sélectionnez Nombres dans le menu Format. Dans la boîte de dialogue Format Nombres, choisissez un format existant en cliquant sur OK. Le cas échéant, introduisez votre propre format dans la zone de saisie.

3. Cliquez sur Ajouter de manière à l'ajouter à la liste, et cliquez ensuite sur OK. Pour tous détails concernant la création de votre propre format numérique, recherchez la rubrique "Formats numériques définis par l'utilisateur" dans l'Aide en ligne de CorelCHART.

*»Conseil:*
*Cliquez sur une cellule avec le bouton droit de la souris pour faire apparaître un menu local comprenant des fonctions et des commandes applicables la cellule sélectionnée.*

## Attributs typographiques

Vous pouvez modifier la police, le style de police, la couleur et le corps des caractères apparaissant dans toutes les cellules de la matrice en sélectionnant les cellules à modifier et en cliquant sur le bouton Police dans la boîte à outils, en haut du Gestionnaire de données, ou en choisissant Police dans le menu Format. Vous pouvez utiliser n'importe quelle police Adobe Type 1 ou True Type installée sur votre système, de la même manière qu'en mode Graphique.

## ▣ *Encadrement des cellules*

Vous pouvez également mettre en évidence certaines cellules de votre jeu de données en les assortissant de traits latéraux ou d'encadrés.

▶ **Pour encadrer les cellules et formater les encadrés:**

1. Cliquez et faites glisser de manière à sélectionner les cellules à formater.
2. Choisissez Format, Bordures ou cliquez sur le bouton Bordures.
3. Dans le dialogue Bordures, cochez les cellules voulues de manière à spécifier la présence d'une bordure sur un, plusieurs ou tous les côtés des cellules sélectionnées. Pour appliquer une bordure autour du bloc de cellules sélectionnées, cliquez sur Contour.
4. Dans la section Arrière-plan de la boîte de dialogue, cliquez sur Ombré, et ensuite sur Pinceau. Dans le dialogue Fond Cellules, choisissez une couleur d'avant-plan et d'arrière-plan dans les listes proposées. Choisissez aussi un motif dans la section Pinceaux du dialogue. Cela fait, cliquez sur OK pour revenir à la boîte de dialogue Bordures.
5. Cliquez sur le visuel du style de bordure souhaité (le style doit être identique de chaque côté de la cellule). Si vous disposez d'une imprimante couleurs, cliquez sur la zone de liste Couleur et sélectionnez-y une couleur pour votre encadré. Cliquez sur OK.

> » *Conseil:*
>
> *Faites ressortir les titres, les intitulés de rangées et de colonnes, ainsi que d'autres éléments clé, en les mettant en gras ou en les agrandissant, surtout si vous comptez imprimer les données du graphique à partir du Gestionnaire de données.*

## *Largeur des colonnes et hauteur des rangées*

Par défaut, toutes les colonnes du Gestionnaire de données ont la même taille. Il est toutefois improbable que toutes vos colonnes doivent avoir la même largeur. Vous pouvez donc ajuster la largeur et la hauteur de n'importe quelle cellule ou groupe de cellules, manuellement ou automatiquement.

▶ **Pour ajuster manuellement la largeur et la hauteur des cellules:**

1. Placez le curseur sur le trait qui sépare les intitulés de colonnes, dans la partie supérieure de la matrice: la croix se transforme en un trait vertical barré d'une double flèche.
2. Cliquez et faites glisser de gauche à droite pour déplacer l'encadré de la colonne. Vous pouvez aussi sélectionner Largeur Colonne dans le menu Format. Dans le dialogue Largeur Colonne, tapez la valeur et l'unité de mesure souhaitées dans la zone de saisie. (Pour revenir à la largeur par défaut des cellules, cliquer sur Valeur par défaut.)
3. Si vous envisagez d'afficher votre jeu de données dans une police plus grande, sélectionnez Hauteur Colonne dans le menu Format. Tapez une nouvelle valeur et une unité de mesure dans la zone de saisie. Vous pouvez également utiliser la méthode manuelle décrite aux points 1 et 2, en partant des intitulés de rangées.

▶ **Pour définir automatiquement une taille de colonne optimale:**

1. Cliquez et faites glisser pour sélectionner la ou les cellules que vous souhaitez redimensionner. (Pour sélectionner une colonne entière, cliquez sur son intitulé, en haut de la matrice. Pour sélectionner une rangée entière, cliquez sur son intitulé.)
2. Choisissez Ajuster dans le menu Format. Lorsque cette commande est activée, le programme détecte les éléments de textes et de données les plus larges/hauts dans la ou les cellules

sélectionnées, et il définit alors pour la sélection une hauteur de rangées et une largeur de colonnes telles qu'ils puissent y tenir. Si vous modifiez ultérieurement le contenu ou les paramètres typographiques des cellules sélectionnées, et que l'ajustement optimal ne convient plus, vous devez renouveler cette opération.

# Tri de cellules

Le tri s'utilise pour réagencer un ensemble de cellules du Gestionnaire de données en fonction des éléments contenus dans une rangée ou une colonne clé de la plage de données.

▶ **Pour trier des cellules:**
1. Sélectionnez la série de cellules à trier.
2. Sélectionnez Trier dans le menu Données. Dans la boîte de dialogue Trier, le fait de cliquer sur le bouton Ascendant implique un tri du plus petit au plus grand. Cliquez sur la cellule d'option Rangées ou Colonnes. Si vous avez sélectionné une colonne de données, cliquez sur Rangées. Cliquez sur Ajuster Formules et les références faites dans les formules aux cellules sélectionnées sont alors ajustées. Cliquez sur Déplacer Formats, et les formatages de textes et d'encadrés opérés dans les cellules sélectionnées se déplacent avec elles. Cliquez ensuite sur OK.

# Recherche et substitution dans le Gestionnaire de données

La fonction de recherche vous permet de gagner du temps lorsque vous devez localiser une valeur, un texte ou une formule, en particulier dans le cas de jeux de données volumineux.

## *Recherche seule*

▶ **Pour rechercher un texte, une formule ou une valeur dans les données de votre graphique:**
1. Sélectionnez Rechercher dans le menu Données.
2. Dans le dialogue Rechercher, tapez la séquence à rechercher dans la zone de saisie Rechercher. Si vous activez la case Ignorer Maj./Min., les capitales sont ignorées. Désactivez la case Ignorer Maj./Min. lorsque vous souhaitez limiter la recherche à la forme majuscule ou minuscule.
3. Cliquez sur Cellule entière si vous souhaitez limiter la recherche aux cellules qui ne contiennent que la séquence recherchée et rien d'autre. Dans la section Recherche sur, cliquez sur l'une ou plusieurs des cases d'option Texte, Valeurs ou Formules.
4. Cliquez sur Recherche par Rangées si vous voulez que la recherche s'opère de gauche à droite, rangée après rangée, ou sur Recherche par Colonnes pour qu'elle s'opère de haut en bas, colonne après colonne. Le point de départ de la recherche dépend de la cellule sélectionnée avant que vous n'entamiez la recherche. Par exemple, si vous avez sélectionné la cellule A6, et que vous recherchez par rangées, la recherche se limite alors aux rangées 6, 7 et au-delà.
5. Cliquez sur Avant ou Arrière pour opérer la recherche dans l'un ou l'autre sens. Cliquez ensuite sur Rechercher.

6. Pour trouver l'occurrence suivante de la séquence recherchée, sélectionnez Rechercher Suivant dans le menu Données.

### Recherche et substitution

La recherche et la substitution sont susceptibles de réduire sensiblement le temps d'édition dans le cas de volumes de données importants.

▶ **Pour rechercher et remplacer un texte, une formule ou une valeur:**

1. Sélectionnez Remplacer dans le menu Données.

2. Dans le dialogue Remplacer, tapez la séquence recherchée dans le champ Rechercher et la séquence à lui substituer dans le champ Remplacer par. (Pour vider de leur contenu les cellules contenant la séquence recherchée, ne tapez rien dans le champ Remplacer par.) Pour limiter la recherche aux cellules qui ne contiennent que la séquence recherchée et rien d'autre, cochez l'option Cellule entière, à côté du champ Rechercher. Pour substituer le contenu du champ Remplacer par à l'ensemble du contenu d'une cellule, cochez la deuxième case Cellule entière.

3. Dans la section Rechercher sur, cliquez sur Formules ou Texte pour limiter la recherche aux cellules contenant des formules ou des valeurs (qui incluent le texte). Cliquez sur Recherche par Rangées si vous voulez que la recherche s'opère de gauche à droite, rangée après rangée, ou sur Recherche par Colonnes pour qu'elle s'opère de haut en bas, colonne après colonne. Désactivez Ignorer Maj./Min. pour ne rechercher le texte que sous forme majuscule ou minuscule. Cliquez sur Message Rempl. si vous souhaitez obtenir un message avant le remplacement de chaque occurrence de la séquence rencontrée lors de la recherche.

4. Cliquez sur Suivant pour n'opérer qu'une seule substitution à la fois, ou sur Tout remplacer pour effectuer une substitution globale.

# Utilisation de la grille du Gestionnaire de données

Lorsque vous ouvrez le Gestionnaire de données pour la première fois, les cellules s'affichent sur une grille, qui fonctionne essentiellement comme un guide visuel. Son épaisseur, sa couleur, son motif peuvent être ajustés de la même manière que les bordures de cellules. (Vous pouvez imprimer alors que la grille est activée, en sélectionnant Fichier, Mise en page et en cliquant sur Imprimer Grille.) Si vous sélectionnez certaines cellules et que vous les encadrez, il se peut que vous souhaitiez désactiver la grille pour éviter toute confusion visuelle durant l'édition. Pour activer la grille, cliquez sur le bouton Grille, ou sélectionnez Afficher Grille dans le menu Options. La commande est cochée lorsque les lignes de la grille sont activées.

# Etablissement de liens dynamiques avec d'autres applications

Vous pouvez établir des liens dynamiques lorsque vos données proviennent d'un tableur Windows compatible DDE. Lorsque votre fichier de graphique est lié avec un fichier tableur préalablement enregistré, les données qui sont mises à jour dans le fichier source le sont également dans votre graphique. Chaque fois que vous ouvrez le fichier de graphique, CorelCHART vous demande si vous souhaitez mettre le lien à jour. Le lien entre le fichier source et le fichier cible (votre graphique) est toutefois unilatéral: il vous est impossible de modifier dans votre graphique des données liées DDE et d'obtenir une mise à jour automatique dans le fichier source. Voyez la documentation de votre tableur pour vous assurer qu'il supporte effectivement la technique DDE.

▶ **Pour établir des liens DDE entre un fichier tableur et un graphique:**

1. Laissez tourner CorelCHART et ouvrez le Gestionnaire de données. Lancez l'application tableur. Ouvrez le fichier qui contient les données que vous voulez utiliser dans le graphique. Il faut nécessairement que la feuille de calcul ait été enregistrée au préalable.

2. Dans le tableur, sélectionnez la rangée de cellules que vous voulez lier à votre graphique.

3. Choisissez *Copier* dans le menu Edition.

4. Cliquez sur la fenêtre de CorelCHART pour la rendre active et sélectionnez la cellule qui devra constituer le coin supérieur gauche du jeu de données que vous collez.

5. Choisissez *Coller le lien* dans le menu Edition. Vous pouvez aussi choisir Collage spécial dans le menu Edition et cliquer sur Coller le lien dans la boîte de dialogue Collage spécial. Les données liées s'affichent dans la matrice du Gestionnaire de données. Les données du graphique sont à présent liées avec le fichier source du tableur.

# Exportation des données d'un graphique

Vous pouvez exporter toute partie des données de vos graphiques dans les formats suivants: Table .TBL; Excel .XLS; Lotus .WKS; Comma-Separated Value CSV; Rich Text Format .RTF; et Texte .TXT.

▶ **Pour exporter des données:**

1. Dans le Gestionnaire de données, sélectionnez Exporter dans le menu Fichier.

2. Dans la boîte de dialogue Exporter Données, cliquez sur la flèche de défilement de la liste Afficher Fichiers du type. Faites défiler la liste et choisissez un type de fichier.

3. Pour définir le chemin du fichier d'exportation, faites défiler les listes des lecteurs et des répertoires, et tapez un nom de fichier dans le champ Nom du fichier, dans le coin supérieur gauche. Cela fait, cliquez sur OK.

# Enregistrement d'un fichier de graphique

▶ **Pour enregistrer un fichier de graphique:**

1. Choisissez Enregistrer sous dans le menu Fichier.

2. Dans la boîte de dialogue, tapez un nouveau nom de fichier et sélectionnez le lecteur et le répertoire. Si vous le souhaitez, vous pouvez taper une description dans le cadre situé en bas de la boîte de dialogue. Cette description apparaîtra ultérieurement dans la boîte de dialogue *Ouvrir*, avec une représentation du

graphique en miniature vous permettant d'identifier plus rapidement les fichiers enregistrés.

# Impression à partir du Gestionnaire de données

▶ **Pour imprimer le contenu du Gestionnaire de données:**

1. Il est possible que vous souhaitiez modifier la police ou ajouter des encadrés pour accroître la lisibilité. Dans ce cas, consultez "Formatage dans le Gestionnaire de données" ci-dessus.

2. Si vous n'avez pas vérifié le format et l'orientation de la page, sélectionnez Mise en page dans le menu Fichier. Dans la boîte de dialogue Mise en page, définissez le format de la page, les marges, ainsi que les en-têtes et les pieds de page. Pour imprimer les ombres autour des cellules, la grille du Gestionnaire de données, les encadrés des cellules, les étiquettes ou les surfaces et les pinceaux couleurs, cliquez sur les cases d'option correspondantes. Le cas échéant, cliquez sur Police, et sélectionnez une autre police et un autre corps dans le dialogue Police (notez que cette sélection n'affecte que les en-têtes et les pieds de page). Cliquez ensuite sur OK.

3. Lorsque vous êtes satisfait du formatage de vos données, vous pouvez effectuer un dernier contrôle en sélectionant Aperçu avant impression dans le menu Fichier.

4. Dans l'Aperçu avant impression, cliquez sur Zoom pour visualiser plus clairement vos données, et cliquez à nouveau sur Zoom pour revenir à la page entière. Cliquez sur Marges pour afficher ou masquer les repères de marges (ils ne s'impriment pas). Cliquez sur Page pour ouvrir le dialogue Mise en page, où vous pouvez modifier les marges ainsi que les caractéristiques des en-têtes et pieds de page. (Pour une liste des formats des en-têtes et pieds de page, recherchez "Formats En-têtes et Pieds de page dans le Gestionnaire de données" dans l'Aide en ligne de CorelCHART.) Cliquez sur Vers pour passer à une autre page de données, ou appuyez sur Page précédente/suivante pour vous déplacer d'une page à la fois.

5. Pour changer d'imprimante, cliquez sur Configuration de manière à ouvrir le dialogue Configuration de l'imprimante Windows.

6. Cliquez sur Imprimer pour ouvrir le dialogue Imprimer Données. Définissez-y les paramètres permettant d'imprimer une partie ou l'ensemble de vos données. (Les données du Gestionnaire de données peuvent s'imprimer sur plusieurs pages alors que dans le mode Graphique, vous ne pouvez créer, enregistrer et imprimer qu'une seule page par fichier.) Lorsque vous cliquez sur OK, la boîte de dialogue se ferme et le fichier est imprimé.

7. Cliquez sur Fermer pour revenir au Gestionnaire de données.

# Passage du Gestionnaire de données au mode Graphique

Cliquez sur ▣, dans le coin supérieur gauche de la fenêtre du Gestionnaire de données, pour passer au mode Graphique. Pour repasser de celui-ci au Gestionnaire de données, cliquez sur ▦.

# Chapitre 3

# Création d'un graphique

Ce chapitre précise les premières étapes de la création d'un graphique dans le mode Graphique. C'est dans le mode Graphique que vous pouvez changer de type de graphique, modifier la taille et l'orientation de votre graphe, décider de l'affichage ou du masquage de certains de ses éléments, ainsi que de l'agencement des séries et des groupes. En groupant les barres, en définissant soigneusement l'amplitude de l'échelle et d'autres détails, vous pouvez ajouter à l'impact de votre graphique, ou produire un "effet" particulier.

Il convient de régler ces divers aspects avant de se soucier des couleurs, polices et autres effets graphiques que vous utiliserez. La touche finale - annotations, couleurs et motifs - est envisagée au Chapitre 4.

Les problèmes plus particulièrement liés à la création de certains types de graphiques, tels les graphes à distribution spectrale et les tableaux de valeurs, par exemple, sont également traités dans les pages qui suivent.

# Mise en page

> **»Conseil:**
> Si vous comptez utiliser vtre graphique dans un autre fichier (présentation ou publication), cliquez sur Utilisateur dans le dialogue Mise en page et spécifiez la taille de l'encadré dans lequel sera placé votre graphique. Vous pourrez ainsi visualiser d'emble la taille réelle du graphique durant sa cration.

Avant de passer du temps à dimensionner et à déplacer les éléments de votre graphique, il convient de décider de sa taille.

▶ **Pour définir le format et l'orientation de la page de votre graphique:**

1. Dans le mode Graphique, sélectionnez Mise en page dans le menu Fichier.

2. Choisissez un format de page standard en cliquant sur la flèche de défilement de la liste Format du papier. Vous pouvez également cliquer sur Utilisateur et, s'il y a lieu, modifier l'unité de mesure dans la liste déroulante, et puis taper des valeurs dans les champs correspondant à la longueur et à la largeur de votre graphique. Une autre possibilité consiste à cliquer sur Défini par l'imprimante, CorelCHART adoptant dans ce cas le format et l'orientation de page spécifiés dans la configuration d'imprimante Windows.

3. Cliquez sur OK.

# Modification du type de graphique

▶ **Pour modifier les types de graphiques:**

1. Ouvrez votre graphique dans le mode Graphique.

2. Choisissez Galerie. Le menu déroulant Galerie contient une liste de tous les types de graphiques disponibles dans CorelCHART. Toutes les commandes relatives à un type de graphique particulier comportent des menus locaux présentant les variantes du type de graphique sélectionné.

3. Cliquez sur une commande quelconque pour afficher le menu local. Cliquez et faites glisser le bouton de la souris pour dérouler le menu local.

   Vous distinguez une visualisation de ce "type secondaire" dans la zone supérieure du menu local. Rappelez-vous que le type de graphique que vous avez choisi doit correspondre à votre jeu de données. Pour plus d'informations à ce sujet, voyez le Chapitre 6.

4. Lorsque vous avez trouvé le type de graphique qui vous convient, cliquez sur le nom du type secondaire de votre choix. Lorsque vous relâchez le bouton de la souris, votre graphique adopte les caractéristiques du type secondaire retenu.

# Application du gabarit utilisé dans un autre graphique

Tout graphique peut être utilisé en tant que gabarit pour un nouveau graphe. En fait, vous pouvez appliquer au graphique en cours les informations provenant du gabarit de tout autre graphique enregistré sur votre système. Les informations contenues dans le gabarit sont le type de graphique, les éléments affichés et masqués, le positionnement de ces éléments, leurs attributs typographiques, ainsi que les surfaces, les couleurs, les pictographes et les contours qui leur sont appliqués.

▶ **Pour appliquer le gabarit d'un autre graphique:**

1. Dans le mode Graphique, ouvrez le graphique auquel vous souhaitez appliquer le gabarit.

2. Sélectionnez Appliquer Gabarit dans le menu Fichier.
   3. Dans la boîte de dialogue Ouvrir Graphique, faites défiler les unités et les répertoires pour localiser le fichier de graphique que vous aimeriez utiliser comme gabarit.
   4. Cliquez sur le nom du fichier de votre choix, de manière à le faire apparaître dans le champ Nom du fichier et cliquez sur OK, ou double-cliquez sur le nom du fichier.

# Affichage et masquage d'éléments du graphique

▶ **Pour afficher ou masquer certains éléments d'un graphique:**
   1. Dans le mode Graphique, choisissez *Visualisation* dans le menu Graphique.
   2. Dans la boîte de dialogue Visualisation, des cases à cocher permettent de spécifier les éléments à afficher ou à masquer. Vous pouvez activer ou désactiver ces cases à tout moment.

# Permutation des groupes et des séries

Par défaut, les éléments que vous avez libellés, dans le Gestionnaire de données, comme intitulés de rangées apparaissent comme en-têtes de séries dans la légende de votre graphique, et les intitulés de colonnes s'affichent comme intitulés de groupe sur l'axe Texte. Vous pouvez permuter les positions de ces intitulés sans déplacer de cellules de données.

▶ **Pour modifier l'orientation de vos données:**
   1. Si vous êtes dans le mode Graphique, cliquez sur ▥ pour passer dans le Gestionnaire de données.
   2. Choisissez Orientation des données dans le menu Données.
   3. Par défaut, l'option Rangées = Séries sera alors activée. Cliquez sur Colonnes = Séries, et puis sur OK. En général, les données d'un graphique sont disposées de manière à afficher en haut les intitulés de colonne et à gauche, les intitulés de rangées.

# Inversion des données au sein des séries et des groupes

La plupart des types de graphiques permettent d'inverser l'ordre des points de données dans un groupe ou une série. Prenons, par exemple, le cas d'un graphique à barres où l'axe numérique figure les quantités comparées de plusieurs articles, et l'axe Texte les années. L'inversion des séries y modifie l'ordre des articles. L'inversion des groupes fait apparaître les années par ordre dégressif sur l'axe Texte.

▶ **Pour inverser l'ordre de vos points de données:**
   1. Cliquez sur ▥ pour passer en mode Graphique.
   2. Sélectionnez Inversion des données dans le menu Graphique. Un menu local apparaît, avec des commandes à bascule permettant d'inverser les séries ou les groupes.
   3. Choisissez l'une ou l'autre. Pour choisir les deux, vous devez ouvrir le menu local à deux reprises. Lorsque, par la suite, vous cliquez sur la commande Inversion des données, la commande correspondant au type d'inversion retenu apparaît cochée.

# Manipulation de l'échelle de données

Lorsque vous avez converti vos données en graphique pour la première fois, CorelCHART a recherché la plus petite et la plus grande des valeurs contenues dans votre jeu de données, de manière à créer pour l'axe numérique une échelle permettant de tracer l'ensemble de vos données.

▶ **Pour modifier l'amplitude de l'échelle:**

1. Dans le mode Graphique, utilisez l'outil ▓ pour sélectionner n'importe quel nombre de l'axe numérique.
2. Sélectionnez Amplitude Echelle dans le menu contextuel.
3. Dans la boîte de dialogue Amplitude Echelle, il se peut que l'option Echelle automatique soit activée. Si c'est le cas, activez Echelle manuelle.
4. Tapez les valeurs mini et maxi de l'échelle dans les zones de saisie prévues à cet effet dans la partie inférieure du dialogue. Vous pouvez également utiliser les cases à cocher pour exclure du graphique la valeur maxi ou mini de l'échelle.
5. Vous pouvez décider de tracer ou non les valeurs s'inscrivant au-delà de la limite supérieure ou en-deçà de la limite inférieure de l'échelle. La prise en compte des valeurs hors fourchette produit le traçage d'une valeur en bout d'échelle. Cliquez sur Ne pas tracer les valeurs hors fourchette si vous ne souhaitez pas que ce type de valeurs soit tracé.
6. Cliquez sur OK pour fermer la boîte de dialogue. Vos modifications sont alors mises en oeuvre et vous revenez au mode Graphique.

# Modification du format numérique sur les échelles d'axe

Vous pouvez modifier le format numérique des valeurs ou des échelles d'axes dans le mode Graphique, ainsi que dans le Gestionnaire de données. Vous pouvez ainsi, par exemple, placer des symboles du franc ou du dollar sur l'axe numérique ou utiliser un autre format de date sur un axe figurant la ligne du temps.

»**Conseil:**
Vous pouvez modifier le format numérique des données du graphique dans le Gestionnaire des données. Pour plus de dtails, reportez-vous à la section "Formatage dans le Gestionnaire de données" au Chapitre 2.

▶ **Pour modifier le format numérique d'un axe:**

1. Avec l'outil ▓ , sélectionnez sur l'échelle de l'axe un nombre dont vous souhaitez modifier le format. Dans le menu contextuel, sélectionnez Format Nombre.
2. Dans la boîte de dialogue *Format Nombre* qui s'affiche, utilisez les flèches ou la barre de défilement pour parcourir les options disponibles dans la liste. Vous pouvez cliquer sur n'importe quel format et examiner l'exemple qui s'affiche sous la zone de liste. Lorsque vous avez opéré votre sélection, cliquez sur OK.

# Affichage, masquage et modification des graduations

La plupart des types de graphiques qui peuvent être créés avec CorelCHART comportent deux sortes de graduations - des graduations pour l'axe texte et des graduations pour l'axe numérique. (Les graphiques sectoriels et les tableaux de valeurs sont dépourvus de graduations).

Dans les histogrammes verticaux, ainsi que dans les graphiques à courbes, secteurs et zones verticaux, l'axe Texte coïncide avec l'axe des x. Dans les graphiques horizontaux, il correspond à l'axe des y. Chaque axe Texte est divisé en groupes; la légende comprend différentes séries qui, par défaut, correspondent aux intitulés des rangées.

Dans un graphique vertical, l'axe numérique correspond à l'axe des y, et dans un graphique horizontal, à l'axe des x. Il mesure toujours des quantités.

▶ **Pour afficher, modifier ou masquer les graduations dans des graphiques bidimensionnels:**

1. Sélectionnez Axe numérique dans le menu Graphique.
2. Dans le menu local de la commande Axe numérique, sélectionnez Graduations. Dans le dialogue Graduations, vous pouvez activer ou désactiver les graduations principales et secondaires, ainsi que la présence de traits intérieurs, extérieurs ou chevauchants. Pour modifier le nombre de divisions calculé automatiquement pour les graduations principales, cliquez sur Manuel et tapez le nombre de divisions souhaité. Pour les divisions secondaires, activez la case Afficher Graduations secondaires et tapez le nombre de divisions souhaité.
3. Sélectionnez Axe Texte dans le menu Graphique.
4. Dans le menu local de la commande Axe Texte, activez ou désactivez l'option Afficher Graduations de manière à les afficher ou à les masquer.

▶ **Pour afficher, modifier ou masquer les graduations dans des graphiques tridimensionnels:**

1. Sélectionnez Graduations 3D dans le menu Graphique.
2. Dans le dialogue Graduations, vous pouvez activer ou désactiver les graduations des trois axes, et modifier le nombre de divisions sur l'axe des z, ou axe vertical.
3. Cela fait, cliquez sur OK.

Vous pouvez également modifier l'épaisseur des graduations avec l'outil ◊. Modifiez leur couleur en cliquant avec le bouton droit de la souris sur n'importe quelle couleur de la palette affichée à l'écran. Pour ce faire, vous pouvez aussi utiliser le dialogue Couleur de contour, qui s'ouvre en cliquant sur ◉ dans le menu local de l'outil ◊.

# Création de graphiques mixtes

Un graphique combinant barres et courbes permet parfois de présenter des données de manière plus efficace, par exemple, lorsqu'il est souhaitable de mettre une série en évidence ou encore de souligner une tendance qui se dégage d'un ensemble de données traitées conjointement.

▶ **Pour créer un graphique mixte, commencez par créer un graphique à barres, et puis:**

1. Utilisez l'outil ▼ pour sélectionner dans les séries une barre que vous aimeriez présenter sous forme de courbe.
2. Dans le menu contextuel, sélectionnez Afficher comme courbe. Il s'agit d'une commande à bascule, que vous pouvez éventuellement désactiver ultérieurement pour revenir à la barre d'origine.

*Création d'un graphique* / **549**

Si c'est un graphique à courbes que vous avez créé et que vous souhaitez afficher une série sous la forme d'une barre, la procédure est identique :

1. Avec l'outil ⌶, sélectionnez la courbe figurant la série que vous aimeriez présenter sous forme de barre.
2. Dans le menu contextuel, sélectionnez Afficher comme barre.

# Conception de types de graphiques spéciaux

## Graphiques Mini-Maxi-Ouverture-Clôture

»Conseil :

Pour une gestion aisée des données dans certains types de graphiques complexes, nous vous conseillons de commencer un nouveau graphique en partant des donnes chantillons du gabarit. Pour ce faire, dans le menu Fichier, sélectionnez Nouveau et cliquez sur l'option Utiliser Données Echantillons dans le dialogue Nouveau. Vous pouvez ensuite remplacer chaque cellule de l'échantillon par vos propres valeurs et conserver les libells qui leur sont associs.

Ce type de graphique convient idéalement pour exprimer l'évolution dans le temps d'un éventail de données chiffrées concernant le même article. Il est souvent utilisé pour suivre l'évolution des valeurs boursières. La marche à suivre pour créer un graphique Mini-Maxi-Ouverture-Clôture est analogue à celle de n'importe quel autre graphique, à quelques différences près :

Vous pouvez choisir parmi les trois variantes suivantes : Mini-Maxi, Mini-Maxi-Ouverture, Mini-Maxi-Ouverture-Clôture.

Vous devez disposer des données correspondant à la variante choisie. Pour un graphique Mini-Maxi-Ouverture-Clôture, par exemple, vous aurez besoin des valeurs maximum et minimum, des valeurs à l'ouverture et des valeurs à la clôture pour chaque groupe de données que vous voulez mettre en graphe.

Lorsque vos données sont mises en place et que vous êtes repassé en mode Graphique, utilisez l'outil ⌶ pour sélectionner n'importe quelle barre ou l'encadré du graphique. Dans le menu contextuel, sélectionnez Visualisation pour contrôler dans la boîte de dialogue que les traits d'ouverture et de clôture sont bien activés. Avec l'outil ⌶, cliquez à nouveau sur la barre. Dans le menu contextuel, sélectionnez Epaisseur des barres et ajustez leurs dimensions avec les options proposées. Sélectionnez Largeur Ouverture et Clôture et ajustez la taille des traits d'ouverture et de clôture. Chaque menu local comporte une case de visualisation dans sa partie supérieure : visualisez chaque option en faisant défiler le menu local avec les touches fléchées. Notez que les traits d'ouverture et de clôture ne sont pas disponibles dans le graphiques Maxi-Mini et que les traits de clôture ne sont pas disponibles dans les graphiques Maxi-Mini-Ouverture.

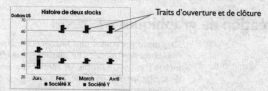

## Graphiques à points et graphiques 3D à points

Les graphiques à points mettent en évidence la corrélation entre deux séries de nombres en traçant les points d'intersection des variables. Les graphiques à points s'avèrent surtout utiles lorsque les coordonnées portées sur l'échelle horizontale — souvent des intervalles de temps — sont irrégulières.

La marche à suivre pour créer un graphique à points ou un graphique

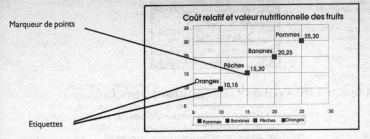

3D à points est analogue à celle des autres types de graphiques, à cela près que vous pouvez ici choisir un graphique bi- ou tridimensionnel, avec ou sans étiquettes. Si vous souhaitez un graphique avec étiquettes, le texte d'étiquette que vous tapez dans le Gestionnaire de données doit être adjacent à la dernière colonne de valeurs.

## Graphiques à distribution spectrale

Les graphes à distribution spectrale conviennent pour les données ayant en commun une notion d'espace comme, par exemple, des données relevant de la géographie. Ainsi, le graphique à distribution spectrale se prête-t-il idéalement à l'illustration des densités de population dans les différents quartiers d'une ville.

La marche à suivre pour créer un graphique à distribution spectrale est analogue à celle de n'importe quel autre graphique, à quelques différences près:

- Il est préférable de disposer d'un nombre important de données s'étendant sur une large plage de valeurs.
- Si la plage des données (de la valeur la plus élevée à la valeur la plus faible) n'est pas très étendue, utilisez des couleurs proches l'une de l'autre comme, par exemple, le beige et le brun foncé. Cette solution permet de montrer que la plage des données est étroite.
- Pour spécifier le spectre des couleurs, dans le mode Graphique, utilisez l'outil ▓ pour sélectionner une cellule quelconque (mais pas la valeur chiffrée, si les valeurs sont visibles dans le graphique). Dans le menu contextuel, sélectionnez Spectre. Dans le menu local, sélectionnez Spectre.
- Dans le dialogue Gamme de couleurs, cliquez successivement sur les boutons Début et Fin, et chaque fois, sélectionnez ou mélangez la couleur de votre choix dans le dialogue Sélection des couleurs. Cela fait, cliquez sur OK.

*Création d'un graphique*

Dans les graphiques à diffusion spectrale, utilisez ce dialogue pour sélectionner la gamme de couleurs du spectre. Pour ouvrir cette boîte, sélectionnez la commande Spectre du menu Graphique en ayant ouvert préalablement un graphique à distribution spectrale.

- Si vous estimez utile d'ajuster les couleurs, répétez la procédure. Examinez également la légende et comptez le nombre de divisions appliquées à l'échelle numérique. Un raffinement (facultatif) consiste à rappeler la boîte de dialogue Gamme de couleurs et à taper dans la zone de saisie un nombre de divisions identique ou apparenté (fraction ou multiple) à celui des divisions utilisées dans la légende.

## Histogrammes

Un histogramme illustre la fréquence des valeurs dans une série de données. L'illustration, par exemple, des résultats d'un examen sous la forme d'un histogramme se traduit (généralement) par une courbe en forme de cloche.

L'axe des intervalles présente la plage des résultats possibles, par exemple de 0 à 100%. L'axe numérique donne la fréquence - en l'occurrence, le nombre d'étudiants - pour chaque résultat.

La marche à suivre pour créer un histogramme est analogue à celle de n'importe quel autre graphique, à quelques différences près:

- Dans le Gestionnaire de données, les données ne doivent pas nécessairement être mises en rangées et en colonnes comme pour un graphique conventionnel. Si vous créez un histogramme pour illustrer les résultats d'un examen, par exemple, entrez les données les unes après les autres dans des cellules contiguës, sélectionnez les cellules, et choisissez le libellé Plage de données. Lorsque vous cliquez sur le bouton du mode Graphique, CorelCHART calcule la fréquence des valeurs et génère le graphe correspondant.

- Pour déterminer le nombre d'intervalles affichés sur l'axe des intervalles, sélectionnez Intervalles dans le menu Graphique. Par défaut, le nombre d'intervalles est établi automatiquement. Vous pouvez cliquer sur la case d'option Manuel et spécifier un autre nombre d'intervalles dans la zone de saisie. Ensuite, cliquez sur OK.

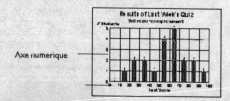

## Tableaux de valeurs

Dans le domaine scientifique et technique, il est d'usage de présenter dans un tableau des données pouvant figurer dans des graphiques à points ou d'autres types de graphes. Il arrive aussi parfois que certaines données ne puissent pas être présentées d'une autre manière. Il est à noter que les tableaux peuvent aussi être employés pour présenter des informations exclusivement composées d'éléments textuels.

### ▶ Pour créer un tableau de valeurs:

1. Lorsque vous avez disposé et libellé vos données dans le Gestionnaire de données, cliquez sur ▣ pour passer en mode Graphique.

2. Choisissez Tableau de valeurs dans le menu Galerie. Deux commandes permettent de créer un tableau dans le menu déroulant Graphique.

3. Sélectionnez Divisions dans le menu Graphique. La boîte de dialogue Divisions Tableau de valeurs comporte des commandes régissant l'utilisation des couleurs (Colorier par rangées, Colorier par colonnes). Si vous souhaitez qu'une couleur distincte soit assignée à chaque rangée ou colonne, tapez 1 dans le champ Nombre de rangées par couleur. Pour colorier de la même manière un groupe comprenant plusieurs rangées, tapez-y un nombre supérieur à 1. Cliquez sur Inclure Intitulés si vous souhaitez que les intitulés de rangées et de colonnes soient de la même couleur que la plage de données. Vous pouvez également choisir le nombre de couleurs différentes qu'utilisera le tableau. Cliquez ensuite sur OK.

4. Choisissez Grille et Bordures dans le menu Graphique. La boîte de dialogue qui s'affiche vous permet d'afficher ou de masquer les traits de séparation dans le tableau. Pour afficher ou masquer un trait, cliquez dessus dans la zone de visualisation, où les traits sombres figurent ceux qui sont visibles dans le tableau en grandeur réelle. Pour activer tous les traits de séparation, cliquez sur le bouton Tout sélectionner. Pour les masquer tous, cliquez sur le bouton Tout désélectionner. Cliquez ensuite sur OK.

5. Si le tableau semble trop petit ou trop grand sur la page, choisissez Ajustement Texte dans le menu Graphique. Lorsque cette commande est cochée, le tableau est ajusté en fonction de la surface disponible sur la page.

### ▶ Pour modifier la couleur de n'importe quelle rangée ou colonne de cellules:

1. Avec l'outil ▸, cliquez sur une cellule quelconque de la matrice - vérifiez que c'est le contour de la cellule qui est mis en surbrillance, et non pas le texte ou le nombre qui s'y trouve. Lorsque vous modifiez la couleur d'une cellule, la modification s'étend à l'ensemble de la rangée ou de la colonne, selon l'option sélectionnée (Colorier par colonne ou par rangée) dans la boîte de dialogue Divisions Tableau de valeurs.

 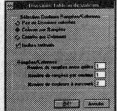

Utilisez ces boîtes de dialogue pour faciliter la cration d'un tableau de valeurs

2. Après avoir sélectionné une cellule, choisissez une nouvelle couleur dans la palette de couleurs à l'écran ou dans la boîte de dialogue Surface uniforme. Cliquez sur l'outil ✥, et puis sur ✹.

▶ **Pour modifier la couleur du texte ou des valeurs contenus dans les cellules:**

1. Pour sélectionner l'ensemble du texte ou des nombres dans une rangée ou colonne, cliquez sur le texte ou le nombre de votre choix. Un cadre de couleur noire apparaît alors, uniquement autour du texte ou du nombre mis en surbrillance, et non sur le contour de la cellule.

2. Procédez de la même manière qu'au point 2 ci-dessus pour appeler les outils couleurs.

## Utilisation du menu flottant 3D

Cliquez sur les flèches rouges situées sur les différents outils

Pour utiliser le menu flottant 3D, choisissez Menu flottant 3D dans le menu Graphique lorsque vous travaillez sur un graphique 3D. Vous pouvez y modifier la taille, l'échelle et la perspective d'un graphique tridimensionnel, la longueur de n'importe quel axe, l'épaisseur de ses différentes parois, et faire également pivoter le graphique.

Pour activer l'un de ces outils, cliquez sur le bouton correspondant dans la rangée supérieure du menu flottant. Cet outil apparaît alors dans la cellule principale. Pour utiliser l'outil en vue de modifier le graphique, cliquez sur les flèches rouges dans la fenêtre. L'effet produit est proportionnel à la durée pendant laquelle vous appuyez sur le bouton de la souris. Lorsque vous relâchez le bouton de la souris, le résultat est figuré en silhouette tandis que le graphique reste dans son état initial. Si vous n'êtes pas satisfait de l'effet obtenu, cliquez sur Annuler. Lorsque les modifications correspondent à vos attentes, cliquez sur Retracer. Si vous voulez passer à un mode d'affichage simplifié et voir les résultats plus rapidement, désactivez la case Afficher Graphique.

## Modification des bras indicateurs dans les graphiques sectoriels

Dans les graphiques sectoriels, il vous est loisible d'afficher les valeurs chiffrées, auquel cas les bras indicateurs sont les traits reliant entre eux les données et les secteurs correspondants.

▶ **Pour modifier la longueur des bras indicateurs dans les graphiques sectoriels:**

1. Avec l'outil ▸ , sélectionnez n'importe quel bras indicateur dans un graphique sectoriel. Notez que la modification apportée à la longueur du bras sélectionné s'applique automatiquement à tous les autres bras indicateurs associés à la série de données concernée (c'est-à-dire tous les secteurs de même couleur).

2. Dans le menu contextuel, sélectionnez Dimensions Bras indicateur.

3. Dans la boîte de dialogue qui s'affiche, cliquez et faites glisser les points nodaux de manière à modifier la longueur des deux segments du bras indicateur et/ou son point d'origine sur le secteur. Cliquez ensuite sur OK.

# CHAPITRE 4

# Parachèvement d'un graphique

Ce chapitre décrit une série de détails pratiques susceptibles d'améliorer la finition de vos graphiques. Vous pouvez créer dans CorelCHART la plupart des effets graphiques proposés dans CorelDRAW, pour les appliquer aux éléments de votre graphique. Les quatre types de motifs disponibles dans CorelCHART —dégradés, motifs bicolores, motifs couleurs et textures bitmap— y sont détaillés. On trouvera par ailleurs des instructions relatives à l'ajout de pictographes et de graphismes importés, ainsi qu'à l'impression et à l'exportation des graphiques.

# Redimensionnement du cadre et autres éléments d'un graphique

Vous pouvez modifier la taille des éléments d'un graphique autour desquels s'affichent des poignées—titres, sous-titres, notes, légendes, annotations et surface de traçage.

▶ **Pour redimensionner les éléments d'un graphique:**

1. Avec l'outil ▸, sélectionnez l'élément à redimensionner en cliquant dessus, ou à proximité, jusqu'à ce qu'il soit entouré de poignées.
2. Cliquez sur une poignée quelconque et faites-la glisser dans la direction voulue. CorelCHART propose des possibilités de contrainte s'appliquant au redimensionnement des éléments d'un graphique. Vous en trouverez la liste à la fin de ce chapitre.

# Modification des attributs typographiques des éléments d'un graphique

» **Conseil:**

L'outil A vous permet de mettre en surbrillance les titres, sous-titres, notes et annotations. Cliquez sur cet outil. Cliquez et faites glisser ensuite sur le texte. Utilisez alors les options de la barre d'icônes. Double-cliquez pour sélectionner un mot entier ou triple-cliquez pour sélectionner une ligne entière.

» **Conseil:**

Por modifier plusieurs ensembles de marqueurs d'axe, intituls, d'axe et autres lments textuels, maintenez la touche MAJUSCULE enfonce, slectionnez un lment de chaque ensemble et utilisez la barre d'icnes.

La barre d'icônes groupe les commandes permettant de modifier la police, le corps, la justification, l'espacement des caractères et l'interlignage.

▶ **Pour modifier les attributs typographiques:**

1. Utilisez l'outil ⋏ pour sélectionner le texte à modifier. (Notez que toute modification apportée à une partie de légende, à un marqueur d'axe ou à une valeur affichée entraîne la modification du jeu complet relatif à cet élément).
2. Lorsque des titres, sous-titres, notes, annotations et intitulés d'axe sont sélectionnés, huit poignées apparaissent pour indiquer la sélection. Dans le cas des autres éléments de texte, c'est un cadre noir qui apparaît.
3. Dans la barre d'icônes, cliquez sur la flèche de défilement de la liste de polices pour ouvrir la liste des polices Adobe Type 1 et TrueType disponibles. Cliquez sur la flèche de défilement de la liste des corps pour ouvrir la liste des tailles de polices disponibles. Cliquez sur le bouton Gras pour mettre le texte en gras, sur le bouton Italique pour mettre le texte en italiques ou sur le bouton Souligné pour souligner le texte. Si aucun de ces boutons n'est activé, la police s'affiche dans sa graisse normale.
4. Cliquez sur un des quatre boutons suivants: texte justifié à gauche, texte centré, texte justifié à droite et texte justifié des deux côtés. Cliquez sur un des deux boutons suivants pour resserrer ou relâcher l'espacement du texte sélectionné. Enfin, cliquez sur un des deux derniers boutons pour resserrer ou relâcher l'interlignage des blocs de texte comprenant plusieurs lignes (sans implication pour le texte des axes).

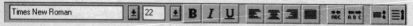

# Ajout d'annotations

Il y a 3 manières d'ajouter des annotations à un graphique. Vous pouvez générer le texte et les dessins avec les outils de Corel-CHART, importer des graphismes existants en utilisant la commande Importer du menu Fichier, ou encore, coller des éléments graphiques se trouvant dans le Presse-papiers Windows. Nous allons commencer par utiliser les outils de CorelCHART pour créer des annotations composées de texte et de dessins.

▶ **Pour ajouter des annotations textes:**

1. Cliquez sur l'outil ✎ et positionnez le curseur à l'endroit où le texte de l'annotation doit commencer.

2. Cliquez sur la page imprimable; vous obtenez le curseur I. Tapez votre texte.

3. Redimensionnez le texte de l'annotation en sélectionnant l'outil ↷ et en cliquant ensuite sur une poignée quelconque et en faisant glisser.

4. Pour modifier la police de caractères de l'annotation, utilisez l'outil ↷ pour sélectionner le cadre entourant le texte. Ensuite, utilisez la barre d'icônes pour apporter les ajustements requis.

5. Pour modifier la couleur du texte, sélectionnez-le et utilisez la palette ou cliquez sur l'outil ✎ et puis sur ● dans le menu local pour ouvrir le dialogue Surface uniforme. (Le texte des annotations ne comporte pas de contour pouvant être colorié séparément.)

6. Pour modifier la police ou le corps d'une partie du texte, cliquez sur l'outil ✎ et déplacez le curseur au-dessus de l'annotation, en sorte que le curseur se transforme en un I. Cliquez et faites ensuite glisser au-dessus du segment de texte que vous voulez modifier et utilisez les outils de la barre d'icônes.

▶ **Pour ajouter des annotations graphiques, procédez comme suit :**

1. Pour tracer des lignes, cliquez sur l'outil ℓ , et cliquez ensuite sur la case voulue dans son menu local. Pour tracer des rectangles ou des ellipses, cliquez sur l'outil □ ou ○ . Le curseur de transforme en + .

2. Positionnez le curseur à l'endroit où vous souhaitez commencer une ligne ou placer un angle. Cliquez et faites glisser jusqu'à ce que l'élément graphique ait atteint la taille souhaitée, et relâchez.

3. Le cas échéant, utilisez l'outil ▸ pour sélectionner, et déplacez ou redimensionnez ensuite l'élément graphique à l'aide de ses poignées.

4. Pour modifier le contour de l'élément graphique, sélectionnez l'objet avec l'outil ▸ et utilisez l'outil ✎ ou la palette de couleurs à l'écran, avec le bouton droit de la souris.

Les objets fermés tels qu'ellipses, rectangles et polygones, peuvent également être dotés de surfaces, que vous pouvez leur appliquer avec l'outil ↷. L'application des couleurs et des motifs est détaillées ci-après.

> »*Conseil:*
> *Vous pouvez utiliser les fonctions de contrainte de CorelCHART lors de la création ou du redimensionnement des annotations et des éléments graphiques. Ces fonctions sont numes à la fin de ce chapitre.*

> »*Remarque:*
> *Vous souhaiterez peut-être utiliser un élément graphique (bitmap ou vectoriel) sur le plan des annotations sans l'intégrer dans un encadré. Pour plus de dtails, voyez la section "Importation de graphismes".*

# Application d'une couleur aux éléments d'un graphique

Les couleurs et les surfaces peuvent être modifiés dans tous les éléments d'un graphique. Pour ce faire, vous avez le choix entre la palette de couleurs à l'écran ou les boîtes de dialogue Surface uniforme ou Couleur de contour. (Notez que le fait de colorier une barre, un secteur d'un graphique sectoriel ou un autre marqueur de données appartenant à une série entraîne l'application de cette même couleur à tous les marqueurs de ladite série.)

Si la palette à l'écran ne propose que des couleurs quadri, le dialogue Sélection des couleurs offre à la fois couleurs quadri et non-quadri. Si votre graphique contient moins de quatre couleurs et doit faire l'objet d'une séparation de couleurs en vue d'une impression quadrichromique, il est plus économique d'utiliser des couleurs quadri. Si vous utilisez moins de quatre couleurs, vous pouvez alors choisir entre les couleurs quadri et les couleurs non-quadri.

▶ **Pour appliquer des couleurs avec la palette à l'écran:**

1. Avec un objet sélectionné, placez votre curseur dans la palette de couleurs.

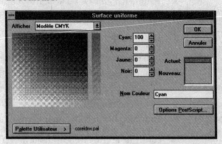

2. Si vous cliquez sur la couleur avec le bouton gauche de la souris, la couleur est appliquée à la surface de l'objet. Si vous cliquez avec le bouton droit, elle est appliquée au contour de l'objet.

▶ **Pour appliquer des couleurs avec le dialogue Surface uniforme:**

1. Avec un objet sélectionné, cliquez sur l'outil ✥, et sélectionnez ● dans le menu local pour ouvrir le dialogue Surface uniforme.

2. Cliquez sur la flèche de défilement de la zone de liste Afficher pour dérouler une liste reprenant les modèles colorimétriques pour le mélange des couleurs quadri et des palettes contenant couleurs quadri et non-quadri. (Pour une explication détaillée des différents modèles colorimétriques, consultez le Chapitre 12, "Utilisation des couleurs" dans la section CorelDRAW de ce manuel.) Cliquez sur le nom d'un modèle pour le charger. Vous pouvez aussi cliquer sur le bouton Palette personnalisée, choisir Ouvrir et utiliser le dialogue Ouvrir Palette pour trouver d'autres palettes personnalisées. Le nom qui s'inscrit à côté de palette personnalisée est celui de la palette personnalisée en vigueur.

Si vous choisissez CMYK, RVB ou TLD, mélangez vos propres couleurs en utilisant les curseurs des quatre ou trois couleurs primaires, situés à droite de la case de visualisation, ou déplacez le pointeur de mélange à l'intérieur de celle-ci. Lorsque vous avez mélangé une couleur, elle s'affiche dans la section Nouveau de la petite fenêtre de visualisation, située à droite.

Si vous choisissez une des palettes, cliquez sur une de ses cases, ou utilisez les flèches de défilement, à droite de la palette, pour visualiser d'autres couleurs. Lorsque vous choisissez une couleur dans les palettes Personnalisée, PANTONE ou TRUMATCH, le nom de la couleur s'affiche dans la case Nom de la couleur, et la couleur proprement dite apparaît dans la section Nouveau de la petite fenêtre de visualisation, située à droite. Cliquez sur Afficher Nom des couleurs, et la palette se transforme en une liste de noms de couleurs, assortis d'un petit échantillon.

3. Lorsque vous avez choisi une couleur, cliquez sur OK pour fermer la boîte de dialogue.

# Application de dégradés, de motifs ou de textures bitmap aux éléments d'un graphique

Menu Surface

Vous pouvez appliquer ces types de surfaces à tous les éléments d'un graphique, à l'exception du texte.

▶ **Pour appliquer des surfaces spéciales:**

1. Utilisez l'outil ⚘ pour sélectionner n'importe quel élément du graphique.

2. Cliquez sur l'outil ⚘, puis sur 🖻 pour ouvrir le menu flottant Surface. Quatre choix vous sont alors proposés:
   - Les dégradés, qui sont des mélanges progressifs de deux couleurs. Les types disponibles sont: linéaire, concentrique et conique. Les boutons De et A utilisés pour désigner les couleurs se trouvent dans le menu flottant Surface, juste en dessous de la case de visualisation.
   - Les motifs bitmap bicolores.
   - Les motifs vectoriels couleurs, qui peuvent être créés dans CorelDRAW et enregistrés comme fichiers .PAT.
   - Les textures bitmap, aux effets variés: nuages, papier recyclé, drapés, flammes, etc.

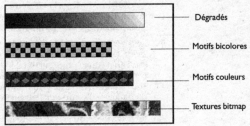

## Dégradés

▶ **Pour appliquer des dégradés aux éléments d'un graphique:**

1. Dans le menu flottant Surface, cliquez sur 🖻.

2. Cliquez sur Editer.

3. Dans le dialogue Dégradés, vous avez le choix entre trois types: linéaire, concentrique et conique. Si vous n'êtes pas familier de ces types, cliquez sur la case d'option de chaque type et visualisez-les.

4. Cliquez sur De, qui ouvre une palette de couleurs, et sélectionnez la couleur de départ du dégradé. Lorsque vous avez cliqué sur une des couleurs de la palette, celle-ci se referme et la couleur est choisie. Le cas échéant, cliquez sur Autres en bas de la palette pour ouvrir le dialogue Couleur Dégradé, où vous pouvez disposer d'un plus large assortiment de couleurs.

5. Cliquez sur A, et choisissez une couleur de la même manière.
6. Cliquez sur Options en dessous des boutons De et A. Dans ce dialogue, vous pouvez paramétrer la transition, ou dégradé, entre les couleurs de départ et d'arrivée.
   - Cliquez sur Direct: le dégradé relie les couleurs de départ et d'arrivée suivant une gradation directe, traversant la roue chromatique en ligne droite, comme le montre la fenêtre de visualisation de la roue chromatique.
   - Cliquez sur Arc-en-ciel: le dégradé relie les couleurs de départ et d'arrivée en faisant le tour de la roue chromatique. Cliquez sur les boutons Vers la droite/Vers la gauche, près de la roue chromatique, pour contrôler la direction de l'effet.
   - Cliquez sur Personnalisé: la roue chromatique se transforme en une barre. Ce type de dégradé est semblable au dégradé direct, à cela près que vous pouvez ici décider du mode de transition entre les couleurs de départ et d'arrivée. Pour ce faire, cliquez sur les points nodaux carrés, à chaque extrémité de la barre. Un triangle apparaît: faites-le glisser le long de la barre pour indiquer où la couleur cesse d'être à 100% pour commencer à se mélanger avec l'autre. Vous pouvez aussi modifier les couleurs au niveau du triangle. Cliquez sur le triangle et choisissez une couleur dans la palette. La couleur choisie devient une couleur intermédiaire. Vous pouvez aussi taper des valeurs numériques dans la case Position, au-dessus de la barre. Il vous reste loisible de modifier les couleurs de départ et d'arrivée en cliquant respectivement sur De et A dans cette boîte de dialogue. Cliquez sur OK lorsque vous avez terminé.
7. Ajustez l'endroit où la couleur de départ commence dans votre motif. Dans les dégradés linéaires, vous devez pour ce faire agir sur l'angle du dégradé, et dans les dégradés concentriques et coniques sur le décalage du centre. Positionnez le curseur de la souris dans la case de visualisation, dans le coin supérieur droit du dialogue. Le curseur se transforme en +. Cliquez et faites glisser le curseur dans la case de visualisation. L'angle linéaire ou le décalage du centre évoluent en conséquence, avec un résultat visible dans la case de visualisation. Si vous avez choisi un dégradé linéaire ou conique, vous pouvez également ajuster l'angle en tapant des valeurs numériques dans la case de saisie Angle. De même, si vous avez choisi un dégradé concentrique ou conique, vous pouvez taper des valeurs dans les cases Décalage Centre, Horizontal et Vertical.
8. Pour enregistrer ce dégradé en vue de son utilisation dans d'autres objets ou fichiers, tapez un nom dans la case Prédéfinis, dans le coin inférieur gauche du dialogue, et cliquez ensuite sur Enregistrer. Pour supprimer les dégradés indésirables, sélectionnez leur nom dans la liste des motifs prédéfinis et cliquez ensuite sur Supprimer.
9. Cliquez sur OK pour fermer le dialogue et revenir au menu flottant. Cliquez ensuite sur Appliquer pour positionner le motif que vous venez de créer dans l'objet sélectionné.

## Motifs bicolores

▶ **Pour appliquer des motifs bicolores aux éléments d'un graphique:**

1. Dans le menu flottant Surface, cliquez sur ※.
2. Cliquez sur Editer pour ouvrir le dialogue Motif bicolore.
3. Trois choix s'offrent alors à vous:
   - Cliquez sur Créer pour ouvrir l'Editeur de motifs bicolores et créer votre propre motif. Vous pouvez choisir différentes tailles d'images bitmap et de plumes en cliquant sur la case d'option appropriée. Cliquez ensuite sur des pixels pour les remplir et créer ainsi un motif. Si vous vous trompez, recliquez sur le même pixel avec le bouton droit de la souris pour le supprimer du motif.
   - Cliquez sur Importer pour importer un graphisme. La boîte de dialogue Importer Fichier s'ouvre et vous pouvez y faire votre choix parmi les formats de fichiers graphiques supportés par CorelCHART.
   - Cliquez n'importe où dans la case de visualisation, dans le coin supérieur gauche du dialogue, pour choisir un des motifs fournis avec CorelCHART. Faites défiler le menu local et voyez la sélection disponible. Cliquez sur le motif qui vous intéresse et puis sur OK pour le sélectionner.
4. Dans le coin inférieur gauche du dialogue Motif bicolore, sélectionnez une taille de mosaïque par défaut, ou utilisez les flèches de défilement pour choisir une taille personnalisée.
5. Cliquez sur le bouton Arrière, dans le coin supérieur droit du dialogue, pour ouvrir une palette de couleurs, à partir de laquelle vous pourrez choisir la couleur d'arrière-plan du motif. Cliquez sur Autres, en bas du menu local, pour ouvrir le dialogue Arrière-plan bicolore, où vous pourrez choisir vos couleurs ou changer de modèle colorimétrique ou de palette. Cliquez sur OK lorsque vous avez terminé.
6. Procédez de la même manière pour l'avant-plan du motif, en cliquant sur Avant.
7. Utilisez la commande Décalage global pour spécifier le positionnement de la première mosaïque par rapport au coin supérieur gauche du périmètre de sélection de l'objet.
8. Utilisez la commande Décalage entre Rangées/Colonnes pour décaler les rangées ou les colonnes du motif suivant le pourcentage que vous spécifiez.
9. Cliquez sur OK lorsque vous avez terminé, puis cliquez sur Appliquer dans le menu flottant. Le motif remplit alors l'élément sélectionné.

## Motifs couleurs

Vous pouvez utiliser tout élément graphique provenant de Corel-DRAW comme surface de remplissage pour n'importe quel objet fermé—ellipse ou rectangle, surface de traçage, colonne ou fond du graphique. (Vous pouvez aussi utiliser des graphismes vectoriels comme pictographes dans les graphiques à barres et les histogrammes. Pour en savoir plus sur cette fonction, consultez "Ajout de pictographes dans un graphique", plus loin dans ce chapitre.)

▶ **Pour appliquer des motifs couleurs aux éléments d'un graphique:**

1. Dans le menu flottant Surface, cliquez sur ✒ .
2. Cliquez sur Editer. Le dialogue Motif couleurs s'ouvre.
3. Deux choix s'offrent alors à vous:
   - Cliquez sur Importer pour importer un graphisme. La boîte de dialogue Importer Fichier s'ouvre et vous pouvez y faire votre choix parmi les formats de fichiers graphiques supportés par CorelCHART.
   - Cliquez n'importe où dans la case de visualisation, dans le coin supérieur gauche du dialogue, pour choisir un des motifs fournis avec CorelCHART. Faites défiler le menu local et voyez la sélection disponible. Cliquez sur le motif qui vous intéresse et puis sur OK pour le sélectionner.
4. Dans le coin inférieur gauche du dialogue Motif couleurs, sélectionnez une taille de mosaïque par défaut, ou utilisez les flèches de défilement pour choisir une taille personnalisée.
5. Utilisez la commande Décalage global pour spécifier le positionnement de la première mosaïque par rapport au coin supérieur gauche du périmètre de sélection de l'objet.
6. Utilisez la commande Décalage entre Rangées/Colonnes pour décaler les rangées ou les colonnes du motif suivant le pourcentage que vous spécifiez.
7. Cliquez sur OK lorsque vous avez terminé, puis cliquez sur Appliquer dans le menu flottant. Le motif remplit alors l'élément sélectionné.

## Textures bitmap

CorelCHART fournit des dizaines de textures bitmap différentes. Ces textures présentent des effets variés: eau, papier recyclé, nuages, minéraux, etc. Avec le générateur de nombres aléatoires pour les textures et le sélecteur de couleurs, vous pouvez créer des millions de variantes pour chacune de ces textures.

Chaque texture comporte des éléments et des attributs différents, sur lesquels vous pouvez agir. Notez que les textures bitmap augmentent considérablement la taille de votre fichier de graphique, et qu'elles peuvent entraîner des durées d'impression importantes. Tenez-en compte avant de les utiliser pour remplir plusieurs objets ou des objets de grandes dimensions.

▶ **Pour appliquer une texture bitmap aux éléments d'un graphique:**

1. Dans le menu flottant Surface, cliquez sur ▮ . Cliquez ensuite sur Editer.
2. Dans la boîte de dialogue Texture, vous pouvez:
   - Modifier tous les paramètres de la case Nom du style, située en bas, en cliquant sur les flèches de défilement associées à leur zone de texte. Cliquez sur les boutons de verrouillage lorsque vous êtes satisfait de chaque paramètre.
   - Cliquer sur Visualisation pour obtenir une autre variante aléatoire de la texture sélectionnée.

- Sélectionner une autre texture dans la zone de liste Textures.
- Sélectionner une autre bibliothèque dans la zone de liste Bibliothèques Textures.
- Cliquer sur un des boutons de couleurs dans le dialogue pour ouvrir la palette de couleurs et sélectionner une autre couleur. Dans la palette, cliquer sur Autres pour ouvrir le dialogue Sélection des couleurs, où vous pouvez mélanger les couleurs à partir des modèles CMYK, RVB et TLD, ou charger une autre palette de couleurs.

3. Si vous souhaitez enregistrer le motif que vous avez créé dans une bibliothèque, cliquez sur Enregistrer sous. Dans le dialogue Enregistrer Texture sous, tapez un nouveau nom dans la case Nom de la texture. Choisissez une bibliothèque, ou tapez le nom d'une nouvelle bibliothèque que vous aimeriez créer dans la case Nom de la bibliothèque.

4. Cliquez sur OK lorsque vous avez terminé, puis sur Appliquer dans le menu flottant Surface pour appliquer le motif à l'objet sélectionné.

Vous pouvez aussi sélectionner une autre texture bitmap ou bibliothèque de textures sans ouvrir le dialogue Texture.

▶ **Pour sélectionner une texture directement à partir du menu flottant Surface:**

1. Cliquez n'importe où dans la case de visualisation du menu flottant Surface, et toutes les textures disponibles apparaissent dans un menu local.

2. Faites défiler la liste avec la flèche de défilement de droite et sélectionnez la visualisation de n'importe quel motif.

3. Cliquez sur la case voulue pour remplir l'objet.

# Ajout de pictographes dans un graphique

Cette fonction n'est disponible que pour les graphiques à barres et les histogrammes. De même que pour l'ajout d'une couleur ou d'une surface, l'application d'un pictographe à une barre faisant partie d'une série se répercute sur toutes les barres de la série.

▶ **Pour utiliser des pictographes dans votre graphique à barres:**

1. Sélectionnez Afficher comme pictographe (il s'agit d'une commande à bascule) dans le menu Graphique. Toutes les barres du graphique étant segmentées en fonction du nombre de graduations principales que comporte l'échelle, le graphisme est automatiquement répété dans chaque segment.

2. Utilisez l'outil ▶ pour sélectionner une barre dont vous aimeriez présenter la série sous forme de pictographe. Vous pouvez remplir chaque série avec un pictographe différent.

3. Si ce n'est déjà fait, ouvrez le menu flottant Pictographe en cliquant sur l'outil ◊ et puis sur la dernière case du menu local.

4. Cliquez n'importe où dans la case de visualisation du menu flottant Pictographe. Tous les graphismes disponibles apparaissent dans un menu local. Cliquez sur n'importe quelle case pour appliquer le graphisme qui y figure, en tant que pictographe, dans les barres sélectionnées.

5. Vous pouvez aussi cliquer sur Importer. Dans le dialogue Importer Fichier, sélectionnez un format de fichier graphique dans la liste Afficher Fichiers du type, et faites défiler vos lecteurs et répertoires. Lorsque vous avez trouvé le graphisme recherché, cliquez sur OK.
6. Cliquez sur Appliquer.
7. Pour revenir d'un pictographe à la barre d'origine, resélectionnez Afficher comme pictographe dans le menu Graphique, de manière à désactiver la commande.

Tout élément graphique bitmap ou vectoriel importable par CorelCHART peut être utilisé comme pictographe. Cliquez sur Importer dans le menu flottant. Pictographe pour accéder aux éléments graphiques compatibles sur votre système.

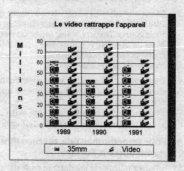

## Importation de graphismes

Vous pouvez utiliser un graphisme—bitmap ou vectoriel—sur le plan des annotations sans devoir le placer dans un encadré. (Pour une liste des formats de fichiers graphiques supportés, consultez l'Aide en ligne de CorelCHART; rechercher la rubrique "Importation de fichiers").

▶ **Pour importer des graphismes utilisables comme annotations:**

1. Dans le mode Graphique, sélectionnez Importer dans le menu Fichier. Sélectionnez le format de fichier recherché dans la liste Afficher Fichiers du type, et utilisez les zones de liste pour parcourir vos répertoires et lecteurs.
2. Double-cliquez sur le nom du fichier souhaité ou cliquez sur OK pour fermer la boîte de dialogue. Le graphisme apparaît sur le plan des annotations du graphique.
3. Avec l'outil ▸ , sélectionnez le graphisme. Vous pouvez alors le déplacer ou le redimensionner en utilisant ses poignées.

## Liaison d'un graphique à un fichier cible

CorelCHART étant une application serveur OLE, vous pouvez lier n'importe quel graphique à un autre fichier de n'importe quelle application cible OLE. Vous pouvez ainsi établir un lien automatique ou manuel. Le lien automatique implique que votre graphique placé dans le fichier cible y sera mis à jour chaque fois qu'il aura été modifié dans CorelCHART. A l'inverse, le lien manuel postule que vous devez indiquer à l'application cible de mettre à jour le fichier lorsque des modifications sont intervenues dans CorelCHART. Ces options peuvent être sélectionnées dans la boîte de dialogue Liens de l'application cible. Pour plus de détails sur la Liaison d'Objets, consultez le Chapitre 17, "CorelDRAW avec d'autres applications" dans la section CorelDRAW de ce manuel.

▶ **Pour établir un lien avec une application cible:**

1. Ouvrez le graphique à lier. En mode Graphique, sélectionnez Copier le graphique dans le menu Edition. Cette commande place le graphique, avec ses données, ses annotations et toutes ses autres informations graphiques, dans le Presse-papiers Windows.

2. Ouvrez l'application cible, ainsi que le fichier cible.

3. Sélectionnez Collage spécial dans le menu Edition. Dans la boîte de dialogue Collage spécial, sélectionnez CorelCHART 4.0 dans la liste des types d'objets. Cliquez sur Coller le lien.

Une fois l'objet lié dans le fichier cible, vous pouvez revenir à tout moment dans CorelCHART pour éditer le fichier source, en double-cliquant sur l'objet dans le fichier cible. Alors que le fichier source reste ouvert, CorelCHART est alors lancé dans sa propre fenêtre. Lorsque vous avez fini d'éditer le graphique, sélectionnez Quitter dans le menu Fichier. Un message vous demande alors si vous souhaitez enregistrer le graphique; cliquez sur Oui.

# Exportation d'un graphique

Vous pouvez exporter des fichiers de graphiques vers de nombreux formats de fichiers graphiques. Une liste complète de ces formats est fournie dans la liste déroulante Afficher Fichiers du type dans le dialogue Exporter Graphique. Voyez aussi la liste dans l'Aide en ligne de CorelCHART; rechercher la rubrique "Fichier, Exportation."

▶ **Pour exporter un graphique vers un autre format de fichier:**

1. Choisissez *Exporter* dans le menu Fichier. Dans la boîte de dialogue Exporter Graphique, utilisez les zones de liste Lecteurs et Répertoires pour spécifier le répertoire où vous voulez enregistrer le fichier exporté.

2. Sélectionnez un format de fichier dans la liste des types de fichier, dans le coin inférieur gauche de la boîte de dialogue. Tapez un nom pour le fichier dans la zone de saisie qui se trouve dans le coin supérieur gauche. Cliquez sur OK.

# Impression d'un graphique

Les ressources d'impression de CorelCHART vous permettent de configurer des imprimantes, de visualiser votre fichier avant impression et de définir des paramètres pour l'impression couleurs et les séparations de couleurs. On trouvera d'autres informations sur l'impression dans "Impression des fichiers" au Chapitre 18 de la section CorelDRAW de ce manuel.

### ▶ Pour configurer et sélectionner une imprimante:

1. Si vous n'avez pas encore choisi d'imprimante, sélectionnez Configuration de l'imprimante dans le menu Fichier. L'imprimante en usage est indiquée sous Imprimante par défaut. Pour en choisir une autre, cliquez sur Imprimante spécifique. Cliquez sur la flèche de défilement pour visionner la liste des imprimantes disponibles. La liste ne reprend que les imprimantes installées. Pour plus d'informations sur l'installation d'autres drivers d'imprimante, consultez votre documentation Microsoft Windows.

2. Sélectionnez une imprimante en cliquant sur son nom dans la liste.

3. Sélectionnez les options Orientation et Papier de votre choix. Lorsque vous imprimez, CorelCHART vous avertit de toute discordance éventuelle entre l'orientation du papier sur l'imprimante et ce que vous avez spécifié pour votre graphique dans le dialogue Mise en page. Dans ce cas, vous avez la possibilité d'ajuster l'imprimante ou d'annuler le travail d'impression. Cliquez Oui dans la boîte de message et l'orientation du papier de l'imprimante est ajustée. Ensuite, cliquez sur OK.

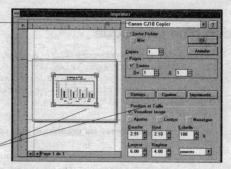

Cliquez sur ? en bas de la liste des imprimantes pour obtenir des informations détaillées sur l'imprimante sélectionnée.

Déplacez vos objets de façon interactive à l'intérieur de la fenêtre ou précisez des valeurs dans les cases Position et Taille

### ▶ Pour obtenir un aperçu de votre graphique avant impression:

1. Sélectionnez Imprimer dans le menu Fichier. Le dialogue Imprimer fournit un aperçu de votre graphique dans la case de visualisation, à gauche. La taille et le positionnement du graphique sont proportionnels à sa taille et à sa position sur la page imprimable. Vous pouvez choisir un format de page dans la boîte de dialogue Mise en page. (Sélectionnez Mise en page dans le menu Fichier pour ouvrir ce dialogue.)

2. Utilisez les commandes Position et Format pour étirer et dimensionner le graphique, ou utilisez les poignées entourant le graphique. Vous pouvez utiliser les règles pour plus de précision. (Pour maintenir le graphique centré sur la page lorsque vous l'étirez et le dimensionnez, cliquez sur Centrer

l'image). Vous pouvez aussi cliquer sur Ajuster à la page pour qu'il s'adapte au format de papier spécifié dans le dialogue Mise en page. Une autre méthode consiste à cliquer sur Echelle et à taper une valeur dans la case de saisie pour modifier la taille du graphique à imprimer (mais pas la taille du graphique dans le fichier). Le périmètre de sélection qui entoure le graphique montre où s'imprimeront les traits de coupe, si vous décidez de les imprimer.

3. Pour modifier le positionnement de votre graphique sur la page, cliquez n'importe où à l'intérieur du graphique et faites glisser. Si votre graphique s'étend au-delà de la page que vous avez spécifiée dans le dialogue Mise en page, cliquez sur Mosaïque: les informations débordant de l'encadré de la page s'imprimeront alors sur des pages supplémentaires. Vous pouvez également modifier les unités des règles en cliquant sur la case Unités et en choisissant une nouvelle unité dans la liste proposée.

▶ **Pour imprimer votre graphique:**

1. Si ce n'est déjà fait, sélectionnez Imprimer dans le menu Fichier.

2. Pour imprimer le graphique vers un fichier PostScript, cliquez sur Sortie Fichier. Si l'imprimante ou le périphérique appelé à imprimer votre fichier est piloté par un Macintosh, cliquez sur Macintosh (Une fois que vous avez cliqué sur OK pour lancer la sortie fichier, un message vous demande d'indiquer un nom de fichier.)

3. Pour imprimer plusieurs copies du graphique, spécifiez le nombre de copies désirées dans la case de saisie Copies.

4. Pour n'imprimer que les objets que vous avez sélectionnés avec l'outil ▸ , cliquez sur Sélections uniq. Cette restriction s'avère utile lorsque votre graphique comporte plusieurs plans d'annotations, et que vous ne souhaitez imprimer qu'une épreuve de travail de votre graphique. Moins votre graphique comporte d'objets graphiques complexes, plus l'épreuve s'imprime rapidement.

5. D'autres options d'impression sont disponibles, notamment pour l'impression couleurs et les séparations de couleurs. Elles sont décrites dans "Impression des fichiers" au Chapitre 18 de la section CorelDRAW de ce manuel.

6. Lorsque vous avez défini toutes les commandes et options voulues dans les boîtes de dialogue Options, Couleur et Imprimante, cliquez sur OK pour lancer l'impression.

# Fonctions de contrainte s'appliquant à la création et au redimensionnement des objets d'annotation

| Utilisez cette combinaison de touches... | Pour... |
|---|---|
| MAJ pendant la création d'un objet | Pour tracer des carrés et des cercles parfaits avec le centre de l'objet situé à l'endroit où vous avez cliqué pour commencer le tracé. |
| CTRL pendant la création d'un objet | Pour faire des rectangles des carrés et des ellipses des cercles parfaits. Un angle du périmètre de sélection est situé à l'endroit où vous avez cliqué pour commencer le tracé. |
| CTRL + Déplacer | Pour contraindre l'objet à se déplacer selon l'axe horizontal ou vertical. |
| CTRL + Etirer | Pour étirer l'objet sélectionné par incréments de 100 %. |
| CTRL + Mise à l'échelle | Pour mettre l'objet sélectionné à l'échelle par incréments de 100%. |
| MAJ+ Etirer | Pour étirer l'objet sélectionné horizontalement ou verticalement à partir du centre. |
| MAJ+ Mise à l'échelle | Pour mettre l'objet sélectionné à l'échelle horizontalement et verticalement à partir du centre. |
| CTRL + MAJ+ Etirer | Pour étirer l'objet sélectionné horizontalement ou verticalement à partir du centre par incréments de 100 %. |
| CTRL + MAJ + Mise à l'échelle | Pour mettre l'objet sélectionné à l'échelle horizontalement et verticalement à partir du centre par incréments de 100 %. |

# CHAPITRE 5

# Quatre leçons rapides

Ce chapitre présente quatre brèves leçons utilisant deux séries de données différentes. Les trois premières leçons traitent de la création d'un graphique à barres, de la modification formelle des données dans le graphe et de certaines astuces enjolivant la présentation des graphiques. La quatrième leçon porte sur la création d'un graphique à points et l'application à celui-ci des fonctions statistiques de CorelCHART.

Chaque leçon est autonome; vous pouvez donc n'en suivre qu'une ou les parcourir toutes les quatre. Mais si vous envisagez de vous pencher sur une des trois premières, vous en apprendrez beaucoup plus en les parcourant toutes les trois dans l'ordre. Les trois premières leçons ne devraient pas prendre plus de trois quarts d'heure à l'utilisateur le moins expérimenté. Quoi qu'il en soit, nous suggérons vivement que vous lisiez le permier chapitre de CorelCHART avant de vous attaquer à ces leçons.

# Leçon 1

## Objectifs de la leçon

Vous allez apprendre comment préparer vos données pour la mise en graphique, et comment les combiner avec un gabarit pour créer un graphique à barres élémentaire. Les points envisagés sont les suivants:

- Importation d'un fichier de données prêt à l'emploi
- Ajout de textes dans le Gestionnaire de données
- Libellé des cellules dans le Gestionnaire de données

## Démarrage du programme

Si vous ne vous trouvez pas déjà dans CorelCHART, double-cliquez sur son icône dans le Gestionnaire de programmes pour le lancer. Agrandissez la fenêtre du programme.

## Démarrage d'un nouveau graphique

▶ **Pour démarrer un nouveau graphique:**

1. Lorsque vous lancez CorelCHART au début d'une session de travail, la barre de menus affiche uniquement le menu Fichier et le menu Aide. Choisissez la commande Nouveau dans le menu Fichier.

2. Dans la boîte de dialogue, choisissez la commande Graphique à barres dans le menu Galerie.

3. Vérifiez que la case Utiliser les données-échantillons, sous la Galerie, n'est pas cochée.

4. A droite se trouve un groupe de graphiques en miniature que vous pouvez utiliser comme gabarits. Dans la liste des répertoires, cliquez sur le fichier coreldrw\chart\bar\lesson.cch pour le visualiser.

5. Cliquez sur OK pour ouvrir le fichier.

   Vous obtenez une fenêtre de Gestionnaire de données sans aucune donnée. Cliquez sur son bouton d'agrandissement ou double-cliquez sur sa barre de titre.

## Importation de données

▶ **Pour importer le fichier de données de l'exemple dans le Gestionnaire de données:**

1. Sélectionnez la commande Importer Données dans le menu Fichier.

2. Dans la boîte de dialogue, passez dans la zone Afficher Fichiers de type, dans le coin inférieur gauche, et sélectionnez Excel (.XLS) comme type de fichier à importer.

3. Dans le sous-répertoire coreldrw\chart\samples, sélectionnez lesson.xls et cliquez sur OK. Les données du fichier sont copiées dans le Gestionnaire de données.

## Ajout de texte dans le Gestionnaire de données

Les données que vous venez d'importer sont incomplètes. Vous allez donc devoir taper quelques chiffres supplémentaires.

> **»Conseil:**
> Pour supprimer les données d'une cellule, sélectionnez la cellule et choisissez Supprimer dans le menu Edition.

▶ **Pour entrer du texte:**

1. Pour entrer une donnée dans une cellule vide, sélectionnez une cellule en cliquant dessus, et commencez à taper.

2. Tapez les données destinées à cette cellule et cliquez sur la case Entrée, près de la barre des formules. Passez alors à la cellule suivante en utilisant les touches fléchées, ou cliquez sur une autre cellule.

3. Dans la colonne 1991, ajoutez les valeurs suivantes pour chaque région :

   **NPI**  **6.2** (dans la cellule E5)

   **Japon 3.6** (dans la cellule E6)

   **EC**  **2.7** (dans la cellule E7)

|   | A | B | C | D | E |
|---|---|---|---|---|---|
| 1 | Evolution à P.I.B | | | | |
| 2 | L'Asie vaccinée contre la reces | | | | |
| 3 | Source: FMI | | | | |
| 4 | | 1988 | 1989 | 1990 | 1991 |
| 5 | NPI | 9.5 | 5.5 | 6.3 | 6.2 |
| 6 | Japan | 5.6 | 5 | 5.3 | 3.6 |
| 7 | CEE | 3.9 | 3.5 | 3 | 2.7 |

4. Votre tableau de valeurs doit alors se présenter comme celui-ci.

## Libellé des cellules dans le Gestionnaire de données

A présent, vous devez attribuer des libellés aux différentes cellules ou groupes de cellules, pour indiquer à CorelCHART le rôle qu'elles jouent dans le graphique.

▶ **Pour libeller les cellules:**

1. Pour attribuer un libellé, cliquez sur la cellule concernée.

   Pour libeller plusieurs cellules en même temps, cliquez sur la cellule située dans le coin supérieur gauche du groupe, maintenez le bouton enfoncé et déplacez le pointeur jusqu'à la cellule du coin inférieur droit. Ensuite, relâchez le bouton de la souris.

2. Passez à la liste des libellés, cliquez sur la flèche de défilement et sélectionnez le libellé de votre choix.

3. Sélectionnez les cellules A5 à A7 et choisissez Intitulés Rangées.

4. Pour les cellules B4 à E4, choisissez Intitulés Colonnes.

5. Pour la cellule A3, choisissez Note.

6. Pour la cellule A1, choisissez Titre.

7. Pour la cellule A2, choisissez Sous-titre.

8. Pour les cellules B5 à E7, choisissez Plage de données.

Lorsque vous avez libellé une cellule, le libellé s'affiche dans la liste des libellés chaque fois que vous sélectionnez cette cellule.

## Passage dans le mode Graphique

> **»Conseil:**
> Les fenêtres du Gestionnaire de données et du graphique étant ouvertes, vous pouvez sélectionner la commande Disposer horizontalement. Les deux fenêtres sont alors disposées l'une à côté de l'autre.

1. A présent, cliquez sur le bouton ▣ pour passer dans le mode Graphique.

   Les données sont présentées sous la forme de barres, dont la couleur varie selon la région économique qu'elles représentent. Chaque groupe de trois barres diversement coloriées représente une année. L'axe horizontal (ou X) indique les années 1988 à 1991. La légende, sous l'axe horizontal, indique la couleur attribuée à chaque région. L'axe vertical (ou Y) est gradué de 0 à 10 pour chiffrer le taux de croissance du PIB.

2. Pour enregistrer votre travail, sélectionnez Enregistrer sous dans le menu Fichier.

3. Dans la boîte de dialogue Enregistrer Graphique, tapez un nouveau nom de fichier, ensuite sélectionnez le lecteur et le répertoire dans lequel vous voulez conserver le fichier. Si vous le souhaitez, vous pouvez taper une description plus ou moins longue dans le cadre situé au bas de la boîte de dialogue. (Cette description apparaîtra ultérieurement dans la boîte de dialogue Ouvrir, sous la représentation du graphique en miniature, pour vous permettre d'identifier plus rapidement les fichiers enregistrés).

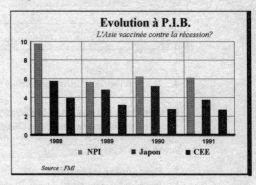

Graphique avant modifications...

# Leçon 2

## Objectifs de la leçon

Dans cette leçon, vous allez apprendre comment positionner les éléments essentiels. Nous allons voir comment donner un impact maximum à vos données et parler avec précision de la croissance économique dans trois régions importantes du monde. Les points envisagés sont les suivants:

- Modification de l'épaisseur des barres et des intervalles entre barres
- Inversion des données au sein des groupes et des séries
- Modification de l'orientation des données
- Manipulation de l'échelle et des graduations

Si ce n'est déjà fait, passez en mode Graphique et examinez comment sont présentées les données de la Leçon 1. Le résultat est-il clair et parfaitement lisible? Le graphique met-il parfaitement en relief les données?

En modifiant l'épaisseur et l'espacement des barres, vous pouvez accroître la lisibilité de barres minces dispersées uniformément sur l'axe et les grouper de manière plus logique. Inverser les séries de données permet de ranger les régions par ordre croissant de performances. En modifiant l'orientation des données, vous pouvez aussi mettre l'accent sur l'évolution des performances dans chaque région, plutôt que de comparer entre elles les régions au fil des années. Et en manipulant la plage de données de l'axe numérique, vous pouvez assurer une mise en évidence plus graphique des différences de performances économiques.

## *Modification de l'épaisseur des barres et des intervalles entre barres*

Les barres paraissent minces et dispersées. En les regroupant, nous pouvons gagner de l'espace et les élargir quelque peu.

▶ **Pour modifier l'épaisseur des barres et leur espacement:**

1. Dans le mode Graphique, utilisez l'outil ▣ pour sélectionner n'importe quelle barre.

2. Dans le menu contextuel, choisissez Epaisseur des barres. Maintenez le bouton de la souris enfoncé et faites glisser sur le menu local, tout en observant la case de visualisation en haut de celui-ci. La visualisation vous donne une idée générale de ce que vous obtiendrez, mais l'épaisseur des barres et les intervalles entre barres dépendent aussi de la largeur totale de la surface du graphe, ainsi que du nombre de barres que celui-ci comporte.

3. Choisissez Majeure dans le menu local en relâchant le bouton de la souris lorsque cette option se trouve en surbrillance.

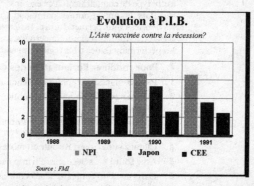

...graphique de la leçon 1, avec des barres plus épaisses et plus rapprochées

4. Sélectionnez n'importe quelle barre avec l'outil ▣ . Choisissez ensuite Intervalles entre barres dans le menu contextuel.

5. Dans le menu local, choisissez Mineure.

Les barres des années sont groupées, sans toutefois se toucher.

## Inversion des groupes et des séries de données

Vous pouvez inverser l'ordre des barres pour chaque année (les séries) et inverser l'ordre des années sur l'axe (les groupes).

▶ **Pour inverser l'ordre des groupes et des séries:**

1. Avec l'outil ▦ , sélectionnez n'importe quelle barre.
2. Dans le menu contextuel, sélectionnez Inversion des données.
3. Dans le menu local Inversion des données, sélectionnez Inverser les séries. Pour chaque année, la région NPI vient désormais en dernier lieu dans le groupe.

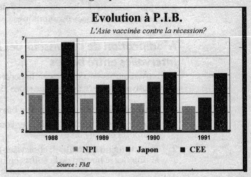

...avec inversion des données

## Modification de l'orientation du graphique

Le graphique que vous avez sous les yeux à présent permet de comparer (du point de vue d'un analyste nord-américain) les résultats enregistrés sur 4 ans par les trois grandes régions économiques du monde. Mais il est facile de reconfigurer ce graphique pour faire un autre type de comparaison. Par exemple, vous pourriez grouper les résultats des quatre années par région. Cette manière de présenter les données vous permet d'attirer l'attention sur l'évolution du PIB dans chacune des régions concernées, au lieu de comparer entre elles les performances des trois régions au cours de chaque année.

▶ **Pour modifier l'orientation des données:**

1. Passez en mode Graphique en cliquant sur ▦ .
2. Choisissez la commande Orientation des données dans le menu Données.
3. Dans la boîte de dialogue Orientation des données, cliquez sur Colonnes = Séries. Cliquez ensuite sur OK.
4. Cliquez sur ▦ pour revenir au mode Graphique.
5. Avec l'outil ▦ , sélectionnez n'importe quelle barre.
6. Dans le menu contextuel, sélectionnez Inversion des données.
7. Dans le menu local Inversion des données, désélectionnez Inverser les séries.

   Au lieu des années, ce sont les régions, qui apparaissent désormais groupées. Dans tous les cas, on note une régression généralisée au fil des années. Mais vous pouvez toujours comparer les régions entre elles.

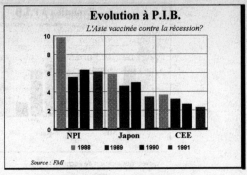

...avec modification de l'orientation des données

8. Pour restaurer les paramètres antérieurs, cliquez sur ▣ pour revenir au Gestionnaire de données. Sélectionnez à nouveau Orientation des données dans le menu Données et sélectionnez Rangées = Séries.

9. Cliquez sur ▣ pour revenir au mode Graphique.

10. Avec l'outil ▮, sélectionnez n'importe quelle barre.

11. Dans le menu contextuel, sélectionnez Inversion des données.

12. Dans le menu local Inversion des données, sélectionnez Inverser les séries.

Le graphique revient alors à son état antérieur,

## *Manipulation de l'échelle et des graduations*

En manipulant l'échelle, nous pouvons faire ressortir plus nettement les différences séparant les valeurs du graphique.

### ▶ Pour modifier l'échelle:

1. Cliquez sur ▣ pour revenir au mode Graphique.

2. Avec l'outil ▮, sélectionnez n'importe quel nombre sur l'axe vertical.

3. Dans le menu contextuel, sélectionnez Amplitude Echelle.

   Dans la boîte de dialogue Amplitude Echelle, vous constatez que CorelCHART a automatiquement lu les données et généré une échelle allant de 0 à 10, la plus grande valeur de la plage de données étant 9.5.

4. Cliquez sur Echelle manuelle.

5. Dans la case De:, tapez 2, et dans la case A:, tapez 8.

6. Cliquez sur Tracer les valeurs hors fourchette de manière à ce que les valeurs les plus élevées soient également tracées, même si elles sont extérieures à la fourchette que vous venez de spécifier. Cliquez ensuite sur OK.

   Comme vous pouvez le constater ci-après, cela confère à votre graphique un impact accru et une impression de plus grande précision. Par rapport aux autres régions, les NPI ont bénéficié d'une augmentation nettement plus importante de leur PIB.

*Quatre leçons rapides* / **575**

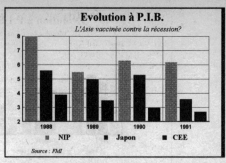

...avec modification de l'échelle

7. Avec l'outil ⛏, sélectionnez n'importe quel chiffres sur l'axe vertical. Dans le menu contextuel, choisissez Graduations.

8. Dans la boîte de dialogue Graduations, passez dans la partie gauche relative aux graduations principales. Dans la case de saisie située en bas, vérifiez que le nombre de divisions est passé à 6 (dans la mesure où votre échelle va désormais de 2 à 8) et vérifiez aussi que la case Echelle manuelle est bien cochée.

9. Cliquez sur OK.

# Leçon 3

## Objectifs de la leçon

Les deux premières leçons vous ont montré comment préparer les données de votre graphique et en accroître l'impact et la puissance d'illustration. Celle-ci traite des dernières retouches qui peuvent faire de votre création un graphique tout à fait exceptionnel. Les points envisagés sont les suivants:

- Agrandissement de la surface de traçage
- Modification des attributs typographiques
- Ajout de couleurs et de motifs

## Agrandissement de la surface de traçage

L'encadré du graphique illustré dans l'exemple de la leçon pourrait sans doute être plus grand car, après tout, c'est lui qui guide le regard vers le graphique. Comme vous savez, vous pouvez modifier la taille du graphique, de même que celle de tous ses éléments dotés de poignées —titres, sous-titres, notes, légendes, annotations et encadré du graphique.

▶ **Pour agrandir la surface de traçage:**

1. Avec l'outil ▶, sélectionnez l'élément du graphique que vous souhaitez redimensionner en cliquant dessus ou à proximité, jusqu'à ce que ses poignées apparaissent.

2. Cliquez sur n'importe quelle poignée et faites glisser dans la direction voulue, jusqu'à ce que le graphique soit redimensionné comme vous le souhaitiez.

   (CorelCHART propose diverses possibilités de contrainte utilisables lors de la création ou du redimensionnement des objets d'annotation. Vous en trouverez une liste à la fin du Chapitre 4.)

## Modification des attributs typographiques

▶ **Pour modifier les attributs typographiques:**

1. Sélectionnez l'outil ⌖ et ensuite cliquez à un endroit quelconque à côté ou sur le texte du titre. Le cadre avec des poignées indique que le titre est sélectionné.

2. Pour modifier la famille de caractères utilisée pour le titre, allez dans la barre d'icônes et cliquez sur la flèche de défilement à côté de la liste des familles de caractères. Faites défiler les options de la liste et sélectionnez Helvetica-Black. Lorsque le texte est sélectionné, vous pouvez utiliser toutes les fonctions de la barre d'icônes pour modifier ses paramètres.

▶ **Autre méthode:**

1. Sélectionnez l'outil ⌖ et positionnez le curseur sur le titre - le curseur se transforme en I au-dessus de certaines parties du titre. Cliquez et faites glisser sur le titre et l'ensemble du titre est mis en surbrillance.

2. Placez-vous dans la barre d'icônes et cliquez sur la flèche de défilement, à droite de la liste des polices. Faites défiler la liste et sélectionnez une autre police. Cette méthode s'applique uniquement aux titres, sous-titres, notes et annotations. Notez que la modification des attributs typographiques d'un seul marqueur d'axe ou étiquette de légende modifie l'ensemble des éléments équivalents.

## Ajout de couleurs et de motifs

Vous pouvez appliquer des couleurs ou des motifs à tous les éléments d'un graphique: la surface de traçage, les barres, les colonnes, les secteurs, les échelles des axes, les marqueurs de légende, les titres, les points, etc. Notez que l'application d'une couleur à une barre, à un secteur d'un graphique sectoriel ou à d'autres marqueurs de données au sein d'une série déterminée entraîne automatiquement l'application de la même couleur à tous les marqueurs de ladite série. Si vous modifiez la couleur de certains nombres sur une échelle ou de marqueurs sur un axe, la couleur de tous les marqueurs de cette échelle ou de cet axe s'en trouve elle aussi modifiée.

▶ **Pour modifier la couleur du texte d'un titre et puis la couleur d'une des séries de données:**

1. Utilisez l'outil ⌖ et cliquez n'importe où sur le texte du titre. L'apparition de poignées autour du titre indique que celui-ci est sélectionné.

2. Deux possibilités s'offrent alors à vous:
   - Sélectionnez une couleur en cliquant sur n'importe quel échantillon de la palette à l'écran, alors que le texte du titre est affiché.
   - Cliquez sur l'outil ⌖ et cliquez sur ⊕ pour ouvrir la boîte de dialogue Surface uniforme.

3. Vous devez tout d'abord décider si vous allez utiliser des couleurs quadri ou des couleurs d'accompagnement. Chargez un des modèles quadrichromiques en cliquant sur la flèche de défilement à côté de la case d'affichage et en le sélectionnant dans la liste. Cliquez n'importe où dans la case de visualisation pour sélectionner une couleur. Si la couleur porte un nom, celui-ci

apparaît dans la case Nom de la couleur. Vous pouvez également choisir une autre palette de couleurs quadri ou non-quadri en cliquant sur le bouton Palette personnalisée, en sélectionnant ensuite Ouvrir et en choisissant enfin une autre palette dans le dialogue Ouvrir Palette. (Pour une présentation détaillée des différents modèles colorimétriques, voir le Chapitre 12, "Utilisation des couleurs," dans la section CorelDRAW de ce manuel.)

Si vous choisissez CMYK, RVB ou TLD, vous pouvez mélanger vous-même vos couleurs en utilisant les curseurs latéraux de la case de visualisation, ou en déplaçant le pointeur de mélange à l'intérieur de celle-ci. Lorsque vous avez mélangé une couleur, elle apparaît dans la section Nouveau de la petite case de visualisation située dans la partie droite de la boîte de dialogue.

Si vous choisissez une palette personnalisée dans la liste, cliquez sur un échantillon de la palette pour sélectionner une couleur. Comme avec les couleurs mélangées, dès que vous avez choisi une couleur, celle-ci apparaît dans la section Nouveau de la case de visualisation.

4. Lorsque vous avez choisi une couleur, cliquez sur OK pour fermer la boîte de dialogue.

▶ **Pour appliquer une couleur à une des séries du graphique:**

1. Avec l'outil ▶ , sélectionnez une des barres dans la série.

2. Dans la palette de couleurs à l'écran, cliquez sur n'importe quel échantillon avec le bouton gauche de la souris si vous voulez colorier la surface des barres, ou avec le bouton droit de la souris pour colorier leur contour.

3. Vous pouvez aussi cliquer sur l'outil ◈ et ensuite sur ◉ pour ouvrir le dialogue Surface uniforme. Utilisez une des méthodes décrites ci-dessus pour mélanger une couleur ou choisir une couleur prédéfinie. Lorsque c'est fait, cliquez sur OK.

4. Pour modifier la couleur de contour ou l'épaisseur des barres, cliquez sur l'outil ◈ . Cliquez sur une des épaisseurs prédéfinies, dans la rangée supérieure du menu local, pour modifier l'épaisseur du contour. Cliquez sur ◉ pour ouvrir le dialogue Couleur de contour. Utilisez une des méthodes décrites ci-dessus pour mélanger une couleur ou choisir une couleur prédéfinie. Lorsque c'est fait, cliquez sur OK.

# Leçon 4

## Objectifs de la leçon

Cette dernière leçon s'attache davantage aux fonctions statistiques de CorelCHART qu'à la création d'un graphique proprement dite, même si elle couvre aussi l'importation d'un fichier tableur et sa transformation en un graphique à points. Les points envisagés sont les suivants:

- Création d'un graphique à points
- Affichage et masquage des valeurs chiffrées
- Modification de la taille et de la forme des marqueurs de données
- Calcul de la moyenne
- Calcul de l'écart-type
- Calcul d'une régression linéaire
- Modification de la couleur et de la graisse des lignes

## Création d'un graphique à points

De tous les grands sports mondiaux, le baseball est sans doute celui qui affectionne le plus les statistiques. Nous avons réuni une série de données concernant les performances à la frappe et à la course des joueurs de la Ligue américaine durant la saison 1992. Nous allons utiliser ces données pour établir s'il existe une corrélation entre les caractéristiques des différents joueurs (coups gagnants et frappes, bases atteintes et âge, etc.).

▶ **Pour importer les données de la leçon:**

1. Dans le mode Graphique, sélectionnez Nouveau dans le menu Fichier.

2. Dans la Galerie du dialogue Nouveau, sélectionnez Graphique à points et choisissez ensuite la première miniature dans la case de visualisation.

3. Désélectionnez Utiliser les données-échantillons et cliquez ensuite sur OK.

4. Cliquez sur ▥ pour ouvrir la fenêtre du Gestionnaire de données.

5. Sélectionnez Importer dans le menu Fichier, passez à la liste Afficher Fichiers du type dans le coin inférieur gauche, et sélectionnez Excel (.XLS) en tant que format de fichier à importer. Dans le sous-répertoire coreldrw\chart\échantil, sélectionnez lesson4.xls. Le fichier s'ouvre dans le Gestionnaire de données. Vous devez maintenant libeller certaines cellules.

6. Cliquez successivement sur les cellules A1, A2 et A3 et en même temps, observez la case de visualisation, dans le coin supérieur gauche, ou la liste des libellés, pour vérifier que le Gestionnaire de données a correctement balayé ces cellules comme étant le titre, le sous-titre et la note, lors de l'importation du fichier.

7. Cliquez et faites glisser pour sélectionner les cellules A5 à A73, à savoir les noms des joueurs. Avec ces cellules sélectionnées, cliquez sur la flèche de défilement de la liste de libellés. Sélectionnez-y En-têtes de rangées.

8. Avec la même technique, sélectionnez les deux premières colonnes de nombres (sans leurs intitulés), c'est-à-dire les cellules B5 à C73. Libellez les cellules sélectionnées comme étant la plage de données.

9. Libellez la cellule B4 comme Intitulé Axe #1, et la cellule C4 comme Intitulé Axe #2.

10. L'attribution des libellés étant terminée, choisissez maintenant Orientation des données dans le fichier Données et contrôlez que l'option Colonnes = Séries est activée. Cliquez sur OK pour fermer le dialogue.

11. Cliquez sur le bouton du mode Graphique dans le coin supérieur gauche pour visionner le résultat dans le mode Graphique.

## Affichage et masquage des valeurs chiffrées

Par défaut, les valeurs s'affichent toutes, ce qui peut rendre votre graphique relativement confus. Vous pouvez cependant utiliser les commandes de la barre d'icônes pour modifier les attributs typographiques des valeurs chiffrées: vous en ajustez une et toutes les autres s'adaptent en conséquence. De même, vous pouvez aussi modifier leur couleur en utilisant la palette de couleurs à l'écran ou les autres ressources couleurs de CorelCHART. Mais il reste malgré tout trop de choses dans ce graphique. Alors, masquons-les.

### ▶ Pour masquer des valeurs chiffrées:

1. Avec l'outil ☜ , sélectionnez n'importe quelle valeur. Vous obtenez un menu contextuel ne comprenant que deux commandes: Valeurs Point de données, qui est une commande à bascule, ou Options de formatage. L'option Valeurs Point de données est activée.

2. Cliquez dessus pour la désactiver. Seuls les marqueurs de données apparaissent encore dans votre graphique.

## Modification de la taille et de la forme des marqueurs de données

1. Avec l'outil ☜ , sélectionnez n'importe quel marqueur de données. Dans le menu contextuel, sélectionnez Forme Marqueur. Dans le menu local, sélectionnez Cercle.

2. Cliquez à nouveau sur n'importe quel marqueur de données. Dans le menu contextuel, choisissez Petit-moyen. Cela étant, vous êtes toujours en mesure de distinguer les points, mais ceux-ci se chevauchent nettement moins.

3. Avec l'outil ▶ , sélectionnez n'importe quel marqueur de données. Cliquez sur l'outil ◊ et ensuite sur le pavé blanc, le premier pavé de la rangée inférieure du menu local.
Le marqueur devient blanc.

## Calcul de la moyenne

Dans un graphique à points, vous ne pouvez calculer la moyenne que pour l'axe des y, en l'occurrence, le nombre de coups gagnants. (Ce qui n'est guère significatif compte tenu du nombre de frappes alignées par les joueurs, de 114 à 653). Pour ce faire:

1. Avec l'outil ☜ , sélectionnez n'importe quel marqueur de données.

2. Dans le menu contextuel, sélectionnez Analyse des données.

3. Dans le dialogue Analyse des données, cochez la case Moyenne et ensuite, cliquez sur OK.

## Calcul de l'écart-type, et sa signification

L'écart-type indique de quelle manière vos données se répartissent autour de la moyenne. L'écart-type se fonde sur la plage de vos données, en l'occurrence, le nombre de coups gagnants. (Kirby Puckett en a enregistré 210, alors que Darren Reid n'en affiche que 20.) Comme dans le cas de la moyenne, l'écart-type ne signifie pas grand chose en l'occurrence, au vu du nombre très variable de frappes enregistrées. (639 pour Puckett, 114 pour Reid.) Le calcul de l'écart-type postule la même marche à suivre que la moyenne.

### ▶ Pour calculer l'écart-type:

1. Avec l'outil ☜ , sélectionnez n'importe quel marqueur de données.

2. Dans le menu contextuel, sélectionnez Analyse des données.

3. Dans le dialogue Analyse des données, cochez la case Ecart-type et ensuite, cliquez sur OK.

## Calcul d'une régression linéaire

Il n'est sans doute pas très honnête de comparer le batteur Kirby Puckett avec Darren Reid, un joueur marginal qui n'a pas eu beaucoup d'occasions de s'illustrer en 1992. Il serait sans doute plus intéressant de voir s'il existe une corrélation statistique entre le nombre d'occasions qui se sont offertes à nos champions et le nombre de frappes gagnantes portées à leur actif.

▶ **Pour calculer une régresion linéaire:**

1. Avec l'outil ≋, sélectionnez n'importe quel marqueur de données.
2. Dans dans le menu contextuel, sélectionnez Analyse des données.
3. Dans le dialogue Analyse des données, cochez la case Régression linéaire.
4. Cliquez sur Afficher Coefficient de corrélation.
5. Désactivez Moyenne et Ecart-type.
6. Cliquez sur OK.

A l'intérieur de l'encadré du graphique, vous voyez maintenant le coefficient r=0.977856. Celui-ci illustre l'importante corrélation statistique existant entre le nombre de frappes et le nombre de coups gagnants. En d'autres termes, plus ces joueurs ont d'occasions, plus ils réussissent de frappes au but. Ce qui, du reste, paraît assez évident. Le graphique montre aussi qui sont les meilleurs joueurs. Les points de données situés au-dessus du tracé correspondent aux joueurs qui réalisent le plus de coups gagnants lorsqu'ils ont l'occasion de frapper. La proposition inverse s'applique aux joueurs dont les points de données sont situés en-dessous de cette même ligne.

## Modification de la couleur et de la graisse des lignes

Toutes ces lignes statistiques sont - et doivent être - de la même couleur que les marqueurs de données des séries à partir desquelles elles ont été calculées. Vous pouvez modifier la couleur des marqueurs de données et de leurs lignes statistiques avec la palette de couleurs à l'écran ou en cliquant sur l'outil ⟁ et puis sur ⊕ pour ouvrir le dialogue Surface uniforme.

▶ **Pour ajuster l'épaisseur des lignes statistiques:**

1. Avec l'outil ▸, sélectionnez la ligne de régression linéaire que vous avez créée (elle change de couleur et apparaît plus épaisse lorsqu'elle est sélectionnée).
2. Cliquez sur une couleur dans la palette. Vous pouvez aussi cliquer sur l'outil ◊ et puis sur ⊕ pour ouvrir le dialogue Couleur de contour. Lorsque vous avez choisi une couleur, cliquez sur OK pour fermer le dialogue et appliquer la couleur. (Pour plus de détails concernant les commandes de la boîte de dialogue Surface uniforme, consultez "Application de couleurs aux éléments d'un graphique" au Chapitre 4.)

# Chapitre 6

# Sélection du type de graphique approprié

Il n'existe pas de règles universelles permettant de choisir à coup sûr le type de graphique qui conviendrait le mieux pour représenter telles ou telles séries de données. D'ailleurs, un même ensemble de données peut se prêter à divers modes de représentation. Avec CorelCHART, il est très facile de passer d'un type de graphique à un autre. La véritable difficulté consiste plutôt à déterminer le type de graphique qui permettrait de souligner au mieux la pertinence de votre propos sur base des données dont vous disposez. Vous trouverez ci-après quelques règles générales pour choisir parmi les types de graphiques que vous pouvez créer avec CorelCHART.

## Graphique à barres verticales

Met en évidence l'évolution des données dans le temps. Par rapport aux graphiques à courbes, les graphes à barres verticales sont surtout indiqués pour un nombre restreint de séries à caractère temporel (quelques années, trimestres, mois ou toute autre période que vous pourriez utiliser). Les graphiques à barres verticales conviennent bien pour comparer plusieurs séries de données.

## Graphique à barres verticales empilées

Avec, a priori, un champ d'application identique à celui du graphique standard à barres verticales, ce graphe permet en outre de montrer la part que prennent différents éléments dans un tout — par exemple, la proportion des différents types de puces dans le volume total des ventes de composants électroniques au cours d'une période donnée. Pour communiquer ce type d'information, un graphique sectoriel, ou sectoriel multiple, pourrait également faire l'affaire.

### Grahique à courbes verticales
Très indiqué pour montrer l'évolution d'un petit groupe de données sur une longue période de temps. Si vous essayez de représenter 3 ou 4 séries de données au moyen d'un graphique à courbes verticales et que les intersections sont à ce point nombreuses qu'il devient difficile de s'y retrouver, envisagez plutôt d'utiliser un graphique à barres ou à zones verticales.

### Graphique à zones verticales
Pour montrer la continuité des proportions et des totaux. Tout comme les graphiques à courbes, les graphiques à zones ne sont pas particulièrement indiqués pour les séries multiples : les zones représentant de grandes quantités ont tendance à occulter les zones figurant de petites quantités. Si le problème se pose lorsque vous utilisez un graphique à zones verticales, envisagez d'utiliser un graphique à barres verticales empilées.

### Graphique à barres horizontales
Idéal pour effectuer une comparaison simple entre différentes données à un moment déterminé. Si vous souhaitez plutôt montrer l'évolution dans le temps d'une donnée, ou de plusieurs données, utilisez un graphique à barres, à courbes, à zones verticales, ou encore un graphique 3D à colonnes.

### Graphique sectoriel
Souvent la meilleure solution pour illustrer la contribution de chaque élément par rapport à l'ensemble.

### Graphique sectoriel multiple
Pour montrer simultanément la contribution des éléments dans un tout, comment cette contribution évolue au fil du temps, ainsi que la manière dont l'ensemble augmente ou diminue dans le temps, lorsque chaque secteur est utilisé pour représenter une période de temps.

### Graphique à points
Indique s'il existe une corrélation entre les nombres appartenant à deux séries de données, en montrant les points d'intersection des variables. Les graphiques à points sont utiles lorsque les coordonnées portées sur l'échelle horizontale — souvent des intervalles de temps — sont irrégulières.

### Graphique Mini-Maxi-Ouverture-Clôture
Graphique idéal pour illustrer l'évolution de prix sur une période donnée ou pour figurer l'évolution d'une série de valeurs pour un même article au cours d'une même période de temps. C'est le graphique type reproduit dans la presse pour illustrer les fluctuations des valeurs boursières.

### Graphique à distribution spectrale
Ce type de graphique convient très bien pour les données ayant en commun une notion d'espace, par exemple, des données relevant de la géographie. L'illustration des densités de population dans les différents quartiers d'une ville constitue une utilisation type de cette catégorie de graphe.

### Histogramme
Un histogramme permet d'illustrer la fréquence des valeurs dans une série de données. L'histogramme figurant, par exemple, les résultats d'un examen produit (généralement) une courbe en forme de cloche.

### Tableau de valeurs

Nettement moins spectaculaire, le tableau de valeurs est parfois la seule manière de communiquer certaines données, notamment lorsqu'il est nécessaire de détailler des chiffres. Dans les documents à caractère technique, un tableau accompagne souvent un autre type de graphique pour préciser les valeurs qui ont permis de l'élaborer.

# Conception des graphiques: quelques conseils et suggestions

La surface de traçage est le point de mire du spectateur. Un graphique tire son impact du caractère spectaculaire de l'illustration, peu importe qu'elle soit constituée de barres, de colonnes, de courbes, de secteurs, etc. C'est pourquoi vous devez vous efforcer de tirer le meilleur parti de la surface de traçage en réservant le maximum de place au graphique. Essayez autant que possible de communiquer ce que vous avez à dire sans avoir recours aux notes, légendes et intitulés d'axe. L'espace ainsi épargné pourra être consacré à l'essentiel : la surface de traçage réservée au graphique.

**Le mieux est l'ennemi du bien :** Evitez d'inclure trop de séries dans un graphique, surtout dans un graphique à courbes. Ne dépassez pas le nombre de 3 ou 4 lignes, en particulier si elles vont dans le même sens. Il n'y a qu'un seul cas où vous pourriez faire une exception à cette règle : lorsque vous voulez mettre en évidence une similitude inattendue entre plusieurs séries.

**Barres groupées pour faire ressortir l'essentiel :** Serrez les barres lorsque vous voulez suggérer qu'elles sont liées entre elles. Si vous montrez l'évolution sur plusieurs années d'un groupe de données représentées par des barres, par exemple, il est judicieux de grouper les barres par année, et de séparer les groupes par un espace plus important. S'il n'est pas nécessaire de constituer des groupes, augmentez l'espace entre les barres ainsi que leur largeur, de manière à accroître la lisibilité du graphique.

**Des contours sombres pour un surcroît de visibilité :** Utilisez l'outil ♦ pour donner un peu plus de consistance au contour des barres, secteurs ou colonnes 3D (choisissez le noir ou une couleur foncée et brillante). Si vous reproduisez vos graphiques sur diapositives, les spectateurs du fond de la salle apprécieront de pouvoir distinguer les différents éléments du graphique.

**Point trop de grilles :** Si vous appliquez des graduations à la surface de traçage, limitez leur nombre au strict nécessaire. Il suffit que le spectateur puisse se faire une idée approximative de la valeur des différents points de données. Un nombre important de graduations encombre inutilement le graphique. Equilibrez les graduations horizontales et verticales de telle manière que les rectangles ne soient pas trop longs et aplatis, ou trop hauts et étroits. Utilisez des tons neutres, par exemple le gris, pour les graduations. Après avoir défini la couleur et l'épaisseur des graduations, assurez-vous que l'encadré du graphique, noir ou de couleur sombre et brillante, est plus épais que les graduations.

**Un choix judicieux des couleurs :** Pour les couleurs, utilisez le schéma de couleurs spécifique à votre société, dans la mesure du possible et pour autant qu'elles se prêtent à l'objectif poursuivi. Sinon, vous pouvez utiliser les maquettes prêtes à l'emploi, une roue chromatique, ou un livre sur l'art d'harmoniser les couleurs.

Tenez compte également du contexte dans lequel les graphiques seront regardés. Si vous envisagez de les utiliser dans le cadre d'un diaporama destiné à une foire commerciale, ou d'un montage de diapositives projeté dans une grande salle, utilisez des couleurs vives et coordonnées qui capteront l'attention et permettront aux spectateurs du fond de distinguer les différentes séries. Par contre, si les graphiques sont destinés à une publication, choisissez des tons plus nuancés de manière à ne pas provoquer un mouvement de recul chez le lecteur.

**Sobriété dans l'utilisation des polices :** Dans un graphique, limitez-vous à une famille de caractères, deux au maximum, et utilisez le même corps et la même graisse pour les éléments similaires, par exemple le texte des axes et de la légende. Nous recommandons un corps de 12 à 18 points, avec l'attribut gras. Dans une même famille, les polices des caractères en gras et en italique, combinées avec différents corps, fournissent un nombre de variantes typographiques plus que suffisantes pour rendre superflu tout recours aux caractères d'une autre famille.

**Lisibilité des polices retenues :** Choisissez une famille de caractères qui restent clairement lisibles dans les corps de petite taille et en grasses, surtout si le graphique doit être reproduit en réduction dans une publication, ou s'il est destiné à une projection dans une grande salle. Les polices TrueType de CorelDRAW étant utilisables dans n'importe quelle application Windows, vous pouvez également y accéder dans CorelCHART. Si le titre est suffisamment grand, vous pouvez utiliser à peu près n'importe quelle famille de caractères, il restera lisible de toute façon. Mais il n'en va pas de même pour le texte de la légende, des axes et des notes. Utilisez plutôt une famille dont les caractères ne sont ni trop minces ni trop épais, par exemple: Bookman Bold, ITC Franklin Gothic Bold, Humanist 521 Bold ou encore Bold Condensed, Swiss 721 Bold, Swiss 921 Inserat, et Dutch 801Bold. Evitez les familles Bodoni, Broadway, Exotic 350, Futura Extrabold, ITC FranklinGothic Heavy, Zapf Humanist 601, et Swiss 721 Black.

**Polices et fonds compatibles :** Accordez également l'attention voulue au fond sur lequel vous appliquez le texte. Certaines combinaisons de couleurs, par exemple des caractères roses ou violets sur un fond bleu foncé ou bleu moyen, risquent de donner le tournis à votre auditoire ! Si la couleur de l'arrière-plan est foncée, la couleur des caractères doit être suffisamment vive pour rester lisible. Si vous utilisez des caractères de couleur claire sur un arrière-plan foncé, utilisez des grasses, surtout dans le cas de petits caractères. Les motifs complexes utilisés comme fond peuvent également nuire à la lisibilité, surtout des textes de petites dimensions, comme la légende et l'intitulé des axes.

**Point trop de motifs :** CorelCHART et CorelDRAW permettent de créer à peu près n'importe quelle combinaison de couleurs et de motifs. Mais ne vous lancez pas dans la création de combinaisons de couleurs et de motifs très complexes sans tenir compte des possibilités de votre périphérique de sortie. Les créations complexes nécessitent davantage d'espace sur le disque et l'impression sur imprimante couleurs demande beaucoup de temps.

# CorelDRAW

## A

à propos de ce manuel ............................................. 3
Activation, conventions générales ........................... 4
affichage
    bordure de page ............................................. 17
    définitions ......................................................... 6
    interruptible, menu Spécial ............................ 49
    interruptible, option Préférences ................. 320
Afficher
    Hiérarchie, Gestionnaire Infos Objet ........... 251
    images bitmap, menu Afficher ....................... 48
    préférences, paramètres ............................... 323
    Totaux, Gesionnaire Infos Objet ................... 251
Aide   4
    Aide en ligne ................................... 3, 4, 5, 6, 7
    aide sur ............................................................ 7
    boîtes de dialogue ............................................ 6
    commandes ...................................................... 6
    éléments de l'écran ......................................... 6
    installation .................................................... 4, 7
    modalités d'utilisation ..................................... 7
    ne pas installer l'~ .......................................... 7
    passage à d'autres rubriques .......................... 6
    recherche d'informations ................................ 3
    utilisation d'icônes .......................................... 7
    visualisation .................................................... 7
ajuster
    position de la première mosaïque, sélection
d'un motif dans la boîte de dialogue ................... 62
    remplacement des gris (GCR) ...................... 311
    taille et décalage de la mosaïque, sélection et
        édition de motifs avec le menu flottant
        Surface ...................................................... 66
alignement
    aide, à l'écran, écran CorelDRAW ........... 10, 12
    arcs et quartiers de tarte .............................. 108
    bords .............................................................. 119
    objets ............................................................... 12
    point de contrôle (conseil) ............................ 120
    points nodaux ............................................... 119
Aligner, commande ................................................ 137
angle de la trame à l'impression ........................... 298
animations, catalogue des bibliothèques Corel ......... 8
Annuler
    commande ....................................................... 20
    Gestionnaire Infos Objet .............................. 250
    Niveaux d'annulation, option Préférences ... 320
    option True Type ........................................... 336
aplatissement, impression .................................... 291
application
    dégradé de formes à des objets pourvus de
        textures .................................................... 71

    dégradé de formes à deux objets .................... 71
    surface à un objet ........................................... 51
applications, travailler avec d'autres ~ ................ 261
appliquer
    styles ............................................................. 235
    trame à un objet, angle de trame, trames
        similis ....................................................... 82
arc-en-ciel, dégradés, création de dégradés
    personnalisés ........................................... 59, 60
arcs
    alignement ................................................... 108
    modelage des ellipses pour créer des ~ ...... 108
ascenseurs, barre de défilement ............................ 45
associer des notes aux objets, bouton droit de la
    souris ............................................................. 20
associer des objets et sélection temporaire de
plusieurs objets ..................................................... 130
associer et combiner des objets sur différents
plans ...................................................................... 141
associer et dissocier des objets ............................ 126
attribution de mots-clés, enregistrement d'un
nouveau desssin ...................................................... 19
attributs de la plume de contour
    sélection ......................................................... 89
    sélection à partir du menu flottant Plume ..... 91
Aucun menu flottant, option de Préférences -
    Menus flottants ............................................ 325
Auto, option True Type ......................................... 335
auto-dimensionnement ......................................... 353
Auto-panoramique
    faire défiler la fenêtre de dessin .................... 45
    option Préférences ....................................... 320
Auto-Réduction
    option Préférences - Courbes ...................... 322
    suppression de points nodaux et de segments 117
Autographix, Service diapos .................................. 359
Autojonction ............................................................ 27
    dessin .............................................................. 28
    option Préférences - Courbes ...................... 322
avant-plan/arrière-plan (motifs bicolores) ............ 63

## B

barre d'étalonnage, impression ............................ 293
barre de menus ........................................................ 10
barre de titre ............................................................ 10
barres de défilement
    ascenseurs ..................................................... 45
    bouton de l'ascenseur .................................... 45
    flèches ............................................................ 45
    horizontal/vertical, panoramique .................. 10
base de données ................................................... 240
    cellules ......................................................... 240
    champs ......................................................... 240
    création, exemple ................................ 241-247
    création d'une base de données graphique ..... 239

*Index - 1*

# CorelDRAW

définition du format ...... 240
feuilles ...... 240
objets ...... 240
types de données ...... 240
bibliothèques
    clipart ...... 8
    catalogue des bibliothèques Corel ...... 8
bicolores
    boîte de dialogue Editeur de motif, sélection
        d'un motif dans la boîte de dialogue ...... 62
    Editeur de motif, création de motifs
        bicolores ...... 74, 75
    motifs, utilisation de l'Editeur de motif ...... 75
    motifs bitmap ...... 62
bitmap
    application de trames similis ...... 259
    coloriage d'une image bitmap monochrome ...... 259
    compression de fichiers ...... 275
    retraçage automatique ...... 255-257
boîte à outils, position ...... 11
boîte de dialogue
    Aide ...... 5
    boîtes de dialogue ...... 13-14
    bouton Annuler ...... 13-14
    bouton OK ...... 13, 14
    bouton palette de couleurs ...... 13
    boutons de commande ...... 13
    cases à cocher ...... 13
    cases d'option ...... 13
    Couleurs ...... 309
    couleur du papier ...... 17
    Définition des formats ...... 247
    dégradé ...... 60, 290
    éditeur de motifs bicolores, sélection d'un motif
        dans la boîte de dialogue ...... 62
    entrées numériques ...... 13
    Exporter Bitmap ...... 276
    Exporter True Type/Adobe Type ...... 334
    flèches de défilement ...... 13
    Imprimer ...... 287
    listes déroulantes ...... 14
    Options ...... 290, 336
    options PostScript, remplissage avec des
        couleurs uniformes ...... 54
    Outils Prépresse ...... 308, 311
    ouverte, Aide ...... 6
    Plume, contour ...... 89
    Préférences ...... 319
    Préférences - Affichage ...... 323
    Préférences - Cotes ...... 325
    Préférences - Courbes ...... 321
    Préférences - Menus flottants ...... 325
    Préférences - Souris ...... 324
    remplissage avec des couleurs uniformes ...... 55
    saisies de texte ...... 14
    sélection d'un motif ...... 62

Séparations ...... 295
textures PostScript ...... 67
unités variables ...... 13-14
utilisation des boîtes de dialogue Motif
    bicolore et Motif couleurs ...... 63
bords, alignement ...... 119
bordure de fenêtre ...... 10
bordure de page, affichage ...... 17
bouton Annuler ...... 13, 14
bouton de l'ascenseur, barre de défilement ...... 45
bouton droit de la souris ...... 20
    attribution d'un fonction au ~ ...... 324
    conventions relatives à la souris ...... 4
bouton gauche de la souris, conventions relatives
    à la souris ...... 4
bouton OK ...... 13, 14
bouton primaire, conventions liées à la souris ...... 4
bouton primaire de la souris, conventions relatives
    à la souris ...... 4
boutons de commande ...... 13
Bureau, option du menu flottant Plans ...... 138

# C

calligraphie ...... 94
caractère-objet, polices ...... 331
caractères
    conversion d'objets en ~ ...... 334
    définition ...... 327
    indirects ...... 338
carrés, dessin ...... 25
carte d'enregistrement ...... 2
case
    d'option ...... 13
    de visualisation, ouverture d'un dessin
        existant ...... 16
    Forme du bec, contours calligraphiques,
        création ...... 94
    à cocher ...... 13
catalogue des Bibliothèques Corel ...... 8
cellules, base de données ...... 240
centrer en X, centrer en Y, édition des flèches ...... 93
cercles
    traçage d'ellipses et de cercles ...... 25
Charger, option boîte de dialogue Couleurs ...... 310
charger, gabarits ...... 236
charger (motifs couleurs), utilisation des boîtes
    de dialogue Motif bicolore et Motif couleurs ...... 63
Charger Mesures des polices, option Options ...... 338
circuits SMT ...... 308
clonage ...... 41, 353
    avec effets spéciaux ...... 42
    copie d'objets ...... 41
CMYK
    définition des couleurs, sélection d'une
        couleur de contour ...... 95

# CorelDRAW

périphérique cible lors de l'étalonnage des couleurs ........................................................................ 313
coche, conventions générales ................................. 4
coins arrondis, contours calligraphiques, création ......................................................................... 95
Coller, Gestionnaire Infos Objet ........................... 250
coller avec le Presse-papiers ................................ 277
Combiner, commande ............................................ 125
combiner et associer des objets sur différents plans ................................................................. 141
combiner et éclater des objets .............................. 127
commande
    Aligner, utilisation .................................. 133, 137
    Combiner .................................................. 125, 127
    Déplacer ............................................................ 39
    Magnétiser, utilisation .................................. 133
    Motif, création ................................................. 73
    Souder ............................................................ 142
Comme en fin de session, option du menu flottant Préférences ...................................................... 325
Comme maintenant, option du menu flottant Préférences ...................................................... 325
composites, impression ......................................... 298
compression des fichiers ....................................... 275
compteur de page ..................................................... 13
    écran CorelDRAW .......................................... 10
concentrique, Décalage Centre, utilisation de la boîte de dialogue Dégradé ............................. 58
conception de caractères ...................................... 327
conique, décalage du centre, utilisation de la boîte de dialogue Dégradé de couleurs ..... 58
conseils
    alignement des points de contrôle ............ 120
    contraindre vos mouvements ....................... 58
    déplacement des graduations par incréments ... 58
    désactivation ..................................................... 11
    fonction auto-panoramique .......................... 11
    impression ...................................................... 293
    ouverture d'un fichier de la liste ................. 16
    sélection rapide de tous les objets .............. 35
contours .................................................................... 305
    application aux objets .................................... 85
    blanc, noir et niveaux de gris ...................... 88
    boîte de dialogue Plume ................................ 89
    calligraphiques, création ............................... 94
    d'un objet, suppression ................................. 87
    d'un objet, copie .............................................. 97
    sélection et application .................................. 86
contraste, paramètres liés aux textures, modification des paramètres liés aux textures .. 69
Contrôle d'angle, option Préférences ................ 320
conventions générales ............................................. 4
    conventions relatives à la souris .................. 4
    conventions relatives au clavier ................... 4
conversion
    d'ellipses en objets courbes ....................... 109

d'images bitmap couleurs en niveaux de gris ................................................................... 273
    d'objets en caractères .................................. 334
    de rectangles en objets courbes ................ 109
    de texte en objets courbes .......................... 109
    d'objets-caractères, préparation, polices ..... 331
conversion d'une couleur en échelle de gris ..... 273
    affichage et masquage des images bitmap en mode squelettique ........................................ 48
    dimensions et résolution ............................. 275
    formats d'exportation ................................... 274
    importation .................................................... 270
    juxtaposition des couleurs .......................... 275
    masquage ....................................................... 260
    points magnétiques ...................................... 136
    recadrage ....................................................... 258
    rotation et inclinaison ................................. 254
    sélection ......................................................... 254
    seuil des sommets lors du traçage ............ 258
    seuil Lignes droites lors du traçage .......... 258
    traçage ................................................... 254-257
    travailler avec des bitmaps ........................ 253
Copier, Gestionnaire Infos Objet ......................... 250
copier
    avec le Presse-papiers ................................ 277
    contour d'un objet ........................................... 97
    des données entre objets ............................ 247
    fichiers ouverts ............................................. 281
    objets ................................................................. 41
    objets sur un autre plan ............................. 140
    surface d'un objet ........................................... 83
CorelDRAW
    agrandissement de la fenêtre, barre de titres .... 10
    généralités .......................................................... 9
    icône ................................................................. 10
    images Clipart, importation ....................... 271
CorelMOSAIC, SHOW et TRACE
    informations ...................................................... 3
CorelMOSAIC, recherche de fichiers avec ~ ......... 281
couleurs
    application aux images bitmap monochromes ............................................. 259
    boîte de dialogue, accès et utilisation ..... 309
    bouton Palette, boîtes de dialogue ............. 13
    contour, sélection .......................................... 95
    définition de la couleur du papier .............. 17
    définition des ~ intermédiaires d'un dégradé ............................................... 60
    en cours, remplissage avec des couleurs uniformes ........................................................ 54
    impression de séparations ............. 292, 295, 298
    imprimantes couleurs ................................. 299
    modèle colorimétrique, remplissage avec des ~ uniformes ........................................................ 54
    modification avec le sélecteur aléatoire ....... 69

modification des ~ de la grille et des repères
 d'alignement ............................................. 140
motifs bicolores, sélection et édition
 de motifs avec le menu flottant Surface ...... 65
non-quadri, application de contour avec du
 blanc, du noir et des niveaux de gris........... 88
non-quadri pantone, localisation, remplissage
 avec des couleurs uniformes ...................... 55
palette ........................................................ 10-12
prioritaires (identification des objets sur un
 plan) ........................................................... 140
quadri, création, remplissage avec des couleurs
 uniformes .................................................... 55
remplissage d'objets avec des ~ uniformes ....... 54
séparateur .......................................................... 308
séparations de ~, création ................................. 303
superposition...................................................... 275
surface, sélection ................................................ 54
surimpression .................................................... 304
utilisation de la boîte de dialogue Plume de
 contour ....................................................... 89
Couper, Gestionnaire Infos Objet ........................ 250
couper avec le Presse-papiers ............................ 277
courbes
 Aplatissement, option Préférences -
  Affichage ................................................. 324
 changement de direction en un point
  angulaire................................................. 116
 changement de direction progressif ......... 30-116
 continues distinctes.................................... 118
 création à partir de tronçons distincts .......... 118
 déplacement dans une direction .................. 116
 dessin de lignes et de courbes........................ 26
 dessin en mode à main levée......................... 28
 étirement et mise à l'échelle........................ 123
 irrégulières, dessin de droites et de courbes..... 26
 modelage .................................................... 110
 modification des segments ........................... 122
 objet, ajout de points nodaux ...................... 115
 objets, conversion de rectangles, d'ellipses et
  de texte en objets..................................... 109
 préférences, paramètres................................ 321
 règles, dessin ................................................. 30
 rotation et inclinaison .................................. 123
 scission en tronçons distincts ...................... 120
 segment, déplacement................................ 113
 segment, ajout d'un point angulaire ............ 122
 sélection de parties ..................................... 110
 symétriques, création .................................. 115
créer
 application de styles ................................... 235
 base de données graphique ......................... 239
 bicolores ....................................................... 74
 commande Motif .......................................... 73
 contours calligraphiques ............................... 94
 couleur quadri, remplissage avec des couleurs
  uniformes ................................................. 55
 courbes symétriques...................................... 115
 dégradés de couleurs avec le menu flottant
  Surface ..................................................... 58
 dégradés de couleurs personnalisés ................ 59
 diapos ............................................................ 17
 édition de motifs ............................................ 73
 flèches et extrémités de lignes ....................... 93
 lettres avec des lignes de couleurs différentes,
  création de réserves ou de masques ............ 79
 modification de polices ................................. 327
 motif ............................................................. 74
 motif bicolore, commande Créer un motif....... 73
 motif bicolore à partir d'un élément graphique
  couleurs .................................................... 76
 motifs bicolores, avec les boîtes de dialogue
  Motif bicolore et Motif Couleurs ................. 63
 recouvrement .............................................. 304
 réserves ou masques ..................................... 78
 séparations de couleurs .............................. 303
 styles ........................................................... 235
crénage................................................................ 338
Curseur viseur
 option Préférences ........................................ 320
 utilisation .................................................... 130

# D

Décalage............................................................. 351
 centre des dégradés concentriques et
  coniques ............................................. 58, 59
 Décalage global, utilisation des boîtes de
  dialogue Motif bicolore et Motif couleurs ..... 65
 option Préférences ....................................... 319
 point nodal ................................................... 113
 Rangée/Colonne, utilisation des boîtes de
  dialogue Motif bicolores et Motif
  couleurs ............................................. 62, 65
définir
 affichage des objets ....................................... 48
 couleurs intermédiaires d'un dégradé ............. 60
 documents de plusieurs pages ....................... 18
 échelle......................................................... 133
 environnement de travail .............................. 20
 formats, base de données ............................ 240
 nouveau dessin ............................................. 17
 paramètres................................................... 308
 plans de référence ....................................... 142
 préférences .................................................. 319
 raccourcis clavier ......................................... 236
Dégradé de couleurs
 boîte de dialogue ........................................... 56
 boîte de dialogue Options Couleur................. 60
 personnalisés, création .................................. 59
 directs, création ....................................... 59, 60

# CorelDRAW

dégradés linéaires, concentriques et coniques,
  remplir avec des dégradés ................................. 56
démarrage ................................................................ 2
démarrage de CorelDRAW ...................................... 10
densité, paramètres liés aux textures, modification
  des paramètres liés aux textures .................... 69
densitomètre
  échelle ............................................................ 293
  imprimé, analyse des séparations ................. 308
déplacer
  centre de rotation d'un objet ......................... 101
  menu flottant .................................................. 16
  objet à un endroit précis, commande Déplacer . 40
  objet sur une distance précise, commande
    Déplacer ..................................................... 39
  objets ............................................................... 38
  objets avec la commande Déplacer ................. 39
  objets avec la souris ........................................ 38
  objets par incréments (décalage), commande
    Déplacer ..................................................... 40
  objets sur un autre plan ................................ 139
  plusieurs points nodaux/segments
    simultanément ......................................... 114
  point nodal, édition de flèches ................ 92, 113
  points de contrôle ......................................... 114
  points nodaux en mode élastique .................. 114
  segment courbe ............................................. 113
  segments, points nodaux et points de
    contrôle ................................................... 113
Désactivation, conventions générales ...................... 4
désélectionner
  objets ............................................................... 35
  plusieurs objets ............................................... 35
  points nodaux ou segments distincts ............ 111
dessiner
  avec précision ................................................. 26
  commencer un nouveau dessin ....................... 17
  courbes, mode à main levée ............................ 28
  courbes, mode Bézier ...................................... 29
  courbes .................................................... 26, 28
  droites, mode Bézier ....................................... 28
  droites - mode à main levée ....................... 27-28
  droites et courbes ..................................... 26, 27
  ellipses, cercles ........................................ 24-25
  lignes ou polygones à segments multiples ...... 27
  lignes-cotes .................................................... 31
  mode, sélection ............................................... 26
  mode à main levée ............................. 24, 26, 27
  mode Bézier ....................................... 24, 26, 28
  objets ............................................................... 23
  outils, utilisation ............................................. 24
  rectangles et carrés ........................................ 25
  sélection des modes ................................. 24, 26
  utilisation de la fonction Autojonction ............ 27
dessins, fusion avec des fichiers textes ................ 301
dessins complexes

impression ..................................................... 290
impression sur une imprimante PostScript .... 296
diagonales, impression, commande Créer un
  motif ............................................................. 73
Diapo 35 mm, commencer un nouveau dessin ....... 17
didacticiel, accès ....................................................... 2
dimensionnement, fenêtre CorelDRAW, barre de
  titre .............................................................. 10
dimensionnement d'un objet, polices ................... 328
dimensions, images bitmap ................................... 275
dimensions de la mosaïque, utilisation des boîtes
  de dialogue Motif bicolore et couleurs .............. 64
disposition
  menus flottants ouverts .................................. 16
  objets ............................................................. 125
disque, séparation vers ~ ...................................... 315
dissocier
  courbe en tronçons distincts ......................... 120
  objets .................................................... 127, 129
document cible ..................................................... 262
document source .................................................. 262
documents de plusieurs pages
  à propos de ..................................................... 13
  doubles pages ................................................ 283
  gestion .......................................................... 282
  plan de référence .......................................... 282
  style Format de page ..................................... 283
doubles pages, dans des documents à plusieurs
  pages ........................................................... 283
droites ou polygones de plusieurs segments .......... 27
  dessin, mode à main levée .............................. 27
duplication d'objets, copie d'objets ......................... 41

# E

échelle, définition ................................................. 133
écran
  aides à l'alignement ........................................ 12
  écran CorelDRAW ........................................... 10
éditer
  chemins d'accès et points nodaux ................. 105
  flèche .............................................................. 92
  informations liées ......................................... 267
  motif avec l'éditeur de motifs bicolores .......... 76
  motifs couleurs ............................................... 77
  objets incorporés ........................................... 269
  points nodaux et segments ................... 115, 124
  texte-cote ........................................................ 32
Editer le texte, option Préférences - Souris .......... 325
Editeur Champs, du Gestionnaire Infos Objet ..... 251
Editeur de flèches .................................................. 92
Editeur de motifs, édition de motifs avec la
  limitation bicolore CorelDRAW ...................... 76
Editeur Infos Objet ............................................... 247
effet ligné, création de réserves ou de masques ...... 78

*Index - 5*

# CorelDRAW

élément graphique couleurs, création d'un motif bicolore .......... 76
ellipses
   conversion en objets courbes .......... 109
   dessin, utilisation des outils de dessin .......... 24-25
   fermées, points magnétiques .......... 136
   modelage pour créer des arcs et des quartiers de tarte .......... 108
   ouvertes, points magnétiques .......... 136
   points magnétiques .......... 136
émulsion à l'impression .......... 291
en-têtes d'image .......... 19, 274
encadré, ajout .......... 18
encadré fond imprimable .......... 18
Enregistrer, option boîte de dialogue Couleur .......... 310
enregistrer
   dégradé de couleurs personnalisé .......... 61
   fichiers pour utilisation dans des versions anrérieures de CorelDRAW .......... 282
   gabarits .......... 236
   nouveau dessin .......... 19
enrouler et dérouler une fenêtre, menus flottants .......... 15
entrées numériques .......... 13
épaisseur du contour, étirement, mise à l'échelle et application d'un effet miroir aux objets .......... 103
épreuve sur une imprimante laser classique, contours calligraphiques, création .......... 94
erreur, annulation .......... 20
erreurs d'enregistrement .......... 305
esquisse rapide, dessin de droites et de courbes .......... 26
étalonnage
   d'une couleur pour un périphérique CMYK .......... 313
   option Outils Prépresse .......... 313
étapes du dégradé à l'impression .......... 291
étirement, mise à l'échelle et application d'un effet miroir à un objet .......... 102
étirement et mise à l'échelle de courbes .......... 123
étirement et mise à l'échelle d'un objet avec la souris .......... 102
exporter
   à propos de .......... 261
   boîte de dialogue Exporter Bitmap .......... 276
   dans le format EPS .......... 273
   éléments graphiques .......... 272
   en-têtes d'image .......... 274
   fichiers .......... 272
   formats bitmap .......... 274
   objets sélectionnés .......... 276
extrémités de lignes, utilisation de la boîte de dialogue Plume de contour .......... 89

## F

F1, CorelMOSAIC, SHOW et TRACE .......... 3
faire défiler
   fenêtre de dessin .......... 44

segments
   déplacement .......... 113
   déplacement simultané de plusieurs ~ .......... 114
   désélection individuelle .......... 111
   édition .......... 115
   sélection, sélection multiple .......... 111
   suppression .......... 116
   transformation en droites ou courbes .......... 122
faire glisser les poignées de coin, étirer, mettre à l'échelle et appliquer un effet miroir aux objets .......... 103
Famille Police, option Options .......... 337
fenêtre de dessin .......... 11
   afficher et masquer les images bitmap .......... 48
   écran CorelDRAW .......... 10
   faire défiler .......... 44
   interrompre le retraçage de l'écran .......... 48
   introduction de repères .......... 132
   rafraîchir .......... 48
   visualiser les objets .......... 43
fenêtre de visualisation .......... 48
fermer
   menu flottant .......... 15
   tracé ouvert .......... 118
fichiers
   ajout de mots-clés et de notes .......... 281
   cible, passer au fichier source .......... 267
   compression .......... 275
   CORELDRW.INI, personnalisation .......... 326
   création de fichiers de sauvegarde .......... 282
   enregistrement pour utilisation dans des versions antérieures de CorelDRAW .......... 282
   exportation .......... 261, 272
   fusion .......... 300
   gestion et impression .......... 279
   importation .......... 261, 270
   impression .......... 286, 288
   INDEX40.CDR, catalogue des Bibliothèques Corel .......... 8
   INI, définition de l'environnement de travail .......... 21
   recherche .......... 280
   recherche avec CorelMOSAIC .......... 281
   sauvegarde, création .......... 282
   source, passage du fichier cible au fichier source .......... 267
   textes, fusion avec des dessins .......... 301
   tri .......... 281
flèches
   de défilement .......... 13, 45
   utilisation de la boîte de dialogue Plume de contour .......... 89
flèches et formes d'extrémité de lignes, création .......... 93
flou, paramètres liés aux textures, modification des paramètres liés aux textures .......... 69
fonction, attribution d'une ~ au bouton droit de la souris .......... 324

# CorelDRAW

fonctions, précision ............................................. 351
format de page maximum, définition d'un nouveau
    dessin ............................................................. 17
format du papier
    bordure de page ............................................... 18
    commencer un nouveau dessin ....................... 17
format EPS, exportation vers .............................. 273
formatage, données .............................................. 248
formats
    bitmap ............................................................. 274
    style ................................................................. 237
formes arrondies, impression, commande
    Créer un motif ................................................... 73
fusion de fichiers ......................................... 300, 301

## G

gabarits
    à propos de ..................................................... 234
    chargement .................................................... 236
    définition de raccourcis clavier ..................... 236
    enregistrement ............................................... 236
    utilisation ....................................................... 236
terminologie ............................................................ 4
Gain de tonalité, option Outils Prépresse ............ 312
garder de la mémoire pour les graphiques .......... 127
garder une copie de l'objet original, déplacement
    des objets .......................................................... 38
générateur de chiffres aléatoires, remplissables avec
des textures
    bitmap ............................................................... 68
gestion de documents de plusieurs pages ........... 282
gestion et impression de fichiers ......................... 279
Gestionnaire Infos Objet ...................................... 249
    Afficher Hiérarchie ........................................ 251
    Afficher Totaux .............................................. 251
    Annuler ........................................................... 250
    barre de menus .............................................. 249
    Coller .............................................................. 250
    Copier ............................................................. 250
    Couper ............................................................ 250
    Editeur ............................................................ 251
    impression ............................................. 249, 250
    menu Editer .................................................... 250
    menu Fichier .................................................. 249
    menu Options Champs .................................. 250
    menu Préférences .......................................... 251
    mise en page .................................................. 249
    Modifier le format .......................................... 250
    Quitter ............................................................ 250
    Rétablir ........................................................... 250
    Sous-Totaux Groupes .................................... 251
    Supprimer ...................................................... 250
graduations de la règle ........................................ 130
grain, paramètres liés aux textures, modification
    des paramètres liés aux textures ..................... 69

grain arc-en-ciel, paramètres liés aux texture,
    modification des paramètres liés aux textures .. 70
graphiques
    création d'une base de données .................... 239
    exportation .................................................... 272
    garder de la mémoire pour les ~ .................. 127
    importation à partir d'autres applications ...... 270
Grille, option du menu flottant Plans .................. 138
grille ...................................................................... 352
    aides d'alignement ........................................... 12
    contraindre des objets à s'aligner sur la ~ ..... 133
    modification de la couleur ............................. 140
    règles, repères d'alignement et objets de
        repère .......................................................... 130
    utilisation ....................................................... 131
groupes, sélection de groupes d'objets .................. 36

## H

horizontal
    barres de défilement ........................................ 10
    lignes-cotes, dessin ......................................... 31

## I

icône
    CorelDRAW ...................................................... 10
    Utiliser l'Aide ..................................................... 7
identification des objets sur un plan (couleur
    prioritaire) ....................................................... 140
illustration, qualité commerciale ............................. 2
images bitmap
    monochromes, coloriage ............................... 259
    recadrage ....................................................... 258
    utilisation d'~ ................................................. 253
images clipart
    catalogue des bibliothèques Corel ................... 8
    importation .................................................... 271
    prêtes à l'emploi ............................................... 8
importer
    à propos de ..................................................... 261
    éléments graphiques destinés à être utilisés
        comme motifs ............................................. 76
    éléments graphiques issus d'autres
        applications .............................................. 270
    fichiers issus d'autres applications .............. 270
    images bitmap ............................................... 270
    images Clipart CorelDRAW ........................... 271
    motifs avec le menu flottant Surface ............. 77
    utilisation des boîtes de dialogue Motif bicolore
        et Motif Couleurs ........................................ 63
imprimantes
    à haute résolution, contours calligraphiques,
        création ....................................................... 94
    case de sélection ........................................... 288
    limites, polices ............................................... 328
    options d'impression ..................................... 286

# CorelDRAW

imprimer
- angle de trame ............... 298
- aplatissement ............... 291
- avec le Gestionnaire Infos Objet ............ 249, 250
- barre d'étalonnage ............... 293
- case de sélection de l'imprimante ............... 288
- composites ............... 298
- conseils ............... 293
- considérations, textures PostScript ............... 339
- définition de la linéature de la trame ............... 297
- dessins complexes ............... 290, 296
- diagonales ............... 73
- échelle du densitomètre ............... 293
- émulsion ............... 291
- fichier ............... 286
- formes arrondies ............... 73
- fusion ............... 300
- images bitmap pourvues d'une rotation et d'une inclinaison ............... 104
- infos fichier ............... 293
- linéature de la trame ............... 291
- négatif ............... 291
- option Ajuster à la page ............... 293
- options ............... 289
- plans sélectionnés ............... 299
- polices ............... 292, 296
- recouvrement automatique ............... 295
- remplissage avec des motifs PostScript ............... 67
- repères de registre ............... 292
- sans démarrer CorelDRAW ............... 299
- séparations de couleurs ............ 292, 295, 298, 315
- sortie fichier ............... 288
- styles Format de page ............... 285
- sur une imprimante PostScript, sélection de trames similis ............... 96
- traits de coupe ............... 292
- trame simili personnalisée ............... 295
- vers une imprimante couleurs ............... 299
- visualisation ............... 287

inclinaison, images bitmap ............... 254
incorporation
- à propos de ............... 261-263
- clients ............... 262
- coller un fichier issu d'une application source ............... 268
- d'un fichier CorelDRAW dans CorelDraw ............... 269
- édition d'un objet incorporé ............... 269
- insertion d'objets ............... 268
- objets ............... 263, 268-269
- serveurs ............... 262

Infos Objet
- à propos de ............... 240
- boîte de dialogue Définition des formats ............... 247
- copie d'objets ............... 247
- Editeur Infos Objet ............... 247
- formatage ............... 248
- Gestionnaire Infos Objet ............... 249
- menu flottant Infos Objet ............... 247

installation
- Aide ............... 4, 7
- démarrage de CorelDRAW ............... 10
- fenêtres ............... 10

interruption du retraçage de la fenêtre de dessin ............ 48

## J

jonction de points nodaux ............... 118
juxtaposition des couleurs ............... 275
Juxtaposition Windows, option Préférences, Affichage ............... 324

## L

Largeur, option Options ............... 337
largeur, utilisation de la boîte de dialogue Plume de contour ............... 89
Largeur du caractère, option True Type ............... 335
Largeur espace, options Options ............... 337
lecteur CD-ROM ............... 2
liaison
- à propos de ............... 261-263
- annulation d'un lien ............... 266
- clients ............... 262
- création de liens ............... 264-265
- édition des informations liées ............... 267
- mise à jour automatique ............... 265
- mise à jour manuelle ............... 265
- modification d'un lien ............... 266
- objets ............... 263
- passage d'un fichier cible au fichier source ............... 267
- serveurs ............... 262

liaison et incorporation d'objets, voir OLE
libellés, à propos de ............... 233-234
ligne, ajout d'un point angulaire à une ~ ............... 122
ligne d'état ............... 10
- à propos ............... 11
- affichage de l'angle des points nodaux d'un arc ............... 108
- affichage du rayon d'un coin arrondi ............... 107
- avec les fonctions Rotation et Inclinaison ............... 101, 102
- déplacement d'objets ............... 39
- masquage ............... 12
- sélection d'objets distincts ............... 34
- utilisation des fonctions Etirement et Mise à l'échelle ............... 103

ligne de référence, édition de flèches ............... 92
lignes
- dessin, mode Bézier ............... 28
- dessin, mode à main levée ............... 27
- dimensions ............... 24, 31
- modelage ............... 110
- modification des segments ............... 122

# CorelDRAW

lignes et courbes
    dessin .................................................................. 26
    utilisation des outils de dessin ........................ 24
lignes-cotes
    angulaires, traçage ........................................... 31
    dessin ......................................................... 24, 31
    utilisation des outils de dessin ........................ 24
    verticales, dessin ............................................... 31
Limite de sommet, option Préférences ................. 320
limites des polices ................................................. 330
Linéature de la grille ............................................. 131
lissage d'un point nodal ....................................... 121
liste de lecture ....................................................... 355
liste déroulante, boîtes de dialogue ...................... 14
localisation d'une couleur non-quadri pantone,
    remplissage avec des couleurs uniformes ......... 55
luminosité, paramètres liés aux textures .............. 69

## M

magnétiser ............................................................. 352
    objets à d'autres objets .................................... 134
    objets à la grille ................................................ 133
    objets aux repères d'alignement ..................... 134
Magnétiser et Aligner, commandes ..................... 133
marquise de sélection, sélection d'objets ......... 33, 35
masquage des images bitmap .............................. 260
mémoire, garder de la ~ ....................................... 127
mémoire insuffisante, remplissage avec des
    textures bitmap ................................................. 68
menu Afficher
    Afficher la ligne d'état ....................................... 12
    Afficher les images bitmap ............................... 48
    Afficher les règles .............................................. 12
    Modifier la visualisation ................................... 44
    Palette de couleurs ............................................ 12
    Rafraîchir l'écran ............................................... 48
    Visuel Plein écran .............................................. 48
    Visuel sur sélections .......................................... 48
menu Disposer, menu flottant Plans ..................... 49
menu Edition, du Gestionnaire Infos Objet ......... 250
menu Fichier, quitter CorelDRAW .......................... 21
menu flottant Infos Objet ..................................... 247
menu flottant Plans
    menu Disposer ................................................... 49
    utilisation ......................................................... 138
menu flottant Plume
    copier le contour d'un objet ............................. 97
    méthodes de sélection et application de
        contours .................................................. 86, 87
    modification des valeurs par défaut ................. 98
menu flottant Surface
    copier la surface d'un objet .............................. 83
    création de dégradé de couleurs ....................... 58
    importation de motifs ....................................... 77
    remplir des objets avec des couleurs
        uniformes ....................................................... 54
    sélection de textures bitmap ............................ 71
    sélection et application de surfaces ................. 52
menu local
    Outil, méthodes de sélection et
        application de contours ............................. 86
    Surface ................................................. 47, 51, 52
Menu Objet, option Préférences - Souris ............. 324
menu Options Champs ......................................... 250
menu Palette, remplissage avec des couleurs
    uniformes ........................................................... 54
menus flottants
    Infos Objet ....................................................... 250
    préférences, définition ..................................... 325
Message de compatibilité 3.0, option
    Préférences ...................................................... 320
Microsoft Windows Version 3.1, démarrage ........... 2
mise à jour
    styles ................................................................ 237
    liens ........................................................ 265-266
mise à l'échelle
    avec Image, utilisation de la boîte de dialogue
        Plume de contour ....................................... 89
    bordure de fenêtre ............................................ 10
    étirement de courbes ..................................... 123
    objet ................................................................. 103
mise en page
    boîte de dialogue, commencer un nouveau
        dessin ........................................................... 17
    couleur du papier .............................................. 17
    création de diapos ............................................. 17
    documents de plusieurs pages .......................... 13
    Gestionnaire Infos Objet ................................. 249
mode à main levée .................................... 24, 26, 27
    dessin en ~ ........................................................ 27
mode Bézier
    courbes, dessin ................................................. 29
    dessin en ~ ........................................................ 28
Mode élastique
    option du menu flottant Editer un point ........ 113
    déplacement de points nodaux ...................... 114
modeler
    droites et courbes ............................................ 110
    ellipses pour créer des arcs et des quartiers
        de tarte ...................................................... 108
    objets ............................................................... 105
    rectangles ........................................................ 107
    termes et principes de base ........................... 110
modèles de création de couleurs, sélection d'une
    couleur de contour ............................................ 95
modifier
    angle d'un dégradé linéaire .............................. 59
    attributs de contour par défaut ........................ 98
    attributs de surface par défaut ......................... 84

# CorelDRAW

couleur de la grille et des repères d'alignement .......... 140
formats, dans le Gestionnaire Infos Objet ...... 250
numéro, la couleur et les paramètres liés aux textures avec le sélecteur aléatoire ........ 69
paramètres liés aux textures ........... 69
plan de dessin actif ........... 139
type d'un point nodal ........... 122
valeurs par défaut du menu flottant Plume ...... 98
valeurs par défaut du menu flottant Surface .... 84
mosaïque de motifs .......... 72
Motif bicolore et Motif couleurs, boîtes de dialogue .......... 63
motifs
aléatoires .......... 339
couleurs, édition .......... 77
création et édition .......... 73
importation d'éléments graphiques .......... 76
ne figurant pas dans la bibliothèque CorelDRAW .......... 62
sélection et édition de motifs avec le menu flottant Surface .......... 65
surfaces, transformation d'images bitmap et d'objets .......... 104
mots-clés, ajout de ~ aux fichiers .......... 281

# N

nombre de niveaux de gris, linéatures de trames, sélection de trames similis .......... 81
notes, ajout aux fichiers .......... 281
notions Style .......... 234
nouvelle couleur, remplissage avec des couleurs uniformes .......... 54
Numéro du caractère, option True Type .......... 336

# O

objets
alignement .......... 12
application de styles .......... 235
association et dissociation .......... 126
base de données .......... 240
clonage .......... 41
combinaison et scission .......... 127
contraindre des ~ à s'aligner sur d'autres objets .......... 134
copie de données entre ~ .......... 247
de référence coupés/copiés dans le Presse-papiers .......... 41
de repères, grille, règles et repères d'alignement .......... 130
déplacement et copie sur un autre plan .......... 140
désélection .......... 35
dessin .......... 23
dimensionner .......... 135
disposition .......... 125
enfants, sélection .......... 36
identification d'un plan (Couleur prioritaire) ... 140
incorporer, voir *incorporation*
lier, voir *liaison*
magnétiques, dessin de lignes-cotes .......... 31
magnétiques pour redimensionner les objets .. 135
modelage .......... 105
rechercher le style .......... 236
réorganisation sur plusieurs plans .......... 141
scission .......... 129
sélection .......... 106
sélection avec une marquise .......... 35
sélection de groupes d'objets .......... 36
sélection et désélection .......... 33, 35
sélectionnés, utilisation des outils de dessin .... 24
soudage .......... 142
suivants et superposés, sélection .......... 36
superposés, réorganisation .......... 126
visualisation .......... 43, 48
OK
option Options .......... 338
option True Type .......... 336
OLE
à propos de .......... 261-263
clients .......... 262
documents cibles .......... 262
documents sources .......... 262
incorporation d'objets .......... 263
liaison d'objets .......... 263
liaison et incorporation .......... 263
objets .......... 262
serveurs .......... 262
Options
Mise en page .......... 18
option True Type .......... 336
Surface, sélection et application de surfaces .... 52
orientation .......... 17, 32
outils
crayon, dessin de lignes-cotes .......... 31
Prépresse, utilisation .......... 310
Zoom .......... 45
ouverture d'un dessin existant .......... 16
ouvrages de références .......... 355, 356

# P

page
ajout d'un encadrement de page .......... 18
ajout à un dessin, maximum, document de plusieurs pages .......... 18
page imprimable
écran CorelDRAW .......... 10
fenêtre de dessin .......... 11
palette .......... 12, 180, 181
palette de couleurs, sélection et application de surfaces .......... 52

palette de couleurs, remplissage avec des
     couleurs uniformes .......................................55
palette de couleurs, méthodes de sélection et
     application de contours ..............................86
Palette optimisée, option Préférences -
     Affichage...................................................324
panoramique
     auto-panoramique.........................................45
     barres de défilement horizontal/vertical...........10
paramètres
     modification des ~ avec le sélecteur aléatoire ....69
     définition ....................................................308
     couleur du papier ..........................................17
     mise en page ................................................17
     de la grille, option Options .........................337
     paramètres liés aux textures ..........................69
passage
     à d'autres rubriques de l'Aide..........................6
     d'un fichier cible au fichier source.................267
     entre les modes de dessin, dessin de droites et
          de courbes .............................................26
Paysage, orientation..............................................17
performance, fenêtre de dessin.............................11
périodiques.........................................................358
périphérique de sortie, séparation vers un ~.........315
personnaliser
     création de dégradés de couleurs
          personnalisés.....................................59-60
     environnement de travail...............................20
     fichier CORELDRW.INI ................................326
     impression de trames similis........................295
     options liées aux dégradés de formes, définition
          des couleurs intermédiaires du dégradé de
          couleurs .................................................60
     polices, utilisation......................................338
plans ..................................................................352
     associer et combiner des objets situés sur
          plusieurs plans ......................................141
     impression des ~ sélectionnés......................299
     imprimables ou non imprimables, définition ..140
     modification du plan de dessin actif..............139
     Plan 1, option du menu flottant Plans..........138
     plan de référence, définition............... 142, 282
     renommer et ajouter des plans......................139
     réorganisation des objets sur plusieurs
          plans .....................................................141
     utilisation....................................................137
     visibles et invisibles.....................................140
plusieurs
     déplacement simultané................................114
     objets, désélection........................................35
     objets, sélection............................................35
     objets et association d'objets........................130
     points nodaux, sélection...............................111
     points nodaux/segments, déplacement
          simultané ..............................................114

segments, sélection ......................................111
tronçons, sélection.......................................112
poignées d'étirement/mise à l'échelle, édition de
     flèches.........................................................92
point angulaire, ajout à une droite ou une courbe 122
point nodal distinct, sélection ...............................111
Point noir, option Outils Prépresse ...................... 312
point noir (en bleu sur les moniteurs couleurs),
     conventions générales ...................................4
points d'inflexion, règles, dessin de courbes ........ 30
points de contrôle
     conseil pour l'alignement.............................120
     déplacement ...................................... 113, 114
points magnétiques ............................................136
points nodaux
     ajout à un objet courbe ................................115
     alignement...................................................119
     d'un arc, affichage de la ligne d'état ............108
     décalage .....................................................113
     déplacement ...............................................113
     désélection ..................................................111
     édition .............................................. 105, 115
     jonction ......................................................118
     lissage ........................................................121
     point angulaire ............................................121
     rendre des ~ symétriques ............................121
     sélection de ~ distincts ................................111
     suppression ................................................116
Police de symboles, option Options ..................... 337
polices
     impression.......................................... 292, 296
     limites ........................................................330
     modification et création ..............................321
     personnalisées, utilisation ..........................338
Portrait, orientation ............................................. 17
Position du double, Clones, option Préférences.... 319
Position zéro............................................... 130, 131
positionnement des repères d'alignement dans la
     fenêtre de dessin ........................................132
PostScript
     boîte de dialogue Textures............................ 67
     impression de dessins complexes ............... 296
     imprimante.................................................. 67
     options, utilisation de la boîte de dialogue
          Dégradé................................................. 58
     options boîte de dialogue, remplissage avec des
          couleurs uniformes ................................ 54
     remplissage d'algorithmes ........................... 67
     textures ..................................................... 339
     encapsulé, exportation vers....................... 273
Précision Autotrace, option Préférences -
     Courbes .................................................... 321
Précision Main levée, option Préférences -
     Courbes .................................................... 321
Préférences
     autojonction ................................................ 27

# CorelDRAW

boîte de dialogue ............................................. 319
boîte de dialogue Affichage ............................ 323
boîte de dialogue Cotes ................................... 325
boîte de dialogue Courbes ............................... 321
boîte de dialogue Menus flottants .................. 325
boîte de dialogue Souris .................................. 324
courbes ............................................................. 24
définition ........................................................ 319
ligne-cote, définition ...................................... 325
menu, Gestionnaire Infos Objet ..................... 251
menu flottant, définition ................................ 325
menu Spécial .................................................... 49
préparation des images à la séparation des couleurs ...................................................... 309
préparation du caractère-objet, polices ............... 331
Prépresse, option boîte de dialogue Couleur ....... 310
présentation de l'écran
à propos de ....................................................... 10
aides d'alignement à l'écran ............................ 12
barre de menus ................................................ 10
barre de titre .................................................... 10
barres de défilement horizontal/vertical .......... 10
boîte à outils ............................................... 10, 11
bordure de fenêtre ........................................... 10
ligne d'état ....................................................... 10
palette de couleurs .......................................... 12
règles ................................................................ 12
terminologie ..................................................... 10
utilisation de l'Aide en ligne .............. 3, 4, 5, 6, 7
utilisation des boîtes de dialogue CorelDRAW .. 13
utilisation des menus flottants ....................... 14
Presse-papiers
à propos de ..................................................... 261
copie d'objets ................................................... 42
productions multisupports .................................. 2

# Q

Qualité, option Outils Prépresse ......................... 313
quartiers de tarte
alignement ..................................................... 108
modelage d'ellipses pour créer des ~ ............ 108
quitter, Gestionnaire Infos Objet ........................ 250
quitter ................................................................... 21

# R

raccourcis clavier
activation temporaire de l'outil-Sélection ...... 24
ALT+F4 permet de quitter le programme ........... 21
ALT+F8 ouvre la boîte de dialogue Rotation et Inclinaison ................................................. 101
ALT+F9 ouvre la boîte de dialogue Etirement et Effet miroir ............................................ 102
CTRL+C copie les objets sélectionnés dans le Presse-papiers ............................................ 42
CTRL+N ouvre un nouveau dessin ................. 17
CTRL+S enregistre un fichier ......................... 19
CTRL+V colle à partir du Presse-papiers ....... 42
CTRL+Z annule la dernière opération .......... 104
déplacement de la première/dernière page du document .................................................... 18
F11 ouvre la boîte de dialogue Dégradé ........ 57
MAJ + F9 permet le passage entre le mode de visualisation modifiable et squelettique ...... 44
retraçage de la fenêtre de dessin ............. 38, 320
utilisation ..................................................... 236
Rafraîchir l'écran, menu Afficher ......................... 48
rayon d'un coin arrondi, affichage sur la ligne d'état ........................................................ 107
rechercher, style d'un objet ................................ 236
recouvrement automatique ...................... 295, 307
recouvrement et surimpression ......................... 304
rectangles
arrondis, création .......................................... 107
conversion en objets courbes ........................ 109
modelage ....................................................... 107
points magnétiques ....................................... 136
dessin, utilisation des outils de dessin .... 24, 25
simples, points magnétiques ......................... 136
redimensionnement
des mosaïques sélection de motifs dans la boîte de dialogue .............................................. 62
des objets avec la commande Objet magnétique ................................................ 135
Refléter en X, édition de flèches .......................... 92
Refléter en Y, édition de flèches .......................... 92
réglage de points angulaires .............................. 121
règles ................................................................... 351
affichage .................................................. 12, 122
dessin de courbes ........................................... 30
écran CorelDRAW ........................................... 10
grille, repères d'alignement et objets de repère ....................................................... 130
Remplacement des gris (GCR), option Outils Prépresse .................................................. 311
remplir
avec des dégradés de couleurs ....................... 56
avec des motifs bicolores et couleurs ............. 62
avec des textures bitmap ................................ 68
avec des textures PostScript ........................... 67
avec du blanc, du noir et des niveaux de gris .... 54
objets ............................................................... 51
tracés ouverts et fermés, rendre des objets transparents ............................................... 53
utilisation de la boîte de dialogue Dégradé ........ 57
réorganiser
objets superposés .......................................... 126
objets sur plusieurs plans ............................. 141
plans et les objets qu'ils contiennent ........... 141
Repères
aides à l'alignement ........................................ 12
contraindre des objets à s'aligner sur les ~ ..... 133

| | |
|---|---|
| édition de flèches | 92 |
| grille, règles et objets de repère | 130 |
| modification de la couleur | 140 |
| option du menu flottant Plans | 138 |
| repères d'alignement | 352 |
| repères de positionnement à l'impression | 292 |
| utilisation | 132 |
| utilisation d'objets comme ~ | 134 |

répertoire CLIPART, catalogue des bibliothèques Corel ... 8
répétition et annulation de la dernière opération .. 104
réserves, impression ... 292
réserves ou masques, création ... 78

résolution
- images bitmap ... 275
- intitulés, en-têtes d'images ... 19

restriction, angle d'une droite ... 27
Rétablir, Gestionnaire Infos Objet ... 250

rotation et inclinaison
- images bitmap ... 254
- utilisation de la ligne d'état ... 101
- commande ... 101
- courbes ... 123
- objets ... 100
- images bitmap, impression ... 104

roue chromatique, création de dégradés personnalisés ... 59
rubriques, passer en revue ... 6
RVB, sélection d'une couleur de contour ... 95

# S

saisies de texte ... 14
- boîtes de dialogue ... 14

segments distincts, désélection ... 111
sur typographie ... 327

sélectionner
- attributs de la plume de contour ... 89, 91
- clic sur un objet déjà sélectionné ... 34
- conventions générales ... 4
- couleur de contour, avec le menu flottant Plume ... 95, 96
- couleur de surface ... 54
- dégradé personnalisé dans la liste de présélections ... 61
- groupes d'objets ... 36
- images bitmap ... 254
- marquise de sélection ... 35
- mode de dessin, dessin de droites et de courbes ... 24-26
- motif dans la boîte de dialogue ... 62
- motifs avec le menu flottant Surface ... 65
- nouvelles couleurs pour les textures, remplissage avec des textures bitmap ... 68
- objets ... 33, 106
- objets distincts ... 34
- objets enfants ... 36
- objets suivants et superposés ... 36
- outils de dessin ... 24
- parties d'une courbe ... 110
- plusieurs objets et groupes d'objets ... 35, 130
- plusieurs plans, sélection d'objets distincts ... 34
- plusieurs points nodaux ou segments ... 111
- plusieurs tronçons ... 112
- point nodal ou segment distinct ... 111
- sélection et application de contours ... 86
- sélection et édition des motifs avec le menu flottant surface ... 65
- textures bitmap avec le menu flottant Surface ... 71
- trames similis ... 80-96
- type de dégradé, création de dégradés personnalisés ... 59

séparation
- analyse avec le densitomètre imprimé ... 308
- couleurs, préparation ... 309
- couleurs, création ... 303
- vers disque ... 315
- vers périphérique de sortie ... 315

service diapos, Autographix ... 359

Seuil Lignes droites
- lors du traçage d'images bitmap ... 258
- option Préférences- Courbes ... 322

Seuil Sommets
- lors du traçage d'images bitmap ... 258
- option Préférences - Courbes ... 322

signets, utilisation de l'Aide ... 7
Simulation Texte sous, option Préférences - Affichage ... 323
sommets, utilisation de la boîte de dialogue Plume de contour ... 89
sons disponibles, catalogue des bibliothèques Corel ... 8
soudage d'objets ... 142
Souder, commande ... 142
sources pour la conception de caractères ... 327

souris
- bouton droit, attribution d'une fonction au ~ . 324
- bouton primaire ... 4
- bouton secondaire ... 4
- étirement ou mise à l'échelle d'un objet ... 102
- rotation et inclinaison d'un objet ... 100

Sous-totaux Groupes, Gestionnaire Infos Objet ... 251
squelette ... 44
stockage de notes, enregistrement d'un nouveau dessin ... 19
Style, option Options ... 337
style ... 353
- à propos de ... 233-234
- annulation des modifications ... 237
- application ... 235
- création ... 235

*Index - 13*

Format de page ........................................... 283, 285
formats ............................................................. 237
graphique ........................................................ 238
mise à jour ...................................................... 237
mise en page pour des documents de plusieurs
    pages ......................................................... 283
Styles graphiques ................................. 234, 238
suppression ..................................................... 236
texte artistique ............................................... 238
texte courant .................................................. 237
textures, modification et enregistrement de
    textures ....................................................... 70
types ................................................................. 234
utilisation de la boîte de dialogue Plume de
    contour ........................................................ 89
SubPar Canada ............................................ 241-247
suggestion automatique ................................... 338
Superposition des encres (UCR) ..................... 312
Supprimer
    Caractère, option Options ............................ 337
    contour d'un objet .......................................... 87
    dans le Gestionnaire Infos Objet ................ 250
    objets ................................................................ 42
    pages, document de plusieurs pages ........... 18
    plan ................................................................. 139
    points nodaux et segments ................ 116, 117
    styles .............................................................. 236
    textures ............................................................ 71
    transformations ........................................... 104
surface d'arrière-plan, utilisation de la boîte de
    dialogue Plume de contour .............................. 89
surface d'un objet
    copie .................................................................. 83
    sélection et application ................................. 52
surimpression et recouvrement ...................... 304
symboles, catalogue des bibliothèques Corel .... 8
symétriques
    courbes, création .......................................... 115
    points nodaux ............................................... 121

# T

Taille Police, option True Type ....................... 335
technique GCR (remplacement des gris) ...... 311
termes/principes de base du modelage .......... 110
tester les objets, polices .................................. 330
texte
    conversion de ~ en objets courbes ............ 109
    points magnétiques ..................................... 136
texte artistique
    à propos de .................................................... 234
    conversion en objets courbes ..................... 109
    points magnétiques ..................................... 136
    styles .............................................................. 238
texte courant
    à propos de .................................................... 234

points magnétiques ...................................... 136
styles ................................................................ 237
texte-cote ....................................................... 31, 32
    édition .............................................................. 32
    orientation ..................................................... 32
    position ........................................................... 32
texture
    autres paramètres liés aux textures, modification
        des paramètres liés aux textures ............ 69
    bibliothèque, remplissage avec des textures
        bitmap ......................................................... 68
    couleur, modification des paramètres liés aux
        textures ...................................................... 69
    définition des attributs, remplissage avec des
        textures bitmap ........................................ 68
    numéro, modification du sélecteur aléatoire ..... 69
    paramètres, modification des ~ ..................... 69
    PostScript ..................................................... 339
    surfaces, modification et enregistrement ......... 70
    texture génératrice d'erreur, remplissage avec
des textures bitmap ............................................... 68
    textures personnalisées, modification et
        enregistrement des textures .................. 70
textures bitmap
    application ...................................................... 68
    transformation des objets ............................. 70
TLD, sélection d'une couleur de contour ........ 95
touches
    CTRL, conventions relatives au clavier ........ 4
    Curseur .............................................................. 4
    de restriction (CTRL) .................................. 353
    déplacement du curseur ................................. 4
    édition de points nodaux ........................... 124
    fléchées ............................................................. 4
Toujours au-dessus, visualisation de l'Aide ..... 7
Tous les menus flottants disposés, option du menu
flottant
    Préférences ................................................... 325
traçage automatique des images bitmap ... 255-257
tracés
    contrôle de la précision
    droits ouverts, points magnétiques ......... 136
    édition ............................................................ 105
    images bitmap ..................................... 254-257
    ligne ouverte, points magnétiques ........... 136
    ouverture, fermeture ................................... 118
    remplissage de tracés ouverts et fermés ...... 53
    séparation, obtenir une courbe continue à
        partir d'un ~ ............................................ 118
    Seuil Lignes droites ..................................... 258
    Seuil Sommets ............................................. 258
trame
    angle, impression ......................................... 298
    angle, sélection de trames similis ................ 81
    fréquences, sélection de trames similis ...... 80
    impression .................................................... 290

rubriques, Aide................................................6
spécification à l'impression............................297
trame d'arrière-plan, imprimable......................18
type, sélection de trames similis.......................80
trames similis
    application de ~ à des images bitmap............259
    sélection......................................................96
transformation
    d'images bitmap et d'objets dotés de motifs....104
    d'objets.......................................................99
    d'objets dotés de motifs bicolores ou couleurs...76
    d'objets dotés de textures bitmap.....................70
    de segments en droites ou courbes.................122
transparence....................................................339
    rendre des objets transparents.........................53
tri de fichiers...................................................281
tronçons
    sélection de plusieurs ~................................112
    scinder une courbe en ~ distincts...................120
    tronçons distincts, obtenir une courbe
        continue à partir de ~................................118
type de point nodal, modification........................122
types de données, base de données.....................240
typographie, notes sur......................................327

## U

unités de la Linéature de la grille.......................130
unités variables..........................................13, 14
utilisateurs universels, catalogue des bibliothèques
    Corel.............................................................8
utilisation d'objets comme repères......................134
utilisation de la boîte de dialogue Plume de
    contour........................................................89

## V

valeur par défaut
    contour, modification des attributs...................98
    mode de dessin, fenêtre de dessin...................11
    options Mise en page....................................18
    style, modification des attributs de surface
        par défaut..............................................84
verrouillage et déverrouillage de plans.................140
visualiser..........................................................48
    Aide, En haut................................................7
    Aide..............................................................7
    Couleurs, Préférences, option Affichage.........324
    doubles pages..............................................47
    Etapes du dégradé, option Préférences -
        Affichage..............................................323
    Fenêtre, option True Type.............................334
    impression.................................................287
    modification d'attributs, utilisation de textures
        bitmap....................................................68
    objets.........................................................43
    objets en taille réelle, outil Zoom....................47
    squelettique ou modifiable.............................44
    tous les objets d'un dessin, outil Zoom............47
    travail........................................................43
    Visuel sur sélections, menu Afficher................48
Visuel, menu Afficher........................................48
Visuel Plein écran, option Préférences - Souris....325

## W

Windows, Presse-papiers...................................277
    à propos.............................................261, 277
    coller........................................................277
    copier.......................................................277
    couper......................................................277
Windows
    démarrage..................................................10
    nouveaux utilisateurs.....................................9

## Z

zoom.............................................................351
    zoom 2x, option Préférences - Souris.............325
    zoom 4x, édition de flèches............................93
    zoom arrière................................................46
    zoom avant.................................................45

# CorelDRAW

# CorelPHOTO-PAINT

## A

accentuation
    des bords ............................................. 389
    des couleurs ......................................... 387
adoucissement des couleurs ................................ 390
Aide en ligne ........................................................... 364
ajustement des couleurs ....................................... 387
aperçu avant impression ....................................... 403
arrière-plan
    couleur d'~ ........................................... 367
artistique
    clonage ................................................. 378
    effet de couleurs ................................... 396

## C

canevas .................................................................... 366
capture vidéo .......................................................... 404
carrés, dessin de ~ ................................................. 381
clonage
    A propos de ......................................... 379
    artistique .............................................. 378
    impressionniste .................................... 380
    pointilliste ............................................ 380
coller   369, 398
combinaison des composantes ............................ 407
commande Infos ..................................................... 402
composantes
    combinaison ......................................... 407
    fractionnement .................................... 407
contraste des couleurs .......................................... 386
conversion des formats d'image .......................... 401
copie ................................................................ 369, 398
couleurs
    à propos des ~ ...................................... 367
    accentuation ........................................ 389
    adoucissement ..................................... 390
    ajustement des ~ .................................. 387
    clonage ................................................. 379
    combinaison de composantes ............ 407
    contour ................................................. 389
    contraster ............................................. 388
    d'arrière-plan ........................................ 367
    dégradés ............................................... 377
    diffusion ............................................... 390
    éclaircir ............................................ 372, 388, 393
    édition d'images ................................... 401
    édition de courbes ............................... 405
    effet artistique ..................................... 396
    effet de couleurs disséminées ............ 396
    effet impressionniste .......................... 397
    effet pointilliste ................................... 397
    effets négatif ........................................ 395
    effets spéciaux ..................................... 391
    égalisation ............................................ 386
    étalonnage de l'écran .......................... 404
    filtre Table des Couleurs/Gris ............ 387
    filtre Teinte et Densité ........................ 389
    filtres de bruit ..................................... 394
    flou ........................................................ 374
    foncer .................................................... 388
    fondu des ~ .................................... 373, 390
    formats d'image ................................... 398
    fractionnement des composantes ..... 407
    granulosité ........................................... 393
    intensité ............................................... 372
    inversion .............................................. 396
    lissage ................................................... 390
    maculage .............................................. 373
    mise en relief ....................................... 396
    modèles colorimétriques .................... 399
    mosaïque .............................................. 396
    mouvement fondu .............................. 393
    outil Aérographe ................................. 378
    outil Pipette ......................................... 371
    outil Vaporisateur ............................... 378
    outil-surface Dégradé ......................... 377
    postérisation ........................................ 393
    psychédélique ..................................... 393
    redistribution ...................................... 385
    règlage des bords .......................... 391, 392
    réhaussement de détails ..................... 386
    remplacement ............................... 368, 372
    silhouettage ......................................... 392
    solarisation .......................................... 393
    surfaces ................................................ 367
    teinter ................................................... 373
    teintes ............................................. 367, 387
    tolérance .............................................. 368
    zone de dessin ..................................... 362
couper des données ....................................... 369, 398
courbes
    création ................................................ 403
    dessin .................................................... 381
    édition .................................................. 401
    gamme de tonalités ............................. 405
    impression ........................................... 403

## D

découpes ................................................................. 369
démarrage de CorelPHOTO-PAINT .................... 361
dessin
    à propos ............................................... 375
    carrés .................................................... 381
    cercles .................................................. 383
    courbes ................................................ 381
    ellipses ................................................. 383
    lignes .................................................... 381

# CorelPHOTO-PAINT

plume .................................................. 382
polygones ........................................... 383
rectangles .......................................... 382
diffusion des couleurs ................................... 390
duplication de fenêtres ................................. 363

# E

éclaircir des couleurs ................................... 393
écran PHOTO-PAINT ..................................... 363
écrans, étalonnage ....................................... 404
édition de courbes et d'images ...................... 401
égalisation des couleurs ............................... 386
ellipses, dessin ............................................. 383
enregistrement de fichiers ........................... 400
entrer du texte ............................................. 384
étalonnage d'écrans ..................................... 404

# F

faire basculer
des images ................................. 369, 399
des images horizontalement .............. 399
des images verticalement .................. 399
Fenêtres
capture vidéo ..................................... 404
duplication ........................................ 363
menu ................................................. 404
fichiers
enregistrement ................................. 400
ouverture .................................. 363, 400
filtres
à propos de ....................................... 385
Accentuation .................................... 389
Accentuation des bords .................... 392
Adoucissement ................................. 390
Ajouter du bruit ............................... 394
Artistique ......................................... 396
Détection des bords .......................... 391
Détourage ......................................... 390
Diffusion ........................................... 390
Dispersion ........................................ 395
Effets spéciaux ................................. 391
Egalisation ....................................... 386
Fondu ............................................... 390
Gamma ............................................. 388
Impressionniste ............................... 397
Intensité ........................................... 386
Inversion .......................................... 396
Lissage .............................................. 390
Luminosité et Contraste .................. 388
Masquage flou .................................. 389
Masquage flou adaptatif .................. 390
Maximum ......................................... 395
Minimum .......................................... 395
Mise en relief ................................... 396
Mosaïque .......................................... 396

Mouvement fondu ............................ 393
Moyen ............................................... 395
Pointilliste ....................................... 397
Postérisation .................................... 393
Psychédélique .................................. 339
Réhaussement des détails ................ 389
Restaurer .......................................... 384
Seuil ................................................. 388
Silhouettage ..................................... 392
Solarisation ...................................... 393
Supprimer le bruit ........................... 395
Table des Couleurs/Gris .................. 387
Teinte et Densité .............................. 389
Uniforme .......................................... 394
foncer les couleurs ....................................... 393
fondu ............................................................ 364
fondu de couleurs ........................................ 390
formats d'image
24 bits Couleurs exactes .................. 401
256 couleurs .................................... 401
conversion ........................................ 401
Niveaux de gris ................................ 401
Trait ................................................. 401
trame d'affichage ............................. 401
trame d'impression .................. 398, 401
fractionnement des composantes ................ 407

# G

granulosité ................................................... 393

# I

images
combinaison de composantes .......... 407
édition ............................................. 401
étalonnage de l'écran ....................... 404
faire basculer horizontalement et
verticalement ............................. 399
fractionnement des composantes .... 407
information ...................................... 400
numérisation .................................... 403
position ............................................ 399
rééchantillonnage ............................. 400
rotation .................................... 369, 399
impression .................................................... 408
intensité des couleurs .................................. 372

# L

largeur d'outil .............................................. 364
lignes, dessin de ~ ....................................... 381
lissage des couleurs ..................................... 390

# M

masquage, à propos de ......................... 371, 374

*Index · 18*

# CorelPHOTO-PAINT

menu flottants
- à propos de ................................................. 365
- Canevas ..................................................... 366
- Paramètres Outils ...................................... 365
- Paramètres Surface ................................... 366
- Sélection Couleurs .................................... 367

menu flottant Paramètres Outils
- à propos de ................................................. 364
- bords .......................................................... 364
- densité ....................................................... 364
- espacement ............................................... 364
- fondu .......................................................... 364
- forme .......................................................... 364
- gomme ....................................................... 372
- transparence ............................................. 364
- variation .................................................... 364

modèles colorimétriques ................................... 399
mosaïque ............................................................ 366

motifs
- arrière-plan ............................................... 366
- canevas ..................................................... 366
- mosaïque ................................................... 366

mouvement fondu .............................................. 393

## N

numérisation d'images ...................................... 403

## O

option Gamme de tonalités ............................... 405

outils
- accentuation des bords .................. 364, 374
- aérographe ................................................ 378
- annulation ................................................. 371
- baguette magique ..................................... 370
- barre d'outils ............................................. 364
- clone ........................................................... 379
- contraste .................................................... 372
- densité ....................................................... 364
- dessin ......................................................... 375
- éclaircir ..................................................... 372
- flou ............................................................. 374
- fondu .......................................................... 373
- gomme ....................................................... 372
- gomme colorée .......................................... 372
- largeur ....................................................... 364
- lasso ........................................................... 370
- ligne ........................................................... 381
- localisateur ............................................... 371
- maculage ................................................... 373
- main ............................................................ 371
- menu système ........................................... 364
- nuançage ................................................... 373
- pipette........................................................ 371
- plume .......................................................... 382
- pré-presse .................................................. 403
- rectangle.................................................... 370
- sélection .................................................... 370
- sélection Lasso
- sélection Polygonesurface Dégradé ........ 366, 377
- sélection Rectangletexte .......................... 384
- transparence ............................................. 364
- vaporisateur .............................................. 378

outils de dessin
- à propos de ................................................. 375
- aérographe ................................................ 378
- clonage ....................................................... 379
- éclaircir ..................................................... 372
- mosaïque ................................................... 377
- pinceau à main levée ................................ 376
- pinceau Beaux Arts ................................... 376
- pinceau impressionniste .......................... 376
- pinceau pointilliste ................................... 376
- surface colorée .......................................... 377
- surface Dégradé ........................................ 377
- texture........................................................ 378
- vaporisateur .............................................. 378

outils de pré-presse .......................................... 413

outils de sélection
- à propos de ................................................. 370
- baguette magique ..................................... 370
- lasso ........................................................... 370
- localisateur ............................................... 371
- main ............................................................ 371
- polygone .................................................... 370
- rectangle.................................................... 370
- zoom............................................................ 371

ouverture de fichiers .............................. 363, 400

## P

Paramètres Outils, à propos de ....................... 364
PHOTO-PAINT, écran ...................................... 363
photos en négatif .............................................. 395

pinceau
- Beaux Arts ................................................. 376
- impressionniste ........................................ 376
- pointilliste ................................................. 376

polygones, dessin .............................................. 383
positionnement d'images ................................. 399
préférences, démarrage ................................... 402
Presse-papiers ................................................... 400
programme de capture..................................... 404

## R

rectangles, dessin .............................................. 382
rééchantillonnage d'images............................. 400
règlage de la densité ........................................ 389
réhaussement des détails ................................ 386
remplacement des couleurs ............................. 368
rotation d'images.................................... 369, 399

*Index - 19*

# CorelPHOTO-PAINT

## S

sélection de zones de dessin ............................... 369
spéciaux, effets ................................................. 389
supprimer des données ..................................... 369
surface
    couleur .................................................... 367
    mosaïque ................................................. 377
    outil-surface Dégradé ......................... 366, 377
    paramètres .............................................. 366
    surface colorée ........................................ 377
    texture .................................................... 366

## T

table des courbes ............................................. 405
teintes ..................................................... 367, 387
tolérance des couleurs ...................................... 368

## V

variation ......................................................... 364

## Z

zoom ............................................................. 371

# CorelMOVE

## A

acteurs
- à propos de .................................................. 421
- apparition et sortie d'une animation ............. 470
- bibliothèques .......................................... 456-458
- boîte de dialogue Infos ........................... 470-471
- caractéristiques .............................................. 501
- clonage ............................................................ 456
- création ...................................... 421-423, 499-502
- création dans CorelDRAW ...................... 490-494
- déplacement ........................................... 454, 500
- duplication ..................................................... 456
- édition .............................................. 437, 470-471
- enregistrement .............................................. 436
- image de début et de fin ............................... 481
- importation ............................................. 486-487
- monocases ...................................................... 421
- multicases .......................................... 439-441, 443
- plans ......................................................... 454-455
- position .................................................... 470, 500
- positionnement ...................................... 454, 500
- suppression .................................................... 456
- synchronisation ............................................. 501
- tout sélectionner ........................................... 456
- tracés ....................................................... 460-463
- utilisation de la commande
  - Annuler ............................................ 423, 436, 463
- vitesse ............................................ 418, 500-501

acteurs monocases, voir *acteurs*
acteurs multicases
- création ................................................. 437-440, 443
- édition ............................................................. 443
- effets spéciaux .............................................. 441

acteurs, voir aussi *principes de l'animation*
animation
- à propos de ..................................................... 413
- ajout de branchements ........................... 476-477
- apparition et sortie des acteurs .................... 470
- apparition et sortie des décors ..................... 472
- boîte de dialogue Infos ................................. 418
- commandes de lecture ........................... 476-479
- création ........................................................... 416
- édition ..................................................... 470-471
- enregistrement .............................................. 417
- exportation ............................................. 497-498
- fenêtre .................................................... 414, 417
- film .................................................................. 498
- image de début et de fin ............................... 481
- interruption ................................................... 419
- lecture ......................................... 419, 482-483, 498
- mise en scène ................................................ 501
- ouverture ....................................................... 417
- plans ....................................................... 454-455
- relecture ........................................................ 419
- visualisation ................................................. 482

animation, voir aussi *principes de l'animation*
Annuler ....................................... 423, 436, 463
Arrêt Animation ............................................... 483
avant-plan, couleur ................................... 430-431
Avec Son ............................................................ 419

## B

Barre de défilement Cases ......................... 431, 441
Barre de menus ................................................ 414
barre de titre ..................................................... 414
basculement d'objets ...................................... 434
basculement des points d'un tracé ................ 461
bibliothèques ............................................. 456-458
Boîte à outils .................................................... 415
boîtes de dialogue
- Dimensionnement du Tracé ........................ 461
- Editeur d'effets sonores ............................... 446
- Infos ........................................................ 470, 471
- Infos Acteurs ......................... 418, 454, 470, 471
- Infos Animation ............................................ 418
- Infos Branchement ............................... 476, 477
- Infos Décor ............................................ 471-472
- Infos Son ............................................... 447-448
- Infos Tracé ..................................................... 462
- Insertion d'objets .......................................... 491
- Insertion de cases ......................................... 440
- Nouveau Son ................................................ 446
- Options Couleurs Importation ................... 486
- Options de lecture ........................................ 419
- Ouverture ...................................................... 417
- Sélectionner Nom pour Nouveau Fichier .. 417
- Transitions ................................................... 466
bordures de fenêtre ........................................ 414
bouclages dans un tracé ................................. 463
branchements
- ajout ....................................................... 476-477
- image de début et de fin ............................. 478
- suppression .................................................. 478

## C

canal pour les sons .......................................... 448
cases
- Barre de défilement Cases ...................... 431, 441
- Compteur .............................................. 432, 441
- duplication .................................................... 443
- Flèches de défilement Cases .................. 431, 441
- insertion ........................................................ 440
- inversion ....................................................... 441
- ordre ....................................................... 472-475
- retraçage .................................................. 441-442
- Séquenceur ............................................. 472-475
- suppression .................................................. 441

*Index - 21*

# CorelMOVE

taille .................................................. 474-475
changement de type d'objet ............................... 496
caractéristiques des acteurs ........................... 499-502
clonage d'objets .............................................. 456
collage d'objets ............................................... 456
commande de lecture .................................... 476-479
compression et étirage ....................................... 499
conditions de lecture .................................... 476-479
copie d'objets ................................................. 455
CorelMOVE
    à propos de .............................................. 413
    démarrage ............................................... 414
    écran ..................................................... 414
    quitter ................................................... 420
couleurs
    arrière-plan ......................................... 430-431
    avant-plan .......................................... 430-431
    contour .................................................. 428
    fondu .................................................... 432
    outil-sélection ......................................... 427
    Sélecteur ................................................ 431
    surface .................................................. 428
    teinter .................................................. 432
couper des objets .............................................. 455
création
    acteurs ................................ 421-423, 499-502
    acteurs multicases ....................... 439-440, 443
    animation ................................ 416, 499-502
    d'objets avec d'autres applications .......... 494-495
    d'objets avec des fichiers existants ................ 495
    décor .................................... 421-423, 499-502
    sons ................................................. 445-448
    tracés .................................................... 460
    voir *principes de l'animation*

## D

décors
    à propos de .............................................. 421
    apparition et sortie d'une animation .............. 472
    bibliothèques ...................................... 456-458
    boîte de dialogue Infos ........................... 471-472
    boîte de dialogue Transitions ....................... 466
    clonage .................................................. 456
    création ........................... 1421-423, 499-502
    création dans CorelDRAW ...................... 490-494
    déplacement ..................................... 454, 500
    duplication .............................................. 456
    édition ............................................ 437, 471-472
    enregistrement ......................................... 436
    image de début et de fin ............................. 481
    importation ........................................ 486-487
    modes de transitions ............................ 464-467
    placement ....................................... 454, 500
    plans ............................................... 454-455
    position ........................................... 470, 500
    suppression ............................................. 456
    synchronisation ....................................... 501
    tout sélectionner ...................................... 456
    tracés ............................................... 460-463
    utilisation de la commande
        Annuler ............................ 423, 436, 463
    vitesse ............................................ 418, 500-501
    voir *principes de l'animation*
décrantage ..................................................... 433
déplacement
    image avec Points ..................................... 463
    objets .................................................... 454
    points sur un tracé .............................. 461-462
dessin
    fenêtre ..................................... 416, 423, 439
    outils ............................................... 425-427
    palette ............................................ 416, 424
dimensionnement
    cases ..................................................... 474
    fenêtres ................................................. 414
    fenêtre d'animation ................................... 423
    objets .................................................... 435
    tracés .................................................... 461
duplication
    cases ..................................................... 443
    objets .................................................... 456

## E

édition
    acteurs ............................................. 437, 470-471
    acteurs multicases ................................... 443
    animations ......................................... 470-471
    décors ............................................. 437, 470-471
    objets créés dans d'autres applications .......... 495
    objets importés ........................................ 487
    sons ................................................ 448-450
    texte ..................................................... 429
    tracés .............................................. 460-463
effets d'encrage ................................................ 435
effets spéciaux
    à propos de ......................................... 432, 441
    acteurs multicases ................................... 441
    Annuler ................................................. 436
    bascule d'objets ....................................... 434
    décrantage ............................................. 433
    dimensionnement d'objets .......................... 435
    effets d'encrage ....................................... 435
    fusion de couleurs ................................... 433
    rotation ............................................ 433-434
    sons ................................................ 450-451
éléments graphiques
    exportation ........................................ 497-498
    importation ....................................... 485-487
enregistrement
    acteurs .................................................. 436

# CorelMOVE

animations .................................................. 417
décors......................................................... 436
sons .................................................. 446, 451
épaisseur de contour ............................................. 428
erreurs
    Annuler ..................................... 423, 436, 463
    Rétablir le dessin ........................................ 436
exportation
    animations ......................................... 497-498
    vers un film............................................ 497-498

## F

fenêtre
    animation .............................................. 414, 417
    bordure .................................................... 414
    dessin ................................... 416, 423, 439
    dimensionnement ........................................ 423
    mise à l'échelle........................................... 414
fichiers
    exportation ......................................... 497-498
    importation ........................................ 485-487
films, réalisation.............................................. 498
Flèches de défilement Cases ........................ 431, 441
formes d'onde ........................................... 448-449
fusion de couleurs .......................................... 432

## I

images
    boîte de dialogue Options Images............ 492-493
    compteur ................................................... 482
    copie d'objets entre images ............................ 492
    déplacement d'images avec points ................. 463
    déplacement d'objets entre images ................ 492
    images Clipart, importation ........................... 486
    images de début et de fin .............................. 481
    insertion ................................................... 491
    menu flottant Chronologies.................... 479-481
    menu flottant Sélection d'images ............ 490-491
    nombre d'images ........................................ 418
    suppression ............................................... 491
    visualisation des images...................... 493-494
    vitesse ..................................................... 418
images Clipart, importation ............................. 486
importation d'objets et de fichiers ................ 486-487
insertion de cases ........................................... 440
inversion des cases .......................................... 443

## L

lecture
    animation ............................... 419, 482-483, 498
    sons ....................................................... 451
    commandes ............................................. 476-479
lissage de tracé ............................................... 461

## M

menu flottant
    Bibliothèque........................................456-458
    Chronologies.......................................479-481
    Editer le tracé .....................................460-461
    Séquenceur Cases ...............................472-475
mise en scène ................................................. 501
modes de transition ................................... 464-467

## O

objets
    basculement d'images .................................. 434
    bibliothèques .......................................456-458
    changement de type d'objets ......................... 496
    clonage .................................................... 456
    collage ..................................................... 456
    copie ....................................................... 455
    copie d'objets entre images ........................... 492
    couper...................................................... 455
    création d'objets avec d'autres
        applications ....................................494-495
    création d'objets avec des fichiers existants .... 495
    déplacement .............................................. 454
    déplacement d'objets entre images ................ 492
    dimensionnement........................................ 435
    duplication ................................................ 456
    édition d'objets créés dans d'autres
        applications ......................................... 495
    importation d'objets à partir d'autres
        applications ......................................... 486
    objets importés, édition ................................ 487
    rotation ............................................ 433-434
    suppression ...................................... 455, 481
    tout sélectionner ........................................ 456
    utilisation de la commande
        Annuler ............................... 423, 436, 463
    zoom ............................................... 436, 465
options de lecture
    Arrêt Animation.......................................... 419
    Avec Sons.................................................. 419
    boîte de dialogue ........................................ 419
    outils ....................................................... 419
    Répétition automatique ................................ 419
ordre des cases ........................................472-475
outils
    à propos de.........................................425-429
    couleurs..............................................430-431
    Courbe ...............................................427-428
    de remplissage ........................................... 425
    de sélection ........................................424-425
    dessin ................................... 425-427-428
    Ellipse ................................................427-428
    Gomme .................................................... 430
    Lasso .................................................424-425
    marquise de sélection ............................424-425

# CorelMOVE

    motifs.................................................................431
    palette de dessin ................................. 416, 424
    Pinceau ............................................................ 425
    Pipette.............................................................. 426
    Plume ......................................................427-428
    Polygone ..................................................427-428
    Rectangle .................................................427-428
    relecture ......................................................... 419
    Sélection ................................................. 415, 454
    texte ................................................................. 429
    Vaporisateur ................................................... 426

relecture d'animations ........................................ 419
Répétition automatique ...................................... 419
Rétablir le dessin ................................................ 436
rotation d'objets ......................................... 433-434

## S

Sélecteur de motifs ............................................. 431
sélecteur Largeur de lignes ................................ 427
sons
    à propos de ..................................................... 445
    bibliothèques ............................................456-458
    boîte de dialogue Editeur d'effets sonores ...... 446
    boîte de dialogue Infos Son ..................... 447-448
    canal ................................................................ 448
    création .................................................... 445-448
    début ............................................................... 447
    Durée, définition ............................................. 448
    édition ...................................................... 448-450
    effets spéciaux ......................................... 450-451
    enregistrement ........................................446, 451
    fin .................................................................... 447
    formes d'onde ......................................... 448-449
    image de début et de fin................................. 447
    lecture ............................................................. 451
    oui/non .............................................482, 450-451
    placement ....................................................... 447
    priorité ........................................................... 447
    répétition ........................................................ 448
    suppression .................................................... 449
    volume ............................................................ 447

## P

palette de dessin ........................................ 416, 424
Pelure d'onion ............................................. 441-442
plans ............................................................454-455
points
    ajout de points à un tracé ............................. 462
    basculement sur un tracé ............................. 461
    déplacement d'image avec points .................. 463
    déplacement sur un tracé ....................... 461-462
    points d'ancrage sur un tracé........................ 464
position
    acteurs et décors ................................... 454, 500
    sons ................................................................. 447
Presse-papiers Windows
    à propos de..................................................... 496
    coller des objets ............................................. 496
    copier des objets ............................................ 496
    couper des objets ........................................... 496
principes de l'animation
    action......................................................499-501
    action secondaire ........................................... 500
    anticipation .................................................... 499
    arcs.................................................................. 501
    caractéristiques .............................................. 501
    chevauchement .............................................. 500
    compression et étirage ................................... 499
    déplacement d'acteurs ................................... 500
    dessin ............................................................. 501
    exagération ..................................................... 501
    mise en scène ................................................. 501
    placement d'acteurs ....................................... 500
    pose-à-pose ..................................................... 500
    ralentissement ................................................ 500
    suivi ................................................................ 500
    synchronisation .............................................. 501
    vitesse 501

suppression
    branchements ................................................ 478
    objets ......................................................455, 481
    sons ................................................................. 449
    de tracés ......................................................... 463
    des cases ........................................................ 441
surface................................................................. 428
synchronisation ................................................... 501

## T

Tableau de commande ........................................ 415
teintes ................................................................. 432
texte
    édition ............................................................. 429
    outils ............................................................... 429
tracés
    à propos de .............................................. 459-460
    ajout de points ............................................... 462
    basculement de points d'un tracé ................. 461
    boîte de dialogue Dimensionnement du
        tracé .......................................................... 461
    boîte de dialogue Infos Tracé ........................ 462
    bouclage ......................................................... 463
    création .......................................................... 460
    déplacement de points ............................ 461-462

## Q

quitter CorelMOVE ............................................. 420

## R

redimensionnement de la fenêtre de dessin.......... 423

    dimensionnement ......................................... 461
    distribution ................................................ 461
    édition ................................................ 460-463
    lissage ....................................................... 461
    menu flottant Editer le tracé ................... 460-461
    point d'ancrage ........................................... 464
    suppression ................................................ 463

## U

utilisation de CorelDRAW pour la création
    d'acteurs et de décors ............................ 490-494

## V

visualisation d'une animation ............................ 482
vitesse
    acteurs et décors ................................... 418, 501
    paramètres ............................................ 418, 501
volume .............................................................. 447

## Z

zoom ........................................................ 436, 465

# CorelCHART

## A

| | |
|---|---|
| Aide en ligne | 531 |
| amplitude échelle pour chiffres | 548 |
| analyse de données | 537, 538 |
| annotations | 526, 556 |

## B

| | |
|---|---|
| barre d'icônes | 525 |
| barre de menus | 522 |
| bitmaps | 562-563 |
| boîte à outils | 522 |

## C

cases
- bordures .................................................. 539
- libellé automatique ................................. 536
- libellé manuel ......................................... 536
- ordre ....................................................... 547
- tri 540

collage d'objets OLE ............................................ 564
conception de graphiques .................................. 585
conseils ........................................................ 587, 588
CorelCHART
- à propos de ............................................ 521
- Aide en ligne .......................................... 531
- démarrer ................................................. 522
- fermer ..................................................... 531

couleurs
- application aux éléments du graphique ... 557
- bitmaps ................................................... 559
- dégradés ................................................. 559
- éléments graphiques vectoriels ............. 562
- palette de couleurs à l'écran ................. 526

création d'un graphique .................................... 529

## D

| | |
|---|---|
| dates, formatage | 538, 548 |
| DDE | 530, 542 |
| dégradés | 559 |
| démarrage de CorelCHART | 522 |

données
- déplacement ........................................... 535
- formatage, voir *formatage*
- importation ............................................ 536
- saisie et édition .................................... 534
- sélection ................................................ 535

## E

Echange dynamique de données ............... 530, 542

échantillons destinés aux exercices ................. 569
éléments d'un graphique
- affichage et masquage .......................... 547
- annotation ..................................... 526, 556
- application d'une couleur ..................... 557
- bitmaps .................................................. 559
- dégradés ................................................ 559
- éléments graphiques vectoriels ............ 562
- importation ............................................ 564
- redimensionnement .............................. 556
- vectoriels .............................................. 562

éléments graphiques vectoriels ........................ 562
en ligne, Aide ..................................................... 531
enregistrement de fichiers de graphique ......... 543
exportation de fichiers ........................ 530, 542, 565

## F

| | |
|---|---|
| fenêtres | 5 |
| fermer CorelCHART | 531 |

fichiers
- création ................................................. 529
- enregistrement ..................................... 543
- exportation ............................ 530, 536, 542, 564
- fermeture .............................................. 530
- importation ........................... 530, 536, 542, 563
- ouverture .............................................. 529

fichiers de graphique, enregistrement ............. 543
fonction
- Balayage automatique .......................... 537
- contrainte, résumé ............................... 567
- Feuille de calcul ................................... 529
- mathématique ...................................... 537

formatage
- bordures ............................................... 539
- hauteur des rangées ............................ 539
- largeur de colonne ............................... 539
- nombres et dates .......................... 538, 548
- texte .............................................. 539, 548

formules ............................................................ 537

## G

| | |
|---|---|
| gabarits | 546 |

Gestionnaire de données
- à propos de ................................... 527, 534
- entrée et édition de données ............... 534
- fonctions Feuille de calcul .................. 529
- fonctions mathématiques .................... 537
- formatage, voir *formatage*
- grille ..................................................... 541
- impression ........................................... 543
- passer au Mode Graphique ........... 527, 543

graduations ...................................................... 548
graphiques
- 3D ......................................................... 550
- amplitude de l'échelle ......................... 548

*Index - 27*

# CorelCHART

bras indicateurs .................................. 554
conception ........................................ 585
couleurs ........................................... 557
création ............................................ 527
exportation ....................................... 565
fermeture ......................................... 531
gabarits ............................................ 546
graduations ...................................... 548
graphiques mixtes ............................. 549
importation de fichiers ............. 530, 542
impression ........................................ 565
intitulés de colonnes et de rangées ... 547
liaison à un fichier cible .................... 564
mise en page .................................... 546
modification de l'ordre des éléments .. 547
ouverture .......................................... 529
pictographes, ajout ........................... 563
redimensionnement des éléments .... 556
graphiques
   3D .................................................... 550
   à barres horizontaux ....................... 586
   à barres verticaux ........................... 585
   à barres verticaux empilés .............. 585
   à courbes verticaux ........................ 586
   à distribution spectrale ........... 581, 586
   à points ................................... 550, 586
   à zones verticaux ............................ 585
   mini-maxi-ouverture-clôture .... 550, 586
   mixtes ............................................. 549
   sectoriels ................................ 554, 586
   sectoriels multiples ......................... 586
   voir aussi *éléments d'un graphique* et *types de graphique*
Grille du Gestionnaire de données ........ 541

## H

hauteur de rangée ................................... 539
histogrammes ................................ 552, 586

## I

importation
   d'éléments graphiques ..................... 564
   de fichiers ............................... 530, 536, 542
impression .................................... 543, 565
intitulés de colonnes et de rangées ....... 547

## L

largeur de colonnes, formatage ............. 539
leçons dans CorelCHART ...................... 569
liaison
   liaison à d'autres applications .. 530, 542
   liaison d'un graphique à un fichier cible ....... 564
Liaison et incorporation d'objet ... 530, 564, 565
libellé
   automatique .................................... 536
   manuel ............................................ 536

## M

mathématiques, fonctions ..................... 537
Menu 3D ................................... 526, 554
Menu Contour ..................................... 526
Menu Surface ...................................... 525
menus flottants
   Menu 3D .................................. 525 554
   Menu Contour ................................. 526
   Menu Surface .................................. 525
mise en page ....................................... 546
Mode Graphique, passer au Gestionnaire de
   données .................................. 527, 543

## N

nombres, formatage ...................... 534, 548

## O

OLE ............................................ 530, 564
ordre des éléments d'une case, modification .. 547
ouverture d'un graphique ..................... 529

## P

page imprimable .................................. 522
palette des couleurs à l'écran ................ 526
pictographes, ajout à un graphique ...... 563
plage de valeurs dans cellules .............. 547

## Q

quitter CorelCHART ............................. 531

## R

rangées, intitulés .................................. 547
recherche et remplacement de texte ..... 540
redimensionnement des éléments d'un
   graphique ........................................ 556
remplacement de texte ......................... 540

## S

saisie de données ................................ 534
sélection de données ........................... 535

## T

tableaux de valeurs ....................... 550, 573
texte
   annotation .............................. 526, 556
   édition ..................................... 534, 551
   formatage ............................... 538, 546

## CorelCHART

recherche et remplacement ............................ 540
tri de cases ........................................................ 540
types de graphique
    à barre horizontal ......................................... 586
    à barres vertical ............................................ 585
    à barre vertical empilé ................................. 585
    à courbe vertical ........................................... 586
    à propos de ........................................... 521, 546
    à zones vertical ............................................. 586
    distribution spectrale .......................... 551, 586
    histogramme .......................................... 552, 586
    mini-maxi-ouverture-clôture ................ 550, 586
    points ..................................................... 550, 586
    sectoriel ......................................................... 586
    sectoriel multiple .......................................... 586
    tableau de valeurs ................................. 553, 587